LEITURAS EM TEORIA SOCIAL

F223l   Farganis, James.
             Leituras em teoria social : da tradição clássica ao pós-
-modernismo / James Farganis ; tradução: Henrique de
Oliveira Guerra ; revisão técnica: Alexandre Barbosa
Pereira. – 7. ed. – Porto Alegre : AMGH, 2016.
            xi, 468 p. ; 25 cm.

            ISBN 978-85-8055-560-8

            1. Sociologia. I. Título.

                                                  CDU 316

Catalogação na publicação: Poliana Sanchez de Araujo – CRB 10/2094

7ª EDIÇÃO

LEITURAS EM TEORIA SOCIAL

da tradição clássica ao pós-modernismo

JAMES FARGANIS
Vassar College

Tradução
Henrique de Oliveira Guerra

Revisão técnica
Alexandre Barbosa Pereira
Cientista social
Doutor em Antropologia Social
pela Universidade de São Paulo (USP) e professor da USP

AMGH Editora Ltda.

2016

Obra originalmente publicada sob o título *Readings in Social Theory*, 7th Edition
ISBN 0078026849 / 9780078026843

Original edition copyright © 2014, McGraw-Hill Global Education Holdings, LLC., New York, New York 10121. All rights reserved.

Portuguese language translation copyright © 2016, AMGH Editora Ltda., a Grupo A Educação S.A. company. All rights reserved.

Gerente editorial: *Letícia Bispo de Lima*

Colaboraram nesta edição:

Editora: *Priscila Zigunovas*

Assistente editorial: *Paola Araújo de Oliveira*

Capa: *Márcio Monticelli*

Imagem da capa: ©*thinkstockphotos.com/danielvfung*, Busy Street

Preparação de originais: *Cristine Henderson Severo*

Leitura final: *Grasielly Hanke Angeli*

Editoração: *Techbooks*

Reservados todos os direitos de publicação, em língua portuguesa, à
AMGH EDITORA LTDA., uma parceria entre GRUPO A EDUCAÇÃO S.A. e McGRAW-HILL EDUCATION
Av. Jerônimo de Ornelas, 670 – Santana
90040-340 – Porto Alegre – RS
Fone: (51) 3027-7000   Fax: (51) 3027-7070

Unidade São Paulo
Av. Embaixador Macedo Soares, 10.735 – Pavilhão 5 – Cond. Espace Center
Vila Anastácio – 05095-035 – São Paulo – SP
Fone: (11) 3665-1100   Fax: (11) 3667-1333

É proibida a duplicação ou reprodução deste volume, no todo ou em parte, sob quaisquer formas ou por quaisquer meios (eletrônico, mecânico, gravação, fotocópia, distribuição na Web e outros), sem permissão expressa da Editora.

SAC 0800 703-3444 – www.grupoa.com.br

IMPRESSO NO BRASIL
PRINTED IN BRAZIL

O autor

JAMES FARGANIS nasceu e cresceu em Nova York, frequentou escolas públicas nova-iorquinas e obteve seu B.A. no Brooklyn College e seu Ph.D. em estudos governamentais pela Cornell University. Lecionou em diversas faculdades e universidades, incluindo o Harpur College em SUNY Binghamton, o Brooklyn College e o Queens College, e na pós-graduação da New School for Social Research. É professor emérito de sociologia no Vassar College, onde lecionou teoria social e sociologia política, presidiu o departamento de sociologia e ajudou a criar e mais tarde dirigiu o primeiro programa da faculdade em estudos multidisciplinares: o Programa em Ciência, Tecnologia e Sociedade. Conta com uma National Endowment for the Humanities (NEH) Summer Fellowship, uma NEH Program Development Grant e uma Fulbright Senior Scholar Grant para a Austrália. Seus artigos sobre teoria social já foram publicados em conceituados periódicos, como *The British Journal of Sociology, Sociological Focus, Journal of Psychiatry and Law* e *Theory and Society*, e tem escrito resenhas e análises para outros periódicos, como *Contemporary Sociology, Social Forces, Polity* e *The American Political Science Review*. Atuou no conselho editorial da *Polity* e como editor correspondente da *Theory and Society*.

Prefácio

Esta coletânea, organizada a partir dos escritos originais dos principais teóricos sociais acompanhados por ensaios introdutórios, destina-se a cursos de teoria social em todos os níveis. Os estudantes que tiverem aqui seu primeiro contato com Marx, Durkheim e Weber considerarão especialmente valiosos os ensaios introdutórios. Eles se concentram em alguns dos principais temas e contribuições conceituais desses pensadores clássicos, os fundadores da sociologia.

A partir de perspectivas diferentes, cada ensaio apresenta uma interpretação convincente sobre a sociedade moderna e, portanto, lança o desafio de descobrir as suposições não declaradas de cada teórico e inquirir como e por que cada um difere do outro.

Para estudantes intermediários e avançados, a seleção de pensamento sociológico contemporâneo proporcionará uma valiosa experiência intelectual. Essas leituras tanto desafiam quanto aprofundam os escritos clássicos anteriores. Aqui, exploraremos as diferentes escolas de pensamento, desde o "funcionalismo" até a "teoria do conflito", desde a "escolha racional" até a "fenomenologia", na medida em que cada escola tenta trazer uma perspectiva sobre a modernidade e uma exploração da metodologia adequada para o estudo da sociedade.

Os capítulos finais introduzem os leitores à teoria crítica da Escola de Frankfurt, por meio dos textos de Herbert Marcuse e Jürgen Habermas, e aos desafiadores escritos dos pós-modernistas Michel Foucault e Jean-François Lyotard. Essas fontes originais, junto com os ensaios introdutórios, concentram a atenção do estudante na promessa de uma abordagem racional e crítica para a compreensão da sociedade contemporânea e no valor da abordagem dos pós-modernistas, que contesta a própria ideia de razão intelectual privilegiada em favor de uma abordagem múltipla e panorâmica para a compreensão humana.

Não há maneira melhor de o estudante de sociologia desenvolver uma capacidade intelectual profundamente crítica do que esmiuçar cada um dos principais teóricos. Em cada caso, mergulhe em seus pressupostos ocultos, sua metodologia, seus argumentos fundamentados e suas conclusões e pergunte a si mesmo com quem concorda ou discorda e por que, com base nos pressupostos que tiver levantado e nas provas que puder apresentar. Essa prática é um exercício intelectual de valor inestimável, e a teoria social provê os meios para torná-lo possível.

Mudanças capítulo por capítulo

O Capítulo 1 inclui um novo artigo de Karl Marx e Frederick Engels: "A ideologia alemã".

O Capítulo 2 inclui um novo artigo de Émile Durkheim: "As regras do método sociológico".

O Capítulo 6 inclui um novo artigo de Talcott Parsons: "Idade e sexo na estrutura social dos Estados Unidos".

O Capítulo 8 inclui um novo artigo de Peter Blau: "A estrutura das parcerias sociais".

Os temas *sexo, gênero e teoria* queer agora ganharam um capítulo próprio, o Capítulo 13.

O conteúdo sobre teoria crítica da raça foi expandido e colocado em um capítulo próprio, o Capítulo 14. Novos artigos incluem "Reconstruindo identidades raciais", de K. Anthony Appiah, e "O conceito de pós-racial", de David A. Hollinger.

O Capítulo 15 inclui um novo artigo de David Held e Anthony McGrew: "Mundo dividido, nações divididas".

Agradecimentos

Sou extremamente grato aos seguintes colegas, pela perspicácia e pelo incentivo de seus comentários que contribuíram com esta edição:

Judith R. Halasz, da State University of New York, em New Paltz;
Paul S. Gray, do Boston College;
Neal King, do Virginia Tech;
Donna K. Crossman, da Ohio State University; e
Clayton Peoples, da University of Nevada, Reno.

A leitura cuidadosa do texto e as sugestões ponderadas desses analistas refletem-se nas mudanças que fiz nesta reedição, mudanças pelas quais, na condição de organizador, assumo plena responsabilidade.

O trabalho integrado com o pessoal de apoio da McGraw-Hill possibilitou um processo de revisão e reescrita bem-sucedido. Gina Boedeker, atual diretora de gestão, expressou sua constante confiança neste livro. Ela, Nicole Bridge (editora de desenvolvimento) e Karyn Morrison (editora de permissões) merecem meus agradecimentos especiais pela dedicação e pelo comprometimento ao longo do preparo desta edição. Por fim, quero agradecer a George Ritzer por endossar a ideia original, por seu apoio contínuo ao projeto como editor de consultoria e por sua duradoura amizade.

James Farganis

Sumário

Introdução	Da tradição clássica ao pós-modernismo: um panorama	1
Parte I	**A tradição clássica**	**27**
1.	**Karl Marx: Alienação, luta de classes e consciência de classe**	29
	Introdução	29
	Karl Marx e Frederick Engels: O manifesto do partido comunista	32
	Karl Marx: O fetichismo das mercadorias e o seu segredo	43
	Karl Marx e Frederick Engels: A ideologia alemã	50
2.	**Émile Durkheim: *Anomia* e integração social**	55
	Introdução	55
	Émile Durkheim: As regras do método sociológico	59
	Émile Durkheim: Suicídio egoísta e suicídio anômico	64
	Émile Durkheim: As formas elementares da vida religiosa	73
3.	**Max Weber: A jaula de ferro**	83
	Introdução	83
	Max Weber: A ética protestante e o espírito do capitalismo	87
	Max Weber: Burocracia	92
	Max Weber: Poder, dominação e tipos de autoridade	102
4.	**Georg Simmel: Dialética do indivíduo e da sociedade**	113
	Introdução	113
	Georg Simmel: A metrópole e a vida mental	115
	Georg Simmel: O estrangeiro	124
5.	**George Herbert Mead: O *self* emergente**	129
	Introdução	129
	George Herbert Mead: Mente, *self* e sociedade	131

Parte II Teoria sociológica contemporânea   143

6. Funcionalismo   145
Introdução   145
Kingsley Davis e Wilbert E. Moore: Alguns princípios de estratificação   147
Talcott Parsons: Idade e sexo na estrutura social dos Estados Unidos   156
Robert K. Merton: Funções manifestas e latentes   166

7. Teoria do conflito   185
Introdução   185
Ralf Dahrendorf: Estrutura social, grupos de interesse e grupos de conflito   188
C. Wright Mills: A estrutura do poder nos Estados Unidos   196
Richard L. Zweigenhaft e G. William Domhoff: As ironias da diversidade   205

8. Teoria das trocas e da escolha racional   225
Introdução   225
Peter Blau: A estrutura das parcerias sociais   227
James S. Coleman: Capital social na criação do capital humano   241

9. Sociologia fenomenológica e etnometodologia   255
Introdução   255
Peter Berger: O dossel sagrado   256
Harold Garfinkel: Estudos sobre os motivos rotineiros das atividades cotidianas   270

10. Interação simbólica   279
Introdução   279
Herbert Blumer: Sociedade como interação simbólica   282
Erving Goffman: A representação do *self* na vida cotidiana   289
Arlie Hochschild: Explorando o coração gerenciado   299

Parte III Modernismo e pós-modernismo   313

11. Teoria crítica   315
Introdução   315
Herbert Marcuse: Homem unidimensional   319
Jürgen Habermas: A religião na esfera pública   332

12.	**Pós-modernismo**	**341**
	Introdução	341
	Michel Foucault: O carcerário	342
	Jean-François Lyotard: A condição pós-moderna: um relatório sobre o conhecimento	352

Parte IV	**Além do pós-modernismo**	**369**
13.	**Sexo, gênero e teoria *queer***	**371**
	Introdução	371
	Dorothy Smith: Experiência das mulheres como crítica radical da sociologia	375
	Patricia Hill Collins: Pensamento feminista negro	384
	Candace West e Don H. Zimmerman: Fazendo gênero	398
	Steven Seidman: Desconstruindo a teoria *queer*, ou certas dificuldades em uma teoria e política da diferença	408
14.	**Raça**	**417**
	Introdução	417
	W. E. B. Du Bois: As almas da gente negra	421
	Richard Delgado e Jean Stefancic: Teoria crítica da raça	427
	David A. Hollinger: O conceito de pós-racial: Como a sua fácil rejeição oculta questões importantes	438
	K. Anthony Appiah: Reconstruindo identidades raciais	447

Parte V	**Globalização**	**453**
15.	**Sociedade global**	**455**
	Introdução	455
	David Held e Anthony McGrew: Mundo dividido, nações divididas	456
	Joseph E. Stiglitz: Descontentamentos da globalização	461

Introdução
Da tradição clássica ao pós-modernismo: um panorama*

James Farganis

I – A tradição clássica

Embora as teorias sobre a sociedade remontem aos gregos, a sociologia como investigação científica e disciplinada tem origem mais recente. Auguste Comte (1798-1857) cunhou o termo *sociologia* em 1822 para conotar o estudo sistemático da sociedade. As influências sobre ele datam de Charles de Montesquieu (1689-1755) e das reflexões dos *philosophes* durante o Iluminismo. De igual importância para Comte foram aqueles pensadores conservadores que emergiram após a Revolução Francesa para condenar o Iluminismo e suas doutrinas. François-Marie Arouet de Voltaire (1694-1778), Jean-Jacques Rousseau (1712-1778), Denis Diderot (1713-1784) e Jean-Antoine de Condorcet (1742-1794) foram os pensadores do Iluminismo do século XVIII cujas visões otimistas sobre os direitos individuais, a perfectibilidade humana e o progresso social foram absorvidas pela teoria sociológica, como foram as opiniões conservadoras de Louis de Bonald (1754-1840) e Joseph de Maistre (1754-1821) sobre a primazia do social, o papel da tradição e dos costumes na vida social e a centralidade da família, da comunidade, dos grupos e das instituições em ordenar, regulamentar e moldar as vidas dos indivíduos. Nas páginas seguintes, analisaremos brevemente as principais ideias dos *philosophes* do Iluminismo e seus críticos conservadores.

A obra *Cartas persas*, de Montesquieu, publicada em 1721, quando ele tinha 32 anos, ilustra a ideia de perspectiva sociológica. Montesquieu escreveu essa correspondência como se fosse um intercâmbio entre persas visitando a França. Publicou-as anonimamente, alegando que os persas que as escreveram tinham se hospedado em sua casa durante a visita. Nas cartas, Montesquieu comenta, muitas vezes satiricamente, os costumes e os hábitos da sociedade francesa do seu tempo. As capacidades de se afastar da sociedade, distanciar-se do que aparenta ser natural e desenvolver uma perspectiva diferente em relação à habitual são posturas sociológicas mostradas nesse trabalho pioneiro.

O trabalho mais famoso de Montesquieu, *O espírito das leis*, foi lançado em 1748. Nessa obra, ele desenvolve sistematicamente suas opiniões sobre como a cultura de um povo é afetada por geografia, clima e temperamento. Leis, costumes e formas de governo não são fenômenos naturais, são moldados pelas condições circundantes em que determinado povo tem de viver. O método de Montesquieu combina observação com reflexão, e suas conclusões refletem um cuidadoso estudo da relação entre o comportamento e as crenças das pessoas e seu contexto ambiental. Além disso, Montesquieu explorou as densidades da população e a distribuição de propriedade para chegar a suas tipologias sociais e políticas.

Os *philosophes* do Iluminismo, como Montesquieu, foram os precursores do século XVIII dos teóricos clássicos da sociologia. Os *philosophes* ficaram impressionados com os avanços revolucionários forjados nas

---

* N. da E.: Este livro é uma antologia que reúne leituras essenciais para a compreensão da teoria social, extraídas de obras de diferentes autores. A numeração das notas de rodapé foi mantida conforme utilizada nos textos originais.

ciências naturais, especialmente pela física newtoniana, e procuraram descobrir as verdades científicas sobre a sociedade:

> Portanto, o que o pensamento iluminista tem de novo e original é a adoção incondicional do padrão metodológico da física de Newton; ainda mais importante para a nossa análise sobre os fundamentos filosóficos da teoria sociológica é o fato de que essa adoção imediatamente generalizou-se e foi empregada em outros domínios além da física e da matemática. (Zeitlin, 1968, 7).

A ordem social, as desigualdades de classe e a dominação por uma aristocracia já não eram mais aceitas como verdades divinamente ordenadas e inalteráveis. A ciência deveria ser um instrumento fundamental na busca da verdade, uma verdade que libertaria o povo dos mitos sombrios do direito divino dos reis e dos dogmas religiosos e o conduziria rumo a uma ordem democrática progressivamente embasada nas recém-descobertas verdades sobre os "direitos humanos". Rousseau escreveu sobre as desigualdades entre as pessoas causadas por práticas e instituições sociais e observou que, no seu estado "natural", as diferenças entre as pessoas eram muito menos agudas do que na sociedade. É a sociedade, argumentou ele, que distorce características fundamentais como bondade, decência e igualdade, que compreendem a condição natural da humanidade:

> Concebo que existem duas variedades de desigualdade na espécie humana; a que chamo de natural ou física, pois é estabelecida pela natureza e consiste na diferença de idade, saúde, força corporal e nas qualidades da mente ou da alma; e outra, que pode ser chamada de desigualdade moral ou política, pois depende de um tipo de convenção estabelecida, ou ao menos autorizada, pelo consentimento dos homens. Esta última é composta por diferentes privilégios que certos homens gozam em detrimento dos outros, como ser mais rico, mais honrado, mais poderoso ou mesmo estar em posição de exigir obediência. (Rousseau, 1762/1947, 160).

Condorcet, matemático que endossava a ideia de que as ciências sociais progrediriam com mais rapidez se seguissem os métodos das ciências naturais, acreditava firmemente na noção de perfectibilidade e progresso humanos para a obtenção de uma sociedade justa. Condorcet apoiava direitos iguais para as mulheres, opunha-se radicalmente contra a escravidão, defendia o sufrágio universal e aprovava a separação entre Igreja e Estado, a liberdade de opinião e uma vasta gama de medidas de bem-estar social para ajudar os membros menos favorecidos da sociedade.

As ideias dos *philosophes* disseminaram-se no clima da França pré-revolucionária, e a Revolução Francesa é, sem dúvida, o ápice político dessas ideias em ação. A Revolução desafiou a legitimidade do estado aristocrático e aquelas instituições religiosas, sociais e políticas que o apoiavam.

Em vez do *ancien régime,* criou-se uma nova ordem social com base em princípios racionais, conscientemente construídos por indivíduos politizados e esclarecidos. Novas leis transformaram a vida política, econômica, social e cultural da França. A aristocracia foi abolida, a Igreja foi abolida, as corporações industriais foram abolidas. Legalizou-se o divórcio, reformou-se e centralizou-se o sistema educacional e criou-se uma nova estrutura de governo. O que orientava essas mudanças revolucionárias eram as ideias desenvolvidas pelos *philosophes* sobre os direitos dos indivíduos para estabelecer coletivamente seu próprio governo e refazer suas instituições sociais, de acordo com suas noções de progresso e justiça.

A partir da agitação revolucionária na França emergiu um longo período de instabilidade, de contrarrevolução, de tentativas de restauração monárquica e de dominação imperial napoleônica. Em vez do progresso contínuo rumo a uma sociedade livre e democrática, em que a razão humana organizaria os assuntos da política e da sociedade, seguiu-se um período de derramamento de sangue, divisão, dominação e reação. Os *philosophes* do Iluminismo foram vistos por seus críticos como ingênuos criadores de mitos que tinham substituído as mitologias anteriores por seus próprios ideais *a priori* de progresso, razão e liberdade. Longe de realizar uma análise científica da sociedade e da condição humana, os *philosophes* realmente haviam se engajado em uma forma de filosofia moral. Carl Becker (1959, 101) faz a pergunta:

> Então, é possível que os filósofos não estivessem mesmo interessados em estabelecer os direitos adequados à natureza do homem com base nos fatos da experiência? É possível que estivessem engajados naquela nefasta iniciativa medieval de conciliar os fatos da experiência humana com as verdades já, de alguma forma, reveladas a eles?

Becker responde a essas perguntas com um enfático sim, enquanto compara a ciência dos *philosophes* a uma fé religiosa no progresso, na razão e na bondade humanos.

No rescaldo da Revolução Francesa, um grupo de teóricos sociais liderados por Louis de Bonald e Joseph de Maistre emergiu como força intelectual conservadora e contrailuminista. Eles se afligiram com as condições da França após a Revolução, o deslocamento social, a turbulência política e a desintegração geral; e elegeram os *philosophes* como responsáveis diretos. Os *philosophes* e seus seguidores não só haviam julgado mal as necessidades sociais das pessoas de pertencerem a grupos e comunidades maiores do que elas mesmas, de obedecer aos ideais coletivos e de participar de rituais coletivos, como também assumiram falsamente que os seres humanos são criaturas racionais e progressistas, constituídas como indivíduos por seus direitos naturais, em vez de moldadas por seu ambiente social.

A primazia do social sobre o indivíduo é um ponto fundamental de diferença entre os *philosophes* do Iluminismo e seus críticos conservadores. Enquanto os *philosophes* consideravam que o indivíduo era dotado de direitos naturais e inalienáveis e a sociedade era um contrato celebrado por indivíduos, os conservadores contrailuministas defendiam a primazia da sociedade e que o indivíduo era moldado por instituições sociais para atender às necessidades da ordem social maior. A ideologia do individualismo era uma distorção da natureza verdadeiramente social da vida humana. Família, comunidade, igreja, cidade e corporação estão funcionalmente inter-relacionadas e fornecem as necessidades materiais e espirituais das pessoas comuns. De acordo com eles, a tradição, os costumes e as instituições que sobreviveram ao teste do tempo nos orientariam sobre a natureza social da humanidade. A Igreja deveria ser considerada uma força necessária, aglutinadora e integrativa; e a família, não o indivíduo, era vista como a unidade básica da sociedade.

O passado e o presente formam uma teia indelével, e só a arrogância do individualismo, ou, mais especificamente, a presunção do poder da razão humana, levou certas pessoas a acreditar que podiam instituir uma nova ordem social. O resultado dessa arrogância, os conservadores pareciam afirmar, foi o caos e a instabilidade sociais que a França enfrentou após a Revolução e, por extensão, seria o destino de toda e qualquer mudança social inspirada na razão dedutiva abstrata.

A tradição clássica começa com Karl Marx (1818-1883) e termina com os escritos de Karl Mannheim (1893-1947) sobre a sociologia do conhecimento. Os teóricos sociais clássicos desejavam distinguir seu trabalho da filosofia moral especulativa, além de contribuir para um estudo científico da sociedade. Esse é o objetivo que os une, mas o sucesso deles em alcançar isso é discutível. Apesar de suas boas intenções, os teóricos sociais da tradição clássica foram, em sua maioria, incapazes de deixar para trás os pressupostos morais que impeliram suas investigações. Sua grandeza para nós reside tanto em suas análises convincentes sobre as forças da modernização e seu impacto sobre a condição humana quanto em seus nobres esforços com vistas a uma ciência da sociedade.

Os textos clássicos não falam em uníssono sobre qualquer assunto, por isso é difícil atribuir características comuns a eles. Até mesmo sobre a questão crítica de seu compromisso a favor da ciência e contra a filosofia, deve ser observado que esses teóricos defendiam opiniões divergentes em relação ao significado da palavra ciência. Não havia consenso de que os métodos científicos desenvolvidos nas ciências físicas fossem adequados ao tópico das ciências sociais. Alguns viam semelhanças entre a busca de leis sociais e a descoberta de leis da natureza, enquanto outros consideravam convincente a alegação de que os seres humanos são ímpares em suas habilidades linguísticas e racionais. Distinções eram feitas entre as ciências naturais e as ciências culturais ou sociais; e argumentações eram elaboradas sobre as diferentes metodologias de cada ciência.

Embora os teóricos clássicos concordem que as alegações devam ser justificadas pelo apelo às evidências, existe pouca unanimidade sobre o que venha a ser evidência. Se a história é a densa e rica fonte de evidências sociológicas, alguns abordavam a história como se ela fosse governada por leis de desenvolvimento social que devem ser descobertas, enquanto outros a consideravam incerta e incognoscível em sua totalidade. Para alguns, a história conota uma evolução progressiva rumo à emancipação, à justiça social ou à democracia; para outros, não passa de um caos factual até a ordem ser imposta nela temporariamente pelo pesquisador e por sua teoria.

Tampouco havia unanimidade no que diz respeito ao que constitui a sociedade. Alguns defendiam que a sociedade pode ser estudada como um todo, enquanto outros viam nos indivíduos os componentes da sociedade e a fonte de toda ação observável. Por um lado, se a primazia do indivíduo fosse o caso, alguns temiam que a sociologia se reduzisse à psicologia e não pudesse fazer nenhuma contribuição própria. Por outro lado, se a sociedade pudesse ser estudada como uma entidade em si, havia o perigo de inventar uma mente grupal metafísica e, assim, derrotar a finalidade da investigação científica.

A tradição clássica não é uma tradição única falando em voz uniforme. Está atolada em pontos de vista conflitantes e perspectivas muitas vezes inconciliáveis que refletem pressupostos morais profundamente arraigados. A ciência é impotente para resolver essas diferenças morais; por isso, muitas dessas divergências continuam emergindo na teoria social contemporânea. Hoje em dia, a controvérsia toma a forma de uma intensa disputa entre os adeptos que afirmam que verdades sociológicas podem ser estabelecidas pela rigorosa observância das regras do positivismo e aqueles que pensam que a sociologia é uma disciplina discursiva, cujas verdades podem ser estabelecidas por meio de argumentação racional, generalizada, especulativa e persuasiva (Alexander, 1987).

A seguir, discutiremos os conflitos e as tensões intelectuais no âmbito da tradição clássica. Essas diferenças decorrem das variadas atitudes dos teóricos clássicos em relação ao legado do Iluminismo. Acreditavam no progresso? Enxergavam na ciência uma bênção imaculada? A razão humana conduziria a uma sociedade mais justa e humana, ou surgiriam novas formas de dominação na era da ciência? As respostas distintas a essas perguntas demarcam a relação entre esses teóricos e as tradições do Iluminismo. Também mostram como seus pressupostos morais desarticulados levaram os teóricos clássicos a definir sua ciência, seus métodos e sua sociologia de maneiras radicalmente distintas.

Os principais contribuidores da tradição clássica são os cientistas e os teóricos discursivos, e a obra deles é ao mesmo tempo uma continuidade da tradição do Iluminismo e um afastamento dela. Os teóricos clássicos eram mais sistematicamente meticulosos do que seus antecessores do Iluminismo em relação às evidências empíricas e às análises históricas. O fato de evitarem generalizações infundadas e amplamente especulativas os define como teóricos sociais que confiavam em evidências e argumentos racionais.

Já foi dito (Salomon, 1945, 596) que grande parte do desenvolvimento da teoria sociológica pode ser entendida como um debate com o fantasma de Karl Marx. Sob esse prisma, Marx emerge como o filho do Iluminismo, e as contradições e os conflitos da tradição clássica são explicados por referência a Marx e seus adversários. No entanto, pode-se dizer também que o desenvolvimento da teoria sociológica deve muito à filosofia de Friedrich Nietzsche (1844-1900), especialmente à luz de sua influência sobre Max Weber e Georg Simmel e do crescente reconhecimento da sua importância para o pensamento social pós-modernista (Capítulo 12).

A tradição marxista representa uma continuação de muitas das convicções progressistas e racionalistas do Iluminismo. Esse projeto humanista de uma ordem social racional justa e democrática tem transitado na obra de Jürgen Habermas (Capítulo 11). Por contraste, a crítica de Nietzsche da objetividade científica, sua visão da razão como forma de dominação, seu desdém pela cultura democrática e pela política e sua visão romântica do triunfo heroico do *Übermensch* sobre os "últimos homens" que buscam a felicidade encontram ressonância nas obras de Max Weber, de Georg Simmel e dos pós-modernistas.

É nesse contexto (das continuidades e das descontinuidades em relação ao Iluminismo e das tensões internas que marcam a tradição clássica) que vamos discutir alguns dos principais teóricos sociais. Nosso objetivo é apresentar as diferentes perspectivas, as diferentes ideias sobre a relação do indivíduo com a sociedade e as diferentes metodologias que constituem a tradição clássica e dissipar a noção de que existe uma tradição única que representa uma perspectiva unificada.

A tradição clássica representa aquelas obras que vieram a ser consideradas basilares na disciplina da sociologia. Em geral, são consideradas excelentes exemplos do tipo de trabalho no qual as pessoas que se dizem sociólogas deveriam se envolver; e, por serem exemplares, continuam servindo como fonte de ideias e hipóteses sobre (e de orientações para) a realidade social.

Em sua maioria, essas obras tendem a abordar um amplo leque de problemas emergentes da transição de uma sociedade agrária para uma sociedade industrial. Ao longo da leitura das obras de Marx, Durkheim e Weber, o aluno deve constantemente questionar a relevância e a importância do que está sendo dito. Por exemplo, qual a importância para o nosso tempo das ideias de Marx sobre classes e conflito de classes? Por acaso é relevante o fato de os Estados Unidos da América e outras sociedades industriais ocidentais estarem migrando para uma era pós-industrial, para uma economia de serviços na qual o trabalho industrial está em declínio e o setor de serviços está se expandindo? O surgimento da era da informação, com sua ênfase no conhecimento, cria novas relações de classe, ou estamos em uma era em que as categorias de classe já não são relevantes? Quais são as fontes de conflito na nossa sociedade contemporânea? Podem ser creditadas a discrepâncias econômicas entre ricos e pobres? Ou as linhas de conflito recaem entre grupos de *status* diferentes, ou seja, raciais, étnicos, religiosos e sexuais? Perguntas semelhantes podem e devem ser formuladas em relação a outras leituras nesta antologia.

Mesmo quando parecem datados, esses textos clássicos, no entanto, nos trazem questões importantes que devem pautar a mente de um sociólogo. Eles nos alertam para observar aqueles ao nosso redor, a prestar atenção a suas expressões de crença e a refletir: de onde vêm esses pontos de vista? Os valores abraçados pelas pessoas refletem seus antecedentes de classe, ou seus grupos de *status* influenciam mais intimamente as suas crenças? O modo de falar das pessoas, as roupas que elas vestem, os hábitos que apresentam devem nos levar a investigar os antecedentes sociais desses comportamentos e perguntar que espécie de imagem está sendo projetada e com que finalidade.

De modo geral, os textos clássicos nos compelem a perguntar o que queremos dizer com o termo *sociedade*. Todos nós consideramos ponto pacífico que sabemos o que é sociedade; no entanto, se fizer uma pausa, o leitor vai refletir e pensar. A sociedade nada mais é do que um conjunto de indivíduos? Como esses indivíduos diferentes são reunidos para conseguir cooperar e se entender? A sociedade tem uma existência fora de nós, ou a sociedade está em nós, em nossa consciência e, em caso afirmativo, como foi parar lá? Se, como alguns defendem, a sociedade é um sistema coletivo de crenças comumente compartilhadas e regras de comportamento combinadas, quem fabrica as crenças e as regras, e elas interessam a todos ou apenas às elites dominantes? Marx e Durkheim enfrentam essas perguntas e chegam a respostas muito diferentes. Mas, apesar das suas diferenças, eles estão preocupados com questões fundamentais que definem a iniciativa sociológica, e o leitor é convidado a meditar sobre esses assuntos com a orientação qualificada de algumas das mentes mais brilhantes na teoria social.

Auguste Comte (1798-1857), muitas vezes citado como o primeiro a usar a palavra *sociologia* para se referir à nova disciplina, procurava usar evidências históricas para estabelecer as leis do desenvolvimento social. Foi menos rigoroso e sistemático em sua pesquisa do que aqueles que o seguiram e, por esse motivo, pode ser visto como protossociólogo. As influências contraditórias que moldaram a sua obra são evidentes, por um lado, em seu compromisso com a ciência e o progresso e, por outro, em seu ponto de vista de que o individualismo era "a doença do mundo ocidental". Deve-se recordar que os pensadores do Iluminismo endossaram a opinião de que o progresso científico e os direitos individuais faziam parte de uma ordem social democrática emergente. Foi o Contrailuminismo que condenou a ideia de individualismo e ofereceu a noção de que a sociedade e suas instituições são fundamentais e moldam o comportamento dos indivíduos. Comte recorre ao Iluminismo para suas opiniões sobre ciência e progresso e lança mão do Contrailuminismo para seus pontos de vista sobre a relação do indivíduo com a sociedade.

A teoria de Comte sobre a sociedade baseia-se em sua convicção de que a abordagem científica, ou o positivismo, era o método mais adequado para compreender a ordem social e a mudança social. Por positivismo, Comte queria dizer o estudo da sociedade com base em observação sensorial, comparação histórica e experimentação na busca de leis universais, em vez de confiar em princípios morais abstratos sobre a natureza humana e a justiça social. Comte representa um ponto de vista que desdenha a desorganização da política democrática e conduz a um endosso do governo por uma elite de conhecimento. Ao contrário dos reis-filósofos de Platão, os governantes da sociedade moderna seriam reis-sociólogos, gente com conhecimento técnico sobre as operações da sociedade e as suas consequências. Hoje nos referimos a esse tipo de pensamento como tecnocrático, e, portanto, para nós, Comte é o primeiro tecnocrata.

Em geral, Karl Marx (1818-1883), Émile Durkheim (1858-1917) e Max Weber (1864-1920) são considerados a "santíssima trindade" da tradição clássica. Embora existam importantes semelhanças conceituais entre eles, existem consideráveis diferenças metodológicas e processuais, algumas das quais já foram comentadas; não obstante, os significativos pontos de contraste nos textos seguintes estarão nos seus pressupostos morais muitas vezes inconciliáveis, o que lhes proporciona perspectivas críticas sobre a modernidade, e nas diferentes maneiras com que eles empreendem a iniciativa sociológica.

Marx e Comte mostravam semelhanças meramente superficiais em suas abordagens. Ambos estão interessados em uma ciência da sociedade, ambos encaram a história como a fonte de dados empíricos e ambos tendem a pensar em termos de estágios de desenvolvimento histórico e no valor preditivo das suas teorias sociais. Porém, Marx é um pensador dialético, em contraste com o positivismo de Comte; por isso, Marx percebe o desenvolvimento social como consequência de classes em conflito, agindo para moldar uma sociedade futura. O raciocínio dialético tenta capturar o caráter dinâmico da realidade social, encarando a mudança como fruto da evolução histórica de forças de oposição. Nesse caso, refere-se à capacidade de uma classe de recusar, desafiar e derrubar a dominação da outra e criar mudanças revolucionárias.

Em vez dos tecnocratas de Comte, cuja previsão lhes permite acesso privilegiado ao curso futuro do desenvolvimento social, Marx evoca um proletariado ativo e politicamente consciente, cuja opressão coletiva compele a agir em nome de sua própria libertação e, assim, alterar profundamente as circunstâncias sociais, econômicas e políticas de sua existência.

O cerne da teoria de Marx da sociedade industrial é a visão moral do ser humano como essencialmente livre e do capitalismo como modo de produção que escraviza as pessoas por meio de arranjos institucionais que definem a relação entre trabalho assalariado e capital. Marx observou o desenvolvimento do capitalismo e viu nele um sistema que legitimava a exploração de uma classe por outra. Procurou expor a verdadeira natureza dessa relação ao desafiar as noções aceitas de propriedade privada e de liberdade individual. Marx projetou uma destruição revolucionária do capitalismo como etapa necessária ao desenvolvimento emancipatório da humanidade.

Não menos sincero e profundamente perturbado pelo advento da sociedade industrial moderna, Durkheim analisou que o problema central da modernidade consistia na desagregação daquelas crenças morais compartilhadas que se desenvolvem como resultado de um compromisso mútuo com ideais e valores mútuos pelos membros de uma comunidade. Para Durkheim, a condição da modernidade caracteriza-se pela desagregação de laços e vínculos comunais, na medida em que os indivíduos são obrigados a viver em um ambiente social caracterizado como *anômico*, isto é, sem normas e sem leis. As semelhanças com as opiniões conservadoras do Contrailuminismo devem ser observadas, embora Durkheim não buscasse retornar à velha ordem. O termo *anomia*

literalmente significa sem lei, e, na visão de Durkheim, essa condição generalizada da modernidade literalmente destrói os indivíduos que devem existir dentro dela, pois essas condições são responsáveis por aumentos na taxa de suicídio. Enquanto Marx encara regulamentações e regras da sociedade capitalista como um conjunto de manifestações de interesse de classe e dominação e defende sua destruição a fim de libertar o proletariado da dominação, Durkheim argumenta que regulamentações e regras legítimas são características necessárias e essenciais da vida social. As pessoas precisam de ideais para acreditar e precisam de regras para orientar sua vida social. A regulamentação moral e a integração social são aspectos positivos de uma sociedade saudável, na qual os indivíduos possam prosperar como membros de uma comunidade.

Durkheim enfrentou as características destrutivas da anomia e o crescimento do individualismo na sociedade moderna. O "culto do indivíduo" foi sua tentativa de conciliar a tendência central da modernidade rumo ao individualismo com a visão de que o consenso moral está ameaçado por fragmentação, extrema diferenciação e individualização.

A maior parte da discordância entre Marx e Durkheim recai em seus pressupostos morais sobre a relação do indivíduo com a sociedade. A visão emancipatória de Marx precede suas análises empíricas e fornece a base para sua teoria. Marx questiona a legitimidade de qualquer comunidade, ideais ou instituições que toleram, sustentam ou justificam a desigualdade, ou seja, a dominação de uma classe sobre a outra. Marx afirma que, com a destruição da propriedade privada, a igualdade de todos pode ser assegurada pelo comunismo, à medida que todos os membros se tornam participantes iguais na vida social, política e econômica da comunidade.

Por sua vez, Durkheim rejeita essa concepção igualitária, considerando-a utópica e impossível de concretizar. Argumenta que certas desigualdades são naturais e não podem ser erradicadas. É possível reformar as instituições no intuito de adequá-las mais fielmente aos ideais igualitários estabelecidos pela sociedade. Assim, Durkheim favorece políticas que promovam a igualdade de oportunidades, pois elas permitem que os talentos e as habilidades naturais dos indivíduos sejam julgados independentemente de raça, gênero e etnia. Portanto, se as instituições da sociedade forem leais a esse princípio de justiça, os indivíduos se identificarão com a comunidade, compartilhando os ideais e o consenso moral comunitários, e julgarão os seus resultados como justos e legítimos. Em contrapartida, se as instituições econômicas favorecerem os privilegiados e se aventurarem na formação de classes e no conflito de classe, os ideais de aglutinação da comunidade serão rompidos. Alternativamente, se as políticas econômicas favorecerem o menos privilegiado pela tentativa de igualar os resultados, a sociedade corre o risco de perder o apoio da maioria dos seus membros que acredita que as recompensas devam ser conferidas aos que demonstram capacidade. Por conseguinte, Durkheim recomenda reformas sociais e econômicas que equalizem as condições e forneçam credibilidade aos ideais sociais de igualdade de oportunidade, porque essas reformas fomentariam a integração e a aceitação das normas reguladoras como legítimas.

Para Durkheim, em nítido contraste com Marx, é possível que a comunidade tenha desigualdade, contanto que essa desigualdade decorra de méritos e conquistas. A teoria de Marx pretende libertar o povo do mesmíssimo sistema que Durkheim deseja reformar e legitimar. Embora ambos os teóricos estejam analisando e interpretando o capitalismo industrial, eles o fazem a partir das diferentes perspectivas formadas a partir dos pressupostos morais que eles defendem sobre o indivíduo e a sociedade.

Os pontos de vista de Durkheim sobre o método sociológico são claramente modelados com base nas ciências naturais, e parte de seu trabalho reflete um compromisso com a análise estatística e com a sistemática coleta de dados que o torna exemplar para a sociologia científica. Durkheim é meticuloso ao elaborar sua argumentação, impecável ao usar a análise lógica e preciso ao organizar as evidências que conduzem às suas generalizações. O estudo de Durkheim *Suicídio* é considerado um modelo de como deve ser conduzida uma análise sociológica, e sua obra *As regras do método sociológico* é amplamente reconhecida como uma relevante contribuição para a metodologia das ciências sociais.

A teoria da ação de Max Weber foca o indivíduo como agente social, e sua metodologia *verstehende* (interpretativa) nos convida a explorar o significado subjetivo da ação do ponto de vista do agente. A esse respeito, o trabalho de Weber parece estar em conflito com as inclinações mais sistemáticas e positivistas da metodologia de Durkheim e a abordagem dialética adotada por Karl Marx.

Em *A ética protestante e o espírito do capitalismo,* Weber argumenta que as crenças religiosas podem ter consequências econômicas profundas e até mesmo revolucionárias, pois as ideias não são simplesmente consequências epifenomenais dos modos econômicos de produção. Nesse estudo, Weber revela como a crença nos princípios do calvinismo levou a mudanças nas atitudes dos crentes em relação ao trabalho que se tornaram um fator importante no surgimento do capitalismo. Em oposição à visão racional de Marx da história como desenvolvimento ordenado que conduz a parâmetros logicamente determinados, ou *telos,* a percepção de Weber considera que a história é incerta e acidental e que a ação humana muitas vezes envolve resultados imprevistos e inesperados. Weber parece dizer, embora com certa hesitação, que o capitalismo foi a consequência imprevista das crenças protestantes e não uma transição programática e racional do feudalismo, conforme descrito por Marx.

"Classe, *status*, partido" centra-se nas perspectivas de Weber sobre o poder na sociedade moderna, em contraste com a noção de Marx sobre classe dominante. Weber parece compartilhar a definição de Marx sobre as classes, mas nega a singular importância que Marx atribui a elas. Em vez de considerar as classes e a consciência de classes como um desenvolvimento necessário no capitalismo,

Weber encara os grupos de *status* como comunidades naturais com impacto mais direto e imediato sobre a consciência e as ações dos indivíduos. Além disso, a análise de Weber desafia a visão marxista de que há uma única avenida de poder na sociedade e de que a classe econômica dominante é a classe governante. A posição da classe econômica, a honra do *status* e a liderança persuasiva de um partido são maneiras distintas para se chegar ao poder. Talvez se sobreponham, mas não são idênticas e nem sempre são encontradas juntas no mesmo indivíduo.

Os ensaios de Weber sobre metodologia fornecem uma excelente discussão da problemática em torno da ideia da objetividade e detalham suas contribuições para um método distintamente sociológico. Weber emprega uma metodologia interpretativa, lançando mão de modelos racionais ou tipos ideais para desenvolver temas ou generalizações a partir do exame minucioso dos dados históricos. Ele aborda as informações históricas do ponto de vista de um sociólogo; a partir desses ricos dados empíricos, extrai observações sobre classe, *status*, partido, religião e modernidade.

As diferenças entre a abordagem de Weber e o método dialético de Marx sinalizam um conflito insolúvel e duradouro sobre a relação entre pensamento e ação, entre razão e realidade. Para Marx, o objeto da análise social é mudar o mundo; para Weber, é suficiente tentar compreendê-lo. E embora Marx acredite que sua metodologia dialética revele as forças de mudança revolucionária, Weber afirma que o pensamento racional é limitado e as prescrições para a mudança são a província de políticos e não de cientistas sociais.

Weber defende que é possível a objetividade nas ciências sociais, embora apenas sob condições cuidadosamente definidas. Ele reconhece a influência dos valores morais na pesquisa social, mas afirma que esses valores entram em conjunturas específicas e não devem influenciar os resultados da pesquisa. Os analistas sociais que defendem valores radicalmente diferentes devem ser capazes de concordar com os fatos, mesmo que suas interpretações sobre significado e importância sejam diferentes. Por conseguinte, Weber acredita que é impossível conduzir pesquisas sociais sem reconhecer o papel exercido pelos valores. Weber não defende a eliminação dos valores da pesquisa e considera isso uma clara impossibilidade. No entanto, esse reconhecimento não precisa levar à visão de que todas as pesquisas são contaminadas pela subjetividade e, portanto, são anticientíficas. A posição de Weber é mais sutil e mais complexa. Embora reconhecendo o papel dos valores, ele delimita seu impacto e se recusa a submeter o discurso racional às arbitrárias reivindicações de poder.

A relação entre conhecimento e poder é desenvolvida por Michel Foucault (Capítulo 12), cuja teoria pós-modernista é muito influenciada por Friedrich Nietzsche. Porém, embora Foucault siga Nietzsche mais de perto, a relutância de Weber em solapar a racionalidade científica atesta sua postura crítica em relação a este. Em outros aspectos, no entanto, existem afinidades entre esses dois pensadores. A crença de Weber de que a política carismática pode superar o sistema burocrático ossificado ecoa as ideias do *Übermensch*, e o pior medo de Weber de que a racionalidade instrumental criaria homens técnicos e sem paixão amplia os discernimentos intuitivos de Nietzsche no reino da análise sociológica.

Na esteira de Nietzsche, foi Weber quem viu o lado sombrio da racionalidade científica e quem apontou para as duradouras resistências às mudanças politicamente direcionadas. Weber escreveu sobre o desencantamento do mundo sob a pressão da razão científica e narrou o surgimento de uma nova forma de dominação com a propagação de uma ordem racional e burocrática. Em uma variação do tema de Nietzsche de que Deus está morto, Weber encarava os conflitos em relação aos valores morais como uma luta incessante entre "deuses" e "demônios". Ao contrário do Iluminismo, esse não era um mundo em que a política necessariamente inauguraria uma nova ordem de harmonia e justiça. A política é um permanente conflito de interesses, uma luta pelo poder. Nas palavras de Weber, a política é o "lento perfurar de tábuas duras" (Weber, 1919/1958, 128), e só aqueles que suportam a luta e mantêm sua visão podem almejar a realização de mudanças.

Georg Simmel, George Herbert Mead e Karl Mannheim ocupam um lugar de importância logo atrás de Marx, Durkheim e Weber. Simmel percebia a modernidade como uma mescla de resultados positivos e negativos, em vez de pura bênção ou falha não mitigada. Sua análise social revela uma nova forma de alienação cultural na presença de liberdade individual sem precedentes. Para Simmel, a modernidade conota a desagregação de pequenas comunidades rurais e seus estilos pessoais de interação. Em seu lugar, surgiram centros urbanos de produção e cultura que tendem ao anonimato e à impessoalidade nas interações sociais. Embora seja verdade que a sociedade moderna ofereça múltiplas oportunidades para os indivíduos se expressarem livremente, adotarem diferentes papéis e interagirem em diferentes arenas sociais, a perspectiva dialética de Simmel revela a condição urbana que apoia essa liberdade recém-encontrada, bem como a maneira em que a cultura urbana moderna passa a dominar o indivíduo. Simmel, como Weber, compreende a complexidade e a contingência da modernidade e atribui a ela resultados mais moderados do que o otimismo confiante dos *philosophes* do Iluminismo.

Em contraste com as teorias estruturais e deterministas de vários europeus, a psicologia social desenvolvida por George Herbert Mead (1863-1931), o primeiro norte-americano nesse grupo de teóricos clássicos, encara o *self* como consequência de complexos processos interativos sociais. Nesse sentido, as perspectivas de Mead são consistentes com os ideais progressistas e a fé democrática do Iluminismo. O *self* emerge em ações que resultam de um diálogo interno entre o "eu" e o "mim". Em vez de considerar o *self* como objeto determinado por forças externas ou como entidade fixa que de alguma forma "reside" no interior da pessoa, Mead enfatizou a autorreflexão e a adaptabilidade. Ao colocar a ênfase em gestos, símbolos e interações reflexivos, a teoria de Mead desenvolve um sujeito democrático – isto é, um indivíduo capaz de tornar as ações do *self* em objetos do pensamento e capaz de ajustar, adaptar e controlar o comportamento com base nessa reflexão. Quanto mais os indivíduos forem capazes de controlar suas ações, mais serão capazes de se autogovernar e menor será a necessidade de uma autoridade externa para controlá-los. As teorias de Mead estão em desacordo com a concepção durkheimiana do indivíduo como socialmente determinado por forças externas e também com a visão de Marx de que a posição de classe de um indivíduo é um fator vital para compreender a consciência e a ação coletiva. Talvez a percepção de Mead sobre a fluidez da vida norte-americana e a ideologia do individualismo norte-americano o tenha levado a desenvolver uma teoria que minimiza estruturas externas ou objetivas. Seja como for, percebemos na obra de Mead uma continuação do Iluminismo e seus ideais de progresso democrático, mas sem a metodologia dialética ou as características estruturais do pensamento marxista.

Karl Mannheim (1893-1947) representa a fusão de certos aspectos do pensamento de Marx com a orientação weberiana. Mannheim adota uma visão marxista sobre a relação das ideias com os interesses e sua localização na estrutura social e a desenvolve em um estudo completo, a sociologia do conhecimento. Marx afirmara que as ideias dominantes eram as ideias da classe dominante e que os interesses dominantes na sociedade utilizavam ideias para legitimar a sua posição. Marx encarava o proletariado como agente da mudança; por isso, argumentava que, como uma classe, o proletariado agia em nome de um princípio universal e não apenas de seus bitolados interesses de classe. O socialismo era um sistema verdadeiramente justo para todos os membros da sociedade, não só para as classes trabalhadoras. Nesse sentido, portanto, Marx acreditava que todas as classes desenvolviam ideologias para justificar sua dominação, mas o proletariado tinha uma verdade de escopo universal com vistas à libertação da humanidade.

Embora impressionado com a análise de Marx sobre ideologia, Mannheim estava despreparado para segui-lo em sua representação do proletariado como classe universal. Em vez disso, Mannheim encarava o socialismo como aquele complexo de ideias que representava os interesses dos trabalhadores e procurava mudar o *status quo*. Sua análise o levou a concluir que a sociologia pode estabelecer a relação entre ideias e seu contexto histórico e social; pode nos dizer quem defende ideias particulares, quais grupos se beneficiam com a crença em certas ideias, quais interesses são encorajados e quais são desencorajados. No entanto, a sociologia não pode estabelecer a verdade substancial sobre quaisquer complexos de ideias nem declará-los universalmente verdadeiros. Ao estabelecer a relatividade das perspectivas e aplicá-la tanto ao proletariado quanto à burguesia, a sociologia do conhecimento de Mannheim afasta-se de Marx e abraça uma posição weberiana. Assim, em sua obra *Ideologia e utopia*, Mannheim apresenta uma continuação do pensamento marxista e, ao mesmo tempo, um afastamento crítico desse pensamento.

A análise de Mannheim sobre o papel dos intelectuais na sociedade exibe uma tensão crítica semelhante. Em seus primeiros trabalhos, Mannheim descrevera os intelectuais como de "flutuação livre" e desvinculados de quaisquer interesses de classe. Portanto, ao contrário das outras pessoas, os intelectuais eram capazes de manter distância e avaliar os argumentos de modo impassível, vendo as diferentes perspectivas e os interesses encorajados por elas. Durante a Segunda Guerra Mundial, no exílio de sua nativa Alemanha, Mannheim escreveu que a crise da sociedade ocidental exigia o envolvimento ativo dos intelectuais na política da época e atribuiu-lhes um papel poderoso na ampliação do ideário democrático. Mannheim se deu conta de que o progresso e outros ideais do Iluminismo só seriam encorajados por uma elite intelectual politicamente engajada e não por uma *intelligentsia* imparcial. Por que os intelectuais devem ser tão significativos para a preservação de uma ordem democrática? E o papel deles, conforme descrito por Mannheim em seus trabalhos posteriores, é compatível com os processos democráticos? Essas questões, decorrentes da análise de Mannheim, ainda permanecem válidas.

As diferentes perspectivas defendidas pelos teóricos clássicos ilustram como pressupostos básicos sobre a relação do indivíduo com a sociedade fornecem o arcabouço que molda a interpretação dos fatos, a formulação de perguntas e o fornecimento de respostas. Os modelos de sociedade e as perspectivas alternativas sobre a realidade social constituem o legado da tradição clássica. Como resume C. Wright Mills (1960, 4):

> A tradição clássica, então, não pode ser definida por um método específico, certamente não por qualquer teoria sobre sociedade, história ou natureza humana. … A tradição clássica é mais prontamente definida pelo caráter das perguntas que orientaram e hoje também orientam aqueles que fazem parte dela. Em geral, essas questões têm amplo alcance: dizem respeito a sociedades como um todo, a suas transformações e à diversidade de indivíduos homens e mulheres que nelas habitam. As respostas dadas pelos sociólogos clássicos fornecem concepções sobre a sociedade, sobre a história e sobre a biografia, e no trabalho deles esses três itens costumam estar intimamente ligados.

II – Teoria sociológica contemporânea

A Parte II desta coletânea tenta abarcar o desenvolvimento da teoria sociológica no período pós-Segunda Guerra Mundial. Durante a década de 1950, o campo da sociologia foi dominado por Talcott Parsons e seus esforços teóricos integrativos na forma do funcionalismo estrutural. Ao mesmo tempo, a disciplina parecia estar comprometida com um modelo positivista do conhecimento científico, de modo que, ao longo dessa década, a sociologia parecia estar a caminho de estabelecer sua legitimidade científica. No final da década, o funcionalismo e o modelo positivista estavam sob ataque. C. Wright Mills (1959) lançou uma poderosa crítica contra a "teorização grandiosa", termo pelo qual ele se referia ao funcionalismo parsoniano, e contra o "empirismo abstrato", na qual ele ridicularizava as pretensões científicas da sociologia. Alvin Gouldner (1970) terminou a década com uma análise crítica imensamente influente sobre o funcionalismo e o positivismo.

O debate no âmbito da sociologia também foi apoiado por evoluções em outros campos. *A estrutura das revoluções científicas* (1962), de Thomas Kuhn, desafiou as velhas ortodoxias em relação ao caráter evolutivo das disciplinas científicas. Ao discutir o ambíguo e controverso conceito de "paradigma", Kuhn mostrou como um modelo exemplar tende a dominar um campo e restringir o campo de visão dos profissionais para resolução de problemas, ou para o que ele chamava de "ciência normal". O mais significativo, no entanto, para as ciências sociais e a sociologia em particular, foi a maneira como Kuhn descreveu as mudanças no paradigma ou teoria dominante. A tese de Kuhn afastava-se das interpretações convencionais ao afirmar que as mudanças não decorrem da avaliação racional das evidências para ver qual das duas teorias concorrentes devia prevalecer. Em vez disso, Kuhn usava a linguagem da política e caracterizava a mudança como "revolucionária". Profissionais confrontados com anomalias e incapazes de encontrar uma resolução muitas vezes experimentam uma mudança na forma de encarar o mundo que mais se parece com uma conversão religiosa do que com o processo de cálculos metódicos descrito nas teorias convencionais do progresso científico. As mudanças na teoria dominante agora eram vistas como questões de conversão, sem relação com a não confirmação por fatos "neutros" ou "objetivos"; por isso, as estratégias políticas para o domínio paradigmático começaram a fazer efeito nas ciências sociais.

Esses desenvolvimentos intelectuais na história e na filosofia da ciência ocorriam simultaneamente com os tumultuosos eventos políticos e culturais da década de 1960. Por um lado, o funcionalismo salientava harmonia, integração, consenso e ordem; por outro, o movimento dos direitos civis, o movimento contra a guerra e o movimento contracultural do *rock* psicodélico geravam conflito, crítica, desordem e confronto. A teoria funcional estava fora de sincronia com a realidade, e Kuhn possibilitara aos cientistas sociais ver o quão arbitrários eram os paradigmas predominantes e quanto sua dominância continuada dependia da aceitação inquestionável pelos profissionais. Seguiu-se um período de duas décadas de diversificação teórica e proliferação na sociologia, levando George Ritzer (1975) a rotular a sociologia como "ciência de múltiplos paradigmas".

A Parte II começa com um ensaio de Kingsley Davis e Wilbert E. Moore, que apresenta a análise funcionalista da estratificação social. Continua com um excerto da obra de Talcott Parsons *Idade e sexo na estrutura social dos Estados Unidos* e um trecho do ensaio de Robert K. Merton sobre funções manifestas e latentes. O aluno reconhecerá semelhanças com a teoria de Durkheim sobre sociedade e sua abordagem a ela. Fulcral para a perspectiva funcionalista é a noção de que uma sociedade é um sistema de partes inter-relacionadas e diferenciadas trabalhando em conjunto para manter uma ordem estável em um ambiente dinâmico. O funcionalismo admite a realidade objetiva do sistema social, cujas necessidades existem e devem ser cumpridas independentemente dos desejos dos indivíduos particulares nele inseridos. O funcionalismo encara os fatos sociais como *sui generis* e não se envolve em explicações reducionistas. A perspectiva funcionalista está preocupada com o problema da ordem social e encontra uma explicação nas maneiras como as normas e os valores compartilhados servem para criar uma ordem integrada e consensual. Os funcionalistas enfatizam o consenso e a integração sociais e tendem a minimizar o fenômeno do conflito em sua busca por mecanismos integrativos.

Nossa apresentação da teoria contemporânea continua com uma leitura sobre a "teoria do conflito", que tenta destacar as limitações do funcionalismo. Ralf Dahrendorf demonstra como um modelo de conflito reestrutura a nossa percepção do mundo social, ao reconhecer que o conflito é uma característica necessária da vida social. A teoria do conflito baseia-se em formulações marxistas e weberianas sobre a base da ordem social, postulando que a ordem, em última análise, baseia-se na força em vez de no consentimento, como os funcionalistas prefeririam, e que os interesses dominantes são os beneficiários da ordem social. O ensaio de C. Wright Mills, que segue o excerto de Dahrendorf, ilustra a estrutura de poder na sociedade norte-americana e suscita questões sobre a viabilidade de controle democrático. O artigo de Richard L. Zweigenhaft e G. William Domhoff "As ironias da diversidade", da obra *A diversidade na elite do poder* (2006), traz alguns dados contemporâneos concretos sobre a questão da composição social da elite do poder. Se Mills pretendia substituir o conceito de poder de classe com a ideia de uma elite do poder, ele tentava capturar a diferença entre *status* designado, isto é, uma posição herdada no nascimento, e *status* alcançado, uma posição com base no mérito individual. Embora a entrada na elite do poder não tenha sido por nascimento nem por herança nos Estados Unidos, não obstante Mills argumentou que a preponderância de seus componentes era extraída dos estratos superiores da sociedade. Zweigenhaft e Domhoff argumentam claramente que hoje essa elite não é tão fechada como Mills alegava ao escrever *A elite do poder* (1956). Mas a pergunta suscitada pelos autores é: a diversidade na elite do poder faz a diferença nos resultados políticos? E, em caso negativo, por que motivo? Os teóricos do conflito colocam ênfase considerável na dinâmica da mudança social, nas fontes de conflito e discórdia na sociedade e nas diferenças entre os recursos de poder daqueles no topo da ordem social em detrimento daqueles na parte inferior. Essas ênfases opõem claramente a teoria do conflito em relação à teoria do funcionalismo e sua abordagem consensual para a ordem social.

A teoria das trocas e a teoria da escolha racional são outros exemplos de proliferação e diversidade após o fracasso do funcionalismo. Na tentativa de se afastar da conceituação abstrata e resgatar o enfoque da sociologia ao comportamento das pessoas reais em sua vida cotidiana, George Homans, sociólogo de Harvard, voltou-se para as teorias psicológicas de B. F. Skinner, colega da Harvard University, para embasar a teoria das trocas no comportamento dos indivíduos. Argumentando que os indivíduos estão engajados em trocar relações em que recompensas e punições são obtidas por comportamentos específicos, Homans passou a descrever como o comportamento é reforçado por respostas positivas ou negativas. O que emergiu das formulações do Homans foi um elaborado esquema que retratava os indivíduos como agentes capazes de calcular os custos e os riscos inerentes em comportamentos específicos.

Peter Blau (1964) (Capítulo 8), outro teórico das trocas, compartilha um pouco da antipatia expressada por Homans quanto ao funcionalismo parsoniano. Mas Blau, também ciente das limitações da abordagem de Homans, amplia a teoria das trocas para além do âmbito estreito das interações face a face, no intuito de abordar estruturas sociais maiores e o que as torna possível.

A teoria das trocas e a teoria da escolha racional, aqui representada por James S. Coleman, têm muito em comum. Ambas têm como ponto de partida o foco no comportamento dos indivíduos e ambas demonstram menos preocupação com estruturas e instituições em grande escala, embora, como já observamos, o trabalho de Blau, bem como outros desdobramentos recentes, aponta na direção de esforços para integrar as abordagens micro e macro.

A sociologia fenomenológica e a etnometodologia desenvolvem-se a partir de um compromisso com uma abordagem *verstehende* à realidade social. O foco concentra-se no significado subjetivo da ação, em oposição ao significado objetivo atribuído à ação pelo observador. É imperativo captar as estruturas de significado compartilhado dos participantes em um ato social pela compreensão empática ou reconstrução racional e se proteger contra a imposição de significados, à medida que eles são deduzidos a partir de teorias científicas abstratas ou modelos do mundo real. O mundo da vida compartilhado de significados sensatos é a realidade cotidiana das pessoas comuns, e o propósito da investigação sociológica é entender essa realidade social. Esse é o fardo do trabalho de Peter Berger (1969) e Harold Garfinkel (1967) (Capítulo 9).

Esses teóricos defendiam que a sociologia deve investigar como as pessoas encaram o mundo social, como elas organizam suas atividades diárias, por que elas agem como agem e quais explicações elas dão a seu comportamento. Primeiro, os sociólogos devem aprender a linguagem da vida cotidiana, a fim de compreender a experiência das pessoas comuns, e devem evitar a obrigação científica de construir teorias abstratas e explicar os dados da vida cotidiana em termos dessas construções intelectuais. A não observância disso pode levar a explicações errôneas que podem fazer sentido lógico como derivados da teoria, mas talvez não tenham conexão com o significado que as pessoas comuns conferem às suas ações.

De forma um tanto parecida, a etnometodologia busca descobrir as estruturas de significado compartilhado e demonstrar suas realidades e fragilidades. A interação social torna-se possível apenas em decorrência de significados compartilhados; e quando esses significados são repudiados e as expectativas comportamentais renegadas, a interação torna-se difícil, talvez impossível. Os etnometodólogos, como Harold Garfinkel (1967), demonstram essas afirmações com evidências experimentais concretas.

O trabalho de George Herbert Mead inspirou vários alunos a continuar trabalhando com os conceitos teóricos que ele desenvolveu. O interacionismo simbólico é o nome da orientação adotada por aqueles que seguiram na esteira de Mead. A abordagem coloca ênfase considerável no *self* como construção social, nos processos interativos como essenciais para a compreensão do comportamento humano e na utilização de símbolos como forma de comunicação distintivamente humana. Por meio da linguagem, os seres humanos podem tornar-se os objetos de sua reflexão; ou seja, são capazes de pensar em seus atos e mudar o seu comportamento futuro com base em sua compreensão. Mead foi o pioneiro dessa visão de *self* reflexivo com o diálogo interno entre o "eu" e o "mim" (Capítulo 5). Herbert Blumer, aluno de pós-graduação em sociologia na época em que Mead lecionava na University of Chicago, cunhou o termo *interação simbólica* enquanto ampliava o trabalho de Mead, partindo de pequenos grupos para processos sociais mais amplos. Para Blumer, a realidade social é definida por processos interativos e, com menos importância, por estruturas objetivas externas ao indivíduo. O que observamos na vida cotidiana são pessoas agindo conjuntamente, adequando seus comportamentos em relação aos outros e ajustando suas ações, a fim de se coadunar com as ações dos outros para atingir metas coletivas.

Erving Goffman também pode ser considerado um dos seguidores de Mead. Tendo estudado com Blumer, Goffman passou a escrever uma série de obras que celebra a capacidade do *self* de desempenhar muitos papéis e sobreviver sob coação por meio de invenção criativa em variados contextos. A *dramaturgia* de Goffman se destina a captar a ideia de que a vida social é muito parecida com uma peça de teatro, e que apenas se as pessoas desempenharem os seus papéis e entenderem os limites do processo interativo a vida social pode evoluir. Se as expectativas forem negadas, se os indivíduos permitirem que emoções irrelevantes se intrometam, ou se não conseguirem ler os sinais dos outros corretamente, a interação entre as pessoas sofre um colapso. É preciso observar que os interacionistas deslocam o foco de sua atenção para longe de estruturas sociais como as classes e depositam um significado bem maior na realidade experimentada na vida cotidiana e no *self* como agente de ações reflexivas.

Em sua obra *O coração gerenciado (The Managed Heart*, 1983), a socióloga Arlie Hochschild alça a orientação da interação simbólica a outro nível, vinculando-a a uma perspectiva feminista com sua análise da exploração das emoções na sociedade contemporânea. A introdução das categorias marxistas traz uma inesperada dimensão estrutural para a análise interacional da autora. Ao enquadrar seu estudo no contexto de uma sociedade pós-industrial, Hochschild também reformula as noções marxistas tradicionais de exploração, à luz da transição para uma economia de serviços.

III – Modernismo e pós-modernismo

A Parte III realça os mais recentes desenvolvimentos na teoria social continental. Os debates entre os modernistas e os pós-modernistas tiveram impacto significativo entre os acadêmicos da América do Norte, especialmente nas humanidades e no campo da crítica literária. A influência desses debates no âmbito da sociologia foi confinada à teoria social e, mesmo assim, tem sido marginal às principais preocupações sobre micro e macrointegração e metateoria, em oposição à pesquisa empírica como paradigma programático (Ritzer, 1990; Giddens e Turner, 1987).

C. Wright Mills (1959, 1960) criticou a sociologia por seu hiperfactualismo, sua estreiteza e sua falta de apoio à teoria, em especial o tipo de teoria produzida pelos teóricos sociais da tradição clássica. Na visão de Mills, a teoria social deveria ser amplamente embasada, moralmente envolvida e ativamente engajada com as questões vitais da atualidade. Ele percebia a fuga para fatos neutros como indicativo de uma "crise de reflexão social", como se problemas sociais pudessem ser resolvidos simplesmente por se recorrer aos fatos. Assim, a crise temida por Mills era uma crise não só entre os sociólogos, mas também entre os intelectuais que foram seduzidos pelo canto da sereia de uma ciência da sociedade e que fugiam de juízos de valor em sua busca por soluções técnicas para questões morais. Isso não seria de bom augúrio para o nosso futuro político, porque apoiaria a superioridade da especialização estreita na tomada de decisão e tenderia a legitimar as tendências tecnocráticas, em detrimento das democráticas, na sociedade.

As leituras na Parte III, em especial as contribuições de Herbert Marcuse, Jürgen Habermas e Michel Foucault, abordam diretamente algumas dessas questões. Marcuse e Habermas representam a teoria social crítica, que foca a questão essencial da viabilidade futura da iniciativa e do controle democráticos, sob condições que favoreçam a especialização estreita e a racionalidade instrumental na resolução de problemas. Em uma sociedade unidimensional (Marcuse, 1966), em que as fontes tradicionais de negatividade foram absorvidas, as iniciativas políticas que refletem as necessidades da comunidade dão lugar a formulações de especialistas no processo de política. Habermas (1970) fala de um processo de usurpação que se desenvolve à medida que os cidadãos comuns são sobrecarregados por problemas sociais, os políticos tornam-se celebridades da mídia e a esfera pública do discurso é gradualmente erodida. Refletindo sobre as tarefas de uma teoria crítica da sociedade, Habermas foca as questões que a teoria social contemporânea deve abordar, como ela deve ser embasada para evitar o ataque do relativismo e como ela pode ajudar a revitalizar a política democrática ao reviver perguntas sobre o propósito moral e ao apoiar os esforços dos novos movimentos sociais como forças progressistas (Habermas, 1985). Se Habermas representa a continuação do projeto do Iluminismo do conhecimento racional como fonte de controle sobre o destino político e social, ele também afirma a distinção entre a razão e o poder e projeta a capacidade de uma razão autônoma fiscalizar as responsabilidades de quem está no poder.

Abordando a problemática da sociedade moderna de um ponto de vista inteiramente diferente, Michel Foucault desafia a ideia de que a razão é autônoma e substitui a noção de conhecimento/poder. A intenção de Foucault é expor as falsas alegações de objetividade e neutralidade em relação ao conhecimento e argumentar que o conhecimento é uma forma de poder. Em *Vigiar e punir,* Foucault (1977) demonstra como as ciências humanas evoluíram de pesquisas com motivações humanas sobre as condições da prisão e dos prisioneiros para formas intrusivas de investigação psicológica nos recessos mais profundos da mente de um prisioneiro. Sob a égide de uma abordagem racional e científica, pesquisas causais são realizadas para fornecer explicações para o comportamento criminoso ou desviante. Com o intuito de aspirar ao objetivo mais esclarecido da reabilitação em vez da punição, era necessário o conhecimento íntimo dos prisioneiros para compreender as causas do crime. Além disso, a fim de trabalhar com os detentos e reinseri-los na sociedade, os conselheiros psicológicos precisavam de informações pessoais detalhadas, não só sobre o preso, mas também sobre sua família e amigos, sua infância, seus desejos secretos e assim por diante. Nesse desenvolvimento, Foucault vê a formação de códigos de comportamento cientificamente fundamentados que distinguem o normal do anormal ou desviante. As ciências humanas produzem normas morais de comportamento certo e se tornam agentes na realização do controle social. O conhecimento científico social torna-se um meio de produzir e legitimar a personalidade normal.

O trabalho de Foucault segue a linha de visão de Weber sobre a "jaula de ferro" e a "sociedade totalmente administrada", conforme formulada por Max Horkheimer e T. W. Adorno (1975) em um dos primeiros trabalhos sobre teoria crítica. Demonstra "o fim do sujeito" no sentido de que o indivíduo se torna o objeto de conhecimento e aqueles com acesso a esse conhecimento têm o poder de produzir padrões de normalidade e criar novos tipos de indivíduos. Ao contrário da promessa do Iluminismo, o conhecimento racional não é uma fonte de libertação de dogmas e mitos, mas cria novas formas de controle com base nas ciências humanas de normalidade. Foucault analisa esse fenômeno em toda a sociedade moderna. Ele o descreve como a "sociedade carcerária" (Foucault, 1977, 304).

Os juízes da normalidade estão presentes em todos os lugares. Estamos na sociedade do professor-juiz, do médico-juiz, do educador-juiz, do assistente social-juiz. É neles que se baseia o reino universal do normativo; e cada indivíduo, seja lá onde se encontre, submete a esse reino o seu corpo, seus gestos, seu comportamento, suas aptidões, suas conquistas. A rede carcerária, em suas formas compactas ou disseminadas, com seus sistemas de inserção, distribuição, vigilância e observação, tem sido o maior apoio, na sociedade moderna, da normalização do poder.

A obra de Jean-François Lyotard (1984) leva adiante essa análise com uma pesquisa sobre a condição do conhecimento na era pós-moderna. Foucault e Lyotard fornecem um poderoso desafio à teoria social, bem como às afirmações de uma ciência de sociedade objetiva e imparcial. O impacto da obra de Lyotard foi desafiar todas as alegações de verdade e expô-las como uma função do poder. O conhecimento científico desenvolve-se desigualmente, muitas vezes de modo acidental e incerto. O mito do desenvolvimento evolutivo por meio de testes e experimentação é desafiado na forma como Thomas Kuhn (1962) previamente escreveu sobre ciência revolucionária.

A argumentação de Lyotard centra-se na sua visão sobre as metanarrativas e seu papel na legitimação da ciência. Por metanarrativas, Lyotard quer dizer temas sociais amplamente embasados, como teorias progressistas e emancipatórias que tendem a organizar a história da ordem de acordo com alguma noção teleológica que contextualiza os eventos passados e atuais e fornece uma interpretação abstrata desses eventos, orientados por uma lógica dedutiva em vez de por demonstrações empíricas. A Razão, o Progresso, o Conhecimento e o Iluminismo são parte do mito, da grande história, das grandiosas metanarrativas que fornecem explicações totalizantes da história humana e justificam práticas atuais científicas e políticas à luz do prometido *telos*. Essas metanarrativas visam a alcançar uma ordem social verdadeira e justa, não submetida às contingências do poder e dos interesses. Uma razão pura é capaz de identificar o bom, o verdadeiro e o justo além das distorções das práticas políticas e culturais do cotidiano.

O pós-modernismo significa o fim dessas afirmações, à medida que a sociedade pós-moderna testemunha a emergência de pluralidades, diversidades e o colapso da filosofia e teoria social. Lyotard descreve um mundo pós-moderno em que todas as metanarrativas são desacreditadas e no qual nenhuma alegação de posição privilegiada possa ser concedida à filosofia ou à teoria social. Todas essas alegações anteriores hoje são recebidas com respostas contrárias, em que as posições hegemônicas das filosofias racionalistas são encaradas como repressivas. Na visão de Lyotard, nenhum tribunal intelectual tem acesso privilegiado à verdade e à justiça. Em vez disso, em um mundo pluralista, alternativo e descentralizado, o conhecimento deve tornar-se plural, alternativo e descentralizado. No reino do conhecimento, isso significa uma proliferação de discursos em que estudiosos buscam interesses intelectuais e formam grupos com aqueles de pensamento semelhante. Como grupo, eles elaboram regras e princípios por meio dos quais conduzem suas pesquisas, em vez de procurar aprovação ou legitimação para o seu trabalho em algum tribunal filosoficamente privilegiado que detenha a resposta para a pergunta: "Qual é o verdadeiro conhecimento?". Nas palavras de Nancy Fraser e Linda Nicholson (1988, 377):

> Em *A condição pós-moderna*, Lyotard argumenta que metanarrativas, sejam elas filosofias da história ou filosofias fundamentais não narrativas, são meramente modernas e *dépassé*. Já não podemos acreditar, ele afirma, na disponibilidade de um metadiscurso privilegiado, capaz de capturar, de uma vez por todas, a verdade de cada discurso de primeira ordem. A alegação de meta-status não se sustenta. Um assim chamado metadiscurso é, na verdade, simplesmente mais um entre tantos discursos. Assim, Lyotard conclui que a legitimação, tanto epistêmica quanto política, já não pode mais residir em metanarrativas filosóficas.

Entre o modernista racionalista Habermas e os pós-modernistas Foucault e Lyotard existe um abismo colossal. Habermas não abre mão da ideia de que a razão humana é capaz de embasar uma crítica da sociedade que evita o relativismo e identifica os novos movimentos sociais como forças políticas que vão melhorar a formação de uma sociedade justa, por meios democráticos e consensuais. Sua análise pressupõe a capacidade da razão humana para identificar o bem, o verdadeiro e o justo e agir a fim de endossá-los. Os pós-modernistas, por sua vez, não só negam os pressupostos básicos de Habermas sobre razão, comunicação e ação; eles temem que sua teoria crítica programática possa tornar-se uma nova ideologia de legitimação, uma nova metanarrativa.

A resposta de Foucault às novas formas de dominação de poder/conhecimento e o potencial para a criação de novos padrões de "normalidade" política e social é uma afirmação radical do indivíduo nietzschiano cujas capacidades criativas e exclusivas são fontes da verdade e da liberdade. A natureza social da existência já não é mais vista como uma oportunidade para se tornar um ser verdadeiramente humano; em vez disso, a existência social é cada vez mais vista como uma existência politicamente manipulada e controlada, na análise de Foucault. É o *self* "poético" ou "estético" que Foucault (1988) considera a fonte de negatividade no onipresente sistema de conhecimento/poder e dominação tecnocrática.

Dentro da tradição clássica, o desafio de Weber ao pensamento marxista e às metanarrativas que a precederam historicamente antecipa muito da crítica pós-modernista. Em "A ciência como vocação", Weber (1919/1958, 143) analisa as justificativas para a ciência como outras tantas ilusões:

Sob esses pressupostos internos, qual é o significado da ciência como vocação, agora que todas essas antigas ilusões (o "caminho para o verdadeiro ser", a "forma de arte verdadeira", o "caminho para a verdadeira natureza", o "caminho para o verdadeiro Deus", o "caminho para a felicidade verdadeira") foram dissipadas? Tolstoi deu a resposta mais singela: "A ciência não tem sentido, porque ela não dá nenhuma resposta a nossa pergunta, a única pergunta importante para nós: 'O que devemos fazer e como devemos viver?'".

Nesse trecho, bem como em seus outros escritos, Weber revela-se um cético em relação às metanarrativas e, sobretudo, ao mito do Iluminismo de razão e progresso. Foi Weber (1905/1958, 181-2) que caracterizou a sociedade racional moderna como "a jaula de ferro" e referiu-se ao nosso futuro como "noite polar de gélida escuridão" (1919/1958, 128). A ciência de Weber não procurava justificativa nas mitologias de um futuro emancipatório. Weber desafiou tudo isso e muito mais. Pode então ser considerado o primeiro pós-modernista? O debate modernista/pós-modernista é uma repetição do debate entre Marx e Weber?

Aqui, o que pretendo arrazoar é que a condição da pós-modernidade apresenta a teoria sociológica com uma gama única e sem precedentes de problemas sociais. Em especial, quero argumentar que, para a sociologia manter a sua vitalidade no futuro, ela deve reagrupar-se com a filosofia, a fim de traçar novos rumos e desenvolver as construções críticas necessárias para uma nova era ou correr o risco de se tornar fonte de legitimação ideológica para uma tecnocracia liberal.

Os recentes debates sobre o significado e o propósito da teoria sociológica apontam para um profundo desacordo quanto à situação desse campo de estudo. Em *Fronteiras da teoria social* (Ritzer, 1990), coletânea de ensaios sobre a situação da teoria sociológica, George Ritzer, Jonathan Turner e Norbert Wiley, em seus ensaios de conclusão, não conseguiram chegar a um acordo quanto ao significado e à importância dos estudos contemporâneos. Ritzer descobre sínteses dentro de cada um dos principais subcampos ou escolas da teoria social e apoia a ideia de que a integração de conceitos e micro/macroperspectivas é melhor do que diversificação adicional. Turner enxerga na proliferação dos subcampos teóricos um sintoma do colapso da sociologia. Seu positivismo não reconstruído o leva a afirmar que a sociologia perde credibilidade e legitimidade quanto mais se afasta dos modelos de investigação científica. Por sua vez, Norbert Wiley usa as metáforas da política para descrever as lutas pelo domínio teórico na era pós-moderna. Quando o conhecimento não é nem desinteressado nem objetivo, a alegação da verdade desmorona e se transforma em luta pelo poder. Outros críticos (Seidman, 1990) consideram a teoria contemporânea vazia porque não faz nenhuma ligação com uma realidade social emergente e é assolada pela agenda dos profissionais.

Anthony Giddens, na obra *Modernidade e autoidentidade* (1991), argumenta que a modernidade requer um constante desafio às instituições, aos costumes e às crenças tradicionais. Isso não tem nada de novo, a novidade aqui é a maneira com que Giddens vincula esses desenvolvimentos ao *self* e à formação da identidade. Podemos dizer que essa é a problemática central de uma sociologia pós-moderna. Giddens descreve o processo de desagregação da identidade e a necessidade dos indivíduos para criar novas identidades, à medida que eles são capturados em um turbilhão de mudanças sociais e à medida que antigas instituições se tornam obsoletas ou irrelevantes. A era atual incentiva uma atitude experimental em direção à vida que cada vez mais implora por respostas às perguntas mais fundamentais de significado e propósito. Essas são exatamente as perguntas que Weber alertou para que os sociólogos evitassem, pois elas não podem ser respondidas cientificamente. No entanto, se a teoria social se voltar para a filosofia, então, seu futuro pode ser garantido e sua relevância para uma era pós-moderna tornar-se palpável.

Tanto Habermas quanto Foucault em seus trabalhos posteriores respondem a essas novas necessidades de uma sociologia orientada filosoficamente. A teoria crítica de Habermas tenta embasar uma sociologia crítica nos ideais emancipatórios universais do marxismo. Para Habermas, uma sociologia imparcial é uma sociologia instrumentalista que funciona para apoiar a ideologia liberal da sociedade moderna, mas não desenvolve nenhuma crítica fundamental sobre essa sociedade. Em vez disso, ela funciona como sociologia reformista e paliativa. O projeto de Habermas consiste em associar a sociologia a uma filosofia política emancipatória e democrática, a fim de garantir a sua relevância para uma ordem social emergente. Para esse desiderato, Habermas apoia os novos movimentos sociais como forças sociais que expressam as preocupações morais sobre o bem público e questões de formação da identidade que indicam um novo estilo de política para o futuro.

Os primeiros trabalhos de Foucault, como já vimos, ampliam os pontos de vista de Weber sobre modernidade e sociedade administrada. Seus trabalhos posteriores, em especial *O cuidado de si* (1988), tentam vincular a sociologia a assuntos de *self* e identidade que Giddens apenas sugere. Foucault retorna à Grécia antiga na busca de respostas para a questão do que constitui o *self* quando "o social" torna-se transparentemente manipulador e supercontrolador. Ao explorar a ética grega do *self*, Foucault nos acena com um conceito estético do *self*, o *self* como obra de arte.

É significativo o fato de que tanto Habermas quanto Foucault, a partir de perspectivas radicalmente diferentes, tentam concentrar suas análises sociais nas questões contemporâneas profundamente perturbadoras que parecem exigir reflexão filosófica, a fim de proporcionar uma consciência crítica do momento histórico que vivemos. Nesse sentido, seus escritos parecem estar mais próximos das preocupações da tradição clássica do que com os teóricos norte-americanos contemporâneos e, por isso, nos fornecem uma alternativa à definição dos profissionais sobre as tarefas da teoria.

IV – Além do pós-modernismo

O debate entre Foucault e Habermas não foi resolvido no âmbito da sociologia. Em vez de alcançar uma resolução, os teóricos sociais extraíram de cada um desses pensadores certos aspectos de suas teorias e produziram uma literatura ao mesmo tempo crítica e racional, no caso de Habermas, e libertária, beirando a niilista, no caso de Foucault. Depois do pós-modernismo, o paradigma de uma ciência social científica sofreu um ataque de intelectuais e acadêmicos que buscavam compreender a relação entre conhecimento e poder. Os novos movimentos sociais das décadas de 1960 e 1970 se tornaram o foco de pesquisa social para acadêmicos, alguns dos quais eram ativistas ou simpatizantes com os objetivos políticos dos movimentos. Mais tarde será discutido como e por que os novos movimentos sociais influenciaram a postura de Habermas e Foucault em relação à teoria social e, com sorte, será demonstrada a relevância da teoria social abstrata para nossa realidade política.

No início, a libertação das mulheres, a libertação *gay* e a libertação negra eram movimentos sociais buscando a igualdade de direitos. Ao longo do tempo, os movimentos foram transformados em movimentos de oposição alegando identidades separadas, mas opressão comum na sociedade liberal. Como uma sociedade liberal democrática pode continuar reivindicando a legitimidade e a autoridade para governar quando elementos significativos de sua população alegavam ser oprimidos por suas instituições e práticas? As alegações dos novos movimentos sociais encontraram ressonância na academia, e novos currículos foram desenvolvidos, novos cursos oferecidos e novos programas de pesquisa empreendidos para explorar as questões mais profundas de como o conhecimento sobre a realidade social é desenvolvido, com qual metodologia e com quais consequências.

Os novos movimentos sociais tornaram-se o impulso para os acadêmicos suscitarem questões sobre seus próprios campos de estudo e sobre as verdades consideradas ponto pacífico sobre a objetividade, a neutralidade e a natureza apolítica da ciência. Os teóricos sociais engajados, como humanistas e filósofos, começaram a pressionar contra os limites de suas disciplinas, desafiando as teorias substantivas existentes e especialmente a adesão ao método científico como a maneira exclusiva de procurar a verdade nas ciências sociais.

Acadêmicos e ativistas emergindo desses movimentos abraçaram o pós-modernismo como uma teoria sobre conhecimento e poder. Em consonância com a análise de Foucault (ver Capítulo 12), as ciências sociais em particular eram vistas como instrumentos de poder, à medida que, cada vez mais, os seres humanos eram vistos como objetos de estudo e controle. O resultado do conhecimento social era legitimar as regras existentes de comportamento social e usar o conhecimento social e psicológico para autoritariamente definir comportamento sexual normal, anormal e desviante. Ao contrário de suas pretensões de neutralidade de valor, as ciências sociais em geral ignoravam as onipresentes fontes de poder na dominância cultural do heterossexismo branco e masculino.

Novas formas de saber tinham de ser incorporadas ao sistema de conhecimento nas ciências sociais para registrar as alegações de opressão feitas por mulheres, *gays* e negros. Por meio de narrativas e da análise cultural de normas tidas como ponto pacífico, os relatos dos oprimidos viriam à tona, embora não se adequassem nos pontos de vista tradicionais sobre ciência. O que aparentava ser um caminho objetivo para a verdade por meio de métodos da ciência, agora era considerado quimérico. A promessa das novas formas de saber exporia o poder exercido por pessoas brancas e heterossexuais do sexo masculino, cujo domínio, embora não intencional, era real. Se os conhecimentos científicos das ciências sociais não só ocultavam as verdades sobre o poder na sociedade, mas também pareciam aceitar essas afirmações de modo incondicional, então, o conhecimento científico agora era considerado idêntico ao poder.

Nesse ponto, tanto Habermas quanto Foucault conseguiram apoiar os avanços intelectuais decorrentes dos novos movimentos sociais. Na perspectiva de Habermas, esses teóricos suscitaram questões importantes sobre igualdade e democracia, bem como sobre as alegações de exclusividade do método científico como forma de verdade. Suscitar questões sobre a igualdade e a democracia conduziria a comunicações racionais e bem-informadas sobre valores fundamentais, reviveria a esfera pública e nos aproximaria ao ideal da boa sociedade.

Habermas também havia considerado o método científico limitado quando se tratava da compreensão empática sobre a experiência e a condição do "outro". O propósito moral desse entendimento era trazer à tona o sujeito humano como sujeito e não como objeto de controle que por fim transformaria a democracia liberal em tecnocracia. Para Habermas, existia um ideal moral por uma melhor sociedade democrática que informava sua crítica da ciência e justificava os conflitos e as perturbações provocadas pelos novos movimentos sociais. Em outras palavras, os novos movimentos sociais faziam parte de um panorama da evolução da sociedade, desde a busca interesseira pelo poder até uma sociedade comunicativa com base na busca racional do bem comum.

A teoria de Foucault da sociedade como "carcerária", junto com a sua crítica sobre conhecimento/poder, apoia a desconstrução como um método de pesquisa radicalmente diferente e uma alternativa para a ciência. Ao contrário de Habermas, no entanto, Foucault não abraça quaisquer visões morais da sociedade. Junto com Lyotard, ele rejeita qualquer metanarrativa, qualquer visão de sociedade que evolui rumo à realização de um ideal moral.

Entre as consequências do método desconstrutivo está a exposição, em nível profundo, da maneira pela qual os seres humanos são controlados por papéis, normas e instituições sociais e por práticas culturais que definem quem eles são e como devem se comportar. Para Foucault, as práticas cotidianas da vida ordinária exemplificam como categorias socialmente construídas controlam cada aspecto da interação humana. A energia da vida individual é dirigida por agentes sobre os quais nada se sabe e sobre os quais não se exerce controle. Os controles são incorporados em nosso conhecimento da realidade social; por isso, a desconstrução é necessária a fim de revelar como o poder é exercido. A desconstrução como método nivela todas as práticas sociais e institucionais, deixando apenas um indivíduo liberado.

O que vamos descobrir nas leituras da Parte IV é uma fusão de opostos, Habermas e Foucault. A desconstrução como método está ligada ao surgimento de uma sociedade democrática mais justa. O que isso nos revela sobre a lógica da teoria social e sua relação com o mundo real é digno de consideração.

Claramente, novas formas de percepção e compreensão do mundo social e político vigoravam após o surgimento de novos movimentos sociais. E a "teoria do ponto de vista", discutida posteriormente por Dorothy Smith (1990) e Patricia Hill Collins (2000), fornecia uma resposta. A teoria do ponto de vista afirma que a perspectiva das mulheres (no caso de Smith) e das mulheres negras (no caso de Collins) precisa ser expressa a fim de se compreender o verdadeiro significado de opressão em nossa sociedade. Smith analisa o campo da sociologia para apoiar sua alegação de que os homens e a perspectiva masculina dominam o campo. À medida que as feministas acadêmicas movimentaram-se para abraçar Smith, Collins foi além com o conceito de "interseccionalidade" e, em especial, considerava as mulheres negras como sujeitas a múltiplas e interligadas opressões de classe, raça e sexo. Sem um método alternativo que nos compeliria a entender o mundo do "outro", a alterar o domínio masculino e a metodologia que o legitimava, a promessa liberal da igualdade permaneceria não cumprida.

Da mesma forma, surgiu uma crítica de intelectuais e ativistas *gays* e lésbicas, que compartilhavam suas experiências de exclusão com mulheres e negros e procuravam desconstruir o modelo dominante do heterossexismo. A visão amplamente compartilhada é a de que relações sexuais normais são definidas apenas como as relações entre homens e mulheres. Essas alegações, com base em suposições não examinadas sobre biologia e essencialismo, ignoram o condicionamento social que torna essas alegações parte da nossa "realidade". O efeito tem sido excluir *gays* e lésbicas e defini-los como marginais ou anormais.

A distinção entre sexo e gênero articulada por Candace West e Don H. Zimmerman (2002) é muito útil para desconstruir a visão essencialista ou biológica. West e Zimmerman argumentam que, ao contrário das alegações do essencialismo, existe uma distinção entre sexo e gênero. O sexo é a definição biológica de macho e fêmea, enquanto o gênero é a gama de comportamentos identificados como apropriados a cada sexo. Sexo é como você nasce e gênero como você desempenha.

A correlação do sexo biológico com o comportamento apropriado ao gênero ignora o papel da construção social e o reforço condicionado de comportamento certo para homens e mulheres. Se os comportamentos socialmente construídos forem amplamente vistos como naturais ao sexo biológico e se permanecer sem ser examinado o papel das instituições sociais na perpetuação desses comportamentos, então, a heterossexualidade continuará sendo amplamente vista como natural, e o heterossexismo permanecerá um dominante cultural. O que a análise desconstrutiva pós-moderna faz é expor o pressuposto da heterossexualidade como condição natural ou biológica e as consequências que isso produz para *gays* e lésbicas, sua marginalização, difamação e opressão.

O movimento *gay* tem sido bem-sucedido em muitas de suas lutas pela aceitação e pela igualdade de direitos. Hoje os *gays* aparecem na mídia, e personagens *gays* e relacionamentos *gays* tornaram-se parte da vida norte-americana. Connecticut, Massachusetts, Nova York, New Hampshire, Vermont e Iowa são estados em que os casamentos *gays* são juridicamente permitidos, e as uniões civis são reconhecidas em vários outros estados. A Lei da Defesa do Casamento, aprovada pelo Congresso em 1996, que nega o reconhecimento federal do casamento *gay*, foi exitosamente desafiada e considerada inconstitucional por um tribunal federal em 2010 e um tribunal federal de apelações em 2012. No entanto, muitos estados ainda proíbem o casamento *gay* e definem que o casamento é entre homem e mulher. Para muitos no movimento *gay*, o casamento *gay* agora define a luta pela plena igualdade de direitos.*

A teoria *queer* (Seidman, 1997) é distinta no sentido de que rejeita a assimilação como medida de sucesso. O binário masculino/feminino é visto como a base para o heterossexismo que permeia todos os aspectos da vida social. A assimilação e a igualdade de direitos, embora importantes, mantêm o heterossexismo em voga. Na verdade, a assimilação permite a absorção de categorias heterossexuais de comportamento adequado em relacionamentos *gays* e lésbicos. Vide a tendência por casamentos *gays*.

Os teóricos *queer* afirmam que, acima de tudo, somos "corpos" e, sob esse prisma, nossos corpos, em certo sentido, precedem nossas identidades socialmente construídas e impostas. Os corpos são vistos como locais de prazer polimorfo, e definir esses corpos em termos mais específicos como "masculinos" ou "femininos" equivale a transcrever nesses corpos fontes de prazer socialmente definidas como sexo apropriado a esses corpos. Esses comportamentos impostos derivam da identificação social dos corpos como masculinos/femininos e reintroduzem o essencialismo biológico em nosso autoconhecimento. Equiparar atos prazerosos com papéis sexuais socialmente definidos reforça o binário masculino/feminino e perpetua o heterossexismo, com todas as suas consequências opressivas e discriminatórias. Nesse sentido, corpos improvisados estão livres para determinar uma definição do *self* e as fontes de prazer físico ou estético.

O impulso libertário da desconstrução pós-moderna levou alguns a afirmar que ela é niilista, pois não reconhece a legitimidade de quaisquer restrições impostas socialmente. Outros no filão pós-moderno têm se afastado dessa conclusão e encontrado na desconstrução da ordem social existente uma oportunidade para criar uma nova sociedade, uma sociedade mais igualitária e mais justa do que a precedente (Seidman, 1992). Mas isso deixa em aberto várias questões que têm sido centrais para a sociologia e a teoria social: como a sociedade é possível? Que tipo de política vai emergir como consequência do impulso libertário dos novos conhecimentos?

W. E. B. Du Bois (1868-1963) começou sua carreira de sociólogo com um forte comprometimento com a objetividade e a verdade na pesquisa científica. Seu estudo clássico *O negro da Filadélfia: um estudo social* (1899), análise cuidadosa e sistemática sobre as condições dos afro-americanos na Filadélfia, foi um dos primeiros estudos sociológicos urbanos e se tornou um paradigma para as gerações seguintes. Du Bois acreditava que a sociologia deve combinar a teoria com o estudo empírico; que a teorização abstrata sem embasamento empírico é vazia como estudo factual sem certas generalizações orientadoras. Os ensaios reflexivos de Du Bois em *As almas da gente negra* e em outras obras baseiam-se em suas experiências pessoais e as situam em um contexto histórico e cultural. Eles expressam a incomparável visão de um homem negro na América branca, capturada na ideia da "dupla consciência". Além de seus singulares esforços em estabelecer a legitimidade de uma sociologia empírica do afro-americano, Du Bois abraçou o papel de ativista e de intelectual público, unindo assim seus dons intelectuais a serviço da causa

---

* N. de R. T.: O casamento entre pessoas do mesmo sexo foi legalizado em todos os Estados Unidos em 26 de junho de 2015, em decisão histórica da Suprema Corte norte-americana. Com a decisão, os 13 estados que ainda proibiam o casamento entre homossexuais não podem mais barrar esse tipo de união.

da justiça igualitária. Ao reunir teoria e ação, Du Bois abandonou os ensinamentos de Max Weber e aproximou-se das práxis de Karl Marx. Sua vida como sociólogo empírico e intelectual público capta o dilema de ser acadêmico negro ao mesmo tempo comprometido com a objetividade e a justiça social.

K. Anthony Appiah e David A. Hollinger são autores contemporâneos de diferentes áreas que estudam o significado de raça a partir de diferentes perspectivas. Appiah é um filósofo por formação e desafia a noção de que "raça" existe. A "identidade racial" é uma construção social que, como conceito mental, serve para agrupar indivíduos que parecem compartilhar características em comum. Na presente discussão, a característica comum é a cor. Mas o "agrupamento" ao qual se refere o conceito de raça na realidade não existe, porque diferenças significativas em termos de personalidade, valores, moralidade e intelecto (entre outras características) definem esses indivíduos distintos e independentes. A "identificação racial" descreve o processo pelo qual aqueles que são designados por raça começam a adotar as atitudes e os comportamentos a eles atribuídos como se eles fossem membros de uma raça. Em outras palavras, o seu potencial como indivíduos está submerso pela identidade atribuída a eles na construção de raça. Eles se tornam o que os brancos pensam que os negros são de verdade.

David Hollinger é um historiador que descreve a experiência norte-americana com raça e conflitos raciais em termos evolutivos. Explorando as evoluções socioculturais, ele considera que os Estados Unidos estão se movendo rumo a uma sociedade "pós--racial" e adverte aqueles que descartariam essa ideia e a rotulariam de míope. Hollinger não é um idealista que ignora a existência de discriminação racial; no entanto, ele embasa sua alegação evolutiva em tendências históricas e avanços como a mudança de atitudes em relação à raça, aos casamentos inter-raciais e à imigração. Embora ele não afirme que os Estados Unidos hoje são pós-racial, sua análise cria um forte argumento de que o país está lentamente se movendo nessa direção. Não só a evidência histórica aponta nessa direção, mas a eleição de Barack Obama como o primeiro presidente afro-americano oferece apoio poderoso e irrefutável para essa afirmação.

A teoria crítica da raça (TCR, em inglês, CRT, de *critical race theory*) evoluiu do movimento de estudos críticos do Direito (CLS, de *critical legal studies*). Os CLS foram uma resposta ao crescente sentimento entre advogados e intelectuais de que, durante o governo Reagan, o sistema jurídico tinha se tornado falho, porque se tornou refém de uma política conservadora. Embora um pouco aliviado no governo Clinton, um sentimento de traição foi revivido durante a gestão Bush, quando a TCR foi criada. A TCR compartilha com outros movimentos de identidade a alegação de que novas formas de expressão e conhecimento são necessárias para trazer à luz a experiência de opressão dos negros na sociedade norte-americana.

Richard Delgado (2001), um de seus fundadores principais, encara a TCR em oposição ao "liberalismo". A promessa liberal da igualdade conduziu à noção de que a justiça exige uma abordagem "daltônica" para decisões que afetem os negros nos tribunais, no mercado de trabalho, na academia e no governo. No entanto, deve ser levada em consideração a história da escravidão e as formas contínuas, embora sutis, de discriminação. Essa postura da igualdade de tratamento não consegue abordar as causas subjacentes do racismo que funcionam dentro das instituições e têm suas raízes nas percepções sociais, culturais e psicológicas de que os negros seriam sexualmente promíscuos, intelectualmente inferiores e preguiçosos.

Se não são confrontadas abertamente, essas atitudes e os comportamentos delas decorrentes perpetuam formas insidiosas de racismo. Existe um apelo para que as narrativas apresentem as experiências do "outro" e permitam a análise e a discussão da promessa de igualdade em uma sociedade democrática, bem como as barreiras profundamente arraigadas para sua realização. Se essa promessa pode ser alcançada ao abrigo do presente entendimento sobre a lei e a igualdade de tratamento e sem atenção específica para a história e a condição particulares dos negros nas Américas é a questão confrontada por Delgado e pela TCR.

A TCR questiona a legitimidade da sociedade liberal e democrática. Embora a ação afirmativa e as iniciativas de diversidade tenham tentado superar a complacência de uma abordagem daltônica em relação à igualdade de oportunidades, a TCR argumenta que isso é muito pouco e muito tarde e, em vez disso, oferece como alternativa a "igualdade de resultado" para garantir a promessa de igualdade.

Em seu desafio ao liberalismo, seu apelo para que as novas formas de conhecimento expressem a experiência da opressão, e seu deslocamento da igualdade de oportunidades com a igualdade de resultados como real medida de igualdade, a TCR se une aos críticos pós-modernos na desconstrução do significado das crenças e práticas sociais contemporâneas. Como acontece com outros críticos pós-modernos, a busca é por uma sociedade mais justa, que coloque em ação sua promessa democrática. O que isso significa? Como isso será feito? Essas questões abrangem a próxima fase no discurso evolutivo democrático nos Estados Unidos.

V – Globalização

A globalização refere-se à crescente interligação entre as nações mundo afora. Em assuntos financeiros e ecológicos, bem como em avanços sociais e culturais, as nações já não são mais capazes de operar isoladamente umas das outras. O que acontece em uma região do mundo afeta outras regiões pela forma instantânea que a tecnologia de comunicações transmite os avanços. Por si só, a internet revolucionou a capacidade de milhões de indivíduos de estarem em constante contato com amigos e parentes, de ativistas políticos se comunicarem com os seus pares nos confins do mundo e de os terroristas usarem a mesma tecnologia para coordenar seus ataques a distância.

A globalização carrega a promessa de um mundo reunido em cooperação e coordenação para responder aos perigos comuns (Ulrich Beck, 2005, 1992). Beck escreveu que a interdependência e a interconectividade vão compelir as nações do mundo a se unirem para sua própria sobrevivência futura. Questões ambientais como o aquecimento global não podem ser resolvidas por uma nação isolada. Todas as nações sofrem o impacto ambiental, e a cooperação internacional é necessária para gerar consenso em torno de soluções compartilhadas. Da mesma forma, uma crise financeira mundial que ameaça as economias mundo afora requer conhecimento e entendimento compartilhados sobre as soluções possíveis e seu impacto nas diferentes nações.

Joseph E. Stiglitz (2002), vencedor do Prêmio Nobel e professor de economia na Columbia University, representa a posição realista. As ações dos Estados-nações apresentam um quadro misto e revelam que os interesses nacionais não são deixados de lado tão prontamente. Surgem questões sobre se a interligação e a cooperação fluem tão prontamente do risco global compartilhado. Observações semelhantes podem ser feitas sobre as tentativas de resolver a crise financeira. Será que os objetivos comuns e a cooperação na resolução da crise financeira mundial vão prevalecer? A abertura dos mercados e o comércio livre formarão um novo modelo para a comunidade internacional? O protecionismo diante da crise será abandonado a bem da cooperação internacional? Para Stiglitz, as respostas parecem repousar na capacidade de as grandes potências, como os Estados Unidos, utilizarem sua influência para assegurar acordos de comércio que sirvam a seus interesses nacionais.

As mudanças climáticas não têm limites, no sentido de que não respeitam as fronteiras de qualquer nação. No entanto, também é verdade que nem todas as nações são igualmente afetadas, tampouco todas contribuem igualmente para o problema. Ainda permanece incógnito se as nações industriais "ricas", que mais contribuem com o aquecimento global por meio das emissões de suas fábricas, indústrias e automóveis e da utilização de outros combustíveis fósseis, vão se submeter às metas internacionalmente estabelecidas para o controle sobre emissões gasosas.

A teoria de Beck sobre a emergência de um Estado cosmopolita é nada menos que uma alegação de que a política de uma sociedade de risco mundial mudou a própria ideia do que significa ser um Estado-nação. A sobrevivência nesse novo mundo depende da capacidade dos Estados-nações para mudar sua visão, partindo de uma visão de sobrevivência unilateral e uso do poder para alcançar os interesses nacionais para uma visão de cosmopolitismo e cooperação no interesse comum da sobrevivência global. O otimismo de Beck sobre a necessidade de cooperação internacional e o realismo de Stiglitz sobre os interesses nacionais estão sendo testados à medida que o mundo globalizado enfrenta as crises financeiras, ecológicas e terroristas atuais.

David Held e Anthony McGrew descrevem a globalização em termos de suas consequências econômicas – em especial, a crescente disparidade entre os países ricos e pobres. Sob o prisma desses autores, a globalização, particularmente em suas formas neoliberais, conduz a maior riqueza para os países ricos e a pobreza crescente entre as nações menos desenvolvidas.

A abordagem neoliberal incentiva o crescimento por meio do comércio e investimento nos países menos desenvolvidos. Sob esse prisma, esses países vão se livrar da pobreza à medida que desenvolverem as competências necessárias e oferecerem bens comercializáveis aos seus parceiros comerciais. Apenas por meio do competitivo mercado global, as economias desses países serão capazes de assegurar lucros e, por fim, fornecer os bens e serviços necessários aos seus povos.

Held e McGrew, no artigo reproduzido aqui, discordam dessa formulação. Em vez disso, eles argumentam que a abordagem de livre mercado por meio do comércio e do investimento não resultou em crescimento econômico e menos pobreza, mas exatamente o contrário. Essas nações têm experimentado grandes dificuldades e continuam vivendo com o aumento da pobreza, e as suas condições ficaram piores em vez de melhores. Sem uma mudança radical na abordagem, as condições nesses países empobrecidos não vão melhorar. Held e McGrew sugerem que seja adotada uma abordagem radical e transformacional para substituir o modelo de livre mercado – uma abordagem que valorize a dignidade, a segurança e o desenvolvimento humanos, em vez de mercados.

Vale a pena perguntar quem vai assumir essa responsabilidade e se os Estados-nações individual ou coletivamente terão disposição ou capacidade de empreender essa tarefa humanitária. Como a posição assumida por Held e McGrew faz frente aos debates de Beck e Stiglitz?

REFERÊNCIAS

Alexander, Jeffrey, 1987: "The Centrality of the Classics." Em *Social Theory Today*. Editado por Anthony Giddens e Jonathan Turner. Stanford: Stanford University Press.

Appiah, Anthony, "Reconstructing Racial Identities", em *Research in African Literatures*. 27.3 (outono de 1966).

Beck, Ulrich, 1992: *Risk Society: Towards a New Modernity*. Traduzido por Mark Ritter. London; Thousand Oaks, CA: Sage.

Beck, Ulrich, 2005: *Power in the Global Age: A New Global Political Economy*. Cambridge: Polity Press.

Becker, Carl L., 1959: *The Heavenly City of the Eighteenth Century Philosophers*. New Haven: Yale University Press.

Berger, Peter L., 1969: *The Sacred Canopy*. Garden City: Anchor.

Blau, Peter, 1964: *Exchange and Power in Social Life*. Rutgers University. Livingston Campus: Transaction Publishing.

Collins, Patricia Hill, 2000: *Black Feminist Thought: Knowledge, Consciousness and the Politics of Empowerment*. 2ª ed., New York: Routledge.

Delgado, Richard e Jean Stefancic, 2001: *Critical Race Theory*. New York: University Press.

FOUCAULT, MICHEL, 1977: *Discipline and Punish: The Birth of the Prison*. Traduzido por Alan Sheridan. New York: Pantheon Books.

FOUCAULT, MICHEL, 1988: *The Care of the Self: The History of Sexuality*. Vol. 3. Traduzido por Robert Hurley. New York: Random House.

FRASER, NANCY, E LINDA NICHOLSON, 1988: "Social Criticism Without Philosophy: An Encounter Between Feminism and Post-Modernism." *Theory, Culture and Society* 5(2-3):373-394.

GARFINKEL, HAROLD, 1967: *Studies in Ethnomethodology*. Englewood Cliffs, NJ: Prentice Hall.

GIDDENS, ANTHONY, 1991: *Modernity and Self-Identity: Self and Society in the Late Modern Age*. Stanford: Stanford University Press.

GIDDENS, ANTHONY, e JONATHAN TURNER, Eds., 1987: *Social Theory Today*. Stanford: Stanford University Press.

GOULDNER, ALVIN, 1970: *The Coming Crisis of Western Sociology*. New York: Basic Books.

HABERMAS, JÜRGEN, 1970: *Toward a Rational Society: Student Protest, Science and Politics*. Traduzido por Jeremy Shapiro. Boston: Beacon Press.

HABERMAS, JÜRGEN, 1985: *The Theory of Communicative Action*. Vol. 1, *Reason and the Rationalization of Society*. Traduzido por Thomas McCarthy. Boston: Beacon Press.

HELD, DAVID e ANTHONY MCGREW, 2002: *Globalization/Anti-Globalization*. Cambridge: Polity Press.

HOCHSCHILD, ARLIE, 1983: *The Managed Heart: Commercialization of Human Feeling*. Berkeley: University of California Press.

HOLLINGER, DAVID, "The Concept of Post-Racial: How Its Easy Dismissal Obscures Important Questions", em *Daedalus*. 140, 1 (inverno de 2011).

HORKHEIMER, MAX, e THEODOR W. ADORNO, 1975: *The Dialectic of Enlightenment*. Traduzido por John Cumming. New York: Continuum.

KUHN, THOMAS, 1962: *The Structure of Scientific Revolutions*. Chicago: University of Chicago Press.

LYOTARD, JEAN-FRANÇOIS, 1984: *The Post-Modern Condition: A Report of Knowledge*. Traduzido por Geoff Bennington e Brian Mossumi. Minneapolis: University of Minnesota Press.

MARCUSE, HERBERT, 1966: *One-Dimensional Man*. Boston: Beacon Press.

MILLS, C. WRIGHT, 1956. *The Power Elite*. New York: Oxford University Press.

MILLS, C. WRIGHT, 1959: *The Sociological Imagination*. New York: Oxford University Press.

MILLS, C. WRIGHT, 1960: *Images of Man*. New York: George Braziller.

RITZER, GEORGE, 1975: *Sociology: A Multiple Paradigm Science*. Boston: Allyn and Bacon.

RITZER, GEORGE, ED., 1990: *Frontiers of Social Theory: The New Syntheses*. New York: Columbia University Press.

ROUSSEAU, JEAN JACQUES, 1947: "What Is the Origin of Inequality Among Men?" Em *The Social Contract and Discourse*. Londres: J. M. Dent. Publicado pela primeira vez em 1762.

SALOMON, ALBERT, 1945: "German Sociology." Em *Twentieth Century Sociology*. Editado por George Gurvitch e Wilbert E. Moore. New York: The Philosophical Library.

SCHUTZ, ALFRED, 1967: *Collected Papers*. Vol. 1, *The Problem of Social Reality*. Editado e introduzido por Maurice Natanson. The Hague: Martinus Nijhoff.

SEIDMAN, STEVEN, 1992: *Embattled Eros: Sexual Politics and Ethics in Contemporary America*. New York: Routledge.

SEIDMAN, STEVEN, 1997: *Difference Troubles: Queering Social Theory and Sexual Politics*. Cambridge: Cambridge University Press.

SEIDMAN, STEVEN, e LINDA NICHOLSON, EDS., 1995: *Social Postmodernism: Beyond Identity Politics*. New York: Cambridge University Press.

SMITH, DOROTHY, 1990: *The Conceptual Practices of Power: A Feminist Sociology of Knowledge*. Boston: Northeastern University Press.

STIGLITZ, JOSEPH E., 2002: "Globalism's Discontents….". *The American Prospect* 13(1) (Jan. 14).

STIGLITZ, JOSEPH E., 2003: *Globalization and Its Discontents*. New York: Norton.

WEBER, MAX, 1958: *The Protestant Ethic and the Spirit of Capitalism*. Traduzido por Talcott Parsons. New York: Scribner. Publicado pela primeira vez em 1905.

WEBER, MAX, 1958: *De Max Weber: Essays in Sociology*. Editado por Hans H. Gerth e C. Wright Mills. New York: Oxford University Press. Publicado pela primeira vez em 1919.

WEST, CANDACE, e DON ZIMMERMAN, 2002: "Doing Gender." In *Doing Gender, Doing Difference: Inequality, Power, and Institutional Change*. Editado por Sarah Fenstermaker e Candace West. New York: Routledge.

ZEITLIN, IRVING, 1968: *Ideology and the Development of Sociological Theory*. Englewood Cliffs, NJ: Prentice Hall.

ZWEIGENHAFT, RICHARD L., e G. WILLIAM DOMHOFF, 2006: *Diversity in the Power Elite: How It Happened, Why It Matters*. Lanham, MD: Rowman & Littlefield.

Parte I

A TRADIÇÃO CLÁSSICA

Karl Marx: Alienação, luta de classes e consciência de classe

1

Introdução

Por que se importar em ler Marx, alguém poderia se perguntar, em especial após o colapso do comunismo na Europa Oriental e na União Soviética? Argumenta-se que esses eventos históricos puseram um ponto final na Guerra Fria, e, com isso, um Ocidente vitorioso foi capaz de estabelecer uma ordem mundial liberal, capitalista e democrática. Entretanto, Marx continua a suscitar interesse, menos por suas previsões fracassadas do que por sua análise estrutural do poder nas sociedades capitalistas e sua visão abrangente sobre a íntima inter-relação entre dominação econômica de classes, poder político e ideologia. Alunos de sociologia têm muito a aprender com essas relações estruturais, pois elas apontam para questões significativas do poder econômico, social e político e nos fornecem uma visão histórica que explica como, e sob quais condições, essas relações mudam. Embora Marx tenha afirmado seu comprometimento com o estudo científico da sociedade, sua ímpar abordagem dialética permitiu-lhe fundir suas visões filosóficas sobre a emancipação humana com suas análises sociológicas e históricas sobre a mudança social e a revolução.

Marx nasceu em Trier, em 1818, em uma família judaico-alemã de classe média. Frequentou a Universidade de Bonn e depois a Universidade de Berlim, onde participou de um grupo de intelectuais, os Jovens Hegelianos, que aplicou a abordagem filosófica de Hegel a uma crítica radical da política alemã. A abordagem dialética de Hegel tentava capturar a realidade da mudança dinâmica do mundo, instando que examinássemos as coisas como elas são e seu potencial futuro. Assim como a plântula dá origem à árvore, também indivíduos e sociedades têm o potencial de se desenvolver e se realizar sob condições adequadas. Marx tinha como objetivos narrar as condições do desenvolvimento humano sob o capitalismo e, logicamente, projetar as mudanças dinâmicas que sucederiam, levando as pessoas a uma realização mais plena de suas potencialidades livres e criativas.

Em 1843, Marx deixou a Alemanha rumo a Paris, onde trabalhou como jornalista e escreveu os ensaios que acabaram coligidos e publicados com o título *Manuscritos filosóficos e econômicos de 1844*. Foi em Paris que Marx conheceu Frederick Engels, que se tornou seu maior amigo e colega. Em 1845, Marx visitou Londres, onde ele e Engels trabalharam juntos na obra *A ideologia alemã*. Mais tarde, em 1847, um grupo socialista, chamado "A liga dos justos", encarregou Marx e Engels de redigirem o *Manifesto comunista*.

Levantes revolucionários contra a velha ordem monárquica varriam a Europa inteira em 1848, ano em que o *Manifesto* foi publicado. Marx retornou a Londres após essas fracassadas revoluções e passou a maior parte de sua vida restante exilado na capital britânica. Ele era sustentado principalmente pelo seu rico amigo Engels e ganhava uma pequena renda como correspondente europeu do *New York Daily Tribune*.

O período entre 1848 e 1863 foi particularmente difícil para Marx. Com o fracasso das revoluções de 1848, Marx ficou sem público para sua obra. No entanto, ele continuou escrevendo sua obra-prima, *O capital*, incentivado por Engels e impulsionado por sua visão de progresso histórico e transformação revolucionária. Em 1863, Marx descobriu novamente um público para sua obra com a fundação da Internacional, organização que contava com representantes de diversos partidos dos trabalhadores europeus e se dedicava a acabar com o sistema vigente de dominação econômica. Marx envolveu-se ativamente com a organização, escrevendo discursos e panfletos e, por fim, tornou-se líder, à medida que trabalhava incansavelmente para forjar uma frente unida a partir dos diversos pontos de vista ideológicos que eram representados. Quando o primeiro volume de *O capital* foi publicado em 1867, foi bem recebido pelos socialistas russos e alemães e por todos os membros da Internacional, que celebraram Marx e sua obra como socialismo científico e lhe concederam posição canônica.

Conflitos internos ocasionaram a dissolução da Internacional em 1876, e Marx concluiu poucos trabalhos intelectuais de importância nos anos seguintes. Ele morreu em 1883 e está enterrado no Cemitério de Highgate.

Marx acreditava que, por meio da labuta (*labor*), a espécie humana seria capaz de realizar seu "ente-espécie", ou seja, seu potencial para as atividades criativas e significativas por meio do trabalho (*work*). A labuta humana não era apenas energia gasta por subsistência, embora claramente isso acontecesse no capitalismo. O que Marx concebeu foi a utilização da labuta para o aprimoramento da vida humana além das necessidades materiais, para a criação de uma sociedade em que as necessidades estéticas, bem como as materiais, pudessem ser satisfeitas. A labuta tinha o potencial de fornecer essa oportunidade, por isso permitia que as pessoas exibissem atividades criativas e significativas, por meio de seu trabalho sob condições apropriadas.

No capitalismo, porém, os proprietários dos meios de produção, a burguesia, controlam o processo produtivo. Embora Marx considerasse que a determinação do que a labuta produz, de como a labuta produz e de como os produtos da labuta são distribuídos deveria ser feita pela classe operária, no capitalismo a burguesia paga um salário aos trabalhadores e então se apropria do que eles produzem e utiliza esses produtos. Em outras palavras, as condições sob as quais a labuta produz são condições alienantes, na medida em que os trabalhadores perdem o controle sobre o objeto de sua labuta, ou seja, seu produto. Todas as determinações importantes são feitas por outras pessoas. Sem permissão para desempenhar as funções inerentes de um ente-espécie, ou mesmo para ver a força de seu trabalho como sua própria, o trabalhador sente-se desmoralizado e desumanizado.

O capitalismo, na condição de modo de produção, implica relações estruturadas entre trabalho e capital que resultam na alienação dos trabalhadores dos aspectos mais importantes de sua labuta. Primeiro, são alienados de sua atividade produtiva. A força de trabalho industrial é organizada na linha de montagem, em que tarefas específicas, repetitivas e tediosas devem ser executadas. O trabalho torna-se um meio mecânico para alcançar um fim, não exigindo inteligência nem imaginação, e o trabalhador é revertido a uma condição sub-humana em vez de ser elevado a realizar seu "ente-espécie". Os trabalhadores também são alienados dos produtos que eles produzem. Sua energia é congelada nesses produtos, mas os trabalhadores não possuem o que produzem. Por fim, os trabalhadores são alienados de seus colegas de trabalho, à medida que os capitalistas promovem a competição entre eles para os postos de trabalho disponíveis com salários de subsistência. Em vez de solidariedade e camaradagem surgidas no trabalho conjunto em um projeto coletivo, a força de trabalho é deliberadamente mantida em salários de subsistência, gerando grande medo nos trabalhadores de que não conseguirão sobreviver caso percam seus empregos para outros trabalhadores. O exército de reserva de mão de obra, como Marx chamou a massa dos desempregados, atua como ameaça constante para os trabalhadores que podem tentar organizar-se e exigir melhores salários. Assim alienado e mecanizado, o trabalhador se sente desumanizado na atividade que mais naturalmente deveria expressar humanidade.

Marx encarava a história como um registro de opressão e dominação em que membros das classes superiores eram capazes de explorar aqueles das classes mais baixas. No entanto, a história também é progressiva e aponta no sentido da melhoria das condições e maior liberdade. O capitalismo é apenas uma fase nesse desenvolvimento histórico. Assim como o feudalismo deu lugar ao capitalismo quando as condições econômicas estavam propícias, também o capitalismo cederá lugar ao socialismo e, mais tarde, ao comunismo, como a forma suprema de uma existência emancipada. Como isso aconteceria é contado nas páginas seguintes do *Manifesto comunista*.

As categorias de Marx para a análise social ainda têm validade considerável. Na tentativa de analisar uma sociedade, Marx questiona como a ordem social chegou a ser o que é, quais estruturas de poder a mantêm e qual é a relação entre riqueza e poder. Essas perguntas devem pautar a mente do leitor ao estudar os conteúdos deste capítulo.

A teoria de Marx sobre a sociedade tinha um ponto de vista fulcral: a maneira em que a produção se organiza é a chave para compreender as relações importantes em qualquer ordem social. O modo de produção, seja uma economia de escravidão, um sistema feudal, uma ordem capitalista ou um sistema socialista, deve ser analisado em termos das relações básicas que definem esse sistema. Além disso, percebia-se que a base econômica da sociedade, a sua subestrutura, influenciava ou até mesmo determinava a superestrutura, ou seja, as ideias, os valores, as leis e as instituições sociais e políticas. Os conteúdos de nossa consciência e de nossa orientação ideológica em relação ao mundo dependem da base material, ou produtiva, da sociedade. As mudanças na infraestrutura econômica produzem mudanças na superestrutura ideológica e política. Em *A ideologia alemã*, Marx relata sua concepção materialista da história e desenvolve plenamente suas ideias sobre a inter-relação da economia com a política e a sociedade.

Em sua visão da sociedade capitalista, Marx revela uma teoria da estrutura de classes. A classe que controla os meios de produção é também a força política e ideológica dominante na sociedade. Marx nos afirma que as ideias dominantes são as ideias da classe dominante. O conteúdo da consciência sob o capitalismo centra-se nas ideias liberais dos direitos individuais, principalmente os direitos de propriedade. O poder é mantido pela classe dominante, pelo menos em parte, porque o proletariado não tem, nas fases iniciais do capitalismo, a "verdadeira consciência". Só depois de miséria e sofrimento prolongados e sem alívio que o proletariado começa a se enxergar como classe, gradativamente mobiliza-se e desenvolve uma ideologia alternativa que postula as relações objetivas entre trabalho e capital.

Marx acreditava que a história era impulsionada pela luta de classes e que importantes mudanças sociais resultavam dos inevitáveis conflitos entre interesses irreconciliáveis. O capitalismo desmoronaria, à medida que a luta entre a burguesia e o proletariado já não pudesse mais ser contida pelo arcabouço das leis e instituições sociais. O *Manifesto comunista* oferece uma breve análise histórica de como surgiu a classe burguesa, mostra como a burguesia não tem mais controle sobre seus domínios e delineia as doutrinas básicas da classe usurpada: o proletariado. Marx acreditava que o socialismo substituiria o capitalismo e que o triunfo do proletariado inauguraria uma ordem nova e progressista que cumpriria a mais nobre aspiração da humanidade por uma ordem social livre e criativa.

Karl Marx e Frederick Engels: O manifesto do partido comunista

Um fantasma assola a Europa – o fantasma do comunismo. Todas as potências da velha Europa firmaram uma aliança sagrada para exorcizar esse fantasma: o papa e o czar, Metternich e Guizot, os radicais franceses e a polícia secreta alemã.

Qual partido de oposição não foi execrado como comunista por seus adversários no poder? Qual oposição não atribuiu a partidos de oposição mais progressistas e também a oponentes reacionários o estigma insultuoso do comunismo?

Duas coisas resultam desse fato:

I. O comunismo já é reconhecido por todas as potências europeias como um poder.
II. Chegou a hora de os comunistas tornarem públicas, diante do mundo inteiro, suas opiniões, seus objetivos e suas tendências e confrontar essa fábula sobre o fantasma do comunismo com um manifesto do próprio partido.

Para isso, comunistas de várias nacionalidades se reuniram em Londres e esboçaram o seguinte manifesto, a ser publicado nos idiomas inglês, francês, alemão, italiano, flamengo e dinamarquês.

I – Burgueses e proletários

A história de toda a sociedade até hoje existente é a história das lutas de classes.

Homem livre e escravo, patrício e plebeu, nobre e servo, artesão e aprendiz, em suma, opressor e oprimido, estabeleceram constante oposição um ao outro, travaram uma luta ininterrupta, ora oculta, ora escancarada, luta que sempre culminou seja com a reconstituição revolucionária da sociedade em geral, seja com a ruína comum das classes em luta.

Nas épocas remotas da história, encontramos em quase toda parte uma complicada organização da sociedade em várias ordens, uma gradação múltipla do ranque social. Na Roma Antiga temos patrícios, cavaleiros, plebeus, escravos; na Idade Média, senhores feudais, vassalos, artesãos, aprendizes, servos; em quase todas essas classes, novamente, havia gradações subordinadas.

A sociedade burguesa moderna que brotou das ruínas da sociedade feudal não acabou com os antagonismos de classe. Mas ela estabeleceu novas classes, novas condições de opressão, novas formas de luta no lugar das antigas.

Nossa época, a época da burguesia, tem, no entanto, esta característica distintiva: ela simplificou os antagonismos de classe. A sociedade como um todo está cada vez mais se separando em dois grandes campos hostis, em duas grandes classes em confronto direto – a burguesia e o proletariado.

Dos servos da Idade Média surgiram os habitantes das cidades mais antigas. A partir desses citadinos desenvolveram-se os primeiros elementos da burguesia.

A descoberta da América e o contorno do Cabo da Boa Esperança abriram novos horizontes para a burguesia nascente. Os mercados orientais da Índia e da China, a colonização da América, o comércio com as colônias e o aumento dos meios de troca e das mercadorias em geral deram ao comércio, à navegação e à indústria um impulso nunca antes conhecido e, assim, um rápido desenvolvimento ao elemento revolucionário na sociedade feudal cambaleante.

O sistema feudal de indústria, que monopolizava a produção industrial em corporações fechadas, deixou de atender às crescentes necessidades dos novos mercados. O sistema de manufatura tomou o seu lugar. Os artesãos foram substituídos pela classe média industrial; a divisão do trabalho entre as diferentes corporações desapareceu em face da divisão do trabalho em cada oficina única.

De Karl Marx e Frederick Engels, *The Manifesto of the Communist Party* (New York: International Publishers). Direitos autorais de 1948. Reproduzido com permissão.

Nesse meio-tempo, os mercados continuaram crescendo, a demanda sempre crescente. Até mesmo a manufatura já não era mais suficiente. Então, o vapor e as máquinas revolucionaram a produção industrial. A posição da manufatura foi tomada pela gigantesca indústria moderna, e a posição da classe média industrial, por milionários industriais – os líderes de verdadeiros exércitos industriais, os burgueses modernos.

A indústria moderna estabeleceu o mercado global, para o qual a descoberta da América preparou o caminho. Esse mercado deu um imenso desenvolvimento ao comércio, à navegação e à comunicação por terra. Essa evolução, por sua vez, reagiu sobre a ampliação da indústria; e na mesma proporção em que indústria, comércio, navegação e ferrovias se ampliavam, a burguesia se desenvolveu, aumentou o seu capital e alijou ao segundo plano todas as classes retransmitidas desde a Idade Média.

Percebemos, portanto, como a burguesia moderna é o produto de um longo curso de desenvolvimento, de uma série de revoluções nos modos de produção e de trocas.

Cada etapa no desenvolvimento da burguesia foi acompanhada por um correspondente avanço político dessa classe. Uma classe oprimida sob a influência da nobreza feudal tornou-se uma associação autônoma e armada na comuna medieval; aqui república urbana independente (Itália e Alemanha) e acolá "terceiro Estado" tributável da monarquia (França); depois, no período de manufatura propriamente dito, servindo tanto à monarquia semifeudal quanto à monarquia absoluta como contrapeso contra a nobreza e, na verdade, como a pedra angular das grandes monarquias em geral – enfim, desde o estabelecimento da indústria moderna e do mercado global, a burguesia conquistou, no Estado representativo moderno, exclusiva influência política. O executivo do Estado moderno não é nada além do que um comitê para gerenciar os assuntos comuns de toda burguesia.

A burguesia desempenhou um papel extremamente revolucionário na história.

A burguesia, sempre que alcançou o poder, pôs fim a todas as relações feudais, patriarcais e idílicas. Destroçou sem pena os laços feudais heterogêneos que ligavam o homem a seus "superiores naturais" e não manteve nenhum outro vínculo entre homem e homem além do autointeresse desnudo, além do insensível "pagamento em moeda viva". Afogou os êxtases mais celestiais do fervor religioso, do entusiasmo cavalheiresco e do sentimentalismo filisteu nas gélidas águas do cálculo egoísta. Transformou a dignidade pessoal em valor de troca e substituiu as inúmeras e irrevogáveis liberdades por aquela única e inescrupulosa liberdade – o livre comércio. Em suma, substituiu a exploração encoberta por ilusões religiosas e políticas pela exploração nua e crua, desavergonhada, direta e brutal.

A burguesia despojou de sua auréola todo e qualquer ofício até então honrado e admirado com reverência. Converteu o médico, o advogado, o padre, o poeta e o homem da ciência em trabalhadores assalariados.

A burguesia rasgou o *véu* sentimental da família e reduziu a relação familiar a uma mera relação monetária.

A burguesia revelou como a brutal demonstração de força na Idade Média, tão admirada pelos reacionários, encontrou seu complemento na mais preguiçosa indolência. Foi a primeira a mostrar o que a atividade do homem é capaz. Realizou maravilhas que ultrapassaram as pirâmides do Egito, os aquedutos romanos e as catedrais góticas; conduziu expedições que superaram todas as migrações antigas de nações e cruzadas.

A burguesia não pode existir sem revolucionar constantemente os instrumentos de produção e, assim, as relações de produção e com elas todas as relações da sociedade. Ao contrário, a conservação dos antigos modos de produção em forma inalterada era a primeira condição de existência para todas as classes industriais anteriores. A constante revolução da produção, a perturbação ininterrupta de todas as condições sociais e as eternas incertezas e agitações distinguem a época burguesa de todas as anteriores. Todas as relações engessadas e petrificadas, com seu rastro de antigos e veneráveis preconceitos e opiniões, são varridas do mapa, todas as recém-formadas tornam-se antiquadas antes de conseguirem ossificar. Tudo que é sólido derrete-se no ar, tudo que é sagrado é profanado, e a humanidade enfim é obrigada a encarar com sobriedade suas condições reais de vida e suas relações com a sua espécie.

A necessidade de um mercado em constante expansão por seus produtos persegue a burguesia por toda a superfície do globo. Deve aninhar-se em todos os lugares, instalar-se em todos os lugares, estabelecer conexões em todos os lugares.

Explorando o mercado global, a burguesia deu um caráter cosmopolita à produção e ao consumo em todos os países. Para grande desgosto dos reacionários, ela removeu o solo nacional sobre o qual pisava a indústria. Todas as indústrias nacionais há tempos estabelecidas foram destruídas ou estão sendo destruídas diariamente. São desalojadas por novas indústrias, cuja introdução se torna uma questão de vida ou morte em todas as nações civilizadas, por indústrias que já não transformam matéria-prima local, mas sim matérias-primas extraídas das zonas mais remotas; indústrias cujos produtos são consumidos não só no mercado doméstico, mas em todos os cantos do globo. Em vez das velhas necessidades, satisfeitas pela produção do país, encontramos novas necessidades, exigindo para sua satisfação os produtos de terras e climas distantes. Em vez do antigo isolamento e autossuficiência locais e nacionais, temos relações em todas as direções, interdependência universal das nações. E o mesmo acontece com a produção intelectual. As criações intelectuais de nações individuais tornam-se propriedade comum. Mentalidade tacanha e unilateralidade nacional tornam-se cada vez mais impossíveis, e das numerosas literaturas nacionais e locais surge uma literatura universal.

A burguesia, pela rápida melhoria de todos os instrumentos de produção e pelos meios de comunicação imensamente facilitados, atrai todas as nações, até mesmo a mais bárbara, para a civilização. Os preços baratos das suas mercadorias são a artilharia pesada com a qual ela derruba todas as muralhas da China, com a qual ela força o intenso e obstinado ódio dos bárbaros contra os estrangeiros a capitular. Compele todas as nações, sob pena de extinção, a adotar o modo burguês de produção; as compele a inserir o que chama de civilização em seu meio, ou seja, a tornar-se burguesa também. Em resumo, cria um mundo à sua própria imagem.

A burguesia submeteu o país ao domínio das cidades. Criou cidades imensas, influou bastante a população urbana em comparação com a rural e, assim, resgatou uma parte considerável da população da idiotice da vida rural. Assim como tornou o país dependente das cidades, também tornou os países bárbaros e semibárbaros dependentes dos civilizados, as nações de camponeses dependentes das nações do burguês, o Oriente dependente do Ocidente.

Cada vez mais, a burguesia continua eliminando o estado disperso da população, dos meios de produção e da propriedade. Ela aglomerou a população, centralizou os meios de produção e concentrou a propriedade em poucas mãos. A consequência necessária disso foi a centralização política. Províncias independentes ou pouco conectadas, com interesses, leis, governos e sistemas de tributação diferentes, agruparam-se em uma só nação, com um governo, um código de leis, um interesse de classes nacional, uma fronteira e uma alfândega.

A burguesia, durante seu domínio de apenas um século, criou forças produtivas mais maciças e mais colossais do que todas as gerações anteriores juntas. A sujeição das forças da natureza pela humanidade, a maquinaria, a aplicação da química na indústria e na agricultura, a navegação a vapor, as ferrovias, os telégrafos elétricos, o desmatamento de continentes inteiros para o cultivo, a canalização de rios, povos inteiros brotados do chão como que por encanto – que século anterior teve sequer um pressentimento de que essas forças produtivas dormitavam no colo da labuta social?

Percebemos então que os meios de produção e de troca, que serviram como a base para o crescimento da burguesia, foram gerados na sociedade feudal. Em determinado estágio no desenvolvimento desses meios de produção e de troca, as condições sob as quais a sociedade feudal produzia e fazia trocas, a organização feudal de agricultura e de indústria manufaturada, em suma, as relações feudais da propriedade tornaram-se incompatíveis com as forças produtivas já desenvolvidas. Criavam entraves à produção, em vez de fomentá-la; tornaram-se múltiplas amarras. Tinham de ser rompidas e foram rompidas.

Em seu lugar entrou a livre concorrência, acompanhada por uma constituição social e política que se adaptava a isso e pela influência econômica e política da classe burguesa.

Um movimento semelhante está acontecendo diante dos nossos próprios olhos. A sociedade burguesa moderna, com as suas relações de produção, de trocas e de propriedade, uma sociedade que concebeu gigantescos meios de produção e de trocas, é como o feiticeiro que já não é mais capaz de controlar os poderes do outro mundo que ele invocou pelos seus feitiços. Há várias décadas, a história da indústria e do comércio é apenas a história da revolta das forças produtivas modernas contra as condições modernas de produção, contra as relações de propriedade que forjam as condições para a existência da burguesia e de sua dominação. É suficiente mencionar as crises comerciais que, pelo seu retorno periódico, colocam a existência de toda a sociedade burguesa a perigo, de modo cada vez mais ameaçador. Nessas crises, grande parte não só dos produtos existentes, mas também das forças produtivas antes criadas, é periodicamente destruída. Nessas crises irrompe uma epidemia que, em todas as épocas anteriores, teria parecido um absurdo – a epidemia da superprodução. Súbito, a sociedade encontra-se de novo em um estado de momentânea barbárie; é como se uma fome, uma guerra universal de devastação tivesse cortado o fornecimento de todos os meios de subsistência; a indústria e o comércio parecem estar destruídos. E por quê? Porque há um excesso de civilização, um excesso de meios de subsistência, um excesso de indústria, um excesso de comércio. As forças produtivas à disposição da sociedade já não tendem a promover o desenvolvimento das condições da propriedade burguesa; ao contrário, elas se tornaram muito poderosas para essas condições que as restringem e, ao superarem essas restrições, logo vão causar transtorno para toda a sociedade burguesa, pondo em perigo a existência da propriedade burguesa. As condições da sociedade burguesa são demasiado estreitas para abranger a riqueza criada por elas. E como a burguesia supera essas crises? Por um lado, pela destruição forçada de uma massa de forças produtivas; por outro lado, pela conquista de novos mercados e pela exploração mais profunda dos antigos. Ou seja, abrindo caminho para crises mais amplas e mais destrutivas e, ao mesmo tempo, diminuindo os meios pelos quais as crises são prevenidas.

As armas com as quais a burguesia jogou o feudalismo ao chão agora se voltam contra a própria burguesia.

Mas a burguesia não forjou apenas as armas que trazem a morte para si mesma; ela também criou as pessoas que devem empunhar essas armas: a classe trabalhadora moderna – os proletários.

À medida que a burguesia (ou seja, o capital) evolui, o proletariado (a classe trabalhadora moderna) evolui na mesma proporção – uma classe de trabalhadores que vive apenas enquanto encontra trabalho e que só encontra trabalho enquanto sua mão de obra aumenta o capital. Esses trabalhadores, que devem se vender aos poucos, são uma mercadoria, como qualquer outro artigo de comércio e, por isso, estão expostos a todas as vicissitudes da concorrência, a todas as flutuações do mercado.

Devido ao amplo uso de maquinaria e à divisão da mão de obra, o trabalho dos proletários perdeu todo o caráter individual e, por conseguinte, todo o encanto para o trabalhador. Ele se torna um apêndice da máquina, e dele se exige só a habilidade mais simples, mais monótona e mais facilmente adquirida. Portanto, o custo de produção de um trabalhador é restrito, quase inteiramente, aos meios de subsistência de que ele necessita para sua manutenção e para a propagação de sua raça. Mas o preço de uma mercadoria, e, portanto, também da mão de obra, é igual ao seu custo de produção. Proporcionalmente, então, quanto mais repulsivo o trabalho, menor o salário. E não é só isso. À medida que aumentam o uso da maquinaria e a divisão do trabalho, o fardo da labuta também aumenta em igual proporção, seja por ampliação da jornada de trabalho, pelo aumento do trabalho exigido em determinado momento ou pelo aumento da velocidade das máquinas, etc.

A indústria moderna transformou a pequena oficina do mestre patriarcal na grande fábrica do industrial capitalista. Massas de operários, amontoadas na fábrica, são organizadas como soldados. E, na condição de soldados do exército industrial, são colocados sob o comando de uma perfeita hierarquia de oficiais e sargentos. Não são apenas os escravos da classe burguesa e do Estado burguês; eles são escravizados, todos os dias e todas as horas, pela máquina, pelo fiscal e, acima de tudo, pelo próprio fabricante burguês individual. Quanto mais abertamente esse despotismo proclama o lucro como seu fim e objetivo, mais mesquinho, mais odioso e mais angustiante ele se torna.

Em outras palavras, quanto menores a habilidade e a força aplicados ao trabalho manual, mais se desenvolve a indústria moderna, mais o trabalho dos homens é suplantado pelo das mulheres. As diferenças de idade e sexo já não têm qualquer validade social distintiva para a classe trabalhadora. Todos são instrumentos de trabalho, mais ou menos caros de se usar, de acordo com sua idade e sexo.

Assim que o trabalhador recebe seu salário em dinheiro, naquele átimo escapando da exploração pelo fabricante, então se depara com as facetas da burguesia: o dono do imóvel, o lojista, o agiota, etc.

Os estratos inferiores da classe média – pequenos comerciantes, lojistas e, em geral, negociantes aposentados, artesãos e camponeses – todos se afundam gradativamente no proletariado, em parte porque seu diminuto capital é insuficiente para a escala em que a indústria moderna é realizada e se atola no lodaçal da concorrência com os grandes capitalistas, em parte porque sua habilidade especializada torna-se inútil devido aos novos métodos de produção. Assim, o proletariado é recrutado de todas as classes da população.

O proletariado passa por vários estágios de desenvolvimento. Com seu nascimento começa sua luta com a burguesia. Primeiro, a luta é conduzida por trabalhadores individuais, depois pela força de trabalho de uma fábrica, depois por agentes de um comércio, em uma localidade, contra o burguês individual que diretamente os explora. Investem seus ataques não contra as condições burguesas de produção, mas contra os próprios instrumentos de produção; destroem o equipamento importado que concorre com o seu trabalho, despedaçam máquinas, incendeiam fábricas, procuram restaurar à força a condição desaparecida do trabalhador da Idade Média.

Nessa fase, os operários ainda formam uma massa incoerente espalhada por todo o país e dividida por sua concorrência mútua. Se em qualquer lugar eles se unem para formar grupos mais compactos, isso ainda não decorre de sua própria união ativa, mas da união da burguesia, classe que, a fim de atingir seus próprios fins políticos, é compelida a desencadear ações de todo o proletariado e, além disso, ainda é capaz de fazê-lo durante algum tempo. Nessa fase, portanto, os proletários não combatem seus inimigos, mas os inimigos dos seus inimigos, os remanescentes da monarquia absoluta, os proprietários, os burgueses não industriais, a pequena burguesia. Assim, todo o movimento está concentrado nas mãos da burguesia; cada vitória assim obtida é uma vitória para a burguesia.

Porém, com o desenvolvimento da indústria, o proletariado não só aumenta em número; concentra-se em massas maiores, sua força cresce, e essa força é sentida, cada vez mais. Os variados interesses e condições de vida dentro das fileiras do proletariado são cada vez mais equalizados, à medida que a maquinaria oblitera todas as distinções de trabalho e reduz, quase em todos os lugares, os salários ao mesmo nível inferior. A crescente concorrência entre os burgueses e as crises comerciais resultantes instabilizam cada vez mais os salários dos trabalhadores. A melhoria incessante da maquinaria, com evolução cada vez mais rápida, torna a subsistência dos trabalhadores cada vez mais precária; os conflitos entre os trabalhadores individuais e o burguês individual assumem, cada vez mais, o caráter de conflitos entre duas classes. Por causa disso, os trabalhadores começam a formar organizações (sindicatos) contra a burguesia; eles se associam a fim de obter melhorias salariais; fundam associações permanentes a fim de programar antecipadamente essas revoltas ocasionais. Aqui e ali a luta irrompe em rebeliões.

De vez em quando os trabalhadores são vitoriosos, mas apenas por um tempo. O verdadeiro fruto de suas batalhas não reside no resultado imediato, mas na união cada vez maior dos trabalhadores. Essa união é aprimorada por melhores meios de comunicação, criados pela indústria moderna, que colocam os trabalhadores de diferentes localidades em contato uns com os outros. Justamente esse contato era necessário para centralizar as numerosas lutas locais, todos do mesmo caráter, em uma luta nacional entre as classes. Mas toda luta de classes é uma luta política. Para atingir essa união, os burgueses da Idade Média, com suas estradas miseráveis, precisaram de séculos; por sua vez, os proletários modernos, graças às ferrovias, a alcançaram em poucos anos.

Essa organização dos proletários em uma classe e, por conseguinte, em um partido político sofre contínuas e novas perturbações pela concorrência entre os próprios trabalhadores. Mas sempre se ergue novamente, mais forte, mais firme, mais poderosa. Obriga o reconhecimento legislativo dos interesses particulares dos trabalhadores, aproveitando-se das divisões entre a própria burguesia. Assim foi aprovada a lei que limitava a jornada de trabalho de mulheres e crianças a 10 horas diárias.

No cômputo geral, os conflitos entre as classes da velha sociedade promoveram o curso do desenvolvimento do proletariado em muitas maneiras. A burguesia encontra-se envolvida em uma batalha constante. A princípio, com a aristocracia; posteriormente, com aquelas parcelas da própria burguesia cujos interesses se tornaram antagônicos ao progresso da indústria; e, em todos os momentos, com a burguesia dos países estrangeiros. Em todas essas batalhas, a burguesia vê-se compelida a apelar ao proletariado, a pedir sua ajuda e, assim, arrastá-lo à arena política. Portanto, a própria burguesia fornece ao proletariado seus próprios elementos de educação política e geral; em outras palavras, fornece ao proletariado as armas para combater a burguesia.

Além disso, como já vimos, camadas inteiras das classes dominantes são, com o avanço da indústria, precipitadas ao proletariado, ou pelo menos ameaçadas em suas condições de existência. Essas camadas também fornecem ao proletariado elementos renovados de Iluminismo e progresso.

Por fim, quando a luta de classes se aproxima da hora decisiva, o processo de dissolução que acontece no seio da classe dominante, na verdade no seio de toda a gama da velha sociedade, assume um caráter tão violento, tão gritante, que uma pequena parte da classe dirigente se desprende e se une à classe revolucionária, a classe que tem o futuro em suas mãos. Portanto, assim como em um período anterior parte da nobreza passou à burguesia, agora parte da burguesia passa ao proletariado e, em particular, uma parcela de ideólogos burgueses que se alçaram ao nível capaz de compreender teoricamente o movimento histórico como um todo.

De todas as classes que hoje se opõem face a face com a burguesia, só o proletariado é uma classe realmente revolucionária. As outras classes decaem e por fim desaparecem em face da indústria moderna; o proletariado é seu produto especial e essencial.

A classe média baixa, o pequeno fabricante, o dono da loja, o artesão, o camponês, todos esses lutam contra a burguesia, para salvar da extinção sua existência como frações da classe média. Portanto, não são revolucionárias, mas conservadoras. E ainda mais: são reacionárias, pois tentam retroceder o curso da história. Se por acaso elas forem revolucionárias, elas o são apenas em virtude de sua iminente transferência ao proletariado; defendem, portanto, não seu presente, mas seus interesses futuros; elas abandonam seu próprio ponto de vista para adotar o do proletariado.

A "classe perigosa", a escória social (*Lumpemproletariat*), essa massa em passiva putrefação descartada pelas camadas mais baixas da velha sociedade, pode, aqui e ali, ser arrastada ao movimento por uma revolução proletária; no entanto, suas condições de vida a preparam muito mais para o papel de uma ferramenta subornada de intriga reacionária.

As condições sociais da antiga sociedade deixarão de existir para o proletariado. O proletário não tem propriedades; sua relação com a esposa e os filhos já não tem nada em comum com as relações familiares burguesas; o trabalho industrial moderno, a moderna sujeição ao capital, igual na Inglaterra e na França, nas Américas e na Alemanha, despiu-lhe de todos os traços de caráter nacional. Para o proletário, a lei, a moralidade e a religião são múltiplos preconceitos burgueses, atrás dos quais espreitam em emboscada múltiplos interesses burgueses.

Todas as classes anteriores que estiveram no poder procuraram fortificar seu *status* já adquirido, submetendo a sociedade às suas condições de apropriação. Os proletários não podem se tornar mestres das forças produtivas da sociedade, exceto abolindo o seu próprio modo anterior de apropriação e, assim, também todos os outros modos anteriores de apropriação. Eles não têm nada próprio para fixar e fortalecer; sua missão é destruir todas as seguranças e garantias anteriores à propriedade individual.

Todos os movimentos históricos anteriores foram movimentos de minorias ou no interesse de minorias. O movimento proletário é o movimento autoconsciente e independente da imensa maioria, no interesse da imensa maioria. O proletariado, o estrato mais baixo da nossa sociedade atual, não pode mexer, não pode se levantar, sem mandar pelos ares todos os estratos superiores da sociedade oficial.

Embora não em substância, mas em forma, a luta do proletariado com a burguesia é inicialmente uma luta nacional. Claro, o proletariado de cada país deve, em primeiro lugar, ajustar as contas com sua própria burguesia.

Ao descrever as fases mais gerais do desenvolvimento do proletariado, rastreamos a mais ou menos velada guerra civil que fervilha no seio da sociedade existente, até o ponto em que a guerra eclode em revolução aberta e em que a violenta derrubada da burguesia estabelece as bases para a influência do proletariado.

Até então, todas as formas de sociedade baseiam-se, como já vimos, no antagonismo das classes opressoras e oprimidas. Mas, para oprimir uma classe, certas condições devem lhe ser asseguradas para que, ao menos, ela consiga continuar a sua pródiga existência. O servo, no período da servidão, conseguiu se tornar um membro da comuna, tal qual o pequeno burguês, que, sob o jugo do absolutismo feudal, conseguiu se tornar um burguês. O operário moderno, ao contrário, em vez de melhorar com o progresso da indústria, afunda-se cada vez mais abaixo das condições de existência de sua própria classe. Torna-se pobre, e a pobreza cresce com mais rapidez do que a população e a riqueza. E aqui se torna evidente que a burguesia já não é mais adequada para ser a classe dominante na sociedade e para impor suas condições de existência na sociedade como um direito fundamental. É inadequada a dominar porque é incapaz de garantir uma existência a seu escravo em sua escravidão, porque não pode impedir de afundá-lo a essa condição, que tem de alimentá-lo, em vez de ser alimentado por ele. A sociedade já não pode mais viver sob essa burguesia; em outras palavras, sua existência não é mais compatível com a sociedade.

A condição essencial para a existência e a influência da classe burguesa é a formação e o aumento de capital; a condição para o capital é o trabalho assalariado. O trabalho assalariado repousa exclusivamente na concorrência entre os trabalhadores. O avanço da indústria, cujo promotor involuntário é a burguesia, substitui o isolamento dos trabalhadores, devido à concorrência, pela sua combinação revolucionária, devida à associação. Assim, o desenvolvimento da indústria moderna elimina de sob os seus pés os próprios alicerces sobre os quais a burguesia produz e se apropria dos bens. Portanto, o que a burguesia produz, acima de tudo, são os seus próprios coveiros. Sua queda e a vitória do proletariado são igualmente inevitáveis.

II – Proletários e comunistas

Que relação os comunistas estabelecem com os proletários como um todo?

Os comunistas não formam um partido separado oposto a outros partidos da classe trabalhadora.

Eles não têm interesses distintos e separados àqueles do proletariado como um todo.

Eles não configuram quaisquer princípios sectários de sua própria lavra, a partir dos quais formam e moldam o movimento proletário.

Os comunistas distinguem-se dos outros partidos da classe trabalhadora apenas por estes motivos:

1) Nas lutas nacionais dos proletários dos diferentes países, eles apontam e realçam os interesses comuns de todo o proletariado, independentemente da nacionalidade de todos.

2) Nas várias fases de desenvolvimento que a luta da classe operária contra a burguesia precisa passar, eles sempre e em toda parte representam os interesses do movimento como um todo.

Os comunistas, portanto, são por um lado, praticamente, o setor mais avançado e resoluto dos partidos operários de cada país, o setor que abre caminho a todos os outros; por outro lado, teoricamente, têm sobre a grande massa do proletariado a vantagem de compreender claramente a linha da marcha, as condições e os resultados gerais finais do movimento proletário.

O objetivo imediato dos comunistas é o mesmo de todos os outros partidos proletários: a formação do proletariado em uma classe, a derrubada da supremacia burguesa, a conquista do poder político pelo proletariado.

Sob hipótese alguma, as conclusões teóricas dos comunistas baseiam-se em ideais ou princípios inventados ou descobertos por este ou aquele suposto reformador universal.

Apenas expressam, em termos gerais, relações reais surgidas de uma luta de classes existente, de um movimento histórico acontecendo sob nossos olhos. A abolição das relações de propriedade existentes não é uma característica distintiva do comunismo.

Todas as relações de propriedade no passado têm sido continuamente sujeitas a mudanças históricas decorrentes da mudança das condições históricas.

A Revolução Francesa, por exemplo, aboliu a propriedade feudal em favor da propriedade burguesa.

A característica distintiva do comunismo não é a abolição da propriedade em geral, mas a abolição da propriedade burguesa. Mas a moderna propriedade privada burguesa é a expressão mais completa e suprema do sistema de produção e apropriação de bens que se baseia em antagonismos de classe, na exploração de muitos por poucos.

Nesse sentido, a teoria dos comunistas pode ser resumida na frase única: abolição da propriedade privada.

Nós, comunistas, temos sido censurados pelo desejo de abolir o direito pessoal de aquisição de propriedade como fruto do trabalho do homem, e essa propriedade é o suposto alicerce de todas as liberdades, as atividades e as independências pessoais.

Propriedade arduamente conquistada, adquirida com o suor do próprio trabalho! Você quer dizer a propriedade do pequeno artesão e do pequeno camponês, uma forma de propriedade que antecedeu a forma burguesa? Não há nenhuma necessidade de abolir isso; o desenvolvimento da indústria em grande medida já a destruiu e ainda a destrói diariamente.

Ou você quer dizer a moderna propriedade privada burguesa?

Mas o trabalho assalariado cria qualquer propriedade para o trabalhador? Nem um pouco. Cria capital, ou seja, aquele tipo de propriedade que explora o trabalho assalariado e que não pode aumentar exceto sob a condição de gerar uma nova oferta de trabalho assalariado para revigorada exploração. A propriedade, na sua forma atual, baseia-se no antagonismo entre capital e trabalho assalariado. Vamos examinar os dois lados desse antagonismo.

Ser capitalista é ter um *status* não puramente pessoal, mas social na produção. O capital é um produto coletivo e, apenas pela ação conjunta de vários membros, ou melhor, em última instância, apenas pela ação conjunta de todos os membros da sociedade, pode ser desencadeado.

O capital, portanto, não é pessoal, é uma força social.

Assim, quando o capital é transformado em propriedade comum, em propriedade de todos os membros da sociedade, a propriedade pessoal não é transformada em propriedade social. Apenas o caráter social da propriedade que é alterado. Perde seu caráter de classe.

Analisemos agora o trabalho assalariado.

O preço médio do trabalho assalariado é o salário mínimo, ou seja, aquela parcela dos meios de subsistência que é absolutamente indispensável para manter o trabalhador na simples existência como operário. Por conseguinte, do que o trabalhador assalariado se apropria por meio de seu trabalho é suficiente apenas para prolongar e reproduzir uma existência simples. De maneira alguma pretendemos abolir essa apropriação pessoal dos produtos do trabalho, uma apropriação feita para a manutenção e a reprodução da vida humana, e que deixa sem excedentes com os quais comandar o trabalho dos outros. Tudo o que desejamos eliminar é o caráter miserável dessa apropriação, sob a qual o trabalhador vive apenas para aumentar o capital e é permitido viver apenas na medida em que o interesse da classe dominante assim o exige.

Na sociedade burguesa, o trabalho vivo não passa de um meio para aumentar o trabalho acumulado. Na sociedade comunista, o trabalho acumulado não passa de um meio para ampliar, enriquecer e promover a existência do trabalhador.

Portanto, na sociedade burguesa, o passado domina o presente; na sociedade comunista, o presente domina o passado. Na sociedade burguesa, o capital é independente e tem individualidade, enquanto a pessoa é dependente e não tem nenhuma individualidade.

E a abolição desse estado de coisas é chamada pelo burguês de abolição da individualidade e da liberdade! E com razão. Sem dúvida queremos a abolição da individualidade burguesa, da independência burguesa e da liberdade burguesa.

Por liberdade queremos dizer, sob as atuais condições burguesas de produção, o livre comércio, a compra e a venda livres.

Mas se a compra e a venda desaparecem, a compra e a venda livres também desaparecem. Essa conversa sobre livre comércio e todas as outras "corajosas palavras" de nossa burguesia sobre a liberdade em geral apenas têm significado se tiverem em contraste com a compra e venda restritas, com os restritos comerciantes da Idade Média, mas não têm significado quando se opõem à abolição comunista da compra e venda, das condições de produção burguesas e da própria burguesia.

Você fica horrorizado com nossa intenção de acabar com a propriedade privada. Mas, em sua sociedade existente, a propriedade privada já foi abolida para nove décimos da população; sua existência para alguns se deve unicamente à sua não existência nas mãos desses nove décimos. Você nos censura, portanto, pela intenção de acabar com uma forma de propriedade cuja existência tem como condição necessária a não existência de qualquer propriedade para a imensa maioria da sociedade.

Em suma, você nos censura com a intenção de acabar com a sua propriedade. E faz bem, pois é exatamente isso que desejamos.

A partir do momento em que o trabalho já não pode ser convertido em capital, dinheiro ou aluguel, em um poder social capaz de ser monopolizado, isto é, a partir do momento em que a propriedade individual já não pode ser transformada em propriedade burguesa, em capital burguês, a partir desse momento, você afirma, a individualidade desaparece.

Portanto, você deve confessar que por "individual" você não quer dizer nenhuma outra pessoa além dos burgueses, que o dono de propriedade da classe média. Essa pessoa deve, de fato, ser varrida do caminho e inviabilizada.

O comunismo não priva nenhum homem do poder de se apropriar dos produtos da sociedade; tudo o que ele faz é privá-lo do poder de subjugar o trabalho dos outros por meio dessa apropriação.

Tem sido argumentado que, após a abolição da propriedade privada, todo trabalho cessará, e a preguiça universal vai nos dominar.

De acordo com isso, a sociedade burguesa há muito tempo deveria ter soçobrado devido à ociosidade pura, pois aqueles de seus membros que trabalham não adquirem nada, e aqueles que adquirem alguma coisa não trabalham. Todas essas objeções representam nada mais do que outra expressão da tautologia: já não pode haver qualquer trabalho assalariado quando não houver mais capital.

Todas as objeções instadas contra o modo comunista de produção e apropriação dos bens materiais têm sido, da mesma forma, exortadas contra os modos comunistas de produção e apropriação dos bens intelectuais. Para o burguês, assim como o desaparecimento da propriedade de classe é o desaparecimento da própria produção, o desaparecimento da cultura de classe é idêntico ao desaparecimento de toda e qualquer cultura.

Essa cultura, cuja perda ele lamenta, é, para a colossal maioria, um mero treinamento para agir como máquina.

Mas não discuta conosco enquanto você aplica, para nossa pretendida abolição da propriedade burguesa, o padrão de suas noções burguesas de liberdade, cultura, direito, etc. Suas próprias ideias não passam de consequências das condições de sua produção burguesa e de sua propriedade burguesa, assim como a sua jurisprudência não passa da vontade de sua classe tornar-se uma lei para todos, uma vontade cujo caráter e rumo essenciais são determinados pelas condições econômicas da existência de sua classe.

O equívoco egoísta que lhe induz a transformar em leis eternas da natureza e da razão as formas sociais que brotam de seus atuais modos de produção e de suas formas de propriedade – as relações históricas que surgem e somem no progresso da produção –, esse equívoco você compartilha com cada classe dominante que o precedeu. O que você vê claramente no caso da propriedade antiga, o que você admite no caso da propriedade feudal, é claro que está proibido de admitir no caso de sua própria forma burguesa de propriedade. …

Os comunistas também são censurados pelo desejo de abolir os países e a nacionalidade.

Os trabalhadores não têm país. Não podemos tirar deles o que eles não têm. Já que o proletariado deve em primeiro lugar adquirir a supremacia política, deve erguer-se para se tornar a classe dirigente da nação, deve constituir-se *a* nação, ele é, até agora, nacional, embora não no sentido burguês da palavra.

Pouco a pouco, as diferenças e os antagonismos nacionais entre os povos estão desaparecendo, devido ao desenvolvimento da burguesia, à liberdade do comércio, ao mercado mundial, à uniformidade no modo de produção e às condições de vida correspondentes.

Com a supremacia do proletariado, essas diferenças desaparecerão com rapidez ainda maior. A ação unida, ao menos dos principais países civilizados, é uma das primeiras condições para a emancipação do proletariado.

À medida que se põe um ponto final na exploração de um indivíduo por outro, também se põe um ponto final na exploração de uma nação por outra. À medida que desaparece o antagonismo entre as classes da nação, a hostilidade entre uma nação e outra também chegará ao fim.

As acusações contra o comunismo feitas de um ponto de vista religioso, filosófico e, em geral, ideológico não são merecedoras de análise séria.

Será preciso intuição profunda para compreender que as ideias, os pontos de vista e as concepções do ser humano (em suma, a sua consciência) mudam com cada mudança nas condições de sua existência material, em suas relações sociais e em sua vida social?

O que mais a história das ideias comprova além de que a produção intelectual modifica seu caráter à medida que a produção material é modificada? As ideias dominantes de cada era sempre foram as ideias de sua classe dominante.

Quando as pessoas falam de ideias que revolucionam a sociedade, apenas expressam o fato de que, dentro da velha sociedade, os elementos de uma nova sociedade foram criados, e de que a dissolução das velhas ideias mantém o mesmo ritmo que a dissolução das antigas condições de existência.

Quando o mundo antigo agonizava, as antigas religiões foram superadas pelo cristianismo. Quando as ideias cristãs sucumbiram no século XVIII às ideias racionalistas, a sociedade feudal lutou sua batalha mortal com a burguesia então revolucionária. As ideias sobre liberdade religiosa e liberdade de consciência apenas deram expressão à influência da livre concorrência no domínio do conhecimento.

Alguém poderá dizer: "Sem dúvida, as ideias religiosas, morais, filosóficas e jurídicas foram modificadas no decorrer do desenvolvimento histórico. Mas a religião, a moralidade, a filosofia, as ciências políticas e o direito constantemente sobreviveram a essas mudanças.

"Existem, além disso, verdades eternas, como liberdade, justiça, etc., comuns a todos os estados da sociedade. Mas o comunismo extingue verdades eternas, extingue toda a religião e toda a moralidade, em vez de constituí-las em novas bases; portanto, age em contradição a toda experiência histórica passada".

A que se reduz essa acusação? A história de toda a sociedade passada consistiu no desenvolvimento dos antagonismos de classe, antagonismos que assumiram formas diferentes em diferentes épocas.

Mas, independentemente da forma assumida, um fato é comum a todas as eras passadas, ou seja, a exploração de uma parte da sociedade pela outra. Não é de se admirar, então, que a consciência social das últimas eras, apesar de exibir toda a multiplicidade e variedade, se mova dentro de certas formas comuns, ou ideias gerais, que não conseguem desaparecer completamente exceto com o desaparecimento total dos antagonismos de classe.

A revolução comunista é a ruptura mais radical com as relações tradicionais de propriedade; não é de se admirar que o seu desenvolvimento envolva a ruptura mais radical com as ideias tradicionais.

Mas nos deixe aniquilar as objeções burguesas ao comunismo.

Já vimos acima que o primeiro passo na revolução pela classe trabalhadora é elevar o proletariado à posição de classe dominante para estabelecer a democracia.

O proletariado utilizará sua supremacia política para arrancar, passo a passo, todo capital da burguesia, para centralizar todos os instrumentos de produção nas mãos do

Estado, ou seja, do proletariado organizado como classe dominante; e para aumentar o total das forças produtivas tão rapidamente quanto possível.

Claro, no início, isso não pode ser executado exceto por meio de avanços despóticos sobre os direitos de propriedade e sobre as condições da produção burguesa; portanto, por meio de medidas que pareçam economicamente insuficientes e insustentáveis, mas que, no decorrer do movimento, excedem-se, exigem novos avanços contra a velha ordem social e são inevitáveis como meio de revolucionar completamente o modo de produção.

Essas medidas certamente serão diferentes em diferentes países.

No entanto, nos países mais avançados, as seguintes medidas terão aplicação geral.

1. Abolição da propriedade de terras e aplicação de todas as rendas fundiárias para fins públicos.
2. Imposto de renda pesado e progressivo ou graduado.
3. Abolição de todo direito de herança.
4. Confisco da propriedade de todos os emigrantes e rebeldes.
5. Centralização do crédito nas mãos do Estado, por meio de um banco nacional com capital estatal e monopólio exclusivo.
6. Centralização dos meios de comunicação e transporte nas mãos do Estado.
7. Ampliação de fábricas e instrumentos de produção pertencentes ao Estado; a introdução no cultivo de terras devolutas e a melhoria do solo em geral em conformidade com um plano comum.
8. Obrigação de trabalho igual para todos. Estabelecimento de exércitos industriais, especialmente para a agricultura.
9. Combinação da agricultura com as indústrias de manufatura; abolição gradual da distinção entre cidade e campo, por meio de uma distribuição mais uniforme da população no campo.
10. Educação gratuita para todas as crianças em escolas públicas. Abolição do trabalho infantil nas fábricas em sua forma atual. Combinação da educação com a produção industrial, etc.

Quando, no curso do desenvolvimento, as distinções de classe tiverem desaparecido, e toda a produção tiver se concentrado nas mãos de uma grande associação de toda a nação, o poder público perderá seu caráter político. O poder político, adequadamente assim chamado, é meramente o poder organizado de uma classe para oprimir a outra. Se o proletariado em sua luta contra a burguesia for compelido, pela força das circunstâncias, a organizar-se como classe; se, por meio de uma revolução, tornar-se a classe dominante e, assim, varrer à força as antigas relações de produção, então terá, junto com essas relações, varrido as condições para a existência de antagonismos de classe e de classes em geral e, desse modo, terá abolido sua própria supremacia como classe.

Em vez da antiga sociedade burguesa, com suas classes e antagonismos de classe, teremos uma associação em que o livre desenvolvimento de cada um é a condição para o livre desenvolvimento de todos.

Karl Marx: O fetichismo das mercadorias e o seu segredo

À primeira vista, uma mercadoria parece uma coisa muito banal e de fácil compreensão. Na realidade, uma análise sobre a mercadoria mostra que ela é uma coisa muito bizarra, repleta de sutilezas metafísicas e detalhes teológicos. Na medida em que é um valor em uso, ela não tem nada de misterioso, não importa se a considerarmos sob o prisma de que por suas propriedades é capaz de satisfazer os desejos humanos ou sob o prisma de que

---

De Karl Marx, *Capital,* Cap. 1, seção 4 (New York: International Publishers). Direitos autorais de 1967. Reproduzido com permissão.

essas propriedades são o produto do trabalho humano. Salta aos olhos que a humanidade, pela sua indústria, altera os formatos dos materiais fornecidos pela natureza, de forma a torná-los úteis para ela. O formato da madeira, por exemplo, é alterado, ao fabricar-se uma mesa com esse material. Apesar disso, a mesa continua sendo feita daquela coisa comum e cotidiana: a madeira. Mas, ao evoluir e se tornar uma mercadoria, ela se transforma em algo transcendental. Não apenas se equilibra sobre sua base, mas, em comparação com todas as outras mercadorias, equilibra-se sobre seu topo, e de seu cérebro lenhoso evoluem ideias grotescas, muito mais maravilhosas do que quaisquer "viradas de mesa".

O caráter místico das mercadorias não se origina, portanto, de seu valor de uso. Tampouco provém da natureza dos fatores determinantes do valor. Porque, em primeiro lugar, por mais variados que os tipos úteis de trabalho (ou atividades produtivas) possam ser, é um fato fisiológico: são funções do organismo humano, e cada função, seja qual for sua natureza ou forma, é em essência o dispêndio de cérebro, nervos, músculos, etc. Em segundo lugar, no que diz respeito ao que constitui a base para a determinação quantitativa do valor, ou seja, a duração desse dispêndio, ou a quantidade de trabalho, é evidente que existe uma diferença palpável entre a sua quantidade e qualidade. Em todos os estados da sociedade, o tempo da mão de obra que custa para produzir os meios de subsistência deve necessariamente ser um objeto de interesse à humanidade, embora não de igual interesse em diferentes estágios de desenvolvimento. E, por fim, a partir do momento em que as pessoas trabalham de algum modo umas para as outras, seu trabalho assume uma forma social.

De onde, então, surge o caráter enigmático do produto do trabalho, tão logo esse produto assume a forma de mercadorias? Claramente dessa forma em si. A igualdade de todos os tipos de trabalho humano é expressa de modo objetivo por seus produtos, todos sendo igualmente valores; a medida do dispêndio da força de trabalho pela duração desse dispêndio assume a forma da quantidade de valor dos produtos do trabalho; e, por fim, as relações mútuas dos produtores, dentro das quais o caráter social do seu trabalho se afirma, assumem a forma de uma relação social entre os produtos.

Portanto, uma mercadoria é uma coisa misteriosa, simplesmente porque nela o caráter social do trabalho dos seres humanos lhes aparece como um caráter objetivo estampado no produto desse trabalho; porque a relação dos produtores com a soma total do seu próprio trabalho lhes é apresentada como uma relação social, existente não entre eles próprios, mas entre os produtos do seu trabalho. Por esse motivo que os produtos do trabalho tornam-se mercadorias, coisas sociais cujas qualidades são ao mesmo tempo perceptíveis e imperceptíveis pelos sentidos. Da mesma forma, a luz de um objeto é percebida por nós não como a excitação subjetiva do nosso nervo óptico, mas como a forma objetiva de algo fora do olho em si. Porém, no ato de enxergar, existe sempre uma verdadeira passagem de luz de uma coisa para outra, do objeto externo ao olho. Existe uma relação física entre coisas físicas. Mas com as mercadorias é diferente. Nelas, a existência das coisas como mercadorias e a relação de valor entre os produtos de trabalho que as estampa como mercadorias não têm absolutamente nenhuma conexão com suas propriedades físicas e com as relações materiais que delas decorrem. Há uma relação social definitiva entre os seres humanos a qual assume, perante seus olhos, a forma fantástica de uma relação entre as coisas. Portanto, para encontrar uma analogia, devemos recorrer às regiões enevoadas do mundo religioso. Nesse mundo, as produções do cérebro humano aparecem como seres independentes dotados de vida e estabelecem relações entre si e com a espécie humana. Assim é o mundo das mercadorias com os produtos das mãos humanas. A isso eu chamo de Fetichismo que impregna os produtos do trabalho, tão logo sejam produzidos como mercadorias, o qual, portanto, é inseparável da produção de mercadorias.

Esse fetichismo das mercadorias tem sua origem, como a análise precedente já mostrou, no caráter social peculiar do trabalho que as produz.

Como regra geral, os artigos de utilidade se tornam mercadorias só porque são produtos do trabalho de indivíduos ou grupos de indivíduos que executam seus trabalhos independentemente uns dos outros. A soma total do trabalho de todos esses indivíduos particulares forma a mão de obra agregada da sociedade. Já que os produtores não entram em contato social uns com os outros até trocarem seus produtos, o caráter social específico do trabalho de cada produtor não se revela exceto no ato da troca. Em outras palavras, o trabalho do indivíduo afirma-se como parte do trabalho da sociedade apenas por meio de relações que o ato de troca estabelece diretamente entre os produtos e, por meio deles, indiretamente entre os produtores. Para estes últimos, portanto, as relações conectando o trabalho de um indivíduo com o dos demais aparecem não como relações sociais diretas entre indivíduos no trabalho, mas como o que elas realmente são: relações materiais entre as pessoas e relações sociais entre coisas. É só por meio da troca que os produtos do trabalho adquirem, como valores, um *status* social uniforme, distinto de suas variadas formas de existência como objetos de utilidade. Essa divisão de um produto entre uma coisa útil e um valor torna-se importante na prática apenas quando a troca adquiriu tamanha abrangência que os artigos úteis são produzidos com a finalidade de serem trocados, e seu caráter como valores, portanto, precisa ser levado em conta, de antemão, durante a produção. A partir desse momento, o trabalho do produtor individual adquire socialmente um caráter duplo. Por um lado, ele deve, como um tipo de trabalho útil e definido, satisfazer uma necessidade social definida e, assim, manter seu lugar como parcela integrante do trabalho coletivo de todos, como um ramo de uma divisão social do trabalho que surgiu espontaneamente. Por outro lado, pode satisfazer as múltiplas necessidades do próprio produtor individual, apenas na medida em que a permutabilidade mútua de todos os tipos de trabalho privado útil é um fato social estabelecido, e, portanto, o trabalho útil particular de cada produtor classifica-se em igualdade com o de todos os outros. A equalização dos mais diferentes tipos de trabalho pode ser o resultado apenas de uma abstração de suas desigualdades, ou de reduzi-los ao seu denominador comum, isto é, o dispêndio da força de trabalho humana ou do trabalho humano no abstrato. O duplo caráter social do trabalho do indivíduo lhe aparece, quando refletido em seu cérebro, apenas sob aquelas formas estampadas nesse trabalho na prática diária pela troca de produtos. Assim, o caráter que seu próprio trabalho tem de ser socialmente útil assume a forma da condição de que o produto deva ser não apenas útil, mas útil para os outros; e o caráter social que o seu trabalho particular tem de ser igual a todos os outros tipos específicos de trabalho assume a forma de que todos os artigos fisicamente diferentes que são os produtos de trabalho tenham uma qualidade comum, ou seja, a de ter valor.

Assim, quando comparamos os produtos do nosso trabalho com os outros na forma de valores, não é porque vemos nesses artigos os recipientes materiais de trabalho humano homogêneo. Muito pelo contrário: sempre que, pela troca, igualamos como valores nossos produtos diferentes, por esse ato, também equiparamos, como trabalho humano, os diferentes tipos de trabalho neles despendidos. Não estamos conscientes disso, mas o fazemos.[1] O valor, portanto, não fica à espreita com um rótulo para descrever os produtos. Em vez disso, é o valor que converte cada produto em um hieróglifo social. Adiante tentamos decifrar o hieróglifo, para

---

[1] Assim, quando Galiani afirma: valor é uma relação entre pessoas – "La Richezza è una ragione tra due persone" – ele deveria ter adicionado: uma relação entre pessoas expressa como uma relação entre coisas. (Galiani: Della Moneta, p. 221, V. III of Custodi's Collection of "Scrittori Classici Italiani di Economia Politica". Parte Moderna, Milano, 1803.)

desvendar o segredo de nossos próprios produtos sociais; pois estampar um objeto de utilidade como valor é um produto social, exatamente como a linguagem. A recente descoberta científica de que os produtos do trabalho, na medida em que são valores, não passam de expressões materiais do trabalho humano despendido na sua produção marca, de fato, uma época na história do desenvolvimento da raça humana, mas, de maneira nenhuma, dissipa a névoa pela qual o caráter social do trabalho nos parece ser um caráter objetivo dos próprios produtos. O fato de que, sob a forma particular de produção com a qual estamos lidando, isto é, a produção de mercadorias, o caráter social específico do trabalho privado exercido de forma independente consiste na igualdade de todos os tipos desse trabalho, em virtude de ser trabalho humano, caráter que, portanto, assume no produto a forma de valor – esse fato parece aos produtores, não obstante a descoberta acima referida, ser tão verdadeiro e definitivo como o fato de que, após a descoberta pela ciência dos gases componentes do ar, a atmosfera em si permaneceu inalterada.

Na prática, o que, antes de tudo, preocupa os produtores quando fazem uma troca? Eis a questão: quanto de algum outro produto eles obtêm por seu próprio? Em que proporções os produtos são permutáveis? Quando essas proporções alcançam, pelo costume, certa estabilidade, elas parecem resultar da natureza dos produtos. Assim, por exemplo, uma tonelada de ferro e 56 gramas de ouro aparentam naturalmente ter o mesmo valor, da mesma forma que 1 kg de ouro e 1 kg de ferro, apesar de suas distintas qualidades físicas e químicas, aparentam ter o mesmo peso. O caráter de ter valor, uma vez estampado nos produtos, obtém fixidez apenas em virtude de seu agir e reagir uns com os outros como quantidades de valor. Essas quantidades variam continuamente, independentemente da vontade, da clarividência e da ação dos produtores. Para eles, sua própria ação social assume a forma da ação dos objetos que governa a produção das mercadorias, antes que a experiência acumulada surja a convicção científica de que todos os diferentes tipos de trabalho privado – desempenhados de modo independente, mas como ramos espontaneamente desenvolvidos da divisão social do trabalho – são sempre reduzidos às proporções quantitativas nas quais a sociedade as exige. E por quê? Porque, no meio de todas as relações de troca casuais e sempre flutuantes entre os produtos, o tempo de trabalho socialmente necessário para sua produção forçosamente afirma-se como uma primordial lei da natureza, assim como a lei da gravidade afirma-se quando a casa cai sobre nossas cabeças.[2] A determinação da magnitude do valor pelo tempo de trabalho, portanto, é um segredo escondido sob as aparentes flutuações nos valores relativos das mercadorias. Sua descoberta, embora remova toda aparência de mera casualidade da determinação da magnitude dos valores dos produtos, de jeito nenhum altera o modo em que se realiza essa determinação.

As reflexões humanas sobre as formas de vida social e, por conseguinte, também as análises científicas dessas formas, tomam um rumo diametralmente oposto de seu desenvolvimento histórico real. Começam, tarde demais, com os resultados do processo de desenvolvimento já disponíveis. As características que estampam os produtos como mercadorias, e cujo estabelecimento é uma preliminar necessária à circulação das mercadorias, já adquiriram a estabilidade das formas naturais e subentendidas da vida social, antes que a humanidade procure decifrar, não seu caráter histórico, que aos seus olhos parece imutável, mas seu significado. Assim, foi apenas a análise dos preços das mercadorias que levou à determinação da magnitude de

---

[2] "Quem somos nós para pensar sobre uma lei que se afirma apenas em revoluções periódicas? Não é nada mais do que uma lei da natureza, fundada na falta de conhecimento daqueles cuja ação é uma questão em si". (Friedrich Engels: "Umrisse zu einer Kritik der National-ökonomie", em "Deutsch-Französische Jahrbücher", editado por Arnold Ruge e Karl Marx, Paris, 1844.)

valor, e foi apenas a expressão comum de todas as mercadorias em dinheiro que levou ao estabelecimento de suas características como valores. Porém, justamente essa derradeira forma monetária do mundo das mercadorias que, na verdade, esconde, em vez de revelar, o caráter social do trabalho privado e as relações sociais entre os produtores individuais. Quando afirmo que casacos ou botas têm relação com roupas de cama porque se constituem a encarnação universal do trabalho humano abstrato, o absurdo dessa afirmação torna-se óbvio. No entanto, quando os produtores de botas e casacos comparam esses artigos com roupa de cama ou, o que dá na mesma, com ouro ou prata, como equivalente universal, eles expressam a relação entre seu próprio trabalho privado e o trabalho coletivo da sociedade nessa mesma forma absurda.

As categorias da economia burguesa consistem nessas formas. São formas de pensamento que expressam, com validade social, as condições e as relações de um modo de produção definitivo e historicamente determinado, ou seja, a produção de mercadorias. Todo o mistério das mercadorias, toda a magia e a necromancia que envolvem os produtos do trabalho ao assumirem a forma de mercadorias, portanto, desaparecem tão logo alcançamos outras formas de produção.

Já que as experiências de Robinson Crusoé são um tema favorito entre os economistas políticos,[3] vamos dar uma olhada nele em sua ilha. Por mais moderado que seja, ainda assim precisa satisfazer certas necessidades e deve, portanto, empreender um pouquinho de vários tipos de trabalhos úteis, como fabricar ferramentas e mobiliário, domesticar cabras, pescar e caçar. Em suas orações e quejandos não prestamos atenção, pois elas são uma fonte de prazer para ele, e ele as considera como outras tantas recreações. Apesar da variedade de seu trabalho, ele sabe que sua mão de obra, seja qual sua forma, nada mais é do que a atividade de um mesmo Robinson e, por isso, consiste em nada além de diferentes modos de trabalho humano. A necessidade em si obriga-o a distribuir o seu tempo com precisão entre os diferentes tipos de trabalho. Se um tipo ocupa mais espaço em sua atividade geral do que o outro, isso vai depender das dificuldades, maiores ou menores conforme o caso, a serem superadas para alcançar o efeito útil almejado. Esse nosso amigo Robinson logo aprende pela experiência e, tendo resgatado um relógio, o diário de bordo, caneta e tinta do naufrágio, começa, como um verdadeiro britânico, a fazer registros. Seu inventário contém uma lista dos objetos de utilidade que lhe pertencem, das operações necessárias para a sua produção e, por último, o tempo de trabalho que, em média, a produção de quantidades definidas desses objetos lhe custou. Todas as relações entre Robinson e os objetos que formam essa riqueza de sua própria criação aqui estão de modo tão simples, claro e inteligível sem esforço algum, até mesmo para o Sr. Sedley Taylor. E, no entanto, essas relações contêm tudo o que é essencial para a determinação do valor.

Permita-nos agora viajarmos da ensolarada ilha de Robinson para a sombria Idade Média europeia. Aqui, em vez do homem independente, verificamos completa interdependência: servos e senhores, vassalos e suseranos, leigos e clero. Aqui, a dependência pessoal caracteriza as relações sociais de produção, assim como acontece em outras esferas da vida organizada com base nessa produção. Mas, justamente porque a dependência pessoal constitui a base de trabalho da sociedade, não há nenhuma necessidade de que o traba-

---

[3] Até mesmo Ricardo tem suas histórias à la Robinson. "Ele faz o caçador primitivo e o pescador primitivo diretamente, como proprietários de mercadorias, trocarem peixe e caça na proporção em que o tempo de trabalho é incorporado nesses valores de troca. Nessa ocasião, ele comete o anacronismo de fazer esses homens aplicarem o cálculo, até o ponto em que seus instrumentos precisem ser considerados, às tabelas de anuidade em uso na London Exchange em 1817. Os paralelogramos de Owen parecem ser a única forma de sociedade, além da forma burguesa, que ele conhecia". (Karl Marx, "Zur Kritik, &c.", p. 38, 39.)

lho e seus produtos assumam uma forma fantástica diferente de sua realidade. Assumem a forma, nas transações da sociedade, dos serviços em espécie e pagamentos em espécie. Aqui, a forma de trabalho particular e natural, e não sua forma geral e abstrata (como na sociedade baseada na produção de mercadorias), é a forma de trabalho imediatamente social. O trabalho obrigatório pode ser tão corretamente medido pelo tempo quanto o trabalho que produz mercadorias; mas cada servo sabe que despende no serviço de seu senhor uma quantidade definida de sua própria força de trabalho. O dízimo a ser entregue ao sacerdote é mais líquido e certo do que a sua bênção. Não importa, então, o que possamos pensar dos papéis interpretados por diferentes classes de cidadãos nessa sociedade: as relações sociais entre os indivíduos no desempenho de seu trabalho aparecem em qualquer caso como suas próprias e mútuas relações pessoais, sem serem disfarçadas sob a forma de relações sociais entre os produtos do trabalho.

Para obter um exemplo de trabalho em comum ou trabalho diretamente associado, não é preciso retroceder a essa forma espontaneamente desenvolvida que encontramos no limiar da história de todas as raças civilizadas.[4] Temos um disponível nos afazeres patriarcais de uma família camponesa, que produz milho, gado, lã, linho e roupa para uso doméstico. Esses artigos diferentes são, no que tange à família, múltiplos produtos do seu trabalho, mas entre eles não são mercadorias. Os diferentes tipos de trabalho (preparo do solo, manejo do gado, fiação, tecelagem e confecção de roupas, etc.) que resultam em vários produtos constituem, em si e na forma como se apresentam, funções sociais diretas, pois as funções da família, assim como as da sociedade baseada na produção de mercadorias, têm um sistema de divisão de trabalho desenvolvido espontaneamente. A distribuição do trabalho no seio da família e a regulação do tempo de trabalho dos vários membros também dependem das diferenças de idade e de sexo como das condições naturais que variam conforme as estações do ano. A força de trabalho de cada indivíduo, por sua própria natureza, atua nesse caso como uma parte definida de toda a força de trabalho da família, e, portanto, a medida do dispêndio da força de trabalho individual por sua duração aparece aqui, por sua própria natureza, como um caráter social de seu trabalho.

Permita-nos agora imaginar a nós mesmos, só para variar, uma comunidade de indivíduos livres, empreendendo seu trabalho com os meios de produção em comum, em que a força de trabalho de todos os indivíduos diferentes seja conscientemente aplicada como a força de trabalho combinada da comunidade. Todas as características do trabalho de Robinson repetem-se aqui, mas com esta diferença: são sociais, em vez de individuais. Tudo produzido por ele foi o resultado exclusivo de seu próprio trabalho pessoal e, portanto, apenas um objeto de uso para si mesmo. O produto total da nossa comunidade é um produto social. Uma fração serve como meio de produção renovado e permanece social. Mas outra parte é consumida pelos membros como meio de subsistência. Por conseguinte, uma distribuição dessa parcela entre eles é necessária. O modo dessa distribuição variará com a organização produtiva da comunidade e o grau de desenvolvimento histórico alcançado pelos produtores. Vamos supor, mas apenas por uma questão de paralelo com a produção de mercadorias, que a

---

[4] "Uma presunção ridícula que ultimamente tem sido exportada é a de que a propriedade comum em sua forma primitiva é especificamente eslava, ou até mesmo exclusivamente russa. É a forma primitiva que podemos provar ter existido entre romanos, teutos e celtas, e mesmo hoje encontramos diversos exemplos, ainda que em decadência, na Índia. Um estudo mais exaustivo sobre formas asiáticas, e especialmente indianas, de propriedade comum, mostraria como, a partir de diferentes formas primitivas de propriedade comum, diferentes formas de sua dissolução foram desenvolvidas. Assim, por exemplo, os diversos tipos originais de propriedades privadas romanas e teutônicas são deduzíveis de diferentes formas de propriedades comuns indianas". (Karl Marx, "Zur Kritik, &c.", p. 10.)

quota de cada produtor individual dos meios de subsistência fosse determinada por seu tempo de trabalho. O tempo de trabalho teria, nesse caso, um papel duplo. Sua repartição em conformidade com um plano social definido mantém a proporção adequada entre os diferentes tipos de trabalho a serem feitos e os vários desejos da comunidade. No entanto, também serve como medida da parte do trabalho comum suportada por cada indivíduo e de sua participação na parte do produto total destinado ao consumo individual. As relações sociais dos produtores individuais, no que diz respeito ao seu trabalho e aos seus produtos, são neste caso perfeitamente simples e inteligíveis, com respeito não só à produção, mas também à distribuição.

O mundo religioso é apenas o reflexo do mundo real. E para uma sociedade com base na produção de mercadorias, em que os produtores em geral estabelecem relações sociais uns com os outros ao tratarem seus produtos como mercadorias e valores, reduzindo, assim, seu trabalho individual e privado ao padrão de trabalho humano homogêneo – para essa sociedade, o cristianismo com seu *cultus* do homem abstrato, mais especialmente em seus desdobramentos burgueses (protestantismo, deísmo, etc.), é a forma de religião mais apropriada. No antigo modo de produção asiático e em outros modos de produção, verificamos que a conversão de produtos em mercadorias e, portanto, a conversão dos seres humanos em produtores de mercadorias ocupa um lugar subordinado, o qual, no entanto, aumenta de importância à medida que as comunidades primitivas, cada vez mais, aproximam-se de sua dissolução. As nações comerciais, corretamente assim denominadas, existem no mundo antigo apenas em seus interstícios, como os deuses de Epicuro no intermundo ou como os judeus nos poros da sociedade polaca. Em comparação à sociedade burguesa, aqueles antigos organismos sociais de produção são muito simples e transparentes. Mas eles se alicerçam tanto no desenvolvimento imaturo do homem individual, que ainda não cortou o cordão umbilical que o une aos seus semelhantes em uma comunidade tribal primitiva, quanto nas relações diretas de sujeição. Podem surgir e existir somente quando o desenvolvimento da força de trabalho produtiva ainda não ultrapassou um estágio inferior e quando, portanto, as relações sociais dentro da esfera da vida material, entre os membros da humanidade e entre a humanidade e natureza, são correspondentemente estreitas. Essa estreiteza reflete-se na antiga adoração da natureza e nos outros elementos das religiões populares. Seja como for, o reflexo religioso do mundo real pode enfim desaparecer apenas quando as relações concretas da vida cotidiana ofereçam aos humanos nada além de relações perfeitamente inteligíveis e sensatas no que diz respeito aos seus companheiros e à natureza.

O processo de vida da sociedade, que se baseia no processo de produção material, não despe seu véu místico até ser tratado como produção por seres humanos livremente associados e ser conscientemente regulado por eles em conformidade com um plano estabelecido. Isso, no entanto, exige da sociedade trabalho de base material ou conjunto de condições de existência que, por sua vez, são o produto espontâneo de um longo e doloroso processo de desenvolvimento.

De fato, a economia política analisou, embora de modo truncado, o valor e sua magnitude e descobriu o que se encontra abaixo dessas formas. Mas sequer uma vez formulou a pergunta: por que o trabalho é representado pelo valor do seu produto e o tempo de trabalho pela magnitude desse valor? Essas fórmulas, que trazem a estampa inconfundível de pertencer a um estado de sociedade em que o processo de produção controla as pessoas em vez de ser controlado por elas, aparentam ao intelecto burguês tanto uma evidente necessidade imposta pela natureza quanto um trabalho produtivo em si. Assim, as formas de produção social que precederam a forma burguesa são tratadas pela burguesia em grande parte da mesma maneira como os Pais da Igreja trataram as religiões pré-cristãs.

Até que ponto alguns economistas são induzidos ao erro pelo fetichismo inerente nas mercadorias ou pela objetiva aparência das características sociais do trabalho é revelado, entre outras formas, pela maçante e cansativa querela sobre o papel desempenhado pela natureza na formação do valor de troca. Já que o valor de troca é uma forma social definida de expressar a quantidade de trabalho destinada a um objeto, a natureza não tem mais nada a ver com isso, como não tem nada a ver com a fixação do curso da troca.

O modo de produção em que o produto assume a forma de uma mercadoria ou é produzido diretamente para a troca é a forma mais geral e mais embrionária de produção burguesa. Portanto, surge em uma data precoce na história, embora não da mesma forma predominante e característica dos dias de hoje. Assim, seu caráter de fetiche é relativamente fácil de ser percebido. Mas quando chegamos a formas mais concretas, até mesmo essa aparência de simplicidade desaparece. De onde surgiram as ilusões do sistema monetário? Para ele, o ouro e a prata, quando servem como dinheiro, não representavam uma relação social entre os produtores, mas eram objetos naturais com estranhas propriedades sociais. E a economia moderna, que desdenha o sistema monetário, não escancara sua superstição sempre que se trata de capital? Há quanto tempo a economia descartou a ilusão fisiocrática de que as rendas crescem do solo e não da sociedade?

Mas, sem querer antecipar, vamos nos contentar com outro exemplo relacionado com a forma da mercadoria. Se as mercadorias pudessem falar, diriam: "O nosso valor de uso pode ser uma coisa que interessa aos humanos. Não nos pertence como objetos. Mas o que nos pertence como objetos é o nosso valor. Nosso intercâmbio natural como mercadorias é a prova. Aos olhos dos outros não somos nada além de valores de troca". Agora escute como essas mercadorias falam pela boca do economista. "O valor" (*ou seja,* valor de troca) "é uma propriedade das coisas, das riquezas" (*ou seja,* valor de uso) "humanas. O valor, nesse sentido, necessariamente implica trocas, as riquezas não." "As riquezas" (valor de uso) "são atributo humano; o valor é o atributo da mercadoria. Um ser humano ou uma comunidade é rica, uma pérola ou um diamante é valioso ... Uma pérola ou um diamante é valioso" como uma pérola ou um diamante. Até agora nenhum químico já descobriu valor de troca em uma pérola ou um diamante. Os descobridores econômicos desse elemento químico, que, a propósito, têm preocupação especial com a perspicácia crítica, constatam, no entanto, que o valor de uso dos objetos lhes pertence independentemente de suas propriedades materiais, enquanto seu valor, por outro lado, constitui uma parte deles como objetos. O que os confirma nesse ponto de vista é a circunstância peculiar de que, por um lado, o valor de uso dos objetos é realizado sem a troca, por meio de uma relação direta entre os objetos e os humanos, enquanto, por outro lado, seu valor é percebido apenas pela troca, ou seja, por meio de um processo social. Quem não se lembra aqui das personagens de Shakespeare em *Muito barulho por nada*, quando o bom amigo Dogberry informa ao vizinho Seacoal: "Uma boa aparência é dádiva da sorte; mas o saber ler e escrever é dom da natureza".

Karl Marx e Frederick Engels: A ideologia alemã

A produção da vida, tanto a nossa própria vida no trabalho quanto a vida renovada na procriação, emerge agora como uma relação dupla: por um lado, uma relação natural; por outro, uma relação social. Por social entendemos a cooperação de vários indivíduos, não importa em que condições, de que maneiras e com que fins. Decorre disso que um

---

De Karl Marx e Frederick Engels, *The German Ideology* (New York: International Publishers). Direitos autorais de 1974. Reproduzido com permissão.

determinado modo de produção, ou estádio industrial, está sempre combinado com certo modo de cooperação, ou estádio social, e esse modo de cooperação é em si uma "força produtiva". Também decorre que a multiplicidade de forças produtivas acessíveis aos humanos determina a natureza da sociedade e que, portanto, a "história da humanidade" sempre deve ser estudada e tratada em relação à história da indústria e da troca. ...

Portanto, a consciência é ... , desde o início, um produto social e assim permanecerá enquanto existir a humanidade. A consciência é, sobretudo, a consciência relativa ao ambiente sensório *imediato* e a consciência da limitada conexão com outras pessoas e coisas fora do indivíduo que está se tornando autoconsciente. Ao mesmo tempo, é a consciência da natureza que primeiro aparece à humanidade como força estranha, todo-poderosa e inexpugnável, diante da qual os membros da humanidade estabelecem relações puramente bestiais e sente-se aterrorizados como se fossem animais; é, portanto, uma consciência de natureza puramente animal da natureza (religião natural) só porque a natureza ainda é, historicamente, pouco modificada. ... Por outro lado, a consciência humana sobre a necessidade de associar-se com os indivíduos ao redor é o começo da consciência de que realmente nossa espécie vive em sociedade. Esse começo é tão animal quanto a própria vida social nessa fase. É mera consciência de rebanho, e, nesse momento, os seres humanos só se distinguem das ovelhas pelo fato de que neles a consciência toma o lugar do instinto, ou de que seu instinto é consciente. Essa consciência de rebanho ou tribal recebe desenvolvimento e extensão adicionais por meio do aumento da produtividade, o aumento das necessidades e, o mais fundamental para esses dois, o aumento da população. Assim se desenvolve a divisão do trabalho, originalmente nada mais do que a divisão do trabalho no ato sexual, depois aquela divisão do trabalho que se desenvolve de modo espontâneo ou "natural" em virtude de predisposição natural (p. ex., força física), necessidades, casualidades, etc. A divisão do trabalho só se torna verdadeira a partir do momento em que aparece uma divisão entre trabalho físico e mental. (A primeira forma de ideólogos, *padres*, é coincidente.) A partir desse instante, a consciência *pode* realmente lisonjear-se de ser algo além do que a consciência da prática existente, de que *realmente* representa algo sem representar algo real; de agora em diante, a consciência está em uma posição de se emancipar do mundo e proceder à formação de teorias, teologias, filosofias, éticas, etc. "puras". Mas mesmo que essas teorias, teologias, filosofias, éticas, etc. entrem em contradição com as relações existentes, isso só pode ocorrer porque as relações sociais existentes entraram em contradição com as forças de produção existentes; além do mais, isso também pode ocorrer em uma esfera nacional particular das relações com aparência de contradição, não dentro do âmbito nacional, mas entre essa consciência nacional e a prática de outras nações, ou seja, entre a consciência geral e a consciência nacional de uma nação (como vemos agora na Alemanha).

Além disso, é completamente irrelevante o que a consciência começa a fazer por conta própria: de toda essa lama chegamos a uma só inferência: esses três momentos – as forças de produção, o estado da sociedade e a consciência – podem e devem entrar em contradição entre si, porque a *divisão do trabalho* implica a possibilidade, ou melhor, o fato de que as atividades intelectuais e braçais – prazer e trabalho, produção e consumo – caibam a indivíduos diferentes, e de que a única possibilidade de eles não entrarem em contradição reside, por sua vez, na própria negação da divisão do trabalho. Além disso, é óbvio que "espectros", "vínculos", "ser supremo", "conceito", "escrúpulos" são meramente a expressão idealista, espiritual, a concepção aparente do indivíduo isolado, a imagem de grilhões e limitações empíricas, dentro da qual se movem o modo de produção da vida e a forma de intercâmbio acoplada a ele.

Propriedade privada e comunismo

Com a divisão do trabalho, em que todas essas contradições são implícitas, e que, por sua vez, se baseia na divisão natural do trabalho na família e na separação da sociedade em famílias individuais discordantes umas das outras, é considerada simultaneamente a *distribuição*, e de fato, a distribuição *desigual*, quantitativa e qualitativa, do trabalho e seus produtos; daí a propriedade: o núcleo, a primeira forma, que reside na família, onde a mulher e os filhos são os escravos do marido. Essa escravatura latente na família, embora ainda muito rudimentar, é a primeira propriedade, mas mesmo nessa fase precoce corresponde perfeitamente à definição de economistas modernos que chamam o poder de alienar a força de trabalho dos outros. A divisão do trabalho e a propriedade privada são, além disso, expressões idênticas: em uma delas se afirma uma coisa em referência à atividade, enquanto na outra a mesma coisa se afirma em referência ao produto da atividade.

Além disso, a divisão do trabalho implica a contradição entre o interesse do indivíduo separado ou a família individual e o interesse comum de todos os indivíduos que estabelecem relações entre si. E de fato, esse interesse comum não existe apenas na imaginação, como o "interesse geral", mas antes de tudo na realidade, como a interdependência mútua dos indivíduos entre os quais o trabalho é dividido. E, por fim, a divisão do trabalho nos oferece o primeiro exemplo de como, enquanto o homem permaneça na sociedade natural, ou seja, enquanto exista uma clivagem entre o interesse particular e o interesse comum, enquanto, portanto, a atividade não seja dividida de modo voluntário, mas natural, a ação da humanidade se torna um poder alienígena, contrário a ela mesma, que a escraviza em vez de ser controlado por ela. Pois tão logo se efetiva a distribuição do trabalho, cada pessoa tem uma esfera de atividade particular e exclusiva, que lhe é imposta e da qual não pode escapar. É caçador, pescador, vaqueiro ou crítico e assim deve permanecer se não quiser perder seus meios de subsistência; enquanto na sociedade comunista, onde ninguém tem uma esfera exclusiva de atividade, mas todos podem se realizar em qualquer ramo que desejar, a sociedade regula a produção geral e, portanto, possibilita que eu faça uma coisa hoje e outra amanhã, caçar de manhã, pescar à tarde, tanger o gado à noite, criticar após o jantar, ao meu bel-prazer, sem nunca me tornar caçador, pescador, vaqueiro ou crítico. Essa fixação da atividade social, essa consolidação do que nós mesmos produzimos em prol de um poder objetivo acima de nós, crescendo fora de nosso controle, contrariando as nossas expectativas, zerando os nossos cálculos, é um dos principais fatores no desenvolvimento histórico até hoje. ...

Classe dominante e ideias dominantes

As ideias da classe dominante são em cada época as ideias dominantes, ou seja, a classe que domina a força *material* da sociedade é, ao mesmo tempo, a que domina sua força *intelectual*. A classe que dispõe dos meios de produção material controla ao mesmo tempo os meios de produção mental, para que, assim, de um modo geral, as ideias daqueles que não têm os meios de produção mental fiquem sujeitas a isso. As ideias dominantes são nada mais do que a expressão ideal das relações materiais dominantes, as relações materiais dominantes compreendidas como ideias; portanto, das relações que tornam uma classe dominante, as principais, portanto, são as ideias de sua dominação. Os indivíduos que compõem a classe dominante têm, entre outras coisas, consciência e, portanto, pensam. Na medida em que, portanto, eles governam como classe e determinam a amplitude e os rumos de uma época, é evidente que o fazem em toda a sua gama, por isso entre outras coisas também governam como pensadores, como produtores de ideias, e regulam a produção e a distribuição das ideias de sua era: assim, suas ideias são as ideias dominantes da época. ...

A divisão do trabalho, que já mencionamos como uma das forças primordiais da história até agora, manifesta-se também na classe dominante como a divisão do trabalho mental e material, para que, dentro dessa classe, uma parte apareça como os pensadores da classe (seus ideólogos ativos e conceituais, que fazem o aperfeiçoamento da ilusão da classe sobre si mesmo, sua principal fonte de sustento), enquanto a atitude dos outros em relação a essas ideias e ilusões é mais passiva e receptiva, pois eles são, na realidade, os membros ativos dessa classe e têm menos tempo para inventar ilusões e ideias sobre si mesmos. Dentro dessa classe, essa divisão pode evoluir para certa oposição e hostilidade entre as duas partes, que, no entanto, no caso de uma colisão prática, na qual a própria classe corra perigo, automaticamente resultam em nada, caso em que também some a aparência de que as ideias dominantes não eram as ideias da classe dominante e tinham um poder distinto do poder dessa classe. A existência de ideias revolucionárias em um período particular pressupõe a existência de uma classe revolucionária; sobre as premissas desta última já foi mencionado o suficiente.

Se hoje ao considerar o curso da história desconectarmos as ideias da classe dominante da classe dominante em si e lhes atribuirmos uma existência independente, se nos limitarmos a dizer que essas ou aquelas ideias foram dominantes em determinado momento, sem nos preocuparmos com as condições de produção e os produtores dessas ideias, se ignorarmos, assim, os indivíduos e as condições do mundo que são a fonte das ideias, podemos dizer, por exemplo, que, durante o tempo em que a aristocracia era dominante, os conceitos de honra, lealdade, etc. eram dominantes; durante o domínio da burguesia, os conceitos de liberdade, igualdade, etc. A própria classe dominante em geral imagina que é assim. Essa concepção da história, que é comum a todos os historiadores, sobretudo desde o século XVIII, necessariamente contraria o fenômeno de que imperam ideias cada vez mais abstratas, ou seja, as ideias que cada vez mais assumem a forma de universalidade. Pois cada nova classe que se coloca no lugar de dominante é compelida, apenas a fim de realizar o seu objetivo, a representar seu interesse como o interesse comum de todos os membros da sociedade, ou seja, expressado na forma ideal: tem de dar às suas ideias o caráter de universalidade e representá-las como as únicas racionais e universalmente válidas. Desde o início, a classe que faz uma revolução aparece oposta a uma *classe*, não como classe, mas como representante de toda a sociedade; ela aparece como toda a massa da sociedade confrontando a classe dominante. Pode fazer isso porque, para início de conversa, seu interesse realmente está mais conectado com o interesse comum de todas as outras classes não dominantes, porque sob a pressão das condições até então existentes seu interesse ainda não foi capaz de se desenvolver como o interesse particular de uma determinada classe. Sua vitória, portanto, beneficia também muitos indivíduos de outras classes que não alcançam uma posição dominante, mas apenas na medida em que agora coloca esses indivíduos em posição de subir e compor a classe dominante. Quando a burguesia francesa derrubou o poder da aristocracia, possibilitou assim que muitos proletários se elevassem acima do proletariado, mas apenas pelo fato de se tornarem burgueses. Cada nova classe, portanto, alcança sua hegemonia apenas em uma base mais ampla do que a da classe dominante prévia, enquanto a oposição da classe não dominante contra a nova classe dominante mais tarde se desenvolve de modo mais aguçado e profundo. Essas duas coisas determinam o fato de que a luta a ser travada contra essa nova classe dominante, por sua vez, destina-se a uma negação mais decidida e radical das condições prévias da sociedade do que todas as classes prévias que procuravam se tornar dominantes.

Toda essa conjuntura, de que a dominância de determinada classe é apenas a dominância de certas ideias, chega a um fim natural, é claro, tão logo a dominância de classe, em geral, deixa de ser a forma em que sociedade está organizada, quer dizer, tão logo não seja mais necessário representar um interesse particular como geral ou o "interesse geral" como dominante.

Uma vez que as ideias dominantes tenham sido separadas dos indivíduos dominantes e, acima de tudo, das relações que resultam de certa fase do modo de produção, assim se chega à conclusão de que a história está sempre sob a influência de ideias, e é muito fácil abstrair dessas várias ideias "a" ideia, "a" noção, etc., como a força dominante na história e, portanto, compreender todos esses conceitos e ideias separados como "formas de autodeterminação" oriundas do desenvolvimento na história. Então se conclui, naturalmente, também, que todas as relações humanas podem ser derivadas do conceito de humanidade, a humanidade conforme a concebemos, a essência da humanidade, em suma, a *Humanidade*. Isso foi feito pelos filósofos especulativos. ...

Nº 1. É preciso separar as ideias de quem está no governo por razões empíricas, sob condições empíricas e como indivíduos empíricos, desses governantes reais e, portanto, reconhecer a dominação das ideias ou ilusões na história.

Nº 2. É preciso trazer uma ordem para essa dominação de ideias, provar a conexão mística entre as sucessivas ideias dominantes, o que é alcançado compreendendo-as como "atos de autodeterminação por parte do conceito" (isso é possível porque, em virtude de sua base empírica, essas ideias são realmente conectadas umas com as outras e porque, concebidas como *meras* ideias, tornam-se autodistinções, distinções feitas pelo pensamento).

Nº 3. Para remover a aparência mística desse "conceito autodeterminante", esse conceito é transformado em pessoa – "autoconsciência" – ou, para parecer completamente materialista, em um conjunto de pessoas, que representa o "conceito" da história ("pensadores", "filósofos", "ideólogos") que novamente são entendidos como os fabricantes da história, como o "conselho de guardiões", como os governantes. Assim, todo o corpo de elementos materialistas foi removido da história, e a especulação pode ganhar força máxima.

Enquanto na vida comum cada lojista distingue muito bem entre o que alguém professa ser e o que realmente é, nossos historiadores ainda não superaram sequer essa percepção trivial. Abraçam os escritos de cada época e acreditam que tudo o que dizem e imaginam sobre si mesmos é verdade.

Émile Durkheim: *Anomia* e integração social 2

Introdução

Os escritos acadêmicos de Émile Durkheim foram dedicados à proposição de que a sociedade era uma entidade *sui generis,* ou seja, uma entidade que poderia ser estudada em si, sem reduzi-la a indivíduos e suas motivações. Embora os indivíduos sejam claramente os componentes de uma sociedade, não obstante, a sociedade é mais do que os indivíduos que a constituem. De acordo com Durkheim, sabemos da existência da sociedade porque ela exerce controle sobre nosso comportamento, na forma de regras de conduta, leis, costumes, normas e valores em que acreditamos e que moldam a nossa consciência e nos tornam parte de uma coletividade. A sociedade nos é externa no sentido de que exerce pressões com as quais devemos nos adaptar, mas também nos é interna no sentido de que forma a consciência moral coletiva. Durkheim publicou várias obras que se tornaram clássicos no campo, entre elas *A divisão do trabalho* (1893), *Suicídio* (1897) e *As formas elementares da vida religiosa* (1912), e fundou *L'Année Sociologique,* o primeiro periódico francês de sociologia. A sociologia francesa tornou-se intimamente identificada com o trabalho de Durkheim nos primeiros anos de seu desenvolvimento. Embora Comte possa ter sido o primeiro a usar o termo *sociologia,* foi Durkheim quem fundou o campo ao definir seus temas e sua metodologia.

Émile Durkheim nasceu em Épinal, no leste da França, em 1858, de pais judeus. Descendente de uma longa linhagem de rabinos, Durkheim também planejava tornar-se um rabino, mas no início da adolescência se afastou das crenças religiosas e tornou-se agnóstico. Estudante brilhante e dedicado, por fim trabalhou na École Normale Supérieure, a faculdade da elite intelectual da França, sendo aprovado no difícil vestibular em sua terceira tentativa. Depois de se formar, passou cinco anos ensinando filosofia em escolas de ensino médio, antes de se tornar um professor de filosofia na Université de Bordeaux, em 1887, onde se especializou nas áreas de educação e ciências sociais.

Após uma vida de esforço para estabelecer o campo da sociologia e mostrar que os fenômenos sociais poderiam ser estudados de modo empírico e não apenas discutidos de modo especulativo, Durkheim recebeu reconhecimento e aclamação com uma cátedra na Sorbonne, a mais prestigiada instituição acadêmica da França. Em 1913, o título de sua cadeira foi oficialmente mudado de Professor de Ciências da Educação para Professor de Sociologia e Ciências da Educação, e Durkheim tornou-se assim o primeiro sociólogo oficial na França, uma grande vitória para uma disciplina antes considerada ilegítima pela maioria dos acadêmicos.

Em *As regras do método sociológico,* Durkheim defende a sociologia como um campo independente de pesquisa com temática própria, não redutível à psicologia individual. Ele assevera que existem "fatos sociais", fora de nós, que nos obrigam a agir em conformidade com normas que não são de nossa lavra. Em suma, Durkheim aponta para a existência de restrições no comportamento individual e alega que essas forças externas são a substância do "social" e garantem um exame sistemático em seus próprios termos pelos sociólogos. Quais são essas restrições? Como elas surgem? Como sabemos de sua existência? Elas podem ser alteradas e sob quais condições?

O estudo clássico de Durkheim, *Suicídio*, demonstra que forças sociais mais amplas podem explicar um fenômeno que na superfície parece ser estritamente um caso de ação individual. Em outras palavras, Durkheim acreditava que se pudesse demonstrar que existem causas sociais do suicídio, que muitos entendem se tratar do definitivo ato individual, ele revelaria o âmago do argumento psicológico e reducionista e provaria a sua inadequação. Além disso, *Suicídio* é um modelo de método sociológico. A obra mostra como um sociólogo pode proceder para estabelecer correlações significativas com dados estatísticos, como inferências podem ser feitas com base em dados e, por fim, de que modo amplas generalizações são formuladas a partir de dados empíricos e conduzem a uma teoria geral.

Nos excertos de *Suicídio* reproduzidos neste capítulo, Durkheim descreve as variações das taxas de suicídio entre os diferentes grupos da sociedade. Logo no início somos convidados a perguntar sobre as taxas sociais de suicídio em vez de incidentes individuais. Em outras palavras, Durkheim afasta nossa atenção de questões psicológicas sobre as motivações de indivíduos particulares que cometem suicídio, foco que ele considerava reducionista, para questões sociológicas relativas às condições sociais mais amplas associadas com as taxas de suicídio. No processo, Durkheim desenvolve a noção de que as taxas de suicídio aumentam à medida que o grau de integração e de regulação do indivíduo pelo grupo diminui. Em outras e mais simples palavras, quanto mais livre estiver de restrições externas e mais isolado da vida grupal, mais propenso ao suicídio está o indivíduo. A busca de Durkheim, então, tem o objetivo de determinar as condições sociais que levam ao colapso da regulação moral e da integração grupal. Além disso, Durkheim tem a consciência de que as condições sociais exercem efeitos diferentes sobre indivíduos diferentes, e, em um capítulo posterior, ele aborda a questão do papel da psicologia.

Durkheim encarava a sociedade como um organismo elaborado em que cada parte separada executa sua tarefa específica no funcionamento do todo. Isso é análogo ao corpo humano, em que cada órgão separado executa uma função corporal a fim de permitir que a pessoa sobreviva. Embora cada órgão execute uma função diferente, todos têm vital importância, e nenhum deles consegue sobreviver ou ser entendido exceto no contexto de todos os outros órgãos. A expressão "o corpo social" refere-se a esse típico viés durkheimiano de encarar a sociedade.

Em *A divisão do trabalho na sociedade*, Durkheim mostra o aumento drástico na diferenciação e na especialização das funções na sociedade moderna. Ele distingue duas formas básicas de organização social, a *solidariedade mecânica* e a *solidariedade orgânica*, correspondendo, grosso modo, à sociedade tradicional e à moderna. Nas sociedades caracterizadas pela solidariedade mecânica, as pessoas são basicamente semelhantes em seus papéis sociais; há pouca especialização ou divisão do trabalho. Por conseguinte, as pessoas tendem a compartilhar muitas coisas e ter uma cultura comum e uma moralidade comum. Assim, os membros dessas sociedades se entrelaçam intimamente, e sua unidade baseia-se em sua semelhança. Já as sociedades modernas se caracterizam pela solidariedade orgânica, que substitui a solidariedade mecânica à medida que aumenta a diferenciação na divisão do trabalho na sociedade. Como o nome sugere, a coesão dessas sociedades depende menos da cultura e da moralidade comuns a seus membros do que de sua interdependência mútua.

A discussão de Durkheim sobre o direito amplia ainda mais essa análise e aguça a distinção entre sociedades tradicionais e modernas. As sociedades mais simples que compartilham uma cultura e um código moral comuns também são regidas pelo *direito repressivo*, em que punições severas são infligidas como expressões da indignação coletiva com a violação da moralidade da comunidade. O *direito restitutivo* é a característica das sociedades modernas, em que a base moral comum pode ser frágil por causa da diferenciação, da especialização e dos diversos grupos e códigos morais que definem a sociedade contemporânea. Aqui, o significado de direito muda, e em vez de códigos morais fortes, comumente abraçados, existe um burocrático sistema jurídico em que as violações não são percebidas como transgressões morais contra a comunidade, mas como infrações que podem ser pagas por meio de multas atribuídas e penas de prisão. Em contraste com o direito repressivo, onde a função é obter retaliação, o direito restitutivo busca restabelecer a situação da condição anterior à violação.

A ideia de solidariedade orgânica, ou unidade com base na interdependência que caracteriza a sociedade moderna, foi a resposta funcional de Durkheim para o medo de que, com o término da sociedade tradicional e o colapso de um sistema de valores morais comuns, a sociedade em si fosse ameaçada. Durkheim viu na moderna divisão do trabalho a possibilidade de reduzir as guerras e os conflitos sociais. Em contraste com a solidariedade mecânica, onde os diferentes grupos realizavam as mesmas funções, conseguiam existir independentemente uns dos outros e, por isso, lutavam entre si por recursos escassos, a crescente interdependência dos grupos sociais no âmbito da solidariedade orgânica dificultaria, de acordo com Durkheim, a eliminação ou a opressão de qualquer grupo.

No entanto, Durkheim estava profundamente perturbado com o desenvolvimento da sociedade moderna e, em especial, com a ruptura das formas tradicionais de vida e moralidade. Em categórico contraste com aqueles que encaravam a sociedade como o resultado de um contrato celebrado por indivíduos com interesses próprios, Durkheim via as pessoas em essência como socialmente construídas e a sociedade como anterior ao indivíduo e formadora dele. Os seres humanos sempre são encontrados em grupos e suas vidas como indivíduos sempre são moldadas por condições sociais. A noção de que os indivíduos existem como entidades atomizadas em um estado de natureza prévio à formação da sociedade é um mito conveniente usado para justificar a ideologia liberal utilitária, em vez de ser uma descrição precisa e empírica. As personalidades e a moralidade do povo não são criadas *a priori*, mas resultam do condicionamento e da regulação sociais, e se a sociedade fracassar em regular seus membros de modo correto ou consistente, eles correm o risco de sofrer as consequências. A sociedade moderna, com suas mudanças dinâmicas, muitas vezes não consegue fornecer um conjunto estável de normas para que os indivíduos absorvam e vivam; ao contrário, ela tende a destruir esses sistemas de crença. Disso resulta que muitas pessoas são afligidas por um sentimento debilitante de falta de objetivos e normas em suas vidas, condição social rotulada por Durkheim com o hoje consagrado termo *anomia* e que ele considerava ser uma das principais causas do suicídio e da infelicidade em seu tempo.

A obra *As formas elementares da vida religiosa*, indiscutivelmente a mais criativa de Durkheim e considerada por alguns a mais relevante, explora a natureza da crença religiosa, estudando as religiões das sociedades muito simples. Durkheim pensava que as qualidades essenciais de crença religiosa poderiam ser melhor entendidas sob condições menos complexas do que as condições da sociedade moderna altamente diferenciada. Com base em seu estudo sobre as religiões de tribos aborígenes australianas, ele concluiu que a única coisa que todas as religiões têm em comum é uma divisão entre o *sagrado* – o reino do extraordinário e/ou divino – e o *profano* – o reino do cotidiano, o comum, o normal. Durkheim afirmava que a distinção entre o sagrado e o profano é socialmente construída e não inerente ao objeto assim designado. Assim, os povos tribais atribuem significado sagrado a um pássaro ou um animal, designando-o como seu totem e constroem rituais em torno dele; e o símbolo, por sua vez, torna-se uma fonte de unidade por meio de uma crença compartilhada. Cada sociedade e cada religião designam certos objetos – no cristianismo, a cruz, a água benta, os ícones e afins – como sagrados. Esses objetos sagrados atuam como pontos focais para as atitudes de reverência, mistério e respeito que estão associadas com a crença religiosa.

Mas a formulação mais original de Durkheim era sua opinião de que todos esses símbolos e crenças são reais representações da sociedade; em outras palavras, ele afirma que todos os símbolos e ideários religiosos são na verdade símbolos para a sociedade, ou seja, símbolos de unidade moral. Esses símbolos representam os ideais e a moralidade coletivos que constituem a base da ordem social. "Deus" e fenômenos como totens são a sociedade personificada, e quando os adoramos em uma cerimônia religiosa, na verdade estamos adorando os ideais coletivos que nos unem uns aos outros. Os sentimentos de temor ou reverência que estão associados com o reino do sagrado são sentimentos de temor ou reverência pela sociedade.

A análise de Durkheim indica as funções exercidas por crenças e símbolos religiosos. Partindo desse pressuposto, Durkheim acredita que encontrou possibilidades para substituir a religião na sociedade moderna, de modo que não seja preciso temer a inevitabilidade do colapso social com a desintegração das crenças religiosas tradicionais. Pois, se perguntarmos sobre a função desses símbolos e crenças, em vez de sobre a verdade de seu conteúdo, talvez consigamos compreender melhor a condição moderna e o definhar das crenças religiosas tradicionais.

Um sociólogo contemporâneo, Robert Bellah, realçou a "religião civil" nos Estados Unidos como a equivalente funcional das crenças religiosas tradicionais. Sob esse prisma, a Constituição, a declaração dos direitos dos cidadãos e as instituições democráticas que afirmam os direitos humanos representam o consenso moral fundamental da sociedade. O hino nacional, a bandeira e os feriados nacionais são símbolos contemporâneos e rituais comuns de unidade na presença da diversidade e da diferenciação. Os debates contemporâneos sobre multiculturalismo e diversidade ressaltam a relevância contínua das formulações de Durkheim e sua tentativa de fornecer uma base moral para a sociedade moderna, diferenciada e individualista.

Durkheim preocupava-se muito com a condição da modernidade: o racionalismo da ciência, a complexa divisão do trabalho provocada pela industrialização e a ênfase no individualismo. No entanto, ele constatou no individualismo moderno "o culto do indivíduo", a base moral da sociedade moderna. Em "O individualismo e os intelectuais", Durkheim distinguiu entre o individualismo egoísta ou autointeressado de Herbert Spencer e o individualismo moral de Immanuel Kant. Este último destacou a dignidade e os direitos do indivíduo como membro da comunidade humana. Esse pertencimento implicava reconhecimento e respeito aos direitos dos outros na busca de uma ordem social justa. Ao contrário do que afirmavam Spencer e outros, isso não significava que a vida social era uma luta constante de egos pela sobrevivência do mais apto.

A influência de Durkheim foi enorme, e ele é, sem sombra de dúvida, junto com Marx e Weber, um dos principais fundadores da sociologia moderna. Seu método empírico e seu estilo funcional de análise foram adotados por muitas escolas de antropologia, sociologia e outras ciências sociais; e, embora certas qualidades de sua metodologia sejam controversas, como a sua afirmação de que valores não precisam ser levados em conta nas pesquisas e análises sociais, o estilo de análise estatística do qual foi pioneiro em obras como *Suicídio* tem sido amplamente utilizado desde então. Seu legado permanece particularmente forte na escola funcional da sociologia norte-americana, e expoentes, inclusive Talcott Parsons e Robert K. Merton, reconheceram Durkheim como uma de suas principais influências.

Émile Durkheim: As regras do método sociológico

O que é um fato social?

Antes de investigar o método adequado ao estudo dos fatos sociais, é importante saber quais fatos são comumente chamados de "sociais". Essa informação torna-se ainda mais necessária, pois a designação "social" é usada com pouca precisão. Hoje, ela é empregada para quase todos os fenômenos geralmente difundidos no âmbito da sociedade, por mais ínfimo que seja seu interesse social. Mas com base nisso não existe, na verdade, nenhum evento humano que não possa ser chamado de social. Cada indivíduo bebe, dorme, come, raciocina; e é de interesse da sociedade que essas funções sejam exercidas de forma ordenada. Se, então, todos esses fatos são contados como fatos "sociais", a sociologia não teria nenhum assunto exclusivamente seu, e seu domínio poderia ser confundido com o da biologia e da psicologia.

Mas na realidade há em toda sociedade certo grupo de fenômenos que podem ser diferenciados daqueles estudados por outras ciências naturais. Quando cumpro minhas obrigações como irmão, marido ou cidadão, quando executo meus contratos, exerço funções definidas, externamente a mim mesmo e aos meus atos, no direito e nos costumes. Mesmo quando se adaptam a meus próprios sentimentos e sinto sua realidade de modo subjetivo, essa realidade ainda é objetiva, pois não a criei; meramente herdei-a por meio de minha educação. Além disso, quantas vezes ignoramos os detalhes das obrigações que se incumbem sobre nós, e que, a fim de familiarizar-nos com elas, temos de consultar a lei e seus intérpretes autorizados! Da mesma forma, o membro da igreja encontra as crenças e práticas da vida religiosa prontas ao nascimento; sua existência antes da sua própria implica sua existência fora de si mesmo. O sistema de sinais que utilizo para expressar meu pensamento, o sistema de moedas que emprego para pagar minhas dívidas, os instrumentos de crédito que utilizo em minhas relações comerciais e as práticas seguidas na minha profissão funcionam independentemente de meu próprio uso deles. E essas declarações podem ser repetidas para cada membro da sociedade. Aqui, então, são maneiras de agir, pensar e sentir que apresentam a notável propriedade de existir fora da consciência individual.

Esses tipos de conduta ou de pensamento não são apenas externos ao indivíduo, mas são, além disso, dotados de poder coercivo, em virtude do qual eles se impõem sobre ele, independentemente de sua vontade individual. Claro, quando consinto inteiramente e me adapto a eles, essa restrição é sentida apenas de leve ou nem sentida e é, portanto, desnecessária. Porém, é uma característica intrínseca desses fatos; a prova disso é que ela se afirma tão logo tento resistir a ela. Se eu tentar violar a lei, ela reage contra mim para evitar meu ato antes de sua realização, ou para anular minha violação restaurando os danos, se for realizado e reparável, ou me obrigar a expiá-lo se não puder ser compensado de outra forma.

No caso das máximas puramente morais; a consciência pública controla cada ato que a ofende por meio da vigilância que exerce sobre a conduta dos cidadãos e das sanções adequadas à sua disposição. Em muitos casos, a restrição é menos violenta, mas sempre existe. Se eu não me submeter às convenções da sociedade, se minha roupa não se adaptar aos costumes observados em meu país e minha classe, o ridículo que provoco e o isolamento social no qual sou mantido produ-

---

Reproduzido com a permissão da The Free Press, divisão da Simon & Schuster, da obra de Émile Durkheim, *The Rules of Sociological Method*, traduzida por S. S. Solovay e J. H. Mueller; editada por George E. G. Catlin. Direitos autorais © 1938 de George E. G. Catlin; renovados em 1966 por Sarah S. Solovay, John H. Mueller, George E. G. Catlin.

zem, embora de forma atenuada, os mesmos efeitos que a punição no sentido estrito da palavra. A restrição é, no entanto, eficaz por ser indireta. Não sou obrigado a falar francês com meus compatriotas, nem a usar a moeda legal, mas é impossível fazer o contrário. Se eu tentar escapar dessa necessidade, minha tentativa fracassará miseravelmente. Como industrial, estou livre para aplicar os métodos técnicos de séculos passados; mas ao fazer isso certamente estou fadado à bancarrota. Mesmo quando me liberto dessas regras e as violo com sucesso, sempre sou obrigado a lutar com elas. Quando, por fim, são superadas, elas mostram suficientemente seu poder de restrição pela resistência que oferecem. As empresas de todos os inovadores, incluindo os bem-sucedidos, deparam-se com resistência desse tipo.

Aqui, então, está uma categoria de fatos com características muito distintas: consiste em maneiras (de agir, pensar e sentir) externas ao indivíduo e dotadas de poder de coerção, em virtude do qual eles o controlam. Essas formas de pensar não podem ser confundidas com fenômenos biológicos, pois consistem em representações e ações; nem com fenômenos psicológicos, que existem apenas na consciência individual e por meio dela. Constituem, assim, uma nova variedade de fenômenos, e é exclusivamente a essa variedade que o termo "social" deve ser aplicado. E esse termo se encaixa muito bem neles, pois é evidente que, como sua origem não é o indivíduo, seu substrato só pode ser a sociedade, tanto a sociedade política como um todo quanto um dos grupos parciais nela inclusos, como seitas religiosas, associações políticas, literárias e profissionais, etc. No entanto, esse termo "social" aplica-se exclusivamente a eles, pois tem um significado diferente apenas se designar exclusivamente os fenômenos não incluídos em quaisquer categorias de fatos que já foram estabelecidos e classificados. Essas formas de pensar e agir, portanto, constituem o domínio apropriado da sociologia. É verdade que, quando as definimos com essa palavra "restrição", corremos o risco de chocar os entusiastas partidários do individualismo absoluto. Para aqueles que professam a completa autonomia do indivíduo, a dignidade do ser humano é diminuída sempre que ele é obrigado a sentir que não é completamente autodeterminante. Porém, hoje é consenso geral de que a maioria de nossas ideias e de nossas tendências não é desenvolvida por nós mesmos, mas vem até nós do meio externo. Como elas podem se tornar parte de nós exceto impondo-se sobre nós? Esse é o significado pleno de nossa definição. Além disso, é consenso geral de que essa restrição social não é necessariamente incompatível com a personalidade individual.[1]

Já que todos os exemplos recém-citados por nós (regulamentações legais e morais, credos religiosos, sistemas financeiros, etc.) consistem em crenças e práticas estabelecidas, alguém poderia ser levado a acreditar que os fatos sociais existem apenas onde houver alguma organização social. Mas existem outros fatos sem essa forma cristalizada que têm a mesma objetividade e a mesma ascendência sobre o indivíduo. São chamados de "correntes sociais". Assim, os grandes movimentos de entusiasmo, indignação e pena no meio da multidão não se originam em nenhuma consciência individual particular. Eles chegam a cada um de nós de fora e podem nos arrebatar, apesar de nós mesmos. Claro, pode acontecer que, ao entregar-me a eles sem reservas, eu não sinta a pressão que eles exercem sobre mim. Mas essa pressão se revela tão logo eu tente resistir a eles. Deixe um indivíduo tentar opor-se a uma dessas manifestações coletivas, e as emoções negadas por ele vão se voltar contra ele. Ora, se esse poder de coerção externa afirma-se tão claramente nos casos de resistência, deve existir também nos casos mencionados em primeiro lugar, embora nem tenhamos consciência disso. Então, somos vítimas da ilusão

---
[1] Não pretendemos insinuar, contudo, que toda restrição é normal. Voltaremos a esse ponto mais tarde.

de termos criado aquilo que na verdade se impôs de fora. ...

Para confirmar essa definição de fato social por uma característica ilustração da experiência cotidiana, basta observar a maneira como as crianças são educadas. Considerando os fatos como eles são e como sempre foram, torna-se imediatamente evidente que toda educação é um esforço contínuo para impor à criança formas de ver, sentir e agir as quais ela não poderia ter adquirido espontaneamente. Desde as primeiras horas de sua vida, nós a compelimos a comer, beber e dormir em horários determinados; nós a ensinamos limpeza, tranquilidade e obediência; mais tarde, a pressionamos a aprender a devida consideração com os outros, o respeito pelos costumes e as convenções, a necessidade de trabalhar, etc. Se, com o tempo, essa restrição deixa de ser sentida, é porque gradativamente dá origem aos hábitos e às tendências internas que tornam a restrição desnecessária; mas ela não é abolida, pois ainda é a fonte de que derivam desses hábitos. É verdade que, de acordo com Spencer, uma educação racional deveria rejeitar esses métodos, permitindo que a criança aja em completa liberdade; mas já que essa teoria pedagógica nunca foi aplicada por quaisquer pessoas conhecidas, deve ser aceita apenas como a expressão de uma opinião pessoal, não como um fato capaz de contradizer as observações supramencionadas. O que torna esses fatos particularmente instrutivos é que o objetivo da educação é, precisamente, a socialização do ser humano; portanto, o processo de educação nos dá, em poucas palavras, a maneira histórica em que o ser social é constituído. O meio social submete a criança à pressão que tende a moldá-la à sua própria imagem, e os pais e os professores são apenas os representantes e intermediários dessa incessante pressão.

Daí se deduz que os fenômenos sociológicos não podem ser definidos por sua universalidade. Assim, um pensamento que encontramos em cada consciência individual, um movimento repetido por todos os indivíduos, não é um fato social. Se os sociólogos se satisfazem ao defini-los por essa característica, é porque os confundem com o que se poderia chamar sua reencarnação no indivíduo. No entanto, são os aspectos coletivos das crenças, tendências e práticas de um grupo que caracterizam os fenômenos verdadeiramente sociais. Quanto às formas que os estados coletivos assumem quando refratados no indivíduo, isso é outra coisa. Essa dualidade mostra-se com clareza pelo fato de que essas duas ordens de fenômenos são comumente encontradas dissociadas uma da outra. Com efeito, certas maneiras sociais de agir e pensar adquirem, em virtude de sua repetição, uma rigidez que, por assim dizer, as cristaliza por conta própria, e as isola dos acontecimentos particulares que as refletem. Adquirem, assim, um corpo, uma forma tangível e constituem uma realidade por si só, completamente distinta dos fatos individuais que as produzem. Hábitos coletivos são inerentes não só nos atos sucessivos que eles determinam, mas, por um privilégio do qual não encontramos exemplo na esfera biológica, recebem permanente expressão em uma fórmula que é repetida de boca em boca, transmitida pela educação e eternizada até mesmo na escrita. Essa é a origem e a natureza das regras legais e morais, aforismos e provérbios populares, artigos de fé em que grupos religiosos ou políticos condensam suas crenças, padrões de gosto estabelecidos por escolas literárias, etc. Nenhum desses itens pode ser encontrado inteiramente reproduzido nas suas aplicações feitas por indivíduos, uma vez que eles podem existir mesmo sem ser realmente aplicados.

Sem dúvida, nem sempre essa dissociação manifesta-se com igual distinção, mas sua existência óbvia nos importantes e numerosos casos recém-citados é suficiente para provar que o fato social é uma coisa distinta de suas manifestações individuais. Além disso, mesmo quando essa dissociação não é imediatamente aparente, ela pode muitas vezes ser revelada por certos dispositivos do método. Essa dissociação é indispensável se alguém quiser separar os fatos sociais de seus amálgamas, a fim de observá-los em um estado de pureza. Correntes de opinião, com intensidade que varia com o tempo e o lugar, impelem determinados grupos seja para mais casamentos, por exemplo, ou para mais suicídios ou para uma maior ou menor taxa de natalidade, etc. Essas correntes são fatos claramente sociais. À primeira vista, parecem inseparáveis das formas que assumem em casos individuais. Mas a estatística nos fornece meios para isolá-las. Na verdade, elas são representadas com considerável exatidão pelas taxas de nascimentos, casamentos e suicídios, ou seja, pelo número obtido ao se dividir a média anual total de casamentos, nascimentos e suicídios pelo número de pessoas cujas idades estão dentro do intervalo em que casamentos, nascimentos e suicídios ocorrem.[2] Já que cada um desses números contém indiscriminadamente todos os casos individuais, as circunstâncias individuais que podem ter tido uma participação na produção do fenômeno são neutralizadas e, por isso, não contribuem para a sua determinação. A média, então, expressa um determinado estado de espírito do grupo (*l'âme collective*).

Esses fenômenos são sociais, quando se desembaraçam de todas as matérias estranhas. Quanto a suas manifestações individuais, elas são na verdade, em certa medida, sociais, já que reproduzem, em parte, um modelo social. Cada um deles depende também, e em grande medida, da constituição organopsicológica do indivíduo e das circunstâncias específicas em que ele é colocado. Assim, eles não são fenômenos sociológicos no sentido estrito da palavra. Pertencem a dois reinos ao mesmo tempo; alguém poderia chamá-los de sociopsicológicos. Interessam ao sociólogo sem constituir o tema imediato da sociologia. No interior dos organismos, existem fenômenos semelhantes, de natureza composta, os quais, por sua vez, formam o tema das "ciências híbridas", como a química fisiológica, por exemplo.

Alguém poderia levantar a objeção de que um fenômeno é coletivo apenas se for comum a todos os membros da sociedade, ou, pelo menos, à maioria deles – em outras palavras, se for realmente geral. Isso pode ser verdade; mas é geral por ser coletivo (isto é, mais ou menos obrigatório) e, com certeza, não coletivo por ser geral. É uma condição de grupo que se repete no indivíduo por ser imposta a ele. Pode ser encontrada em cada parte porque existe no todo, em vez de no todo porque existe nas partes. Isso se torna evidente naquelas crenças e práticas que nos são transmitidas automaticamente pelas gerações anteriores; nós as recebemos e adotamos porque, sendo ao mesmo tempo coletivas e antigas, elas são dotadas de uma autoridade específica que a educação nos ensinou a reconhecer e respeitar. Claro, é verdade que grande parte da nossa cultura social nos é transmitida assim; mas mesmo quando o fato social deve-se em parte à nossa colaboração direta, sua natureza não é diferente. A emoção coletiva que eclode repentina e violentamente em uma multidão não expressa apenas o que todos os sentimentos individuais tinham em comum; é algo inteiramente diferente, como já mostramos. Resulta do fato de eles estarem em grupo, um produto das ações e reações que ocorrem entre as consciências individuais; e se cada consciência individual ecoa o sentimento coletivo, é em virtude da energia especial residente na sua origem coletiva. Se todos os corações batem em uníssono, isso não é o resultado de uma harmonia espontânea e preestabelecida, mas sim de uma força idêntica que os impulsiona na mesma direção. Cada um é conduzido por todos.

Chegamos, assim, ao ponto onde podemos formular e delimitar com exatidão o domínio da sociologia. Compreende apenas um grupo limitado de fenômenos. Um fato social deve ser reconhecido pelo poder de coerção externa que exerce ou é capaz de exercer sobre os indivíduos; por sua vez, a presença desse poder pode ser reconhecida tanto pela existência de uma sanção específica quanto pela resistência oferecida contra cada esforço individual que tende a violá-la. Entretanto, também é possível defini-lo por sua difusão no seio do grupo, desde que, em conformidade com as

---

[2] Suicídios não ocorrem em todas as idades e apresentam intensidade variável nas diferentes idades em que ocorrem.

nossas observações anteriores, tome-se o cuidado de adicionar uma segunda e essencial característica: a de que sua própria existência é independente das formas individuais que assume em sua difusão. Esse último critério é talvez, em certos casos, mais fácil de aplicar do que o anterior. Na verdade, as restrições são fáceis de determinar quando se manifestam externamente por uma reação direta da sociedade, como nas leis, na moral, nas crenças, nos costumes e até mesmo nas modas. Mas quando é apenas indireta, como a restrição que exerce uma organização econômica, nem sempre pode ser tão facilmente detectada. Assim, a generalidade combinada com a externalidade pode ser mais fácil de estabelecer. Além disso, essa segunda definição é apenas outra forma da primeira; pois, se por um modo de comportamento cuja existência for externa ao indivíduo as consciências se tornarem gerais, isso só pode ser obtido quando esse comportamento for imposto ao indivíduo.[3]

---

[3] Será visto como essa definição de fato social diverge daquela que constitui a base do sistema engenhoso de M. Tarde. Em primeiro lugar, gostaríamos de afirmar que nossas pesquisas em nenhum momento nos levaram a observar essa influência preponderante na gênese dos fatos coletivos que M. Tarde atribui à imitação. Além disso, a partir da definição anterior, que não é uma teoria, mas simplesmente um apanhado dos dados imediatos da observação, de fato parece se deduzir não só que nem sempre a imitação expressa as características essenciais e específicas do fato social, mas que na verdade nunca as expressa. Sem dúvida, cada fato social é imitado; como acabamos de mostrar, tem a tendência de se tornar geral, mas isso é porque é social, ou seja, obrigatório. Seu poder de expansão não é a causa, mas a consequência de seu caráter sociológico. Se, além disso, apenas os fatos sociais produzirem essa consequência, a imitação talvez sirva para explicá-los ou pelo menos para defini-los. Mas uma condição individual que produz uma gama inteira de efeitos permanece individual. Além disso, pode-se perguntar se a palavra "imitação" é na verdade adequada para designar um efeito devido a uma influência coercitiva. Assim, por essa única expressão, fenômenos muito diferentes, que deveriam ser distinguidos, são confundidos.

Mas esses vários fenômenos apresentam a mesma característica pela qual definimos os outros. Esses "modos de existir" são impostos ao indivíduo de maneira exatamente igual aos "modos de agir" de que falamos. De fato, quando desejamos saber como uma sociedade é dividida politicamente, de que essas divisões são compostas e o quão completa é a fusão existente entre elas, não alcançaremos nosso propósito pela inspeção física e por observações geográficas, pois esses fenômenos são sociais, mesmo quando tiverem alguma base na natureza física. Apenas com o estudo do direito público torna-se possível uma compreensão sobre essa organização, pois é esse direito que determina a organização, como igualmente determina as nossas relações domésticas e civis. Assim, essa organização política não é menos obrigatória do que os fatos sociais supramencionados. Se a população se aglomera em nossas cidades em vez de se espalhar no campo, isso é devido a uma tendência da opinião pública, um impulso coletivo que impõe essa concentração sobre os indivíduos. Já não podemos mais escolher o estilo de nossas casas nem de nosso vestuário – pelo menos os dois são igualmente obrigatórios. Os canais de comunicação prescrevem a direção das migrações internas e do comércio e até mesmo a sua extensão. Por conseguinte, no máximo deve ser necessário acrescentar só uma categoria extra à lista de fenômenos enumerados como detentores do critério distintivo de um fato social, "modos de existir"; e, já que essa enumeração não ambiciona esgotar o assunto, o acréscimo não seria rigorosamente necessário.

Esse acréscimo talvez não seja necessário, pois esses "modos de existir" são apenas "modos de agir" cristalizados. A estrutura política de uma sociedade é apenas a maneira em que seus segmentos componentes se acostumaram a viver uns com os outros. Se suas relações são tradicionalmente intimistas, os segmentos tendem a se fundir entre si ou, caso contrário, a manter sua identidade. O tipo de habitação que nos é imposto é apenas a forma em que nossos contemporâneos e nossos antepassados têm sido acostumados a construir suas casas. Os métodos de comunicação são meramente os canais escavados pelas correntes habituais de comércio e de migrações, ao fluírem na mesma direção. Com certeza, se os fenômenos de caráter estrutural fossem os únicos a apresentarem essa permanência, poder-se-ia acreditar que constituíam uma espécie distinta. Um regulamento jurídico é um arranjo não menos permanente do que um tipo de arquitetura e, no entanto, o regulamento é um fato "fisiológico". Uma simples máxima moral é seguramente um pouco mais maleável, mas é muito mais rígida do que um simples costume profissional ou uma moda. Assim, há toda uma série de graus sem interrupção na continuidade entre os fatos estruturais mais articulados e aquelas correntes livres da vida social que ainda não estão moldadas definitivamente. As diferenças entre eles são, portanto, apenas diferenças no grau de consolidação que apresentam. Ambos são apenas a vida, mais ou menos cristalizada. Sem dúvida, pode ser vantajoso reservar o termo "morfológico" para esses fatos sociais que preocupam o substrato social, mas apenas com a condição de não desconsiderar o fato de que eles têm a mesma natureza que os outros. Então, a nossa definição incluirá na íntegra a gama relevante dos fatos se dissermos: *um fato social é todo modo de agir, fixo ou não, capaz de exercer sobre o indivíduo uma restrição externa; ou também todo modo de agir que é geral no âmbito de certa sociedade e, ao mesmo tempo, existe por si só, independentemente de suas manifestações individuais.*[4]

---

[4] Essa íntima conexão entre vida e estrutura, órgão e função, pode ser facilmente provada na sociologia, porque entre esses dois termos extremos existe uma série inteira de estágios intermediários imediatamente observáveis que mostram a ligação entre eles. A biologia não está na mesma posição favorável. Mas podemos crer que as induções nesse tópico feitas pela sociologia são aplicáveis à biologia e que, tanto em organismos como nas sociedades, existem apenas diferenças em grau entre essas duas ordens de fatos.

Émile Durkheim: Suicídio egoísta e suicídio anômico

Suicídio egoísta

Assim, estabelecemos sucessivamente as três seguintes proposições:

O suicídio varia inversamente ao grau de integração da sociedade religiosa.

O suicídio varia inversamente ao grau de integração da sociedade doméstica.

O suicídio varia inversamente ao grau de integração da sociedade política.

Esse conjunto mostra que, considerando que essas diferentes sociedades têm uma influência moderadora sobre o suicídio, isso se deve não a características especiais de cada uma, mas a uma característica comum a todas. A religião não deve sua eficácia à natureza especial dos sentimentos religiosos, pois sociedades internas e políticas produzem os mesmos efeitos quando fortemente integradas. Isso, aliás, já provamos ao estudar diretamente a postura das diferentes religiões em relação ao suicídio. Inversamente, não é a natureza específica do laço interno ou político que pode explicar a imunidade que eles conferem, pois a sociedade religiosa tem a mesma vantagem. A causa só pode ser encontrada em uma única qualidade possuída por todos esses grupos sociais, embora talvez em diferentes graus. A única qualidade que satisfaz essa condição é a de que todos esses grupos sociais sejam fortemente integrados. Assim chegamos à conclusão geral: o suicídio varia inversamente ao grau

---

Reproduzido com a permissão da The Free Press, divisão da Simon & Schuster, da obra de Émile Durkheim, *Suicide: A Study in Sociology*, traduzida por John A. Spaulding e George Simpson. Direitos autorais © 1951, 1979 de The Free Press.

de integração dos grupos sociais dos quais o indivíduo faz parte.

Mas a sociedade não pode se desintegrar sem que o indivíduo simultaneamente se abstraia da vida social, sem que seus próprios objetivos tornem-se preponderantes sobre aqueles da comunidade, em suma, sem que sua personalidade tenda a superar a personalidade coletiva. Quanto mais enfraquecido os grupos a que pertence, menos ele depende deles, mais consequentemente depende apenas de si mesmo e não reconhece nenhuma regra de conduta além da fundamentada em seus interesses privados. Se concordarmos em chamar essa condição de egoísmo, em que o ego individual afirma-se em excesso diante do ego social e às suas custas, podemos chamar de egoísta o tipo especial de suicídio que resulta do individualismo excessivo.

Mas como o suicídio pode ter essa origem?

Em primeiro lugar, pode-se dizer que, como a força coletiva é um dos obstáculos mais bem calculados para conter o suicídio, seu enfraquecimento envolve um desenvolvimento do suicídio. Quando a sociedade é fortemente integrada, detém os indivíduos sob seu controle, considera-os a seu serviço e, assim, proíbe-os de alienar-se voluntariamente. Nesse sentido, ela se opõe à fuga dos deveres por meio da morte. Mas como a sociedade poderia impor sua supremacia sobre os indivíduos se eles se recusam a aceitar essa subordinação como legítima? Então ela deixa de possuir a autoridade necessária para mantê-los em seus deveres se eles quiserem desertá-los; e, consciente de sua própria fraqueza, ela mesmo reconhece o direito de os indivíduos fazerem livremente o que ela já não mais consegue impedir. Na medida em que são os mestres admitidos de seus destinos, cabe-lhes a prerrogativa de acabar com suas vidas. Por sua vez, eles não têm motivo para suportar os sofrimentos da vida pacientemente. Pois se agarram à vida com mais resolução quando pertencem a um grupo que amam, para não trair interesses que consideram mais importantes que os seus próprios. O vínculo que os une com a causa comum anexa-os à vida, e a honrosa meta imaginada impede que seus problemas pessoais os perturbem tão profundamente. Em suma, existe em uma sociedade coesa e animada, um intercâmbio constante de ideias e sentimentos de todos com cada um e de cada um com todos, algo como um mútuo apoio moral, que, em vez de deixar o indivíduo com seus próprios recursos, leva-o a compartilhar a energia coletiva e apoiar a sua própria quando exaurida.

Mas esses motivos são puramente secundários. O individualismo excessivo não só resulta no favorecimento da ação de causas suicidogênicas, mas é uma dessas causas. Não só libera a inclinação do ser humano para acabar consigo mesmo de um obstáculo protetor, mas inventa essa inclinação e, assim, dá à luz um suicídio especial que carrega sua marca. Isso deve ser claramente entendido, pois é isso que constitui a especificidade do tipo de suicídio recém-distinguido e justifica o nome que demos a ele. Então, o que existe no individualismo que explica esse resultado? ...

Com efeito, toda uma gama de funções diz respeito apenas ao indivíduo; essas são as funções indispensáveis à vida física. Já que são feitas apenas para essa finalidade, elas são aperfeiçoadas por sua realização. Por isso, em tudo que diz respeito a elas, o ser humano pode agir sensatamente sem pensar nos fins transcendentes. Essas funções servem meramente por servi-lo. Na medida em que tem outras necessidades, ele é, portanto, autossuficiente e pode viver feliz sem nenhum outro objetivo além de viver. Esse não é o caso, porém, do adulto civilizado. Ele tem muitas ideias, sentimentos e práticas alheios às necessidades orgânicas. Os papéis da arte, da moralidade, da religião, da fé política e da própria ciência não envolvem reparar a exaustão orgânica nem proporcionar o bom funcionamento dos órgãos. Toda essa vida suprafísica é construída e expandida não devido às demandas do ambiente cósmico, mas devido às demandas do ambiente social. A influência da sociedade é o que tem despertado em nós os sentimentos de compaixão e solidariedade que nos apega aos outros; é a sociedade que, modelando-nos à sua imagem, nos insufla crenças religiosas, políticas e morais que controlam nossas ações. Para desempenhar nosso papel social, lutamos para ampliar nossa inteligência, e ainda é a sociedade que nos fornece ferramentas para esse desenvolvimento, transmitindo-nos seu "fundo fiduciário" de conhecimento.

Pelo próprio fato de que essas formas superiores da atividade humana têm uma origem coletiva, elas têm um propósito coletivo. Ao mesmo tempo em que derivam da sociedade, elas a referenciam; em vez disso, elas consistem na própria sociedade encarnada e individualizada em cada um de nós. Mas para que elas tenham uma *raison d'être* a nossos olhos, o propósito que imaginam não deve nos ser indiferente. Podemos nos agarrar a essas formas de atividade humana apenas na medida em que nos agarramos à própria sociedade. Ao contrário, se nos sentimos desconectados da sociedade tornamo-nos desconectados daquela vida que tem a sociedade como origem e objetivo. Para qual propósito existem essas regras de moralidade, esses preceitos da lei que nos vinculam a todos os tipos de sacrifícios, esses dogmas restritivos, se eles não servem a nenhuma entidade além de nós, se não participamos de uma entidade maior? ...

Se, em outras palavras, como já foi dito muitas vezes, o ser humano é duplo, é porque o ser humano social se sobrepõe ao físico. O ser humano social pressupõe, necessariamente, uma sociedade que ele exprime e à qual serve. Se ela se dissolve, se já não a sentimos em existência e ação ao redor e acima de nós, tudo o que é social em nós é despojado de todo alicerce objetivo. Tudo o que resta é uma combinação artificial de imagens ilusórias, uma fantasmagoria que desaparece à mínima reflexão; ou seja, nada que possa ser uma meta para nossa ação. No entanto, esse ser humano social é a essência do ser humano civilizado; é a obra-prima da existência. Assim somos desprovidos de razões para a existência; pois a única vida à qual nós poderíamos nos agarrar já não corresponde a nada real; a única existência que ainda se baseia na realidade não mais satisfaz nossas necessidades. Por termos sido iniciados em uma existência superior, aquela que satisfaz um animal ou uma criança já não consegue nos satisfazer, e a outra se desvanece e nos deixa desamparados. Por isso, não há nada mais para empenharmos os nossos esforços e podemos senti-los perder-se no vazio. Nesse sentido, vale dizer que nossa atividade precisa de um objeto que a transcenda. Não precisamos dela para nos manter na ilusão de uma imortalidade impossível; isso está implícito em nossa constituição moral e não pode ser nem parcialmente perdido sem perder a sua *raison d'être* na mesma medida. Desnecessário provar que, nesse estado de confusão, a menor causa de desânimo pode facilmente originar resoluções desesperadas. Se a vida não vale a pena ser vivida, tudo se torna um pretexto para nos livrarmos dela. ...

Os indivíduos compartilham muito profundamente a vida social; por isso, se a sociedade está doente, eles também adoecem. O que ela sofre, eles necessariamente sofrem. Porque o todo comunica seus males para as suas partes. Portanto, o todo não pode desintegrar-se sem a consciência de que as condições normais de existência geral são igualmente perturbadas. Já que a sociedade é o fim do qual depende nossos melhores egos, ela não pode perceber que estamos escapando dela sem a percepção simultânea de que a nossa atividade não tem propósito. Já que somos a sua obra, a sociedade não pode ter consciência de sua própria decadência sem a sensação de que de agora em diante essa obra não tem valor nenhum. Assim se formam correntes de depressão e desilusão que não emanam de um indivíduo em particular, mas expressam o estado de desintegração da sociedade. Refletem o afrouxamento dos laços sociais, uma espécie de astenia coletiva ou mal-estar social, assim como a tristeza individual, quando crônica, à sua maneira reflete o pobre estado orgânico do indivíduo. Então, surgem sistemas metafísicos e religiosos que, ao reduzir esses sentimentos obscuros a fórmulas, tentam provar que a vida é insensata e que acreditar que a vida tem um propósito é enganar a si próprio. Logo se originam novas moralidades que, ao elevarem fatos à ética, elogiam o suicídio ou ao menos tendem nessa direção, ao sugerirem uma existência mínima. Na sua aparência, parecem ter sido inventadas por seus fabricantes que às vezes são censurados pelo pessimismo de suas doutrinas. Na realidade, elas são efeito em vez de causa; apenas simbolizam, em linguagem abstrata e forma sistemática, a aflição fisiológica do corpo social. Enquanto essas correntes são coletivas, elas têm, em virtude de sua origem, uma autoridade que se impõe sobre o indivíduo e o conduz mais vigorosamente ao caminho ao qual ele já está inclinado pelo estado de sofrimento moral diretamente nele despertado pela desintegração da sociedade. Assim, no momento em que, com entusiasmo excessivo, ele se liberta do ambiente social, ele ainda se submete à sua influência. Por mais individualizada que seja a pessoa, sempre resta algo coletivo – mesmo a depressão e a melancolia resultantes desse individualismo exagerado. A pessoa realiza comunhão por meio da tristeza quando já não tem alternativa com que alcançá-la.

Portanto, esse tipo de suicídio bem merece o nome que lhe demos. O egoísmo não é apenas um fator de contribuição; é a sua causa geradora. Nesse caso, o vínculo que conecta o ser humano à vida se afrouxa, pois o vínculo que o conecta à sociedade também se afrouxa. Os incidentes da vida privada que parecem a inspiração direta do suicídio e que são considerados suas causas determinantes são, na verdade, apenas causas incidentais. O indivíduo cede ao menor choque das circunstâncias, porque o estado da sociedade o tornou uma presa fácil ao suicídio. ...

Suicídio anômico

Nenhum ser vivo pode ser feliz ou existir a menos que suas necessidades sejam suficientemente equilibradas por seus meios. Em outras palavras, se suas necessidades exigirem mais do que pode ser concedido, ou mesmo apenas algo de espécie diferente, elas estarão sob fricção contínua e só podem funcionar dolorosamente. Movimentos incapazes de produção sem dor tendem a não ser reproduzidos. Tendências insatisfeitas se atrofiam, e como o impulso para viver é apenas o resultado de todo o resto, ele está fadado a enfraquecer à medida que os outros vínculos se afrouxam.

No animal, pelo menos em condições normais, esse equilíbrio é estabelecido com espontaneidade automática, porque o animal depende de condições puramente materiais. Tudo o que organismo necessita é que as fontes de substância e energia sempre empregadas no processo vital sejam renovadas periodicamente em quantidades equivalentes; que a renovação seja equivalente à utilização. Quando o vazio criado pela existência é preenchido com seus próprios recursos, o animal, satisfeito, não pede nada mais. Seu poder de reflexão não está suficientemente desenvolvido para imaginar outros fins que aqueles implícitos em sua natureza física. Por outro lado, à medida que o trabalho exigido de cada órgão em si depende do estado geral da energia vital e das necessidades do equilíbrio orgânico, a utilização é regulada pela renovação, e o equilíbrio é automático. Os limites de uma são os mesmos da outra; ambas são fundamentais para a constituição da existência em questão, que não pode excedê-las.

Esse não é o caso do ser humano, porque a maioria de suas necessidades não depende de seu corpo ou não em igual medida. Estritamente falando, podemos considerar que a quantidade de suprimentos materiais para a manutenção física de uma vida humana está sujeita a ser computada, apesar de ser menos exata do que no caso anterior, e uma margem maior é deixada para as livres combinações da vontade; pois, além do mínimo indispensável que satisfaz a natureza quando instintiva, uma reflexão mais aguçada sugere melhores condições, aspirações aparentemente desejáveis ansiando por realização. Esses apetites, no entanto, reconhecidamente mais cedo ou mais tarde atingem um limite que não conseguem ultrapassar. Mas como determinar a quantia de bem-estar, de conforto ou de luxo ansiada legitimamente por um ser humano? Em sua constituição orgânica ou psicológica, os seres humanos não mostram nada que defina um limite para essas tendências. O funcionamento da vida individual não exige que essas necessidades cessem em um ponto, em vez de outro; a prova é que elas constantemente têm aumentado desde os primórdios da história, sendo cada vez mais plenamente satisfeitas, sem quaisquer enfraquecimentos da saúde média. Acima de tudo, como estabelecer sua variação adequada com diferentes condições de vida, profissões, importância relativa dos serviços, etc.? Em nenhuma sociedade elas são igualmente satisfeitas em diferentes estratos da hierarquia social. Porém, a natureza humana é substancialmente a mesma entre todos os homens, em suas qualidades essenciais. Não é a natureza humana que pode atribuir os variáveis limites necessários às nossas necessidades. Portanto, elas são ilimitadas na medida em que dependem apenas do indivíduo. Independentemente de qualquer força reguladora externa, por si só, a nossa capacidade de sentimento é um abismo sem fundo e insaciável.

Mas se nada externo pode restringir essa capacidade, ela só pode ser uma fonte de tormento. Desejos ilimitados são insaciáveis por definição, e a insaciabilidade, com razão, é considerada um sinal de morbidade. Sendo ilimitados, eles de modo constante e infinito ultrapassam os meios ao seu comando; não podem ser debelados. A sede inextinguível é uma tortura sempre renovada. De fato, tem-se alegado que a atividade humana naturalmente aspira além dos limites atribuíveis e define metas inatingíveis. Mas como esse estado indeterminado pode ser mais compatível com as condições da vida mental do que com as exigências da vida física? Todo o prazer do ser humano em agir, mover-se e desempenhar envolve o sentido de que seus esforços não foram em vão e de que, ao caminhar, fez progressos. No entanto, ninguém progride se não caminha rumo a nenhum objetivo, ou – que é a mesma coisa – quando o seu objetivo é infinito. Já que a distância entre nós e o objetivo é sempre a mesma, sejam quais forem os caminhos que tomarmos e os movimentos que fizermos, não há progresso algum. Até mesmo nossos olhares para trás e nosso sentimento de orgulho pela distância percorrida podem causar satisfação só enganosa, pois a distância restante não é reduzida proporcionalmente. Perseguir um objetivo por definição inatingível é condenar-se a um estado de infelicidade perpétua. ...

Para obter qualquer outro resultado, primeiro as paixões devem ser limitadas. Só assim elas podem ser harmonizadas com as capacidades e satisfeitas. Mas como o indivíduo não tem maneira de limitá-las, isso deve ser feito por uma força exterior a ele. Uma força reguladora deve desempenhar o mesmo papel para as necessidades morais que o organismo desempenha para as necessidades físicas. Isso significa que a força só pode ser moral. O despertar da consciência interrompeu o estado de equilíbrio da existência dormente do animal; só a consciência, portanto, pode fornecer os meios para estabelecê-lo novamente. A restrição física seria ineficaz; corações não se emocionam com forças físico-químicas. Já que os apetites não são automaticamente restritos por mecanismos fisiológicos, podem ser interrompidos apenas por um limite que reconhecem como justo. Os seres humanos nunca consentiriam em restringir seus desejos caso se sentissem justificados em ultrapassar o limite atribuído. Mas, pelos motivos supramencionados, eles não conseguem atribuir-se essa lei de justiça. Por isso, devem recebê-la de uma autoridade que respeitem e à qual cedem espontaneamente. Seja diretamente e como um todo, ou pela agência de um dos seus órgãos, só a sociedade pode desempenhar esse papel de moderação; pois ela é o único poder moral superior ao indivíduo cuja autoridade ele aceita. Só ela tem o poder necessário para estipular a lei e para definir o ponto além do qual as paixões não devem ir. Por fim, só ela pode estimar a recompensa a ser oferecida prospectivamente para cada classe funcional humana, em nome do interesse comum.

A propósito, em cada momento da história existe uma tênue percepção, na consciência moral das sociedades, do respectivo valor dos diferentes serviços sociais, da recompensa relativa devida a cada um e do consequente grau de conforto apropriado na média para os trabalhadores em cada ocupação. As diferentes funções são classificadas na opinião pública e um determinado coeficiente de bem-estar é atribuído a cada uma, de acordo com seu lugar na hierarquia. De acordo com ideias preconcebidas, por exemplo, certa maneira de viver é considerada o limite máximo a que um trabalhador pode aspirar em seus esforços para melhorar a sua existência, e há outro limite abaixo do qual ele de bom grado não é permitido cair a menos que tenha se rebaixado seriamente. Ambos são diferentes para os trabalhadores da cidade e do campo, para o empregado doméstico e a diarista, para o funcionário e o burocrata, etc. Da mesma forma, a pessoa rica é repreendida se vive a existência de uma pessoa pobre, mas também se ela exagera nos requintes de luxo. Os economistas podem protestar em vão; o sentimento público sempre será escandalizado se um indivíduo esbanja riqueza para uso totalmente supérfluo, e até parece que essa severidade relaxa apenas em tempos de perturbação moral. Existe, portanto, um regime genuíno, embora nem sempre juridicamente formulado, que corrige com relativa precisão o máximo grau de vida fácil a que cada classe social pode legitimamente aspirar. No entanto, não há nada imutável nessa escala. Ela muda com o aumento ou a diminuição das receitas coletivas e com as mudanças que ocorrem nas ideias morais da sociedade. Assim, o que aparenta ser luxo em um período deixa de aparentar em outro; e o bem-estar que, por longos períodos, foi concedido a uma classe apenas por exceção e demasia, enfim aparece estritamente necessário e justo.

Sob essa pressão, cada pessoa em sua esfera percebe vagamente o limite extremo definido para suas ambições e não aspira a nada além desse limite. Ao menos se a pessoa respeita aos regulamentos e é dócil à autoridade coletiva, ou seja, tem constituição moral saudável, ela sente que não fica bem pedir mais. Assim, um fim e um objetivo são definidos para as paixões. De fato, não existe nada rígido nem absoluto nessa determinação. O ideal econômico atribuído a cada classe de cidadãos é confinado a certos limites, dentro dos quais os desejos têm gama livre. Mas não infinita. Essa limitação relativa e a moderação que ela envolve tornam os seres humanos contentes com a sua sorte e, ao mesmo tempo, estimula-os a moderadamente melhorá-la; e esse contentamento médio traz uma sensação de felicidade calma e ativa, o prazer em existir e viver que caracteriza a boa saúde das sociedades e dos indivíduos. Assim, cada pessoa está, pelo menos de um modo geral, em harmonia com sua condição e deseja apenas o que pode legitimamente esperar como recompensa normal da sua atividade. Além do mais, isso não condena o ser humano a uma espécie de imobilidade. Ele pode procurar dar beleza à sua vida; mas suas tentativas nesse sentido podem fracassar sem lhe causar desespero. Pois, amando o que tem e não fixando seu desejo apenas no que carece, ele pode cultivar desejos e esperanças que venham a fracassar, sem que fique totalmente desamparado. Ele tem o básico. O equilíbrio da sua felicidade está garantido e definido, e alguns percalços não conseguem desconcertá-lo.

Mas pouca utilidade teria reconhecer a justiça da hierarquia das funções estabelecida pela opinião pública, se ele também não considerasse a distribuição dessas funções. O trabalhador não está em harmonia com sua posição social se não estiver convencido de que ele tem o que merece. Se ele se sentir justificado em ocupar outra posição, o que ele tem não iria satisfazê-lo. Por isso, não é suficiente para o nível médio de necessidades que cada condição social seja regulada pela opinião pública, mas outra regra, mais precisa, deve corrigir a maneira em que essas condições estão abertas aos indivíduos. Não existe nenhuma sociedade em que essa regulamentação não exista. Varia conforme as épocas e os lugares. Uma vez considerava o nascimento como o quase exclusivo princípio de classificação social; hoje reconhece nenhuma outra desigualdade inerente além de fortuna hereditária e mérito. Mas, em todas essas formas diferentes, seu objeto é alterado. Também só é possível, em todos os lugares, como uma restrição sobre indivíduos imposta por autoridade superior, ou seja, pela autoridade coletiva. Pois pode ser estabelecida apenas pela exigência de que um ou outro grupo humano, em geral de todos os grupos, façam sacrifícios e concessões em nome do interesse público.

Com certeza, alguns pensaram que essa pressão moral se tornaria desnecessária se circunstâncias econômicas humanas apenas deixassem de ser determinadas pela hereditariedade. De acordo com esse argumento, se a herança fosse abolida, se todo mundo começasse a vida com igualdade de recursos e se a luta competitiva fosse travada em uma base da igualdade perfeita, ninguém poderia considerar seus resultados injustos. Cada pessoa sentiria instintivamente que as coisas são como devem ser.

Na realidade, quanto mais nos aproximamos dessa igualdade ideal, menor será a necessidade de restrição social. Mas é só uma questão de grau. Um tipo de hereditariedade sempre existirá, a do talento natural. A inteligência, o gosto, a capacidade científica, artística, literária ou industrial, a coragem e a destreza manuais são dons recebidos por cada um de nós ao nascer, como o herdeiro de riqueza recebe seu capital ou como o nobre anteriormente recebia seu título e sua função. Uma disciplina moral, portanto, ainda será necessária para que aqueles menos favorecidos pela natureza aceitem as menores vantagens que podem atribuir à chance de nascimento. Deve ser exigido que todos tenham uma parte igual e que nenhuma vantagem seja dada àqueles mais úteis e merecedores? Mas então teria de existir uma disciplina muito mais forte para fazê-los aceitar um tratamento meramente igual ao dos medíocres e incapazes.

Mas essa disciplina, como a primeira mencionada, só pode ser útil se considerada justa pelos povos sujeitos a ela. Quando é mantida apenas por costume e força, a paz e a harmonia são ilusórias; o espírito de inquietação e de descontentamento é latente; os apetites superficialmente contidos estão prontos a se revoltar. Isso aconteceu em Roma e na Grécia, quando as crenças subjacentes à antiga organização dos patrícios e plebeus foram abaladas, e em nossas sociedades modernas, quando preconceitos aristocráticos começaram a perder sua antiga ascendência. Mas esse estado de revolta é uma exceção; ocorre apenas quando a sociedade está passando por uma crise anormal. Em condições normais, a ordem coletiva é considerada justa pela grande maioria das pessoas. Portanto, quando dizemos que uma autoridade é necessária para impor essa ordem sobre os indivíduos, certamente não queremos dizer que a violência é o único meio de estabelecer isso. Já que esse regulamento destina-se a conter paixões individuais, deve provir de um poder que domina os indivíduos; mas também se deve obedecer a esse poder por meio do respeito, não do medo.

Não é verdade, então, que a atividade humana pode ser liberada de todas as restrições. Nada no mundo pode desfrutar desse privilégio. Todo ser que compõe o universo se relaciona com os demais; assim, sua natureza e seu método de manifestação dependem não só de si mesmo, mas também de outros seres, que, por conseguinte, os restringem e regulam. Aqui existem apenas diferenças de grau e de forma entre o reino mineral e o ser pensante. O privilégio característico do ser humano é que o vínculo que ele aceita não é físico, mas moral; ou seja, social. Ele é governado não por um ambiente material brutalmente imposto sobre ele, mas por uma consciência superior à sua própria, a superioridade do que ele sente. A maior e melhor parte de sua existência transcende o corpo; por isso, ele escapa do jugo do corpo, mas está sujeito ao jugo da sociedade.

Mas quando a sociedade é perturbada por alguma crise dolorosa ou transições benéficas, mas abruptas, ela é momentaneamente incapaz de exercer essa influência; disso decorrem os súbitos aumentos na curva de suicídios que salientamos antes. ...

Então, verdadeiramente, à medida que as condições de vida são alteradas, o padrão segundo o qual as necessidades eram reguladas já não pode permanecer o mesmo: ele varia conforme os recursos sociais, pois determina em grande parte a participação de cada classe de produtores. A escala é perturbada; mas uma nova escala não pode ser improvisada imediatamente. É necessário tempo para a consciência pública reclassificar os seres humanos e as coisas. Enquanto as forças sociais assim libertadas não recuperarem o equilíbrio, seus respectivos valores serão desconhecidos, e, assim, o regulamento como um todo inexistirá por um tempo. Perdem-se os limites entre o possível e o impossível, o justo e o injusto, as reivindicações e esperanças legítimas e as imoderadas. Por conseguinte, não há nenhuma restrição sobre as aspirações. Se a perturbação é profunda, afeta até mesmo os princípios que controlam a distribuição dos seres humanos entre as várias ocupações. Já que as relações entre as diversas partes da sociedade são necessariamente modificadas, as ideias que expressam essas relações devem mudar. Por um lado uma determinada classe especialmente favorecida pela crise já não se conforma com sua antiga sina, e, por outro lado, o exemplo de sua melhor sorte desperta todos os tipos de inveja das pessoas ao redor. Os apetites, não sendo controlados por uma opinião pública, ficam desorientados e já não reconhecem os limites adequados a eles. Além disso, eles são ao mesmo tempo aprisionados por uma espécie de eretismo natural, simplesmente pela maior intensidade da vida pública. Com o aumento da prosperidade, os desejos aumentam. No exato momento em que as regras tradicionais perderam a sua autoridade, o prêmio mais rico oferecido a esses apetites estimula-os e torna-os mais exigentes e incontroláveis. O estado de desregulamentação ou anomia, portanto, é ainda mais agravado pelo fato de as paixões serem menos disciplinadas, exatamente quando precisam de mais disciplina.

Mas então suas próprias exigências tornam impossível a satisfação. A ambição sempre excede os resultados obtidos, por maiores que sejam, já que não existe nenhum aviso para fazer uma pausa aqui. Nada resulta em satisfação e toda essa turbulência é mantida ininterruptamente sem conciliação. Acima de tudo, já que essa corrida para uma meta inatingível não pode ocasionar nenhum outro prazer além do prazer da própria corrida, se houver prazer, tão logo a corrida é interrompida os participantes ficam de mãos vazias. Ao mesmo tempo, a luta se torna mais violenta e dolorosa, tanto por ser menos controlada quanto pela maior concorrência. Todas as classes lutam entre si, pois já não existe mais nenhuma classificação estabelecida. O esforço cresce exatamente quando se torna menos produtivo. Como é que o desejo de viver não se enfraquece nessas condições?

Essa explicação é confirmada pela extraordinária imunidade dos países pobres. A pobreza protege contra o suicídio, porque ela por si só funciona como um sistema de restrição. Não importa como uma pessoa age, os desejos têm de depender dos recursos em certa medida; as posses reais são, em parte, o critério daqueles a que se aspira. Por isso, quanto menos a pessoa tem menos ela é tentada a expandir o leque de suas necessidades indefinidamente. A falta de poder, obrigando a moderação, acostuma os seres humanos a ela, enquanto nada excita a inveja, se ninguém tiver itens supérfluos. A riqueza, no entanto, pelo poder que concede, é enganosa e nos faz acreditar que só dependemos de nós mesmos. Reduzindo a resistência que encontramos dos objetos, ela sugere a possibilidade de sucesso ilimitado contra eles. Quanto menos limitada a pessoa se sente, mais intolerável toda a limitação parece. ...

Se a anomia nunca apareceu exceto, como nos casos anteriores, em surtos intermitentes e crises agudas, ela pode fazer a taxa de suicídio social variar de vez em quando, mas não seria um fator constante, regular. Em uma esfera da vida social, porém – a esfera do comércio e da indústria – é de fato um estado crônico.

Durante um século inteiro, o progresso econômico consistiu principalmente em libertar as relações industriais de todos os regulamentos. ...

Em última análise, essa libertação dos desejos tem sido agravada pelo próprio desenvolvimento da indústria e a extensão quase infinita do mercado. Enquanto o produtor consegue auferir seus lucros apenas em sua vizinhança imediata, a quantidade limitada de ganho possível não consegue exaltar muito a ambição. Agora que ele pode considerar quase todo o mundo como seu cliente, como as paixões poderiam aceitar seu antigo confinamento em face dessas perspectivas ilimitadas?

Essa é a fonte da empolgação predominante nessa parcela da sociedade, e que dali se estendeu para as outras parcelas. Ali, o estado de crise e de anomia é constante e, digamos, normal. De cima para baixo da escada, a ganância é despertada sem saber onde encontrar uma posição final. Nada pode acalmá-la, uma vez que seu objetivo está muito além de tudo o que pode atingir. A realidade parece sem valor em comparação com os sonhos da imaginação febril; portanto, a realidade é abandonada, mas a possibilidade também é abandonada quando por sua vez torna-se realidade. Surge uma ânsia por novidades, prazeres desconhecidos, sensações inominadas, todos os quais perdem seu sabor tão logo são provados. Doravante, a pessoa não tem força para suportar o menor revés. A febre inteira cede e a esterilidade de todo o tumulto é aparente, e percebe-se que todas essas novas sensações em sua quantidade infinita não conseguem formar uma base sólida de felicidade para amparar alguém durante dias de provação. A pessoa sábia, sabendo como desfrutar dos resultados conquistados sem precisar constantemente substituí-los por outros, encontra neles um apego à vida na hora de dificuldade. Mas a pessoa que sempre depositou todas as suas esperanças no futuro e vivia com os olhos fixos nele não encontra no passado conforto algum contra as aflições do presente, pois o passado nada significa para ela, exceto uma série de estágios açodadamente experimentados. O que lhe cegava a si mesma era sua expectativa de sempre descobrir além a felicidade que havia perdido até agora. Agora a pessoa está parada em seus trilhos; de agora em diante, nada permanece atrás ou à frente dela para que ela fixe seu olhar. Apenas o tédio, sozinho, é suficiente para trazer desilusão, pois ela não pode, no final, escapar da futilidade de uma busca sem finalidade.

Podemos inclusive perguntar se não é esse estado moral que torna as catástrofes econômicas de nossos dias tão férteis em suicídios. Nas sociedades onde o ser humano é submetido a uma disciplina saudável, ele aceita mais prontamente os golpes do acaso. O esforço necessário para sustentar um pouco mais de desconforto lhe custa relativamente pouco, pois ele está acostumado com o desconforto e a restrição. Mas quando cada restrição é odiosa por si só, como o aumento das restrições não parecerá intolerável? Não há nenhuma tendência à resignação na impaciência febril da vida humana. Quando não há nenhum outro objetivo a não ser superar constantemente o ponto em que chegamos, quão doloroso é voltar ao ponto de partida! Ora, essa própria falta de organização que caracteriza a nossa condição econômica escancara mais as portas a todos os tipos de aventura. Já que a imaginação está faminta por novidades e desgovernada, ela busca às cegas e aleatoriamente. De modo inevitável, os contratempos aumentam com os riscos e, assim, as crises se multiplicam, justamente quando elas se tornam mais destrutivas.

Porém, essas disposições são tão inatas que a sociedade acostumou-se a aceitá-las e a considerá-las normais. Sempre se bate na tecla de que a natureza humana é eternamente insatisfeita e sempre avança, sem alívio ou descanso, rumo a um objetivo indefinido. A ânsia pelo infinito é representada diariamente como marca de distinção moral, enquanto só pode aparecer dentro de consciências não regulamentadas que elevam à categoria de regra a falta de regra de que sofrem. A doutrina do progresso mais impiedoso e rápido tornou-se um artigo de fé. Mas surgem outras teorias em paralelo com aquelas que louvam as vantagens da instabilidade, as quais, generalizando a situação que lhes origina, declaram a vida um mal, afirmam que ela é mais rica no luto do que no prazer e que atrai as pessoas apenas por falsas alegações. Já que esse transtorno é maior no mundo econômico, faz a maioria das vítimas nele. ...

A anomia, portanto, é um fator habitual e específico de suicídio em nossas sociedades modernas; uma das nascentes da qual se alimenta o contingente anual. Então, aqui temos um novo tipo que se distingue dos outros. Difere deles em sua dependência, não na maneira em que os indivíduos estão ligados à sociedade, mas em como os regula. O suicídio egoísta resulta de o ser humano não mais encontrar uma base para a existência na vida; o suicídio altruísta, do fato de que essa base para existência parece ao ser humano estar situada além da própria vida. O terceiro tipo de suicídio, cuja existência acabamos de mostrar, resulta da falta de regulação à atividade humana e dos consequentes sofrimentos humanos decorrentes dessa falta de regulação. Em virtude da sua origem, podemos atribuir a esta última variedade o nome de *suicídio anômico*.

Certamente, o suicídio anômico e o suicídio egoísta têm laços afins. Os dois brotam da presença insuficiente da sociedade nos indivíduos. Mas a esfera de sua ausência não é a mesma nos dois casos. No suicídio egoísta, é deficiente em atividade verdadeiramente coletiva, privando, assim, essa atividade de objeto e significado. No suicídio anômico, a influência da sociedade é desprovida de paixões basicamente individuais, assim, deixando-as sem rédeas. Apesar de sua relação, portanto, os dois tipos são independentes entre si. Podemos oferecer à sociedade tudo de social em nós e ainda sermos incapazes de controlar nossos desejos; alguém pode viver em estado anômico sem ser egoísta e vice-versa. Assim, esses dois tipos de suicídio não extraem seus principais recrutas dos mesmos ambientes sociais; um tem o seu campo principal entre as carreiras intelectuais, o mundo do pensamento – o outro, o mundo industrial ou comercial.

Émile Durkheim: As formas elementares da vida religiosa

O estudo que realizamos é uma maneira de abordar novamente, *mas sob novas condições*, o velho problema da origem da religião. Com certeza, se por origem entendemos os primórdios, a questão nada tem de científica e deve ser resolutamente descartada. Não existe um momento específico em que a religião começou a existir, e, por isso, não existe necessidade de encontrar um meio de transportar-nos para lá em pensamento. Como todas as instituições humanas, a religião não começou em lugar algum. Portanto, todas as especulações desse tipo são adequadamente desacreditadas; podem consistir apenas em construções subjetivas e arbitrárias, sujeitas

---

Reproduzido da obra de Émile Durkheim, *The Elementary Forms of Religious Life* (New York: The Free Press).

a nenhum tipo de controle. Mas o problema que suscitamos é outro bem diferente. O que queremos fazer é encontrar um meio de discernir as causas sempre presentes das quais dependem as formas mais essenciais do pensamento e da prática religiosos. ...

Há muito tempo sabe-se que os primeiros sistemas de representações com que a humanidade tem retratado o mundo e a si própria eram de origem religiosa. Não existe religião que não seja ao mesmo tempo uma cosmologia e uma especulação sobre as coisas divinas. Se a filosofia e as ciências nasceram da religião, é porque a religião começou por tomar o lugar das ciências e da filosofia. Mas com menos frequência tem se notado que a religião não se limitou a enriquecer o intelecto humano, formado de antemão por certo número de ideias; ela contribuiu para formar o intelecto propriamente dito. A humanidade deve a ela não só uma boa parte da substância do seu conhecimento, mas também a forma em que esse conhecimento foi elaborado.

Nas raízes de todas as nossas decisões, algumas ideias essenciais dominam toda a nossa vida intelectual; elas são o que os filósofos desde Aristóteles têm chamado de categorias do entendimento: ideias sobre tempo, espaço, classe, número, causa, substância, personalidade, etc. Correspondem às propriedades mais universais das coisas. São como a moldura sólida que encerra todo o pensamento; e o pensamento parece incapaz de libertar-se delas sem destruir-se, por isso parece que não podemos pensar sobre objetos que não existem no tempo e no espaço, que não tenham número, etc. Outras ideias são contingentes e instáveis; podemos imaginá-las desconhecidas de um ser humano, uma sociedade ou uma época; mas essas outras parecem ser quase inseparáveis do funcionamento normal do intelecto. São como a estrutura da inteligência. Quando as crenças religiosas primitivas são sistematicamente analisadas, as categorias principais são encontradas naturalmente. Nascem na religião e da religião; são produtos do pensamento religioso. Essa é uma afirmação que teremos ocasião de fazer muitas vezes no decorrer desta obra.

Essa observação já tem algum interesse por si só; mas eis o que lhe dá sua real importância.

A conclusão geral do livro que o leitor tem diante de si é que a religião é algo eminentemente social. As representações religiosas são representações coletivas que exprimem realidades coletivas; os ritos são uma forma de atuação que surgem no meio dos grupos reunidos e que são destinados a incitar, manter ou recriar certos estados mentais desses grupos. Então, se as categorias são de origem religiosa, elas devem participar dessa natureza comum a todos os fatos religiosos; também devem ser assunto social e o produto do pensamento coletivo. Ao menos é admissível supor – pois na condição real de nosso conhecimento sobre esses assuntos, deve-se ter cuidado para evitar todas as declarações radicais e exclusivas – que elas são ricas em elementos sociais. ...

Todas as crenças religiosas conhecidas, sejam simples ou complexas, apresentam uma característica comum: pressupõem uma classificação de todas as coisas, reais e ideais, em que pensam os humanos, em duas classes ou grupos opostos, geralmente designados por dois termos distintos que são bem traduzidos com as palavras *profano* e *sagrado*. Essa divisão do mundo em dois domínios, um que contém tudo o que é sagrado, e o outro, tudo o que é profano, é o traço distintivo do pensamento religioso; crenças, mitos, dogmas e lendas são representações ou sistemas de representações que exprimem a natureza das coisas sagradas, as virtudes e as competências a eles atribuídas, ou suas relações uns com os outros e com as coisas profanas. ...

A oposição dessas duas classes se manifesta exteriormente com um sinal visível pelo qual podemos facilmente reconhecer essa classificação muito especial, onde quer que ela exista. Já que a ideia do sagrado está, sempre e em todas as partes, separada da ideia do profano no pensamento humano, e já que imaginamos uma espécie de abismo lógico entre os dois, a mente irresistivelmente se recusa a permitir que as duas coisas correspondentes sejam confundidas, ou mesmo apenas estejam em contato com a outra; pois essa promiscuidade, ou mesmo uma contiguidade tão direta, também entraria em violenta contradição com a dissociação dessas ideias na mente. A coisa sagrada é *por excelência* aquela que o profano não deve e não pode tocar impunemente. Com certeza, essa interdição não pode ir tão longe a ponto de tornar impossível toda e qualquer comunicação entre os dois mundos; pois se o profano não pudesse de nenhuma maneira estabelecer relações com o sagrado, o sagrado de nada serviria. Mas, além do fato de que o estabelecimento de relações é sempre uma operação delicada por si só, exigindo grandes precauções e uma iniciação mais ou menos complicada, é completamente impossível, a menos que o profano perca suas características específicas e quase se torne sagrado. As duas classes não podem sequer aproximar-se uma da outra e, ao mesmo tempo, manter sua própria natureza.

Assim, chegamos ao primeiro critério das crenças religiosas. Sem dúvida, há espécies secundárias no âmbito dessas duas classes fundamentais que, por sua vez, são mais ou menos incompatíveis entre si. Mas a característica real de fenômenos religiosos é a de que sempre supõem uma divisão bipartida do universo como um todo, conhecido e conhecível, em duas classes que abraçam tudo o que existe, mas que radicalmente se excluem entre si. As coisas sagradas são aquelas que as interdições protegem e isolam; as coisas profanas, aquelas a que essas interdições são aplicadas e que devem permanecer longe das primeiras. As crenças religiosas são as representações que exprimem a natureza das coisas sagradas e as relações que elas sustentam, entre si ou com as coisas profanas. Por fim, os ritos são as regras de conduta que prescrevem como um ser humano deve se comportar na presença desses objetos sagrados. ...

As crenças realmente religiosas sempre são comuns a um grupo determinado, que transforma em profissão segui-las e praticar os ritos ligados a elas. Não são apenas recebidas individualmente por todos os membros desse grupo; pertencem ao grupo e constituem a sua unidade. Os indivíduos que a compõem sentem-se unidos uns aos outros pelo simples fato de ter uma fé comum. Uma sociedade cujos membros estão unidos por pensarem da mesma forma em relação ao mundo sagrado e suas relações com o mundo profano, e por traduzirem essas ideias comuns em práticas comuns, é o que chamamos de Igreja. Em toda a história, não encontramos sequer uma única religião sem uma Igreja. Às vezes, a Igreja é estritamente nacional, às vezes ultrapassa as fronteiras; às vezes, abraça todo um povo (Roma, Atenas, os hebreus), às vezes abraça apenas parte deles (as sociedades cristãs desde o advento do protestantismo); às vezes, é dirigida por um corpo de sacerdotes, às vezes é quase completamente desprovida de qualquer corpo diretivo oficial. Mas sempre que observamos a vida religiosa, achamos que ela tem um grupo definido como sua fundação. Mesmo os chamados cultos privados, como o culto doméstico ou o culto de uma corporação, satisfazem essa condição, pois sempre são celebrados pelo grupo, pela família ou pela corporação. Além disso, mesmo essas religiões particulares são normalmente apenas formas especiais de uma religião mais geral que abarca tudo; na verdade, essas Igrejas restritas são apenas capelas de uma Igreja mais vasta que, em razão dessa própria amplitude, merece esse nome ainda mais. ...

Assim, chegamos à seguinte definição: *religião é um sistema unificado de crenças e práticas relativas a coisas sagradas, ou seja, as coisas separadas e proibidas – crenças e práticas que se unem em uma única comunidade moral, chamada Igreja, cujos membros todos aderem a elas.* Portanto, o segundo elemento que encontra lugar em nossa definição não é menos essencial do que o primeiro; pois, ao mostrar que a ideia de religião é inseparável da ideia de Igreja, torna claro que a religião deve ser uma coisa eminentemente coletiva. ...

A proposição estabelecida no capítulo anterior determina os termos em que deve ser colocado o problema das origens do totemismo. Já que o totemismo em toda parte é dominado pela ideia de um princípio quase divino, vindouro em certas categorias de humanos e coisas e concebido sob a forma de um animal ou vegetal, a explicação dessa religião é essencialmente a explicação dessa crença; para chegar a isso, devemos procurar aprender como os humanos têm sido levados a construir essa ideia e com que materiais eles a construíram.

Obviamente, ela não provém das sensações que os objetos que servem como totens são capazes de despertar nas consciências; mostramos que essas coisas muitas vezes são insignificantes. A iguana, a larva, a ratazana, a formiga, a rã, o peru, o peixe brema, a ameixeira, a cacatua, etc., para citar apenas os nomes que costumam aparecer nas listas dos totens australianos, não têm a natureza de produzir sobre os seres humanos essas impressões grandes e fortes que de alguma forma se assemelham a emoções religiosas e que imprimem um caráter sagrado aos objetos criados. É verdade que isso não acontece com as estrelas e os grandes fenômenos atmosféricos, que têm, pelo contrário, tudo o que é necessário para atingir vigorosamente a imaginação; mas, de fato, muito raramente esses itens servem como totens. É mesmo provável que tenham começado tardiamente a cumprir esse ofício. Portanto, não é a natureza intrínseca da coisa cujo nome o clã ostenta que a destinaria a se tornar objeto de um culto. Da mesma forma, se os sentimentos por ela inspirados realmente fossem a causa determinante dos ritos e crenças totêmicos, ela mesma seria a coisa eminentemente sagrada; os animais ou vegetais empregados como totens desempenhariam um papel eminente na vida religiosa. Mas sabemos que o centro do culto encontra-se na verdade em outro lugar. São as representações figurativas desse vegetal ou animal e os emblemas e símbolos totêmicos de cada tipo que têm a maior santidade; por isso, é neles que se encontra a fonte dessa natureza religiosa, da qual os objetos reais representados por esses emblemas recebem apenas um reflexo.

Assim, o totem é antes de tudo um símbolo, uma expressão material de algo mais. Mas do quê?

A partir da análise à qual nos debruçamos, é evidente que o totem expressa e simboliza dois tipos de coisas diferentes. Em primeiro lugar, é a forma externa e visível do que chamamos o princípio totêmico ou deus. Mas é também o símbolo da sociedade determinada chamado de clã. É a sua bandeira; é o pavilhão que distingue cada clã dos outros, a marca visível da sua personalidade, uma marca carregada por tudo que faz parte do clã sob todo e qualquer título, humanos, animais ou coisas. Então se é ao mesmo tempo o símbolo do deus e da sociedade, não é por que deus e sociedade são apenas um? Como o emblema do grupo seria capaz de se tornar a figura dessa quase-divindade, se o grupo e a divindade fossem duas realidades distintas? O deus do clã, o princípio totêmico, portanto, não pode ser nada mais do que o clã, personificado e representado para a imaginação sob a forma visível do animal ou vegetal que serve como totem.

Mas como essa apoteose foi possível e como ela aconteceu desse modo?

De um modo geral, é inquestionável que uma sociedade tem tudo o que é necessário para despertar a sensação do divino nas mentes, apenas pelo poder que tem sobre elas; está para os seus membros como um deus está para seus adoradores. Na verdade, um deus é, antes de tudo, um ser que os humanos consideram superior a si próprios, em quem sentem que podem confiar. Quer se trate de uma personalidade consciente, como Zeus ou Jeová, ou forças meramente abstratas, como aquelas em jogo no totemismo, o adorador, em um caso como no outro, acredita-se envolvido em certos modos de agir que lhe são impostos pela natureza do princípio sagrado com o qual ele sente que está em comunhão. Por isso, a sociedade também nos dá a sensação de uma confiança perpétua. Em razão de ter uma natureza peculiar e diferente de nossa natureza individual, ela persegue propósitos também especiais; mas, como não pode atingi-los exceto por meio de nossa intermediação, imperiosamente exige nossa ajuda. Ela exige que, desatentos aos nossos próprios interesses, nos tornemos seus servos, e nos submete a toda sorte de inconveniências, privações e sacrifícios, sem os quais a vida social seria impossível. É por isso que, em cada momento, somos obrigados a nos submeter às regras de conduta e de pensamento que não criamos nem desejamos e que são, às vezes, até mesmo contrárias a nossos mais fundamentais instintos e inclinações.

Mesmo se a sociedade não conseguisse obter essas concessões e sacrifícios de nós, exceto por uma restrição material, ela pode despertar em nós somente a ideia de uma força física à qual devemos ceder por necessidade, em vez de um poder moral do tipo que as religiões veneram. Mas, de fato, o domínio que ela exerce sobre as consciências depende muito menos da supremacia física cujo privilégio ela detém, do que à autoridade moral com a qual é investido. Se nós obedecemos às suas ordens, não é apenas porque ela é forte o suficiente para triunfar sobre nossa resistência; antes de tudo, é porque ela é o objeto de um verdadeiro respeito. ...

Já que a pressão social é exercida em maneiras espirituais, ela não poderia deixar de dar às pessoas a ideia de que fora delas existem um ou vários poderes, ao mesmo tempo morais e eficazes, dos quais elas dependem. Devem considerar esses poderes, pelo menos em parte, externos a elas, pois as abordam em tom de comando e às vezes mesmo as ordenam violentar suas inclinações mais naturais. Sem dúvida é verdade que, se elas fossem capazes de ver que essas influências sentidas por elas emanam da sociedade, então o sistema mitológico das interpretações jamais nasceria. Mas a ação social segue caminhos demasiado obscuros e tortuosos e emprega mecanismos físicos complexos demais para permitir que o observador comum os perceba. Enquanto as pessoas não aprenderem a análise científica, elas sabem que serão manipuladas, mas não sabem por quem. Então elas devem inventar por si só a ideia desses poderes com os quais se sentem em conexão e, a partir disso, somos capazes de vislumbrar o modo pelo qual elas foram levadas a representá-las sob formas que são realmente estranhas à sua natureza e a transfigurá-las pelo pensamento.

Mas um deus não é meramente uma autoridade em quem confiar; é uma força na qual se baseia a nossa força. O humano que obedece ao seu deus e, por essa razão, acredita que deus está com ele, encara o mundo com confiança e com a sensação de um aumento de energia. Da mesma forma, a ação social não se limita a exigir sacrifícios, privações e esforços de nós. Pois a força coletiva não está inteiramente fora de nós; não atua sobre nós sempre de fora; em vez disso, já que a sociedade só existe exceto na (e por meio da) consciência individual, essa força também deve nos penetrar e se organizar dentro de nós; assim, torna-se parte integral do nosso ser, e, por esse mesmo fato, o eleva e amplia.

Há ocasiões em que essa ação fortalecedora e vivificante da sociedade é especialmente evidente. No seio de um grupo animado por uma paixão comum, ficamos suscetíveis a atos e sentimentos de que somos incapazes quando reduzidos às nossas próprias forças; e, quando o grupo é dissolvido, quando, ao nos encontrarmos novamente sozinhos conosco mesmos, recaímos em nosso nível habitual, então, somos capazes de avaliar a altura à qual nos elevamos acima de nós mesmos. A história está repleta de exemplos assim. É o suficiente pensar na noite de 4 de agosto de 1789, quando um grupo de repente foi levado a um ato de sacrifício e abnegação que cada um dos seus membros havia recusado no dia anterior, e com o qual todos se surpreenderam no dia seguinte. É por esse motivo que todos os partidos políticos, econômicos ou confessionais têm cuidado para realizar reuniões periódicas, onde seus membros podem revivificar sua fé comum ao manifestá-la em comunidade. Para fortalecer esses sentimentos que, se deixados a esmo, logo enfraqueceriam, é suficiente reunir aqueles que os mantêm e colocá-los em relações mais estreitas e mais ativas uns com os outros. ...

Além desses estados passageiros e intermitentes, existem outros mais duráveis, onde essa influência fortalecedora da sociedade se faz sentir com mais continuidade e, muitas vezes, mais ostentação. Há períodos na história em que, sob a influência de algum grande choque coletivo, as interações sociais se tornam muito mais frequentes e ativas. Humanos se procuram e se reúnem mais do que nunca. Essa efervescência geral resultante é característica das épocas revolucionárias ou criativas. Então, essa maior atividade resulta em uma estimulação geral das forças individuais. Agora os humanos enxergam mais longe e sob diferentes prismas do que em tempos normais. As mudanças não se limitam a tons e graus; os humanos se tornam diferentes. As paixões que os movem são de uma intensidade tal que não podem ser satisfeitas exceto por ações violentas e desenfreadas, ações de heroísmo sobre-humano ou de barbárie sangrenta. ...

Além das pessoas, a sociedade também consagra coisas, especialmente ideias. Se uma crença é compartilhada com unanimidade por um povo, logo, pelos motivos apontados acima, é proibido tocá-la, quer dizer, negá-la ou contestá-la. Pois bem, a proibição da crítica é uma interdição como as outras e prova a presença de algo sagrado. Até mesmo hoje, por maior que seja a liberdade que damos aos outros, uma pessoa que negasse o progresso totalmente ou ridicularizasse o ideal humano ao qual se vinculam as sociedades modernas produziria o efeito de um sacrilégio. Há pelo menos um princípio que aqueles mais dedicados ao livre exame de tudo tendem a colocar acima de discussão e considerar intocável, quer dizer, sagrado: é o próprio princípio do livre exame. ...

Essa aptidão da sociedade para se arvorar de deus ou para criar deuses nunca foi mais aparente do que durante os primeiros anos da Revolução Francesa. Nesse período, na verdade, sob a influência do entusiasmo geral, coisas puramente laicas por natureza foram transformadas pela opinião pública em coisas sagradas: a Pátria, a Liberdade, a Razão. ...

Agora somos capazes de entender como o princípio totêmico e, em geral, todas as forças religiosas encontram-se fora do objeto em que residem. É porque a ideia nela contida de modo algum provém das impressões diretamente produzidas por essa coisa sobre nossos sentidos ou mentes. A força religiosa é apenas o sentimento inspirado pelo grupo em seus membros, mas projetado para fora das consciências que as experimentam e objetivam.

Para ser objetivado, o sentimento é fixado em algum objeto que se torna sagrado; mas qualquer objeto pode cumprir essa função. Em princípio, não existe nenhum objeto cuja natureza o predestina a isso em detrimento de todos os outros; mas também não existe nenhum que seja necessariamente impossível. Tudo depende das circunstâncias que levam o sentimento de criação de ideias religiosas a se estabelecer aqui ou ali, nesse ponto ou naquele. Portanto, o caráter sagrado assumido por um objeto não está implícito nas propriedades intrínsecas deste último: *esse caráter é adicionado a elas*. O mundo das coisas religiosas não é um aspecto particular da natureza empírica; *esse mundo sobrepõe-se a ela*. ...

Além de todas as razões fornecidas para justificar essa concepção, uma última pode ser acrescentada, resultante da íntegra de nosso trabalho. Ao longo de nosso estudo, estabelecemos o fato de que as categorias fundamentais do pensamento e, por conseguinte, da ciência têm origem religiosa. Temos visto que o mesmo vale para a magia e, por conseguinte, aos diferentes processos dela emanados. No entanto, sabe-se há muito tempo que até um momento relativamente avançado da evolução, as regras morais e legais eram indistinguíveis das prescrições rituais. Em suma, então, pode-se dizer que quase todas as grandes instituições sociais nasceram na religião. Assim, a fim de que esses aspectos primordiais da vida coletiva tenham começado apenas por serem aspectos variados da vida religiosa, obviamente, é necessário que a vida religiosa consista na forma eminente e, de fato, na expressão concentrada de toda a vida coletiva. Se a religião originou tudo que é essencial na sociedade, é porque a ideia da sociedade é a alma da religião.

Forças religiosas são, portanto, forças humanas, forças morais. ...

Mas, costuma-se dizer, que sociedade é essa que construiu a base da religião? É a sociedade real, assim como ela é e age diante dos nossos olhos, com a organização jurídica e moral que ela laboriosamente formou durante o curso da história? Essa está repleta de defeitos e imperfeições. Nela, o mal acontece ao lado do bem, a injustiça muitas vezes reina suprema, e a verdade é muitas vezes obscurecida pelo erro. Como algo tão cruamente organizado pode inspirar os sentimentos de amor, o entusiasmo ardente e o espírito de abnegação que todas as religiões exigem de seus seguidores? Esses seres perfeitos que são os deuses não poderiam ter obtido seus traços de uma realidade tão medíocre e às vezes mesmo tão abjeta.

Mas, por outro lado, será que alguém pensa em uma sociedade perfeita, onde justiça e verdade seriam soberanas, e da qual o mal em todas as suas formas seria banido para sempre? Ninguém negaria que isso tem relações estreitas com o sentimento religioso; dir-se-ia que é para a realização disso que todas as religiões se esforçam. Mas a sociedade não é um fato empírico, definitivo e observável; é uma fantasia, um sonho que tem amenizado os sofrimentos das pessoas, mas no qual elas nunca realmente viveram. ... É apenas uma ideia que vem expressar nossas aspirações mais ou menos obscuras em relação ao bem, ao belo e ao ideal. Ora, essas aspirações têm suas raízes em nós; elas vêm das próprias profundezas de nosso ser; então, não existe nada fora de nós que possa explicá-las. Além disso, por si só, elas já são religiosas; assim, parece que a sociedade ideal pressupõe a religião, longe de ser capaz de explicá-la.

Mas, em primeiro lugar, as coisas são arbitrariamente simplificadas quando a religião é vista apenas em seu lado idealista: à sua maneira, é realista. Não há feiura física ou moral, não há vícios ou males que não tenham uma divindade especial. Existem deuses do roubo e da malandragem, da luxúria e da guerra, da doença e da morte. O próprio cristianismo, por mais alto que tenha elevado a ideia da divindade, foi obrigado a dar ao espírito do mal um lugar em sua mitologia. Satanás é uma parte essencial do sistema cristão; embora seja um ser impuro, ele não é profano. O anticristo é um deus, inferior e subordinado, é verdade, mas dotado com amplos poderes; ele é inclusive objeto de ritos, pelo menos dos negativos. Assim, a religião, longe de ignorar a sociedade real e abstraí-la, é feito à sua imagem e semelhança; reflete todos os seus aspectos, até mesmo os mais vulgares e mais repulsivos. Tudo se encontra ali, e se na maioria dos casos vemos a vitória do bem sobre o mal, da vida sobre a morte, dos poderes da luz sobre os poderes das trevas, é porque na realidade não é o contrário. Se a relação entre essas duas forças contrárias fosse invertida, a vida seria impossível; mas, de fato, ela se mantém e até mesmo tende a evoluir. ...

A explicação sobre a religião que propusemos tem precisamente a vantagem de responder a essa pergunta. Pois nossa definição de sagrado é a de ser algo acrescentado ao real e acima do real: ora, o ideal responde a essa mesma definição; não conseguimos explicar um sem o outro. Na verdade, já vimos que, se a vida coletiva desperta o pensamento religioso ao atingir certo grau de intensidade, é porque ela traz um estado de efervescência que altera as condições de atividade psíquica. As energias vitais estão superexcitadas, as paixões mais ativas, as sensações mais fortes; existem mesmo algumas que são produzidas apenas nesse momento. Um ser humano não se reconhece; ele se sente transformado e, assim, transforma o ambiente que o rodeia. Para explicar as impressões muito particulares que recebe, ele atribui às coisas com as quais tem contato mais direto propriedades nelas inexistentes, poderes e virtudes excepcionais que os objetos da experiência cotidiana não têm. Em suma, acima do mundo real onde se desenrola sua vida profana, ele colocou outro que, em certo sentido, não existe só em pensamento, mas ao qual ele atribui um tipo mais elevado de dignidade do que ao primeiro. Assim, de um duplo ponto de vista é um mundo ideal. ...

Uma sociedade não pode se criar ou recriar-se sem ao mesmo tempo criar um ideal. Essa criação não é um tipo de trabalho de demasia pelo qual se completaria, já sendo formado; é o ato pelo qual periodicamente se faz e refaz. Portanto, quando alguns opõem a sociedade ideal à sociedade real, como dois antagonistas que nos levariam a direções opostas, eles materializam e opõem abstrações. A sociedade ideal não está fora da sociedade real; faz parte dela. Longe de estar dividida entre eles como entre dois polos que se repelem mutuamente, não podemos segurar um sem segurar o outro. Pois uma sociedade não é feita apenas da massa de indivíduos que a compõem, da terra que ocupa, das coisas que usa e dos movimentos que realiza, mas, sobretudo, da ideia que forma de si mesma. É, sem dúvida, verdade que ela hesita sobre como deveria se conceber; sente-se atraída em sentidos divergentes. Mas esses conflitos que irrompem não são conflitos entre o ideal e a realidade, mas entre dois ideais diferentes, o de ontem e de hoje, o que tem a autoridade da tradição e o que tem a esperança do futuro. Com certeza há um lugar para investigar onde esses ideais evoluem; mas, seja qual for a solução dada a esse problema, continua valendo o fato de que tudo se passa no mundo do ideal.

Assim, o ideal coletivo que a religião expressa está longe de ser proveniente de um vago poder inato do indivíduo, mas em vez disso reside na escola da vida coletiva que o indivíduo aprendeu a idealizar. É ao assimilar os ideais elaborados pela sociedade que o indivíduo se tornou capaz de conceber o ideal. É a sociedade que, ao guiá-lo dentro de sua esfera de ação, obrigou-o a adquirir a necessidade de elevar-se acima do mundo da experiência e, ao mesmo tempo, forneceu-lhe os meios de conceber outro mundo. Pois a sociedade construiu esse novo mundo ao se construir, uma vez que ele expressa a sociedade. Assim, tanto no indivíduo quanto no grupo, a faculdade de idealizar nada tem de misteriosa. Não é um tipo de luxo que um ser humano poderia viver sem, mas uma condição de sua própria existência. Ele não poderia ser um ser social, ou seja, não poderia ser humano, se não a tivesse adquirido. ...

Assim, há algo de eterno na religião destinado a sobreviver a todos os símbolos particulares em que o pensamento religioso tem sucessivamente se envelopado. Não pode haver nenhuma sociedade que não sinta a necessidade de defender e reafirmar, em intervalos habituais, os sentimentos coletivos e as ideias coletivas que constituem sua unidade e sua personalidade. Ora, essa remodelação moral não pode ser alcançada exceto por meio de reuniões, assembleias e encontros onde os indivíduos, estando intimamente unidos uns aos outros, em comum reafirmem seus sentimentos comuns; disso surgem cerimônias que não diferem das costumeiras cerimônias religiosas, seja em seu objeto, seja nos resultados que elas produzem, seja nos processos empregados para atingir esses resultados. Qual a diferença essencial entre uma assembleia de cristãos celebrando as principais datas da vida de Cristo ou de judeus lembrando o êxodo do Egito ou a promulgação do decálogo e uma reunião de cidadãos comemorando a promulgação de um novo sistema moral ou legal ou algum grande evento na vida nacional?

Se hoje encontramos certa dificuldade em imaginar no que essas festas e cerimônias do futuro poderiam consistir, é porque estamos atravessando uma fase de transição e mediocridade moral. As grandes coisas do passado que encheram nossos pais de entusiasmo não nos empolgam com o mesmo ardor, seja porque se tornaram tão corriqueiras que nos tornamos inconscientes delas, seja porque já não respondem às nossas aspirações reais; mas ainda não há nada para substituí-las. Já não podemos sentir fervor pelos princípios em nome dos quais o cristianismo recomendava aos mestres que tratassem seus escravos com humanidade, e, por outro lado, a ideia que se formou da igualdade e fraternidade humanas parece-nos hoje deixar um lugar muito grande para desigualdades injustas. Sua piedade pelos humildes nos parece muito platônica; desejamos outra que fosse mais praticável; mas ainda não podemos ver claramente qual deve ser, nem como isso poderia ser realizado em fatos. Em uma palavra, os deuses antigos estão envelhecendo ou já estão mortos, e outros ainda não nasceram. ... Mas esse estado de incerteza e agitação confusa não pode durar para sempre. Chegará um dia em que nossas sociedades conhecerão novamente esses períodos de efervescência criativa, no decurso dos quais surgem novas ideias e novas fórmulas, que servem por um tempo como guia para a humanidade; e, quando esses períodos tiverem sido ultrapassados, os seres humanos espontaneamente vão sentir a necessidade de revivê-los de vez em quando em pensamento, ou seja, de manter viva sua memória por meio de celebrações que ciclicamente reproduzam seus frutos. ...

Assim, a sociologia parece destinada a abrir um novo caminho às ciências humanas. Até o presente, os pensadores estavam diante desta dupla alternativa: ou explicar as faculdades humanas superiores e específicas, ligando-as às formas inferiores de seu ser, a razão aos sentidos, a mente à matéria, o que equivale a negar a sua singularidade; ou senão relacioná-las a alguma realidade supraexperimental que se postulava, mas cuja existência nenhuma observação conseguiu estabelecer. O que os colocou nessa dificuldade foi o fato de se acreditar que o indivíduo era *finis naturæ* – a suprema criação da natureza; parecia que não havia nada além dele, ou pelo menos nada que a ciência poderia tocar. Mas a partir do momento em que se reconhece que acima do indivíduo está a sociedade e que ela não é um ser nominal criado pela razão, mas um sistema de forças ativas, torna-se possível uma nova forma de explicar a humanidade. Para conservar seus traços distintivos, já não é necessário colocá-los fora da experiência. Pelo menos, antes de chegar a esse extremo, seria bom investigar se aquilo que supera o indivíduo, embora esteja dentro dele, não provém dessa realidade supraindividual que vivenciamos na sociedade. Sem dúvida, nesse momento, não se pode dizer até que ponto essas explicações serão suficientes e se elas têm ou não a capacidade de resolver todos os problemas. Mas também é impossível estabelecer com antecedência um limite que elas não poderiam superar. O que deve ser feito é testar a hipótese e submetê-la tão metodicamente quanto possível ao controle dos fatos. É isso que tentamos fazer.

Max Weber: A jaula de ferro 3

Introdução

Escrevendo em meados da década de 1950, Leo Strauss, um renomado filósofo político e feroz crítico de Max Weber, escreveu: "Seja quais forem seus erros, ele é o maior cientista social do nosso século". A contribuição de Weber é verdadeiramente imensa tanto em amplitude quanto em complexidade. Seu trabalho metodológico estabelece um arcabouço para a pesquisa e a instrução, e suas relevantes pesquisas em religião, economia, história e política fornecem uma perspectiva incomparável sobre as origens do mundo moderno e sua evolução. No cerne da sociologia de Weber está a ideia de racionalização e suas consequências para a vida moderna. Ao contrário de Marx e Durkheim, que projetaram resultados otimistas na transição para a modernidade, Weber rejeita a visão iluminista de progresso evolutivo e felicidade. Em vez disso, ele concebe uma "noite polar de gélida escuridão", uma ordem social altamente racional e burocraticamente organizada, uma "jaula de ferro" em que as pessoas estão aprisionadas. A modernidade também gera um novo tipo de personagem, um técnico, em oposição a um indivíduo culto, um agente sem paixão, friamente calculista e instrumentalmente racional.

Max Weber nasceu em uma família de classe média em 21 de abril de 1864, em Erfurt, na Alemanha. Seu pai era um político dinâmico que atuava em diversos níveis governamentais (do local ao nacional), e sua mãe, protestante devota, cuidava da casa e da família. A família Weber se mudou para Berlim em 1869 e se radicou em um elegante subúrbio preferido por acadêmicos e políticos. Os pais de Weber recebiam muita gente notável da sociedade de Berlim. Weber estudou Direito em universidades de Berlim e Göttingen e concluiu seu Ph.D. em história econômica e jurídica em 1889. Casou-se com Marianne Schnitger em 1893, e a devoção da esposa a ele é evidenciada na famosa biografia assinada por ela, *Max Weber: uma vida*. A morte do pai de Weber em 1897 e as circunstâncias envolvidas tiveram um profundo impacto na vida de Weber. Antes de seu pai morrer, os dois tiveram uma briga feia. Por isso, Weber sentia culpa e remorsos tão avassaladores que o levaram à depressão. A vida dele oscilava entre períodos de produtividade extraordinária e febril e de depressão severa, quase catatônica. Após uma breve estadia em um hospital psiquiátrico, Weber retornou às pesquisas e aos escritos acadêmicos. Em 1904, a família Weber visitou os Estados Unidos, viagem que o auxiliou em sua recuperação e o imbuiu de uma duradoura fascinação pela América. Ao retornar para Heidelberg, Weber cumpriu um cronograma de escritor em tempo integral e foi ativo na vida intelectual da comunidade.

Após um breve período de serviço durante a Primeira Guerra Mundial como capitão encarregado de administrar vários hospitais de Heidelberg, Weber retomou o trabalho no seu projeto principal: *Economia e sociedade*. Essa monumental obra de teoria sociológica, deslumbrante na abrangência dos pontos de vista de Weber, trazia conceitos e ideias que ajudaram a definir o campo da sociologia e que continuam influenciando o meio acadêmico e a docência até os dias atuais. Seu conhecimento histórico, sua familiaridade com religiões comparativas e com sociedades antigas e medievais, e sua profunda compreensão sobre poder, política e direito são revelados nesse magistral trabalho de dois volumes. Weber tenta sistematizar, definir, explicar e, por meio de referências históricas e culturais, ilustrar praticamente todos os principais conceitos no campo da sociologia.

Weber foi um escritor de extremo apuro e minuciosamente detalhista. Embora reconhecesse que a sociologia era uma ciência interpretativa, ele escrevia com a lógica e a precisão característica de uma ciência exata. No excerto em que aborda poder, legitimidade e tipos de autoridade, Weber exibe essas características, à medida que tenta esclarecer ao máximo o que ele quer dizer com os termos que está usando. A maciça influência de Weber no campo da sociologia é aparente na utilização generalizada de suas tipologias e de conceitos como racionalização, burocracia e ação social. Sua tipologia dos tipos de autoridade, em especial suas descrições da autoridade jurídico-burocrática e carismática, tem particular ressonância em nosso mundo social e político contemporâneo e fornece um testemunho adicional da grandeza desse magistral teórico social.

Durante os últimos anos de sua vida, Weber voltou a lecionar em Viena, em 1918, e em Munique, em 1919. Faleceu em junho de 1920, deixando um monumental *corpus* acadêmico.

Em *A ética protestante e o espírito do capitalismo*, um estudo sobre a relação das ideias religiosas com a atividade econômica, Weber oferece uma visão sobre o processo de transformação e racionalização. Weber argumentou que as crenças do século XVII em predestinação e ascetismo, com raízes no calvinismo, moldaram as ações dos fiéis e contribuíram para a ascensão do capitalismo. Especificamente, os calvinistas adotavam atitudes em relação ao trabalho e ao dinheiro que revolucionaram a vida cotidiana. Para aliviar a dor de viver com a doutrina da predestinação – ou seja, a incerteza de um destino eterno como membro dos eleitos ou dos condenados –, os crentes procuravam um sinal de que eram favorecidos. O trabalho árduo e o sucesso econômico eram considerados sinais de salvação. O ascetismo levou a um modo de vida frugal e ao resultante acúmulo de capital. Os pré-requisitos para o capitalismo, a saber, os capitais disponíveis para investimento nas indústrias nascentes, foram desencadeados pela crença no calvinismo. Os bons calvinistas que pretendiam salvar suas almas inadvertidamente envolveram-se nessas ações de diligência e frugalidade que contribuíram para a ascensão do capitalismo.

Weber conclui seu ensaio com certas reflexões sobre o futuro do desenvolvimento capitalista. As crenças protestantes que iniciaram essa atividade há tempos deixaram de funcionar como justificativa para a ação econômica. Como escreve Weber, o capitalismo agora é perpetuado pelo desejo de ganhar dinheiro por si só; sua inspiração religiosa se esvaiu. Como outras instituições modernas, o capitalismo tornou-se um sistema racional, uma "jaula de ferro", em que as pessoas se tornaram instrumentos de fazer dinheiro que já não acreditam apaixonadamente em salvação nem em danação. Weber não deseja romanticamente voltar aos primórdios da crença protestante. Não há como escapar da modernidade e das revoluções científicas e industriais que a tornaram possível. No entanto, ele preconiza que reconheçamos a nossa condição atual e enfrentemos as realidades de um mundo desencantado.

Enquanto Marx previu uma revolução proletária que estilhaçaria a ordem capitalista e conduziria à nova era do socialismo, Weber não visualizava esse futuro progressista. Se o socialismo emergisse, Weber afirmou, não escaparia do destino burocrático das instituições modernas, mas sucumbiria ao processo de racionalização. Ele considerava a criação de uma administração centralizada estatal para supervisionar a economia sob o socialismo uma ameaça ainda maior à liberdade individual do que as esferas separadas e opositivas de Estado e economia sob o capitalismo.

Qual era a natureza desse processo de racionalização e qual a sua importância para a teoria social de Weber? As reflexões de Weber sobre a burocracia, das quais este capítulo contém um excerto, fornecem-nos um importante ponto de partida. Ele argumentou que a forma característica das modernas organizações institucionais (incluindo o Estado, a corporação, os militares, a universidade e a igreja) é burocrática. Tarefas altamente especializadas são coordenadas em ordem hierárquica, com cada nível da organização reportando-se ao superior em uma forma piramidal até se chegar ao chefe da organização. A despersonalização, a rotinização e a previsibilidade mecânica são as características das burocracias, e elas sobrevivem e se expandem pelo fato de ser o método mais eficiente para coordenar um grande número de tarefas diferentes. A tomada de decisão dentro das burocracias baseia-se em um determinado modo de pensar, o raciocínio instrumental, ou *Zweckrational*, como Weber o chamava. Essa forma de raciocínio decupa todos os problemas em uma cadeia de meios e fins e vincula o cálculo racional de custos incorridos e benefícios a serem assegurados se uma determinada linha de ação for adotada.

Além de sua representação cuidadosa do papel e da função do funcionário, Weber caracteriza que as organizações burocráticas operam com "regras calculáveis" e "sem consideração pelas pessoas". O que ele quer dizer com esses termos? A "desumanização", como descreve Weber, tem alguma consequência positiva?

Burocracia e democracia coexistem em uma relação conturbada. A *expertise* promovida pela organização burocrática é compatível com os processos democráticos? Quais são as fontes potenciais de abuso por parte de especialistas e como essas fontes podem ser superadas? O que Weber tem a dizer sobre a possibilidade de revolução na era da burocracia? Por fim, como a burocracia afeta o sistema educacional e com que tipos de resultados?

O leitor deve ter em mente que o processo de racionalização na sociedade moderna, descrito por Weber, antecipa a "sociedade carcerária" de Foucault (Capítulo 12) e que a sua descrição da racionalidade instrumental, como o modo predominante de pensamento na sociedade moderna, dá expressão empírica concreta ao tipo apolíneo de Nietzsche.

Os ensaios de Max Weber sobre a metodologia das ciências sociais igualmente mostram uma influência nietzschiana e antecipam a crítica pós-modernista da verdade e da objetividade (Capítulo 12). Weber sonda profundamente a questão da relação de valores com a ciência e a possibilidade da pesquisa objetiva em sociologia. A posição de Weber é complexa e não facilmente resumida. Ele caracteriza a realidade social em que avançamos como infinita; mas, a partir desse infinito de fatos, um foco particular é necessário antes que alguém possa sequer começar a pensar em uma questão social. O problema que cada pessoa resolve estudar depende dos valores que cada pessoa detém e a relevância desses eventos ou fenômenos particulares para aqueles pressupostos de valor.

A sociologia recai em algum lugar entre a metodologia das ciências naturais e da interpretação literária. Não é uma ciência exata, embora respeite a necessidade por estudos sistemáticos e análises empíricas para chegar a generalizações. No entanto, já que a sociologia lida com o comportamento humano, ela é obrigada a investigar o significado subjetivo da ação. A sociologia *verstehende* de Weber preenche essa necessidade, suplementando as metodologias mais objetivas com uma metodologia interpretativa, na qual o sociólogo tenta alcançar um entendimento mais profundo testando as estruturas de significado subjetivo.

Weber advertiu para não se confundir razão com realidade. A ambição hegeliano-marxista de compreender a totalidade da história foi rejeitada por Weber, que considerava o raciocínio um instrumento limitado capaz de lidar empiricamente com uma fatia específica da realidade. Weber suspeitava das visões totalizantes que conduziam a profecias, porque elas interpretavam, de modo errôneo, a relação entre mente argumentativa e realidade social. Os teóricos sociais constroem modelos ou tipos ideais que explicam as inter-relações dos elementos essenciais do mundo social. O ensaio de Weber sobre a burocracia, apresentado nas páginas a seguir, fornece um exemplo de modelo racional ou tipo ideal. O tipo ideal é uma construção racional que ajuda a nos orientar sobre a desnorteante infinidade dos fatos sociais. O modelo não é a realidade; ele fornece uma estrutura para observar e determinar como os processos sociais desviam-se das formas em que o modelo racional os organiza. Em outras palavras, a realidade social é mais complexa, mais incerta e mais sujeita a consequências imprevistas do que nossos modelos racionais são capazes de prever. Se confundirmos a razão, isto é, modelos ou tipos ideais, com a realidade, violamos as complexidades da vida cotidiana e, em vez de respeitar a integridade de nosso tema, podemos obrigá-lo a se adequar às exigências racionais de nosso modelo.

Se esses modelos emanam de estabelecimentos acadêmicos, grupos de reflexão ou agências governamentais e são implementados, podem se tornar projetos de engenharia social, fortalecendo, assim, uma elite tecnocrática a moldar o futuro, desdobramento denunciado por Habermas (Capítulo 11) e Foucault (Capítulo 12).

Para Weber, a análise científica era uma ferramenta para compreender a realidade social e não um instrumento adequado para a mudança social. Mudança social direcionada pressupõe a realização de um objetivo valorizado; lida com concepções morais de justiça e direito. A ciência é uma empresa limitada à análise factual e à interpretação; portanto, ela não pode fazer julgamentos válidos sobre afirmações morais. Weber argumentou que a arena apropriada para a luta sobre diferentes políticas e as afirmações morais que elas sustentam é a arena política, e não a científica. Ao fazê-lo, Weber colocou ciência e política em esferas diferentes, cada qual com diferentes funções para executar. A análise da sociedade não era o equivalente a mudá-la, e a obrigação do sociólogo era compreender a realidade social e não transformá-la. Se a mudança social fosse necessária, então, os partidos políticos e seus líderes eram o veículo eficaz para realizar esses fins, em um sistema representativo.

O ensaio "Classe, *status*, partido" revela ainda outro aspecto da sociologia weberiana. Weber aborda a questão da relação do poder político com a classe econômica e oferece uma alternativa para a classe dominante de Marx. Este afirma que a classe dominante controla o poder político e econômico na sociedade capitalista. Os proprietários dos meios de produção são a classe dominante, pois controlam a riqueza da sociedade e, portanto, também o poder político. Embora talvez não concorram a cargos políticos, direta ou indiretamente controlam aqueles que o fazem. As ideias dominantes – as ideias decisivas – são as ideias da classe dominante.

Para Weber, isso é uma simplificação. Ele distingue três avenidas de poder na sociedade moderna: classe, *status* e partido. Weber e Marx compartilham opiniões semelhantes sobre o significado e a importância da classe econômica. A posse da propriedade e sua disposição no mercado aberto são sinais de poder considerável. No entanto, a importância política do poder econômico é mais problemática para Weber, na medida em que ele questiona se a identidade de classe econômica é a base para a ação coletiva. Quando uma classe age por si mesmo? Weber torna a ação coletiva de classe mais problemática do que Marx.

O *status* social pode ser ainda outra dimensão de poder. Aqueles com *status* elevado na sociedade também podem ser ricos, mas não precisam ser. Além disso, aqueles que são ricos não necessariamente desfrutam de *status* elevado. Por exemplo, os criminosos ricos não têm *status* social, e os *nouveaux riches* não são admitidos na alta sociedade.

Mas os grupos de *status* também são grupos étnicos e religiosos, e, para Weber, esses grupos têm mais importância na formação de valores e comportamentos do que as categorias objetivas de classe. Acontecimentos contemporâneos na antiga União Soviética parecem confirmar essas observações weberianas, como testemunha o ressurgimento de poderosas emoções religiosas e nacionalistas apesar de um regime de 70 anos de consciência de classe proletária.

Weber debruça-se sobre a terceira dimensão do poder na sociedade contemporânea, ou seja, o partido político. O fato de que as pessoas são ricas ou de que gozam de *status* social elevado não garante o seu sucesso na política. Os políticos também devem ganhar eleições e ganhar apoio para suas posições. As capacidades exigidas de um líder político (homem ou mulher) a fim de aumentar a proeminência dentro de um partido político e a fim de ganhar eleições residem em suas características pessoais persuasivas e habilidades sociais. Esses talentos constituem ainda outra avenida de poder além de classe e *status*. Apesar das ligações poderosas que conectam classe, *status* e partido, as distinções analíticas de Weber reconhecem alegações étnicas, raciais e carismáticas de liderança política.

Ao se debruçar sobre a política, Weber viu a possibilidade de que "a jaula de ferro" pudesse ser rompida. Líderes políticos com uma nova visão do futuro, uma liderança carismática, podem projetar uma visão moral da sociedade justa e reunir o apoio necessário para provocar mudanças sociais. Mas a política também implica cálculo racional. Weber escreveu que "a ética dos fins supremos", a visão moral, precisa ser acompanhada pela "ética da responsabilidade", o cálculo frio quanto à forma de superar os obstáculos e alcançar os objetivos desejados. Seja como for, os acadêmicos treinados em análise social não estavam equipados de intelecto nem adaptados de índole para envolver-se na política de mudança social. Weber pediu sua participação como cidadãos, é claro, e como escritores seu trabalho destinava-se a expressar suas preferências de valor, mas, já que como professores eles apreciavam sua legitimidade por meio das alegações especiais da ciência, Weber enxergava sua politização da sala de aula como desonesta.

No final de *A ética protestante e o espírito do capitalismo*, Weber nos permite vislumbrar o que a modernidade nos reserva:

> Ninguém sabe quem viverá nessa jaula no futuro, ou se no final desse tremendo desenvolvimento surgirão profetas inteiramente novos, ou se haverá um grande renascimento de velhas ideias e de ideais, ou, quem sabe, petrificação mecanizada, embelezada com um tipo de autoimportância convulsiva. Pois, da última fase desse desenvolvimento cultural, pode ser dito genuinamente: "Especialistas sem espírito, sensualistas sem coração; essas nulidades imaginam que atingiram um nível de civilização nunca antes alcançado".

Max Weber: A ética protestante e o espírito do capitalismo

Agora vamos tentar esclarecer os pontos em que a ideia puritana de vocação e de prêmio impregnada na conduta ascética estava fadada a influenciar diretamente o desenvolvimento do modo de vida capitalista. Como já vimos, esse ascetismo se voltou com toda a sua força contra uma coisa: o gozo espontâneo da vida e tudo o que ela poderia nos oferecer. Talvez isso seja melhor apresentado com a *Declaração dos esportes*, que Jaime I e

---

The Protestant Ethic and the Spirit of Capitalism by Max Weber por Weber. © Reimpresso com permissão de Pearson Education, Inc., Upper Saddle River, NJ.

Carlos I transformaram em lei expressamente como meio de neutralizar o puritanismo, e que o último ordenou que fosse lida em todos os púlpitos. A oposição fanática dos puritanos às ordenanças do rei, permitindo certas diversões populares no domingo, fora dos horários da igreja por lei, não se explicava apenas pela perturbação do descanso sabático, mas também por ressentimento contra o desvio intencional que essa perturbação causava à vida santificada. E, por sua vez, as ameaças do rei de severa punição a todos os ataques contrários à legalidade dos esportes foram motivadas pelo seu propósito de romper a tendência ascética antiautoritária do puritanismo, tão perigosa para o Estado. As forças feudais e monárquicas protegiam os caçadores de prazer contra a moralidade de classe média ascendente e os conluios ascéticos antiautoritários, exatamente como a sociedade capitalista tende a proteger aqueles dispostos a trabalhar contra a moralidade de classe do proletariado e o sindicato antiautoritário.

Contra isso, os puritanos apoiaram sua característica decisiva: o princípio da conduta ascética. Pois a aversão puritana ao esporte, até mesmo para os quacres, não era, sob hipótese alguma, apenas uma questão de princípio. Aceitava-se o esporte se ele tivesse um propósito racional, o de lazer necessário para a eficiência física. Mas como meio para a expressão espontânea de impulsos indisciplinados, estava sob suspeita; e na medida em que se tornou puramente um meio de gozo, ou orgulho despertado, instintos brutos ou o instinto irracional da aposta, era, é claro, rigorosamente condenado. O gozo impulsivo da vida, que nos afasta tanto do trabalho em uma vocação quanto da religião, era assim um inimigo do ascetismo racional, seja na forma de esportes senhoris ou dos prazeres do salão de dança ou dos bares do povo comum.

Assim, sua atitude era desconfiada e muitas vezes hostil aos aspectos da cultura sem qualquer valor religioso imediato. Porém, não é verdade que os ideais do puritanismo implicavam desprezo solene e tacanho da cultura.

Pelo menos no caso da ciência, é completamente o contrário, à exceção do ódio pela escolástica. Além disso, os grandes homens do movimento puritano estavam completamente mergulhados na cultura do Renascimento. Os sermões de teólogos presbiterianos abundam com alusões clássicas, e até mesmo os radicais, embora se opusessem a ele, não se envergonhavam em exibir esse tipo de aprendizagem em polêmicas teológicas. Talvez nenhum outro país tenha tantos acadêmicos graduados quanto a Nova Inglaterra na primeira geração de sua existência. A sátira de seus oponentes, como, por exemplo, *Hudibras*, de Butler, também ataca principalmente o pedantismo e a dialética afiada dos puritanos. Em parte, isso se deve à valoração religiosa do conhecimento decorrente de sua atitude em relação à *fides implicita* católica.

Mas a situação é bem diferente quando se olha para a literatura não científica e especialmente para as belas artes. Aqui, o ascetismo formou-se como uma geada sobre a vida da "velha e alegre Inglaterra". E não só a alegria mundana sentiu seu efeito. O ódio feroz dos puritanos em relação a tudo que lembra superstição, em relação a qualquer resquício de salvação mágica ou sacramental, aplicava-se às festividades de Natal, às danças no mastro de maio e a todas as artes religiosas espontâneas. O fato de ter acontecido na Holanda uma arte realista (grandiosa e muitas vezes tosca) prova apenas o quão pouco a disciplina moral autoritária daquele país era capaz de neutralizar a influência da corte e dos regentes (a classe rentista) e também a alegria de viver da nova burguesia, após a curta supremacia da teocracia calvinista se transformar em uma igreja nacional moderada, e, com isso, o calvinismo ter perceptivelmente diminuído seu poder de influência ascética.

O teatro era detestável aos puritanos, e, com a estrita exclusão do erótico e da nudez do reino da tolerância, já não cabia uma visão radical sobre literatura ou arte. As concepções de fofocas, superfluidades e vã ostentação, todas elas designações de uma atitude irracional sem propósito objetivo, por conseguinte não ascético, e que não servem especialmente à glória divina, mas humana, sempre estavam à mão para decidir a favor da sóbria utilidade em detrimento de quaisquer tendências artísticas. Isso era especialmente verdadeiro no caso da decoração pessoal, por exemplo, do vestuário. Essa poderosa tendência à uniformidade da vida, que hoje auxilia tão imensamente o interesse capitalista na padronização da produção, teve suas bases ideais no repúdio de toda idolatria dos prazeres carnais.

É óbvio que não podemos esquecer que o puritanismo abrangia um mundo de contradições, e que o sentido instintivo da eterna grandeza da arte era certamente mais forte entre seus líderes do que na atmosfera dos cavaleiros. Além disso, um gênio inigualável como Rembrandt (embora sua conduta pareça, aos olhos dos puritanos, pouco aceitável a Deus) foi fortemente influenciado no caráter de seu trabalho pelo seu ambiente religioso. Mas isso não altera o panorama. Na medida em que o desenvolvimento da tradição puritana poderia levar, e em parte realmente levou, a uma poderosa espiritualização da personalidade, isso foi um benefício resoluto para a literatura. Mas esse benefício foi principalmente auferido apenas pelas gerações posteriores.

Embora aqui não possamos entrar em uma discussão sobre a influência do puritanismo em todas essas direções, chamamos a atenção para o fato de que a tolerância do prazer em bens culturais, que contribuiu para a diversão puramente estética ou atlética, certamente sempre se limitava por uma característica: a de não custar nada. O ser humano é apenas um administrador dos bens que lhe chegaram por meio da graça de Deus. Ele deve, como o servo da parábola, prestar contas de cada centavo que lhe foi confiado, e no mínimo seria arriscado gastar alguma coisa para um propósito que não servisse à glória de Deus, mas apenas ao próprio gozo. Que pessoa com os olhos abertos não se deparou com representantes desse ponto de vista mesmo no presente? A ideia do dever humano para com suas posses, ao qual ele se subordina como um obediente *steward*, ou mesmo como uma máquina aquisitiva, sobrecarrega sua vida de modo assustador. Enquanto a atitude ascética estiver em voga, quão maiores as posses, mais pesado o sentimento de responsabilidade por elas, por mantê-las intocadas para a glória de Deus e por acumulá-las em um irrequieto esforço. A origem desse tipo de vida estende-se também em certas raízes, como muitos aspectos do espírito do capitalismo, que remontam à Idade Média. Mas foi na ética do protestantismo ascético que ela encontrou, pela primeira vez, uma base ética consistente. Sua importância para o desenvolvimento do capitalismo é óbvia.

Como podemos recapitular até aqui, esse ascetismo mundano protestante agiu poderosamente contra o gozo espontâneo das posses; restringiu o consumo, especialmente de bens luxuosos. Por outro lado, teve o efeito psicológico de libertar a aquisição de bens das inibições da ética tradicionalista. Rompeu os laços do impulso da aquisição no sentido não só de legalizá-la, mas (no sentido em debate) de ser diretamente desejado por Deus. A campanha contra as tentações da carne e contra a dependência das coisas externas não era (como, além dos puritanos, afirma expressamente Barclay, o grande apologista do quacrerismo) uma luta contra a aquisição racional, mas contra o uso irracional da riqueza.

Mas esse uso irracional foi exemplificado nas formas externas de luxo que seus códigos condenavam como idolatria da carne, por mais natural que tenham parecido à mente feudal. No entanto, eles aprovavam os usos racionais e utilitários da riqueza, que eram desejados por Deus, para satisfazer as necessidades do indivíduo e da comunidade. Não queriam impor mortificações às pessoas ricas, mas que elas usassem seus meios para coisas práticas e necessárias. A ideia de conforto caracteristicamente limita a extensão dos gastos eticamente permissíveis. Naturalmente não é por acaso que o desenvolvimento de um modo de viver consistente com essa ideia pode ser observado primeiro e com mais clareza entre os representantes mais consistentes dessa postura integral em relação à vida. Contra o brilho e a ostentação da magnificência feudal que, repousando sobre uma base econômica frágil, prefere uma sórdida elegância a uma sóbria simplicidade, eles definem como um ideal o conforto limpo e sólido das casas de classe média.

No lado da produção da riqueza privada, o ascetismo condenou tanto a desonestidade quanto a avareza compulsiva. O que se condenava como cobiça, mamonismo, etc., era a busca das riquezas sem outro motivo em si. Pois a riqueza em si era uma tentação. Mas aqui o ascetismo era o poder "que sempre busca o bem, mas sempre cria mal"; o mal nesse sentido era a posse e suas tentações. Pois, em conformidade com o antigo testamento e em analogia com a avaliação ética das boas obras, o ascetismo analisava a busca da riqueza em si como altamente repreensível; mas a obtenção da riqueza como fruto do trabalho na vocação era sinal da bênção de Deus. E ainda mais importante: a valorização religiosa do trabalho inquieto, contínuo e sistemático em uma vocação mundana, como os meios mais altos para o ascetismo e ao mesmo tempo a prova mais segura e evidente de renascimento e fé autêntica, deve ter sido a alavanca mais poderosa imaginável para a expansão da postura em relação à vida que chamamos aqui de espírito do capitalismo.

Quando a limitação do consumo é combinada com essa liberação de atividade aquisitiva, o resultado prático inevitável é óbvio: acumulação de capital por meio da compulsão ascética para economizar. As restrições naturalmente impostas ao consumo da riqueza serviam para aumentá-la, tornando possível o investimento produtivo do capital. ...

Até onde alcançava a influência da perspectiva puritana, sob todas as circunstâncias – e claro que isso é muito mais importante do que o mero incentivo à acumulação de capital –, favoreceu o desenvolvimento de uma vida econômica burguesa racional; foi a mais importante e, acima de tudo, a única influência consistente no desenvolvimento dessa vida. Estava no berço do homem econômico moderno. ...

Portanto, podemos citar aqui uma passagem do próprio John Wesley que bem poderia servir como lema para tudo que foi mencionado neste texto. Pois mostra que os líderes desses movimentos ascéticos compreenderam com perfeição as relações aparentemente paradoxais aqui analisadas e no mesmo sentido que atribuímos a elas. Escreveu ele:

> Receio que, sempre que as riquezas aumentam, a essência da religião diminui na mesma proporção. Portanto, não vejo como é possível que, na natureza das coisas, qualquer ressurgimento da verdadeira religião continue por muito tempo. Pois a religião deve necessariamente produzir tanto a diligência quanto a frugalidade, e essas só conseguem produzir riquezas. Mas, à medida que as riquezas aumentam, também aumentam o orgulho, a raiva e o amor do mundo em todos os seus ramos. Então, como é possível que o metodismo, isto é, uma religião do coração, embora hoje floresça como um loureiro sempre-verde, continue nesse estado? Pois os metodistas em todo lugar se tornam diligentes e frugais; por conseguinte, aumentam seus bens. Assim, aumentam proporcionalmente na soberba, na raiva, no desejo da carne, no desejo dos olhos e na vaidade da vida. Por isso, embora a forma da religião permaneça, o espírito está rapidamente se esvanecendo. Não há maneira de evitar essa ... essa contínua decadência da religião pura? Não devemos impedir as pessoas de serem diligentes e frugais; *devemos exortar todos os cristãos a ganhar tudo o que podem e economizar tudo o que puderem; na prática, enriquecer.* ...

Uma ética econômica especificamente burguesa havia surgido. Com a consciência de estar na plenitude da graça de Deus e ser visivelmente abençoado por Ele, o empresário burguês, enquanto permanecia dentro dos limites da correção formal, enquanto sua conduta moral estava impecável e o uso para o qual ele destinava a sua riqueza não era censurável, poderia manter seus interesses pecuniários e sentir que cumpria um dever ao fazê-lo. Além disso, o poder do ascetismo religioso forneceu-lhe trabalhadores sóbrios, conscienciosos e excepcionalmente diligentes, que se apegam ao trabalho como um objetivo de vida almejado por Deus.

Por fim, deu-lhe a garantia reconfortante que a distribuição desigual dos bens deste mundo era uma repartição especial da Divina Providência, que, nessas diferenças, como na graça especial, perseguia fins secretos desconhecidos para os seres humanos. ...

Um dos elementos fundamentais do espírito do capitalismo moderno, e não só dele, mas de toda a cultura moderna (a conduta racional com base na ideia de vocação), nasceu — como esta discussão procura mostrar — do espírito do ascetismo cristão. Basta reler as linhas de Franklin, citadas no início deste ensaio, a fim de perceber que os elementos essenciais da postura que lá era chamada de espírito do capitalismo são os mesmos recém-mostrados como o conteúdo do ascetismo puritano mundano, só que sem a base religiosa, que na época de Franklin havia definhado. ...

O puritano queria trabalhar em uma vocação; nós somos obrigados a fazê-lo. Pois quando o ascetismo foi trazido das celas monásticas para a vida cotidiana e começou a dominar a moralidade mundana, ele fez a sua parte na construção do enorme cosmos da ordem econômica moderna. Hoje essa ordem está vinculada às condições técnicas e econômicas da produção mecânica que determina, com força irresistível, as vidas de todos os indivíduos que nascem nesse mecanismo, não apenas os diretamente envolvidos na aquisição econômica. E talvez as determine até que a última tonelada de combustível fóssil seja queimada. Na visão de Baxter, a atenção para os bens externos só deve "repousar nos ombros do santo como um manto leve, que pode ser descartado a qualquer momento". Mas o destino decretou que o manto se tornasse uma jaula de ferro.

Já que o ascetismo se comprometeu a remodelar o mundo e solucionar seus ideais no mundo, os bens materiais ganharam um poder crescente e enfim inexorável sobre as vidas humanas como nunca antes na história. Hoje, o espírito do ascetismo religioso — definitivamente, quem sabe? — fugiu da jaula. Mas o capitalismo vitorioso, uma vez que repousa em fundamentos mecânicos, já não precisa de seu apoio. O róseo rubor de seu risonho herdeiro, o Iluminismo, também parece estar irremediavelmente sumindo, e a ideia de dever na vocação vagueia a esmo em nossas vidas como o fantasma das crenças religiosas mortas. Sempre que o cumprimento da vocação não pode estar diretamente relacionado com os mais altos valores espirituais e culturais, ou quando, por outro lado, ele não precisa ser sentido apenas como compulsão econômica, em geral o indivíduo abandona a tentativa de justificá-lo. No campo de seu maior desenvolvimento, os Estados Unidos, a busca da riqueza, despojada de seu significado ético e religioso, tende a tornar-se associada com paixões puramente mundanas, que muitas vezes realmente lhe dão o caráter de esporte.

Ninguém sabe quem viverá nessa jaula no futuro, ou se no final desse tremendo desenvolvimento surgirão profetas inteiramente novos, ou se haverá um grande renascimento de velhas ideias e de ideais, ou, quem sabe, petrificação mecanizada, embelezada com uma espécie de autoimportância convulsiva. Pois, da última fase desse desenvolvimento cultural, pode ser dito genuinamente: "Especialistas sem espírito, sensualistas sem coração; essas nulidades imaginam que atingiram um nível de civilização nunca antes alcançado".

Max Weber: Burocracia

Características da burocracia moderna

O funcionalismo moderno funciona da seguinte forma:

I. Existe o princípio das *áreas jurisdicionais* do funcionalismo, geralmente organizadas por regras, ou seja, por leis ou regulamentos administrativos. Ou seja:

(1) As atividades habituais necessárias para os fins da estrutura burocraticamente governada são atribuídas como deveres oficiais.

(2) A autoridade para dar os comandos necessários ao cumprimento dos seus deveres é distribuída de forma estável e é estritamente delimitada por regras acerca dos meios coercivos, físicos, sacerdotais ou não, que podem ser colocados à disposição dos funcionários.

(3) Provisões metódicas são feitas para o cumprimento habitual e contínuo desses deveres e para o exercício dos respectivos direitos; apenas pessoas que se qualificam sob as regras gerais são empregadas.

Na esfera do Estado, esses três elementos constituem uma *agência* burocrática; na esfera da economia privada, constituem um *empreendimento burocrático*. A burocracia, assim entendida, é totalmente desenvolvida em comunidades eclesiásticas e políticas no Estado moderno, e na economia privada apenas nas instituições mais avançadas do capitalismo. Historicamente, agências permanentes com jurisdição não constituem a regra, mas sim a exceção. Isso é verdade inclusive para grandes estruturas políticas, como aquelas do Oriente antigo, os impérios de conquista germânicos e mongóis e muitos Estados feudais. Em todos esses casos, o governante executa as medidas mais importantes por meio de cargos de confiança, companheiros de mesa ou servos da corte. Em vez de precisamente delimitados, seus poderes e comissões são convocados temporariamente, conforme o caso.

II. Os princípios da *hierarquia do escritório* e das vias de recurso *(Instanzenzug)* estipulam um sistema claramente estabelecido de super e subordinação, em que há uma supervisão dos setores inferiores pelos setores mais elevados. Esse sistema oferece aos governados a possibilidade de recorrer, de forma precisamente regulamentada, a decisão de um escritório menor à autoridade superior correspondente. Com o pleno desenvolvimento do tipo burocrático, a hierarquia do escritório é organizada *monocraticamente*. O princípio da autoridade hierárquica do escritório encontra-se em todas as estruturas burocráticas: em estruturas estatais e eclesiásticas como em grandes organizações partidárias e empresas privadas. Para o caráter da burocracia, não importa se sua autoridade chama-se "privada" ou "pública".

Quando o princípio da "competência" jurisdicional é plenamente realizado, a subordinação hierárquica – ao menos em cargos públicos – não significa que a autoridade "superior" esteja autorizada apenas a resolver os assuntos da "inferior". Na verdade, o oposto é a regra; tão logo um escritório é estabelecido, um novo titular do cargo sempre será nomeado se abrir uma vaga.

III. A gestão do escritório moderno baseia-se em documentos escritos (os "arquivos"), preservados em sua forma original ou rascunho, e em uma equipe de funcionários subalternos e escrivães de todos os tipos. O corpo de funcionários que trabalha em uma agência, junto com o respectivo aparelho de implementos materiais e os arquivos, forma um *departamento* (em empresas privadas, muitas vezes chamadas de "setor", *Kontor*).

"Bureaucracy", de Max Weber, *Economy and Society*, Vol. 2, p. 956-963, 973-975, 983-985, 987-989, 998-1.003, editado por Gunther Roth e Claus Wittich. Direitos autorais de 1978 pertencentes a The Regents of the University of California, University of California Press. Reimpresso com permissão.

Em princípio, a organização moderna do serviço civil separa o departamento do domicílio privado do funcionário e, em geral, segrega a atividade oficial da esfera da vida privada. Equipamentos e fundos públicos são divorciados da propriedade privada do funcionário. Em toda parte, essa condição é produto de um longo desenvolvimento. Hoje, encontra-se em empresas públicas e privadas; nestas últimas, o princípio estende-se até ao empreendedor no topo. Em princípio, assuntos do *Kontor* (setor) são separados dos assuntos domésticos; a correspondência empresarial, da privada; e os bens empresariais, da riqueza privada. Quanto mais consistente for a implementação do tipo moderno de gestão empresarial, mais se distinguem essas separações. Os primórdios desse processo podem ser encontrados desde a Idade Média.

É a peculiaridade do empresário moderno se portar como o "primeiro oficial" da sua empresa, da mesma forma que o governante de um Estado burocrático especificamente moderno (Frederico II da Prússia) se autointitulou de "o primeiro servo" estatal. A ideia de que as atividades do departamento estatal são intrinsecamente diferentes em caráter de gestão dos escritórios particulares é um conceito europeu continental e contrasta diametralmente com o estilo norte-americano.

IV. A gestão do escritório, ao menos toda a gestão do escritório especializada – e essa gestão é distintamente moderna –, em geral pressupõe formação aprofundada em um campo de especialização. Isso, também, vale cada vez mais tanto para o executivo moderno funcionário de uma empresa privada quanto para os funcionários do Estado.

V. Quando o escritório está plenamente desenvolvido, a atividade do funcionário exige sua *plena capacidade de trabalho*, independentemente do fato de que a extensão de seu horário de trabalho obrigatório no local seja limitada. No caso normal, isso também é apenas o produto de um longo desenvolvimento tanto em escritórios públicos como privados. Antigamente, o estado normal das coisas era o inverso: assuntos de escritório eram considerados uma atividade secundária.

VI. A gestão do escritório segue *regras gerais,* mais ou menos estáveis, mais ou menos exaustivas, que podem ser aprendidas. O conhecimento dessas regras representa uma *expertise* técnica especial que os funcionários têm. Envolve jurisprudência, gestão administrativa ou empresarial.

A redução da gestão moderna do escritório a regras está profundamente enraizada em sua própria natureza. A teoria da administração pública moderna, por exemplo, pressupõe que a autoridade responsável por ordenar certos assuntos por decreto – que foram legalmente concedidos a uma agência – não está intitulada a regular o assunto por comandos individuais emitidos para cada caso, mas apenas para regular o assunto abstratamente. Isso estabelece contraste extremo com o regulamento de todos os relacionamentos por meio de privilégios individuais e concessões de favor, que, como veremos, é absolutamente dominante no patrimonialismo, pelo menos na medida em que essas relações não são fixadas pela tradição sagrada.

A posição do funcionário dentro e fora da burocracia

No que tange às posições interna e externa do funcionário, tudo isso resulta no seguinte:

I. Escritório como vocação

O fato de o escritório ser uma "vocação" *(Beruf)* se expressa, primeiro, na exigência de um curso prescrito de formação, que exige a plena capacidade de trabalho durante um longo período de tempo e, em geral, de exames especiais prescritos como pré-requisitos do emprego. Também se expressa no fato de que a posição do funcionário está na natureza de um "dever" *(Pflicht).* Isso determina o caráter de suas relações da seguinte maneira: juridicamente e na prática, trabalhar em um escritório não é considerado uma fonte de renda, a ser explorada para dividendos ou emolumentos em troca da prestação de certos serviços, como em geral acontecia durante a Idade Média e, muitas vezes, até o limite dos tempos recentes, nem tampouco é considerado um intercâmbio comum de serviços, como no caso dos contratos de trabalho livre. Em vez disso, o ingresso em um escritório, incluindo um da economia privada, é considerado a aceitação de um dever específico de fidelidade à finalidade do escritório (*Amtstreue*) em troca da concessão de uma existência segura. É decisivo para a lealdade moderna a um escritório que, no tipo puro, não se estabeleça uma relação com uma *pessoa,* como a fé do vassalo ou do discípulo sob a autoridade feudal ou patrimonial, mas em vez disso se refira a fins *impessoais* e *funcionais.* Esses fins, é claro, muitas vezes ganham um halo ideológico de valores culturais (como Estado, igreja, comunidade, partido ou empresa) que aparecem como substitutos a um mestre pessoal deste mundo ou do outro mundo e que são incorporados por um determinado grupo.

O funcionário político – pelo menos no Estado moderno totalmente desenvolvido – não é considerado o servo pessoal de um governante. Da mesma forma, o bispo, o padre e o pastor, na verdade já não são mais, como no início da era cristã, os portadores de um carisma puramente pessoal, que oferecem valores celestiais e sagrados sob o mandato pessoal de um mestre e, em princípio, apenas responsáveis perante esse mestre, a todo mundo que pareça digno desses valores e os solicitar. Apesar da sobrevivência parcial da antiga teoria, eles se tornaram funcionários a serviço de um propósito funcional, um propósito que, na atual "igreja", parece ao mesmo tempo impessoalizado e ideologicamente santificado.

II. A posição social do funcionário

***Estima social e convenção de* status.** Quer esteja em um escritório particular ou um departamento público, o funcionário moderno, também, sempre se esforça para alcançar, e em geral alcança, uma *estima social* distintamente elevada diante dos governados. Sua posição social é protegida pela prescrição sobre a ordem de classificação e, no caso do funcionário político, por proibições especiais do código penal contra "insultos ao escritório" e "desprezo" em relação às autoridades estatais e eclesiásticas.

A posição social do funcionário é normalmente mais alta onde, como nos antigos países civilizados, prevalecem as seguintes condições: uma forte demanda por administração por especialistas treinados; uma diferenciação social forte e estável, onde o funcionário tem como origem predominante os estratos privilegiados social e economicamente, por causa da distribuição social do poder ou dos custos do treinamento necessário e das convenções de *status*. A posse de certificados ou diplomas educacionais – discutida adiante – em geral está relacionada com a qualificação para escritório; naturalmente, isso aumenta o "elemento de *status*" na posição social do funcionário. Às vezes, o fator de *status* é reconhecido de forma expressa; por exemplo, na norma de que a aceitação de um aspirante à carreira de escritório depende do consentimento ("eleição") pelos membros do órgão oficial. Esse é o caso na corporação do exército alemão. Fenômenos semelhantes, que promovem um fechamento do funcionalismo igual ao dos sindicatos, são geralmente encontrados no funcionalismo patrimonial e, em especial, no funcionalismo prebendário de outrora. O desejo de ressuscitar essas políticas em formas alteradas não é, de maneira alguma, raro entre os burocratas modernos; desempenhou um papel, por exemplo, nas demandas dos funcionários largamente proletarianizados (*zemstvo-*) (o elemento *tretii*) durante a revolução russa (de 1905).

Em geral, a estima social dos funcionários é especialmente baixa onde são fracas a exigência por especialistas na administração e a defesa das convenções de *status*. Isso ocorre com frequência em novas povoações, em virtude das grandes oportunidades econômicas e da grande instabilidade de sua estratificação social: vide os Estados Unidos. ...

Cargo como a base do salário habitual. Via de regra, o funcionário recebe uma compensação *monetária* sob a forma de um *salário,* em geral fixo, e a previdência para a idade avançada fornecida por uma pensão. O salário não é medido como soldo em termos do trabalho realizado, mas de acordo com o *status,* ou seja, de acordo com o tipo de função (o "cargo") e, possivelmente, de acordo com a extensão do serviço. A segurança relativamente grande da renda do funcionário e as recompensas da estima social tornam o escritório uma posição muito procurada, em especial em países que já não oferecem oportunidades para lucros coloniais. Nesses países, essa situação permite salários relativamente baixos para os funcionários.

Linhas de carreira fixas e rigidez de **status.** O funcionário dedica-se a uma "carreira" dentro da ordem hierárquica do serviço público. Ele espera galgar posições desde os cargos menores, menos importantes e menos bem pagos, até os cargos superiores. O funcionário médio deseja naturalmente uma fixação mecânica das condições da promoção: se não dos cargos, pelo menos dos níveis de salário. Ele quer essas condições fixadas em termos de "antiguidade" ou, quem sabe, de acordo com notas alcançadas em um sistema de exames. Às vezes, essas notas realmente formam um *caráter indelével* do funcionário e têm efeitos duradouros em sua carreira. A isso se soma o desejo de reforçar o direito ao escritório e de aumentar o fechamento de grupo de *status* e segurança econômica. Tudo isso resulta em uma tendência a considerar os escritórios como "prebendas" daqueles qualificados pelos diplomas educacionais. Com a necessidade de avaliar as qualificações pessoais e intelectuais gerais sem preocupação com o caráter frequentemente subalterno desses diplomas de formação especializada, aconteceu que os mais altos cargos políticos, em especial as posições "ministeriais", são em regra preenchidos sem referência a esses diplomas. ...

A superioridade técnica da organização burocrática em relação à administração por notáveis

A razão decisiva para o avanço da organização burocrática sempre foi sua superioridade puramente *técnica* sobre qualquer outra forma de organização. O aparato burocrático totalmente desenvolvido compara-se com outras organizações, exatamente como faz a máquina com os modos não mecânicos de produção. Competência, velocidade, clareza, conhecimento sobre arquivos, continuidade, discrição, unidade, subordinação rigorosa, redução de atritos e de custos com material e pessoal – tudo isso é alcançado com excelência na administração rigorosamente burocrática, em especial na sua forma monocrática. Em comparação com todas as formas de administração colegiadas, honoríficas e vocacionais, a burocracia treinada é superior em todos esses aspectos. E quando o assunto é tarefa complicada, o trabalho burocrático pago é não só mais competente como também, em última análise, muitas vezes mais barato do que o serviço honorífico formalmente não remunerado. ...

Primordialmente, hoje a economia de mercado capitalista exige que as missões oficiais da administração pública sejam cumpridas de modo competente, inequívoco, contínuo e com a máxima celeridade possível. Em geral, as grandes corporações capitalistas modernas são elas próprias modelos inigualáveis de estrita organização burocrática. Em sua hierarquia, a gestão de negócios baseia-se no aumento da competência, da estabilidade e, acima de tudo, da velocidade das operações. Isso, por sua vez, é determinado pela natureza peculiar dos modernos meios de comunicação, incluindo, entre outras coisas, o serviço de notícias da imprensa. O extraordinário aumento na velocidade de transmissão dos anúncios públicos, bem como dos fatos econômicos e políticos, exerce uma pressão constante e acentuada no sentido de acelerar o ritmo da reação administrativa em várias situações. Em geral, o ideal desse ritmo de reação só é alcançado por uma organização estritamente burocrática. (O fato de que o aparato burocrático também pode criar e, de fato, cria determinados impedimentos definidos ao cumprimento das missões de uma forma melhor adaptada às individualidades de cada caso não pertence ao presente contexto.)

Acima de tudo, a burocratização oferece a melhor possibilidade para efetivar o princípio da especialização de funções administrativas, de acordo com considerações puramente objetivas. Os desempenhos individuais são alocados aos funcionários que têm formação especializada e que, pela prática constante, aumentam sua *expertise*. O cumprimento "objetivo" das missões significa principalmente um cumprimento de missões de acordo com *regras calculáveis* que "desconsideram as pessoas".

"Desconsiderar as pessoas", no entanto, é também a palavra de ordem do mercado e, em geral, de todas as atividades de interesses apenas econômicos. A dominação burocrática consistente significa o nivelamento da "honra de *status*". Portanto, se o princípio do mercado livre não for simultaneamente restringido, isso acarretará a dominação universal da "situação de classe". O fato de que essa consequência da dominação burocrática não se estabeleceu em toda parte de modo proporcional ao grau de burocratização deve-se às diferenças entre os possíveis princípios pelos quais as organizações políticas podem fornecer seus requisitos. Porém, o segundo elemento mencionado, as regras calculáveis, é o mais importante para a burocracia moderna. A peculiaridade da cultura moderna e, em específico, de sua base técnica e econômica exige essa própria "calculabilidade" dos resultados. Quando plenamente desenvolvida, a burocracia também se norteia, em um sentido específico, pelo princípio do *sine ira et studio*. A burocracia desenvolve-se com mais perfeição quanto mais for "desumanizada", quanto mais sucesso tiver em eliminar do cumprimento das missões fatores como amor, ódio e todos os elementos puramente pessoais, irracionais e emocionais que fogem dos cálculos. O capitalismo considera essa a virtude especial da burocracia.

Quanto mais complicada e especializada torna-se a cultura moderna, mais seu aparato de apoio externo exige o *especialista* pessoalmente imparcial e estritamente objetivo, em vez de o senhor das antigas estruturas sociais movido por simpatia pessoal, favorecimento, fineza e gratidão. A burocracia oferece as atitudes exigidas pelo aparato externo da cultura moderna na combinação mais favorável. Em particular, só a burocracia estabeleceu as bases para a administração de um direito racional conceitualmente sistematizado com base nos "estatutos", como o Império Romano tardio criou pela primeira vez com alto grau de perfeição técnica. Durante a Idade Média, a recepção dessa lei (romana) coincidiu com a burocratização da administração jurídica: o avanço do especialista racionalmente treinado deslocou o velho procedimento experimental que era vinculado à tradição ou a pressupostos irracionais. ...

O nivelamento das diferenças sociais

Apesar de sua indubitável superioridade técnica, a burocracia em todos os lugares tem tido um desenvolvimento relativamente tardio. Uma série de obstáculos contribuiu para isso, e apenas sob determinadas condições sociais e políticas eles definitivamente recuaram para segundo plano.

A. Democratização administrativa Em geral, a organização burocrática chega ao poder com base em um nivelamento das diferenças econômicas e sociais. Esse nivelamento tem sido pelo menos relativo e tem relação com a importância das diferenças sociais e econômicas para o cumprimento das funções administrativas.

A burocracia inevitavelmente acompanha a moderna *democracia de massas*, em contraste com a autonomia democrática de pequenas unidades homogêneas. Isso resulta de seu princípio característico: a abstrata uniformidade do exercício da autoridade, que é um resultado da procura de "igualdade perante a lei" no sentido pessoal e funcional –, portanto, do horror ao "privilégio" e a rejeição, por princípios, de resolver assuntos na base do "cada caso é um caso". Essa uniformidade também resulta das condições sociais de sua origem. Qualquer administração burocrática de uma grande estrutura social baseia-se de certa forma no fato de que essas preferências e posições sociais, materiais ou honoríficas estão conectadas com funções e deveres administrativos. Em geral, isso significa que uma exploração social ou econômica da posição, que cada tipo de atividade administrativa fornece a seus portadores, é a compensação para o cumprimento das funções administrativas.

A burocratização e a democratização no âmbito da administração estatal, portanto, significam um aumento dos gastos em dinheiro do tesouro público, apesar do fato de que a administração burocrática em geral tem caráter mais "econômico" do que outras formas. Até tempos recentes – pelo menos do ponto de vista do tesouro – a forma mais barata de satisfazer a necessidade por administração era deixar quase toda a administração local e tribunais inferiores aos proprietários da Prússia Oriental. O mesmo vale quanto à administração por juízes de paz na Inglaterra. A democracia de massas que termina com os privilégios feudais, patrimoniais e – pelo menos em intenção – plutocráticos na administração tem inevitavelmente de substituir a administração "não profissional", historicamente herdada e desempenhada por notáveis, por trabalho profissional remunerado.

B. Partidos de massa e as consequências burocráticas de democratização   Isso não se aplica só ao Estado. Pois não é por acaso que, em suas próprias organizações, os partidos democráticos de massa romperam completamente com o tradicional governo por notáveis com base em relações pessoais e estima pessoal. Essas estruturas pessoais ainda persistem em velhos partidos conservadores, bem como em velhos partidos liberais, mas os partidos democráticos de massa são burocraticamente organizados sob a liderança de dirigentes partidários, secretários profissionais de partidos e de sindicatos, etc. Na Alemanha, por exemplo, isso aconteceu no Partido Social Democrata e no movimento agrário em massa; na Inglaterra mais antiga na democracia de conclave de Gladstone e Chamberlain, surgida em Birmingham, na década de 1870. Nos Estados Unidos, os dois partidos, desde a administração de Jackson, desenvolveram-se burocraticamente. Na França, no entanto, as tentativas de organizar partidos políticos disciplinados com base em um sistema de eleição que obrigaria a organização burocrática repetidamente fracassaram. A resistência dos círculos locais de notáveis contra a inevitável burocratização dos partidos, que abrangeria todo o país e minguaria sua influência, não pôde ser superada. Cada avanço das técnicas de eleição simples com base apenas em números, como, por exemplo, o sistema de representação proporcional, significa uma organização burocrática estrita e interlocal dos partidos e, assim, uma crescente dominação da burocracia e da disciplina do partido, bem como a eliminação dos círculos de notáveis locais – ao menos isso vale para grandes Estados.

O progresso da burocratização no âmbito da própria administração estatal é um fenômeno em paralelo com o desenvolvimento da democracia, como se evidencia na França, na América do Norte e agora na Inglaterra. Claro, sempre é bom lembrar que o termo "democratização" pode ser enganoso. A *demos* em si, no sentido de massa disforme, nunca "governa" grandes corporações; ao contrário: é governado. O que muda é apenas a maneira em que os líderes executivos são selecionados e a medida da influência que a *demos,* ou melhor, que os círculos sociais de seu meio são capazes de exercer sobre o conteúdo e o rumo das atividades administrativas por meio da "opinião pública". "Democratização", no sentido pretendido aqui, não significa necessariamente uma participação cada vez mais ativa dos sujeitos no governo. Isso pode ser um resultado da democratização, mas nem sempre é o caso.

Devemos expressamente recordar nesse momento que o conceito político da democracia, deduzido a partir da "igualdade de direitos" dos governados, inclui estes postulados adicionais: (1) prevenção do desenvolvimento de um grupo de funcionário com *status* fechado no interesse de uma acessibilidade universal ao escritório e (2) minimização da autoridade do funcionalismo no interesse de expandir a esfera de influência da "opinião pública", tanto quanto possível. Portanto, sempre que possível, a democracia política se esforça para encurtar a duração do mandato por meio de eleição e de se livrar de uma limitação aos candidatos com qualificações especiais de peritos. Assim, a democracia inevitavelmente entra em conflito com as tendências burocráticas que tenham sido produzidas por sua própria luta contra os notáveis. O termo vago "democratização" não pode ser usado aqui, na medida em se refere à minimização do poder dos funcionários públicos em favor do maior governo "direto" possível da *demos,* o que, na prática, significa os respectivos líderes de partido da *demos.* Aqui, o aspecto decisivo indubitavelmente é o *nivelamento dos governados* em face do grupo dirigente burocraticamente articulado, que, por sua vez, pode ocupar uma posição bastante autocrática, tanto na verdade quanto na forma. ...

As bases objetivas e subjetivas da perpetuidade burocrática

Uma vez plenamente estabelecida, a burocracia é uma das estruturas sociais mais difíceis de destruir. Burocracia é *o* meio de transformar a ação social em ação racionalmente organizada. Portanto, como instrumento de organizar racionalmente as relações de autoridade, a burocracia foi e é um instrumento de poder de primeira ordem para quem controla o aparato burocrático. Em igualdade de condições, a ação racionalmente organizada e dirigida (*Gesellschaftshandeln*) é superior a todo o tipo de comportamento coletivo (*Massenhandeln*) e também à ação social *(Gemeinschaftshandeln)* que se opõe a ela. Onde a administração tem sido plenamente burocratizada, o sistema de dominação resultante é praticamente indestrutível.

O burocrata individual não pode escapar do aparato ao qual está atrelado. Em contraste com os "notáveis" executando tarefas administrativas, como dever honorífico ou ocupação subsidiária (voluntária), o burocrata profissional está acorrentado à sua atividade em toda a sua existência econômica e ideológica. Na grande maioria dos casos, ele é apenas uma pequena engrenagem de um mecanismo de movimento incessante que lhe prescreve uma rota de marcha essencialmente fixa. Ao funcionário são confiadas tarefas especializadas, e, em geral, o mecanismo não pode ser colocado em movimento nem sustado por ele, mas apenas a partir do topo. O burocrata individual é, acima de tudo, forjado para o interesse comum de todos os funcionários na perpetuação do aparato e a persistência da sua dominação racionalmente organizada.

Por sua vez, os governados não podem dispensar nem substituir o aparelho burocrático existente, pois ele se baseia em treinamento especializado, perícia funcional no trabalho e atitude definida no habitual virtuosismo no domínio de funções exclusivas, mas metodicamente integradas. Se o aparato cessa de funcionar, ou se seu trabalho for interrompido pela força, emerge um caos difícil de ser dominado por substitutos improvisados entre os governados. Isso vale para a administração pública, bem como para a gestão econômica privada. Cada vez mais, o destino material das massas depende do funcionamento contínuo e correto das organizações cada vez mais burocráticas do capitalismo privado, e a ideia de eliminá-las torna-se cada vez mais utópica.

Cada vez mais, toda a ordem nas organizações públicas e privadas é dependente do sistema de arquivos e da disciplina do funcionalismo, ou seja, de seu costume de obediência meticulosa na sua esfera de ação habitual. Essa obediência é o elemento mais decisivo, por mais importantes que sejam os arquivos na prática. A ideia ingênua do bakuninismo de destruir a base dos "direitos adquiridos" junto com a "dominação" pela destruição dos documentos públicos esquece o fato de que a orientação estabelecida pelos *seres humanos* de respeitar regras e regulamentos costumeiros sobreviverá independentemente dos documentos. Todas as reorganizações das unidades do exército derrotadas ou dispersas, bem como todas as restaurações de uma ordem administrativa destruída por revoltas, pânicos ou outras catástrofes são efetuadas por um apelo a essa orientação condicionada, criada tanto em funcionários quanto em indivíduos, de ajustamento obediente a essas ordens (políticas e sociais). De fato, se o recurso for bem-sucedido, traz o mecanismo perturbado "reajustar a engrenagem" novamente.

A indispensabilidade objetiva do aparato existente, em conexão com seu caráter peculiarmente "impessoal", significa que o mecanismo – em contraste com a ordem feudal baseada em lealdade pessoal – funciona com facilidade para alguém que saiba ganhar controle sobre ele. Um funcionalismo racionalmente ordenado continua funcionando sem problemas depois que o inimigo ocupou o território; ele apenas precisa alterar os altos funcionários. Continua operando, porque é de interesse vital a todos os envolvidos, incluindo, acima de tudo, ao inimigo.

Depois que Bismarck, durante o seu longo período no poder, atrelou seus colegas ministeriais a uma incondicional dependência burocrática, eliminando todos os estadistas independentes, com surpresa percebeu que após sua renúncia eles continuaram administrando seus escritórios de modo despreocupado e impassível, como se a pessoa afastada não fosse o próprio e engenhoso criador dessas ferramentas, mas só mais um componente da máquina burocrática que havia sido substituído por outro. Apesar de todas as alterações de governantes na França desde o tempo do Primeiro Império, em essência, o aparato de poder permaneceu igual.

Cada vez mais, esse aparato impossibilita a "revolução", no sentido da criação vigorosa de novíssimas formações de autoridade – tecnicamente, por causa de seu controle sobre os meios modernos de comunicação (telégrafo, entre outros) e também devido à sua estrutura interna cada vez mais racionalizada. Sob esse processo, o lugar das "revoluções" está tomado por golpes de Estado, como de novo a França demonstra de maneira clássica, já que todas as transformações bem-sucedidas foram dessa natureza. ...

Burocracia e educação

A. Especialização educacional, caça de diplomas e busca de status

Aqui não podemos analisar os efeitos culturais abrangentes e gerais que o avanço da estrutura de dominação burocrática racional desenvolve de modo bastante independente das áreas que toma conta. Naturalmente, a burocracia promove um modo de vida "racionalista", mas o conceito de racionalismo permite conteúdos muito diferentes. De modo bastante geral, pode-se apenas dizer que a burocratização de toda a dominação promove muito fortemente o desenvolvimento de "pragmatismo racional" e o tipo de personalidade do especialista profissional. Isso tem implicações de longo alcance, mas apenas um elemento importante do processo pode ser indicado aqui de modo sucinto: seu efeito sobre a natureza da educação e da cultura pessoal *(Erziehung und Bildung)*.

Instituições de ensino no continente europeu, em especial as instituições de ensino superior – universidades, academias, bem como academias técnicas, faculdades de administração, institutos e outros –, são dominadas e influenciadas pela necessidade de um tipo de "educação" criado pelo sistema de exames especializados ou testes de *exper-*

tise (Fachprüfungswesen) cada vez mais indispensável para as burocracias modernas.

O "teste de *expertise*" no sentido moderno foi e é encontrado também fora das estruturas estritamente burocráticas: hoje, por exemplo, nas chamadas profissões "liberais" da medicina e do direito e em outros ofícios sindicalizados. Esses testes não são acompanhamento indispensável de burocratização: as burocracias francesa, inglesa e norte-americana há muito tempo funcionam sem esses testes, em grande parte ou na íntegra, usando como substituto o treinamento no serviço e o desempenho nas organizações.

A "democracia" toma uma atitude ambivalente também para o sistema de testes de *expertise*, como o faz no sentido de todos os fenômenos da burocratização que, não obstante, promove. Por um lado, o sistema de testes significa (ou ao menos parece significar) a escolha dos qualificados de todos os estratos sociais em vez do governo por notáveis. Mas, por outro, a democracia receia que os testes e os diplomas de educação criarão uma "casta" privilegiada e por isso opõe-se a esse sistema.

Por fim, o teste de *expertise* é encontrado já em épocas pré-burocráticas ou semiburocráticas. De fato, seu lócus histórico regular mais antigo reside em estruturas de dominação organizadas de modo *prebendário*. A expectativa de prebendas, primeiramente de prebendas eclesiásticas – como no Oriente islâmico e na Idade Média ocidental – e então, como foi o caso na China, também de prebendas laicas, é o prêmio habitual pelo qual as pessoas estudam e são testadas. Esses testes, no entanto, têm apenas em parte o caráter de testes para *expertise* especializada.

Só o desenvolvimento moderno da plena burocratização traz à tona, de modo irresistível, o sistema de testes racionais de *expertise*. O movimento de Reforma do Serviço Civil Norte-Americana gradativamente importa treinamentos e exames especializados para os Estados Unidos; o sistema de testes também avança em todos os outros países a partir de seu principal (e europeu) terreno fértil, a Alemanha. A crescente burocratização da administração reforça a importância do teste especializado na Inglaterra. Na China, a tentativa de substituir a velha burocracia semipatrimonial por uma burocracia moderna trouxe o teste de especialista; substituiu o antigo sistema de testes, estruturado de maneira bem diferente. A burocratização do capitalismo, com sua demanda por técnicos, secretários, etc. habilmente treinados, dissemina esses testes no mundo inteiro.

Esse desenvolvimento é, acima de tudo, extremamente reforçado pelo prestígio social do "diploma de educação" adquirido por meio desses testes especializados, ainda mais quando esse prestígio pode ser transformado em vantagem econômica. O papel antigamente desempenhado pela "prova de ancestralidade", como pré-requisito para a igualdade de nascimento, o acesso às prebendas e aos dotes nobres e, sempre que a nobreza mantinha o poder social, para a qualificação aos cargos estatais, hoje é assumido pelo diploma de educação. A elaboração dos diplomas de universidades, das faculdades de engenharia e administração, e o clamor universal para a criação de mais diplomas educacionais em todos os campos estão a serviço da formação de um estrato privilegiado em departamentos e escritórios. Esses diplomas sustentam as pretensões de seus titulares para casar com membros de famílias de notáveis (em escritórios corporativos, a esperança é se tornar o preferido da filha do chefe); pretensões de ser admitido em círculos que aderem aos "códigos de honra"; pretensões por salários "apropriados ao *status*" em vez de salários de acordo com o desempenho; pretensões de promoção garantida e aposentadoria; e, acima de tudo, pretensões à monopolização de posições social e economicamente vantajosas. Se ouvirmos de todos os lados as exigências para a introdução de currículos regulamentados que culminam em provas especializadas, a razão por trás disso, claro, não é uma "sede por educação" subitamente despertada, mas sim o desejo de limitar a oferta de candidatos para esses cargos e monopolizá-los para os detentores de diplomas educacionais. Para essa monopolização, o "teste" é hoje o instrumento universal – daí seu avanço irresistível. À medida que o currículo exigido para a aquisição do diploma de educação exige despesas consideráveis e um longo período de gestação, esse esforço implica uma repressão de talento (de "carisma") em favor da propriedade, pois os custos intelectuais do diploma educacional são sempre baixos e diminuem, em vez de aumentarem, com o aumento de volume. Hoje, na Alemanha, a velha exigência de um estilo de vida paladino (pré-requisito para a capacidade de reter um feudo) é substituída pela necessidade de participar de seus sobreviventes remanescentes, as fraternidades rivais das universidades que concedem os diplomas de educação; nos países anglo-saxões, os clubes esportivos e sociais cumprem a mesma função.

Por outro lado, a burocracia esforça-se em todos os lugares para a criação de um "direito ao escritório", mediante o estabelecimento de procedimentos disciplinares habituais e a eliminação da disposição completamente arbitrária do superior sobre o subordinado. A burocracia visa a proteger a posição do funcionário, sua promoção ordenada e sua aposentadoria para a velhice. Nesse intuito, é apoiada pelo sentimento "democrático" dos governados que exige que a dominação seja minimizada; aqueles que amparam essa atitude acreditam-se capazes de discernir um enfraquecimento da própria autoridade em cada enfraquecimento da disposição arbitrária do chefe sobre os funcionários. Sob esse prisma, a burocracia, tanto em escritórios corporativos quanto no serviço público, promove o surgimento de um grupo de *status* específico, como os funcionários públicos bem diferentes do passado. Já frisamos que, em geral, essas características de *status* também são exploradas para (e, por sua natureza, contribuir com) a utilidade técnica da burocracia no cumprimento de suas tarefas específicas.

É precisamente contra esse inevitável caráter de *status* da burocracia que a "democracia" reage em seu esforço de instituir a eleição dos funcionários para mandatos curtos, em substituição à nomeação de funcionários, e de instituir um processo disciplinar regulamentado em substituição à escolha de funcionários por meio de um referendo; em resumo, substituir a disposição arbitrária do "mestre" hierarquicamente superior pela disposição igualmente arbitrária dos governados, ou melhor, dos chefes de partido que os dominam.

B. Análise sobre o "humano culto"

O prestígio social com base na vantagem de escolaridade e educação não é de maneira alguma específico à burocracia. Ao contrário. Mas o prestígio educacional em outras estruturas de dominação baseia-se em fundações substancialmente diferentes em relação ao conteúdo. Expressado em lemas, o "humano culto", em vez do "especialista", era o objetivo procurado pela educação e a base da estima social nas estruturas de dominação feudais, teocráticas e patrimoniais, na administração inglesa por notáveis, na velha burocracia patrimonial chinesa, bem como no domínio dos demagogos nos Estados gregos durante a chamada democracia. O termo "humano culto" é usado aqui no sentido de valor completamente neutro; entende-se apenas que o objetivo da educação era uma conduta de vida que *se considerava* "culta", em vez de um treinamento especializado em alguma *expertise*. Essa educação pode ter se espelhado em um tipo cavaleiro ou ascético, em um tipo literário (como na China) ou em um tipo de ginasta humanista (como na Grécia) ou em um tipo "cavalheiro" convencional da estirpe anglo-saxã. Nesse sentido, uma personalidade "culta" formou o ideal educativo carimbado pela estrutura de dominação e as condições de adesão no estrato dominante da sociedade em questão. A qualificação desse estrato de governo baseia-se na posse de um *plus* dessa *qualidade cultural* (no sentido bastante variável e neutro de valor do termo, aqui utilizado) em vez de *plus* de conhecimento especializado. Ao mesmo tempo, é claro, a *expertise* militar, teológica e jurídica era intensamente cultivada. Mas o ponto de gravidade no currículo educacional helênico, no medieval e também no chinês foi formado por elementos totalmente diferentes daqueles que eram "úteis" em um sentido técnico.

Por trás de todas essas discussões sobre as questões básicas do sistema educacional, espreita, decisivamente, a luta do tipo humano "especialista" contra o mais antigo tipo "humano culto", uma luta condicionada pela burocratização irresistivelmente em expansão de todas as relações de autoridade públicas e privadas e pela importância crescente de especialistas e de conhecimentos especializados. Essa luta afeta os aspectos mais íntimos da cultura pessoal.

Conclusão

Durante sua evolução, a organização burocrática teve de superar não apenas aqueles obstáculos essencialmente negativos, várias vezes mencionados anteriormente, que estavam no caminho do necessário processo de nivelamento. Além disso, as estruturas administrativas, com base em princípios diferentes, fizeram e ainda fazem encruzilhadas com a organização burocrática. Algumas dessas já foram referidas de passagem. Nem todos os tipos existentes no mundo real podem ser discutidos aqui – isso nos levaria a muitas digressões; podemos analisar apenas alguns dos mais importantes *princípios estruturais* em uma exposição esquemática muito simplificada. Em grande parte, embora não exclusivamente, vamos proceder fazendo as seguintes perguntas:

1. Em suas oportunidades de desenvolvimento sujeitas a determinantes externos, econômicos e políticos, quão longe essas estruturas administrativas estão de uma lógica "autônoma" inerente à sua estrutura técnica?

2. Que efeitos econômicos essas estruturas administrativas exercem, se é que exercem? Ao fazer isso, é preciso manter um olho na fluidez e na sobreposição de todos esses princípios organizacionais. Seus tipos "puros", afinal de contas, são considerados apenas os casos fronteiriços com especial e indispensável valor analítico e sustentam a realidade histórica que aparece quase sempre em formas mistas.

A estrutura burocrática é em toda parte um produto final do desenvolvimento histórico. Quanto mais rastreamos nossos passos, mais comum é a ausência da burocracia e do funcionalismo em geral. Já que a burocracia tem um caráter "racional", com regras, cálculos de meios e fins e predominância do pragmatismo, sua ascensão e sua expansão em todos os lugares teve resultados "revolucionários", em um sentido especial ainda a ser discutido, como teve o avanço do *racionalismo* em geral. Por conseguinte, a marcha da burocracia destruiu estruturas de dominação que não eram racionais nesse sentido do termo. Então, podemos indagar: quais eram essas estruturas?

Max Weber: Poder, dominação e tipos de autoridade

Poder e dominação

A. "Poder" (*Macht*) é a probabilidade de que um agente dentro de uma relação social esteja em uma posição para realizar sua vontade, apesar da resistência, independentemente da base em que se assenta essa probabilidade.

B. "Dominação" (*Herrschaft*) é a probabilidade de que um comando com determinado conteúdo específico seja obedecido por um determinado grupo de pessoas. "Disciplina" é a probabilidade de que em virtude de habituação um comando receba obediên-

---

De Max Weber, *Economy and Society*, editado por Gunther Roth e Claus Wittich. (Berkeley: University of California Press, 1978.)

cia pronta e automática em formas estereotipadas, por parte de um determinado grupo de pessoas.

1. O conceito de poder é sociologicamente amorfo. Todas as qualidades concebíveis de uma pessoa e todas as combinações possíveis de circunstâncias podem colocá-la em posição de impor sua vontade em determinada situação. O conceito sociológico de dominação, portanto, deve ser mais preciso e pode apenas significar a probabilidade de que um *comando* será obedecido.

2. O conceito de disciplina inclui a habituação característica da obediência em massa acrítica e servil.

C. A existência de dominação gira apenas em torno da presença real de uma pessoa emitindo, com sucesso, ordens às outras; não implica necessariamente a existência de uma equipe administrativa ou, aliás, de uma organização. Porém, é raro encontrá-la sem relação com pelo menos um desses fatores. Uma organização de "governo" (*Herrschaftsverband*) existe na medida em que seus membros estão sujeitos à dominação em virtude da ordem estabelecida. ...

Os três tipos puros de autoridade

Existem três tipos puros de dominação legítima. A validade das reivindicações de legitimidade podem se basear em:

1. motivos racionais – residem na crença na legalidade das regras estabelecidas e no direito daqueles elevados à autoridade sob essas regras para emitir comandos (autoridade jurídica);

2. motivos tradicionais – residem na crença estabelecida na santidade das tradições imemoriais e na legitimidade daqueles que exercem autoridade de acordo com essas tradições (autoridade tradicional); ou, enfim,

3. motivos carismáticos – residem na devoção à santidade ou ao heroísmo excepcional, ou caráter exemplar de uma pessoa individual, e dos padrões normativos ou ordem revelados ou ordenados por ele (autoridade carismática).

No caso da autoridade jurídica, a obediência se deve à ordem impessoal legalmente estabelecida. Estende-se até as pessoas que exercem a autoridade de escritório sob ela em virtude da legalidade formal dos seus comandos e apenas no âmbito da autoridade do escritório. No caso da autoridade tradicional, deve-se a obediência a *pessoa* do chefe que ocupa a posição tradicionalmente sancionada de autoridade e que está vinculada (dentro da sua esfera) à tradição. Mas aqui a obrigação de obediência é uma questão de lealdade pessoal dentro da área das obrigações habituais. No caso da autoridade carismática, o líder assim carismaticamente qualificado é obedecido em virtude da confiança pessoal em sua revelação, seu heroísmo ou suas qualidades exemplares enquanto elas recaem no âmbito da crença do indivíduo em seu carisma. ...

Autoridade legal com equipe administrativa burocrática

Autoridade legal: o tipo puro

A autoridade legal reside na aceitação da validade das seguintes ideias mutuamente interdependentes.

1. Que toda e qualquer norma jurídica pode ser estabelecida por acordo ou por imposição, por razões de conveniência ou racionalidade de valor ou ambos, com a pretensão de obediência, ao menos por parte dos membros da organização. Porém, em geral isso é ampliado para incluir todas as pessoas no âmbito da esfera do poder em questão (que no caso de organismos territoriais é a área territorial), as quais participam em determinadas relações sociais ou realizam formas de ação social que foram declaradas relevantes pela ordem que governa a organização.

2. Em essência, que cada corpo de lei consiste em um sistema consistente de regras abstratas que em geral tenham sido intencionalmente estabelecidas. Além

disso, considera-se que a administração da lei consiste na aplicação dessas regras aos casos particulares; o processo administrativo na busca racional dos interesses especificados na ordem que governa a organização dentro dos limites estabelecidos pelos preceitos legais e seguindo princípios capazes de formulação generalizada, aprovados na ordem que governa o grupo ou pelo menos não desaprovados por ela.

3. Que, portanto, a típica pessoa na autoridade, o "superior", está ela mesma sujeita a uma ordem impessoal, orientando suas ações a ela em seus próprios comandos e disposições. (Isso vale não só para pessoas que exercem autoridade legal e são, no sentido comum, "funcionários", mas, por exemplo, para o presidente eleito de um Estado.)

4. Que a pessoa que obedece à autoridade faz isso, como costuma se afirmar, apenas na sua qualidade de "membro" da organização e ela obedece apenas "à lei". (Nesse contexto, a pessoa pode ser membro de associação, comunidade, igreja ou cidadão de um Estado.)

5. Em conformidade com o ponto 3, defende-se que os membros da organização, na medida em que obedecem a uma pessoa com autoridade, não devem essa obediência a ela como indivíduo, mas como ordem impessoal. Disso resulta que existe obrigação de obediência apenas no âmbito da esfera da jurisdição racionalmente delimitada que, em termos da ordem, lhe foi concedida.

Portanto, os pontos a seguir constituem as categorias fundamentais de autoridade legal racional:

(1) Uma contínua conduta de assuntos oficiais com base em regras.

(2) Uma esfera especificada de competência (jurisdição). Isso envolve: (a) uma esfera das obrigações para executar as funções definidas como parte de uma divisão sistemática do trabalho; (b) a provisão do titular com os poderes necessários; e (c) que os meios de compulsão necessários sejam claramente definidos e sua utilização esteja sujeita a condições definidas. Uma unidade exercendo a autoridade assim organizada será chamada de "órgão administrativo" ou "agência" (*Behörde*).

Nesse sentido, existem órgãos administrativos em corporações privadas de grande escala, em partidos e exércitos, bem como no Estado e na igreja. Da mesma forma, um presidente eleito, um conjunto de ministros ou um corpo eleito de "representantes do povo" também constituem órgãos administrativos. Entretanto, não vamos discutir esses conceitos aqui. Nem todo órgão administrativo é dotado de poderes obrigatórios. Mas essa distinção não é importante para os propósitos atuais.

(3) A organização dos escritórios segue o princípio da hierarquia; ou seja, cada escritório inferior está sob o controle e a supervisão de um superior. Há um direito de recurso e de declaração de queixas do mais baixo ao mais elevado. As hierarquias diferem a respeito de se e em quais casos as reclamações podem levar a uma decisão "correta" da própria autoridade superior, ou se a responsabilidade por essas mudanças é deixada ao escritório inferior, cuja conduta foi objeto da reclamação.

(4) As regras que regulam a conduta de um escritório podem ser regras técnicas ou normas. Em ambos os casos, para que sua aplicação seja totalmente racional, é necessário treinamento especializado. Portanto, em geral só uma pessoa que apresenta formação técnica adequada está qualificada para compor o quadro administrativo de um grupo tão organizado e, portanto, só essas pessoas são elegíveis para a nomeação a cargos oficiais. O quadro administrativo de uma organização racional, portanto, normalmente consiste em "funcionários", não importa se a organização se dedica a fins políticos, econômicos, hierocráticos – em particular, capitalistas – ou outros.

(5) No tipo racional, é uma questão de princípio de que os membros do pessoal administrativo devam estar completamente separados da propriedade dos meios de produção ou da administração. Funcionários, empregados e trabalhadores ligados ao pessoal administrativo não detêm os meios não humanos de produção e administração. Em vez disso, eles são fornecidos para seu uso, em espécie ou em dinheiro, e o funcionário é obrigado a prestar contas de sua utilização. Existe, além disso, em princípio, uma separação completa da propriedade da organização (respectivamente, capital) e a propriedade pessoal (doméstica) do funcionário. Há uma separação correspondente entre o lugar em que são executadas as funções oficiais – o "escritório" no sentido das instalações – e a moradia.

(6) No caso do tipo racional, existe também uma completa ausência da apropriação de sua posição oficial pelo titular do cargo. Onde existem "direitos" de um escritório, como no caso dos juízes e, nos últimos tempos, de uma parte crescente dos funcionários e até mesmo dos trabalhadores, em geral eles não têm a finalidade de apropriação pelo funcionário, mas de fixar o caráter puramente objetivo e independente da conduta do escritório para que ela seja orientada apenas às normas pertinentes.

(7) Regras, decisões e atos administrativos são formulados e registrados por escrito, mesmo em casos onde a discussão oral é a regra ou inclusive obrigatória. Isso se aplica ao menos às propostas e discussões preliminares, às decisões finais e a todos os tipos de ordens e regras. A combinação de documentos escritos e de uma operação contínua pelos funcionários constitui o *bureau* (*departamento*), o foco central de todos os tipos de ação organizada moderna.

(8) A autoridade legal pode ser exercida em uma ampla diversidade de formas, que serão distinguidas e discutidas mais tarde. Por enquanto, a seguinte análise típica ideal será deliberadamente confinada ao pessoal administrativo que é mais inequivocamente uma estrutura de dominação: "funcionalismo" ou "burocracia". ...

O tipo mais puro de exercício da autoridade legal é aquele que emprega um quadro administrativo burocrático. Somente o chefe supremo da organização ocupa sua posição dominante (*Herrenstellung*) em virtude de apropriação, de eleição ou de ter sido designado à sucessão. Mas até mesmo *sua* autoridade consiste em uma esfera de "competência" legal. Todo o quadro administrativo sob a autoridade suprema consiste, então, no tipo mais puro, em funcionários individuais (que constituem uma "monocracia" em oposição ao tipo "colegial", discutido a seguir) que são nomeados e atuam de acordo com os seguintes critérios:

(1) São pessoalmente livres e sujeitos à autoridade apenas em relação a suas obrigações oficiais impessoais.

(2) Organizam-se em uma hierarquia de escritórios claramente definida.

(3) Cada escritório tem uma esfera claramente definida de competência no sentido legal.

(4) O escritório é preenchido por uma relação contratual livre. Assim, em princípio, existe uma seleção livre.

(5) Os candidatos são selecionados com base em qualificações técnicas. No caso mais racional, isso é verificado com testes ou garantido por diplomas atestando a formação técnica, ou ambos. Eles são *nomeados*, não eleitos.

(6) Eles são remunerados por salários fixos em dinheiro, na maior parte com direito a pensões. Apenas em determinadas circunstâncias a autoridade empregadora, especialmente em organizações privadas, tem o direito de rescindir o compromisso, mas o funcionário sempre tem a liberdade para se demitir. A escala de salário é definida de acordo com a classificação da hierarquia; mas, além desse critério, a responsabilidade da posição e as exigências do *status* social do titular do cargo podem ser levadas em conta.

(7) O escritório é tratado como a única, ou pelo menos a principal, ocupação do titular do cargo.

(8) O escritório constitui uma carreira. Há um sistema de "promoção" de acordo com a antiguidade ou o desempenho, ou ambos. A promoção depende do julgamento dos superiores.

(9) O funcionário trabalha inteiramente separado da propriedade dos meios de administração e sem apropriação de seu cargo.

(10) Na condução do escritório, o funcionário está sujeito à disciplina e ao controle, com rigor e método.

Esse tipo de organização é em princípio aplicável com igual facilidade a uma vasta gama de campos diferentes. Pode ser aplicado em negócios lucrativos, em organizações de caridade ou em quaisquer outros tipos de empresas privadas, servindo a propósitos ideais ou materiais. É igualmente aplicável aos políticos e às organizações hierocráticas. Com os diferentes graus de aproximação a um tipo puro, sua existência histórica pode ser demonstrada em todos esses campos. ...

Burocracia monocrática

A experiência universal tende a mostrar que o tipo puramente burocrático de organização administrativa – ou seja, a variedade monocrática da burocracia –, do ponto de vista apenas técnico, é capaz de atingir o mais alto grau de eficiência e, nesse sentido, consiste formalmente no mais racional meio conhecido de exercer a autoridade sobre os seres humanos. É superior a qualquer outra forma na competência, na estabilidade, no rigor de sua disciplina e em sua confiabilidade. Assim, torna possível um grau particularmente elevado de cálculo dos resultados aos chefes da organização e àqueles que atuam em relação a isso. Por fim, é superior tanto em eficiência intensiva quanto no escopo de suas operações e é formalmente suscetível de aplicação a todos os tipos de tarefas administrativas.

O desenvolvimento das formas modernas de organização em todos os campos é basicamente idêntico ao desenvolvimento e à disseminação contínua da administração burocrática. Isso vale para a igreja e o Estado, os exércitos, os partidos políticos, os empreendimentos econômicos, os grupos de interesse, as fundações, os clubes e muitos outros. Seu desenvolvimento está, para citar o caso mais marcante, na raiz do Estado ocidental moderno. Por mais que existam formas que aparentemente não se encaixam nesse padrão, como órgãos representativos de colegiado, comissões parlamentares, soviets, agentes honorários, juízes leigos e quejandos, e por mais que muitas pessoas possam reclamar da "burocracia", seria mera ilusão pensar por um momento que o trabalho administrativo contínuo pudesse ser realizado em qualquer campo exceto por meio de funcionários que trabalham em escritórios. Todo o padrão da vida cotidiana é preparado para se adaptar a essa moldura. Se a administração burocrática é, *ceteris paribus*, sempre o tipo mais racional do ponto de vista técnico, hoje as necessidades da administração em massa a tornam completamente indispensável. A escolha é apenas aquela entre burocracia e diletantismo no campo da administração. ...

A administração burocrática fundamentalmente significa dominação por meio do conhecimento. Essa é a característica que a torna especificamente racional. Por um lado, isso consiste no conhecimento técnico que, por si só, é suficiente para assegurar uma posição de extraordinário poder. Mas, por outro, as organizações burocráticas ou os detentores de poder que as utilizam têm a tendência de aumentar ainda mais o seu poder pelo conhecimento acumulado na experiência do serviço. Pois eles adquirem na conduta do escritório um conhecimento especial dos fatos e têm disponível um estoque de material documental peculiar à sua atividade. Embora não seja peculiar às organizações burocráticas, o conceito de "segredos oficiais" é certamente típico delas. Ergue-se em relação ao conhecimento técnico em uma posição um tanto parecida à de que os segredos comerciais têm em relação à capacitação tecnológica. É um produto da luta pelo poder.

Superior à burocracia no conhecimento de técnicas e fatos está apenas o empresário capitalista, dentro de sua própria esfera de interesse. É o único tipo capaz de manter ao menos relativa imunidade de sujeição ao controle de conhecimento racional burocrático. Em organizações de grande escala, todos os outros estão inevitavelmente sujeitos ao controle burocrático, da mesma forma que sucumbiram ao domínio da maquinaria de precisão na produção em massa de bens.

Em geral, a dominação burocrática tem as seguintes consequências sociais:

(1) A tendência de "nivelamento" no interesse da mais ampla base possível de recrutamento em termos de competência técnica.

(2) A tendência de plutocracia, originada no interesse pela maior extensão possível de formação técnica. Hoje, muitas vezes isso perdura até a idade de 30 anos.

(3) O domínio de um espírito de impessoalidade formalista: *sine ira et studio* (sem ódio ou paixão) e, portanto, sem afeto ou entusiasmo. As normas dominantes são conceitos de dever puro e simples, sem levar em conta considerações pessoais. Todo mundo está sujeito à igualdade formal de tratamento; ou seja, todos na mesma situação empírica. Esse é o espírito em que o funcionário ideal conduz seu escritório. ...

Autoridade tradicional

O tipo puro

A autoridade será chamada tradicional se a legitimidade for reivindicada por ela e tiver credibilidade em virtude da santidade de antigos poderes e regras. Os chefes são designados de acordo com as regras tradicionais e são obedecidos por causa de seu *status* tradicional (*Eigenwürde*). Esse tipo de governo organizado baseia-se, no caso mais simples, principalmente na lealdade pessoal que resulta da educação comum. A pessoa que exerce a autoridade não é um "superior", mas um chefe pessoal; seu pessoal administrativo não consiste principalmente em funcionários, mas de servos pessoais; e os governados não são "membros" de uma associação, mas são seus tradicionais "camaradas" ou "companheiros". A lealdade pessoal, não o dever impessoal do funcionário, determina as relações do quadro administrativo com o chefe.

A obediência é devida não por conta de regras promulgadas, mas por conta da pessoa que ocupa uma posição de autoridade por tradição ou que foi escolhida para ela pelo chefe tradicional. Os comandos dessa pessoa são legitimados em uma das duas maneiras seguintes:

(a) em parte em termos das tradições que por si só determinam diretamente o conteúdo do comando e são consideradas válidas dentro de certos limites que não podem ser ultrapassados sem pôr em perigo o *status* tradicional do chefe;

(b) em parte em termos de discrição do chefe nessa esfera que a tradição deixa aberta a ele; essa prerrogativa tradicional se baseia principalmente no fato de que as obrigações de obediência pessoal tendem a ser essencialmente ilimitadas.

Assim, há uma esfera dupla:

(a) a da ação vinculada às tradições específicas;

(b) a da ação livre de regras específicas.

Na esfera desta última, o chefe é livre para dar guinadas com base em seus prazeres e gostos pessoais, particularmente em troca de presentes – as fontes históricas das dívidas (*Gebühren*). Na medida em que sua ação segue os princípios, esses são regidos por considerações de bom senso ético, de equidade ou de conveniência utilitária. Não são princípios formais, como no caso da autoridade legal. O exercício do poder é voltado para a consideração de quão longe o chefe e o pessoal podem ir tendo em vista o cumprimento tradicional dos assuntos sem provocar sua resistência. Quando ocorre resistência, ela é dirigida contra o chefe ou seu assistente pessoal, com a acusação de que ele não respeitou os limites tradicionais do seu poder. A oposição não é dirigida contra o sistema em si – é um caso de "revolução tradicionalista".

No tipo puro de autoridade tradicional, é impossível que leis ou regras administrativas sejam deliberadamente criadas pela legislação. As regras que de fato são inovações podem ser legitimadas apenas pela alegação de terem sido "outrora válidas", mas só agora foram reconhecidas por meio da "Sabedoria" (*Weistum,* na antiga lei germânica). As decisões judiciais como "descoberta da lei" (*Rechtsfindung*) podem referir-se apenas aos documentos da tradição, a saber, a decisões precedentes e prévias. ...

Autoridade carismática

Autoridade carismática e comunidade carismática

O termo "carisma" será aplicado a certa qualidade de uma personalidade individual, em virtude da qual a pessoa é considerada extraordinária e tratada como dotada de poderes e qualidades sobrenaturais, sobre-humanos ou pelo menos especificamente notáveis. Assim, são inacessíveis às pessoas comuns, mas consideradas de origem divina ou exemplares e, com base nelas, o indivíduo em questão é tratado como "líder". Em circunstâncias primitivas, considera-se que esse tipo peculiar de qualidade repousa em poderes mágicos, sejam de profetas, pessoas com reputação para sabedoria terapêutica ou jurídica, líderes na caçada ou heróis na guerra. Claro, o modo como a qualidade em questão seria enfim julgada de qualquer ponto de vista ético, estético, etc., é totalmente indiferente para fins de definição. A única coisa importante é como o indivíduo é realmente considerado por aqueles sujeitos à autoridade carismática, por seus "seguidores" ou "discípulos". ...

I. É o reconhecimento por parte daqueles sujeitos à autoridade que é decisivo para a validade do carisma. Esse reconhecimento é livremente dado e garantido pelo que se considera uma prova, originalmente sempre um milagre, e consiste na devoção à revelação correspondente, adoração do herói ou absoluta confiança no líder. Mas onde o carisma é genuíno, não é isso que constitui a base da reivindicação da legitimidade. Em vez disso, essa base reside na concepção de que é dever daqueles sujeitos à autoridade carismática reconhecer sua autenticidade e agir em conformidade. Psicologicamente, esse reconhecimento é uma questão de devoção pessoal completa ao possuidor da qualidade, decorrente do entusiasmo ou do desespero e da esperança.

Nenhum profeta já considerou a sua qualidade como dependente das atitudes das massas em direção a ele. Nenhum rei ou líder militar eletivo tratou aqueles que resistiram a ele ou tentaram ignorá-lo de outra forma além de infrator no dever. O fracasso em participar de uma expedição militar sob esse líder, mesmo que o recrutamento seja formal e voluntário, é universalmente encarado com desdém.

II. Se a prova e o sucesso iludem o líder por muito tempo, se ele parece abandonado por seu Deus ou seus poderes mágicos ou heroicos, acima de tudo, se sua liderança não consegue beneficiar seus seguidores, é provável que sua autoridade carismática desapareça. Esse é o verdadeiro significado do direito divino dos reis (*Gottesgnadentum*). ...

III. Um grupo organizado, sujeito à autoridade carismática, será chamado de comunidade carismática (*Gemeinde*). Baseia-se em uma forma emocional de relação comunal (*Vergemeinschaftung*). O pessoal administrativo de um líder carismático não é constituído de "funcionários"; muito menos seus membros tecnicamente treinados. Não é escolhido com base no privilégio social, nem do ponto de vista de dependência doméstica ou pessoal. Em vez disso, é escolhido em termos das qualidades carismáticas dos seus membros. O profeta tem seus discípulos; o senhor da guerra, seu guarda-costas; o líder, seus agentes (*Vertrauensmänner*). Não existem coisas como nomeação, demissão, carreira e promoção. Existe apenas uma convocação por parte do líder com base na qualificação carismática daqueles que ele convoca. Não existe hierarquia; o líder apenas intervém em casos gerais ou individuais, quando considera os membros de sua equipe carentes de qualificação carismática para certa tarefa. Não existem coisas como jurisdição ou esfera definida de competência e nenhuma dotação de poderes oficiais com base em privilégios sociais. No entanto, podem existir limites territoriais ou funcionais para os poderes carismáticos e para a missão do indivíduo. Não existem coisas como salários nem benefícios.

Discípulos ou seguidores tendem a viver principalmente em uma relação em comunidade com seu líder, a partir de meios fornecidos por doação voluntária. No lugar de órgãos administrativos estabelecidos, existem agentes que recebem autoridade carismática de seu chefe ou que possuem seu próprio carisma. Não existe nenhum sistema de regras formais, de princípios jurídicos abstratos e, portanto, nenhum processo de decisão judicial racional orientado para eles. Mas também não existe nenhuma sabedoria legal orientada ao precedente judicial. Decisões formalmente concretas são recém-criadas de caso em caso e originalmente consideradas revelações e juízos divinos. Sob o prisma da relevância, cada autoridade carismática teria de subscrever a proposta: "está escrito … mas eu vos digo …". O profeta verdadeiro, como o verdadeiro líder militar e, nesse sentido, todo verdadeiro líder, prega, cria ou exige obrigações *novas* – em geral, em virtude de revelação, oráculo, inspiração ou de sua própria vontade, que são reconhecidos pelos membros do grupo religioso, militar ou partidário, pois eles vêm de uma fonte assim. O reconhecimento é um dever. Quando uma autoridade entra em conflito com a autoridade concorrente de outra pessoa que também reivindica sanção carismática, o único recurso é uma espécie de concurso, por meios mágicos ou mesmo uma batalha corporal entre os líderes. Em princípio, apenas um dos lados pode estar certo nesse conflito; o outro deve ser culpado de um mal que precisa ser expiado.

Por ser "extraordinária", a autoridade carismática é categoricamente contra a autoridade racional, em particular a burocrática, e a autoridade tradicional, seja em sua variante patriarcal, patrimonial ou imobiliária, as quais são formas perenes de dominação; enquanto o tipo carismático é a antítese direta disso. A autoridade burocrática é racional no sentido de estar vinculada às regras intelectualmente analisáveis; embora a autoridade carismática seja irracional no sentido de ser avessa a todas as regras. A autoridade tradicional está vinculada aos precedentes oriundos do passado e, sob esse prisma, também é orientada por regras. No âmbito das suas alegações, a autoridade carismática repudia o passado e constitui, nesse sentido, uma força revolucionária. Não reconhece nenhuma dotação das posições do poder em virtude da posse de propriedade, tanto por parte de um chefe quanto de grupos socialmente privilegiados. A única base de legitimidade para isso é o carisma pessoal, contanto que seja provado, ou seja, contanto que ele receba reconhecimento e que os seguidores e discípulos demonstrem sua utilidade carismática. …

IV. O carisma puro é avesso a considerações econômicas. Sempre que aparece, constitui uma "vocação" no sentido mais enfático da palavra, uma "missão" ou um "serviço espiritual". O carisma de tipo puro desdenha e repudia a exploração econômica dos dons da graça como fonte de renda, embora certamente isso muitas vezes permaneça mais um ideal do que um fato. Não que o carisma sempre exija a renúncia da propriedade ou até mesmo da aquisição, como em determinadas circunstâncias fazem os profetas e seus discípulos. O guerreiro heroico e seus seguidores procuram ativamente o espólio; o governante eletivo ou o líder do partido carismático requer os meios materiais do poder. O primeiro exige, além disso, uma exibição brilhante de sua autoridade para reforçar o seu prestígio. O que é alvo de desprezo, ao se aderir ao tipo genuinamente carismático, é a economia diária tradicional ou racional, a obtenção de um rendimento constante por atividade econômica contínua dedicada a esse fim. Por um lado, apoio por meio de presentes, seja em grande escala envolvendo doação, dotes, suborno e honorários, ou por súplicas, constitui o tipo voluntário de apoio. Por outro lado, o "espólio" e a extorsão, seja por meio da força ou outros instrumentos, são as formas usuais de provisão carismática para as necessidades. Do ponto de vista da atividade econômica racional, a satisfação do desejo carismático é uma típica força antieconômica. Repudia qualquer tipo de envolvimento no mundo rotineiro cotidiano. Tolera apenas, com uma atitude de total indiferença emocional, os atos aquisitivos irregulares e não sistemáticos. Por aliviar o destinatário das preocupações econômicas, a dependência dos rendimentos de propriedade pode ser a base econômica de um modo carismático de vida para alguns grupos; mas isso é incomum para o carismático normal "revolucionário".

V. Em períodos tradicionalistas, o carisma é *a* grande força revolucionária. A similar força revolucionária da "razão" funciona de *fora para dentro:* alterando as situações da vida e, assim, seus problemas, mudando enfim as posturas humanas diante deles; ou intelectualiza o indivíduo. O carisma, no entanto, *pode* causar uma reorientação subjetiva ou *interna* nascida de sofrimento, conflitos ou entusiasmo. Assim, pode resultar em uma alteração radical das principais atitudes e direções de ação, com uma orientação completamente nova de todas as atitudes em relação aos diferentes problemas do "mundo". Em períodos pré-racionalistas, a tradição e o carisma quase esgotaram toda a orientação da ação. ...

A rotinização do carisma

A ascensão da comunidade carismática e o problema da sucessão

Na sua forma pura, a autoridade carismática tem um caráter avesso às estruturas de rotina cotidianas. As relações sociais diretamente envolvidas são apenas pessoais, com base na validade e na prática das qualidades pessoais carismáticas. Se isso não se mantiver um fenômeno puramente transitório, mas assumir o caráter de uma relação permanente (uma "comunidade" de discípulos ou seguidores, uma organização partidária ou qualquer tipo de organização política ou hierocrática), é necessário que o caráter da autoridade carismática seja radicalmente alterado. Com efeito, na sua forma pura, pode-se dizer que a autoridade carismática existe apenas *in statu nascendi*. Não consegue permanecer estável, mas torna-se tradicional ou racionalizada, ou uma combinação de ambos.

Os principais motivos subjacentes a essa transformação são: (a) os interesses ideais e também materiais dos seguidores na continuação e na reativação contínua da comunidade; (b) os interesses ideais ainda mais fortes e os também interesses materiais mais fortes dos membros do quadro administrativo, dos discípulos, dos trabalhadores do partido ou de outros em continuar o seu relacionamento. Além disso, eles têm um interesse em continuá-lo de modo que, dos pontos de vista ideal e material, sua própria posição seja colocada em uma base diária estável. Isso significa, acima de tudo, possibilitar a participação no relacionamento familiar normal ou ao menos o desfrute de uma posição social segura, em vez do tipo de disciplinado afastado das conexões mundanas comuns, notadamente na família e nas relações econômicas.

Em geral, esses interesses tornam-se evidentes com o desaparecimento do líder carismático pessoal e com o problema da *sucessão*. A maneira como esse problema é abordado – se é que é abordado, e a comunidade carismática continua existindo ou começa a emergir – é de importância crucial para o caráter das relações sociais posteriores. Seguem os principais tipos de solução possíveis:

(a) A *busca* por um novo líder carismático com base no critério das qualidades que lhe tornem apto à posição de autoridade. ...

(b) A *revelação* manifestada em oráculos, sorteios, juízos divinos ou outras técnicas de seleção. Nesse caso, a legitimidade do novo líder depende da legitimidade da *técnica* de sua seleção. Isso envolve uma forma de legalização. ...

(c) Designação por parte do líder carismático original de seu próprio sucessor e seu reconhecimento por parte dos seguidores. ...

(d) Designação de um sucessor pelo pessoal administrativo carismaticamente qualificado e seu reconhecimento pela comunidade. Na sua forma típica, esse processo sem dúvida não deveria ser interpretado como "eleição" ou "nomeação" ou algo do tipo. Não é uma questão de seleção livre, mas uma questão estritamente vinculada ao dever objetivo. Não deve ser determinada apenas pelo voto da maioria simples, mas é uma questão de se chegar à designação correta, a designação da pessoa certa, verdadeiramente dotada de carisma. É bem possível que a minoria e não a maioria esteja certa nesse caso. Muitas vezes, é necessária a unanimidade. É obrigatório reconhecer um erro e persistir no erro é uma ofensa grave. Fazer uma escolha errada é um verdadeiro mal que requer expiação. Originalmente, era uma ofensa mágica.

No entanto, nesse caso é fácil para a legitimidade assumir o caráter de direito adquirido e justificado pelos padrões da correção do processo pelo qual a posição foi adquirida, em essência, por ter sido adquirida em conformidade com certas formalidades, como coroação. ...

(e) A concepção de que o carisma é uma qualidade transmitida por hereditariedade; assim, é compartilhada pelos parentes de seu portador, em especial pelos parentes mais próximos. Esse é o caso do *carisma hereditário*. A ordem de sucessão hereditária, nesse caso, não precisa ser igual àquela que atua por direitos adequados, mas pode diferir dela. Às vezes, também, é necessário selecionar o herdeiro adequado dentro do grupo de parentesco por alguns dos métodos recém-comentados.

(f) O conceito de que o carisma pode ser transmitido por meio de rituais de um portador a outro ou pode ser criado em uma nova pessoa. Originalmente, o conceito era mágico. Envolve uma dissociação do carisma de um indivíduo em particular, tornando-se uma entidade objetiva e transferível. Em especial, pode-se tornar o *carisma de escritório*. Nesse caso, a crença na legitimidade já não é dirigida ao indivíduo, mas às qualidades adquiridas e à eficácia dos atos rituais.

Georg Simmel: Dialética do indivíduo e da sociedade

4

Introdução

A abordagem de Simmel para a sociologia difere das de Comte e Durkheim, no sentido de que ele rejeita a noção de que se pode estudar a sociedade como um todo e tentar descobrir as suas leis de evolução e desenvolvimento. A sociedade é um empreendimento moral e cultural, envolvendo a associação dos indivíduos livres, e, portanto, deve ser abordada de forma diferente da maneira que estudamos, nas ciências físicas, a natureza e as leis da natureza. Para Simmel, a sociedade é composta das interações entre indivíduos e grupos, e o sociólogo deve estudar os padrões e as formas dessas associações, em vez de buscar leis sociais.

Simmel tenta capturar a complexidade e a ambiguidade da vida social, encarando-a dialeticamente. Embora os indivíduos sejam espíritos livres e criativos e não os meros objetos da determinação social, eles são, no entanto, parte do processo de socialização e desempenham um papel na sua continuidade. É essa tensão dinâmica que Simmel pretende captar em sua teoria social. As explorações de Simmel sobre formas sociais e tipos sociais remetem o leitor a um vórtice de interações. Assim, por exemplo, a tipologia de Simmel sobre o estrangeiro não só aborda a marginalidade da pessoa que existe na periferia de um grupo, mas também descreve como o estrangeiro ou o estranho torna-se um elemento da vida grupal quando seus membros buscam nele confiar. A marginalidade do estrangeiro ou do estranho conota um papel que está no grupo, mas não o pertence. Assim, o estrangeiro pode ter desprendimento e objetividade e ser procurado pelos membros do grupo como intermediário ou como alguém que possa manter segredos. É essa relação interativa, na perspectiva do indivíduo e do grupo, que Simmel capta com tanta eficácia em sua obra.

Simmel começou suas pesquisas de baixo para cima, observando a menor das interações sociais e a tentativa de vislumbrar como as instituições de maior envergadura surgiram a partir dessas interações. Ao fazê-lo, muitas vezes percebeu fenômenos que passaram despercebidos a outros teóricos. Por exemplo, Simmel observou que o número de partes em uma interação pode afetar a sua natureza. A interação entre duas pessoas, uma *díade*, será muito diferente da que é possível em uma relação tripartida, ou *tríade*. No âmbito do relacionamento *diádico*, cada indivíduo consegue manter a sua identidade. Quando uma das partes perde o interesse em manter a interação, o relacionamento acaba. Porém, tão logo outra pessoa é adicionada, a situação e suas possibilidades alteram-se sensivelmente, e começam a surgir estruturas grupais que são separadas dos indivíduos envolvidos e os influenciam. Duas pessoas podem formar um grupo contra a terceira, uma pessoa pode tornar-se mediadora ou o objeto da concorrência entre as outras duas, e assim por diante. Simmel considerava que as formas dessas interações envolvem opções e estratégias semelhantes, não importa se os participantes fossem colegas de quarto, Estados-nações ou grupos corporativos.

Preocupado e interessado nessa relação entre o indivíduo e a sociedade, Simmel relacionava aguçadamente os detalhes mais íntimos da psicologia individual com estruturas sociais maiores. Em seu ponto de vista, a civilização moderna servia ao mesmo tempo de ajuda e empecilho ao livre desenvolvimento do indivíduo.

As reflexões de Simmel sobre cultura e alienação, bem como seus escritos sobre a filosofia do dinheiro apontam para sua vontade de escrever sobre temas densos, com implicações morais. Mas Simmel não moraliza: ele aborda o assunto dialeticamente e analisa as tensões que definem a experiência moderna.

A sociedade moderna evoluiu no sentido de libertar os indivíduos das limitações sufocantes das antigas formas de associação. A vida urbana hoje permite que indivíduos exerçam uma variedade de papéis em diferentes espaços sociais, reforçando assim a liberdade das restrições de uma vida comunal, fixa e estática de uma época anterior. Mas o preço dessa liberdade deve ser encontrado no sentido crescente de alienação que as pessoas experimentam em respeito à cultura da vida urbana.

Esse último tema constitui o foco do ensaio "A metrópole e a vida mental", traduzido nas páginas seguintes. Por um lado, Simmel considera que o surgimento moderno das cidades e da vida cosmopolita libertou os indivíduos a um grau sem precedentes das limitações estreitas da vidinha de cidade pequena, um desenvolvimento promissor; por outro lado, a natureza impessoal da vida metropolitana, em especial sua tendência de induzir as pessoas a tratar as outras como simples meios para atingir seus fins e em termos puramente monetários, ameaça tornar-se uma estrutura alienante capaz de dominar e distorcer esse recém-descoberto individualismo. O ensaio é um bom exemplo do ecletismo do Simmel: mostra fortes influências tanto de Durkheim em sua análise da relação entre o tipo de personalidade e a divisão do trabalho, quanto de Marx em sua discussão sobre alienação e objetivação. No fim das contas, porém, ele se aproxima em sua visão global da visão pessimista de Weber e sua "jaula de ferro", vendo a nova forma metropolitana de vida como uma ameaça à liberdade pessoal e à qualidade de vida mental.

Em uma abordagem mais abstrata, no ensaio "O estrangeiro", aqui reproduzido, Simmel reformula a questão filosófica sobre a condição humana: liberdade individual e controle social. Utilizando linguagem comum como "proximidade" e "afastamento", o autor torna a questão filosófica acessível à análise sociológica.

A tensão entre proximidade e afastamento define nossa existência como seres sociais e indivíduos. O método de Simmel de capturar a condição humana é observar que todos nós somos parte de um grupo, leia-se sociedade, e, contudo, podemos nos distanciar dela e encará-la "objetivamente".

Embora existamos dentro de nossas conexões sociais, não estamos totalmente absorvidos por elas, pois podemos experimentar nossa distância delas e, ao mesmo tempo, afirmar a nossa individualidade, a nossa liberdade. Essas observações se coadunam com as conclusões obtidas na discussão de "A metrópole e a vida mental"?

Georg Simmel nasceu em 1858, em Berlim, o mais novo dos sete filhos de seus prósperos e cultos pais judeus. Após graduar-se no equivalente alemão do ensino médio, o *Gymnasium*, ele estudou na Universidade de Berlim, então um lócus de atividade intelectual na Europa central. Embora oficialmente fosse um estudante de filosofia, Simmel rapidamente adquiriu o que se tornaria um perene gosto pelo ecletismo intelectual, estudando uma ampla gama de disciplinas, incluindo história, psicologia social, arte, antropologia e sociologia e cultivando um leve desprezo pelos procedimentos acadêmicos como o excesso de notas de rodapé e o estabelecimento de rígidos limites disciplinares.

Essa rebeldia e a recusa de se limitar a um único assunto acadêmico, combinadas com o considerável antissemitismo das administrações da universidade alemã, provocaram retrocessos significativos na carreira acadêmica de Simmel. Após receber seu doutorado, ele se tornou um *Privatdozent* (professor palestrante) na Universidade de Berlim, em 1885, e, apesar dos muitos livros e artigos que viria a escrever, da fama internacional que viria a adquirir por sua atuação acadêmica, bem como dos esforços de muitos de seus colegas professores, incluindo Max Weber, para obter-lhe um cargo de professor titular, as portas seguidamente se fecharam e ele não conseguiu um cargo de professor fixo. Só em 1914, quatro anos antes de sua morte, que Simmel recebeu uma cátedra na Universidade de Estrasburgo, mas a conquista durou pouco, pois a Universidade fechou logo em seguida, com a eclosão da Primeira Guerra Mundial.

Apesar de seu ostracismo na corrente principal da vida acadêmica, Simmel tornou-se uma figura notável nos círculos intelectuais de Berlim e até mundiais. Por ser um dos oradores mais brilhantes de sua época, suas palestras não só eram concorridas pelos alunos, mas também se tornaram eventos intelectuais, com muitas pessoas da elite cultural da cidade na plateia. Amigo de vários intelectuais da época, incluindo Max Weber e Edmund Husserl, ele era convidado frequente em jantares e eventos sociais. Boa parte de sua obra (composta por seis livros e mais de 70 artigos) foi traduzida para o inglês, o francês, o italiano, o polonês e o russo.

Simmel teve uma influência enorme na sociologia e talvez seja considerado o maior expoente fundador da microssociologia. Sua influência tem sido particularmente forte nas Américas. Albion Small, tradutor de vários artigos de Simmel; Robert Park, que estudou com Simmel em Berlim, em 1899 e 1900; e George Herbert Mead (Capítulo 5), que analisou *Filosofia do dinheiro*, de Simmel, tiveram um papel importante na fundação da Escola de Chicago e sua principal linha teórica, o interacionismo simbólico (Capítulo 10).

Georg Simmel: A metrópole e a vida mental

Os problemas mais profundos da vida moderna derivam da pretensão do indivíduo para preservar a autonomia e a individualidade da sua existência em face das esmagadoras forças sociais, da herança histórica, da cultura externa e da técnica da vida. A luta com a natureza que o homem primitivo tem de empreender para sua existência *corporal* atinge nessa forma moderna sua mais recente transformação. O século XVIII levou o ser humano a se libertar de todos os laços históricos no Estado e na religião, na moral e na economia. A natureza humana, originalmente boa e comum a todos, deveria se desenvolver sem entraves. Além de mais liberdade, o século XIX exigiu a especialização funcional do indivíduo e seu trabalho; essa especialização torna uma pessoa incomparável à outra, e cada uma delas indispensável na maior extensão possível. No entanto, essa especialização torna cada homem mais diretamente dependente das atividades complementares de todos os outros. Para Nietzsche, o pleno desenvolvimento do indivíduo é condicionado pela luta mais cruel entre os indivíduos; o socialismo acredita na supressão de toda e qualquer concorrência, pelo mesmo motivo. Seja como for, em todas as posições, o mesmo motivo básico está em ação: a pessoa resiste a ser nivelada por baixo e a ser desgastada por um mecanismo tecnológico-social. Uma pesquisa que mergulhe no significado interior da vida especificamente moderna e de seus produtos,

---

Reproduzido com permissão de The Free Press, divisão da Simon & Schuster, Inc., extraído da obra *The Sociology of Georg Simmel,* traduzida e editada por Kurt H. Wolff. Direitos autorais © de 1950 e 1978 pertencentes a The Free Press.

na alma do corpo cultural, por assim dizer, deve deslindar a equação que as estruturas como as metrópoles estabelecem entre o indivíduo e os conteúdos superindividuais da vida. Essa pesquisa deve responder à pergunta de como a personalidade se acomoda nas adaptações a forças externas. Essa será a minha tarefa hoje.

A base psicológica do tipo metropolitano da individualidade consiste na *intensificação da estimulação nervosa* que resulta da mudança rápida e ininterrupta de estímulos internos e externos. O ser humano é uma criatura distintiva. Sua mente é estimulada pela diferença entre uma impressão momentânea e aquela que a precedeu. Impressões duradouras, impressões que diferem apenas ligeiramente uma da outra, impressões que se repetem de modo habitual e mostram contrastes habituais – todas utilizam, por assim dizer, menos consciência do que o célere agrupamento de imagens dinâmicas, a descontinuidade mordaz ao alcance de um simples olhar e a imprevisibilidade das impressões precipitadas. Essas são as condições psicológicas que a metrópole cria. Em cada rua que se atravessa, no ritmo e na multiplicidade da vida econômica, profissional e social, a cidade grande define um profundo contraste com a vida do interior, quanto aos fundamentos sensoriais da vida psíquica. A metrópole exige do ser humano na condição de criatura distintiva uma quantidade de consciência diferente do que a vida interiorana. No interior, o ritmo de vida e as imagens mentais sensoriais fluem de modo mais lento, habitual e uniforme. A esse respeito, o caráter sofisticado da vida psíquica metropolitana torna-se compreensível – contrastando com a vida da cidade pequena, que se baseia mais em relações profundamente sentidas e emocionais. Essas últimas estão enraizadas nas camadas mais inconscientes da psique e crescem mais facilmente ao ritmo constante de habituações ininterruptas. O intelecto, no entanto, tem seu lócus nas camadas transparentes, conscientes, mais altas da psique; é a mais adaptável de nossas forças interiores. A fim de se acomodar à mudança e ao contraste dos fenômenos, o intelecto não exige quaisquer reviravoltas e frêmitos internos; mas é por meio dessas reviravoltas que a mente mais conservadora consegue acomodar-se ao ritmo metropolitano dos fatos. Assim, o tipo metropolitano do homem – que, é claro, existe em mil variantes individuais – desenvolve um órgão a protegê-lo contra as correntes e discrepâncias ameaçadoras de seu ambiente externo, as quais o extirpariam. Reage com a cabeça em vez de com o coração. Nisso, uma consciência aumentada assume a prerrogativa psíquica. A vida da metrópole, assim, fundamenta uma consciência elevada e um predomínio da inteligência no indivíduo metropolitano. A reação aos fenômenos metropolitanos é deslocada para aquele órgão menos sensível e bastante remoto da profundidade da personalidade. Assim, percebe-se que a intelectualidade preserva a vida subjetiva contra a opressiva força da vida metropolitana, e a intelectualidade separa-se em várias direções e se integra com numerosos fenômenos separados.

A metrópole sempre foi a sede da economia monetária. Aqui, a multiplicidade e a concentração de intercâmbios econômicos dão uma importância aos meios de troca que a frugalidade do comércio rural não teria permitido. A economia monetária e o domínio do intelecto estão intrinsecamente ligados. Compartilham uma atitude realista em lidar com as pessoas e com as coisas; e muitas vezes, nessa atitude, uma justiça formal associa-se à frieza descortês. A pessoa intelectualmente sofisticada é indiferente a toda e qualquer individualidade genuína, porque as relações e as reações dela resultantes não podem ser esgotadas com operações lógicas. Da mesma forma, a individualidade dos fenômenos é incompatível com o princípio pecuniário. O dinheiro só se preocupa com o que é comum a todos: pergunta pelo valor de troca, reduz toda a qualidade e a individualidade à interrogação: quanto? Todas as íntimas relações emocionais entre pessoas são fundadas em sua individualidade, considerando que nas relações racionais o ser humano é reconhecido como um número, como um elemento em si mesmo indiferente. Só a realização objetiva e mensurável tem interesse. Assim, o metropolitano lida com seus comerciantes e clientes, seus empregados domésticos e muitas vezes até mesmo com as pessoas com quem ele é obrigado a estabelecer relações sociais. Essas características de intelectualidade contrastam com a natureza do pequeno círculo em que o inevitável conhecimento das individualidades produz, tão inevitavelmente, um tom mais cordial de comportamento, um comportamento que vai além de um mero e objetivo equilíbrio de serviço e retorno. Na esfera da psicologia econômica do pequeno grupo, é relevante que, sob condições primitivas, a produção serve o cliente que encomenda a mercadoria, de modo que o produtor e o consumidor tornem-se familiarizados. A metrópole moderna, no entanto, é composta quase inteiramente pela produção para o mercado, ou seja, por compradores inteiramente desconhecidos que pessoalmente nunca entram no real campo de visão do produtor. Por meio desse anonimato, os interesses de cada parte adquirem um impiedoso pragmatismo; e os egoísmos econômicos intelectualmente calculistas não precisam temer qualquer desvio em decorrência dos elementos imponderáveis das relações pessoais. A economia monetária domina a metrópole; ela substituiu as últimas sobrevivências da produção doméstica e a troca direta de mercadorias; ela minimiza, dia após dia, a quantidade de trabalho encomendada pelos clientes. A atitude pragmática está tão clara e intimamente inter-relacionada com a economia monetária dominante na metrópole que ninguém pode dizer se foi a mentalidade intelectualista que promoveu a economia monetária ou se foi o contrário. A vida metropolitana é certamente o solo mais fértil para essa reciprocidade, ponto que devo documentar apenas citando o mais eminente historiador constitucional inglês: durante todo o curso da história inglesa, Londres nunca agiu como o coração da Inglaterra, mas muitas vezes como o intelecto da Inglaterra e sempre como seu saco de dinheiro!

Em certos traços que parecem insignificantes, situados na superfície da vida, as mesmas correntes psíquicas se unem de modo característico. A mente moderna tornou-se cada vez mais calculista. A miudeza calculista da vida prática, que a economia monetária trouxe, corresponde ao ideal das ciências naturais: transformar o mundo em um problema aritmético, consertar todas as partes do mundo com fórmulas matemáticas. A economia monetária preencheu os dias de tantas pessoas com pesagens, cálculos, determinações numéricas e redução de valores qualitativos a quantitativos. A natureza calculista do dinheiro provocou uma nova precisão, uma certeza na definição das identidades e diferenças, uma falta de ambiguidade em acordos e convênios nas relações dos elementos vitais – assim como externamente essa precisão tem sido efetuada pela difusão universal dos relógios de bolso. No entanto, as condições da vida metropolitana são ao mesmo tempo causa e efeito dessa característica. Em geral, os relacionamentos e os assuntos do cidadão metropolitano comum são tão variados e complexos que, sem a mais rigorosa pontualidade nas promessas e nos serviços, toda a estrutura romperia em um caos inextricável. Acima de tudo, essa necessidade é provocada pela agregação de tantas pessoas com interesses tão diferenciados, que devem integrar suas atividades e suas relações em um organismo altamente complexo. Se todos os relógios de Berlim de repente se desajustassem, mesmo que apenas por 1 hora, toda a vida econômica e a comunicação da cidade poderiam ser interrompidas por um longo tempo. Além disso, um fator externo aparentemente simples (as longas distâncias) resultaria em todo mundo esperando, em compromissos descumpridos e, em suma, em indesejável perda de tempo. Assim, a técnica da vida metropolitana é inimaginável sem a mais pontual integração de todas as atividades e relações mútuas em um cronograma estável e impessoal. Outra vez aqui se tornam óbvias as conclusões gerais de toda essa tarefa de reflexão, ou seja, que a partir de cada ponto na superfície da existência – por mais estreitamente ligado à superfície – alguém pode soltar uma sonda no fundo da psique, de modo que todas as externalidades mais banais da vida enfim estejam conectadas com as derradeiras decisões sobre o significado e o estilo de vida. A pontualidade, o cálculo e a exatidão são impostas na vida pela complexidade e a extensão da existência metropolitana e não estão apenas intimamente ligadas com sua economia monetária e seu caráter intelectualista. Essas características também devem colorir o conteúdo da vida e favorecer a exclusão daqueles impulsos e características irracionais, instintivos, soberanos que visam a determinar o modo de vida internamente, em vez de receber, do meio externo, a forma de vida esquematizada de modo geral e preciso. Embora tipos soberanos de personalidade, caracterizados por impulsos irracionais, não sejam de modo algum impossíveis na cidade, eles são, no entanto, opostos à típica vida urbana. Nesses termos, o ódio ferrenho de gente como Ruskin e Nietzsche pela metrópole é compreensível. Suas naturezas descobriram o valor da vida apenas na existência não esquematizada, que não pode ser definida com precisão igualmente para todos. Da mesma fonte desse ódio pela metrópole, brotou seu ódio pela economia monetária e pelo intelectualismo da existência moderna.

Os mesmos fatores que, assim, uniram-se na exatidão e na minuciosa precisão da forma de vida uniram-se em uma estrutura da mais alta impessoalidade; no entanto, eles promoveram uma subjetividade altamente pessoal. Talvez não exista nenhum fenômeno psíquico tão incondicionalmente reservado à metrópole quanto a atitude *blasé*. Em primeiro lugar, a atitude *blasé* resulta de estímulos nervosos sob rápidas mudanças e sob contrastes intimamente constringidos. É disso, também, que parece originar-se o realce da intelectualidade metropolitana. Portanto, gente parva de intelecto apático não costuma ser exatamente

blasé. Uma vida na busca sem limites do prazer torna o indivíduo *blasé*, pois essa busca agita os nervos ao máximo de sua reatividade e por um tempo tão longo que, por fim, eles deixam de reagir. Da mesma forma, pela rapidez e pela contradição de suas mudanças, impressões mais inofensivas forçam essas respostas violentas, destruindo os nervos de modo tão completo e brutal que suas últimas reservas de força se esgotam; e se alguém permanece no mesmo meio não tem tempo para reunir novas forças. Assim, emerge uma incapacidade para reagir a novas sensações com a energia apropriada. Isso constitui essa atitude *blasé* que, na verdade, cada criança metropolitana mostra em comparação a crianças dos meios mais silenciosos e menos mutáveis.

Essa fonte fisiológica da atitude *blasé* metropolitana é acompanhada por outra fonte, que flui da economia monetária. A essência da atitude *blasé* consiste no embotamento da discriminação. Isso não significa que os objetos passam despercebidos, como acontece com os palermas, mas sim que o significado e os diferentes valores das coisas e, desse modo, as próprias coisas são experimentados como etéreas. Apresentam-se à pessoa *blasé* em uma tonalidade uniforme e cinzenta; nenhum objeto merece preferência sobre qualquer outro. Esse humor é o fiel reflexo subjetivo da economia monetária completamente internalizada. Por ser o equivalente a todas as coisas múltiplas de uma única e mesmíssima forma, o dinheiro torna-se o nivelador mais assustador. Pois o dinheiro expressa todas as diferenças qualitativas das coisas em termos de "quanto?". O dinheiro, com toda a sua insipidez e indiferença, torna-se o denominador comum de todos os valores; irremediavelmente esvazia o cerne das coisas, sua individualidade, seu valor específico e sua incomparabilidade. Todas as coisas flutuam com a mesma gravidade específica no fluxo monetário em constante movimento. Todas as coisas repousam no mesmo nível e diferem entre si apenas no tamanho da área que elas cobrem. No caso concreto, essa coloração, ou melhor, essa falta de coloração das coisas por meio de sua equivalência de dinheiro pode ser imperceptivelmente diminuta. Entretanto, por meio das relações dos ricos com os objetos a serem obtidos pelo dinheiro, talvez até mesmo por meio do caráter integral que a mentalidade do público contemporâneo em geral confere a esses objetos, a avaliação exclusivamente pecuniária dos objetos tornou-se bastante considerável. As cidades grandes, as principais sedes de intercâmbio monetário, trazem a venalidade das coisas ao primeiro plano com uma ênfase bem mais impressionante do que as localidades menores. É por isso que as urbes também são o autêntico local da atitude *blasé*. Na atitude *blasé*, a concentração de humanos e coisas estimula o sistema nervoso do indivíduo até atingir o alcance máximo, o ápice. Por meio da mera intensificação quantitativa dos mesmos fatores condicionantes, esse alcance é transformado em seu oposto e aparece no peculiar ajuste da atitude *blasé*. Nesse fenômeno, os nervos encontram, na recusa a reagir aos estímulos, a última possibilidade de se acomodar ao conteúdo e às formas de vida metropolitana. A sobrevivência de certas personalidades é conseguida sob o preço de desvalorizar todo o mundo objetivo, desvalorização que, no fim das contas, inevitavelmente arrasta nossa própria personalidade a um sentimento de igual inutilidade.

Enquanto o sujeito dessa forma de existência tem de chegar a um acordo com ela inteiramente por si mesmo, sua sobrevivência na cidade grande lhe exige um comportamento não menos negativo de natureza social. Do ponto de vista formal, podemos designar essa atitude mental de um metropolitano em relação aos outros como reserva. Se houvesse tantas reações internas em resposta ao contínuo contato externo com inúmeras pessoas quanto as que acontecem na cidade pequena, onde quase todo mundo se conhece e onde cada pessoa tem uma relação positiva com quase todo mundo, a pessoa seria toda atomizada internamente e chegaria a um estado psíquico inimaginável. Nossa reserva é exigida, em parte devido a esse fato psicológico, em parte devido ao direito de desconfiança que os homens têm perante os elementos delicados da vida metropolitana. Em decorrência dessa reserva, muitas vezes nem conhecemos de vista pessoas que foram nossos vizinhos durante anos. E é essa reserva que, aos olhos do povo de cidade pequena, nos faz parecer frios e sem coração. Na verdade, se eu não me engano, o aspecto interno dessa reserva externa é não só indiferença, mas, com mais frequência do que percebemos, é uma ligeira aversão, uma estranheza e repulsa mútuas, que vão se transformar em ódio e luta no momento de um contato mais próximo, independentemente da causa. Toda a organização interior de uma vida comunicativa tão ampla baseia-se em uma hierarquia extremamente variada de simpatias, indiferenças e aversões da natureza mais efêmera e também da mais permanente. A esfera da indiferença nessa hierarquia não é tão grande como aparenta na superfície. Nossa atividade psíquica ainda responde a quase todas as impressões de outras pessoas com uma sensação um pouco distinta. O caráter inconsciente, fluido e dinâmico dessa impressão parece resultar em um estado de indiferença. Na verdade, essa indiferença seria tão artificial quanto seria insuportável a difusão indiscriminada de sugestão mútua. Desses dois perigos típicos da metrópole, a indiferença e a possibilidade indiscriminada de sugestionar-se, a antipatia nos protege. Uma antipatia latente e a fase preparatória do antagonismo prático efetivam as distâncias e as aversões sem as quais esse modo de vida não poderia ser adotado. A extensão e a mescla desse estilo de vida, o ritmo de seu aparecimento e desaparecimento, as formas em que ele é satisfeito – tudo isso, com os motivos unificadores no sentido mais restrito, formam o todo inseparável do estilo de vida metropolitano. No estilo de vida metropolitano, o que aparenta ser uma dissociação direta é, na verdade, apenas uma das suas formas elementares de socialização.

Por sua vez, essa reserva, com seu tom de aversão oculta, parece com a forma ou o manto de um fenômeno mental mais amplo da metrópole: concede ao indivíduo um tipo e uma quantidade de liberdade pessoal sem quaisquer precedentes sob outras condições. Assim, a metrópole assume o caráter não só de uma das grandes tendências no desenvolvimento da vida social, como também uma das poucas tendências para a qual uma fórmula quase universal pode ser descoberta. A primeira fase das formações sociais encontrada em estruturas sociais históricas e também nas contemporâneas é esta: um círculo relativamente pequeno, intimamente fechado contra círculos vizinhos, estranhos ou de alguma forma antagônicos. Contudo, esse círculo é intimamente coerente e permite aos seus membros individuais apenas um campo estreito para o desenvolvimento de qualidades exclusivas e movimentos livres e autorresponsáveis. Grupos políticos, grupos de pessoas com afinidades, partidos e associações religiosas começam assim. A sobrevivência das associações muito jovens requer o estabelecimento de limites estritos e uma unidade centrípeta. Portanto, elas não permitem a liberdade individual nem os exclusivos desenvolvimentos interno e externo. A partir dessa etapa, o desenvolvimento social prossegue ao mesmo tempo em duas direções distintas, mas correspondentes. Na medida em que o grupo cresce – em número, em espaço e em significado e conteúdo da vida –, na mesma proporção a unidade direta e interna do grupo afrouxa, e a rigidez da demarcação original contra os outros é suavizada por meio de conexões e relações mútuas. Ao mesmo tempo, o indivíduo ganha liberdade de movimento, muito além da primeira e possessiva delimitação. O indivíduo também ganha uma individualidade específica para a qual a divisão do trabalho no grande grupo propicia oportunidade e necessidade. O Estado e o cristianismo, sindicatos e partidos políticos e inúmeros outros grupos têm se desenvolvido de acordo com essa fórmula, por mais que, é claro, as condições e forças especiais dos respectivos grupos tenham modificado o regime geral. Esse regime parece-me distintamente reconhecível também na evolução da individualidade no âmbito da vida urbana. A vida de cidade pequena na Antiguidade e na Idade Média criou barreiras contra o movimento e as relações do indivíduo com o exterior, além de criar barreiras contra a independência individual e a diferenciação no âmbito do *self* individual. Essas barreiras eram tamanhas que com elas o ser humano moderno não poderia ter respirado. Ainda hoje um indivíduo metropolitano que vai morar em uma cidade pequena sofre uma restrição ao menos semelhante. Quanto menor o círculo que forma nosso meio e quanto mais restritas forem essas relações com os outros que dissolvem os limites do indivíduo, mais ansiosamente o círculo protege as conquistas, a conduta de vida e as perspectivas do indivíduo, e mais prontamente uma especialização quantitativa e qualitativa romperia a estrutura de todo o pequeno círculo.

A esse respeito, a antiga *polis* parece ter tido o próprio caráter de uma cidade pequena. A constante ameaça à sua existência nas mãos dos inimigos próximos e longínquos resultou em rigorosa coerência em aspectos políticos e militares, uma supervisão do cidadão pelo cidadão, uma inveja do conjunto contra o indivíduo cuja vida particular foi suprimida a tal ponto que ele só poderia compensar agindo como déspota em sua própria casa. A incrível agitação, a tremenda empolgação e o exclusivo colorido da vida ateniense talvez pudessem ser entendidos em termos do fato de que um povo de personalidades incomparavelmente individualizadas digladiava-se contra a constante pressão interna e externa de uma pequena cidade desindividualizadora. Isso produziu um clima tenso, em que os indivíduos mais fracos foram suprimidos, e aqueles de naturezas mais fortes foram incitados a revelar--se da maneira mais apaixonada. Por esse motivo que floresceu em Atenas o que podemos chamar vagamente de "caráter humano geral" no desenvolvimento intelectual de nossa espécie. Pois mantemos a validade factual e histórica da seguinte conexão:

os mais amplos e gerais conteúdos e formas de vida estão mais intimamente ligados com os mais individuais. Eles têm uma fase preparatória em comum, ou seja, encontram seu inimigo em agrupamentos e formações estreitas, cuja manutenção as posiciona em um estado de defesa contra a vastidão e a generalidade do meio externo e a individualidade de livre movimento do meio interno. Assim como na idade feudal, o humano "livre" era o único que ficava sob a lei da terra, ou seja, sob a lei da órbita social maior, e o humano não livre era quem extraía seu direito meramente do estreito círculo de uma associação feudal e era excluído da órbita social maior. Portanto, hoje o metropolitano é "livre" em um sentido requintado e espiritualizado, em contraste com a mesquinhez e os preconceitos que confinam a mentalidade da cidade pequena. Pois a reserva e a indiferença recíprocas e as condições da vida intelectual dos grandes círculos nunca são sentidas com tanta força pelo indivíduo nem exercem tanto impacto sobre sua independência do que no meio das apinhadas multidões da cidade grande. Isso ocorre porque a proximidade corporal e a estreiteza do espaço só aumentam a distância mental. Claro, essa liberdade tem efeito inverso se, em determinadas circunstâncias, a pessoa se sente tão sozinha e perdida quanto na multidão metropolitana. Pois tanto ali como em outros lugares em hipótese alguma é necessário que a liberdade humana seja refletida em sua vida emocional como conforto.

Não é só o tamanho imediato da área e o número de pessoas que, devido à correlação histórica universal entre o alargamento do círculo e a liberdade pessoal interna e externa, têm tornado a metrópole o local da liberdade. Em vez disso, é na transcendência dessa expansão visível que qualquer cidade torna-se a sede do cosmopolitismo. O horizonte citadino se expande de modo semelhante a como a riqueza evolui; o tamanho da propriedade aumenta de modo quase automático em uma progressão cada vez mais rápida. Tão logo se ultrapassa certo limite, as relações econômicas, pessoais e intelectuais dos cidadãos (a esfera de predomínio intelectual da cidade grande em relação ao interior) crescem como em progressão geométrica. Cada ganho na extensão dinâmica torna-se um passo, não para uma extensão igual, mas para uma extensão nova e maior. De cada segmento que se origina na cidade, novos segmentos crescem como por si mesmos, assim como dentro da cidade o incremento patrimonial da renda fundiária, pelo simples aumento na comunicação, traz ao proprietário lucros automaticamente crescentes. Nesse ponto, o aspecto quantitativo da vida é transformado diretamente em traços qualitativos de caráter. A esfera da vida da pequena cidade é, em grande parte, autossuficiente e autárquica. E pertence à natureza decisiva da metrópole que a sua vida interna transborde em ondas em áreas mais distantes, nacionais ou internacionais. Weimar não é um exemplo contrário, já que sua importância articulava-se em personalidades individuais e morreu com elas; enquanto a metrópole realmente se caracteriza pela independência essencial até das mais eminentes personalidades individuais. Essa é a contrapartida para a independência, e é o preço que o indivíduo paga pela independência que goza na metrópole. A característica mais significativa da metrópole é essa extensão funcional além de seus limites físicos. E, por sua vez, essa eficácia reage e dá peso, importância e responsabilidade à vida metropolitana. O ser humano não termina com os limites de seu corpo nem com a área que compreende a sua atividade imediata. Em vez disso, é o alcance da pessoa constituído pela soma dos efeitos que dela emanam temporal e espacialmente. Da mesma forma, uma cidade consiste em seus efeitos totais que ultrapassam seus limites imediatos. Somente esse alcance é a medida real da cidade, na qual sua existência se expressa. Esse fato evidencia que a liberdade individual, o complemento lógico e histórico dessa extensão, não deve ser entendida apenas no sentido negativo da mera liberdade de mobilidade e eliminação de preconceitos e do anti-intelectualismo (filistinismo) mesquinho. Em essência, a particularidade e a incomparabilidade (que em última análise cada ser humano tem) devem se expressar de alguma forma na resolução de um modo de vida. O fato de que seguimos as leis da nossa própria natureza – e isso, afinal de contas, é liberdade – torna-se óbvio e convincente para nós mesmos e aos outros apenas se as expressões dessa natureza diferem de outras expressões. Só o fato de nosso modo de vida ser inconfundível prova que ele não foi imposto por outras pessoas.

As cidades são, em primeiro lugar, sedes da mais alta divisão econômica do trabalho. Assim, elas produzem esses fenômenos extremos, como em Paris a ocupação remunerada das *quatorzième*: pessoas que se identificam por sinais em suas casas e esperam de prontidão na hora do jantar em traje correto, para que possam ser rapidamente chamadas para evitar que um jantar tenha 13 à mesa. Na medida de sua expansão, a cidade oferece, cada vez mais, as condições decisivas da divisão do trabalho. Oferece um círculo que, por meio de seu tamanho, pode absorver uma variedade altamente diversificada de serviços. Ao mesmo tempo, a concentração de indivíduos e sua luta por clientes obrigam o indivíduo a especializar-se em uma função da qual ele não pode ser facilmente deslocado para outra. É decisivo que a vida urbana transformou a luta com a natureza pela subsistência em uma luta inter-humana pelo lucro, aqui não concedido pela natureza, mas por outros homens. Pois a especialização não flui apenas da concorrência pelo lucro, mas também do fato subjacente de que o vendedor deve sempre procurar suscitar novas e diferenciadas necessidades no cliente seduzido. Para encontrar uma fonte de renda que ainda não está esgotada e encontrar uma função que não pode ser prontamente deslocada, é necessário se especializar nos serviços. Esse processo promove a diferenciação, o requinte e o enriquecimento das necessidades do público, que obviamente devem originar crescentes diferenças pessoais dentro desse público.

Tudo isso forma a transição para a individualização dos traços mentais e psíquicos que a cidade ocasiona em proporção ao seu tamanho. Existe uma série inteira de causas óbvias subjacentes a esse processo. Primeiro, a pessoa deve se deparar com a dificuldade de afirmar a sua personalidade nas dimensões da vida metropolitana. Onde o aumento quantitativo em importância e o gasto de energia atingem os seus limites, de alguma forma a pessoa consegue atrair, mediante diferenciação qualitativa, a atenção do círculo social, atuando sobre sua sensibilidade em relação às diferenças. Por fim, o ser humano é tentado a adotar as peculiaridades mais tendenciosas, isto é, as extravagâncias especificamente metropolitanas de maneirismo, capricho e preciosismo. Ora, o significado dessas extravagâncias não reside, em hipótese alguma, no conteúdo desse comportamento, mas na sua forma de "ser diferente", de se destacar de forma impressionante e, assim, atrair a atenção. Para vários tipos de caráter, em última análise, o único meio de guardar para si um mínimo de autoestima e o sentido de preencher uma posição é indireto, por meio da consciência alheia. No mesmo sentido, um fator aparentemente insignificante está operando, cujos efeitos cumulativos são, no entanto, ainda perceptíveis. Refiro-me à brevidade e à escassez dos contatos inter-humanos concedidos ao metropolitano, em comparação com as relações sociais na pequena cidade. A tentação de ser "direto ao ponto", de parecer concentrado e contundentemente característico, reside muito mais perto do indivíduo em fugazes contatos metropolitanos do que em uma atmosfera em que a associação frequente e prolongada assegura a personalidade de uma inequívoca imagem de si mesmo aos olhos dos outros.

A razão mais profunda, no entanto, pela qual a metrópole conduz ao impulso para a existência pessoal mais individual – não importa se justificada e bem-sucedida – parece-me ser a seguinte: o desenvolvimento da cultura moderna é caracterizado pela preponderância do que podemos chamar de "espírito objetivo" sobre o "espírito subjetivo". Ou seja, na linguagem e na legislação, na técnica de produção e na arte, na ciência e nos objetos do ambiente doméstico, incorpora-se uma síntese de espírito. O indivíduo em seu desenvolvimento intelectual segue o crescimento desse espírito com muita imperfeição e a uma distância cada vez maior. Se, por exemplo, analisarmos a imensa cultura que, nos últimos cem anos, incorporou-se nas coisas e no conhecimento, nas instituições e no conforto, e se compararmos tudo isso com a evolução cultural do indivíduo no mesmo período – ao menos em grupos de alta posição social – torna-se evidente uma desproporção assustadora no crescimento de cada uma. De fato, em alguns pontos, notamos um retrocesso na cultura do indivíduo com referência à espiritualidade, à delicadeza e ao idealismo. Essa discrepância resulta essencialmente da crescente divisão do trabalho. Pois a divisão do trabalho exige do indivíduo uma realização cada vez mais unilateral, e o maior avanço em uma perseguição unilateral com muita frequência significa escassez para a personalidade do indivíduo. Seja como for, cada vez menos ele consegue lidar com o crescimento excessivo da cultura objetiva. O indivíduo é reduzido a uma quantidade insignificante, talvez menos em sua consciência do que na sua prática e na totalidade de seus obscuros estados emocionais obtidos a partir dessa prática. O indivíduo tornou-se uma mera engrenagem em uma colossal organização de coisas e poderes que arranca de suas mãos todo o progresso, a espiritualidade e o valor, a fim de transformar sua forma subjetiva em uma forma de vida puramente objetiva. É necessário apenas salientar que a metrópole é a verdadeira arena dessa cultura que supera toda a vida pessoal. Aqui nos prédios e nas instituições de ensino, nas maravilhas e nos confortos da tecnologia, nas formações de vida comunitária e nas visíveis instituições do Estado, é oferecida uma plenitude tão esmagadora de espírito cristalizado e impessoalizado que a personalidade, por assim dizer, não consegue manter-se sob seu impacto. Por um lado, a vida torna-se infinitamente fácil para a personalidade, no sentido de que estímulos, interesses, usos do tempo e consciência lhe são oferecidos por todos os lados. Carregam a pessoa como se estivesse em uma correnteza, e a pessoa quase nem precisa nadar por si mesmo. Por outro lado, no entanto, a vida é composta de mais e mais desses conteúdos e ofertas impessoais, que tendem a deslocar as colorações e as incomparabilidades genuínas pessoais. Isso resulta na intimação pelo indivíduo do máximo em exclusividade e especificidade, a fim de preservar seu cerne mais pessoal. Ele tem de exagerar esse elemento pessoal para permanecer audível até para si mesmo. A atrofia da cultura individual por meio da hipertrofia da cultura objetiva é uma razão para o ódio amargo que os pregadores do mais extremo individualismo (acima de tudo, Nietzsche) cultivam contra a metrópole. Mas, na verdade, também é uma razão pela qual esses pregadores são amados tão apaixonadamente na metrópole e porque servem para o metropolitano como profetas e salvadores de seus anseios mais insatisfeitos.

Se alguém indaga a posição histórica dessas duas formas de individualismo que são nutridas pela relação quantitativa da metrópole, ou seja, a independência individual e a elaboração da própria individualidade, então, a metrópole assume uma ordem inteiramente nova na história do mundo do espírito. No século XVIII, o indivíduo participava de vínculos opressivos que haviam se tornado sem sentido – vínculos de caráter político, agrário, sindical e religioso. Havia restrições que, por assim dizer, forçavam as pessoas a uma forma antinatural e a desigualdades ultrapassadas e injustas. Nessa situação, surgiu o grito de liberdade e igualdade, a crença em toda a liberdade de movimento em todas as relações sociais e intelectuais do indivíduo. A liberdade ao mesmo tempo permite que venha à tona a substância nobre comum a todos, uma substância que a natureza depositou em cada homem ser humano e que a sociedade e a história apenas tinham deformado. Além desse ideal liberalista do século XVIII, no século XIX, por um lado com Goethe e o Romantismo, por outro com a divisão econômica do trabalho, outro ideal surgiu: indivíduos libertados dos despojos históricos agora desejavam distinguir-se uns dos outros. O portador dos valores humanos não é mais o "ser humano geral" em cada indivíduo, mas sim a singularidade e a incomparabilidade qualitativas do ser humano. A história interna e externa de nosso tempo segue seu curso na luta e nos dinâmicos envolvimentos entre essas duas formas de definir o papel do indivíduo em toda a sociedade. Cabe à metrópole fornecer a arena para essa luta e sua reconciliação. Pois a metrópole apresenta as condições peculiares que se revelam para nós como as oportunidades e os estímulos para o desenvolvimento dessas duas formas de atribuição de funções aos homens. Assim, essas condições ganham um lugar único, impregnado de significados inestimáveis para o desenvolvimento da existência psíquica. A metrópole revela-se uma dessas grandes formações históricas em que fluxos opostos que envolvem a vida se desenrolam, bem como se unem entre si com igual direito. No entanto, nesse processo, as correntes da vida – quer seus fenômenos individuais nos toquem com simpatia, quer com antipatia – transcendem inteiramente a esfera em que a atitude do juiz é apropriada. Essas forças da vida têm crescido nas raízes e na coroa de toda a vida histórica da qual, em nossa existência fugaz, como célula, pertencemos apenas como parte. Por isso, não é nossa tarefa acusar nem perdoar, mas apenas entender.[1]

---

[1] O conteúdo dessa conferência, por sua própria natureza, não deriva de uma literatura citável. O argumento e a elaboração de suas principais ideias culturais e histórias são apresentados em minha obra *Philosophie des Geldes* [*The Philosophy of Money*; München und Leipzig: Duncker und Humblot, 1900].

Georg Simmel: O estrangeiro

Se perambular é a libertação de cada ponto específico no espaço e, portanto, o oposto conceitual de fixação em um ponto, de fato, a forma sociológica do "estrangeiro" apresenta a unidade dessas duas características. Mas esse fenômeno também revela que as relações espaciais são, por um lado, apenas a condição das relações humanas e, por outro, o símbolo dessas relações. Assim, o estrangeiro está sendo discutido aqui não no sentido muitas vezes conferido no passado, como o andarilho que entra hoje e sai amanhã, mas em vez disso como a pessoa que vem hoje e continua amanhã. Ele é, por assim dizer, o andarilho *potencial*: embora não tenha se mudado, ele não superou ainda a liberdade de ir e vir. Está fixo dentro de um grupo espacial particular ou dentro de um grupo cujos limites são semelhantes aos limites espaciais. Mas sua posição nesse grupo é determinada, essencialmente, pelo fato de não pertencer a ele desde o início, que ele agrega qualidades ao grupo, as quais não decorrem nem podem decorrer do grupo em si.

A unidade de proximidade e afastamento, envolvida em todas as relações humanas, organiza-se, no fenômeno do estrangeiro, em uma formulação mais sucinta, dizendo que, em relação a ele, ser distante significa que ele, que está perto, está longe, e ser estrangeiro significa que ele, que também está longe, na verdade está perto. Pois ser um estrangeiro é naturalmente uma relação muito positiva; é uma forma específica de interação. Para nós, os habitantes do sistema estelar de Sírio

---

Reproduzido com permissão de The Free Press, divisão da Simon & Schuster Adult Publishing Group, extraído da obra *The Sociology of Georg Simmel*, traduzida e editada por Kurt H. Wolff. Direitos autorais © 1950 de The Free Press: direitos autorais renovados em 1976 por The Free Press.

não são de fato estrangeiros, pelo menos não em qualquer sentido sociologicamente relevante: eles não existem para nós; estão além dos parâmetros de afastamento e proximidade. O estrangeiro ou o estranho, como os pobres e como diversos "inimigos internos", é um elemento do grupo em si. Sua posição como membro de pleno direito envolve tanto estar fora do grupo quanto confrontá-lo. As seguintes afirmações, que de modo algum pretendem exaurir o assunto, indicam como elementos que aumentam a distância e repelem, nas relações com o forasteiro, produzem um padrão de coordenação e uma interação consistente.

Ao longo da história da economia, o estrangeiro em toda parte aparece como comerciante, ou o comerciante como estrangeiro. Enquanto a economia é essencialmente autossuficiente ou os produtos são trocados dentro de um grupo em um espaço reduzido, nenhum intermediário é preciso: um comerciante só é necessário para produtos que se originam de fora do grupo. Na medida em que membros não saem do círculo a fim de comprar essas necessidades – situação em que *eles* são os mercadores "estrangeiros" naquele território externo –, o comerciante *deve* ser um estrangeiro, já que ninguém mais tem a chance de ganhar a vida.

Essa posição do estrangeiro se destaca mais categoricamente se ele se instala no lugar de sua atividade, em vez de deixá-la novamente: em muitos casos, isso só é possível se ele consegue viver pelo comércio intermediário. Assim que a economia se fecha de alguma forma, a terra é dividida, e os artesanatos são estabelecidos para satisfazer a demanda por eles, o comerciante, também, pode encontrar sua existência. Pois no comércio, que, por si só, possibilita combinações ilimitadas, a inteligência sempre se expande e encontra novos territórios, conquista muito difícil de alcançar para o produtor original com sua menor mobilidade e sua dependência de uma clientela que aumenta apenas lentamente. O comércio sempre pode absorver mais pessoas do que a produção primária; é, portanto, a esfera indicada para o estrangeiro, que se intromete como um extra, por assim dizer, em um grupo em que as posições econômicas já estão ocupadas – o exemplo clássico é a história dos judeus europeus. O estrangeiro não é, por natureza, nenhum "proprietário do solo" – o solo não apenas no sentido físico, mas também no sentido figurativo de uma substância vital que é fixa, se não em um ponto no espaço, pelo menos em um ponto ideal do ambiente social. Embora em relações mais íntimas ele possa desenvolver todos os tipos de encanto e importância, enquanto for considerado um estrangeiro aos olhos dos outros, ele não é "proprietário do solo". A restrição ao comércio intermediário e, muitas vezes (como se sublimada a partir dela), às finanças puras, confere-lhe o caráter específico da *mobilidade*. Quando ocorre dentro de um grupo fechado, a mobilidade personifica essa síntese de proximidade e distância que constitui a posição formal do estrangeiro. Pois a pessoa fundamentalmente móvel entra em contato, em um momento ou outro, com cada indivíduo, mas não está organicamente vinculada, por meio de laços estabelecidos de parentesco, localidade e ocupação, com qualquer um deles.

Outra expressão dessa constelação encontra-se na objetividade do estrangeiro. Ele não é radicalmente comprometido com os ingredientes exclusivos e com as tendências peculiares do grupo e, portanto, aborda-as com a atitude específica de "objetividade". Mas a objetividade não envolve apenas a passividade e o desinteresse; é uma estrutura particular, composta de distância e proximidade, indiferença e participação. Refiro-me à discussão (no capítulo sobre "Superordinação e subordinação"[1]) sobre as posições dominantes da pessoa que é estrangeira no grupo; seu exemplo mais comum consistia na prática dessas cidades italianas de chamar seus juízes de fora, porque nenhum nativo estava livre de se emaranhar em interesses familiares e partidários.

---

[1] Nas páginas 216-221 acima. – Tr.

Com a objetividade do estrangeiro está conectado, também, o fenômeno abordado anteriormente,[2] embora seja verdadeiro principalmente (mas não exclusivamente) para o estrangeiro andarilho. Por esse fato ele recebe muitas vezes a mais surpreendente abertura – confidências que às vezes têm o caráter de confessionais e que seriam cuidadosamente omitidas de uma pessoa mais íntima. De modo algum, a objetividade significa não participação (que é ao mesmo tempo completamente fora de interações subjetivas e objetivas), mas um tipo específico e positivo de participação – assim como a objetividade de uma observação teórica não se refere à mente como *tabula rasa* passiva em que as coisas inscrevem suas qualidades, mas, ao contrário, à sua plena atividade que opera de acordo com suas próprias leis, e, portanto, à eliminação de deslocamentos e ênfases acidentais, cujas diferenças individuais e subjetivas produziriam imagens diferentes do mesmo objeto.

A objetividade também pode ser definida como liberdade: o indivíduo objetivo não está vinculado a compromissos que possam prejudicar sua percepção, compreensão e avaliação sobre os fatos óbvios. No entanto, a liberdade que permite ao estrangeiro experimentar e tratar até mesmo suas relações próximas a partir de uma visão global contém muitas possibilidades perigosas. Em rebeliões de todos os tipos, o partido atacado afirma, desde o início, que a provocação veio de fora, por meio de emissários e instigadores. Embora isso seja verdade, há um exagero no papel específico do estrangeiro: ele é mais livre, na prática e na teoria; ele examina as condições com menos preconceitos; seus critérios para examiná-las são os ideais mais gerais e mais objetivos; seus atos não estão atrelados ao hábito, à piedade e à precedência.[3]

Por fim, a proporção de proximidade e afastamento que dá ao estrangeiro o caráter de objetividade também encontra expressão prática na *natureza mais abstrata* de sua relação com ele. Ou seja, com o estrangeiro alguém tem apenas certas qualidades *mais gerais* em comum, enquanto a relação com pessoas mais organicamente conectadas baseia-se no compartilhamento de diferenças específicas de características apenas gerais. Na verdade, todas as relações pessoais de alguma forma seguem esse esquema em vários padrões. São determinadas não só pela circunstância em que determinadas características comuns existem entre os indivíduos, mas também pelas diferenças individuais que influenciam o relacionamento ou permanecem fora dele. Pois as próprias características comuns são basicamente determinadas com base em se elas existem apenas entre os participantes nessa relação particular e, portanto, são bastante gerais no que diz respeito a essa relação, mas são específicas e incomparáveis em relação a tudo fora dela – ou se os participantes sentem que essas características lhes são comuns porque elas são comuns a um grupo, um tipo ou à humanidade em geral. No caso da segunda alternativa, a eficácia das características comuns torna-se diluída em proporção ao tamanho do grupo, composto por membros que se assemelham nesse sentido. Embora esse compartilhamento funcione como sua base unificadora, não torna *essas* pessoas particulares interdependentes entre si, pois ele facilmente poderia conectar cada um deles com todos os tipos de in-

---

[2] Nas páginas 500-502 do mesmo capítulo do qual o presente *Exkurs* foi retirado (IX, "Der Raum und die räumlichen Ordnungen der Gesellschaft", Space and the Spatial Organization of Society). O capítulo não foi incluído neste volume.

[3] Mas onde os atacados fazem a asserção falsamente, eles o fazem a partir do viés daqueles em posição superior para justificar os inferiores, os quais, até a rebelião, tinham mantido um relacionamento consistentemente íntimo com eles. Porque, ao criar a ficção de que os rebeldes não foram mesmo culpados, mas apenas instigados, e de que a rebelião na verdade não começou com eles, eles se absolvem da culpa, visto que negam por completo todas as bases reais para a insurreição.

divíduos que não sejam os membros do seu grupo. Claro, isso também é uma maneira de um relacionamento incluir tanto a proximidade quanto a distância ao mesmo tempo: na medida em que as características comuns são gerais, acrescentam, à cordialidade da relação fundada nelas, um elemento de frescor, um sentimento da contingência de precisamente *essa* relação – as forças de conexão perderam seu caráter específico e centrípeto.

Na relação com o estrangeiro, parece-me, essa constelação tem uma preponderância extraordinária e básica sobre os elementos individuais que são exclusivos com a relação específica. O estrangeiro está perto de nós, na medida em que sentimos que compartilhamos com ele características comuns de uma natureza nacional, social, ocupacional ou simplesmente humana. E está muito longe de nós, na medida em que essas características comuns lhe ultrapassam e nos conectam apenas porque se conectam com um grande número de pessoas.

Nesse sentido, um leve elemento de estranhamento penetra facilmente até mesmo nos relacionamentos mais íntimos. Na fase da primeira paixão, as relações eróticas rejeitam fortemente qualquer ideia de generalização: os amantes pensam que nunca houve um amor como o deles; que nada pode ser comparado com a pessoa amada nem com os sentimentos por essa pessoa. Em geral, surge um estranhamento – seja causa, seja consequência, é difícil decidir – quando essa sensação de exclusividade se esvai na relação. Certo ceticismo em relação a seu valor, em si e para eles, liga-se ao próprio pensamento de que, em sua relação, afinal, eles desempenham apenas um destino humano em geral; que experimentam uma experiência que já ocorreu milhares de vezes antes; que, caso não tivessem por casualidade conhecido seu parceiro particular, teriam dado a mesma importância a outra pessoa.

Algo desse sentimento talvez não esteja ausente em qualquer relação, por mais íntima que seja, pois o que é comum a dois nunca é comum a eles sozinhos, mas é englobado sob uma ideia geral, que inclui muitas outras coisas, muitas *possibilidades* de compartilhamento. Não importa o quão pouco essas possibilidades se tornam reais e quantas e esporádicas vezes as esquecemos; não obstante, elas próprias se lançam entre nós como sombras, como uma névoa que esvai cada palavra anotada, mas que deve coagular em uma forma corpórea sólida antes de ser chamada de inveja. Em alguns casos, talvez o estranhamento mais geral, pelo menos mais intransponível, não é devido a assuntos diferentes e incompreensíveis. Em vez disso, é causado pelo fato de essas semelhanças, harmonias e proximidades estarem acompanhadas pelo sentimento de não serem realmente propriedades exclusivas desse relacionamento em particular: elas são algo mais geral, algo que potencialmente prevalece entre os parceiros e um número indeterminado de outras pessoas e, portanto, não confere ao relacionamento, concretizado de forma isolada, nenhuma necessidade interna e exclusiva.

No entanto, há uma espécie de "estranhamento" que rejeita o próprio compartilhamento que se baseia em algo mais geral, que engloba as partes. A relação dos gregos com os bárbaros é talvez modelar aqui como são todos os casos em que atributos gerais, considerados específica e puramente humanos, são precisamente reprovados aos outros. Mas "estrangeiro", aqui, não tem nenhum significado positivo; a relação com ele é um não relacionamento; aqui, não é ele quem é relevante, um membro do grupo em si.

Como membro do grupo, em vez disso, ele está perto e longe *ao mesmo tempo,* como é característico das relações fundadas apenas no compartilhamento humano em geral. Mas, entre proximidade e distância, surge uma tensão específica quando a consciência de que apenas o mais geral é compartilhado salienta aquilo que não é compartilhado. No caso da pessoa que é uma estranha para o país, a cidade, a raça, etc., no entanto, esse elemento não compartilhado, mais uma vez, nada tem de individual, mas não passa de estranhamento de origem, o qual é ou pode ser compartilhado por muitos estrangeiros. Por esse motivo, estrangeiros não são realmente concebidos como indivíduos, mas como forasteiros de um tipo específico: o elemento de distância é não menos geral em relação a eles do que o elemento de proximidade.

Esse modelo é a base de casos especiais, por exemplo, como o do imposto cobrado em Frankfurt e em outros lugares de judeus medievais. Enquanto o *Beede* (imposto) pago pelo cidadão cristão mudava com as mudanças de sua sorte, o imposto era fixado de uma vez por todas para cada indivíduo judeu. Essa fixidez repousava no fato de que a posição social do judeu era a de *judeu*, não a de portador individual de determinados conteúdos objetivos. Cada outro cidadão era o proprietário de certa quantidade de propriedade, e seu imposto seguia suas flutuações. Mas o judeu como contribuinte era, em primeiro lugar, um judeu, e, portanto, a sua situação tributária tinha um elemento invariável. Essa mesma posição aparece com mais força, é claro, já que mesmo essas caracterizações individuais (embora limitadas por invariância rígida) são omitidas, e todos os estrangeiros pagam um imposto por cabeça completamente igual.

Apesar de estar inorganicamente anexado a ele, o estrangeiro continua sendo um membro do grupo orgânico. Sua vida uniforme inclui as condições específicas desse elemento. Só não sabemos como designar a unidade peculiar dessa posição diferente, além de afirmar que é composta de certas medidas de proximidade e afastamento. Embora parte delas caracterize todos os relacionamentos, uma proporção *especial* e a tensão recíproca produzem a relação particular e formal com o "estrangeiro".

George Herbert Mead: O *self* emergente

5

Introdução

George Herbert Mead nasceu em 27 de fevereiro de 1863, em South Hadley, Massachusetts. A família de Mead (o pai clérigo e a mãe culta) incentivou seu desenvolvimento intelectual. Ele passou a maior parte de sua infância no Oberlin College, em Ohio, onde seu pai foi nomeado um dos ministrantes do seminário teológico, e aproveitou a educação progressista pela qual Oberlin é conhecida. Mais tarde, ele frequentou a Harvard University e concluiu sua pós-graduação sob a orientação de William James. Um ano depois, ele foi para a Alemanha para estudar filosofia e conheceu Stanley Hall, o psicólogo que despertou o interesse de Mead por essa disciplina. Seu trabalho em psicologia social, a maior parte realizada na University of Chicago, é considerado pela maioria como sua principal contribuição à sociologia. Mead é considerado um líder da chamada Escola de Chicago, grupo de intelectuais que inclui John Dewey, W. I. Thomas e Robert Park. Em geral, esse grupo foi marcado por sua filosofia pragmática, seu compromisso com a reforma social e suas ideias democráticas. A cidade de Chicago tornou-se um laboratório prático de sociologia. Mead e seus contemporâneos estavam comprometidos com a ideia de que a sociologia poderia ser usada para ajudar os outros; eles tinham uma visão otimista da sociedade e do seu futuro e acreditavam que o conhecimento deve orientar a ação social.

O trabalho de Mead pode ser melhor avaliado em comparação com a psicologia behaviorista predominante de seu tempo. O behaviorismo tende a ver os seres humanos como criaturas reativas que respondem aos estímulos. Sob a égide de J. B. Watson, os behavioristas adotaram uma metodologia rigorosamente científica e defendiam que apenas o comportamento observável pode ser objeto de estudo científico. A vida mental de um indivíduo era relegada a uma "caixa preta" além do nosso alcance de percepção, e, por isso, os behavioristas declaravam que explicações baseadas no inobservável eram não científicas.

A contribuição de Mead para a nossa compreensão do *self* e como ele é constituído enfatiza a ideia de que somos criaturas pensativas e reflexivas, cujas identidades e ações surgem como resultado de nossa interação com os outros. Não somos simplesmente receptáculos de comportamentos, à espera de serem libertados por estímulos apropriados em nosso ambiente. Essa explicação pode ser suficiente para os pombos, mas Mead estava convencido de que o comportamento humano era mais complexo. Sua percepção mais significativa era sua visão do comportamento humano como reflexivo, pela qual ele queria dizer que você e eu pensamos antes de agir na prossecução de muitas das nossas atividades importantes. Embora seja verdade que as pessoas realmente têm comportamentos que não envolvem a reflexão, foi nesse tipo de comportamento e em como ele emerge que Mead concentrou seus esforços.

A reflexividade implica a capacidade de usar e responder à linguagem, aos símbolos e aos pensamentos, que Mead chamava de gestos significativos. O nosso comportamento é visto como reflexivo, pois somos capazes de compreender e reagir ao que os outros pensam e dizem sobre nosso comportamento. Nossas ações estão sempre envolvidas com as ações dos outros, cujas respostas ao que fazemos nos enviam sinais quanto à sua aprovação ou desaprovação. Por outro lado, somos capazes de sair de nós mesmos e transformar nossos atos em objetos para nós mesmos, para que possamos analisar e avaliar as reações dos outros. Com base nessa avaliação, somos capazes de transformarmos nossos atos e nos comportarmos de modo diferente em situações futuras.

Mead acreditava que esse diálogo mental interno, o diálogo entre o "eu" e o "mim", é o que faz o *self* social emergir. A obra *Mente, self e sociedade*, publicada após sua morte, ocorrida em 26 de abril de 1931, explicita melhor a perspectiva de Mead. O interessante nessa formulação é a insistência de Mead de que o *self*, como se entende normalmente, não pode existir fora de seu contexto social. Até mesmo a consciência é um fenômeno social, de acordo com ele. Por outro lado, a estrutura da sociedade pode ser entendida como o produto da comunicação dos atos sociais entre os sujeitos individuais. O veículo dessa comunicação é o gesto, que Mead define como consciente ou inconsciente. O gesto inconsciente é basicamente uma relação de estímulo-resposta: um grito de medo ou dor, por exemplo. Não há intencionalidade envolvida. Os gestos conscientes definem a comunicação humana. O interacionismo simbólico, a escola de pensamento originada a partir das ideias de Mead, afirma que o processo interativo entre os seres humanos é geralmente realizado com o uso de gestos conscientes, ou símbolos.

Mead rastreia o desenvolvimento dessas habilidades mentais na criança. Ele observa que os bebês começam a interagir no nível de estímulo-resposta e então lentamente começam a desenvolver a habilidade de "representar". As crianças assumem diferentes papéis em suas representações e evoluem para esportes mais complexos, em que a criança deve conceituar as funções de muitos jogadores a fim de conseguir participar. Aprender o esporte, quer se trate de beisebol ou futebol, é aprender a ser um membro do time. Significa aprender as posições dos companheiros e das táticas que, se aplicadas corretamente, podem trazer a vitória.

O esporte é uma metáfora para a vida democrática, e Mead é, em essência, o sociólogo da democracia. Assim como as crianças devem aprender a cooperar, a conter o impulso de "ser fominha" (o "eu") e dar preferência ao jogo de equipe (o "mim"), assim também os indivíduos refletem sobre seu comportamento impulsivo e participam de autoanálise e correção. Mead atribui aos seres humanos a capacidade de remodelar seu comportamento para obter a aprovação e aceitação dos outros. Dessa forma, nossas ações são ajustadas para aqueles com quem interagimos. Esse ajustamento constante, a adaptação de nossas ações com as dos outros, é a substância da vida social e, em especial, da vida social democrática. Esse processo de adaptação implica o respeito com o outro particular e com o "outro generalizado" ou as regras morais. Exige um grau de autocontrole e regulação de comportamento, o que reduz a necessidade de autoridade externa para obrigar ou coagir o comportamento. Na medida em que o *self* é uma propriedade emergente, o resultado de um diálogo interno, as dimensões cooperativas de interação social são realçadas e o ego obstinado é moderado pelo outro generalizado.

George Herbert Mead: Mente, *self* e sociedade

Interpretação, esporte e o outro generalizado

... A diferença fundamental entre representar ou interpretar papéis e praticar um esporte é a de que no esporte a criança deve adotar a atitude de todos os outros envolvidos. As atitudes dos outros jogadores que o participante assume organizam-se em um tipo de unidade, e é essa organização que controla a resposta do indivíduo. A ilustração utilizada foi a de uma pessoa jogando futebol. Cada um de seus próprios atos é determinado por sua aceitação dos atos dos outros que estão praticando o esporte. O que ela faz é controlado por sua capacidade de se colocar no lugar de todos os demais componentes do time, pelo menos na medida em que essas atitudes afetam sua própria resposta específica. Obtemos então um "outro" que é uma organização das atitudes das pessoas envolvidas no mesmo processo.

A comunidade organizada ou grupo social que dá ao indivíduo a sua unidade de *self* pode ser chamada de "o outro generalizado". A atitude do outro generalizado é a atitude de toda a comunidade. Assim, por exemplo, no caso de um grupo social como um time de futebol, a equipe é o outro generalizado na medida em que penetra – como processo organizado ou atividade social – na experiência de cada um dos membros individuais.

Se determinado indivíduo humano quiser desenvolver um *self* no sentido mais amplo, não é suficiente para ele apenas adotar as atitudes de outros indivíduos em relação a si mesmo e em relação aos outros dentro do processo social humano e trazer esse processo social como um todo em sua experiência individual apenas nesses termos: também deve, assim como adota as atitudes de outros indivíduos em relação a si mesmo e em relação aos outros, adotar suas atitudes em relação às diversas fases ou aspectos da atividade social comum ou conjunto de realizações sociais em que, como membros de uma sociedade organizada ou grupo social, estão todos envolvidos; e ele então, por generalizar essas atitudes individuais da sociedade organizada ou grupo social em si, como um todo, age em relação a diferentes projetos sociais que, em determinado momento, está realizando, ou em relação às diversas fases maiores do processo social geral que constitui a sua vida e dos quais esses projetos são manifestações específicas. Essa obtenção das atividades amplas de qualquer conjunto social ou sociedade organizada como tal no âmbito experiencial de qualquer um dos indivíduos envolvidos ou incluídos nesse conjunto é, em outras palavras, a base essencial e o pré-requisito do desenvolvimento máximo do *self* desse indivíduo: apenas na medida em que adota as atitudes do grupo social organizado ao qual pertence em relação à atividade social cooperativa e organizada ou ao conjunto dessas atividades em que esse grupo está envolvido, ele realmente desenvolve um *self* completo ou tem o tipo de *self* completo que desenvolveu. E, por outro lado, as atividades e os processos complexos cooperativos e os funcionamentos institucionais da sociedade humana organizada também são possíveis apenas na medida em que cada indivíduo envolvido neles ou pertencentes a essa sociedade pode adotar as atitudes gerais de todos os outros indivíduos com referência a esses processos, atividades e funcionamentos institucionais, bem como ao conjunto social organizado de relações e interações experienciais

---

Reimpresso com permissão da University of Chicago Press de George Herbert Mead, *Mind, Self, and Society*, Vol. 1, editado por Charles W. Morris. Direitos autorais de 1934 pertencentes à University of Chicago. Direitos autorais de 1962 pertencentes a Charles W. Morris.

assim constituídos – e pode direcionar seu próprio comportamento de acordo com isso.

É sob a forma do outro generalizado que o processo social influencia o comportamento dos indivíduos nele envolvidos e responsáveis por conduzi-lo, ou seja, que a comunidade exerce o controle sobre a conduta de seus membros individuais; pois é dessa forma que o processo social ou a comunidade entra como fator determinante no pensamento do indivíduo. No pensamento abstrato, o indivíduo adota a atitude do outro generalizado em relação a ele, sem referência à sua expressão em quaisquer outros indivíduos em particular; e no pensamento concreto ele adota essa atitude, na medida em que ela é expressa nas atitudes em relação ao seu comportamento por parte dos outros indivíduos com quem ele está envolvido em determinada situação ou ato social. Mas só adotando a atitude do outro generalizado em relação a si mesmo, em uma ou outra dessas formas, ele consegue pensar em tudo; pois só assim o pensamento – ou a conversa internalizada de gestos que constitui o pensamento – ocorre. E só com a adoção pelos indivíduos da atitude ou atitudes do outro generalizado em relação a si mesmo é que a existência de um universo de discurso, como esse sistema de significados comuns ou sociais que o pensamento pressupõe em seu contexto, é viabilizada.

Assim, o indivíduo humano autoconsciente assume ou adota as atitudes sociais organizadas de determinado grupo ou comunidade social (ou de parte deles) ao qual pertence, em relação aos problemas sociais de vários tipos enfrentados por esse grupo ou comunidade a qualquer momento, que surgem ligados aos projetos sociais correspondentemente diferentes ou empresas cooperativas organizadas em que o grupo ou a comunidade como tal estão envolvidos; e, como um participante individual nesses projetos sociais ou empresas cooperativas, ele governa a sua própria conduta em conformidade. Na política, por exemplo, o indivíduo identifica-se com um partido político inteiro e adota as atitudes organizadas desse partido inteiro em relação ao resto de certa comunidade social e em relação aos problemas que o partido enfrenta no âmbito de certa situação social; e, por isso, ele reage ou responde em termos de atitudes organizadas do partido como um todo. Assim, ele estabelece um conjunto especial de relações sociais com todos os outros indivíduos que pertencem àquele partido político; e, da mesma forma, estabelece vários outros conjuntos especiais de relações sociais, respectivamente com várias outras classes de indivíduos, os indivíduos de cada uma dessas classes sendo os outros membros de alguns subgrupos particulares organizados (determinados em termos socialmente funcionais), dos quais ele próprio é um membro no âmbito de toda uma determinada sociedade ou comunidade social. Nas mais altamente desenvolvidas, organizadas e complicadas comunidades sociais humanas – aquelas evoluídas pelo homem civilizado –, essas várias classes socialmente funcionais ou subgrupos de indivíduos ao qual pertence cada indivíduo determinado (e com cujos outros membros individuais ele, portanto, estabelece um conjunto especial de relações sociais) apresentam dois tipos. Alguns deles são grupos ou classes sociais concretos, como partidos políticos, clubes, sociedades, todas elas unidades sociais realmente funcionais, no sentido de que seus membros individuais relacionam-se diretamente entre si. Os outros são subgrupos ou classes sociais abstratos, como a classe dos devedores e a classe dos credores, no sentido de que seus membros individuais relacionam-se entre si apenas mais ou menos indiretamente, e que só mais ou menos indiretamente funcionam como unidades sociais, mas que propiciam ou representam possibilidades ilimitadas para o alargamento, a ramificação e o enriquecimento das relações sociais entre todos os membros individuais da sociedade específica como um todo organizado e unificado. A associação do indivíduo determinado com vários desses subgrupos ou classes sociais abstratos torna possível seu estabelecimento definitivo de relações sociais (por mais indiretas que sejam) com um número quase infinito de outros indivíduos que também pertencem a, ou são incluídos em, um ou outro desses subgrupos ou classes sociais abstratos, atravessando as linhas funcionais de demarcação que dividem as diferentes comunidades sociais humanas uma das outras e incluindo membros individuais de várias (em alguns casos, na totalidade) dessas comunidades. Desses subgrupos ou classes sociais abstratos de indivíduos, claro, o mais inclusivo e amplo é aquele definido pelo universo de discurso lógico (ou sistema de símbolos universalmente significativos) determinado pela participação e interação comunicativa dos indivíduos; pois, de todos esses subgrupos ou classes, é aquele que detém o maior número de membros e que permite o maior número possível de indivíduos estabelecer algum tipo de relação social, por mais indireta ou abstrata que seja, uns com os outros – uma relação resultante do funcionamento universal de gestos como símbolos significativos no processo social humano geral de comunicação. ...

O "eu" e o "mim"

Esmiuçamos os fundamentos sociais do *self* e demos a entender que o *self* não consiste apenas na mera organização de atitudes sociais. Agora podemos explicitamente suscitar a questão sobre a natureza do "eu", que tem consciência do "mim" social. Não me refiro a suscitar a questão metafísica de como alguém pode ser ao mesmo tempo "eu" e "mim", mas a indagar o significado dessa distinção do ponto de vista da conduta em si. Onde na conduta o "eu" entra em confronto com o "mim"? Se alguém determina qual é a sua posição na sociedade e sente-se no exercício de certa função e privilégio, tudo isso é definido com referência a um "eu", mas o "eu" não é um "mim" e não pode se tornar um "mim". Podemos ter um *self* melhor e um *self* pior, mas isso novamente não confronta o "eu" com o "mim", porque os dois são *selves*. Aprovamos um e desaprovamos o outro, mas, quando evocamos um ou outro, ambos estão lá para serem aprovados. O "eu" não fica no centro das atenções; podemos falar de nós mesmos, mas não nos vemos. O "eu" reage ao *self* que surge pela adoção das atitudes dos outros. Adotando essas atitudes, introduzimos o "mim" e reagimos a ele como "eu".

A maneira mais simples de lidar com o problema seria em termos de memória. Falo comigo mesmo e lembro-me do que eu disse e talvez do conteúdo emocional da conversa. O "eu" desse momento está presente no "mim" do momento seguinte. Aí outra vez, não consigo dar meia-volta com a rapidez suficiente para me pegar. Torno-me um "mim" na medida em que me lembro do que eu disse. Ao "eu" pode ser dada, no entanto, essa relação funcional. É por causa do "eu" que dizemos que nunca estamos plenamente conscientes do que somos, que nos surpreendemos com nossos próprios atos. É como agimos que nos torna conscientes de nós mesmos. É na memória que o "eu" está sempre presente na experiência. Podemos voltar diretamente alguns momentos em nossa experiência e, então, ficamos dependentes das imagens de memória para o resto; para que o "eu" na memória exista como porta-voz do *self* do segundo, do minuto ou do dia atrás. Assim, é um "mim", mas é um "mim" que nos primórdios foi o "eu". Então, você pode perguntar: onde diretamente em sua própria experiência surge o "eu"? A resposta é que ele surge como personagem histórico. O "eu" do "mim" é o que você era um segundo atrás. É outro "mim" que tem de assumir esse papel. Você não consegue a resposta imediata do "eu" no processo. Em certo sentido, é com o "eu" que nos identificamos. A obtenção dele na experiência constitui um dos problemas da maior parte de nossa experiência consciente; não é concedido diretamente na experiência.

O "eu" é a resposta do organismo às atitudes dos outros, o "mim" é o conjunto organizado das atitudes dos outros que uma pessoa adota. As atitudes dos outros constituem o "mim" organizado e logo alguém reage em relação a ele como "eu". Agora, gostaria de examinar esses conceitos em maior detalhe.

Não há "eu" nem "mim" na conversação gestual; o ato inteiro ainda não é levado a cabo, mas a preparação acontece nesse campo dos gestos. Ora, na medida em que o indivíduo desperta em si mesmo as atitudes dos outros, surge aí um grupo organizado de respostas. E é devido à capacidade do indivíduo de adotar as atitudes desses outros, na medida em que elas podem ser organizadas, que ele obtém autoconsciência. A adoção de todos os conjuntos organizados de atitudes lhe fornece o seu "mim"; que é o *self* do qual ele está ciente. Ele pode passar a bola a algum outro membro em resposta à solicitação de outros membros da equipe. Esse é o *self* que existe imediatamente para ele em sua consciência. Ele adota as atitudes dos companheiros, sabe o que eles querem e qual será a consequência de algum ato dele, e ele assume a responsabilidade pela situação. Ora, é a presença desses conjuntos organizados de atitudes que constitui o "mim" ao qual ele como "eu" está respondendo. Mas qual será essa resposta ele não sabe e ninguém mais sabe. Talvez ele faça uma jogada brilhante ou erre um passe. Não se sabe como essa situação aparece em sua experiência imediata, e é essa resposta que constitui o "eu".

O "eu" é a ação do indivíduo contra essa situação social no âmbito de sua própria conduta e penetra em sua experiência apenas depois de realizar o ato. Então, ele se torna ciente dele. Tinha de fazer isso e o fez. Cumpre o seu dever e pode se orgulhar da jogada que fez. O "mim" surge para cumprir esse dever – é assim que ele surge em sua experiência. Continha em si todas as atitudes dos outros, chamando por certa resposta; era o "mim" da situação, e sua resposta é o "eu".

Quero chamar atenção especial ao fato de que essa resposta do "eu" é algo mais ou menos incerto. As atitudes de outrem que afetam a nossa conduta constituem o "eu", e isso é algo que está lá, mas a resposta ainda não foi dada. Quando alguém se senta para meditar sobre algum assunto, ele tem certos dados à disposição. Vamos supor que seja uma situação social que ele tenha de resolver. Ele se vê a partir do ponto de vista de um indivíduo ou outro no grupo. Esses indivíduos, relacionados entre si, atribuem-lhe certo *self*. Bem, o que ele vai fazer? Ele não sabe e ninguém mais sabe. Pode obter a situação em sua experiência, pois pode avaliar as atitudes dos vários indivíduos envolvidos nela. Sabe como se sentem em relação a isso pela suposição de suas atitudes. Com efeito, afirma: "Fiz certas coisas que parecem me comprometer com certa linha de conduta". Talvez, se realizar esse ato, isso venha a colocá-lo em uma falsa posição com outro grupo. O "eu" como resposta a essa situação, em contraste com o "mim" envolvido nas atitudes que ele toma, é incerto. E, quando a resposta ocorre, ela aparece no campo de experiência em grande parte como imagem de memória.

Assim, nosso presente ilusório é muito curto. Mas realmente vivenciamos a passagem dos eventos; parte desse processo está diretamente lá, em nossa experiência, inclusive no passado e no futuro. Vemos a bola caindo em sua trajetória, e, à medida que cai, parte da bola está oculta e a outra parte se revela. Lembramos onde a bola estava há pouco e antecipamos onde ela estará além do que a nossa experiência nos fornece. E conosco é igual; estamos fazendo algo, mas olhar para trás e ver o que estamos fazendo envolve receber imagens de memória. Então, o "eu" realmente aparece de modo experimental como parte de um "mim". Mas, com base nessa experiência, podemos distinguir aquele indivíduo que está fazendo algo a partir do "mim" que coloca o problema diante dele. A resposta penetra em sua experiência somente quando ela ocorre. Se ele diz que sabe o que vai fazer, até nisso ele pode estar enganado. Começa a fazer algo, mas algo acontece e interfere. A ação resultante é sempre um pouco diferente de tudo o que ele poderia prever. Isso é verdadeiro mesmo se ele apenas desempenha o processo de caminhar. A própria execução de seus passos esperados o coloca em uma situação ligeiramente diferente da esperada, que é nova em certo sentido. Esse movimento para o futuro é o passo, por assim dizer, do ego, do "eu". É algo não fornecido no "mim".

Analise a situação de um cientista resolvendo um problema, na qual ele tenha certos dados que exigem certas respostas. Parte desse conjunto de dados exige que ele aplique esta ou aquela lei, enquanto outra parte exige outra lei. Cada parte dos dados tem as suas implicações. Ele sabe o que significa esta e aquela coloração e, quando dispõe desses dados, eles suscitam certas respostas da parte dele; mas agora estão em conflito entre si. Se ele faz uma resposta, não pode fazer outra. Ele não sabe o que vai fazer, nem ninguém sabe. O *self* age em resposta a esses conjuntos conflitantes de dados sob a forma de um problema, como um cientista que se depara com exigências conflitantes. Ele tem de analisar as coisas de forma diferente. Essa ação do "eu" é algo cuja natureza não podemos prever.

Logo, o "eu", nessa relação com o "mim", é uma coisa que, por assim dizer, responde a uma situação social que está dentro da experiência do indivíduo. É a resposta que o indivíduo dá perante a atitude que os outros adotam em relação a ele quando ele adota uma atitude em relação a eles. Ora, a atitude que ele está adotando em relação a eles está presente em sua própria experiência, mas sua resposta a eles conterá um elemento inovador. O "eu" dá a sensação de liberdade, de iniciativa. A situação existe para que possamos agir de forma consciente. Estamos conscientes de nós mesmos, e de qual é a situação, mas a exata maneira como agimos nunca exatamente penetra na experiência antes de a ação acontecer.

Essa é a base para o fato de que o "eu" não aparece no mesmo sentido na experiência como faz o "mim". O "mim" representa uma organização definitiva da comunidade lá em nossas próprias atitudes e apela por uma resposta, mas a resposta obtida é algo que só acontece. Não há nada de garantido nisso. Há uma necessidade moral para o ato, mas nenhuma necessidade mecânica. Quando realmente acontece, aí descobrimos o que foi feito. O relato anterior nos dá, acredito, a posição relativa do "eu" e do "mim" na situação, e os motivos para a separação dos dois no comportamento. Os dois são separados no processo, mas pertencem um ao outro no sentido de serem partes de um todo. São separados, mas se pertencem. A separação entre o "eu" e o "mim" não é fictícia. Não são idênticos, pois, como já disse, o "eu" é algo nunca inteiramente calculável. O "mim" na verdade exige um determinado tipo de "eu", na medida em que nos deparamos com as obrigações fornecidas na própria conduta, mas o "eu" é sempre algo diferente do que a situação exige. Sempre há essa distinção, por assim dizer, entre o "eu" e o "mim". O "eu" não só convoca o "mim" como também responde a ele. Tomados em conjunto os dois constituem uma personalidade como ela aparece na experiência social. Em essência, o *self* é um processo social que acontece com essas duas fases distintas. Se não tivesse essas duas fases não poderia haver responsabilidade consciente, e não haveria nada de inovador na experiência. ...

O "eu" e o "mim" como fases do *self*

Chegamos agora à posição do *self* ou da mente autoconsciente na comunidade. Esse *self* encontra sua expressão na autoafirmação, ou na devoção de si mesmo à causa da comunidade. O *self* aparece como um novo tipo de indivíduo no todo social. Há um novo todo social por causa da aparência do tipo da mente individual que descrevi e por causa do *self* com sua própria afirmação de si mesmo de sua própria identificação com a comunidade. O *self* é a fase importante no desenvolvimento, porque é na possibilidade da importação dessa atitude social às respostas de toda a comunidade que essa sociedade poderia surgir. A mudança que ocorre por meio dessa importação da conversação de gestos na conduta do indivíduo é aquela que ocorre na experiência de todos os componentes individuais.

Claro que essas não são as únicas mudanças que ocorrem na comunidade. No discurso, acontecem mudanças definitivas sobre as quais ninguém se dá conta. É necessária a investigação de cientistas para descobrir que esses processos aconteceram. Isso também é verdadeiro em outras fases da organização humana. Elas mudam, digamos, inconscientemente, como é ilustrado no estudo dos mitos, como Wundt realizou na obra *Völkerpsychologie*. O mito traz um relato do modo como a organização acontece mesmo em grande parte sem qualquer direção consciente – e esse tipo de mudança acontece o tempo todo. Observe a atitude de uma pessoa para uma nova moda. A princípio pode ser de objeção. Depois de um tempo, ela chega ao ponto de pensar em si mesmo nessa forma alterada, admirando as roupas na vitrine e imaginando-se nelas. A mudança já acontece sem ela ter consciência disso. Existe, então, um processo que leva o indivíduo em interação com outros a inevitavelmente se tornar como os outros e a fazer a mesma coisa, sem que esse processo apareça no que chamamos de consciência. Ficamos conscientes do processo quando realmente adotamos de modo definitivo a atitude dos outros, e essa situação deve ser distinguida da anterior. Talvez alguém diga que não se importa em se vestir de certa forma, mas prefere ser diferente; então, ele está tomando a atitude dos outros para si mesmo em sua própria conduta. Quando uma formiga de outro ninho é introduzida no ninho de outras formigas, essas atacam a intrusa e a despedaçam. A atitude da comunidade humana pode ser a do próprio indivíduo, recusando-se a submeter-se porque adota mesmo essa atitude comum. No caso da formiga é um assunto totalmente externo, mas no indivíduo humano é uma questão de adotar as atitudes dos outros e ajustar o *self* ou digladiar-se com elas. É esse reconhecimento do indivíduo como *self* no processo de utilização de sua autoconsciência que lhe dá a atitude de autoafirmação ou a atitude de devoção para a comunidade. Ele se tornou, então, um *self* definitivo. Nesse caso de autoasserção, há uma situação totalmente diferente do que a do membro do bando que talvez domine e trate ferozmente outros membros do bando. Ali um indivíduo atua de modo instintivo, podemos dizer, em determinada situação. Na sociedade humana, temos um indivíduo que não só adota sua própria atitude, mas, em certo sentido, adota a atitude de seus súditos; na medida em que está dominando, ele sabe o que esperar. Quando isso ocorre na experiência do indivíduo, uma resposta diferente resulta, com diferentes acompanhamentos emocionais daqueles do líder da matilha. Nesse último caso, há simples raiva ou hostilidade e, no outro caso, há a experiência do *self* afirmando-se conscientemente contra outros *selves*, com a sensação de poder, de dominação. Em geral, quando a reação comunitária foi importada para a individual, há um novo valor na experiência e uma nova ordem de resposta.

Já discutimos o *self* do ponto de vista do "eu" e do "mim", o "mim" representando esse grupo de atitudes que sustenta os outros na comunidade, especialmente aquele organizado grupo de respostas que detalhamos ao discutir o esporte de um lado e as instituições sociais por outro. Nessas situações, certo grupo organizado de atitudes responde a qualquer ato social por parte do organismo individual. Em qualquer processo cooperativo, como a família, o indivíduo evoca uma resposta dos outros membros do grupo. Ora, na medida em que essas respostas podem ser evocadas no indivíduo para que ele responda a elas, temos os dois conteúdos que compõem o *self*, o "outro" e o "eu". A distinção se manifesta em nossa experiência no que chamamos de reconhecimento dos outros e de reconhecimento de nós mesmos nos outros. Só percebemos a nós mesmos quando conseguimos reconhecer o outro em sua relação conosco. É à medida que ele adota a atitude do outro que o indivíduo é capaz de se perceber como *self*.

Estamos nos referindo, é claro, a uma situação social tão distinta dessas meras respostas orgânicas quanto reflexos do organismo, alguns dos quais já discutimos, como é o caso em que uma pessoa se ajusta inconscientemente àquelas que o circundam. Em uma experiência dessas não há nenhuma autoconsciência. Uma pessoa só alcança a autoconsciência enquanto adota, ou é estimulada a adotar, a atitude de outrem. Assim, a pessoa está em posição de reagir em seu âmago à atitude do outro. Vamos supor que nos encontremos em uma situação econômica. É quando recebemos a atitude do outro em nos fazer uma oferta que podemos expressar nossa aceitação ou recusa. Essa é uma resposta diferente do *self* de uma oferta distintamente automática que pode acontecer sem autoconsciência. Um garotinho empurra um folheto de propaganda em nossas mãos e aceitamos sem qualquer consciência definitiva sobre ele ou nós mesmos. Nosso pensamento pode estar em outro lugar, mas o processo continua. A mesma coisa é verdade, claro, no cuidado com os bebês. Crianças pequenas experimentam o que vem a elas, ajustam-se à situação de forma imediata, sem a presença de um *self* na experiência.

Quando um *self* realmente aparece sempre envolve uma experiência de outro; não pode haver uma experiência de *self* simplesmente por si só. A planta ou o animal inferior reage ao seu ambiente, mas não há nenhuma experiência de um *self*. Quando um *self* aparece na experiência, ele aparece contra o outro, e delineamos a condição sob a qual esse outro aparece na experiência do animal humano, a saber, na presença desse tipo de estímulo na atividade cooperativa que desperta no próprio indivíduo a mesma resposta que desperta no outro. Quando a resposta do outro se torna parte essencial da experiência ou da conduta do indivíduo, quando adotar a atitude do outro se torna uma parte essencial em seu comportamento – logo, o indivíduo aparece em sua própria experiência como *self*; e, até que isso aconteça, ele não aparece como *self*.

Claro, a sociedade racional não se limita a qualquer conjunto específico de indivíduos. Qualquer pessoa racional pode tornar-se parte dela. A atitude da comunidade em relação a nossa resposta é importada para nós mesmos em termos do significado do que estamos fazendo. Isso ocorre em sua maior extensão no discurso universal, na resposta que o mundo racional dá à nossa observação. O significado é tão universal quanto a comunidade; está necessariamente envolvido no caráter racional dessa comunidade; é a resposta que o mundo composto de seres racionais inevitavelmente dá para nossa própria declaração. Nesse processo, tanto o objeto quanto nós mesmos penetramos na experiência; o outro aparece em nossa própria experiência na medida em que adotamos essa atitude organizada e generalizada.

Se alguém passa por uma pessoa na rua e não a reconhece, sua reação a ela é igual à da reação a qualquer outro membro da mesma comunidade. Ela é o outro, o organizado, o outro generalizado, como queira. Alguém adota a sua atitude contraposta ao *self* de alguém. Se um dá uma guinada em uma direção, o outro envereda na direção contrária. Sua resposta é entendida com uma atitude em si. Ter essa atitude em si possibilita alguém ser um *self*. Isso envolve algo além de apenas virar à direita, como se diz, instintivamente, sem consciência de si mesmo. Para ter a consciência de si mesmo, alguém deve considerar que a atitude do outro no próprio organismo controla a coisa que ele vai fazer. O que aparece na experiência imediata do *self* de alguém em adotar essa atitude é o que chamamos de "mim". Esse *self* é capaz de se manter na comunidade e nela ser reconhecido, na medida em que reconhece os outros. É essa fase do *self* que chamo de "mim".

Em contraposição ao "mim" está o "eu". O indivíduo tem não só direitos, mas deveres; não é apenas um cidadão, um membro da comunidade, mas reage a essa comunidade e, com sua reação a ela, como já vimos na conversação de gestos, a modifica. O "eu" é a resposta do indivíduo à atitude da comunidade como essa aparece em sua própria experiência. Por sua vez, a sua resposta a essa atitude organizada a modifica. Como salientamos, essa é uma mudança ausente em sua própria experiência até que ela ocorra. O "eu" aparece em nossa experiência na memória. Só depois de agir sabemos o que fizemos; só depois de falar sabemos o que dissemos. O ajuste para esse mundo organizado, presente em nossa própria natureza, é aquele que representa o "mim" e ali permanece sempre. Mas se a resposta a ele for uma resposta da natureza da conversação de gestos, cria-se uma situação nova em certo sentido; se alguém afirma sua posição contra a dos outros e insiste que eles adotem uma atitude diferente em relação a si mesmo, então, algo importante está ocorrendo, algo antes ausente na experiência.

As condições gerais sob as quais a pessoa vai agir podem estar presentes na experiência dela, mas ela é tão ignorante de qual será sua resposta quanto o cientista é da hipótese particular que ele desenvolverá após analisar um problema. Acontecem coisas contrárias às teorias antes defendidas. Como elas podem ser explicadas? Pegue a descoberta de que um grama de rádio manteria uma panela de água fervente aparentemente sem dispêndio de energia. Aqui acontece algo que vai contra a teoria da física até a concepção da atividade do rádio. O cientista que contempla esses fatos diante de si tem de escolher alguma explicação. Ele sugere que o átomo de rádio está se decompondo e, assim, liberando energia livre. Na teoria anterior, um átomo era um conceito permanente do qual não poderia obter-se energia. Mas agora se presume que o átomo em si é um sistema que envolve um inter-relacionamento de energias, então, a decomposição desse sistema libera uma quantidade relativamente enorme de energia. Aonde eu quero chegar é que a ideia do cientista lhe vem à mente, não estava lá. Em vez disso, sua mente é o processo do aparecimento da ideia. Uma pessoa fazendo valer os seus direitos em certa ocasião ensaiou a situação em sua própria mente; reagiu em relação à comunidade e quando surge a situação ela desperta e diz algo já em sua mente. Mas, ao falar de si para si, ela não sabia o que ia dizer. Então, fala algo que é novo para si mesmo, assim como é uma novidade a hipótese que lampeja na mente do cientista.

Essa nova resposta à situação social envolvida no conjunto organizado de atitudes constitui o "eu" em contraposição ao "mim". O "mim" é um indivíduo convencional e habitual. Está sempre ali. Tem de ter aqueles hábitos, aquelas respostas que todo mundo tem; caso contrário, o indivíduo não poderia ser um membro da comunidade. Mas um indivíduo reage constantemente a uma comunidade tão organizada na forma de se expressar, não necessariamente se afirmando no sentido ofensivo, mas expressando-se, participando ele mesmo de um processo tão cooperativo quanto o de pertencer a qualquer comunidade. As atitudes envolvidas são obtidas a partir do grupo, mas o indivíduo nas quais elas se organizam tem a oportunidade de lhes conferir uma expressão talvez nunca verificada.

Isso suscita a questão geral sobre se algo inovador pode aparecer. Na prática, é claro, o novo sempre acontece e o reconhecimento disso obtém sua expressão em termos mais gerais no conceito da emergência. A emergência envolve uma reorganização, mas a reorganização evoca algo que não estava lá antes. Quando o oxigênio e o hidrogênio se reúnem pela primeira vez, a água aparece. Ora, a água é uma combinação de hidrogênio e oxigênio, mas a água não estava ali antes, nos elementos separados. A filosofia recente tem valorizado muito o conceito de emergência. Se você encara o mundo simplesmente do ponto de vista de uma equação matemática em que há igualdade absoluta nos lados diferentes, então, claro, não há novidade alguma. O mundo não passa de uma satisfação dessa equação. Acrescente quaisquer valores para X e Y, e a mesma equação continua valendo. As equações realmente valem, é verdade, mas em sua validade surge outra coisa que não estava ali antes. Por exemplo, existe um grupo de indivíduos que têm de trabalhar juntos. Em uma sociedade, deve haver um conjunto de hábitos de resposta organizados e comuns encontrado em todos seus membros, mas a maneira em que indivíduos agem sob circunstâncias específicas dá origem a todas as diferenças individuais que caracterizam as pessoas diferentes. O fato de que eles têm de agir de certa forma comum não os priva de originalidade. Está ali o idioma comum, mas esse idioma é utilizado de modo diferente em cada novo contato entre as pessoas; o elemento de novidade na reconstrução acontece por meio da reação das pessoas ao grupo a que pertencem. Essa reconstrução não acontece com mais antecedência do que a hipótese particular que o cientista elabora diante do estudo do problema. Ora, é essa reação do indivíduo ao "mim" organizado, o "mim" que é de certa forma apenas um membro da comunidade, que representa o "eu" na experiência do *self*.

Os valores relativos do "mim" e do "eu" dependem muito da situação. Se alguém deseja manter sua propriedade na comunidade, é de primordial importância que seja um membro dessa comunidade, pois é sua adoção da atitude dos outros que lhe garante o reconhecimento dos seus próprios direitos. Nessas circunstâncias, ser um "mim" é a coisa mais importante. Isso lhe garante a sua posição, sua dignidade de pertencer à comunidade, é a fonte da sua resposta emocional aos valores que lhe pertencem como membro da comunidade. É a base para penetrar na experiência dos outros.

Às vezes, é a resposta do ego ou do "eu" a uma situação, a maneira em que a pessoa se expressa, que traz à pessoa um sentimento de importância primordial. Agora alguém se declara contra determinada situação, e a ênfase é na resposta. A exigência é se libertar das convenções, das leis impingidas. Claro, essa situação só é possível onde o indivíduo recorre, por assim dizer, de uma comunidade estreita e restrita por uma maior, ou seja, maior no sentido lógico de ter direitos não tão restritos. Alguém recorre de convenções fixas que já não têm qualquer significado para uma comunidade em que os direitos devem ser publicamente reconhecidos, e alguém recorre a outros no pressuposto de que existe um grupo de outros organizados que responde ao seu próprio recurso – mesmo se o recurso for interposto para a posteridade. Nesse caso, há a atitude do "eu" contraposta à do "mim".

Tanto o aspecto do "eu" quanto do "mim" são essenciais para o *self* em sua plena expressão. A pessoa deve adotar a atitude dos outros em um grupo a fim de pertencer a uma comunidade; ela precisa empregar esse mundo social exterior extraído de si mesmo a fim de executar o pensamento. É por meio de sua relação com os outros nessa comunidade, devido aos processos sociais racionais obtidos nessa comunidade, que ela mostra sua cidadania. Por outro lado, a pessoa está sempre reagindo às atitudes sociais e, nesse processo cooperativo, mudando a própria comunidade à qual pertence. Essas mudanças podem ser humildes e triviais. Talvez a pessoa não tenha nada a dizer, embora leve muito tempo a dizê-lo. E ainda há certa quantidade de ajuste e reajuste. Falamos de uma pessoa como um indivíduo convencional; suas ideias são as mesmíssimas de que as de seus vizinhos; dificilmente ele é mais do que um "mim" sob essas circunstâncias; seus ajustes são apenas os ligeiros ajustes que ocorrem, como se diz, de modo inconsciente. Em contrapartida, existe a pessoa com personalidade definida, que responde à atitude organizada de modo a fazer uma diferença significativa. Com essa pessoa está o "eu" que é a fase mais importante da experiência. Essas duas fases que aparecem constantemente são as fases importantes no *self*.

Leituras adicionais: A tradição clássica

KARL MARX

AVENERI, SHLOMO, 1968: *The Social and Political Thought of Karl Marx*. Cambridge: Cambridge University Press.

BERLIN, ISAIAH, SIR, 1978: *Karl Marx: His Life and Environment*. 4ª ed. New York: Oxford University Press.

LICHTHEIM, GEORGE, 1961: *Marxism: An Historical and Critical Study*. New York: Praeger.

MARX, KARL, 1935: *The Eighteenth Brumaire of Louis Bonaparte*. New York: International Publishers. Publicado pela primeira vez em 1852.

MARX, KARL, 1973: *Economic and Philosophic Manuscripts of 1844*. Editado por Dirk J. Struik. Traduzido por Martin Milligan. New York: International Publishers. Escrito em 1844. Publicado pela primeira vez em 1932.

MARX, KARL, 1977: *Capital: A Critique of Political Economy*. Traduzido por Ben Fowkes. New York: Penguin.

MARX, KARL, e FREDERICK ENGELS, 1939: *The Communist Manifesto*. Tradução inglesa autorizada. Editada e anotada por Frederick Engels. New York: New York Labor News. Publicado pela primeira vez em 1848.

MARX, KARL e FREDERICK ENGELS, 1972: *The German Ideology*. Editado por e com uma introdução de C. J. Arthur. New York: International Publishers. Escrito em 1845. Publicado pela primeira vez em 1932.

McLELLAN, DAVID, 1972: *The Thought of Karl Marx*. New York: Harper & Row, 1972.

MEHRING, FRANZ, 1935: *Karl Marx: The Story of His Life*. Traduzido por Edward Fitzgerald. Editado por Ruth e Heinz Norden. New York: Covici, Friede.

MÉSZÁROS, ISTVÁN, 1975: *Marx's Theory of Alienation*. 4ª ed. London: Merlin Press.

OLLMAN, BERTELL, 1976: *Alienation: Marx's Conception of Man in Capitalist Society*. 2ª ed. New York: Cambridge University Press.

ÉMILE DURKHEIM

ALEXANDER, JEFFREY C., ED., 1988: *Durkheimian Sociology: Cultural Studies*. Cambridge: Cambridge University Press.

CLADIS, MARK SYDNEY, 1992: *A Communitarian Defense of Liberalism: Émile Durkheim and Contemporary Social Theory*. Stanford: Stanford University Press.

DOUGLAS, JACK D., 1967: *The Social Meanings of Suicide*. Princeton: Princeton University Press.

DURKHEIM, ÉMILE, 1952: *Suicide: A Study in Sociology*. Traduzido por Johan S. Spaulding e George Simpson. Editado por George Simpson. London: Routledge e Kegan Paul. Publicado pela primeira vez em 1897.

DURKHEIM, ÉMILE, 1965: *The Elementary Forms of the Religious Life*. Traduzido por Joseph Ward Swain. New York: Free Press. Publicado pela primeira vez em 1912.

DURKHEIM, ÉMILE, 1973: *On Morality and Society: Selected Writings*. Editado por Robert N. Bellah. Chicago: University of Chicago Press.

DURKHEIM, ÉMILE, 1982: *The Rules of Sociological Method*. Traduzido por W. D. Halls. Editado por Steven Lukes. New York: Free Press. Publicado pela primeira vez em 1895.

DURKHEIM, ÉMILE, 1997: *The Division of Labor in Society*. Traduzido por W. D. Halls. New York: Free Press. Publicado pela primeira vez em 1893.

GIDDENS, ANTHONY, 1971: *Capitalism and Modern Social Theory: An Analysis of the Writings of Marx, Durkheim and Max Weber*. Cambridge: Cambridge University Press.

LaCAPRA, DOMINICK, 1972: *Émile Durkheim: Sociologist and Philosopher*. Ithaca, NY: Cornell University Press.

LUKES, STEVEN, 1975: *Émile Durkheim, His Life and Work: A Historical and Critical Study*. Harmondsworth, England: Penguin.

TIRYAKIAN, EDWARD A., 1962: *Sociologism and Existentialism, Two Perspectives on the Individual and Society*. Englewood Cliffs NJ: Prentice Hall.

MAX WEBER

BENDIX, REINHARD, 1962: *Max Weber: An Intellectual Portrait*. Garden City: Doubleday.

GIDDENS, ANTHONY, 1971: *Capitalism and Modern Social Theory: An Analysis of the Writings of Marx, Durkheim and Max Weber*. Cambridge: Cambridge University Press.

LÖWITH, KARL, 1982: *Max Weber and Karl Marx*. Traduzido por Hans Fantel. Editado por Tom Bottomore e William Outhwaite. Boston: Allen & Unwin. Publicado pela primeira vez em 1960.

MITZMAN, ARTHUR, 1970: *The Iron Cage: An Historical Interpretation of Max Weber*. New York: Knopf.

MOMMSEN, WOLFGANG J., 1974: *The Age of Bureaucracy: Perspectives on the Political Sociology of Max Weber.* Oxford: Blackwell.

ROTH, GUENTHER, e WOLFGANG SCHLUCHTER, 1979: *Max Weber's Vision of History: Ethics and Methods.* Berkeley: University of California Press.

TURNER, BRYAN S., 1973: *Weber and Islam: A Critical Study.* London: Routledge e Kegan Paul.

WEBER, MARIANNE, 1975: *Max Weber: A Biography.* Traduzido e editado por Harry Zohn. New York: Wiley. Publicado pela primeira vez em 1926.

WEBER, MAX, 1947: *The Theory of Social and Economic Organization.* Traduzido por A. M. Henderson e Talcott Parsons. Editado por Talcott Parsons. New York: Oxford University Press.

WEBER, MAX, 1949: *Max Weber on the Methodology of the Social Sciences.* Traduzido e editado por Edward A. Shils e Henry A. Finch. Glencoe, IL: Free Press.

WEBER, MAX, 1958: *De Max Weber: Essays in Sociology.* Traduzido e editado por Hans H. Gerth e C. Wright Mills. New York: Oxford University Press.

WEBER, MAX, 1958: *The Protestant Ethic and the Spirit of Capitalism.* Traduzido por Talcott Parsons. New York: Scribner. Publicado pela primeira vez em 1905.

WEBER, MAX, 1963: *The Sociology of Religion.* Traduzido por Ephraim Fischoff. Boston: Beacon Press. Publicado pela primeira vez em 1922.

WEBER, MAX, 1978: *Economy and Society: An Outline of Interpretive Sociology.* Traduzido por Ephraim Fischoff et al. Editado por Guenther Roth e Claus Wittich. Berkeley: University of California Press. Publicado pela primeira vez em 1914.

GEORG SIMMEL

FRISBY, DAVID, 1986: *Fragments of Modernity: Theories of modernity in the works of Simmel, Kracauer and Benjamin.* Cambridge, Mass.: MIT Press.

RAY, LARRY (ed.), 1991: *Formal Sociology: The Sociology of Georg Simmel.* Aldershot, Hants, England; Brookfield, Vt.

SELLERBERG, ANN-MARI, 1994: *A Blend of Contradictions: Georg Simmel in Theory and Practice.* New Brunswick, NJ: Transaction.

GEORGE HERBERT MEAD

BALDWIN, JOHN C., 1986: *George Herbert Mead: A Unifying Theory for Sociology.* Newbury Park, CA: Sage.

COOK, GARY A., 1993: *George Herbert Mead: The Making of a Social Pragmatist.* Urbana: University of Illinois Press.

JOAS, HANS, 1985: *G. H. Mead: A Contemporary reexamination of His Thought.* Cambridge: Polity Press.

MORRIS, CHARLES W., ED., 1967: *Mind, Self, and Society from the Standpoint of a Social Behaviorist.* Chicago: University of Chicago Press.

MORRIS, CHARLES W., et al., Eds., 1938: *The Philosophy of the Act.* Chicago: University of Chicago Press.

STRAUSS, ANSELM L., ED., 1956: *The Social Psychology of George Herbert Mead.* Chicago: University of Chicago Press.

Parte II

TEORIA SOCIOLÓGICA CONTEMPORÂNEA

Funcionalismo 6

Introdução

O funcionalismo reinou como o paradigma dominante na sociologia por um breve período, desde o início dos anos de 1950 até o final da década de 1960. À luz da obra de Talcott Parsons e Robert Merton, entre outros autores, as ideias anteriores de Auguste Comte, Herbert Spencer e Émile Durkheim foram aprimoradas e desenvolvidas. Em geral, a maior e mais relevante contribuição do funcionalismo tem sido sua perspectiva da ordem social como acordo consensual, refletindo normas e valores compartilhados que aglutinam uma comunidade. A partir dessa perspectiva, o motivo pelo qual as pessoas obedecem às regras, seguem os códigos de comportamento e respeitam as leis de uma sociedade é que elas aceitam os valores fundamentais da sociedade e enxergam suas estruturas de autoridade como expressões legítimas desse consenso. Regras e regulamentos são entendidos, pela ótica funcionalista, como códigos e decretos projetados para beneficiar a totalidade, em vez de expressões de uma classe dominante ou de um interesse particular com acesso privilegiado ao poder de decisão. Nesse aspecto, o funcionalismo se afasta das explicações marxistas para a ordem social, em que a coerção é vista como o derradeiro motivo pelo qual as pessoas obedecem às regras e respeitam as leis e os códigos.

Em geral, os funcionalistas aderem à visão de que a sociedade pode ser compreendida em seu todo como uma entidade em si. Para os primeiros pensadores funcionalistas não era incomum encarar a sociedade como um organismo com peças diferenciadas que funcionam juntas para conseguir se adaptar e sobreviver em seu ambiente. Embora os funcionalistas contemporâneos não sejam tão primitivos, eles, porém, tendem a olhar para a sociedade como um sistema integrado de estruturas funcionalmente inter-relacionadas, insinuando, às vezes, que as sociedades têm vida própria e que sua sobrevivência exige a satisfação das necessidades específicas do sistema.

Kingsley Davis, Wilbert Moore, Robert Merton e Talcott Parsons fizeram contribuições significativas para o desenvolvimento da teoria funcionalista. Davis e Moore são coautores de um artigo pioneiro e controverso, "Alguns princípios de estratificação", apresentado a seguir, no qual argumentam que a estratificação é uma estrutura funcionalmente necessária que cada sociedade deve desenvolver para assegurar que indivíduos apropriados com as habilidades e os talentos necessários assumam as funções e as posições na sociedade às quais eles são mais adequados. Indivíduos nascem com talentos vastamente distintos; as posições na sociedade mais necessárias para a sobrevivência social exigem que as pessoas mais capazes façam o trabalho; e, além disso, essas posições também podem estar entre as mais exigentes; por essas três razões, deve-se desenvolver um método para alçar os mais capazes às posições de liderança na ordem social. Moore e Davis argumentam que a estrutura de recompensa diferencial da sociedade é o mecanismo que funciona para equacionar essa combinação entre talento e posição social.

As contribuições de Talcott Parsons à teoria do funcionalismo são o registro de uma vida dedicada à escrita na área da teoria social. Parsons tentou em suas várias obras desenvolver conceitos que ajudariam a organizar as nossas percepções sobre a realidade social. Ao reformular os imperativos funcionais de um sistema social, Parsons desenvolveu um sistema de classificação quádrupla, com o acrônimo AGIL. *Adaptação* refere-se ao fato de que os sistemas são incorporados em ambientes físicos e sociopolíticos ao quais eles devem se adaptar para sobreviver. *Gol* (do inglês *Goal*) refere-se a alcançar o objetivo, à necessidade, em qualquer sistema, de definir seus objetivos primordiais e os métodos pelos quais indivíduos aceitam esses objetivos como seus próprios e se esforçam para alcançá-los. *Integração* refere-se à necessidade de coordenar as partes componentes do sistema para que elas contribuam para a manutenção do todo. *Latência* refere-se àquelas estruturas que servem para manter e revitalizar a motivação dos indivíduos no intuito de realizar seus papéis de acordo com as expectativas sociais.

Parsons aprofundou seu esquema conceitual em um sistema de ação quádrupla. Cada um dos sistemas de ação, a saber, social, cultural, de personalidade e de organismo comportamental, está ligado aos imperativos funcionais de um sistema total. Assim, o complexo de instituições que agrupamos sob a rubrica da socialização e do controle social executa as funções integrativas do sistema, enquanto os valores e as normas que servem para motivar a ação social são agrupados como parte do sistema cultural. O sistema de personalidade funciona para alcançar os objetivos do sistema, e o organismo comportamental fornece a energia para a adaptação e a transformação do sistema em relação ao seu ambiente.

No presente capítulo, o excerto de um dos primeiros trabalhos de Talcott Parsons estabelece os elementos básicos de sua teoria da sociedade como sistema social. Parsons nos proporciona um modelo abstrato de componentes: os subsistemas e suas funções que constituem a "sociedade". Parsons defende que a íntegra da sociedade pode ser entendida desde que consigamos vê-la como um sistema integrado composto por subsistemas políticos, econômicos e culturais que executam funções vitais para a integração, a legitimação e a perpetuação de uma sociedade.

Ao suscitar a questão "O que é sociedade?" dessa maneira, Parsons segue uma abordagem científica, postulando uma teoria geral das proposições logicamente conectadas que podem ser testadas de modo empírico. As questões que envolvem a teoria parsoniana dominaram o campo na década de 1950 e foram alvos de ataques severos durante a década de 1960 e o início dos anos de 1970. A teoria parsoniana foi considerada inadequada em suas formulações, porque deixou pouco espaço para o que agora chamamos de "agência" ou, mais familiarmente, um papel para iniciativa ou ação individual. Já que a ênfase em sua teoria está na sociedade *sui generis*, os indivíduos são vistos, se de fato são vistos, como os objetos de sistemas, como produtos específicos de suas funções cuidadosamente calculadas, e não como os agentes que, por suas ações na vida cotidiana, criam, apoiam, legitimam e sustentam a sociedade. Outras críticas acusaram o conservadorismo implícito na ideologia de Parsons e em seu idealismo, que enfatiza os ideais, os valores e o consenso, em vez de interesses materiais, poder e conflito.

O excerto final neste capítulo é pinçado do ensaio de Robert K. Merton sobre funções manifestas e latentes. Aqui, o importante é não só a elaboração teórica de Merton e a extensão das categorias funcionais, mas também sua excelente discussão sobre os estudos de Hawthorne, a discussão de Veblen sobre o consumo conspícuo e a função das máquinas políticas no passado recente. O leitor deve ter em mente as seguintes questões ao ler o trecho que selecionamos de Merton. Qual foi o impacto da "situação experimental" sobre os trabalhadores nos estudos de Hawthorne? Por que foi necessária uma perspectiva com base na "sociologia", em vez de na "engenharia", para revelar as funções latentes do experimento? Existem quaisquer aplicações contemporâneas para essas descobertas? Qual é a função latente de consumo, à medida que Merton relata a tese de Veblen, e por que essa função já não está mais latente? Por fim, o que uma análise funcional das máquinas políticas revela sobre como e para quem elas funcionam? Como essa abordagem para máquinas políticas evita argumentos ideológicos e morais e envolve-se na análise sociológica? Isso é desejável?

O funcionalismo e sua ênfase em estabilidade, equilíbrio, integração e adaptação foi alvo de críticas severas durante a década de 1960, quando a sociedade dos Estados Unidos estava convulsionada por movimentos de protestos, insurreições, conflitos, desordens e mudanças. Realidade e teoria estavam fora de sincronia. À medida que muitos abandonavam o funcionalismo, com base nas críticas mordazes de C. Wright Mills (1959) e Alvin Gouldner (1970), outros declaravam o funcionalismo morto, enquanto outros abraçavam abordagens teóricas alternativas. A teoria do conflito, discutida no próximo capítulo, emergiu como corretivo ao funcionalismo, e, recentemente, o neofuncionalismo surgiu como um interesse teórico entre aqueles que aceitavam muitas das críticas levantadas contra o funcionalismo. Em específico, o neofuncionalismo reconhece o desequilíbrio na orientação essencial do funcionalismo rumo à estabilidade e ao equilíbrio, sua escassa atenção à dinâmica da mudança social e sua preocupação exclusiva com a ordem em sistemas sociais em grande escala.

Jeffrey Alexander, sociólogo de Yale, desempenhou um papel central no neofuncionalismo. Após dedicar boa parte de sua carreira acadêmica a defender, criticar e aprimorar as teses de Parsons, Alexander publicou duas coleções de ensaios, *Neofuncionalismo* (volume de ensaios construtivos por vários estudiosos) e *Neofuncionalismo e depois* (coletânea de ensaios de Alexander). Essas obras documentam um interesse contínuo em Parsons, sem deixar de criticar suas contribuições teóricas, seus pressupostos e suas limitações.

Portanto, o neofuncionalismo não é uma teoria, mas, em vez disso, uma ampla mistura de importantes ensaios por Alexander e outros que mantiveram acesa a chama parsoniana. Esses ensaios documentam uma trajetória teórica que começa com Parsons como a dominante figura teórica de um período anterior no desenvolvimento sociológico, rastreiam o seu trabalho e sua crítica como uma evolução da sociologia à fase neofuncionalista e concluem com a fase de terceira ou final (pós-neofuncionalismo) como um novo enfoque para a teoria social no presente.

Kingsley Davis e Wilbert E. Moore: Alguns princípios de estratificação

Em um trabalho anterior, foram apresentados alguns conceitos para lidar com o fenômeno da desigualdade social.[1] No presente trabalho é realizado mais um passo na teoria de estratificação – uma tentativa de mostrar a relação entre a estratificação e o restante da ordem social.[2] A partir da proposição de que nenhuma sociedade é "sem classes", ou não estratificada, é empreendido um esforço para explicar, em termos funcionais, a necessidade univer-

---

Kingsley Davis e Wilbert E. Moore, "Some Principles of Stratification", *American Sociological Review*, Vol. 10, p. 242-249, 1945.

[1] Kingsley Davis, "A Conceptual Analysis of Stratification", *American Sociological Review*. 7:309-321, junho de 1942.

[3] Os autores lamentam (e pedimos que nos desculpem) o fato de este ensaio, sendo um resumo de um estudo maior, cobrir tanto em um espaço tão curto, de modo que não possam ser apresentadas evidências e qualificação adequadas, e como consequência o que é na verdade muito tentador é infelizmente apresentado de um modo dogmático.

sal que invoca a estratificação em qualquer sistema social. Em seguida, é feita uma tentativa de explicar a distribuição mais ou menos uniforme de prestígio entre os principais tipos de posições em cada sociedade. Porém, já que entre uma sociedade e outra ocorrem grandes diferenças nos graus e tipos de estratificação, um pouco de atenção também é dado às variedades de desigualdades sociais e aos fatores variáveis que lhes originam.

Obviamente, a presente tarefa requer duas linhas diferentes de análise – uma para entender o universal, outra para entender as características variáveis de estratificação. Naturalmente, cada linha de investigação é indispensável e auxilia a outra; na análise a seguir, as duas estarão entrelaçadas, embora, devido às limitações de espaço, será dada ênfase ao aspecto universal.

Ao longo de todo o processo, será necessário manter em mente uma coisa – ou seja, que a discussão se relaciona com o sistema de posições, não aos indivíduos que ocupam as posições. Uma coisa é perguntar por que diferentes posições levam a diferentes graus de prestígio. Outra bem diferente é perguntar como certos indivíduos obtêm aquelas posições. Embora, como tentaremos argumentar, as duas perguntas estejam relacionadas, é essencial mantê-las separadas em nosso pensamento. A maior parte da literatura sobre estratificação tem tentado responder à segunda pergunta (em particular no que tange à facilidade ou à dificuldade de mobilidade entre estratos) sem abordar a primeira. No entanto, a primeira pergunta é pela lógica anterior e, no caso de qualquer indivíduo ou grupo específico, realmente anterior.

A necessidade funcional da estratificação

Porém, de modo curioso, a principal necessidade funcional que explica a presença universal de estratificação é precisamente a exigência enfrentada por qualquer sociedade de dispor e motivar os indivíduos na estrutura social. Na condição de mecanismo de funcionamento, uma sociedade deve de alguma forma distribuir seus membros em posições sociais e induzi-los a cumprir os deveres dessas posições. Deve, portanto, preocupar-se com a motivação em dois níveis diferentes: incutir nos indivíduos adequados o desejo de preencher certas posições e, uma vez nessas posições, incutir-lhes o desejo de exercer suas funções inerentes. Mesmo que a ordem social possa ser relativamente estática na forma, existe um contínuo processo de metabolismo à medida que novos indivíduos nascem nela, mudam com a idade e morrem. De alguma forma, sua absorção no sistema posicional deve ser organizada e motivada. Isso é verdadeiro se o sistema for competitivo ou não competitivo. O sistema competitivo dá maior importância à motivação para alcançar posições, enquanto o sistema não competitivo talvez dê maior importância à motivação para realizar as funções das posições; mas em qualquer sistema os dois tipos de motivação são necessários.

Se os deveres associados com as várias posições fossem todos igualmente agradáveis ao organismo humano, todos igualmente importantes à sobrevivência da sociedade e todos igualmente carentes da mesma capacidade ou talento, não faria diferença alguma quem assumiria qual posição, e o problema do posicionamento social diminuiria bastante. Mas na verdade faz uma grande diferença quem assume qual posição, não só porque algumas posições são inerentemente mais agradáveis do que outras, mas também porque umas exigem talento ou formação especial e outras são funcionalmente mais importantes. Além disso, é essencial que os deveres das posições sejam cumpridos com a diligência que sua importância exige. Assim, inevitavelmente, uma sociedade deve ter, em primeiro lugar, um tipo de recompensa que possa usar como incentivo e, em segundo lugar, uma maneira de distribuir essas recompensas diferencialmente de acordo com as posições. As recompensas e sua distribuição tornam-se parte da ordem social e, assim, dão origem à estratificação.

Alguém pode perguntar que tipo de recompensa uma sociedade tem à sua disposição para distribuir o seu pessoal e garantir os serviços essenciais. Sobretudo, tem as coisas que contribuem para o sustento e conforto. Depois, as coisas que contribuem para o humor e a diversão. Por fim, as coisas que contribuem para a expansão do autorrespeito e do ego. Estas últimas, por causa do caráter peculiarmente social do *self*, dependem muito da opinião dos outros, mas, no entanto, rivaliza em importância com as duas primeiras. Em qualquer sistema social, os três tipos de recompensas devem ser concedidos diferencialmente de acordo com as posições.

Em certo sentido, as recompensas estão "integradas" à posição. Elas consistem nos "direitos" associados com a posição, mais o que pode ser chamado de seus acompanhamentos ou pré-requisitos. Muitas vezes, os direitos e, por vezes, os acompanhamentos estão funcionalmente relacionados com os deveres da posição. (Em geral, o que na visão do encarregado são direitos, na visão de outros membros da comunidade são deveres.) No entanto, existe uma série de pré-requisitos e direitos não essenciais à função da posição e que têm apenas uma conexão indireta e simbólica com seus deveres, mas que ainda pode ter considerável importância em induzir as pessoas a procurar as posições e cumprir os deveres essenciais.

Se os direitos e os pré-requisitos de diferentes posições na sociedade devem ser desiguais, então, a sociedade deve ser estratificada, porque é precisamente isso que significa estratificação. A desigualdade social é, portanto, um dispositivo inconscientemente evoluído pelo qual as sociedades asseguram que as posições mais importantes sejam conscienciosamente preenchidas pelas pessoas mais qualificadas. Assim, toda e qualquer sociedade, não importa quão simples ou complexa, deve diferenciar as pessoas tanto em termos de prestígio quanto de estima e, portanto, deve ter certo nível de desigualdade institucionalizada.

Disso não decorre que a quantidade ou o tipo de desigualdade precisam ser os mesmos em todas as sociedades. Isso varia principalmente em função de fatores que discutiremos agora.

Os dois determinantes da graduação posicional

Admitindo a função geral que a desigualdade exerce, é possível especificar os dois fatores que determinam a relativa graduação de posições diferentes. Em geral, as posições transmitem a melhor recompensa e, portanto, tem a graduação mais alta, quando (a) tem a maior importância para a sociedade e (b) exigem maior formação ou talento. O primeiro fator diz respeito à função e é uma questão de importância relativa; o segundo diz respeito a meios e é uma questão de escassez.

Importância funcional diferencial Na verdade, uma sociedade não precisa recompensar as posições em proporção a sua importância funcional. Apenas precisa dar recompensa suficiente a elas, para garantir que sejam preenchidas com competência. Em outras palavras, deve assegurar-se de que posições menos essenciais não concorram de modo bem-sucedido com as mais essenciais. Se uma posição é facilmente preenchida, não precisa ser fortemente recompensada, embora seja importante. No entanto, se é importante, mas difícil de preencher, a recompensa deve ser alta o suficiente para mantê-la preenchida de qualquer maneira. A importância funcional, portanto, é uma causa necessária, mas insuficiente para que uma posição seja considerada de alto escalão.[3]

---

[3] Infelizmente, a importância funcional é difícil de ser estabelecida. Usar o prestígio da posição para estabelecê-la, como é feito inconscientemente, constitui a justificativa circular de nosso ponto de vista. Existem, porém, duas pistas independentes: (a) o grau em que uma posição é funcionalmente única, não havendo outras posições que possam desempenhar a mesma função de modo satisfatório; (b) o grau em que outras posições dependem de uma em questão. Ambas as pistas são melhor exemplificadas em sistemas organizados de posições construídas em torno de uma função maior. Assim, nas sociedades mais complexas, as funções religiosas, políticas, econômicas e educacionais são controladas por distintas estruturas, que não são facilmente intercambiáveis. Além disso, cada

Escassez diferencial de pessoal Praticamente todas as posições, não importa como foram adquiridas, exigem certo tipo de habilidade ou capacidade para serem desempenhadas. Isso está implícito na própria noção de posição, a qual implica que o encarregado deve, em virtude de sua incumbência, realizar certas coisas.

Existem, em última análise, apenas duas maneiras em que as qualificações de uma pessoa se sobressaem: pela capacidade inerente ou por meio de treinamento. Obviamente, em atividades concretas as duas sempre são necessárias, mas, do ponto de vista prático, a escassez pode residir principalmente em uma ou outra, ou nas duas. Certas posições exigem talento inato em grau tão elevado que as pessoas que as preenchem são obrigadas a serem raras. Em muitos casos, no entanto, o talento não é raro na população, mas o processo de formação é tão longo, dispendioso e elaborado que relativamente poucos conseguem se qualificar. A medicina moderna, por exemplo, está dentro da capacidade mental da maioria dos indivíduos, mas uma educação médica é tão pesada e cara que praticamente ninguém a abraçaria se a posição de médico não trouxesse uma recompensa proporcional ao sacrifício.

Se os talentos necessários para uma posição forem abundantes e o treinamento fácil, o método de obter a posição pode ter pouco a ver com seus deveres. Pode haver, de fato, uma relação quase acidental. Mas se as habilidades exigidas são escassas devido à raridade do talento ou ao custo de formação para a posição, se funcionalmente importante, deve existir um poder sedutor que atraia as habilidades necessárias em concorrência com outras posições. Isso significa, com efeito, que a posição deve ser elevada na escala social – deve suscitar grande prestígio, salário alto, amplo lazer, etc.

Como as variações devem ser entendidas Na medida em que existe uma diferença entre um sistema de estratificação e outro, ela é atribuível a quaisquer fatores que afetam os dois determinantes da recompensa diferencial – ou seja, a importância funcional e a escassez de pessoal. Posições importantes em uma sociedade talvez não sejam importantes em outra, porque as condições enfrentadas pelas sociedades ou seu grau de desenvolvimento interno podem ser diferentes. As mesmas condições, por sua vez, podem afetar a questão da escassez; pois, em algumas sociedades, o estágio de desenvolvimento ou a situação externa podem eliminar inteiramente a necessidade de certos tipos de habilidades ou talentos. Logo, qualquer sistema de estratificação pode ser entendido como um produto das condições especiais que afetam os dois motivos de recompensa diferencial mencionados acima.

Principais funções e estratificações sociais

Religião Ao que parece, o motivo por que a religião é necessária encontra-se no fato de que a sociedade humana atinge sua unidade principalmente por meio da posse por seus membros de certos valores supremos e propósitos em comum. Embora esses valores e propósitos sejam subjetivos, eles influenciam o comportamento, e sua integração permite que a sociedade opere como um sistema. Derivados nem de fatores herdados nem de fatores externos, eles evoluíram como parte da cultura, pela comunicação e pressão moral. Devem, no entanto, aos membros da sociedade, aparentar ter alguma realidade, e o papel das crenças e dos rituais religiosos é fornecer

---

estrutura tem muitas posições diferentes, sendo que algumas dependem, quando não são subordinadas a outras. Em suma, quando um núcleo institucional se torna diferenciado em torno de uma principal função, e ao mesmo tempo organiza uma vasta porção da população em suas relações, as posições-chave nela são da mais alta importância funcional. A ausência dessa especialização não mostra desimportância funcional, pois a sociedade inteira pode ser relativamente não especializada; mas é seguro admitir que as funções mais importantes recebem a primeira e mais clara diferenciação estrutural.

e reforçar esse aspecto de realidade. Por meio das crenças e dos rituais, os propósitos e valores comuns são conectados com um mundo imaginário, simbolizado pelos objetos sagrados concretos, cujo mundo, por sua vez, está relacionado de forma significativa aos fatos e às provações da vida do indivíduo. Pela adoração dos objetos sagrados e dos seres que eles simbolizam e pela aceitação das prescrições sobrenaturais que ao mesmo tempo são códigos de tempo do comportamento, um poderoso controle sobre a conduta humana é exercido, guiando-a ao longo das linhas que sustentam a estrutura institucional e se adaptam aos valores e propósitos supremos.

Se essa concepção do papel da religião for verdadeira, pode-se compreender por que, em todas as sociedades conhecidas, as atividades religiosas tendem a estar a cargo de pessoas específicas, que tendem, assim, a desfrutar de recompensas maiores do que o membro comum da sociedade. Certos privilégios especiais e recompensas podem estar vinculados apenas aos cargos religiosos mais altos, mas outros se aplicam normalmente a toda a classe sacerdotal, se é que isso existe.

Além disso, existe uma relação peculiar entre os deveres dos clérigos e os privilégios especiais desfrutados por eles. Se o mundo sobrenatural governa o destino dos homens com mais relevância do que o mundo real, seu representante terrestre, a pessoa por intermédio de quem alguém pode comunicar-se com o sobrenatural, deve ser um indivíduo poderoso. Ele é um guardião da tradição sagrada, um hábil artista do ritual e um intérprete de folclores e mitos. Está em contato tão íntimo com os deuses que é visto como possuidor de algumas de suas características. É, em suma, um pouco sagrado e, portanto, livre de alguns dos controles e necessidades mais vulgares.

Não é por acaso, portanto, que os clérigos têm sido associados com as posições mais altas do poder, como nos regimes teocráticos. Na verdade, sob esse prisma, alguém pode perguntar-se por que eles não obtêm o controle *inteiro* sobre as suas sociedades. Os fatores que impedem isso são dignos de nota.

Em primeiro lugar, a quantidade de competências técnicas necessárias ao desempenho dos deveres religiosos é pequena. Capacidades científicas ou artísticas são desnecessárias. Qualquer pessoa pode atribuir-se a capacidade de desfrutar de uma relação íntima com as divindades, e ninguém pode contestá-la com sucesso. Portanto, o fator da escassez de pessoal não funciona no sentido técnico.

Alguém pode afirmar, no entanto, que o ritual religioso é muitas vezes elaborado e a tradição religiosa, obscura, e que as funções sacerdotais requerem tato, se não inteligência. Isso é verdade, mas os requisitos técnicos da profissão são, em sua maioria, adventícios, não relacionados com a finalidade como a ciência está relacionada com viagens aéreas. O padre nunca está livre da concorrência, já que os critérios para definir se alguém tem ou não tem um contato genuíno com o sobrenatural nunca são estritamente claros. É essa competição que avilta a posição sacerdotal abaixo do que seria de esperar à primeira vista. É por isso que o prestígio sacerdotal é mais alto naquelas sociedades onde a adesão à profissão é rigidamente controlada pela própria congregação sacerdotal. É por isso que, ao menos em parte, dispositivos sofisticados são utilizados para salientar a identificação da pessoa com seu cargo – traje espetacular, conduta incomum, dieta especial, residência segregada, celibato, lazer conspícuo, etc. Na verdade, o padre sempre corre o perigo de se tornar um tanto desacreditado – como acontece nas sociedades laicas – porque, em um mundo de fatos obstinados, só o conhecimento ritual e sagrado não cultiva lavouras nem constrói casas. Além disso, a menos que ele seja protegido por uma congregação profissional, a identificação do sacerdote com o sobrenatural tende a impedir a aquisição de bens mundanos abundantes.

Entre uma sociedade e outra, parece que a mais alta posição geral adjudicada ao padre ocorre na ordem social do tipo medieval. Aqui existe produção econômica suficiente para obter um excedente, que pode ser usado para apoiar um clero numeroso e altamente organizado; além disso, o povo é analfabeto e, portanto, crédulo em alto grau. Talvez o exemplo mais extremo seja encontrado no budismo do Tibete, mas outros são encontrados no catolicismo da Europa feudal, no regime inca do Peru, no bramanismo da Índia e no sacerdócio maia de Yucatán. No entanto, se a sociedade é tão rústica a ponto de ter nenhum excedente e pouca diferenciação, de modo que cada sacerdote também deva ser um agricultor ou caçador, a separação da condição sacerdotal das outras dificilmente se concretiza a ponto de firmar o prestígio sacerdotal. Quando o sacerdote realmente tem um alto prestígio nessas circunstâncias, é porque também executa outras funções importantes (em geral, políticas e médicas).

Em uma sociedade extremamente avançada construída na tecnologia científica, o sacerdócio tende a perder o *status*, pois o sobrenaturalismo e a sagrada tradição ficam em segundo plano. Os valores supremos e fins comuns da sociedade tendem a ser expressos em formas menos antropomórficas, por autoridades que ocupam cargos fundamentalmente políticos, econômicos ou educacionais, em vez de religiosos. No entanto, é fácil para intelectuais exagerar o grau ao qual o sacerdócio, em um meio presumivelmente laico, perdeu prestígio. Examinando o assunto com atenção, o proletariado urbano e a cidadania rural revelam-se surpreendentemente tementes a Deus e controlados por padres. Nenhuma sociedade tornou-se tão integralmente laica a ponto de liquidar toda a crença nos fins transcendentais e entidades sobrenaturais. Até mesmo nas sociedades laicas algum sistema deve existir para a integração dos valores finais, para sua expressão ritualística e para os ajustes emocionais exigidos pela decepção, morte e desastre.

Governo Como a religião, o governo desempenha um papel único e indispensável na sociedade. Mas em contraste com a religião, que fornece a integração em termos de sentimentos, crenças e rituais, o governo organiza a sociedade em termos de leis e autoridade. Além disso, orienta a sociedade para o mundo real em vez de para o mundo invisível.

As principais funções de governo são, internamente, a aplicação final das normas, a arbitragem final dos interesses conflitantes e o planejamento e direção globais da sociedade; e externamente, a manipulação da guerra e da diplomacia. Para exercer essas funções, ele atua como o agente de todo o povo, goza de um monopólio da força e controla todos os indivíduos dentro de seu território.

A ação política, por definição, implica autoridade. Um político pode comandar porque tem autoridade, e o cidadão deve obedecer porque está sujeito a essa autoridade. Por esse motivo, a estratificação é inerente à natureza das relações políticas.

O poder se consubstancia com tanta clareza na posição política que, às vezes, considera-se que a desigualdade política abrange todas as desigualdades. Mas é possível mostrar que existem outras bases de estratificação e que, na prática, os seguintes controles funcionam para impedir o poder político de se tornar completo: (a) o fato de que os reais titulares de cargos políticos e em especial os que determinam a política superior devem necessariamente ser poucos em número, em relação ao total da população; (b) o fato de que os governantes representam o interesse do grupo, em vez dos interesses próprios e, portanto, são restritos em seu comportamento por regras e costumes planejados para impor essa limitação de interesses; (c) o fato de que o titular de um cargo político detém sua autoridade em virtude de seu cargo e nada mais, e, portanto, qualquer capacidade, talento ou conhecimento especial que possa reivindicar é puramente acidental, de modo que ele muitas vezes precisa depender de outros para assistência técnica.

Diante desses fatores limitantes, não é estranho que os governantes muitas vezes tenham menos poder e prestígio do que seria de se esperar levando em conta uma enumeração literal dos seus direitos formais.

Riqueza, propriedade e trabalho Cada posição que garante para seu encarregado a subsistência é, por definição, economicamente recompensada. Por esse motivo, há um aspecto econômico nessas posições (por exemplo, políticas e religiosas), cuja função principal não é econômica. Torna-se, portanto, conveniente para a sociedade usar retornos econômicos desiguais como principal meio de controlar o ingresso de pessoas nas posições e estimular o desempenho das suas funções. A quantidade do retorno econômico, portanto, torna-se um dos principais índices de *status* social.

Convém salientar, no entanto, que uma posição não traz poder e prestígio *porque* atrai uma renda elevada. Em vez disso, ela atrai uma renda elevada porque é funcionalmente importante e o pessoal disponível é, por uma razão ou outra, escasso. É, portanto, superficial e errôneo considerar renda elevada como a causa do poder e do prestígio de alguém, assim como é errado pensar que a febre de uma pessoa é a causa de sua doença.[4]

A fonte econômica do poder e do prestígio não é a renda principalmente, mas a posse de bens de capital (inclusive patentes de invenções, boa vontade e reputação profissional). Essa propriedade deve ser distinguida da posse dos bens de consumidor, que é um índice, e não uma causa, da posição social. Em outras palavras, a propriedade de mercadorias dos produtores é, na prática, uma fonte de renda como a de outras posições, a renda em si permanecendo um índice. Até mesmo em situações onde os valores sociais são amplamente comercializados e os ganhos são o método mais imediato para julgar a posição social, a renda não confere prestígio a uma posição a ponto de induzir as pessoas a competir por ela. É verdade que uma pessoa com renda alta resultante de uma posição também pode achar esse dinheiro útil na escalada para uma nova posição, mas isso de novo reflete o efeito de sua condição inicial, economicamente vantajosa, que exerce sua influência por meio do dinheiro.

No sistema de propriedade privada em empreendimentos produtivos, uma renda acima do que o indivíduo gasta pode originar a posse de riqueza de capital. Presume-se que essa posse seja uma recompensa por uma boa gestão das finanças originalmente e de empreendimentos produtivos posteriores. Porém, à medida que a diferenciação social torna-se altamente avançada, e, ainda mais, persiste a instituição da herança, o fenômeno da propriedade pura emerge, bem como a recompensa por essa propriedade. Nesse caso, é difícil provar que a posição é funcionalmente importante ou que a escassez envolvida é algo além de extrínseca e acidental. É por esse motivo, sem dúvida, que a instituição da propriedade privada em bens produtivos torna-se mais alvo de críticas à medida que o desenvolvimento social evolui rumo à industrialização. Apenas essa propriedade pura, ou seja, estritamente legal e sem função, no entanto, é alvo de ataques, pois alguma forma de propriedade ativa, pública ou privada é indispensável.

Um tipo de propriedade dos bens de produção consiste em direitos sobre o trabalho dos outros. A forma mais extremamente concentrada e exclusiva desses direitos encontra-se na escravidão, mas o princípio essencial permanece na peonagem, na servidão, na *encomienda* e nos trabalhos forçados. De um modo natural, esse tipo de propriedade tem a maior importância para a estratificação, pois implica necessariamente uma relação desigual.

Mas a propriedade em bens de capital, inevitavelmente, introduz um elemento compulsivo até mesmo na relação contratual de liberdade nominal. De fato, em alguns aspectos a autoridade do empregador contratual é maior do que a do senhorio feudal, na medida em que este último é mais limitado pelas reciprocidades tradicionais. Até mesmo a economia clássica reconheceu que os concorrentes teriam desempenho desigual, mas não vinculou esse fato à conclusão necessária de que, seja lá como foi adquirido, o controle desigual de bens e serviços deve dar vantagem desigual às partes de um contrato.

---

[4] O papel muito simbólico e intrínseco da renda na estratificação social foi resumido de maneira sucinta por Talcott Parsons, em "An analytical Approach to the Theory of Social Stratification", *American Journal of Sociology*, 45:841-862, maio de 1940.

Conhecimento técnico A função de encontrar meios para objetivos simples, sem qualquer preocupação com a escolha entre os objetivos, é a esfera exclusivamente técnica. É fácil explicar o motivo pelo qual as posições que exigem grande habilidade técnica recebem recompensas bastante elevadas; nada mais é do que o caso mais simples de distribuir as recompensas para atrair talentos e motivar a formação. Também é claro o motivo pelo qual essas posições raramente ou nunca recebem as recompensas mais altas: do ponto de vista social, o conhecimento técnico nunca é tão importante quanto a integração dos objetivos, que ocorre em níveis religiosos, políticos e econômicos. Já que o nível tecnológico está preocupado apenas com os meios, uma posição puramente técnica, enfim, deve estar subordinada a outras posições de caráter religioso, político ou econômico.

Contudo, a distinção entre especialista e leigo em qualquer ordem social é fundamental e não pode ser inteiramente reduzida a outros termos. Os métodos de recrutamento, bem como de recompensa, por vezes levam à interpretação errônea de que cargos técnicos são economicamente determinados. Na verdade, porém, a aquisição de conhecimentos e habilidades não pode ser comprada, embora a oportunidade de aprender possa. O controle dos meios de treinamento pode funcionar como uma espécie de direito de propriedade em certas famílias ou classes, conferindo-lhes poder e prestígio em consequência. Essa situação adiciona uma escassez artificial à natural escassez de habilidades e talentos. Por outro lado, é possível surgir uma situação oposta. As recompensas da posição técnica podem ser tão grandes a ponto de criar uma condição de excesso de oferta, levando à desvalorização pelo menos temporária das recompensas. Assim, o "desemprego nas profissões aprendidas" pode resultar na degradação do prestígio dessas posições. Esses ajustes e reajustes ocorrem constantemente nas sociedades dinâmicas; e é sempre bom ter em mente que a eficiência de uma estrutura estratificada pode ser afetada pelos modos de recrutamento das posições. No entanto, a própria ordem social define limites para a inflação ou deflação do prestígio dos especialistas: um excesso de oferta tende a rebaixar as recompensas e a desencorajar o recrutamento ou produzir a revolução, enquanto uma suboferta tende a aumentar as recompensas ou enfraquecer a sociedade em concorrência com outras sociedades.

Certos sistemas de estratificação mostram uma grande variedade em relação à posição exata de pessoas tecnicamente competentes. Essa abrangência é talvez mais evidente no grau de especialização. A extrema divisão do trabalho tende a criar muitos especialistas sem prestígio elevado, uma vez que o treinamento é curto e a capacidade inata necessária, relativamente pequena. Por outro lado, ela também tende a acentuar a posição elevada dos verdadeiros especialistas – cientistas, engenheiros e gestores – aumentando sua autoridade em relação a outras posições funcionalmente importantes. Mas a ideia de uma ordem social tecnocrática ou de um governo ou sacerdócio de engenheiros ou cientistas sociais desconsidera as limitações de conhecimento e habilidades como a base para a realização de funções sociais. Na medida em que a estrutura social é verdadeiramente especializada, o prestígio da pessoa técnica também deve ser circunscrito.

Variação em sistemas estratificados

Os princípios generalizados de estratificação aqui sugeridos formam uma necessária preliminar para a consideração dos tipos de sistemas estratificados, pois é em termos desses princípios que os tipos devem ser descritos. Isso pode ser visto ao tentar-se delinear tipos de acordo com certos modos de variação. Por exemplo, alguns dos mais importantes modos (junto com seus respectivos tipos polares) parecem ser os seguintes:

(a) O grau de especialização O grau de especialização afeta a excelência e a multiplicidade das gradações no poder e no prestígio. Também influencia no quanto certas funções

podem ser enfatizadas no sistema injusto, já que determinada função só recebe ênfase na hierarquia quando obtém separação estrutural das outras funções. Por fim, a quantidade de especialização influencia as bases da seleção. Tipos polares: *especializados, não especializados.*

(b) A natureza da ênfase funcional Em geral, quando a ênfase é colocada em assuntos sagrados, introduz-se uma rigidez que tende a limitar a especialização e, por isso, o desenvolvimento da tecnologia. Além disso, um freio é colocado na mobilidade social e no desenvolvimento da burocracia. Quando a preocupação com o sagrado é retirada, deixando maior espaço para preocupações puramente laicas, parece ocorrer uma grande evolução e ascensão no *status* das posições econômicas e tecnológicas. De modo curioso, é improvável uma ascensão concomitante da posição política, pois, em geral a função política tem sido aliada à religiosa e ganha pouco com o declínio desta última. Também é possível para uma sociedade enfatizar as funções da família – como em sociedades relativamente indiferenciadas onde a alta mortalidade exige alta fertilidade, e o parentesco constitui a principal base da organização social. Tipos principais: *familiar, autoritário* (*teocrático* ou sagrado, e *totalitário* ou laico), *capitalista.*

(c) A magnitude das diferenças injustas O que pode ser chamado de nível de distância social entre as posições, levando em conta a escala inteira, é algo que deve se prestar à medição quantitativa. A esse respeito, existem diferenças aparentemente consideráveis entre sociedades e também entre as partes da mesma sociedade. Tipos polares: *igualitário, inigualitário.*

(d) O grau de oportunidade A questão familiar da quantidade de mobilidade é diferente da questão mencionada acima de igualdade ou desigualdade comparativa, porque os dois critérios podem variar de forma independente até certo ponto. Por exemplo, nos Estados Unidos, as tremendas divergências de renda monetária são muito maiores do que as encontradas em sociedades primitivas, mas a igualdade de oportunidade para galgar degraus na escala social também pode ser maior nos Estados Unidos do que em reinos tribais hereditários. Tipos polares: *móvel* (aberto), *imóvel* (fechado).

(e) O grau de solidariedade do estrato Outra vez, o grau de "solidariedade de classe" (ou a presença de organizações específicas para promover os interesses de classe) até certo ponto pode variar independentemente de outros critérios e, portanto, é um princípio importante na classificação dos sistemas de estratificação. Tipos polares: *classe organizada, classe desorganizada.*

Condições externas

A relação de qualquer sistema de estratificação com cada um desses modos de variação depende de duas coisas: (1) sua situação com referência a outras faixas de variação e (2) as condições fora do sistema de estratificação, que, no entanto, influenciam esse sistema. Entre estas últimas, podemos citar:

(a) O estágio de desenvolvimento cultural À medida que a herança cultural cresce, torna-se necessária maior especialização, que, por sua vez, contribui para a melhoria da mobilidade, um declínio da solidariedade de estrato e uma mudança de ênfase funcional.

(b) Situação em relação a outras sociedades A presença ou a ausência de conflito aberto com outras sociedades, de relações de comércio livre ou difusão cultural: tudo isso influencia a estrutura de classe em certa medida. Um estado crônico de guerra tende a colocar a ênfase nas funções militares, especialmente quando os adversários são mais ou menos iguais. O livre comércio, por outro lado, reforça a importância do comerciante em detrimento à do guerreiro e do sacerdote. A livre circulação de ideias, em geral, tem um efeito igualitário. Migrações e conquistas criam circunstâncias especiais.

(c) Tamanho da sociedade Uma sociedade pequena limita até que ponto a especialização funcional pode alcançar, o grau de segregação dos diferentes estratos e a magnitude da desigualdade.

Tipos compostos

Grande parte da literatura sobre estratificação tentou classificar sistemas concretos em certo número de tipos. Porém, essa tarefa não é assim tão simples e deve surgir ao cabo de uma análise dos elementos e princípios, e não no início. Se a discussão anterior tiver alguma validade, isso indica que existe um número de modos de variação entre os diferentes sistemas, e que qualquer sistema é uma composição do *status* da sociedade em relação a todos esses modos de variação. O perigo de tentar classificar todas as sociedades em rubricas como *casta, feudal* ou *classe aberta* é que um ou dois critérios são selecionados e outros ignorados, e o resultado é uma solução insatisfatória para o problema colocado. A presente discussão foi oferecida como possível abordagem para a classificação mais sistemática dos tipos compostos.

Talcott Parsons: Idade e sexo na estrutura social dos Estados Unidos

Em nossa sociedade, a categorização etária não envolve, de modo mais abrangente, à exceção do sistema educacional, a criação formal de faixas etárias, mas está entrelaçada com outros elementos estruturais. Em relação a esses elementos, no entanto, ela constitui um importante ponto de ligação e organização em muitos aspectos. Para os fins presentes, os aspectos mais importantes são estrutura de parentesco, educação formal, ocupação e participação na comunidade. Na maioria dos casos, as linhas etárias não são rigidamente específicas, mas aproximadas; no entanto, isso não diminui necessariamente sua importância estrutural.[1]

Em todas as sociedades, a situação inicial de cada indivíduo normal é o da criança

Reproduzido de Talcott Parsons, "Age and Sex in the Social Structure of the United States", *American Sociological Review*, Vol. 7, 1942. O conteúdo desse trabalho foi apresentado à Sociedade Americana de Sociologia em 27 de dezembro de 1941, na cidade de Nova York.

A tentativa de realizar essa análise foi sugerida ao escritor em grande parte pelo professor Ralph Linton, por meio de seu artigo, "Um aspecto negligenciado da estrutura social", publicado no *American Journal of Sociology*, em maio de 1940, e de conversas pessoais. Tanto o significado analítico geral das categorias etárias e de gênero na estrutura social quanto o contorno principal da variabilidade cultural de modos particulares de organização de papéis da idade e do gênero são desconsiderados no presente trabalho. O professor Linton tem ampliado seu tratamento desses assuntos no artigo anterior nessa edição da *Review*.

O presente trabalho não incorporará os resultados de pesquisas sistemáticas, mas constitui uma afirmação provisória de certos aspectos principais dos papéis etários e de gênero em nossa sociedade e de sua influência sobre uma gama de problemas. Tampouco tentará tratar adequadamente as variações importantes de acordo com a classe social, diferenças urbano-rurais e assim por diante, mas se concentrará em particular na classe média e na classe média alta urbanas.

[1] O problema da organização desse material para apresentação sistemática é, levando em conta esse fato, particularmente difícil. Seria possível discutir o assunto em termos das quatro estruturas principais anteriores, com as quais a idade e o sexo estão mais estreitamente interligados, mas existem sérias desvantagens envolvidas nesse procedimento. As categorias etárias e sexuais constituem uma das principais ligações da continuidade estrutural em termos de quais estruturas são diferenciadas em outros aspectos que se articulam entre si; e ao isolar o tratamento dessas categorias, há o perigo de que esse aspecto extremamente importante do problema seja perdido de vista. O método menos objetável, ao menos dentro dos limites de espaço desse artigo, parece ser seguir a sequência do ciclo de vida.

em determinada unidade de parentesco. Em nossa sociedade, no entanto, esse ponto de partida universal é usado de maneiras distintas. Embora na primeira infância os sexos em geral não sejam nitidamente diferenciados, em muitos sistemas de parentesco uma segregação relativamente acentuada das crianças começa muito cedo. Nossa própria sociedade é demonstrativa no sentido de que as crianças de ambos os sexos são, em muitos aspectos fundamentais, tratadas de forma igual. Isso é particularmente verdadeiro em se tratando de privilégios e responsabilidades. As principais distinções dentro do grupo de irmãos dependentes referem-se à faixa etária. Assim, a ordem de nascimento é notavelmente desconsiderada como base de discriminação; em essência, uma criança de 8 anos e outra de 5 anos têm as responsabilidades e os privilégios adequados às suas respectivas faixas etárias, sem levar em conta o fato de ser o irmão mais velho, do meio ou caçula. O tratamento preferencial de uma criança mais velha não tem relação significativa com o fato de ela ser a primogênita.

Claro, existem diferenças importantes de gênero na forma de vestir, no interesse por brincadeiras e afins, mas, seja como for, pode presumir-se que nas classes médias urbanas superiores essas diferenças tendem a diminuir. Assim, por exemplo, macacões ou jardineiras que as crianças vestem para brincar são essencialmente semelhantes para ambos os sexos. O que talvez seja a mais importante discriminação de gênero é mais um reflexo da diferenciação dos papéis sexuais adultos. Parece ser um fato definitivo que meninas são mais propícias a serem relativamente dóceis, a se adaptarem em geral com as expectativas dos adultos, a serem "boazinhas", enquanto os rapazes são mais propícios a serem recalcitrantes à disciplina e desafiadores das expectativas e autoridades adultas. Na verdade, não existe equivalente feminino da expressão *bad boy*. Talvez uma explicação parcial seja o fato de ser possível, desde a mais tenra idade, iniciar meninas diretamente em muitos aspectos importantes do papel feminino adulto. Suas mães estão continuamente no ambiente doméstico, e o significado de muitas coisas que estão fazendo é relativamente tangível e de fácil compreensão para uma criança. Também é possível para a filha participar de modo ativo e útil em muitos desses afazeres. Em especial na classe média urbana, no entanto, o pai não trabalha em casa, e seu filho não é capaz de observar seu trabalho nem de participar dele desde criança. Além disso, muitas das funções masculinas têm caráter relativamente abstrato e intangível, de modo que seu significado se mantenha quase totalmente inacessível para uma criança. Isso deixa o menino sem um modelo significativo tangível para imitar e sem a possibilidade de uma iniciação gradativa nas atividades do papel masculino adulto. Uma verificação importante dessa análise pode ser fornecida pelo estudo de nossa própria sociedade do meio rural. Tenho a impressão de que os filhos de agricultores tendem a ser "bons" em um sentido atípico em comparação aos seus irmãos urbanos.

A igualdade de privilégios e responsabilidades, classificados apenas por idade, mas não por ordem de nascimento, é ampliada em certo grau a toda a gama do ciclo de vida. Na condição de adulto pleno, no entanto, ela é seriamente modificada pela relação assimétrica dos sexos quanto à estrutura ocupacional. Um dos símbolos e expressões mais conspícuos da igualdade subjacente, porém, é a falta de diferenciação sexual no processo de educação formal, contanto que, pelo menos, não seja explicitamente vocacional. Até o ingresso na faculdade, a diferenciação primordialmente parece envolver, por um lado, a capacidade individual, por outro, o *status* de classe. Só em grau secundário vem a diferenciação de sexo. Com certeza alguém pode falar de um modelo fortemente estabelecido em que todas as crianças da família têm o "direito" a uma boa educação, direitos que são graduados de acordo com o *status* de classe da família, mas também com a capacidade individual. É apenas no ensino profissional e superior, com sua conexão direta com as futuras carreiras profissionais, que a discriminação sexual torna-se visível. É de especial importância a existência dessa igualdade de tratamento na esfera da educação liberal, pois em toda a estrutura social de nossa sociedade há uma forte tendência para segregar a esfera ocupacional de uma esfera em que predominam certos padrões e valores mais humanos, em particular na vida social informal e no domínio do que aqui será chamado de participação comunitária.

Embora esse padrão de igualdade de tratamento esteja presente em certos aspectos fundamentais em todas as faixas etárias, na transição da infância para a adolescência aparecem novas características que perturbam a simetria dos papéis sexuais, enquanto um segundo conjunto de fatores aparece com o casamento e a aquisição, em sua plenitude, das condições e responsabilidades adultas.

Uma indicação da mudança é a prática do acompanhamento, por meio do qual as meninas recebem uma espécie de proteção e supervisão por adultos que meninos da mesma faixa etária não recebem. Ou melhor, rapazes são acompanhados somente quando se relacionam com as garotas de sua própria classe. Essa modificação na igualdade de tratamento foi estendida ao controle das vidas privadas de estudantes do sexo feminino em internatos e universidades. De importância inquestionável é o fato de ter rapidamente diminuído não só em eficácia real, mas como padrão ideal. Sua proeminência em nosso passado recente, no entanto, é uma importante manifestação da importância da diferenciação do papel sexual. Importantes esclarecimentos de suas funções podem ser obtidos pela comparação sistemática com os fenômenos relacionados nos países latinos, onde esse tipo de assimetria tem sido muito mais acentuado do que nos Estados Unidos no período mais moderno.

É com o despontar da adolescência que começa a se desenvolver um conjunto de padrões e fenômenos de comportamento que envolve uma combinação altamente complexa dos elementos de categorização etária e papel sexual. Juntos, esses elementos podem ser chamados de fenômenos da "cultura juvenil". Alguns de seus elementos estão presentes na pré-adolescência e outros na cultura adulta. Mas a combinação peculiar em relação a esse nível de idade específica é exclusiva e altamente distintiva para a sociedade norte-americana.

Talvez o melhor ponto isolado de referência para caracterizar a cultura juvenil encontre-se em seu contraste com o padrão dominante do papel masculino adulto. Em contraste com a ênfase na responsabilidade nesse papel, a orientação da cultura juvenil é mais ou menos especificamente irresponsável. Uma das suas características predominantes é "divertir-se", em relação à qual existe uma ênfase particularmente forte nas atividades sociais, em companhia com o sexo oposto. Uma segunda característica predominante no lado masculino encontra-se na proeminência do atletismo, um meio de realização e competição que estabelece nítido contraste com os padrões primordiais de conquista adulta em capacidades profissionais e executivas. Sob um prisma negativo, existe uma forte tendência para repudiar o interesse em coisas adultas e sentir ao menos certa relutância quanto à pressão da disciplina e expectativas adultas. Além das proezas atléticas, mas incluindo-as, o padrão típico da cultura juvenil masculina parece enfatizar o valor de certas qualidades de atratividade, em especial em relação ao sexo oposto. Definitivamente é um padrão humanístico desenvolvido, em vez de um padrão de competência no exercício de funções especificadas. Estereótipos como o do "cara legal" são representativos disso. No lado feminino, existe, de modo correspondente, uma forte tendência para acentuar a atratividade sexual em termos de várias versões do que pode ser chamado o padrão "garota de *glamour*".[1]

---

[1] Talvez a mais drástica manifestação dessa tendência resida na proeminência dos padrões de "namorar", por exemplo entre as mulheres universitárias. Como demonstrado por um estudo inédito de participante-observador feito em faculdades de mulheres orientais, talvez a mais importante base única de avaliação informal de prestígio entre os moradores de um dormitório reside no seu

Embora esses papéis definidores de padrões tendam a se polarizar em termos de sexo – por exemplo, entre o atleta e a garota socialmente popular –, em determinado nível eles são complementares, ambos enfatizando certas características de uma personalidade total em termos da expressão direta de certos valores, em vez da importância instrumental.

Uma característica adicional dessa situação é a extensão na qual ela se cristaliza no sistema de educação formal.[2] Pode-se dizer que os principais centros de difusão de prestígio são as faculdades, mas que muitos dos fenômenos mais distintos podem ser encontrados nas escolas de ensino médio país afora. Claro, é de grande importância que a educação liberal não seja principalmente uma questão de treinamento vocacional nos Estados Unidos. Porém, a situação individual no lado curricular da educação formal está ligada em aspectos fundamentais com expectativas adultas, e fazer um "bom trabalho" é uma das mais importantes fontes de aprovação dos pais. Por causa da institucionalização secundária, essa aprovação é estendida a várias esferas distintivas da cultura juvenil. Mas é notável que a cultura juvenil tenha uma forte tendência de se desenvolver em rumos que estão no limite da aprovação dos pais ou ultrapassaram esses limites, em questões como comportamento sexual, bebida e várias formas de comportamento frívolo e irresponsável. O fato de que muitas vezes os adultos tenham atitudes bastante ambivalentes em relações a essas coisas e de que, em eventos como reuniões de faculdade, consigam superar a geração mais jovem, por exemplo, em beber além da conta, é muito significativo (mas talvez estruturalmente secundário ao aspecto diferencial de jovens *versus* adultos). Assim, a cultura juvenil não é apenas, como no caso do aspecto curricular da educação formal, uma questão de *status* etário *per se*, mas também mostra fortes sinais de ser um produto das tensões no relacionamento entre jovens e adultos.

Do ponto de vista da categorização etária, talvez o fato mais notável nessa situação seja a existência de distinções de padrão definidas a partir dos períodos anteriores e posteriores. Na linha entre a infância e adolescência, "crescer" consiste precisamente na capacidade de participar dos padrões de cultura juvenil, que não existem para ambos os sexos, iguais aos padrões adultos praticados pela geração parental. Em ambos os sexos, a transição para a idade adulta completa significa a perda de certo elemento "glamouroso". De herói atlético ou celebridade nas danças da faculdade, o jovem torna-se um prosaico executivo de negócios ou advogado. Os adultos mais bem-

---

relativo sucesso no namoro – embora essa não seja a única base. Uma das características mais marcantes do padrão é a alta publicidade conferida às "conquistas" do indivíduo em uma esfera em que, na cultura tradicional, um nível bem alto de privacidade é sancionado – é interessante que, tão logo um noivado seja confirmado, um nível muito maior de privacidade é concedido. Os padrões de classificação não podem ser considerados bem integrados, embora haja uma consistência subjacente no sentido de que o principal padrão talvez seja estar em consonância com o que o grupo considera homens desejáveis.

É verdade que o complexo "namoro" não precisa estar exclusivamente atado com o estereótipo da "garota *glamour*" da personalidade feminina ideal – o tipo "boa companhia" também pode ter um lugar. Precisamente, no entanto, é onde o aspecto competitivo de namoro é mais proeminente que o padrão de *glamour* parece predominar fortemente, como predomina, no lado masculino, um tipo glamouroso um tanto comparável. Ao mesmo tempo, nos dois lados há espaço para considerável diferença no que tange apenas ao local da ênfase – por exemplo, se em uma sexualidade "voluptuosa" ou em um "charme" mais decoroso.

[2] Um aspecto central desse foco de cristalização reside no elemento de tensão, às vezes de conflito direto, entre os padrões de cultura juvenil da vida universitária e escolar, e os "graves" interesses e obrigações em relação ao trabalho curricular. Claro que é este último que define ao menos alguns dos mais importantes focos de expectativas adultas de fazer um "bom" trabalho e justificar os privilégios concedidos. Aqui não é possível tentar analisar as atitudes interessantes e ambivalentes da juventude em relação ao trabalho e ao desempenho curriculares.

-sucedidos participam de uma importante ordem de símbolos de prestígio, mas esses têm uma natureza muito diferente daqueles da cultura juvenil. No caso do papel feminino, o contraste é talvez igualmente aguçado, com pelo menos uma forte tendência para assumir um padrão "doméstico" com o casamento e a chegada de crianças pequenas.

A esse respeito, porém, a simetria não deve ser exagerada. É de fundamental importância para a estrutura do papel sexual dos níveis de idade adulta que o cidadão normal tenha um "trabalho", fundamental para seu *status* social em geral. Talvez não seja demais dizer que só em casos muito excepcionais um homem adulto pode alcançar genuíno autorrespeito e desfrutar um *status* respeitado aos olhos dos outros, se não "ganhar a vida" em um papel ocupacional aprovado. Não se trata apenas de seu próprio sustento econômico, mas, de um modo geral, seu *status* profissional é a principal fonte da renda e do *status* de classe de sua esposa e seus filhos.

No caso do papel feminino, a situação é radicalmente diferente. A maioria das mulheres casadas, é claro, não trabalha fora, mas até mesmo entre aquelas que trabalham uma proporção muito grande não tem empregos que concorrem em *status* com o de seus maridos.[3] A maioria das mulheres com "carreira", cujo *status* ocupacional é comparável com o dos homens em sua própria classe, pelo menos na classe média alta e na classe alta, é solteira, e na pequena proporção de casos onde são casadas, o resultado é uma profunda alteração na estrutura familiar.

Esse padrão, fulcral para as classes médias urbanas, não deve ser mal interpretado. Na sociedade rural, por exemplo, é possível dizer que a gestão da fazenda e a condição de atendente na comunidade envolvem a situação conjunta das duas partes em um casamento. Enquanto a fazenda é gerida por uma família, o emprego urbano é realizado por um indivíduo e não envolve outros membros da família em sentido comparável. Uma expressão conveniente da diferença reside na questão do que aconteceria em caso de morte. No caso de uma fazenda ao menos seria de todo incomum que a viúva continuasse gerindo a fazenda com a ajuda de um filho ou mesmo de mão de obra contratada. Na situação urbana, a viúva deixa de ter qualquer ligação com a organização que empregava o marido, e ele seria substituído por outro homem sem quaisquer afiliações familiares.

Nessa situação urbana, o principal papel portador de *status* é em certo sentido o papel da dona de casa. O *status* fundamental da mulher é o da esposa do marido, a mãe de seus filhos e, tradicionalmente, a pessoa responsável por um complexo de atividades relacionadas com a gestão da casa, o cuidado das crianças, etc.

Para a estruturação dos papéis sexuais na fase adulta, as considerações mais fundamentais parecem envolver as inter-relações do sistema ocupacional e da família conjugal. Em certo sentido, a base mais fundamental do *status* da família é o *status* profissional do marido e pai. Como tem sido apontado, esse é um *status* ocupado pelo indivíduo em virtude de suas qualidades individuais e realizações. Mas tanto de modo direto quanto indireto, mais do que qualquer outro fator, isso determina o *status* da família na estrutura social; de modo direto, por causa do significado simbólico do cargo ou ocupação como símbolo de prestígio, e indireto porque, sen-

---

[3] Essa declaração, ainda mais do que no presente trabalho, precisa ser qualificada em relação ao problema da classe. Acima de tudo aplica-se à classe média alta. Aqui talvez a grande maioria das "esposas que trabalham fora" esteja envolvida em alguma forma de trabalho de secretariado que seria, de forma independente, geralmente classificada como ocupação de classe média baixa. Em níveis mais baixos da estrutura de classe, a situação é bem diferente, já que o prestígio dos trabalhos de marido e mulher tem maior probabilidade de ser quase equivalente. É bem possível que esse fato esteja intimamente relacionado com a instabilidade relativa do casamento constatada por Davis e Gardner (*Deep South*), pelo menos na comunidade estudada, como típica dos grupos de classe baixa. Essa relação merece estudo cuidadoso.

do a principal fonte de renda familiar, determina o nível de vida da família. De um ponto de vista, o surgimento de *status* profissional nessa posição primordial pode ser considerado a principal fonte de tensão na estrutura do papel sexual da nossa sociedade, já que priva a mulher de seu papel como parceira em um empreendimento comum. A empresa comum é reduzida à vida da própria família e às atividades sociais informais em que marido e mulher participam juntos. Isso deixa à esposa um conjunto de funções utilitárias na gestão da unidade familiar que pode ser considerado um tipo de "pseudo-" ocupação. Já que nosso principal interesse é a classe média, o caráter um tanto instável do papel de dona de casa como o conteúdo principal do papel feminino é fortemente ilustrado pela tendência de contratar empregados domésticos, sempre que houver condições financeiras. É verdade que existe uma tendência norte-americana para aceitar tarefas de trabalho árduo com disposição relativa, mas é notável que nas famílias de classe média tenda a haver uma dissociação da personalidade essencial a partir do desempenho dessas tarefas. Assim, a publicidade continuamente apela para esses desejos quanto a ter mãos macias que nunca lavaram a louça nem esfregaram o chão.[4] A organização sobre a função de dona de casa, no entanto, com a soma de intensa devoção afetiva ao marido e aos filhos, é o foco principal de um dos principais padrões que regem o papel feminino adulto – que pode ser chamado de padrão "doméstico". No entanto, salta aos olhos que a aderência estrita a esse padrão tornou-se progressivamente menos comum e tem forte tendência a um *status* residual – isto é, ser seguido mais de perto por aqueles indivíduos malsucedidos na competição por prestígio em outras direções.

Claro, é possível para a mulher adulta seguir o padrão masculino e buscar uma carreira em campos de realização ocupacional em concorrência direta com os homens de sua própria classe. Porém, é notável que, apesar dos progressos muito grandes na emancipação das mulheres do tradicional padrão doméstico, apenas uma fração muito pequena foi muito longe nessa direção. Também é evidente que a sua generalização só seria possível com alterações profundas na estrutura da família.

De modo concomitante à alteração na função masculina básica rumo à ocupação, portanto, parece que surgiram no papel feminino duas tendências importantes que constituem alternativas à simples vida doméstica, por um lado, e à carreira plena, de outro. Na situação antiga, tendia a existir uma distinção muito rígida entre as mulheres casadas respeitáveis e aquelas que "não eram flor que se cheire". A rigidez dessa linha se rompeu de modo progressivo com a infiltração na esfera respeitável de elementos do que se pode outra vez ser chamado de padrão de *glamour*, com ênfase na forma especificamente feminina de atratividade, que, na ocasião, envolve diretamente padrões de apelo diretamente sexuais. Uma expressão importante dessa tendência reside no fato de que muitos dos símbolos da atratividade feminina sobressaíram-se diretamente a partir de práticas de tipos sociais antes abominadas pela sociedade respeitável. Isso parece ser bastante verdadeiro em relação à prática das mulheres fumando e de pelo menos a versão moderna do uso de cosméticos. O mesmo parece acontecer em muitas das versões modernas da moda feminina. Nesse contexto, "emancipação" significa sobretudo a emancipação das restrições convencionais e tradicionais à livre expressão de impulsos e atrações sexuais, mas no sentido de tender a segregar o elemento de inte-

---

[4] Sem dúvida, esse tipo de recurso de publicidade contém um elemento de "apelo esnobe", no sentido de um convite para o indivíduo se identificar, por sua aparência e maneiras, com uma classe social mais elevada do que a de seu *status* real. Mas é quase certo que isso não se explica totalmente por esse elemento. Sem dúvida, uma aparência glamourosa feminina especificamente dissociada do trabalho físico é uma parte genuína de um autêntico ideal de personalidade da classe média, e não só a evidência de um desejo de pertencer à classe alta.

resse e atração sexuais da personalidade total e, com isso, tender a enfatizar a segregação dos papéis sexuais. É particularmente notável que não houve nenhuma tendência correspondente para enfatizar a atração masculina em termos de vestuário e outros aparatos. Talvez se possa dizer que, em uma situação que iniba fortemente a competição entre os sexos no mesmo plano, o padrão feminino de *glamour* surgiu como uma compensação do *status* ocupacional masculino e seus símbolos de prestígio relacionados. Talvez seja significativo o fato de existir um estereótipo comum da associação de mulheres fisicamente bonitas e dispendiosa e sofisticadamente vestidas com homens sem atrativos físicos, mas ricos e poderosos.

A outra direção principal de emancipação da domesticidade parece estar na ênfase do que tem sido chamado de elemento humanístico comum. Isso assume uma vasta gama de formas. Uma delas reside em uma apreciação relativamente madura e no cultivo sistemático de interesses culturais e gostos educados, estendendo-se desde a esfera intelectual até assuntos de arte, música e mobiliário. Uma segunda consiste no cultivo de interesses sérios e obrigações humanitárias em situações de bem-estar da comunidade e afins. É compreensível que muitas dessas orientações sejam mais perceptíveis em campos onde, por meio de algum tipo de tradição, exista um elemento de particular aptidão para a participação feminina. Assim, uma mulher que leva as obrigações com o bem-estar social particularmente a sério vai encontrar oportunidades em diversas formas de atividade tradicionalmente conectadas às relações das mulheres com crianças, doenças e assim por diante. Mas isso pode ser considerado secundário à orientação subjacente que procuraria uma válvula de escape em trabalhos úteis para a comunidade, aproveitando as oportunidades mais favoráveis que estivessem disponíveis.

Esse padrão, que, tendo como referência o caráter da relação com os homens, pode ser chamado de "boa companhia", distingue-se dos outros no sentido de que realça muito menos a exploração do papel sexual em si e muito mais o que é essencialmente comum a ambos os sexos. Porém, existem motivos pelos quais interesses culturais, interesses no bem-estar social e em atividades comunitárias são particularmente proeminentes nas atividades das mulheres em nossas comunidades urbanas. De um lado, o papel ocupacional masculino tende a absorver uma proporção muito grande do tempo e da energia do homem e a deixar relativamente pouco tempo para outros interesses. Além disso, a menos que sua posição seja tal que o torne particularmente proeminente, sua principal orientação é para aqueles elementos da estrutura social que dividem a comunidade em grupos ocupacionais, em vez daqueles que os unem em interesses e atividades comuns. Por outro lado, o aspecto utilitário do papel de dona de casa diminuiu em importância ao ponto de dificilmente se aproximar a uma ocupação em tempo integral para uma pessoa vigorosa. Por isso, recorre-se a outros interesses para preencher a lacuna. Além disso, as mulheres, sendo mais intimamente ligadas à comunidade local residencial, estão mais aptas a se envolver em assuntos de interesse comum para os membros dessa comunidade. Esse papel peculiar da mulher torna-se particularmente evidente na meia-idade. A jovem mulher casada está mais propícia a estar relativa e altamente absorvida no cuidado dos filhos pequenos. À medida que os filhos crescem, no entanto, a absorção da mulher na gestão doméstica diminui bastante, muitas vezes justamente quando o marido se aproxima do ápice de sua carreira e está mais envolvido em suas obrigações. Já que em elevado grau esse aspecto humanista do papel feminino é apenas parcialmente institucionalizado, não é de estranhar que seus padrões muitas vezes ostentem as marcas de tensão e insegurança, como talvez tenha sido classicamente ilustrado nos cartuns de Helen Hokinson sobre clubes femininos.

Os papéis adultos de ambos os sexos envolvem elementos importantes de tensão, envolvidos em certos relacionamentos dinâmicos, em especial na cultura juvenil. No caso do papel feminino, o casamento é o único evento enfatizado por um processo seletivo, em que os esforços e as qualidades pessoais conseguem desempenhar um papel decisivo. Isso determina o *status* fundamental de uma mulher, e depois disso, sua padronização do papel não é tão determinante ao *status* quanto uma questão de fazer jus às expectativas e encontrar interesses e atividades satisfatórios. Em uma sociedade que coloca essa forte ênfase na realização individual não é surpreendente que exista certa nostalgia romântica pelo tempo em que as escolhas fundamentais ainda estavam abertas. Esse elemento de tensão é adicionado pela falta de definição clara do papel feminino adulto. Mesmo quando se elimina a possibilidade de uma carreira, permanece ainda uma oscilação bastante instável entre a ênfase no caminho da vida doméstica, do *glamour* ou da boa companhia. De acordo com as pressões situacionais e o caráter individual, a tendência será enfatizar com mais força um desses caminhos. Mas é uma situação suscetível de produzir um nível de insegurança bem elevado. Nessa condição, o padrão de vida doméstica deve ser menos valorizado em termos de prestígio, mas também, por causa da forte ênfase no sentimento comunitário em relação às virtudes de fidelidade e devoção ao marido e filhos, oferece talvez o mais alto nível de certo tipo de segurança. Não é de se admirar que um símbolo norte-americano tão importante como a pintura *A mãe de Whistler* concentra-se principalmente nesse padrão.

O padrão do *glamour* tem certas atrações óbvias, já que, para a mulher excluída da luta pelo poder e prestígio na esfera profissional, é o caminho mais direto para uma sensação de superioridade e importância. Tem, no entanto, duas limitações óbvias. Em primeiro lugar, muitas de suas manifestações encontram a resistência dos padrões de conduta moral e geram conflitos não apenas com a opinião da comunidade, mas também com os padrões morais do próprio indivíduo. Em segundo lugar, é um padrão cujas manifestações mais elevadas estão inevitavelmente associadas a um nível etário bastante precoce – na verdade, muito precoce, se levarmos em conta o período de namoro. Portanto, quando esse padrão é aderido surgem graves tensões com o problema da adaptação ao aumento da idade.

O único padrão que parece oferecer as maiores possibilidades para mulheres emocionalmente maduras, inteligentes e capazes é o terceiro – o padrão da boa companhia. Esse, no entanto, sofre de falta de *status* plenamente institucionalizado e da multiplicidade de escolhas dos canais de expressão. Apenas aquelas com iniciativa e inteligência mais fortes alcançam adaptações plenamente satisfatórias nesse caminho. É evidente que no papel feminino adulto existem tensão e insegurança suficientes para que as manifestações generalizadas sejam esperadas sob a forma de comportamento neurótico.

Ao mesmo tempo, o papel masculino em si não é desprovido de elementos de tensão correspondentes. Com certeza, traz consigo o prestígio primordial da realização, da responsabilidade e da autoridade. Mas, em comparação com o papel da cultura juvenil, existem pelo menos dois importantes tipos de limitações. Em primeiro lugar, o moderno sistema ocupacional conduziu à crescente especialização de papel. O trabalho absorve uma proporção extraordinariamente grande da energia e dos interesses emocionais do indivíduo, em um papel cujo conteúdo muitas vezes é relativamente estreito. Em particular, isso restringe o âmbito em que ele pode compartilhar interesses e experiências comuns com outros fora da mesma especialidade ocupacional. Talvez seja de considerável importância que tantos do *status* de mais alto prestígio em nossa sociedade sejam desse caráter especializado. Na definição dos papéis, pouca coisa conecta o indivíduo aos outros em sua comunidade em um nível comparável de *status*. Em contraste com essa situação, é notável que na cultura juvenil elementos humanos comuns recebam uma ênfase muito mais forte. A liderança e a eminência estão mais no papel de indivíduos totais e menos no de especialistas competentes. Isso talvez tenha algo a ver com a tendência significativa em nossa sociedade para que todos os níveis de idade idealizem a juventude e para que os grupos etários mais velhos tentem imitar os padrões de comportamento da juventude.

Talvez seja como uma fase dessa situação que a relação do homem adulto com pessoas do sexo oposto deva ser tratada. O efeito da especialização do papel ocupacional é restringir a gama em que o compartilhamento de interesses humanos comuns pode desempenhar um papel importante. Em relação à mulher dele, a tendência dessa estreiteza parece ser incentivá-la a abraçar o papel doméstico, o papel glamouroso ou a participação comunitária um tanto alheia à relação de casamento. Essa relação entre papéis sexuais presumivelmente introduz certa quantidade de tensão no próprio relacionamento matrimonial, já que tem importância enorme para a família e, portanto, ao *status* de uma mulher, embora seja relativamente difícil de manter em um nível de companhia humana. Fora do relacionamento matrimonial, porém, parece haver uma inibição notável contra fácil intercurso social, em especial em companhia mista.[5] A intimidade pessoal masculina com outras mulheres é posta em xeque pelo perigo de a circunstância ser definida como uma situação de rivalidade com a esposa, e a amizade tranquila sem envolvimento emocional-sexual parece ser inibida pela especialização de interesses na esfera ocupacional. É notável que o brilho da conversa do tipo "salão" pareça estar associado com a sociedade aristocrática e não seja proeminente na nossa.

Junto com tudo isso, observa-se certa tendência de homens de meia-idade, simbolizados pela "fileira dos calvos" (como se chamava jocosamente a fileira da frente nos teatros), de se interessarem no aspecto físico do sexo – ou seja, nas mulheres precisamente dissociadas dessas considerações pessoais tão importantes para as relações de boa companhia ou de amizade, que dirá de matrimônio. Na medida em que não se adota essa forma física, no entanto, parece haver uma forte tendência para os homens de meia-idade a idealizar padrões juvenis – ou seja, de pensar na amizade ideal com o sexo oposto como aquela do período antes do casamento.[6]

Na medida em que a idealização da cultura juvenil por adultos é uma expressão de elementos de tensão e insegurança nos papéis adultos, seria esperado que os padrões assim idealizados contivessem um elemento de irrealismo romântico. Portanto, os padrões de comportamento juvenil assim idealizados não são tanto os da juventude real, mas sim os da juventude que as pessoas mais velhas sonhavam ter. Esse elemento romântico parece aglutinar-se com um elemento semelhante derivado de certas tensões da situação dos próprios jovens.

O período da juventude em nossa sociedade apresenta insegurança e tensão consideráveis. Acima de tudo, significa dar as costas para a segurança tanto do *status* quanto da ligação emocional envolvidos na família de orientação.* Do ponto de vista estrutural, é essencial para alguém transferir sua principal ligação emocional a um parceiro de casa-

---

[5] Na vida social informal de círculos acadêmicos, com o qual o escritor está familiarizado, parece haver uma forte tendência em encontros mistos – como após o jantar – de os sexos se segregarem. Nesses grupos, os homens têm a tendência de falar sobre assuntos de trabalho ou política, enquanto as mulheres falam sobre assuntos domésticos, escolas, filhos ou celebridades. Talvez celebridades seja o tópico que a conversa mista tem mais tendência de fluir mais livremente.

[6] Com certeza, muitas vezes isso contém um elemento de romantização. É mais próximo do que ele deseja que essas relações tenham sido do que do que elas realmente eram.

* N. de T.: No original, *family of orientation*, ou seja, o ponto de vista dos filhos em relação à família que serve para inseri-los socialmente, em contraposição a *family of procreation* (família de procriação), o ponto de vista dos pais de gerar e socializar os filhos.

mento que não tenha qualquer relação com a situação familiar anterior. Em um sistema de livre escolha matrimonial, isso se aplica às mulheres, bem como aos homens. Para o homem, existe também a necessidade de enfrentar os perigos da concorrência ocupacional na determinação de uma carreira. Não há razão para acreditar que a cultura juvenil tenha importantes funções positivas para aliviar a transição da segurança da infância na família de orientação para aquela de adulto pleno no casamento e *status* ocupacional. Mas exatamente porque a transição é um período de tensão, espera-se que envolva elementos de romantismo irrealista. Assim, características significativas no *status* dos padrões juvenis em nossa sociedade parecem derivar da coincidência das necessidades emocionais dos adolescentes com aquelas derivadas de tensões da situação dos adultos.

Uma tendência para a idealização romântica dos padrões juvenis parece em diferentes aspectos ser característica da moderna sociedade ocidental como um todo.[7] Não é possível no contexto atual realizar qualquer análise comparativa ampliada, mas pode ser esclarecedor chamar a atenção para uma diferença marcante entre os padrões associados com esse fenômeno na Alemanha e nos Estados Unidos. O "movimento juvenil" alemão, começando antes da Primeira Guerra Mundial, provocou uma grande quantidade de comentários e, em vários aspectos, foi tratado como o exemplo mais notável de revolta juvenil. Em geral, acredita-se que o movimento dos jovens tenha uma importante relação com o plano de fundo do nacional-socialismo e nesse fato se insinua a diferença importante. Enquanto na Alemanha como em toda parte houve uma revolta generalizada contra as convenções e as restrições à liberdade individual conforme consubstanciado na cultura tradicional adulta, na Alemanha a particular ênfase surgiu na comunidade de jovens do sexo masculino. A "camaradagem" em um sentido que enfatiza a dos soldados em campanha tem sido desde o início enfatizada como o relacionamento social ideal. Em contraste com isso, na cultura juvenil norte-americana e sua romantização adulta, uma ênfase muito forte foi colocada na relação com o sexo oposto. Parece que esse fato e os fatores estruturais subjacentes têm muito a ver com o fracasso da cultura juvenil em desenvolver qualquer importância política considerável no país. Seu padrão predominante tem sido o da idealização do casal isolado em amor romântico. Com certeza, a juventude radical mostra certas tendências para uma orientação política, mas nesse caso se verifica uma notável ausência de ênfase na solidariedade dos membros de um sexo. A tendência predominante tem sido ignorar a relevância da diferença sexual no interesse de ideais comuns.

A importância dos padrões juvenis na cultura norte-americana contemporânea realça em particular o *status* em nossa estrutura social dos grupos etários mais avançados. Em comparação com outras sociedades, os Estados Unidos assumem uma posição extrema no isolamento da velhice da participação nas estruturas e nos interesses sociais mais importantes. Do ponto de vista estrutural, parece haver dois fundamentos principais para essa situação. Em primeiro lugar, a mais importante característica distintiva de nossa estrutura familiar é o isolamento da família conjugal individual. É impossível dizer que em nosso meio seja "natural" qualquer outro grupo além de marido e mulher e seus filhos dependentes manterem um lar comum. Assim, quando os filhos de um casal tornam-se independentes por meio do casamento e do *status* profissional, o casal parental é deixado sem conexão a qualquer grupo de parentesco contínuo. Claro, é comum que outros parentes compartilhem a mesma casa com a família conjugal, mas isso quase nunca ocorre sem certos elementos importantes de tensão. Pois a independência é certamente o padrão preferencial para um casal de idosos, em especial sob o prisma dos filhos.

---

[7] *Cf.* E. Y. Hartshorne, "German Youth and the Nazi Dream of Victory", *America in a World at War*, Pamphlet, nº 12, New York, 1941.

O segundo fundamento da situação reside na estrutura ocupacional. Em campos como a agricultura e a manutenção de pequenas empresas independentes, com frequência não existe algo como "aposentadoria" abrupta. Em vez disso, há uma renúncia gradual das principais responsabilidades e funções, com o avançar da idade. Porém, na medida em que o *status* ocupacional de um indivíduo centra-se em um "emprego" específico, ou ele mantém o emprego ou não mantém, e a tendência é manter o nível completo de funções até certo ponto e então abruptamente se aposentar. Levando em conta o grande significado do *status* ocupacional e suas correlações psicológicas, a aposentadoria deixa o homem mais velho em uma situação peculiar, sem função, alijado da participação nos mais importantes interesses e atividades da sociedade. Há outro aspecto importante dessa situação. Não só o *status* na comunidade, mas o lugar efetivo de residência depende, e muito, do emprego específico realizado. A aposentadoria não só corta os laços com o emprego em si, mas também afrouxa muito aqueles com a comunidade de residência. Talvez em nenhuma outra sociedade seja observável um fenômeno correspondente à acumulação de idosos aposentados em áreas como a Flórida e sul da Califórnia no inverno. Pode-se conjeturar que esse isolamento estrutural de laços de parentesco, ocupacionais e comunitários é a base fundamental da recente agitação política em prol de auxílios para os idosos. Insinua-se que são muito menos as dificuldades financeiras[8] da posição dos idosos e mais o seu isolamento social que tornam a terceira idade um "problema". Como em outras conexões, aqui somos muito propensos a racionalizar a insegurança generalizada em termos financeiros e econômicos. É óbvio que o problema tem importância especial tendo em vista a mudança na distribuição etária da população com a perspectiva de uma proporção muito maior nos grupos etários mais velhos do que em gerações anteriores. Também é possível insinuar que, por meio de mecanismos psicossomáticos bem conhecidos, o aumento da incidência das incapacidades dos idosos, como doenças cardíacas, câncer, etc., pode, pelo menos em parte, ser atribuído a essa situação estrutural.

---

[8] É indubitável que as dificuldades financeiras dos idosos são reais em uma proporção muito grande de casos. Isso, no entanto, é ao menos em grande medida uma consequência em vez de uma causa da situação estrutural. Exceto em casos de cuidados plenos com base em regimes de pensões, a renda das pessoas idosas tende a ser seriamente reduzida, e, ainda mais importante, a família conjugal mais jovem geralmente não sente a obrigação de contribuir com o sustento dos pais envelhecidos. Onde de modo natural as duas gerações compartilham um lar comum, esse problema não existiu.

Robert K. Merton: Funções manifestas e latentes

Como foi sugerido nas seções anteriores, a distinção entre funções manifestas e latentes foi concebida para impedir a confusão inadvertida, muitas vezes encontrada na literatura sociológica, entre *motivações* conscientes para o comportamento social e suas *consequências objetivas*. Nosso escrutínio sobre os vocabulários atuais da análise funcional tem mostrado com que facilidade (e com que infelicidade) o sociólogo consegue identificar *motivos* com *funções*. Também foi indicado que o motivo e a função variam de forma independente e que a incapacidade para registrar esse fato em uma terminologia

---

Reproduzido com a permissão da The Free Press, divisão da Simon & Schuster Adult Publishing Group, da *Social Theory and Social Structure*, de Robert K. Merton. Direitos autorais © 1957 pertencentes a The Free Press; direitos autorais renovados em 1985 por Robert K. Merton.

Nota do editor: a súmula do artigo original para nossos atuais propósitos incluía supressão do texto e das notas correspondentes de 1 a 63.

estabelecida tem contribuído para a tendência involuntária entre os sociólogos para confundir as categorias subjetivas de motivação com as categorias objetivas da função. Portanto, essa é a principal finalidade para sucumbirmos à prática nem sempre louvável de introduzir novos termos ao vocabulário técnico rapidamente crescente da sociologia, uma prática considerada por muitos leigos como uma afronta à sua inteligência e uma ofensa contra a inteligibilidade comum.

Como será facilmente reconhecido, adaptei os termos "manifesto" e "latente" da sua utilização em outro contexto por Freud (embora Francis Bacon já tivesse falado há muito tempo em "processo latente" e "configuração latente" em referência a processos que estão abaixo do limiar de observação superficial).

A distinção em si tem sido repetidamente extraída por observadores do comportamento humano em intervalos irregulares ao longo de muitos séculos.[64] Com efeito, seria desconcertante constatar que uma distinção que passamos a considerar como central para a análise funcional não havia sido feita por qualquer um daquele numeroso grupo que realmente adotou uma orientação funcional. Precisamos citar apenas alguns daqueles que, nas últimas décadas, consideraram necessário distinguir, em suas interpretações específicas de comportamento, entre os fins em vista e as consequências funcionais da ação.

> George H. Mead:[65] "... essa atitude de hostilidade para com o infrator da lei tem a vantagem exclusiva [leia-se: função latente] de unir todos os membros da comunidade na solidariedade emocional de agressão. Embora os mais admiráveis esforços humanitários com certeza se contrapõem aos interesses individuais de muitos na comunidade, ou não conseguem atiçar o interesse e a imaginação da multidão e deixar a comunidade dividida ou indiferente, o grito de ladrão ou assassino é sintonizado em complexos profundos, situados sob a superfície dos esforços individuais concorrentes, e os cidadãos [antes] separados por interesses divergentes se unem contra o inimigo comum".

A análise semelhante de Émile Durkheim[66] sobre as funções sociais da punição também enfocava suas funções latentes (consequências para a comunidade) em vez de se confinar às funções manifestas (consequências para o criminoso).

W. G. Sumner:[67] "... desde os primeiros atos pelos quais a humanidade tentou satisfazer suas necessidades, cada ato, por si só, é suficiente e não vai além da satisfação imediata. Das necessidades recorrentes surgem hábitos para o indivíduo e costumes para o grupo, mas esses resultados são consequências que nunca estiveram conscientes nem previstas ou pretendidas. São notadas somente após muito tempo de existência e demoram ainda mais tempo para serem apreciadas." Embora isso não consiga localizar

---

[64] Referências a algumas das mais significativas dessas presenças de distinção anteriores serão encontradas em Merton, "Unanticipated consequences. ...", *ibid.*

[65] George H. Mead, "The psychology of punitive justice", *American Journal of Sociology*, 1918, 23, 577-602, esp. 591.

[66] Como sugerido no início deste capítulo, Durkheim adotou uma orientação funcional em todo o seu trabalho e opera, embora muitas vezes sem aviso explícito, com conceitos equivalentes aos da função latente em todas as suas pesquisas. Nesse ponto, o texto se refere ao seu artigo "Deux lois de l'évolution penale", *L'année sociologique,* 1899 – 1900, 4, 55-95, bem como a sua obra *Division of Labor in Society* (Glencoe, Illinois: The Free Press, 1947).

[67] Claro que essa é uma de suas muitas observações pertences a *Folkway*, W. G. Sumner (Boston: Ginn & Co., 1906), 3. Seu colaborador, Albert G. Keller, manteve a distinção em seus próprios escritos; ver, por exemplo, sua obra *Social Evolution* (New York: MacMillan, 1927), em 93-95.

as funções latentes das ações sociais padronizadas para uma estrutura social designada, claramente define a distinção básica entre os fins em vista e as consequências objetivas.

R. M. MacIver:[68] Além dos efeitos diretos das instituições, "existem efeitos adicionais de controle que se situam fora dos fins diretos da humanidade ... . Esse tipo de forma reativa de controle ... pode ser, embora de modo não intencional, de profundo serviço à sociedade".

W. I. Thomas e F. Znaniecki:[69] "Apesar de todas as novas instituições [cooperativas de camponeses poloneses] serem assim formadas com o propósito definido de satisfazer determinadas necessidades específicas, sua função social não se limita, sob hipótese alguma, à sua finalidade explícita e consciente ... . Cada uma dessas instituições – comuna ou círculo agrícola, empréstimo e poupança ou teatro – não é apenas um mecanismo para a gestão de certos valores, mas também uma associação de pessoas, cujos membros supostamente participam das atividades comuns como um indivíduo vivo e concreto. Seja qual for o interesse comum predominante e oficial que alicerça a instituição, a associação como um grupo concreto de personalidades humanas não oficialmente envolve muitos outros interesses; os contatos sociais entre os seus membros não se limitam a sua busca comum, embora esta última, é claro, constitua tanto a principal razão para que a associação seja formada quanto o vínculo mais duradouro que a mantém unida. Devido a essa combinação de mecanismo abstrato político, econômico ou, melhor ainda, racional para a satisfação de necessidades específicas com a unidade concreta de um grupo social, a nova instituição também é o melhor vínculo intermediário entre o grupo primário camponês e o sistema nacional secundário."

Assim, esses e inúmeros outros observadores sociológicos de tempos em tempos fizeram a distinção entre categorias de disposição subjetiva ("necessidades, interesses, propósitos") e categorias de consequências funcionais geralmente não reconhecidas, mas objetivas ("vantagens exclusivas", consequências "nunca conscientes", "serviço à sociedade ... não intencional", "função não limitada à finalidade consciente e explícita").

Já que a ocasião para fazer a distinção surge com relativa frequência e já que a finalidade de um esquema conceitual é direcionar as observações rumo a elementos salientes de uma situação e para evitar a fiscalização inadvertida desses elementos, pareceria justificável designar essa distinção por um conjunto apropriado de termos. Essa é a justificativa para a distinção entre funções manifestas e latentes; as primeiras referem-se às consequências objetivas para uma unidade especificada (pessoa, subgrupo, sistema social ou cultural) que contribuem para o seu ajustamento ou adaptação e assim eram pretendidas; as segundas referem-se às consequências não intencionais e não reconhecidas da mesma ordem.

Existem algumas indicações de que o batismo dessa distinção pode servir a um propósito heurístico por tornar-se incorporada a

---

[68] Esse trecho foi é extraído de um dos primeiros trabalhos de MacIver, *Community* (London: MacMillan, 1915). A distinção assume maior importância em seus escritos posteriores, tornando-se um elemento importante em *Social Causation* (Boston: Ginn & Co., 1942), esp. em 314-321, e permeia a maior parte de sua obra *The More Perfect Union* (New York: MacMillan, 1948).

[69] O único trecho citado no texto é um dos vários que levaram *The Polish Peasant in Europe and America* ser merecidamente descrito como "clássico sociológico". Ver páginas 1.426-7 e 1.523. Como será observado mais adiante no presente capítulo, as ideias e as distinções conceituais contidas nesse trecho, e existem muitas outras semelhantes em ponto de riqueza do conteúdo, foram esquecidas ou nunca percebidas por aqueles sociólogos industriais que recentemente desenvolveram a noção de "organização informal" na indústria.

um aparato conceitual explícito, ajudando, assim, tanto a observação sistemática quanto a análise posterior. Nos últimos anos, por exemplo, a distinção entre funções manifestas e latentes tem sido utilizada em análises de casamento inter-racial,[70] estratificação social,[71] frustração afetiva,[72] teorias sociológicas de Veblen,[73] orientações prevalecentes norte-americanas em relação à Rússia,[74] propaganda como forma de controle social,[75] teoria antropológica de Malinowski,[76] feitiçaria dos navajos,[77] problemas na sociologia do conhecimento,[78] moda,[79] dinâmica da personalidade,[80] medidas de segurança nacional,[81] dinâmica social interna da burocracia[82] e uma vasta gama de outros problemas sociológicos.

A própria diversidade desses temas sugere que a distinção teórica entre funções manifestas e latentes não se limita a uma faixa específica do comportamento humano. Mas ainda resta a grande tarefa de desencavar as utilizações específicas para essa distinção, e dedicamos o restante deste capítulo a essa grande tarefa.

Finalidades heurísticas da distinção

Esclarece a análise de padrões sociais aparentemente irracionais. Em primeiro lugar, a distinção auxilia a interpretação sociológica de muitas práticas sociais que persistem embora seu manifesto propósito claramente não seja alcançado. Nesses casos, o procedimento desgastado pelo tempo tem sido o de observadores diversos, particularmente leigos, chamarem essas práticas de "superstições", "irracionalidades", "mera inércia da tradição", etc. Em outras palavras, quando o comportamento grupal não atinge – e, de fato, muitas vezes não consegue atingir – seu propósito ostensivo, há uma inclinação para atribuir a sua ocorrência a fatores como falta de inteligência, pura ignorância, sobrevivências ou a assim chamada inércia. Assim, os cerimoniais das tribos Hopi projetados para produzir chuvas abundantes podem ser rotulados como prática supersticiosa de um povo primitivo e com isso presume-se que o assunto esteja encerrado. Note-se que em nenhum sentido isso explica o comportamento grupal. É apenas um caso de terminologia; substitui o epíteto de "superstição" por uma análise do papel real desse comportamento na vida do grupo. Porém, considerando o

---

[70] Merton, "Intermarriage and the social structure", *ibid.*

[71] Kingsley Davis, "A conceptual analysis of stratification", *American Sociological Review,* 1942, 7, 309-321.

[72] Thorner, *ibid.*, esp. em 165.

[73] A. K. Davis, *Thorstein Veblen's Social Theory,* dissertação de Ph.D. em Harvard, 1941 e "Veblen on the decline of the Protestant Ethic", *Social Forces,* 1944, 22, 282-86; Louis Schneider, *The Freudian Psychology and Veblen's Social Theory* (New York: King's Crown Press, 1948), esp. Capítulo 2.

[74] A. K. Davis, "Some sources of American hostility to Russia", *American Journal of Sociology,* 1947, 53, 174-183.

[75] Talcott Parsons, "Propaganda and social control", em seu livro *Essays in Sociological Theory.*

[76] Clyde Kluckhohn, "Bronislaw Malinowski, 1884-1942", *Journal of American Folklore,* 1943, 56, 208-219.

[77] Clyde Kluckhohn, *Navaho Witchcraft, ibid.*, esp. em 46-47 e segs.

[78] Merton, Capítulo XII deste volume.

[79] Bernard Barber e S. L. Lobel, "'Fashion' in women's clothes and the American social system", *Social Forces,* 1952, 31, 124-131.

[80] O. H. Mowrer e C. Kluckhohn, "Dynamic theory of personality", em J. M. Hunt, ed., *Personality and the Behavior Disorders* (New York: Ronald Press, 1944), 1, 69-135, esp. em 72.

[81] Marie Jahoda e S. W. Cook, "Security measures and freedom of thought: an exploratory study of the impact of loyalty and security programs", *Yale Law Journal,* 1952, 61, 296-333.

[82] Philip Selznick, *TVA and the Grass Roots* (University of California Press, 1949); A. W. Gouldner, *Patterns of Industrial Bureaucracy* (Glencoe, Illinois: The Free Press, 1954); P. M. Blau, *The Dynamics of Bureaucracy* (University of Chicago Press, 1955); A. K. Davis, "Bureaucratic patterns in Navy officer corps", *Social Forces,* 1948, 27, 142-153.

conceito de função latente, somos lembrados de que esse comportamento *pode* executar uma função para o grupo, embora essa função seja bastante distante do propósito declarado do comportamento.

O conceito de função latente estende a atenção do observador para além da questão de se ou não o comportamento atinge o seu propósito declarado. Temporariamente ignorando esses propósitos explícitos, direciona a atenção *rumo* a outra gama de consequências: por exemplo, aquelas com efeito sobre as personalidades individuais dos Hopi envolvidos na cerimônia e sobre a persistência e a continuidade do grupo maior. Se alguém fosse limitar-se ao problema de se uma função manifesta (proposital) ocorre, isso se torna um problema não para o sociólogo, mas para o meteorologista. E, com certeza, nossos meteorologistas concordam que o cerimonial de chuva não produz chuva; mas dificilmente isso vai ao âmago da questão. Apenas revela que a cerimônia não tem essa utilização tecnológica; que o efeito da cerimônia e as suas consequências reais não coincidem. Mas com o conceito de função latente, continuamos nossa pesquisa, examinando as consequências da cerimônia, não para os deuses da chuva ou para fenômenos meteorológicos, mas para os grupos que conduzem a cerimônia. E aqui pode ser encontrado, como muitos observadores indicam, que de fato o cerimonial exerce funções – mas funções latentes ou não propositais.

Os cerimoniais podem cumprir a função latente de reforçar a identidade de grupo, proporcionando uma ocasião periódica para que os membros dispersos de um grupo se reúnam e se envolvam em uma atividade comum. Como Durkheim, entre outros autores, já indicou há muito tempo, esses cerimoniais são um meio de propiciar expressão coletiva conferida aos sentimentos que, em uma análise mais aprofundada, constituem as fontes básicas da unidade de grupo. Por meio da aplicação sistemática do conceito de função latente, portanto, observa-se que o comportamento que *parece* irracional *às vezes* é positivamente funcional para o grupo. Lidando com o conceito de função latente, não concluímos com tanta rapidez que se uma atividade de um grupo não atinge seu propósito nominal, então, sua persistência pode ser descrita apenas como instância de "inércia", "sobrevivência" ou "manipulação por subgrupos poderosos na sociedade".

Na verdade, uma concepção como função latente tem sido com muita frequência, ou quase sempre, empregada por cientistas sociais observando *uma prática padronizada concebida para atingir um objetivo que a ciência física credenciada afirma que não pode ser alcançado desse modo*. Esse claramente seria o caso, por exemplo, dos rituais Pueblo lidando com chuva ou fertilidade. *Mas com o comportamento que não é direcionado a um objetivo claramente inatingível, os sociológicos observadores são menos propensos a examinar as funções colaterais ou latentes do comportamento.*

Direciona a atenção a campos de pesquisa teoricamente fecundos. A distinção entre funções manifestas e latentes também serve para dirigir a atenção do sociólogo precisamente àqueles domínios de comportamentos, atitudes e crenças onde ele pode mais fecundamente aplicar suas habilidades especiais. Pois qual é a tarefa do sociólogo se ele se limita ao estudo das funções manifestas? Então, ele está preocupado em grande medida em determinar se uma prática instituída para um propósito particular atinge, na verdade, esse propósito. Assim, ele vai pesquisar, por exemplo, se um novo sistema de pagamento salarial atinge seu propósito declarado de reduzir a rotatividade de mão de obra ou de aumentar a produção. Perguntará se uma campanha de propaganda realmente alcançou o seu objetivo de aumentar a "vontade de lutar" ou a "vontade de comprar bônus ou títulos de guerra" ou de "tolerância em relação a outros grupos étnicos". Ora, esses tipos de pesquisa são importantes e complexos. Mas, sempre que os sociólogos se *limitam* ao estudo das funções manifestas, a pesquisa é definida por homens práticos de negócios (um empresário proeminente, um líder sindical ou talvez um cacique navajo, isso é irrelevante no momento) e não pelos problemas teóricos que estão no cerne da disciplina. Ao lidar principalmente no domínio das funções manifestas, com o principal problema de se as práticas ou as organizações deliberadamente instituídas têm sucesso em alcançar seus objetivos, o sociólogo converte-se em um gravador diligente e hábil do padrão de comportamento completamente familiar. *Os termos de avaliação são fixos e limitados à pergunta feita a eles por homens de negócios, sem preocupações teóricas*, por exemplo: o novo programa salarial alcançou tais e tais efeitos?

Mas munido com o conceito de função latente, o sociólogo estende sua pesquisa nas próprias direções que mais prometem ao desenvolvimento teórico da disciplina. Examina a prática social familiar (ou planejada) para verificar as funções latentes e, portanto, em geral não reconhecidas (bem como, é claro, as funções manifestas). Analisa, por exemplo, as consequências do novo plano salarial para, digamos, o sindicato em que os trabalhadores estão organizados ou as consequências de um programa de propaganda não só para aumentar seu propósito declarado de agitar o fervor patriótico, mas também para deixar um grande número de pessoas relutantes em falar o que pensam quando discordarem das políticas oficiais, etc. Em suma, sugere-se que as contribuições intelectuais *distintivas* dos sociólogos se encontrem principalmente no estudo das consequências involuntárias (entre as quais estão as funções latentes) de práticas sociais, bem como no estudo das consequências previstas (entre as quais estão as funções manifestas).[83]

Existem certas evidências de que é exatamente no ponto em que a atenção de pesquisas dos sociólogos deslocou-se do plano das funções manifestas ao plano das funções latentes que eles fizeram suas maiores e *distintivas* contribuições. Isso pode ser amplamente documentado, mas alguns rápidos exemplos devem ser suficientes.

Os estudos na Western Electric em Hawthorne[84]

Como se sabe, a fase inicial dessa pesquisa estava preocupada com o problema das relações entre "iluminação e eficiência" dos trabalhadores industriais. Por cerca de dois anos e meio, concentrou-se a atenção em problemas como este: variações na intensidade da iluminação afetam a produção? Os resultados iniciais mostraram que dentro de amplos limites não havia nenhuma relação uniforme entre iluminação e produção. A produção aumentou *tanto* no grupo experimental, em que a iluminação foi aumentada (ou *diminuída*) *quanto* no grupo controle, em que nenhuma alteração na iluminação foi introduzida. Em suma, os pesquisadores se limitaram inteiramente a uma busca pelas funções manifestas. Devido à falta de um conceito de função social latente, nenhuma atenção inicial foi dada às consequências sociais *do experimento* para as relações entre os membros dos grupos teste e controle, nem para as relações entre os trabalhadores e as autoridades das salas de teste. Em outras palavras, os pesquisadores careciam de um arcabouço de referências sociológicas e atuavam apenas como "engenheiros" (tal como um grupo de meteorologistas pode ter explorado os "efeitos" do cerimonial Hopi no regime de chuvas).

---

[83] Consulte uma breve ilustração dessa proposição geral em Robert K. Merton, Marjorie Fiske e Alberta Curtis, *Mass Persuasion* (New York: Harper, 1946). 185-189; Jahoda e Cook, *ibid*.

[84] Esse trecho é citado como um estudo de caso de como *uma pesquisa elaborada foi totalmente mudada na orientação teórica e no caráter de seus resultados de pesquisa pela introdução de um conceito que se aproxima ao conceito de função latente*. É claro, a escolha do caso para essa finalidade não implica a plena aceitação das *interpretações* que os autores dão às suas descobertas. Entre os vários volumes relatando a pesquisa Western Electric, consulte em especial F. J. Roethlisberger e W. J. Dickson, *Management and the Worker* (Harvard University Press, 1939).

Só depois de pesquisas contínuas, o grupo teve a ideia de explorar as consequências da nova "situação experimental" nas autoimagens e nas autoconcepções dos trabalhadores que participam do experimento, nas relações interpessoais entre os membros do grupo, na coerência e na unidade do grupo. Como relata Elton Mayo: "o fiasco de iluminação os alertou para a necessidade de que deveriam ser mantidos registros muito cuidadosos de tudo que aconteceu na sala além dos óbvios dispositivos de engenharia e industriais. As suas observações, portanto, incluíam não apenas registros sobre as alterações de engenharia e industriais, mas também registros sobre as alterações fisiológicas ou médicas e, *em certo sentido,* sociais e antropológicas. Estas últimas tomaram a forma de um "diário de bordo" que fornecia um relato o mais completo quanto possível dos acontecimentos reais de todos os dias."[85]..." Em suma, só depois de uma longa série de experimentos que negligenciaram todas as funções sociais latentes do experimento (como situação social artificial) é que esse arcabouço distintamente sociológico foi introduzido. "Com essa percepção", observam os autores, "a pesquisa mudou seu caráter. Os pesquisadores já não estavam interessados em testar os efeitos de variáveis isoladas. Em vez de um experimento controlado, eles substituíram a noção de uma situação social que precisava ser descrita e entendida como um sistema de elementos interdependentes". Como hoje é amplamente conhecido, depois disso a pesquisa foi direcionada em grande medida para extrair as funções latentes das práticas padronizadas entre os trabalhadores, da organização informal criada entre os trabalhadores, dos jogos dos trabalhadores instituídos pelos "sábios gestores", de grandes programas de aconselhamentos e entrevistas envolvendo os trabalhadores, etc. O novo esquema conceitual alterou inteiramente a abrangência e os tipos de dados coletados na pesquisa seguinte.

É necessário apenas voltar ao trecho anteriormente citado de Thomas e Znaniecki em sua obra clássica de cerca de 30 anos atrás, para reconhecer a exatidão da observação de Shils:

> ... na verdade a história do estudo dos grupos primários na sociologia norte-americana é um exemplo supremo das *descontinuidades do desenvolvimento desta disciplina:* um problema é realçado por uma pessoa reconhecida como fundador da disciplina, o problema é deixado de lado e, então, alguns anos mais tarde, é retomado com entusiasmo como se ninguém nunca tivesse pensado nisso antes.[86]

Pois Thomas e Znaniecki tinham repetidamente enfatizado a visão sociológica de que, seja qual fosse sua finalidade principal, "a associação como um grupo concreto de personalidades humanas envolve não oficialmente muitos outros interesses; os contatos sociais entre os seus membros não estão limitados ao seu objetivo comum ...". Com efeito, foram necessários anos de experimentação para que a equipe de pesquisa da Western Electric voltasse suas atenções para as funções sociais latentes dos principais grupos emergentes nas organizações industriais. Deve ficar claro que esse caso não é citado aqui como exemplo de deficiência no delineamento experimental; essa não é nossa preocupação imediata. Considera-se apenas uma ilustração sobre a pertinência para a pesquisa *sociológica* do conceito de função latente e dos conceitos associados de análise funcional. Ilustra como a inclusão desse conceito (se o termo é usado ou não é irrelevante) pode sensibilizar os pesquisadores sociológicos para uma gama de variáveis

---

[85] Elton Mayo, *The Social Problems of an Industrial Civilization* (Harvard University Press, 1945), 70.

[86] Edward Shils, *The Present State of American Sociology* (Glencoe, Illinois: The Free Press, 1948), 42 [itálico fornecido].

sociais significativas que caso contrário passam facilmente despercebidas. A rotulagem explícita do conceito talvez possa diminuir a frequência dessas ocasiões de descontinuidade em futuras pesquisas sociológicas.

A descoberta das funções latentes representa aumentos significativos no conhecimento sociológico. Existe outro aspecto em que a pesquisa sobre funções latentes representa uma contribuição distintiva do cientista social. As funções latentes de uma prática ou crença são exatamente aquelas *fora* do conhecimento comum, pois essas são consequências sociais e psicológicas não intencionais e, em geral, não reconhecidas. Por isso, achados sobre funções latentes representam um maior incremento no conhecimento do que achados sobre funções manifestas. Eles representam, também, maior distância do conhecimento de "senso comum" sobre a vida social. Na medida em que as funções latentes se distanciam, mais ou menos, das funções manifestas confessas, a pesquisa que revela funções latentes muitas vezes produz resultados "paradoxais". O aparente paradoxo decorre da modificação acentuada de um preconceito popular familiar, que considera uma prática padronizada ou crença *apenas* em termos de suas funções manifestas, por meio de indicar algumas de suas funções latentes subsidiárias ou colaterais. A introdução do conceito de função latente na pesquisa social conduz a conclusões que mostram que "a vida social não é tão simples quanto aparenta à primeira vista". Enquanto as pessoas confinam-se a *certas* consequências (por exemplo, manifestas), é relativamente simples para elas atribuírem julgamentos morais sobre a prática ou a crença em questão. Avaliações morais, em geral com base nessas consequências manifestas, tendem a ser polarizadas em termos de preto ou branco. Mas a percepção de outras consequências (latentes) muitas vezes complica o quadro. Tanto os problemas de avaliação moral (que não são nossa preocupação imediata) quanto os problemas de engenharia social (que são a nossa preocupa-

ção[87]) assumem as complexidades adicionais geralmente envolvidas nas decisões sociais responsáveis.

Um exemplo de pesquisa que usa implicitamente a noção de função latente ilustrará o sentido em que "paradoxo" – a discrepância entre a função aparente, apenas manifesta, e a real, que também inclui funções latentes – tende a ocorrer como resultado da inclusão desse conceito. Assim, para reverter à conhecida análise de Veblen sobre consumo conspícuo, não é por acaso que ele tem sido reconhecido como um analista social com uma queda para o paradoxal, o irônico e o satírico. Pois essas características são resultados frequentes, se não inevitáveis, da aplicação do conceito de função latente (ou seu equivalente).

O modelo do consumo conspícuo

O propósito manifesto de comprar bens de consumo é, naturalmente, a satisfação das necessidades para as quais esses bens são explicitamente concebidos. Assim, os automóveis obviamente se destinam a proporcionar certo tipo de transporte; velas, a fornecer luz; artigos alimentícios, a fornecer sustento; produtos de arte rara, a proporcionar prazer estético. Uma vez que esses produtos *realmente* têm esses usos, em grande parte considerava-se que abrangiam a gama de funções socialmente significativas. Na verdade, Veblen sugere que essa costumava ser a visão predominante (na época pré-vebleniana, é claro): "O objetivo da aquisição e da acumulação é convencionalmente considerado o consumo das mercadorias acumuladas. ... Ao menos se percebe que esse é o objetivo economica-

---

[87] Não se trata de negar que a engenharia social tenha implicações morais diretas ou que a técnica e a moralidade estejam inevitavelmente ligadas, mas não pretendo lidar com essa gama de problemas no presente capítulo. Para uma discussão desses problemas, consulte os Capítulos VI, XV e XVII; também Merton, Fiske e Curtis, *Persuasão em massa*, Capítulo 7.)

mente legítimo da aquisição, *que sozinho se encarrega de explicar a teoria*".[88]

No entanto, afirma Veblen com ponderação, na condição de sociólogos devemos continuar considerando as funções latentes da aquisição, da acumulação e do consumo, e essas funções latentes estão realmente distantes das funções manifestas. "Mas apenas quando analisado em um sentido longe de seu significado ingênuo (i.e., função manifesta) é que se pode dizer que o consumo de bens proporciona o incentivo do qual a acumulação invariavelmente procede." E entre essas funções latentes, que ajudam a explicar a persistência e a localização social do padrão de consumo conspícuo ou ostentatório, está seu simbolismo de "força pecuniária e de conquistar e manter um bom nome". O exercício da "discriminação meticulosa" na excelência de "comidas, bebidas, moradias, serviços, ornamentos, vestuário, diversões" resulta não só em gratificações diretas derivadas do consumo de artigos "superiores" a "inferiores", mas também, como argumenta Veblen, com mais relevância, resulta *no aumento ou na reafirmação do* status *social*.

O paradoxo vebleniano é que as pessoas compram bens caros não tanto por serem superiores, mas por serem caros. Pois é a equação latente ("custo = marca de *status* social mais elevado") que ele destaca em sua análise funcional, em vez da equação manifesta ("custo = excelência das mercadorias"). Não que ele negue às funções manifestas *qualquer* lugar em apoiar o padrão de consumo conspícuo. Essas também são operativas. "Com isso não queremos dizer que não há nenhum outro incentivo à aquisição e ao acúmulo além desse desejo de se destacar na posição pecuniária e, assim, ganhar a estima e a inveja dos pares. O desejo por maior conforto e segurança está presente como um motivo em cada estágio. ..." Ou mais uma vez: "Seria perigoso afirmar que um propósito útil está sempre ausente na utilidade de qualquer artigo ou de qualquer serviço, por mais óbvio

que sua finalidade primordial e seu principal elemento sejam o desperdício conspícuo" e a estima social derivada.[89] Apenas é que *essas funções diretas e manifestas não explicam plenamente os padrões dominantes de consumo. Em outras palavras, se as funções latentes de aprimoramento de* status *ou reafirmação de* status *fossem retiradas dos padrões de consumo conspícuo, esses padrões sofreriam alterações graves, do tipo que um economista "convencional" seria incapaz de prever.*

Sob esses aspectos, a análise de Veblen sobre funções latentes afasta-se da noção de senso comum de que o produto final do consumo seja "sem dúvida, a satisfação direta que ele fornece": "As pessoas comem caviar, pois estão com fome; compram Cadillacs, pois querem o melhor carro que puderem; jantam à luz de velas, pois gostam da atmosfera pacífica". A interpretação do senso comum em termos de motivos manifestos selecionados dá forma, na análise de Veblen, às funções latentes colaterais, que também são, talvez de modo mais significativo, preenchidas por essas práticas. Com certeza, a análise de Veblen, nas últimas décadas, penetrou tão completamente no pensamento popular que essas funções latentes hoje são amplamente reconhecidas. (Isso suscita o problema inte-

---

[88] Veblen, *Theory of Leisure Class, ibid.*, p. 25.

[89] *Ibid.*, 32, 101. No decorrer do texto, será observado que se atribui a Veblen a terminologia inconsistente. Nos trechos marcados (e em outras ocasiões repetidas) ele usa "incentivo", "desejo", "finalidade" e "funcionamento" de modo intercambiável. Já que em geral o contexto torna clara a denotação desses termos, isso é feito sem grandes danos. Mas é claro que os propósitos expressos de conformidade com um padrão de cultura não são, em hipótese alguma, idênticos com as funções latentes da conformidade. Veblen ocasionalmente reconhece isso. Por exemplo: "Em estrita precisão, nada deve ser incluído sob o cabeçalho do desperdício conspícuo além dessas despesas como as incorridas com base em uma comparação pecuniária injusta. Mas, a fim de trazer qualquer determinado item ou elemento sob esse cabeçalho *não é necessário que se deva reconhecer como resíduos nesse sentido pela pessoa incorrendo em despesas*". (*Ibid.* 99; itálico fornecido). *Cf.* A. K. Davis, "Veblen on the decline of the Protestant Ethic", *ibid.*

ressante das mudanças que ocorrem em um padrão predominante de comportamento quando suas funções *latentes* em geral tornam-se reconhecidas [e, portanto, deixam de ser latentes]. Não haverá oportunidade para discutir esse problema importante na presente publicação.)

A descoberta das funções latentes não representa apenas concepções das funções exercidas por certos padrões sociais mais precisos (como é o caso também com estudos das funções manifestas), mas introduz um *incremento qualitativamente diferente no estado anterior de conhecimento*.

Impede que julgamentos morais ingênuos substituam análises sociológicas. Já que as avaliações morais em uma sociedade tendem a ser em grande parte em termos das consequências manifestas de uma prática ou um código, devemos estar preparados para constatar que a análise em termos de funções latentes às vezes contraria as avaliações morais predominantes. Pois disso não resulta que as funções latentes funcionarão da mesma forma que as consequências manifestas, as quais são normalmente a base dessas decisões. Assim, em grandes setores da população norte-americana, a máquina política ou os "negócios ilícitos na política" são julgados categoricamente como "ruins" e "indesejáveis". Os motivos para esse julgamento moral variam um pouco, mas consistem substancialmente em apontar que as máquinas políticas violam códigos morais: o clientelismo político viola o código de seleção de pessoal com base nas qualificações impessoais em vez de por razões de lealdade do partido ou contribuições para a tesouraria do partido; o chefismo viola o código de que votos devem basear-se na avaliação individual das qualificações dos candidatos e das questões políticas, e não na lealdade a um líder feudal; o suborno e a "propina honesta" obviamente ofendem a decência da propriedade; a "proteção" ao crime claramente viola a lei e os costumes; e assim por diante.

Levando em conta os múltiplos aspectos em que as máquinas políticas, em graus variados, contrariam os costumes e, às vezes, a lei, torna-se pertinente uma investigação sobre como elas conseguem continuar em operação. Aqui não estão em pauta as "explicações" conhecidas para a continuação da máquina política. Com certeza, pode muito bem ser que se "cidadãos respeitáveis" cumprissem suas obrigações políticas, se o eleitorado estivesse alerta e iluminado; se o número de cargos eletivos fosse substancialmente reduzido das dezenas, até centenas, que o eleitor médio agora deve estimar no decurso das eleições municipais, estaduais e nacionais; se o eleitorado fosse ativado pelas "classes ricas e educadas sem cuja participação", como afirmou o nem sempre democraticamente orientado Bryce, "o governo mais bem enquadrado deve rapidamente degenerar-se" – se fossem introduzidas essas mudanças e uma infinidade de mudanças semelhantes na estrutura política, talvez os "males" da máquina política pudessem de fato ser exorcizados.[90] Mas deve ser observado que essas mudanças muitas vezes não são introduzidas, que as máquinas políticas têm a capacidade de ressurgir, fortes e intactas, das próprias cinzas tal qual uma fênix e que, em suma, essa estrutura expôs uma notável vitalidade em muitas áreas da vida política norte-americana.

Do ponto de vista funcional, portanto, de que devemos *em geral* (não sempre) esperar que os padrões sociais e as estruturas sociais persistentes executem funções positivas *que no momento não estão adequadamente preenchidas por outros padrões e estruturas existentes,*

---

[90] Essas "explicações" são "causais" no projeto. Alegadamente indicam as condições sociais sob as quais as máquinas políticas entram em vigor. Na medida em que são empiricamente confirmadas, essas explicações, é claro, adicionam ao nosso conhecimento o problema: como é que as máquinas políticas operam em determinadas áreas e não em outras? Como elas conseguem continuar? *Mas esses relatos causais são insuficientes.* As consequências funcionais da máquina, como veremos, vai muito além de suplementar a interpretação causal.

ocorre-nos a ideia de que talvez essa organização publicamente caluniada esteja, *nas presentes condições*, satisfazendo funções latentes básicas.[91] Um breve exame das análises atuais desse tipo de estrutura também pode servir para ilustrar problemas adicionais de análise funcional.

Algumas funções da máquina política

Sem a presunção de abordar as variações de detalhe que marcam diferentes máquinas políticas – em hipótese alguma, Tweed, Vare, Crump, Flynn e Hague são tipos de chefes idênticos – podemos examinar de modo sucinto as funções mais ou menos comuns da máquina política como um tipo genérico de organização social. Também não tentamos detalhar todas as diversas funções da máquina política, nem insinuar que todas essas funções são igualmente cumpridas por cada uma dessas máquinas.

A principal função estrutural do chefe é organizar, centralizar e manter em boa condição de trabalho "os dispersos fragmentos do poder" que hoje se encontram dispersos em nossa organização política. Por meio dessa organização centralizada do poder político, o chefe e seu aparato conseguem satisfazer as necessidades dos diversos subgrupos na grande comunidade que não estejam adequadamente satisfeitas por estruturas sociais legalmente idealizadas e culturalmente aprovadas.

Portanto, a fim de entender o papel do chefismo e da máquina, devemos perscrutar os dois tipos de variáveis sociológicas: (1) o *contexto estrutural* que torna difícil, senão impossível, para estruturas moralmente aprovadas cumprir funções sociais essenciais, deixando assim a porta aberta para que as máquinas políticas (ou seus equivalentes estruturais) cumpram essas funções; e (2) os subgrupos cujas necessidades distintivas são deixadas insatisfeitas, exceto para as funções latentes que a máquina de fato cumpre.[92]

Contexto estrutural O arcabouço constitucional da organização política norte-americana exclui especificamente a possibilidade legal do poder muito centralizado e, tem-se observado, assim "desestimula o crescimento de uma liderança eficaz e responsável. Os autores da Constituição, como observou Woodrow Wilson, configuraram o sistema de verificação e equilíbrio "para manter o governo em uma espécie de equilíbrio mecânico por meio de uma competição amigável entre suas várias partes orgânicas". Eles desconfiavam do poder e consideravam-no perigoso para a liberdade: e, portanto, o pulverizaram e ergueram barreiras contra sua concentração."[93]

Essa dispersão do poder encontra-se não só em nível nacional, mas também em áreas locais. "Em razão disso", continua Sait, "quando *pessoas ou grupos particulares* exigem uma ação positiva, ninguém tem autoridade adequada para agir. A máquina forneceu um antídoto".

A dispersão constitucional do poder não só resulta na dificuldade de decisão e ação

---

[91] Acredito que é supérfluo acrescentar que essa hipótese não oferece "apoio à máquina política". As disfunções da máquina superam as suas funções? Existem estruturas alternativas disponíveis capazes de cumprir suas funções sem necessariamente envolver suas disfunções sociais? Perguntas como essas ainda permanecem para serem consideradas em ocasião apropriada. Aqui, estamos preocupados em documentar a afirmação de que os juízos morais com base *inteiramente* em uma avaliação das funções manifestas de uma estrutura social são "irreais" no sentido estrito, ou seja, eles não levam em conta outras reais consequências dessa estrutura, consequências que podem fornecer apoio social básico à estrutura. Como será indicado mais tarde, "reformas sociais" ou "engenharia social" que ignoram as funções latentes o fazem à custa de sofrer decepções agudas e efeitos bumerangue.

[92] Outra vez, como nos casos anteriores, não devemos considerar as possíveis disfunções da máquina política.

[93] Edward M. Sait, "Machine, Political", *Encyclopedia of the Social Sciences*, IX, 658 b [itálico fornecido]; cf. A. F. Bentley, *The Process of Government* (Chicago, 1908), Cap. 2.

eficazes, mas, quando ocorre, a ação é definida e confinada por considerações legalistas. Em consequência disso, desenvolveu-se "um *sistema bem mais humano* de governo partidário, cujo objeto principal logo tornou-se a evasão do governo por lei. ... A ilegalidade da democracia extraoficial foi meramente o contrapeso do legalismo da democracia oficial. Com o advogado tendo sido autorizado a subordinar a democracia à lei, o chefe teve de ser convocado a libertar a vítima, coisa que ele fez mal e parcamente."[94]

Oficialmente, o poder político é dispersado. Vários expedientes conhecidos foram criados para esse objetivo manifesto. Não só estava lá a familiar separação dos poderes entre os vários ramos do governo, mas, em certa medida, a estabilidade em cada departamento era limitada, e a rotação no cargo, aprovada. E o escopo do poder inerente em cada departamento era rigidamente circunscrito. No entanto, observa Sait em termos rigorosamente funcionais: "A liderança é necessária; e *já que* ela não evolui prontamente no âmbito constitucional, o chefe a fornece de forma cruel e irresponsável do lado de fora".[95]

Posto em termos mais generalizados, *as deficiências funcionais da estrutura oficial geram uma estrutura alternativa (não oficial) para satisfazer, com um pouco mais de eficácia, as necessidades existentes*. Sejam quais forem suas origens históricas específicas, a máquina política persiste como um aparato para satisfazer necessidades de diversos grupos da população que, caso contrário, permaneceriam insatisfeitas. Ao focalizar alguns desses subgrupos e suas necessidades características, seremos imediatamente conduzidos a uma gama de funções latentes da máquina política.

Funções da máquina política para diversos subgrupos É fato pacífico que uma fonte da força da máquina política deriva de suas raízes nas comunidades e bairros locais. A máquina política não considera o eleitorado uma massa amorfa e indiferenciada de eleitores. Com forte intuição sociológica, a máquina reconhece que o eleitor é uma pessoa que vive em um bairro específico, com problemas pessoais específicos e desejos pessoais. As questões públicas são abstratas e remotas; os problemas particulares são extremamente concretos e imediatos. Não é por meio do recurso generalizado a grandes preocupações públicas que a máquina opera, mas por meio de relações diretas, quase feudais, entre representantes locais da máquina e os eleitores de seu bairro. As eleições são vencidas na zona eleitoral.

A máquina sacramenta sua ligação com homens e mulheres comuns por meio de elaboradas redes de relações pessoais. A política é transformada em laços pessoais. O líder distrital "deve ser amigo de todo mundo, sentir compaixão pelos desfavorecidos e utilizar em suas boas ações os recursos que o chefe coloca à sua disposição".[96] O líder distrital sempre é um amigo em necessidade. Em nossa sociedade predominantemente impessoal, a máquina, por meio de seus agentes locais, cumpre a importante e social *função de humanizar e personalizar todos os tipos de assistência* para aqueles que necessitam. Cestas básicas e empregos; assessoria jurídica e extrajurídica; ajuste a leves transgressões da lei, conceder politicamente ao aluno pobre e brilhante uma bolsa de estudos em uma faculdade local; cuidar dos desfavorecidos – toda a gama de crises de quando precisamos de um amigo, e, acima de tudo, um amigo que possa e saiba resolver o problema – em todos esses casos o líder distrital está disponível.

Para avaliar essa função da máquina política adequadamente, é importante observar não só que a ajuda *seja* fornecida, mas *a maneira na qual ele é fornecida*. Afinal de contas, existem outras agências para fornecer essa assistência. Agências de bem-estar, habitações populares, clínicas de assistência jurídi-

---

[94] Herbert Croly, *Progressive Democracy* (New York, 1914), p. 254, citado por Sait, *ibid.*, 658 b.

[95] Sait, *ibid.*, 659 [itálico fornecido].

[96] *Ibid.*, 659 a.

ca, assistência médica em hospitais gratuitos, departamentos de assistência social, autoridades de imigração – essas e uma infinidade de outras organizações estão disponíveis para fornecer os mais variados tipos de auxílio. Entretanto, em contraste com as técnicas profissionais do trabalhador social que em geral podem representar na mente do receptor a oferta displicente e burocrática de ajuda limitada após uma investigação detalhada das justificativas *jurídicas* para ajudar o "cliente", estão as técnicas não profissionais do líder distrital que não faz perguntas, não impõe o cumprimento das regras legais de elegibilidade e não "mete o nariz" em assuntos privados.[97]

Para muitos, a perda do "autorrespeito" é um preço muito elevado para a assistência legalizada. Em contraste com o abismo entre os trabalhadores de habitações populares que muitas vezes vêm de diferentes classes sociais, formações escolares e grupos étnicos, o trabalhador distrital é "só um de nós", que entende a situação. É difícil para a condescendente senhora beneficente competir com o amigo compreensivo, que tem as mesmas necessidades. E *nessa luta entre estruturas alternativas para cumprir a mesma função nominal* de prestar auxílio e apoio àqueles que precisam, é o político da máquina quem está obviamente mais bem integrado com os grupos que ele atende do que o assistente social impessoal, profissionalizado, com postura distante e limitado pela lei. E já que o político, às vezes, consegue influenciar e manipular os órgãos oficiais para distribuição de assistência, enquanto o assistente social não tem praticamente nenhuma influência sobre a máquina política, isso só contribui para a maior eficácia do político. De modo mais coloquial e talvez mais incisivo, o líder distrital bostoniano Martin Lomasny descreveu essa função essencial para o jornalista Lincoln Steffens: "Acho", disse Lomasny, "que tem de haver em cada distrito alguém acessível a quem qualquer sujeito – não importa o que ele tenha feito – pode recorrer e obter ajuda. *Ajuda, sabe; nada a ver com o direito e a justiça que vocês oferecem. Ajuda, pura e simples*".[98]

Assim, as "classes desfavorecidas" constituem um subgrupo para quem a máquina política satisfaz desejos não adequadamente satisfeitos da mesma forma pela estrutura social legítima.

Para um segundo subgrupo, o dos negócios (principalmente o dos "grandes" negócios, mas também dos "pequenos"), o chefe político exerce a função de fornecer aqueles privilégios políticos que resultam em ganhos econômicos imediatos. As corporações de negócios, entre as quais os serviços públicos (estradas de ferro, as empresas locais de transporte e luz elétrica, redes de comunicações), são apenas as mais visíveis a esse respeito; procuram distribuições políticas especiais que lhes permitam estabilizar sua situação e se aproximar de seu objetivo de maximizar os lucros. Curiosamente, as corporações muitas vezes querem evitar um caos de competição descontrolada. Preferem a maior segurança de um czar econômico que controla, regula e organiza a competição,

---

[97] O mesmíssimo contraste com a política da assistência social oficial é encontrado na ampla e não política distribuição de empregos por Harry Hopkins no estado de Nova York, no governo de Franklin Delano Roosevelt. Como relata Sherwood: "Por essas atividades irregulares, Hopkins foi alvo de severas críticas pelas agências de bem-estar estabelecidas, que alegaram se tratar de 'conduta não profissional' distribuir posições de trabalho sem uma investigação minuciosa de cada candidato, os recursos financeiros próprios ou de sua família e provavelmente suas afiliações religiosas. 'Harry mandou a agência para o inferno', contou [o sócio de Hopkins, o Dr. Jacob A.] Goldberg". Robert E. Sherwood, *Roosevelt and Hopkins, An Intimate History* (New York: Harper, 1948), 30.

[98] *The Autobiography of Lincoln Steffens* (Chautauqua, New York: Chautauqua Press, 1931), 618. Derivado em grande parte de Steffens, como ele afirma, F. Stuart Chapin estabelece essas funções da máquina política com grande clareza. Confira a obra *Contemporary American Institutions* (New York: Harper, 1934), 40-54.

desde que o czar não seja um funcionário público com suas decisões sujeitas ao escrutínio público e ao controle público. (O último seria "controle governamental" e, portanto, tabu.) O chefe político cumpre esses requisitos admiravelmente.

Examinado por um momento para além de qualquer consideração moral, o aparato político manobrado pelo chefe destina-se de maneira eficaz a executar essas funções com um mínimo de ineficiência. Mexendo os pauzinhos das diversas divisões, agências e organismos governamentais com suas mãos competentes, o chefe racionaliza as relações entre empresas públicas e privadas. Atua como embaixador da comunidade empresarial no domínio de outra forma alienígena (e às vezes hostil) do governo. E, em termos estritamente de negócios, ele é bem remunerado por seus serviços econômicos para os seus respeitáveis clientes de negócios. Em um artigo intitulado "Apologia ao suborno", Lincoln Steffens sugeriu que "o nosso sistema econômico, que cria riquezas, poder e aclamação como prêmios para homens suficientemente ousados e capazes o suficiente para comprar, de forma corrupta, madeira, minas, campos de petróleo e franquias e 'se safar', era o responsável".[99] E em uma conferência com uma centena de líderes corporativos de Los Angeles, ele descreveu um fato bem conhecido de todos eles: o chefe e sua máquina formam *parte integral* da organização da economia. "Você não pode construir ou operar uma ferrovia, uma linha de bonde, uma companhia de gás, água ou energia, desenvolver e operar uma mina ou obter florestas e cortar madeira em grande escala ou executar qualquer negócio privilegiado, sem praticar corrupção junto ao governo. Diga-me em particular que isso é verdade, e aqui estou dizendo semipublicamente que é verdade. E é assim no país afora. E isso significa que temos uma organização de sociedade em que, *por algum motivo*, você e seu tipo, os líderes da sociedade mais hábeis, mais inteligentes, mais imaginativos, ousados e repletos de recursos estão e devem estar contra a sociedade e suas leis e seu crescimento global."[100]

Uma vez que a demanda pelos serviços de privilégios especiais baseia-se na estrutura da sociedade, o chefe cumpre as diversas funções para esse segundo subgrupo de negócios-em-busca-de-privilégios. Essas "necessidades" do negócio, como hoje constituídas, não têm adequação prevista nas estruturas sociais convencionais, culturalmente aprovadas; por isso, a organização extrajurídica, mas razoavelmente eficaz, da máquina política se encarrega de fornecer esses serviços. Adotar uma atitude *exclusivamente* moral em relação à "máquina política corrupta" é perder de vista as próprias condições estruturais que geram o "mal" que é tão atacado. Adotar uma perspectiva funcional é fornecer não uma apologia para a máquina política, mas uma base mais sólida para modificar ou eliminar a máquina, *desde que* arranjos estruturais específicos sejam introduzidos tanto para eliminar essas demandas eficazes da comunidade empresarial, quanto para (se esse for o objetivo) satisfazer essas demandas por meios alternativos.

Um terceiro conjunto de funções distintas cumpridas pela máquina política para um subgrupo especial é o de fornecer canais alternativos de mobilidade social para aqueles de outro modo excluídos das vias mais convencionais para "avanço" pessoal. Tanto as fontes dessa "necessidade" especial (mobilidade social) e a dedicação da máquina política para ajudar a satisfazer essa necessidade podem ser entendidas por meio da análise da estrutura da cultura e da sociedade mais amplas. Como se sabe, a cultura norte-americana dá uma ênfase enorme ao dinheiro e ao

---

[99] *Autobiography of Lincoln Steffens*, 570.

[100] *Ibid.*, 572-3 [itálico fornecido]. Isso ajuda a explicar, como observou Steffens em relação ao comissário de polícia Theodore Roosevelt, "o destaque e a respeitabilidade de homens e mulheres que intercedem por bandidos" quando esses eram presos em um periódico esforço para "limpar a máquina política". *Cf.* Steffens, 371, e *passim*.

poder como objetivo de "sucesso" legítimo para todos os membros da sociedade. Embora não seja o único objetivo em nosso inventário de objetivos culturais, ainda continua sendo o mais dotado de valor e afeto positivo. No entanto, determinados subgrupos e certas regiões ecológicas são notáveis pela relativa ausência de oportunidade para alcançar esse tipo de sucesso (monetário e poder). Constituem, em suma, as subpopulações onde a ênfase cultural no sucesso pecuniário foi absorvida, mas onde há *pouco acesso aos meios convencionais e legítimos* para alcançar esse sucesso. As oportunidades ocupacionais convencionais das pessoas (nessas áreas) limitam-se quase exclusivamente ao trabalho braçal. Considerando nossa estigmatização cultural do trabalho braçal,[101] e seu correlato, o prestígio do trabalho do colarinho branco, é claro que o resultado é uma tendência para atingir esses objetivos culturalmente aprovados *por todos os meios possíveis*. Essas pessoas são, "por um lado, convidadas a orientar sua conduta em relação à perspectiva de acumular riqueza [e poder], mas, por outro, não recebem oportunidades efetivas para fazer isso institucionalmente".

Nesse contexto da estrutura social, a máquina política cumpre a função básica de fornecer outras formas de mobilidade social para os mais desfavorecidos, que, caso contrário, não teriam essa oportunidade. Assim, até a máquina política corrupta e os negócios ilícitos "representam o triunfo da inteligência amoral sobre o 'fracasso' moralmente prescrito quando os canais de mobilidade vertical estão fechados ou estreitados *em uma sociedade que coloca um prêmio alto sobre a taxa de ocupação econômica, [poder] e ascensão social para todos os seus membros*".[102] Como um sociólogo constatou com base em vários anos de estreita observação em uma área de favela:

> O sociólogo que descarta os negócios ilícitos e as organizações políticas como desvios dos padrões desejáveis, negligenciam assim alguns dos principais elementos da vida de favela. ... *Ele não descobre as funções que elas executam para os membros* [dos grupos na favela]. Os irlandeses e, mais tarde, outros povos imigrantes, tiveram a maior dificuldade em encontrar uma posição para si em nossa estrutura social e econômica urbana. Será que alguém acredita que os imigrantes e seus filhos poderiam ter alcançado seu presente grau de mobilidade social sem ganhar o controle da organização política de algumas de nossas maiores cidades? O mesmo é verdadeiro para a organização dos negócios ilícitos. *A política e os negócios ilícitos têm fornecido um importante meio de mobilidade social para os indivíduos, que, por causa da etnia e*

---

[101] Confira o levantamento do National Opinion Research Center (Centro Nacional de Pesquisa de Opinião) sobre a avaliação das ocupações que documenta firmemente a impressão geral de que o trabalho braçal tem mesmo classificação muito baixa na escala social de valores, *mesmo entre aqueles que estão eles próprios envolvidos em trabalhos braçais*. Considere as plenas implicações desse último ponto. Com efeito, a estrutura cultural e social impõe os valores de sucesso pecuniário e sucesso de poder, mesmo entre aqueles que se encontram confinados ao estigmatizado trabalho braçal. Nesse contexto, considere a motivação poderosa para alcançar esse tipo de "sucesso" de qualquer forma. Um lixeiro, que se junta com outros norte-americanos para os quais o lixeiro é "a mais inferior das ocupações inferiores", mal pode ter uma autoimagem agradável a si mesmo; ele está em uma ocupação de "pária" na sociedade que lhe assegura que "todas as pessoas com mérito genuíno podem chegar à frente". Some a isso seu reconhecimento ocasional de que ele "não teve as mesmas oportunidades do que os outros, não importa o que dizem" e percebe-se a enorme pressão psicológica sobre ele para "dar a volta por cima", encontrando algum meio (legal ou não) para subir na vida. Tudo isso fornece o contexto estrutural, com derivação psicológica, para a "necessidade socialmente induzida" em *alguns* grupos para encontrar algumas vias acessíveis para a mobilidade social.

[102] Merton, "Social structure and anomie", Capítulo IV deste volume.

da baixa posição social, são impedidos de progredir pelos canais "respeitáveis".[103]

Isso, então, representa um terceiro tipo de função desempenhada por um subgrupo distinto. Diga-se de passagem, essa função é cumprida pela *pura* existência e o funcionamento da máquina política, por isso é na máquina em si que esses indivíduos e subgrupos mais ou menos conseguem satisfazer suas necessidades culturalmente induzidas. Ela se refere aos serviços que o aparato político disponibiliza ao seu próprio pessoal. Mas vista no contexto social mais abrangente que estabelecemos, a máquina já não aparece como *apenas* meio de autoengrandecimento para *indivíduos* sedentos por lucro e poder, mas como uma disposição organizada para subgrupos que caso contrário seriam excluídos ou prejudicados na corrida para "subir na vida".

Assim como a máquina política executa serviços para as empresas "legítimas", ela também opera para executar serviços não muito diferentes para as atividades "ilegítimos": vício, crime e outros negócios ilícitos. Mais uma vez, o papel sociológico básico da máquina a esse respeito pode ser melhor analisado apenas se o analista abandona temporariamente as atitudes de indignação moral e examina com toda a inocência moral o funcionamento real da organização. Sob esse prisma, de imediato parece que o subgrupo dos profissionais do crime, da jogatina ou dos negócios ilícitos apresenta semelhanças básicas em termos de organização, demandas e operação em relação ao subgrupo dos industriais, especuladores ou homens de negócios. Se é que existe um rei da madeira ou um rei do petróleo, também há um rei do vício ou um rei dos negócios ilícitos. Se os negócios legítimos em expansão organizam sindicatos administrativos e financeiros para "racionalizar" e "integrar" diversas áreas da produção e da empresa, da mesma forma, os negócios ilícitos e criminais em expansão organizam sindicatos para trazer ordem às de outra forma caóticas áreas de produção de mercadorias e serviços ilícitos. Se o negócio legítimo considera a proliferação de pequenas empresas como desperdício e ineficiência, substituindo, por exemplo, centenas de mercearias de esquina por uma gigantesca cadeia de lojas, assim os negócios ilícitos adotam a mesma atitude corporativa e fiscaliza o crime e o vício.

Por fim, e, em muitos aspectos, mais importante ainda, existe a semelhança básica, ou quase identidade, do papel econômico do negócio "legítimo" e do negócio "ilegítimo". *Os dois estão em certo grau preocupados com o fornecimento de bens e serviços para os quais há uma demanda econômica.* Moral à parte, os dois são negócios (empresas industriais e profissionais) fornecendo bens e serviços que algumas pessoas desejam, para os quais existe um mercado em que bens e serviços são transformados em mercadorias. E, em uma sociedade predominantemente de mercado,

---

[103] William F. Whyte, "Social organization in the slums", *American Sociological Review,* Feb. 1943, 8, 34-39 (itálico fornecido). Assim, a máquina política e a os negócios ilícitos representam um caso especial do tipo de ajuste organizacional às condições descritas no Capítulo IV. Isso representa, observe, um ajuste *organizacional*: estruturas definitivas surgem e atuam para aliviar um pouco as tensões agudas e os problemas dos indivíduos apanhados no conflito descrito entre a "ênfase cultural no sucesso para todos" e o "fato socialmente estruturado de desigualdade de oportunidades para o sucesso". Como mostra o Capítulo IV, outros tipos de "ajuste" *individual* são possíveis: lobo solitário do crime, condições psicopatológicas, rebelião, retirada pelo abandono dos objetivos culturalmente aprovados, etc. Da mesma forma, outros tipos de *ajuste organizacional* às vezes ocorrem; os negócios ilícitos ou a máquina política não estão só disponíveis como meios organizados para satisfazer esse problema socialmente induzido. Nesse contexto, a participação em organizações revolucionárias, por exemplo, pode ser vista como um modo alternativo de ajuste organizacional. Tudo isso assume uma conotação teórica aqui, pois caso contrário podemos ignorar os conceitos funcionais básicos de substitutos funcionais e equivalentes funcionais, que serão discutidos em uma publicação posterior.

devemos esperar o surgimento de empresas adequadas sempre que houver uma demanda de mercado para determinados bens ou serviços.

Como se sabe, o vício, o crime e os negócios ilícitos *são* "grandes negócios". Analise, por exemplo, que em 1950 estimou-se a existência de em torno de 500 mil prostitutas profissionais nos Estados Unidos e compare isso com os cerca de 200 mil médicos e os 350 mil enfermeiros registrados. É difícil estimar quem tem a maior clientela: os profissionais (homens e mulheres) da saúde ou os profissionais do vício (homens e mulheres). Claro, é difícil de estimar os ativos econômicos, a renda, os lucros e os dividendos do jogo ilícito no país e compará-los com os ativos econômicos, a renda, os lucros e os dividendos, digamos, da indústria calçadista, mas é completamente possível que as duas indústrias estejam quase em pé de igualdade. Não há números precisos sobre os gastos anuais em entorpecentes ilícitos, e é provável que sejam menores do que os gastos com doces, mas também é provável que sejam maiores do que os gastos com livros.

Um fugaz instante de meditação é suficiente para reconhecer que, *em termos estritamente econômicos*, não há nenhuma diferença relevante entre o fornecimento de bens e serviços lícitos e ilícitos. O tráfego de bebida alcoólica ilustra isso com perfeição. Seria peculiar argumentar que antes de 1920 (quando a 18ª Emenda entrou em vigor), o fornecimento de bebidas constituía um serviço econômico; que entre 1920 e 1933 a produção e a venda já não constituíam um serviço econômico fornecido em um mercado; e que desde 1934 até o presente, mais uma vez assumiu um aspecto útil. Ou seria um absurdo *econômico* (não moral) sugerir que a venda de bebida pirata no estado do Kansas (com lei seca) é menos uma resposta à demanda de mercado do que a venda de bebida alcoólica publicamente fabricada no vizinho estado do Missouri (sem lei seca). Claro que exemplos desse tipo podem ser multiplicados várias vezes. Pode ser considerado que nos países europeus com prostituição legalizada e registrada a prostituta ofereça um serviço econômico, enquanto nos Estados Unidos, pela falta de sanção legal, a prostituta não fornece esse serviço? Ou que o abortador profissional está no mercado econômico onde goza de estatuto jurídico legal e que está fora do mercado econômico onde juridicamente é tabu? Ou que jogo satisfaz uma demanda específica para entretenimento em Nevada, onde constitui a maior atividade empresarial das metrópoles desse estado, mas que difere essencialmente a esse respeito da indústria cinematográfica no estado vizinho da Califórnia?[104]

O fracasso em reconhecer que essas empresas são apenas *moralmente* e não *economicamente* distinguíveis das empresas "legítimas" conduziu a análise confusas. Uma vez que a identidade econômica dos dois seja reconhecida, podemos antecipar que se a máquina política executa funções para "os grandes negócios legítimos" será muito provável que execute funções não muito diferentes para os "grandes negócios ilegítimos". E, claro, isso acontece com frequência.

A função distintiva da máquina política para sua clientela do crime, do vício e de outros negócios ilícitos é possibilitar que se mantenham em operação e satisfaçam as exigências econômicas de um grande mercado sem a devida interferência do governo. Assim como as grandes empresas contribuem com doações para os cofres dos partidos

---

[104] Talvez a declaração mais perspicaz dessa visão tenha sido feita por Hawkins e Waller. "A prostituta, o cafetão, o vendedor de drogas, o crupiê, o vendedor de imagens obscenas, o contrabandista, o abortador, todos são produtivos, todos produzem serviços ou bens que as pessoas desejam e pelos quais elas estão dispostas a pagar. Acontece que a sociedade colocou esses bens e serviços no âmbito da proibição, mas tem gente que continua a produzi-los e tem gente que continua a consumi-los, e um ato do poder legislativo não os torna menos parte do sistema econômico." "Notas críticas sobre o custo do crime", *Journal of Criminal Law and Criminology*, 1936, 26, 679-94, em 684.

políticos para garantir um mínimo de interferência governamental, o mesmo acontece com grandes organizações ilícitas e criminosas. Nos dois casos, a máquina política pode, em graus variados, fornecer "proteção". Nos dois casos, muitas características do contexto estrutural são idênticas: (1) a exigência do mercado por bens e serviços; (2) a preocupação dos operadores em maximizar os ganhos de suas empresas; (3) a necessidade de controle parcial do governo, que pode interferir com essas atividades dos empresários; (4) a necessidade de uma agência eficiente, poderosa e centralizada para fornecer uma ligação eficaz de "negócios" com o governo.

Sem supor que as páginas precedentes esgotem a gama de funções ou a gama de subgrupos servidos pela máquina política, podemos ao menos ver que *hoje ela cumpre algumas funções para esses diversos subgrupos, funções não adequadamente preenchidas por estruturas mais convencionais ou culturalmente aprovadas.*

Diversas implicações adicionais sobre a análise funcional da máquina política podem ser mencionadas aqui só de passagem, embora obviamente necessitem ser aprofundadas. Em primeiro lugar, a análise precedente tem implicações diretas para a *engenharia social*. Ajuda a explicar por que os esforços periódicos em "fazer reformas políticas", "eliminar a banda podre" e "limpar os quadros políticos" em geral (mas nem sempre) são ineficazes e com curta duração. Exemplifica um teorema básico: *qualquer tentativa de eliminar uma estrutura social existente, sem proporcionar estruturas alternativas adequadas para cumprir as funções antes preenchidas pela organização abolida, está condenada ao fracasso.* (Desnecessário dizer, esse teorema tem aplicação bem mais ampla do que um exemplo da máquina política.) Quando a "reforma política" limita-se à tarefa manifesta de "eliminar a banda podre" está se envolvendo em pouco mais do que mágica sociológica. Por um tempo, a reforma pode trazer novos nomes para a ribalta política; pode exercer a função social casual de tranquilizar o eleitorado que as virtudes morais permanecem intactas e, por fim, triunfarão; na verdade pode provocar uma rotatividade no quadro de pessoal da máquina política; pode inclusive, por um tempo, refrear as atividades da máquina de modo a deixar insatisfeitas as muitas necessidades antes cumpridas. Mas, inevitavelmente, a menos que a reforma também envolva uma "reformulação" da estrutura social e política para que as atuais necessidades sejam satisfeitas por estruturas alternativas ou a menos que envolva uma mudança que elimine essas necessidades por completo, a máquina política retornará ao seu lugar integral no contexto social das coisas. *Buscar a mudança social sem o devido reconhecimento das funções manifestas e latentes exercidas pela organização social em mutação é realizar um ritual social em vez de engenharia social.* Os conceitos de funções manifestas e latentes (ou seus equivalentes) são elementos indispensáveis no repertório teórico do engenheiro social. Nesse sentido crucial, esses conceitos não são "apenas" uma teoria (no sentido abusivo do termo), mas são eminentemente práticos. Na promulgação deliberada da mudança social, eles podem ser ignorados apenas ao preço de aumentar de modo considerável o risco de fracasso.

Uma segunda implicação dessa análise sobre a máquina política também tem aplicação em áreas mais amplas do que ao que mencionamos. Muitas vezes observou-se o paradoxo de que os apoiadores da máquina política incluem tanto os elementos de classe empresarial "respeitável", com postura obviamente contrária aos criminosos, quanto os elementos distintamente "não respeitáveis" do submundo. E, à primeira vista, isso é citado como um exemplo de parceiros muito estranhos. Não raramente o sábio juiz é chamado a sentenciar o próprio mafioso com quem dividiu a mesa na noite anterior em um jantar informal de figurões do mundo político. O promotor empurra o condenado exonerado rumo ao quarto dos fundos onde o Chefe convocou uma reunião. O figurão empresarial pode queixar-se quase tão acerbamente quanto o grande mafioso em relação às contribuições "escorchantes" ao fundo do partido exigidas pelo Chefe. Opostos sociais se encontram – na sala esfumaçada do sucesso político.

À luz de uma análise funcional, tudo isso, é claro, já não parece paradoxal. Já que a máquina serve ao empresário e ao criminoso, os dois grupos aparentemente antipodais se cruzam. Isso aponta para um teorema mais geral: *as funções sociais de uma organização ajudam a determinar a estrutura (incluindo o recrutamento do pessoal envolvido na estrutura), assim como a estrutura ajuda a determinar a eficácia com que as funções são cumpridas.* Em termos de posição social, o grupo empresarial e o grupo criminoso na verdade são polos opostos. Mas a posição social não determina todo o comportamento e as inter-relações entre os grupos. As funções modificam essas relações. Considerando suas necessidades distintas, os vários subgrupos na grande sociedade estão "integrados", sejam quais forem seus desejos ou intenções pessoais, pela estrutura centralizadora que serve a essas necessidades diversas. Em uma sentença com muitas implicações que exigem estudo mais aprofundado, *a estrutura afeta a função e a função afeta estrutura.*

Considerações finais

Este exame de algumas considerações mais relevantes na análise estrutural e funcional apenas indicou alguns dos principais problemas e potencialidades desse modo de interpretação sociológica. Cada um dos itens codificados no paradigma requer esclarecimento teórico sustentado e pesquisas empíricas cumulativas. Mas é claro que na teoria funcional, despojada daqueles postulados tradicionais que a cercavam e muitas vezes apenas consistiam em uma racionalização moderna das práticas existentes, a sociologia tem o início de um modo de análise sistemático e empiricamente relevante. Espera-se que os rumos apontados aqui impliquem a viabilidade e a conveniência de aprofundar a codificação da análise funcional. Em tempo oportuno, cada seção do paradigma será desenvolvida em um capítulo documentado, analisado e codificado na história da análise funcional.

Teoria do conflito 7

Introdução

As raízes da teoria do conflito encontram-se nas obras de Marx e Weber, as quais reconhecem que, em última análise, é a coerção em vez do consenso que mantém a ordem social. Embora Marx e Weber tenham imaginado diferentes formas e graus de estratificação social, os dois alegaram que o conflito era a dinâmica fundamental que atuava entre esses estratos. Marx encarava a sociedade capitalista dicotomizada em duas principais classes econômicas, o proletariado e a burguesia. Essas duas classes estavam mergulhadas em oposição inexorável. Weber reconhecia que a economia era uma das forças determinantes na sociedade, mas afirmava que o *status* e o poder político também eram importantes. Os grupos sociais se identificariam não apenas de acordo com a riqueza, mas mais profundamente por origens étnicas e culturais e por "estilos de vida" compartilhados. Assim, se, por um lado, Marx e Weber visualizavam diferentes grupos competindo por recompensas sociais diferentes, por outro, concordavam que a sociedade era fundamentalmente instável e que a força operativa da mudança era o conflito que inevitavelmente surgia entre diversos grupos sociais em competição por bens sociais escassos.

O ressurgimento do interesse na teoria do conflito foi uma consequência do ceticismo crescente no poder explicativo do funcionalismo como paradigma de análise social. Os acirrados conflitos que marcaram a década de 1960 e a incapacidade do funcionalismo para explicar esses desenvolvimentos, devido ao seu compromisso com a estabilidade, o equilíbrio e o consenso, intensificaram a busca de uma alternativa.

Essas preocupações foram vigorosamente abordadas em várias obras de Ralf Dahrendorf. Em *Classe e conflito de classes na sociedade industrial*, que tem um excerto reproduzido nas páginas seguintes, Dahrendorf analisou em pormenor o que ele chamou de "duas faces" da sociedade. Os funcionalistas estruturais sustentavam que toda sociedade é relativamente persistente e composta por elementos estáveis e integrados ao sistema. Cada elemento tem uma função e contribui para a manutenção do sistema total, e o sistema social baseia-se no consenso de seus membros. No entanto, Dahrendorf desenvolveu o modelo de conflito, em que a sociedade é retratada como constantemente envolvida no processo de mudança resultante dos conflitos e dissidências sociais presentes no sistema. Em vez de centrar-se no equilíbrio e no consenso, esse modelo centra-se na desintegração e na coerção, à medida que uns dominam os outros na luta pelo poder. Além disso, os teóricos do consenso, e em especial Talcott Parsons, encaravam o poder como meio de troca, no qual os detentores do poder desfrutavam a confiança dos outros para desempenhar as suas funções e ampliar o seu âmbito de operação. Os teóricos do conflito encaravam o poder como um jogo de soma zero em que há ganhadores e perdedores e em que aqueles com poder dominam e controlam os que não têm poder.

Ao desenvolver seu modelo de conflito, Dahrendorf afirma que as fontes de conflito na sociedade moderna decorrem das relações de autoridade de dominação e subordinação, as quais são ubíquas no sistema. "Associações imperativamente coordenadas" é o termo que ele usa para descrever associações em que aqueles com funções de autoridade dominam e controlam os outros. Essas associações, definidas como unidades sociais básicas que designam uma organização específica de papéis hierárquicos, podem ser de qualquer tamanho, e os papéis dentro delas tendem a se sobrepor. Em vez de descrever a composição estrutural desses grupos, como Marx e Weber, Dahrendorf procurou caracterizar o conflito em torno deles. Todas as funções dentro dessas associações, ele afirma, podem ser descritas como governantes ou governados. Cada conjunto de funções compete pelo poder, que é legitimado pela própria estrutura do grupo. Quando um subconjunto consegue se apropriar da autoridade, ele estabelece novas estruturas de integração para ajudar a manter o seu controle.

No entanto, em um afastamento de Marx, Dahrendorf afirma que as posições de autoridade na sociedade são amplamente distribuídas e que é possível exercer autoridade em uma configuração, mas não em outra. Um executivo de uma corporação não exerce sua autoridade em uma reunião de pais e mestres, mas o faz ao presidir o conselho administrativo da corporação. Essa posição de Dahrendorf o afasta do modelo de classe do poder político e econômico que tanto embasa a teoria social de Marx.

Em "Sair da utopia", ensaio publicado em 1958, Dahrendorf caracteriza o funcionalismo estrutural parsoniano como utópico, porque as sociedades reais não funcionam da maneira em que Parsons afirma. As sociedades utópicas são caracterizadas pela ausência de mudança, a uniformidade de seu povo, a universalidade do seu consenso e a ausência de lutas pelo poder ou intensos conflitos de interesse. Passo a passo, Dahrendorf mostra a afinidade entre os modelos de consenso e utopia. Já observamos a ênfase no equilíbrio e no consenso; além disso, Dahrendorf observa que o comportamento desviante é considerado uma aberração temporária, um defeito do processo de socialização em vez de uma expressão da diferença e da dissidência. Tudo é disposto de modo bem ordenado: a família executa a função reprodutiva e reabastece a sociedade com nascimentos frescos; o sistema educativo assegura conformidade e aderência às regras por meio de sua função como agente de socialização; a divisão do trabalho aloca os diferentes papéis que as pessoas devem desempenhar em um sistema econômico complexo. Mas, argumenta ele, existe uma diferença significativa entre os dois modelos: enquanto as utopias em geral criticam a sociedade e tentam estimular a mudança, o parsonianismo é a celebração e a afirmação do *status quo*.

É importante notar que embora Dahrendorf realmente encarasse o conflito social dialético como o ingrediente fundamental da dinâmica social, ele não pensava que apenas a teoria do conflito descrevia a sociedade de modo adequado. Em vez disso, ele preferiu levar em conta tanto a teoria funcional ou de integração quanto a teoria do conflito como ferramentas conceituais que podem ser aplicadas para iluminar as complexidades dos sistemas sociais. Dahrendorf aceitava a dicotomia de Marx da superestrutura e infraestrutura; ele entendia como tanto as relações políticas e ideológicas na primeira quanto as relações econômicas na última podem ser detalhadas pela perspectiva funcional ou de conflito. Dahrendorf também descreveu como os conceitos de integração e de conflito só podem ser entendidos em contraposição um ao outro; portanto, ele afirma que a sociedade mantém a tensão entre estagnação e mudança, entre consenso e coerção e entre função e conflito.

Em *A elite do poder*, escrito em meados da década de 1950, C. Wright Mills desafiou o modelo pluralista e consensual da democracia dos Estados Unidos. Influenciado por Marx, Weber e Pareto, Mills rejeitava a ideia de uma "classe dominante", pois essa ideia não conseguia capturar a complexidade da estrutura de poder norte-americano e o acesso a ela. Como o leitor vai notar a partir do excerto escolhido aqui, Mills localiza o poder no âmbito de estruturas de tomada de decisão empresariais, militares e executivas. Os escalões superiores nas grandes corporações, na hierarquia militar e no ramo executivo do governo tomam as decisões fundamentais que afetam a sociedade norte-americana. Escrevendo durante a Guerra Fria, Mills percebia uma confluência de interesses entre essas elites estratégicas em sua definição do interesse nacional para exigir um forte arsenal militar com o objetivo de repelir e deter o adversário soviético.

Nos níveis intermediários do poder, Mills descreve as atividades da democracia pluralista em ação no Congresso, nos partidos e no conflito de grupos de interesse. Mas ele observa que o arcabouço das decisões desses organismos é definido pela elite do poder e recebe uma expressão concreta na posição privilegiada do orçamento militar, aceito pelo Congresso, aprovado pelo Executivo e pelos chefes do Estado Maior e apoiado pela elite corporativa.

Na base dessa pirâmide de poder está uma sociedade de massas manipulada cujas imagens sobre a política e cujas informações são transmitidas pelos meios de comunicação em massa. Isso é visto por Mills como favorável à elite do poder e aos valores de consumo do capitalismo corporativo. Assim, a democracia é frustrada pela falta de escolha entre as partes, o consenso entre a elite do poder sobre o interesse nacional e o apoio conivente dos meios de comunicação.

As ideias de Mills foram um desafio poderoso às teorias do consenso da década de 1950 e às abordagens funcionalistas para a compreensão da realidade social. Mills projetava o surgimento de uma intelectualidade comprometida, operando fora das universidades, que desafiaria as opiniões dominantes da elite de poder e colocaria o público em contato mais íntimo com os seus reais interesses.

Ao ler o ensaio de Mills, é importante não só entender o modelo de poder que ele está desenvolvendo, mas também examinar sua relevância para nossa política contemporânea. O fim da Guerra Fria trouxe qualquer alteração que desafie a análise de Mills? Hoje, qual a porcentagem do orçamento federal destinada a gastos militares em vez de destinada a benefícios sociais como educação, segurança social e saúde? Na era dos computadores interativos, televisão a cabo, mesas-redondas em programas de rádio e televisão, Rádio Público Nacional e a Corporação de Radiodifusão Pública, a imagem de uma sociedade de massas passiva e manipulada continua merecendo confiança? E o que pode ser dito sobre a vitalidade da democracia norte-americana, com a explosão dos movimentos sociais como o movimento dos direitos civis, o movimento feminista, o movimento de libertação *gay* e o movimento ambientalista? Por fim, como afirmam algumas pessoas, uma "elite cultural" ou uma "elite de conhecimento" emergiu para se tornar o adversário da "elite do poder"?

O atualizado estudo de Richard L. Zweigenhaft e G. William Domhoff sobre a composição da elite do poder, do qual reproduzimos um trecho aqui, traz à luz uma série de mudanças que têm ocorrido na sociedade dos Estados Unidos desde a publicação do estudo original do Mills. Em especial, Zweigenhaft e Domhoff documentam alterações significativas na composição da elite de poder, principalmente em relação à inclusão das mulheres, dos afro-americanos e de outras minorias. Porém, apesar dessas mudanças, eles sustentam que a "classe" continua sendo uma característica muito importante da sociedade e da política nacionais. O estudante deve ter em mente as seguintes questões ao ler o trecho escolhido: a diversidade na elite do poder é um desenvolvimento importante? Na opinião dos autores, quais deveriam ter sido as consequências dessa diversidade e por que eles estão decepcionados? Em que sentido os autores afirmam que a "classe" ainda é muito significativa?

Ralf Dahrendorf: Estrutura social, grupos de interesse e grupos de conflito

Integração e valores *versus* coerção e interesses: as duas faces da sociedade

Ao longo da história do pensamento político ocidental, duas visões da sociedade estiveram em conflito. Essas duas visões procuram explicar aquele que tem sido, e talvez continue sendo, o problema mais intrigante da filosofia social: o que mantém a coesão das sociedades humanas? De acordo com uma grande e ilustre escola de pensamento, a ordem social resulta de um acordo geral de valores, um *consenso geral* ou *volonté générale* que supera todas as possíveis ou reais diferenças de opinião e interesse. Outra igualmente ilustre escola de pensamento defende que a coesão e a ordem na sociedade são fundadas na força e na coação, na dominação de alguns e na sujeição dos outros. Com certeza, essas visões de modo algum são mutuamente exclusivas. Os utópicos (como chamaremos aqueles que insistem na coesão por consenso) não negam a existência de diferenças de interesse; nem os racionalistas (que acreditam na coesão por meio da dominação e coação) ignoram os acordos de valor necessários ao próprio estabelecimento da força. Mas tanto os utópicos quanto os racionalistas reivindicam primazia para suas respectivas posições. Para os utópicos, as diferenças de interesse são subordinadas aos acordos de valor, e para os racionalistas, esses acordos não passam de um fino, e, por isso, ineficaz revestimento da realidade primordial das diferenças que têm de ser reconciliadas precariamente pela coação. Tanto utópicos quanto racionalistas mostraram muita criatividade e imaginação na defesa de seus respectivos pontos de vista. Mas isso não os aproximou. Há um genuíno conflito de abordagem entre Aristóteles e Platão, Hobbes e Rousseau, Kant e Hegel, e esse conflito tem crescido em intensidade, à medida que a história do pensamento evoluiu. A menos que se acredite que todas as discussões filosóficas são espúrias e, enfim, irrelevantes, a longa história da discussão particular sobre o problema da ordem social expôs – se não resolveu – o que parecem ser alternativas fundamentais de conhecimento, decisão moral e orientação política.

Ao que me parece, é inevitável que posições filosóficas conflitantes ressurjam constantemente nas teorias da ciência. Mesmo que em geral esse não seja o caso, eu afirmaria que a alternativa filosófica de uma solução utópica ou racionalista do problema da ordem permeia o pensamento sociológico moderno mesmo em suas manifestações mais remotas. Como sempre, as posições filosóficas não abordam teorias científicas e permanecem incólumes. Como sempre, elas passam pelo filtro da suposição lógica antes de se tornarem relevantes para explicações testáveis dos problemas de experiência. A utopia sociológica não afirma que essa ordem *se baseia* em um consenso geral de valores, mas que ela *pode ser concebida em termos desse consenso*, e que, se for concebida nesses termos, surgem certas proposições sujeitas ao teste de observações específicas. De modo análogo, para o racionalista sociológico, o pressuposto da natureza coercitiva da ordem social é um princípio heurístico em vez de julgamento dos fatos. Mas essa reserva óbvia não impede os utópicos e os racionalistas da sociologia de se envolver em discussões dificilmente menos intensas (embora muitas vezes bem menos engenhosas e imaginativas) do que aquelas de seus antecedentes filosóficos. O objeto de nossa preocupação nesse es-

---

Reimpresso de Ralf Dahrendorf, *Class and Class Conflict in Industrial Society*, Direitos autorais © 1959 pertencentes ao conselho de curadores da Leland Stanford Junior University. Com a permissão da Stanford University Press, www.sup.org.

tudo exige que tomemos uma posição diante dessa discussão.

Duas vezes em nossas considerações anteriores enfrentamos diferenças na imagem da sociedade – como então as chamei – que correspondem intimamente às opiniões conflitantes de utópicos e racionalistas. Tentei mostrar que, pelo menos no que tange à história, Marx adotou uma imagem da sociedade da variedade racional. Ele assumiu a onipresença da mudança e do conflito, bem como da dominação e da sujeição, e sugiro que esse ponto de vista parece especialmente adequado à análise dos problemas de conflito. Seja como for, parece mais apropriado do que a visão utópica implícita na obra de Drucker e Mayo, segundo a qual a cooperação feliz é o estado normal da vida social. Marx ou Drucker e Mayo talvez não sejam representantes especialmente convincentes desses pontos de vista,[1] mas, seja como for, a distinção com a qual estamos preocupados aqui não está vinculada aos seus nomes. De um modo geral, parece-me que duas (meta)teorias podem e devem ser distinguidas na sociologia contemporânea. Uma dessas, a *teoria da integração da sociedade*, concebe a estrutura social em termos de um sistema funcionalmente integrado, mantido em equilíbrio por certos processos modelados e recorrentes. A outra, a *teoria da coerção da sociedade*, encara a estrutura social como uma forma de organização unida pela força e coação que alcança continuamente além de si mesmo no sentido de produzir dentro de si as forças que a mantêm em um processo interminável de mudança. Como suas contrapartidas filosóficas, essas teorias são mutuamente exclusivas. Mas – se me permite uma formulação paradoxal que será explicada nesse momento – em sociologia (em oposição à filosofia) uma decisão que aceita uma dessas teorias e rejeita a outra é ao mesmo tempo desnecessária e indesejável. Existem problemas sociológicos para cuja explicação a teoria da integração da sociedade fornece suposições adequadas; existem outros problemas que podem ser explicados apenas em termos da teoria da coerção da sociedade; por fim, existem problemas em que as duas teorias parecem adequadas. Na análise sociológica, a sociedade tem cabeça com dupla face como a de Jano, e suas duas faces são aspectos equivalentes da mesma realidade.

Nos últimos anos, a teoria da integração da sociedade dominou claramente o pensamento sociológico. Em minha opinião, essa prevalência de um ponto de vista parcial teve muitas consequências lamentáveis. No entanto, também teve pelo menos uma consequência agradável, no sentido de que a própria unilateralidade dessa teoria deu origem a objeções críticas que hoje nos permitem colocá-la em seu devido lugar. Essas objeções têm sido estimuladas com frequência crescente pelas obras do mais eminente teórico sociológico de integração, Talcott Parsons. Aqui, é desnecessário tentar uma exposição detalhada da posição de Parsons; tampouco temos de revisar a literatura preocupada em fazer uma avaliação crítica dessa posição. Com certeza, boa parte dessas críticas é inferior em sutileza e perspicácia ao trabalho de Parsons, por isso não é surpreendente que o clima sociológico da opinião tenha permanecido quase inalterado pelos críticos de Parsons. Existe, porém, uma objeção à posição de Parsons que precisamos examinar se quisermos fazer uma apresentação sistemática de uma teoria de conflito de grupos. Em um ensaio notável, D. Lockwood afirma: "A coleção de conceitos de Parsons é muito carregada com os pressupostos e as categorias que se relacionam com o papel dos elementos *normativos* em ação social e,

---

[1] Isso seria verdade, obviamente, por razões muito diferentes. Drucker e Mayo não são sutis, e por isso é muito fácil polemizar contra suas posições. Marx, no entanto, certamente é sutil, mas suas noções das sociedades "originais" e "terminais" da história (imaginária) mostram que ele não era nada além do que e um racionalista limitado com fortes inclinações utópicas. Esses pontos de vista mistos bastante incompatíveis não são de fato raros na história do pensamento social.

em especial, com os processos pelos quais os motivos são estruturados por normas para garantir a estabilidade social. Por outro lado, o que pode ser chamado de *substrato* da ação social, em especial as condições de interesses que produzem conflito social e instabilidade, tende a ser ignorado como um determinante geral da dinâmica dos sistemas sociais" (1, p. 136). A afirmação de Lockwood toca no cerne do nosso problema da sociedade dupla face – embora sua formulação, talvez, não seja bem-sucedida em expor o problema com clareza suficiente.

Sem dúvida é verdade que o trabalho de Parsons exibe um claro viés em favor da análise em termos de valores e normas. Também é verdade que muitos daqueles que estão preocupados com os problemas de conflito, em vez de com a estabilidade, tendem a enfatizar os aspectos institucionais da estrutura social, mas não os normativos. A obra de Marx é um caso. Talvez essa diferença de ênfase não seja nada acidental. No entanto, é irrelevante para a compreensão ou a adoção das imagens alternativas sobre a sociedade que permeiam o pensamento político e a teoria sociológica. A alternativa entre "elementos normativos em ação social" e um factual "substrato da ação social", que Lockwood extrai do trabalho de Renner, na verdade indica dois níveis de análise da estrutura social que, de maneira alguma, são contraditórios. Não existe nenhuma razão teórica para que Talcott Parsons não tenha suplementado (como de fato ele ocasionalmente faz) sua análise da integração normativa com uma análise da integração dos sistemas sociais em termos de seu substrato institucional. Não importa como encaremos a estrutura social, ela sempre se apresenta composta por um nível moral e um factual, um normativo e um institucional ou, nos termos duvidosos de Marx, uma superestrutura e um substrato. O pesquisador tem liberdade para escolher a qual desses níveis ele quer dar mais ênfase – embora ele possa ser bem aconselhado, a bem da clareza da abrangência de análise, a não enfatizar um desses níveis em detrimento do outro.

Ao mesmo tempo, existe um elemento importante de crítica genuína na objeção de Lockwood a Parsons. Quando Lockwood contrasta estabilidade e instabilidade, integração e conflito, equilíbrio e desequilíbrio, valores e interesses, ele aponta uma alternativa real de pensamento, uma alternativa sobre a qual Parsons parecia não ter consciência suficiente. Dos dois modelos equivalentes da sociedade, Parsons tem reconhecido em todo o seu trabalho apenas um: a teoria utópica ou teoria da integração da sociedade. Sua "matriz de conceitos" é, portanto, incapaz de lidar com os problemas abordados por Lockwood em seu ensaio crítico e que constituem o objeto do presente estudo.

Para fins de exposição, parece útil reduzir cada uma das duas faces da sociedade a um pequeno número de princípios básicos, mesmo que isso envolva certo grau de simplificação, bem como de exagero. A teoria da integração da sociedade, conforme exibido pelo trabalho de Parsons e outros funcionalistas estruturais, baseia-se em uma série de pressupostos da seguinte categoria:

1. Toda sociedade é uma estrutura relativamente persistente e estável de elementos.
2. Toda sociedade é uma estrutura bem integrada de elementos.
3. Cada elemento em uma sociedade tem uma função, ou seja, dá sua contribuição à sua manutenção como um sistema.
4. Cada estrutura social funcional baseia-se em um consenso de valores entre os seus membros.

Em diferentes formas, esses elementos de (1) estabilidade, (2) integração, (3) coordenação funcional e (4) consenso se repetem em todas as abordagens estruturalistas e funcionais para o estudo da estrutura social. Em geral, são acompanhados de declarações no sentido de que estabilidade, integração, coordenação funcional e consenso são apenas "relativamente" generalizados. Além disso, esses pressupostos não são proposições metafísicas sobre a essência da sociedade; são meros pressupostos para fins de análise científica. Como tais, porém, eles constituem uma visão coerente do processo social[2] que nos permite compreender muitos problemas da realidade social.

No entanto, salta aos olhos que a abordagem de integração para análise social não nos permite compreender todos os problemas da realidade social. Deixe-nos analisar dois problemas inegavelmente sociológicos do mundo contemporâneo que exigem explicação. (1) Nos últimos anos, um número crescente de empresas industriais e comerciais introduziu o cargo de gerente de pessoal para lidar com questões de contratação e demissão, aconselhamento a empregados, etc. Por quê? E: quais são as consequências da introdução desse novo cargo? (2) Em 17 de junho de 1953, os trabalhadores da construção civil de Berlim Oriental cruzaram os braços e começaram uma greve que logo conduziu a uma revolta generalizada contra o regime comunista da Alemanha Oriental. Por quê? E: quais são as consequências dessa revolta? Do ponto de vista do modelo da integração da sociedade, o primeiro desses problemas pode ter uma solução satisfatória. Um cargo especial para lidar com questões de pessoal é funcionalmente exigido por grandes empresas em uma época de racionalização e de "ética social"; a introdução desse cargo adapta a empresa aos valores da sociedade circundante; sua consequência é, portanto, de natureza integrativa e estabilizadora. Mas e quanto ao segundo problema? Evidentemente, a revolta de 17 de junho não é causa nem consequência da integração na sociedade alemã oriental. Documenta e produz não estabilidade, mas instabilidade. Contribui com a perturbação, não com a manutenção, do sistema existente. Atesta o dissenso, em vez do consenso. O modelo de integração nos diz pouco além de que existem certas "tensões" no "sistema". Na verdade, a fim de lidar com problemas desse tipo temos de substituir a teoria de integração da sociedade por um modelo diferente e, em muitos aspectos, contraditório.

O que chamei de teoria da coerção da sociedade também pode ser resumida em um conjunto de princípios básicos, embora aqui novamente essas suposições simplifiquem e exagerem o caso:

1. Toda sociedade está em todos os pontos sujeita a processos de mudança; a mudança social é onipresente.
2. Cada sociedade exibe em cada ponto dissenso e conflito; o conflito social é onipresente.
3. Cada elemento em uma sociedade dá uma contribuição para sua desintegração e mudança.
4. Cada sociedade baseia-se na coerção de alguns dos seus membros por outros.

Se voltarmos ao problema da greve dos trabalhadores alemães, ficará claro que esse último modelo nos permite lidar um pouco mais satisfatoriamente com suas causas e consequências. A revolta dos trabalhadores da construção civil e de seus companheiros em outras indústrias pode ser explicada em termos da coerção.[3] Os grupos rebeldes estão

---

[2] É importante enfatizar que "estabilidade" como um princípio da teoria da integração da sociedade não significa que as sociedades sejam "estáticas". Isto é, significa que esses processos como ocorrem (e a abordagem estrutural-funcional está essencialmente preocupada com processos) serve para manter os padrões do sistema como um todo. Independentemente das minhas críticas a essa abordagem, não quero ser mal interpretado como se atribuísse um "viés estático" (algo que se critica nessa abordagem sem plena consideração de seus méritos).

[3] Por motivos de clareza, escolhi deliberadamente um exemplo de um Estado totalitário. Mas coerção tem aqui um sentido geral, e o modelo de coerção é aplicável a todas as sociedades, independentemente de sua específica estrutura política.

envolvidos em um conflito que "funciona" como agente de mudança por desintegração. Um fenômeno onipresente é expresso, nesse caso, de forma excepcionalmente intensa e violenta, e uma explicação adicional para essa violência terá de levar em conta a aceitação do conflito e da mudança como características universais da vida social. Nem é preciso acrescentar que, como o modelo da integração, a teoria da coerção da sociedade constitui apenas um conjunto de pressupostos para fins de análise científica e não implica nenhuma reivindicação de validade filosófica – embora, como seu correspondente, esse modelo também forneça uma imagem coerente de organização social.

Ora, eu diria que, em um contexto sociológico, nenhum desses modelos pode ser concebido como exclusivamente válido ou aplicável. Eles constituem aspectos complementares (em vez de alternativos) da estrutura das sociedades totais, bem como de cada elemento dessa estrutura. Temos de escolher entre eles só para a explicação de problemas específicos; mas coexistem lado a lado no arsenal conceitual da análise sociológica. Qualquer crítica dos defensores de um ou de outro desses modelos pode, portanto, ser dirigida apenas contra alegações pela validade exclusiva de um ou outro.[4] A rigor, os dois modelos são "válidos" ou, mais propriamente, úteis e necessários à análise sociológica. Não podemos conceber a sociedade sem perceber a dialética entre estabilidade e mudança, integração e conflito, função e força motriz, consenso e coerção. No contexto deste estudo, considere esse ponto como demons-

trado pela análise dos problemas exemplares esboçados anteriormente. ...

Poder e autoridade

Do ponto de vista da teoria da integração da estrutura social, as unidades de análise social ("sistemas sociais") são essencialmente associações voluntárias de pessoas que compartilham determinados valores e criam instituições para garantir o bom funcionamento da cooperação. Do ponto de vista da teoria da coerção, porém, as unidades de análise social apresentam uma imagem completamente diferente. Aqui, não é a cooperação voluntária ou o consenso geral, mas a coação imposta que mantém a coesão das organizações sociais. Em termos institucionais, isso significa que, em cada organização social, algumas posições recebem o direito de exercer o controle sobre outras posições para assegurar a coerção eficaz; em outras palavras, significa que existe uma distribuição diferencial do poder e da autoridade. ...

No que tange aos termos "poder" e "autoridade" e sua distinção, adotarei neste estudo as definições úteis e ponderadas de Max Weber. Para Weber, o poder é a "probabilidade que um agente dentro de uma relação social esteja em posição de realizar sua vontade, apesar da resistência, independentemente da base em que repousa essa probabilidade"; enquanto a autoridade (*Herrschaft*) é a "probabilidade de que um comando com determinado conteúdo específico seja obedecido por um determinado grupo de pessoas" (3, p. 28). A importante diferença entre poder e autoridade consiste no fato de que, enquanto o poder estiver essencialmente ligado à personalidade dos indivíduos, a autoridade sempre está associada a posições ou funções sociais. O demagogo tem poder sobre as massas para quem fala ou cujas ações ele controla; mas o controle do oficial sobre seus homens, do gerente sobre seus trabalhadores, do funcionário público sobre sua clientela é autoridade, porque existe como expectativa independente da pessoa específica que

---

[4] Essa me parece ser a única – se fundamental – crítica legítima que pode ser feita contra o trabalho de Parsons nesse nível geral. Em *The Social System*, Parsons repetidamente desenvolve, para a teoria da integração da sociedade, uma afirmação que é o núcleo da teoria sociológica "geral" – uma afirmação que considero como totalmente injustificada. É também a principal preocupação de Lockwood, no ensaio antes mencionado, para recusar a validade universal dessa afirmação.

ocupa a posição de oficial, gerente, funcionário público. É apenas outra maneira de expor essa diferença se dissermos – como faz Max Weber – que, enquanto o poder é apenas uma relação factual, a autoridade é uma relação legítima de dominação e submissão. Nesse sentido, a autoridade pode ser descrita como poder legítimo.

No presente estudo estamos preocupados exclusivamente com as relações de autoridade, pois apenas essas compõem a estrutura social e, portanto, permitem a derivação sistemática de conflitos de grupo a partir da organização de sociedades totais e das associações entre elas. A importância desses conflitos de grupo baseia-se no fato de não serem o produto de relações estruturalmente fortuitas de poder, mas surgem sempre que a autoridade é exercida – e isso significa em todas as sociedades, sob todas as condições históricas. (1) As relações de autoridade são sempre relações de super e subordinação. (2) Onde existem relações de autoridade, espera-se socialmente que o elemento superordinado exerça o controle, por ordens e comandos, avisos e proibições, sobre o comportamento do elemento subordinado. (3) Essas expectativas vinculam-se a posições sociais relativamente permanentes em vez de ao caráter dos indivíduos; nesse sentido, são legítimas. (4) Em virtude disso, elas sempre envolvem especificação das pessoas sujeitas a controle e das esferas dentro das quais o controle é admissível.[5] A autoridade, ao se distinguir do poder, nunca é uma relação de controle generalizado sobre os outros. (5) Se a autoridade for uma relação legítima, a não conformidade com os comandos autoritários pode ser sancionada; na verdade, é uma das funções do sistema jurídico (e, claro, dos costumes e das normas quase jurídicas) apoiar o exercício efetivo da autoridade legítima. ...

Na análise do conflito nos preocupamos *entre outras coisas* com a geração de grupos de conflito pela obtenção de relações de autoridade em associações imperativamente coordenadas. Já que a coordenação imperativa, ou autoridade, é um tipo de relação social presente em cada organização social concebível, será suficiente descrever essas organizações simplesmente como associações. Apesar das prolongadas discussões terminológicas, os sociólogos não chegaram a nenhum acordo geral sobre o significado preciso das categorias "organização", "associação" e "instituição". Se não estou enganado na minha interpretação sobre a evolução das controvérsias terminológicas, parece justificável usar o termo "associação" de modo a sugerir a coordenação de conjuntos organizados de papéis por dominação e submissão. Nesse sentido, o Estado, uma igreja, uma empresa, mas também um partido político, um sindicato e um clube de xadrez são associações. Em todos eles, existem relações de autoridade; a todos eles, portanto, aplica-se a análise de conflitos. ...

... Existem relações de autoridade onde quer que haja pessoas cujas ações estejam sujeitas a prescrições legítimas e sancionadas que se originam fora delas, mas no âmbito da estrutura social. Essa formulação, ao deixar em aberto quem exerce qual tipo de autoridade, deixa pouca dúvida quanto à onipresença de certo tipo de autoridade exercido de alguma forma. Pois é evidente que existem muitas formas e tipos de autoridade nas sociedades históricas. Existem diferenças de considerável magnitude entre as relações dos cidadãos da Atenas clássica e seus escravos, o senhorio feudal e seus vilões e servos, o capitalista do século XIX e seus trabalhadores, o secretário de um partido de Estado totali-

---

[5] Esse elemento da definição de autoridade é crucial. Implica que o administrador que tenta controlar as pessoas fora de sua firma, ou as vidas privadas das pessoas dentro de sua firma, ultrapassa o limite entre autoridade e poder. Embora tenha autoridade sobre as pessoas em sua firma, seu controle assume a forma de poder assim que ultrapassa as pessoas e as esferas específicas do controle legítimo. Esse tipo de transposição é obviamente frequente em cada relação de autoridade; e um fenômeno empírico que daria uma boa investigação é até que ponto a fusão entre autoridade e poder tende a intensificar os conflitos de grupo.

tário e seus membros, o gerente nomeado de uma empresa moderna e seus funcionários, ou o primeiro-ministro eleito de um país democrático e o eleitorado. Neste estudo, não será feita nenhuma tentativa para desenvolver uma tipologia de autoridade. Mas ao longo dele presume-se que a existência da dominação e submissão é uma característica comum a todos os tipos possíveis de autoridade e, de fato, de todos os possíveis tipos de associação e organização.

A noção sobre poder e autoridade empregada no presente estudo representa o que Parsons, em uma revisão crítica do livro de C. W. Mills sobre a elite do poder norte-americano, chama de conceito "soma zero" de autoridade. Parsons questiona esse conceito, e seu raciocínio fornece uma boa oportunidade para aprofundar um pouco mais nossa noção e relacioná-la com os dois modelos distintos descritos. "O ponto essencial neste momento é que, a Mills [e claro para nós neste estudo – R. D.], o poder não é uma instalação para o desempenho da função em nome da sociedade e a favor dela como um sistema, mas é interpretado exclusivamente como uma instalação para permitir que um grupo, os detentores do poder, realize seus desejos ao impedir que outro grupo, os 'contras', realizem os seus" (4, p. 139). Essa declaração é inquestionável, e na medida em que Mills usa mesmo o poder "exclusivamente" no sentido de "soma zero", eu também deveria concordar com a crítica de Parsons. Mas, em seguida, Parsons continua, na mesma passagem, e comete o mesmo erro na direção oposta e o comete de modo deliberado e pensado: "Essa concepção alça ao lugar central *um aspecto secundário e derivado de um fenômeno total*" [itálico meu]. De modo não surpreendente, Parsons continua apontando o que é presumivelmente o aspecto original e primário do fenômeno total: "É a capacidade de mobilizar os recursos da sociedade para a consecução dos objetivos para os quais se assumiu ou pode ser assumido um compromisso 'público' geral de cumpri-los. Acima de tudo, é a mobilização da ação de pessoas e grupos, que os vincula em virtude de sua posição na sociedade" (4, p. 140). É difícil de conceber uma exposição mais clara das duas faces da sociedade e da unilateralidade insustentável e perigosa de posição de Parsons.

É certamente verdade que para muitos fins de análise, o poder, ou – como prefiro dizer – a autoridade, tanto percebe quanto simboliza a integração funcional dos sistemas sociais. Para usar uma ilustração pertinente: em muitos contextos, o presidente ou o primeiro-ministro eleito dos países democráticos[6] representa seu país como um todo; sua posição expressa, portanto, a unidade e a integração de uma nação. Em outros contextos, no entanto, o chefe de governo é apenas o representante do partido da maioria e, portanto, expoente de interesses seccionais. Sugiro que, como no cargo do primeiro-ministro nenhum desses elementos é primário ou secundário, da mesma forma nem o aspecto integrativo tampouco o aspecto perturbador da autoridade é primário ou secundário na análise social. Como todos os outros elementos da estrutura social, a autoridade tem duas faces – aquelas, digamos, de Mills e Parsons – e no mais alto nível de abstração é ilegítimo enfatizar uma em detrimento da outra. Autoridade é certamente não *só* produtiva de conflito; mas também não *só* (ou até mesmo principalmente) "uma instalação para o desempenho da função em nome da sociedade e a favor dela como sistema". Se este nosso estudo se concentra no que Parsons chamaria de "funções negativas" da autoridade, o fazemos porque esse aspecto é mais conveniente e útil para a análise de

---

[6] Essa ilustração é clara com relação ao presidente dos Estados Unidos. Em qualquer outro lugar, as funções representativas e governamentais geralmente são separadas; nesses casos, refiro-me não ao chefe do estado (rei, presidente), mas ao chefe do governo (primeiro-ministro, chanceler).

conflitos sociais sistemáticos estruturalmente gerados. ...

Em dois aspectos essa análise tem de ser especificada ou até mesmo suplementada. Primeiro, para o titular individual do cargo, a dominação em uma associação não necessariamente implica dominação em todas as outras ao qual ele pertence, e, por outro lado, a sujeição em uma associação não significa sujeição em todas. A dicotomia das posições de autoridade vale apenas para associações específicas. Em um Estado democrático, há meros eleitores e titulares de cargos de autoridade, como ministros, representantes e funcionários de alto escalão. Mas isso não significa que o "mero eleitor" não possa ter um cargo de autoridade em um contexto diferente, digamos, em um empreendimento industrial; por outro lado, um ministro de gabinete pode ser, na sua igreja, um mero membro, ou seja, estar sujeito à autoridade de outrem. Embora empiricamente pareça provável certa correlação dos cargos de autoridade de indivíduos em diferentes associações, isso não é algo geral, mas sim um caso de condições empíricas específicas. É pelo menos possível, se não provável, que se os indivíduos em certa sociedade são classificados de acordo com a soma total de seus cargos de autoridade em todas as associações, o padrão resultante não será uma dicotomia, mas em vez disso um conjunto de escalas de estratificação de acordo com a renda ou prestígio. Por esse motivo, é necessário ressaltar que, na análise sociológica do conflito do grupo, a unidade de análise é sempre uma associação específica e a dicotomia dos cargos em seu interior.

No que diz respeito ao conjunto de funções associadas a um indivíduo, as sociedades totais, da mesma forma, não costumam apresentar uma inequívoca estrutura de autoridade dicotômica. Há um grande número de associações imperativamente coordenadas em qualquer sociedade. Dentro de cada uma delas podemos distinguir os conjuntos daqueles que dominam e daqueles que se submetem à dominação. Mas já que a dominação na indústria não implica necessariamente dominação no Estado, ou em uma igreja ou em outras associações, as sociedades totais podem apresentar o quadro de uma pluralidade de conjuntos concorrentes dominantes (e, por outro lado, submetidos). Esse, novamente, é um problema para a análise das sociedades históricas específicas e não deve ser confundido com as linhas mais claras de diferenciação dentro de qualquer associação. No âmbito desta última, a distribuição de autoridade sempre soma zero, ou seja, há sempre uma divisão envolvendo dominação e submissão.[7] ...

REFERÊNCIAS

1. David Lockwood, "Some Remarks on 'The Social System'", *British Journal of Sociology*, Vol. VII, Nº 2 (1956).
2. A. R. Radcliffe-Brown, "On Social Structure", em *Structure and Function in Primitive Society*. London, 1952.
3. Talcott Parsons, "The Distribution of Power in American Society", *World Politics*, Vol. X, Nº 1 (outubro de 1957).
4. Max Weber, *Wirtschaft und Gesellschaft* (Grundriss der Sozialökonomik, seção III). 4ª ed. Tübingen, 1947.

---

[7] Inevitavelmente, as qualificações introduzidas nos dois parágrafos anteriores são bastante vagas se declaradas apenas em termos abstratos. Mas são da maior importância para a análise empírica. Ao postular de modo estrito associações imperativamente coordenadas como unidades de análise de conflitos, somos capazes de considerar, por exemplo, as relações entre a indústria e a sociedade como um problema empírico que permite soluções diversas em diferentes contextos históricos. Da mesma forma, podemos por essa ênfase considerar a sujeição (e a consequente privação) em várias associações como uma condição para reforçar e intensificar o conflito, mas de modo algum essencial em situações históricas. Esses problemas e outros semelhantes se tornarão cada vez mais cruciais à medida que nossa pesquisa prossegue.

C. Wright Mills: A estrutura do poder nos Estados Unidos

I

O poder tem a ver com sejam quais forem as decisões que os homens tomam em relação ao regime em que vivem e aos eventos que compõem a história do seu tempo. Eventos que estão além da decisão humana acontecem mesmo; o regime social realmente muda mesmo sem decisões explícitas. Mas, na medida em que são tomadas essas decisões, o problema de quem está envolvido em tomá-las é o problema básico do poder. Na medida em que podem ser tomadas, mas deixam de ser, o problema torna-se: quem deixa de tomá-las?

Hoje não podemos apenas assumir que em última instância os homens sempre devem ser regidos pelo seu próprio consentimento. Pois entre os meios de poder que agora prevalecem está o poder de gerenciar e manipular o consentimento dos homens. O fato de não sabermos os limites desse poder e de que esperamos que ele tenha limites não anula o fato de que hoje muito poder seja empregado com sucesso sem sanção racional nem consciência obediente.

Sem dúvida hoje não precisamos discutir que, em última instância, a coerção é a forma "suprema" do poder. Mas em hipótese alguma estamos sempre na última instância. A autoridade (poder que se justifica pelas crenças dos voluntariamente obedientes) e a manipulação (poder exercido sem o conhecimento dos subjugados) também devem ser consideradas, junto com a coerção. Na verdade, os três tipos devem ser distinguidos sempre que meditamos sobre o poder.

É preciso ter em mente que, no mundo moderno, o poder muitas vezes não é tão autoritário como aparentava ser na época medieval: as ideias que justificam os governantes já não parecem tão necessárias ao exercício do poder por parte deles. Pelo menos para muitas das grandes decisões do nosso tempo – em especial aquelas de categoria internacional – a "persuasão" em massa não foi "necessária"; o fato é apenas realizado. Além disso, essas ideias, na forma em que estão disponíveis aos poderosos, com frequência não são adotadas nem utilizadas por eles. Em geral, essas ideologias surgem como resposta a uma desmistificação eficaz do poder; nos Estados Unidos, essa oposição recentemente não teve eficácia suficiente para criar a sensação de necessidade por novas ideologias de governo.

De fato, surgiu uma situação em que muitas pessoas que perderam a fé nas lealdades predominantes não adquiriram novas e, por isso, não prestam atenção à política de qualquer tipo. Não são radicais, nem liberais, nem conservadoras, nem reacionárias. São inativas. Tiraram o time de campo. Se aceitarmos a definição grega do idiota como homem completamente privado, então, devemos concluir que muitos cidadãos norte-americanos hoje são idiotas. E eu não me surpreenderia se houvesse alguns idiotas também na Alemanha, embora não conheça nenhum. Essa – e uso a palavra com cuidado – condição espiritual parece-me a chave para muitos problemas modernos de intelectuais políticos, bem como a chave para boa parte da perplexidade política na sociedade moderna. A "convicção" intelectual e a "crença" moral são desnecessárias a governantes ou governados para que um poder governador persista e até mesmo floresça. No que tange ao papel das ideologias, suas ausências frequentes e a prevalência de indiferença em massa são certamente dois dos principais fatos políticos nas sociedades ocidentais atuais.

O tamanho do papel exercido por quaisquer decisões explícitas na elaboração da história é, por si só, um problema histórico. Pois o tamanho desse papel pode depender muito

---

Reimpresso com permissão da C. Wright Mills, "The Structure of Power in American Society", *The British Journal of Sociology*, Vol. IX, nº 1, de março de 1958.

dos meios de poder disponíveis a qualquer momento em qualquer sociedade. Em certas sociedades, as inúmeras ações de inumeráveis pessoas modificam seus ambientes e, assim, modificam gradativamente a própria estrutura. Essas modificações – o curso da história – continuam sem a humanidade tomar conhecimento. A história está à deriva, embora no total "a humanidade a faça". Assim, inúmeros empreendedores e inúmeros consumidores com dez mil decisões por minuto podem modelar e remodelar a economia de livre mercado. Talvez esse tenha sido o principal tipo de limitação que Marx tinha em mente quando escreveu, em *O 18º brumário*: "A humanidade constrói sua própria história, mas não a constrói a seu bel-prazer; não a constrói com base em circunstâncias escolhidas por ela mesma. ..."

Mas em outras sociedades – com certeza nos Estados Unidos e na União Soviética de hoje – alguns indivíduos podem ser, assim, inseridos na estrutura e, por suas decisões, modificar os ambientes de muitos outros indivíduos e, de fato, hoje as condições estruturais em que vivem a maior parte da humanidade. Essas elites do poder também fazem história sob circunstâncias não escolhidas completamente por si só, mas, em comparação com outras pessoas e em comparação com outros períodos da história mundial, essas circunstâncias de fato parecem menos limitadas.

Eu deveria afirmar que "as pessoas são livres para fazer história", mas que algumas pessoas são na verdade muito mais livres do que outras. Pois essa liberdade exige acesso aos meios de decisão e de poder pelos quais a história hoje pode ser construída. Nem sempre foi assim; mas é assim nas fases posteriores da época moderna. É com referência a essa época que estou afirmando que, se as pessoas não constroem a história, elas tendem cada vez mais a tornar-se os utensílios dos fabricantes da história, bem como os meros objetos da história.

A história da sociedade moderna pode ser prontamente entendida como a história do alargamento e da centralização dos meios de poder – em instituições econômicas, políticas e militares. A ascensão da sociedade industrial tem envolvido esses desenvolvimentos nos meios de produção econômica. A ascensão do Estado-nação tem envolvido desenvolvimentos semelhantes nos meios da violência e naqueles da administração política.

Nas sociedades ocidentais, essas transformações em geral ocorreram de forma gradativa e têm sido restringidas e moldadas por muitas tradições culturais. Na maioria das sociedades soviéticas, de fato, elas acontecem com muita rapidez e sem o grande discurso da civilização ocidental, sem o renascimento e sem a reforma protestante, que tão amplamente reforçou e deu foco político à ideia de liberdade. Nessas sociedades, o alargamento e a coordenação de todos os meios de poder ocorreram de modo mais brutal e, desde o início, sob autoridade rigidamente centralizada. Nos dois tipos, entretanto, os meios de poder tornaram-se semelhantes em forma e internacionais no escopo. Sem dúvida, cada um deles tem seus próprios altos e baixos; nenhum ainda é absoluto; os modos como são conduzidos diferem radicalmente.

Contudo é tão grande o alcance dos meios de violência e tão grande a economia necessária para produzi-los e apoiá-los que, no passado imediato, testemunhamos a consolidação desses dois centros mundiais, cada um dos quais ananica o poder da Roma Antiga. À medida que prestamos atenção aos demais meios de poder hoje disponíveis a grupos muito reduzidos, percebemos que César poderia fazer menos com Roma do que Napoleão com a França; Napoleão, menos com a França do que Lênin com a Rússia. Mas em seu auge qual foi o poder de César em comparação ao poder dos dinâmicos círculos internos da Rússia Soviética e das administrações temporárias dos Estados Unidos? Percebemos – de fato elas continuamente nos recordam – quão poucas pessoas têm acesso aos meios pelos quais em poucos dias continentes podem ser transformados em desolados desertos termonucleares. Com certeza, o fato de as instalações do poder serem tão enormemente ampliadas e tão decisivamente centralizadas significa que os poderes de grupos de pessoas com número bem reduzido, que podemos chamar de elites, têm hoje consequências literalmente desumanas.

Aqui minha preocupação não é com o cenário internacional, mas com os Estados Unidos em meados do século XX. Devo sublinhar "em meados do século XX" porque em nossa tentativa de compreender qualquer sociedade nos deparamos com imagens que foram extraídas do seu passado e que muitas vezes confundem a nossa tentativa de confrontar sua realidade presente. Esse é um motivo menor pelo qual a história é o eixo de qualquer ciência social: devemos estudá-la nem que seja para nos livrarmos dela. Nos Estados Unidos, com certeza existem muitas dessas imagens e em geral elas têm a ver com a primeira metade do século XIX. Naquela época, as instalações econômicas dos Estados Unidos estavam amplamente dispersas e sujeitas a pouca ou nenhuma autoridade central.

O Estado vigiava à noite, mas não tinha voz decisiva durante o dia.

Um homem significava um rifle e a milícia não recebia ordens centralizadas.

Qualquer norte-americano tão antiquado como eu só pode concordar com R. H. Tawney que "Seja lá o que futuro nos reserva, o passado não nos mostrou uma ordem social mais excelente do que aquela em que o povo era dono das propriedades que ele lavrava e das ferramentas com as quais trabalhava, e podia se orgulhar ... 'É uma tranquilidade para a mente de um homem viver em seu próprio chão e conhecer seu exato herdeiro'".

Mas então logo devemos acrescentar: tudo isso pertence ao passado e tem pouca relevância para a nossa compreensão dos Estados Unidos dos dias atuais. Dentro dessa sociedade hoje podem ser distinguidos três amplos níveis de poder. Vou começar do topo e ir descendo.

II

Hoje, o poder de tomar decisões de importância nacional e internacional está tão claramente assente nas instituições políticas, militares e econômicas que outras áreas da sociedade parecem alijadas e, de vez em quando, prontamente subordinadas a essas. As instituições dispersas de religião, educação e família são cada vez mais moldadas pelas três grandes, nas quais as decisões que fazem história hoje habitualmente ocorrem. Por trás desse fato há todo o impulso e a força de uma fabulosa tecnologia; pois essas três ordens institucionais incorporaram essa tecnologia e agora a guiam, mesmo enquanto molda e dá ritmo ao seu desenvolvimento.

Enquanto cada uma assume sua forma moderna, seus efeitos sobre as outras duas tornam-se maiores, e o trânsito entre as três aumentou. Não existem mais, por um lado, uma economia e, por outro, uma ordem política, contendo uma organização militar sem importância para a política e para as finanças. Existe uma economia política numerosa ligada com a ordem e a decisão militares. Esse triângulo de poder é agora um fato estrutural, e é a chave para qualquer entendimento dos círculos mais elevados nos Estados Unidos atuais. Pois à medida que cada um desses domínios coincide com os outros, à medida que as decisões em cada um tornam-se mais amplas, os líderes de cada um – os militares de alta patente, os gestores corporativos, os dirigentes políticos – mostraram a tendência de se unir e formar a elite do poder dos Estados Unidos da América.

A ordem política, uma vez composta por vários Estados com um fraco centro federal, tornou-se um aparato executivo que assume para si mesmo muitos poderes antes dispersados, tanto legislativos quanto administrativos, e que hoje afeta todas as partes da estrutura social. A tendência de longa data de empresas e do governo em se tornar mais intimamente ligados, a partir da Segunda Guerra Mundial atingiu um novo ponto de explicitação. Nem hoje pode ser encarado claramente como um mundo distinto. O crescimento do governo executivo não significa apenas o "alargamento do governo" como um tipo de burocracia autônoma: sob condições norte-americanas, tem significado a ascendência do ser corporativo à eminência política. Já durante o New Deal, esses homens uniram-se à cúpula política; a partir da Segunda Guerra Mundial, vieram a dominá-la. Há muito tempo envolvidos com o governo, agora eles deram uma guinada decisiva rumo à direção da economia no esforço da guerra e do pós-guerra.

A economia, antes uma grande dispersão de pequenas unidades produtivas em equilíbrio meio automático, tem se tornado internamente dominada por uma centena de corporações, administrativa e politicamente inter-relacionadas, que juntas detêm as chaves para a decisão econômica. Essa economia é, ao mesmo tempo, uma economia de guerra permanente e uma economia de corporação privada. Hoje as relações mais importantes da corporação para o Estado residem na coincidência entre os interesses corporativos e militares, conforme definido pelos militares e os ricos corporativos e aceito pelos políticos e pelo público em geral. Como um todo, no âmbito da elite, essa coincidência entre o domínio militar e o reino corporativo fortalece os dois e subordina ainda mais o ser meramente político. Hoje, é mais provável que o executivo da corporação e não o político partidário se reúna com os militares para responder à pergunta: o que precisa ser feito?

A ordem militar, uma vez uma organização enxuta em um contexto de desconfiança civil, tornou-se o maior e mais caro recurso do governo; atrás de sorridentes relações públicas, tem toda a eficiência sinistra e desajeitada de uma grande e espraiada burocracia. Os militares de alta patente ganharam decisiva relevância política e econômica. A ameaça militar aparentemente permanente coloca um prêmio neles e praticamente todas as ações políticas e econômicas agora são julgadas em termos de definições militares da realidade: os militares mais graduados ascenderam a uma sólida posição dentro da elite do poder do nosso tempo.

Pelo menos em parte, isso é resultado de um fato histórico, fundamental para o período desde 1939: a atenção da elite deslocou-se de problemas domésticos – nos anos de 1930, centrados na depressão econômica – para problemas internacionais – nos anos de 1940 e 1950, centrados em torno da guerra. Desde longa data, o governo dos Estados Unidos é moldado pelo conflito interno e equilíbrio; não dispõe de agências e tradições apropriadas para o manejo democrático dos assuntos internacionais. É principalmente nesse vácuo que a elite do poder tem crescido.

(i) Para entender a unidade dessa elite do poder, devemos prestar atenção à psicologia dos seus vários membros em seus respectivos ambientes. Na medida em que a elite do poder é composta por pessoas de origem e educação semelhantes, de carreiras e estilos de vida semelhantes, pode-se dizer que sua unidade repousa no fato de que elas pertencem a um tipo social semelhante, o que facilita sua mescla. Esse tipo de unidade atinge seu ápice de frivolidade no compartilhamento daquele prestígio que acontece no mundo das celebridades. Alcança o seu ponto culminante mais sólido no fato da intercambialidade de posições entre as três ordens institucionais dominantes. Isso é revelado pelo intercâmbio considerável de pessoal dentro e entre essas três, bem como pela ascensão de mediadores especializados como o novo estilo de *lobby* de alto nível.

(ii) Por trás dessa unidade psicológica e social estão a estrutura e a mecânica dessas hierarquias institucionais que os dirigentes políticos, os ricos corporativos e os militares de alta patente agora presidem. Em grande parte, as relações de seus governantes são determinadas pelo modo em que cada uma dessas hierarquias é formada e pelas relações entre elas. Se essas hierarquias fossem dispersas e desarticuladas, logo suas respectivas elites podem tender a ser dispersas e incoerentes; mas se elas têm muitas interconexões e pontos de interesse coincidentes, então, suas elites tendem a formar um tipo coerente de agrupamento. A unidade da elite não é um simples reflexo da unidade das instituições, mas pessoas e instituições sempre estão relacionadas; é por isso que devemos entender a elite de hoje em conexão com essas tendências institucionais, como a evolução de um aparato de guerra permanente, em paralelo a uma economia privadamente incorporada, dentro de um vácuo político virtual. Pois os líderes no topo têm sido selecionados e formados por essas tendências institucionais.

(iii) Sua unidade, contudo, não reside apenas na semelhança psicológica e na mescla social, nem inteiramente na mistura estrutural de cargos dominantes e interesses comuns. Às vezes, é a unidade de uma coordenação mais explícita.

Dizer que esses círculos maiores estão cada vez mais coordenados, que essa é *uma* das bases de sua unidade e que às vezes – como durante guerra declarada – essa coordenação é muito obstinada, não é dizer que a coordenação é total ou contínua, nem mesmo que é muito estável. Muito menos é dizer que a elite do poder emergiu como a realização de uma trama. Sua ascensão não pode ser adequadamente explicada em quaisquer termos psicológicos.

Porém, devemos lembrar que as tendências institucionais podem ser definidas como oportunidades por aqueles que ocupam os postos de comando. Uma vez que essas oportunidades sejam reconhecidas, as pessoas podem aproveitar-se delas. Certos tipos de pessoas de cada uma dessas três áreas, mais previdentes do que outras, promoveram ativamente a conexão antes mesmo de ela adotar sua forma moderna. Hoje, mais pessoas perceberam que os seus diversos interesses podem ser realizados com mais facilidade se elas trabalharem juntas, de modos tanto informais quanto formais, e foi isso que elas fizeram.

Claro, a ideia da elite do poder é uma interpretação. Tem como alicerce e nos permite compreender as principais tendências institucionais, as semelhanças sociais e as afinidades psicológicas das pessoas no topo. Mas a ideia também é alicerçada pelo que vem acontecendo nos níveis intermediários e inferiores do poder, que abordarei agora.

III

Existem, é claro, outras interpretações do sistema de poder norte-americano. O mais costumeiro é o de ser um equilíbrio dinâmico de muitos interesses concorrentes. A imagem do equilíbrio, pelo menos nos Estados Unidos, deriva-se da ideia do mercado econômico: no século XIX, pensava-se que o equilíbrio ocorria entre uma grande dispersão de pessoas e empresas; no século XX, pensa-se que ocorre entre os grandes blocos de interesse. Sob os dois prismas, o político é o elemento chave do poder, porque ele é o corretor de muitos poderes conflitantes.

Acredito que o equilíbrio e o compromisso na sociedade norte-americana – os "poderes de compensação" e os "grupos de veto", de partidos e associações, de estratos e sindicatos – hoje devem ser compreendidos em sua relação com os níveis de poder intermediários. É sobre esses níveis intermediários que o jornalista político e o cientista político estão mais propensos a escrever e a se debruçar – nem que seja pelo fato de também pertencerem a esses níveis intermediários e, por isso, estarem mais próximos deles. Além disso, esses níveis fornecem o conteúdo ruidoso da maioria das notícias e fofocas "políticas"; as imagens desses níveis estão mais ou menos de acordo com o folclore de como funciona a democracia; e, se for aceita a imagem principal do equilíbrio, muitos intelectuais, em especial em sua patriotada atual, são facilmente capazes de satisfazer esse otimismo político enquanto o quiserem sentir. Nesse sentido, as interpretações liberais do que está acontecendo nos Estados Unidos hoje são na prática as únicas interpretações amplamente distribuídas.

Mas acreditar que o sistema de poder reflete uma sociedade de equilíbrio é, penso eu, confundir a era presente com épocas mais primitivas e confundir a sua parte superior e inferior com seus níveis intermediários.

Por níveis superiores, distinguindo-se dos intermediários, eu me refiro, em primeiro lugar, ao escopo das decisões tomadas. Hoje no topo essas decisões têm a ver com todas as questões de guerra e paz. Também têm a ver com a recessão e a pobreza que hoje sem dúvida se tornaram problemas de âmbito internacional. Também me refiro a se os grupos que lutam politicamente têm ou não a oportunidade de receber os cargos responsáveis por tomar essas decisões de cúpula e se de fato seus membros em geral aspiram a esse comando nacional de cúpula. A maioria dos interesses concorrentes que compõem o ressoante confronto da política dos Estados Unidos está estritamente preocupada com sua fatia do bolo existente. Os sindicatos, por exemplo, certamente não têm políticas de categoria internacional além daquelas que certos sindicatos adotam para a rigorosa proteção econômica dos seus membros. Nem tampouco organizações rurais. De fato, as ações desses poderes de nível intermediário podem ter consequências para a política de nível superior; com certeza, às vezes elas entravam essas políticas, mas não estão verdadeiramente preocupadas com elas. Isso significa, é claro, que sua influência tende a ser bastante irresponsável.

Os fatos dos níveis intermediários podem ser entendidos em termos da ascensão da elite do poder. As hierarquias expandidas, centralizadas e interligadas que presidem a elite do poder têm infringido o velho equilíbrio e o relegado ao nível intermediário. Mas também há evolução independente dos níveis intermediários. Parece-me que essa evolução é mais bem entendida como um caso de demandas provincianas e entrincheiradas do que como um centro de decisão nacional. Assim, o nível intermediário muitas vezes se parece mais com um impasse do que com um equilíbrio dinâmico.

(i) O nível intermediário da política não é um fórum em que são debatidas as grandes decisões da vida nacional e internacional. Esse debate não é conduzido por partidos nacionalmente responsáveis que representam e esclarecem as políticas alternativas. Não existem partidos assim nos Estados Unidos. Cada vez mais, os problemas fundamentais nunca são influenciados ou decididos pelo Congresso e, muito menos, pelo eleitorado nas campanhas partidárias. No caso de Formosa, na primavera de 1955, o Congresso abdicou de todo debate relativo aos eventos e às decisões que certamente beiravam a guerra. Em grande parte o mesmo vale na crise do Oriente Médio, em 1957. Hoje, essas decisões costumam contornar o Congresso, e não existem problemas claramente focados para a decisão pública.

A campanha política norte-americana distrai a atenção de problemas nacionais e internacionais, mas isso não quer dizer que não há problemas nessas campanhas. Em cada distrito e estado, os problemas são definidos e observados por interesses organizados de importância local soberana. Claro, o político profissional é um político do partido, e os dois partidos são organizações semifeudais: trocam apoio e outros favores por votos e proteção. As diferenças entre eles, no que tange às questões nacionais, são muito estreitas e muito confusas. Muitas vezes tem-se a impressão de haver quarenta e oito partidos, um para cada estado; e nesse sentido, o político na condição de militante e congressista não está preocupado com linhas do partido nacionais, se é que elas são discerníveis. Muitas vezes ele não está sujeito a qualquer disciplina efetiva do partido nacional. Ele fala para os interesses de seu próprio círculo eleitoral e está preocupado com os problemas nacionais apenas na medida em que afetam os interesses locais e, portanto, suas chances de reeleição. É por isso que, se ele toca mesmo em assuntos nacionais, o resultado é muitas vezes uma retórica vazia. Sentado em sua localidade soberana, o político não está na cúpula nacional. Ele está nos níveis intermediários do poder e pertence a eles.

(ii) A política não é uma arena em que organizações livres e independentes verdadeiramente conectam os níveis intermediários e inferiores da sociedade com os níveis superiores de decisão. Hoje essas organizações não constituem uma parte importante e eficaz da vida norte-americana. À medida que mais pessoas são atraídas para a arena política, as associações adquirem escala de massa, e o poder do indivíduo torna-se dependente delas; por serem eficazes, elas se tornaram maiores e, assim, menos acessíveis à influência do indivíduo. Esse é um fato central sobre associações em qualquer sociedade de massas: a sua importância primordial para os partidos políticos e sindicatos.

Nos anos de 1930, muitas vezes parecia que a mão de obra se tornaria um poder insurgente, independente da corporação e do Estado. Pela primeira vez surgia a mão de obra organizada em escala nacional, e o único senso de rumo político de que precisava era o *slogan*: "Organizar o desorganizado". Agora fora da égide da depressão, a mão de obra permanece sem rumo político. Em vez de lutas econômicas e políticas, tornou-se profundamente envolvida em rotinas administrativas com a corporação e o Estado. Uma de suas principais funções, como direito adquirido da nova sociedade, é a regulação dessas tendências irregulares que pode ocorrer entre as bases.

Não há nada, me parece, na composição da liderança trabalhista atual que nos permita esperar que ela possa ou venha a liderar, em vez de apenas reagir. Quando exerce algum tipo de luta, essa luta é por uma parcela das mercadorias de um único estilo de vida e não por aquele próprio estilo de vida. Hoje nos Estados Unidos o típico líder trabalhista é mais bem compreendido como criatura adaptável da tendência dos negócios principais do que como agente independente em um contexto verdadeiramente nacional.

(iii) A ideia de que essa sociedade é um equilíbrio de poderes nos obriga a supor que as unidades em equilíbrio têm poder mais ou menos igual e que elas são verdadeiramente independentes entre si. Esses pressupostos residem, parece claro, na importância histórica de uma classe média grande e independente. No século XIX e durante a Era Progressista, essa classe de agricultores e de pequenos empresários lutou – e perdeu – politicamente sua última batalha por um papel primordial na decisão nacional. Mesmo assim, suas aspirações pareciam vinculadas ao seu próprio e concebido passado.

Essa antiga e independente classe média minguou, é claro. Na contagem mais generosa, representa agora 40% da classe média total (no máximo 20% da força de trabalho total). Além disso, tornou-se política e economicamente dependente do Estado, de modo mais notável no caso do agricultor subsidiado.

Com certeza, a *nova* classe média dos trabalhadores de colarinho branco não é o pivô político de qualquer sociedade de equilíbrio. De maneira alguma é politicamente unificada. Seus sindicatos, como se apresentam, servem muitas vezes apenas para incorporá-la como parasita do interesse trabalhista. Por um período considerável, a antiga classe média *foi* uma base independente do poder; a nova classe média não pode ser. A liberdade política e segurança econômica *estavam* ancoradas em propriedades pequenas e independentes; elas não estão ancoradas na esfera do trabalho de colarinho branco. Os proprietários dispersos estavam unidos economicamente por mercados mais ou menos livres; os trabalhos da nova classe média são integrados pela autoridade corporativa. Do ponto de vista econômico, as classes de colarinho branco estão na mesma condição que os trabalhadores assalariados; do ponto de vista político, estão em piores condições, pois não estão organizadas. Não constituem a vanguarda da mudança histórica; na melhor das hipóteses consistem na retaguarda do Estado-providência.

A revolta agrária dos anos de 1890, a revolta dos pequenos negócios que tem sido mais ou menos contínua desde os 1880, a revolta trabalhista dos anos de 1930 – cada uma delas fracassou como movimento independente capaz de contrabalançar os poderes; fracassaram como terceiros politicamente autônomos. Mas elas tiveram êxito, em graus variados, na forma de direitos adquiridos em meio à expansão das empresas e do Estado; tiveram êxito na forma de interesses paroquiais atendidos em distritos específicos, nas divisões locais dos dois partidos e no Congresso. Elas se tornariam, em suma, características bem-estabelecidas dos níveis *intermediários* do poder em equilíbrio, nos quais hoje podemos observar todos os estratos e interesses que no decorrer da história norte-americana foram derrotados em suas tentativas de alcançar poder superior ou que nunca fizeram essas tentativas.

Há 50 anos, muitos observadores encaravam o Estado norte-americano como a máscara atrás da qual operava um governo invisível. Hoje, porém, muito do que se chamava o velho *lobby*, visível ou invisível, faz parte do governo bastante visível. Verificou-se uma "governamentalização do *lobby*" nos âmbitos executivo e legislativo, bem como entre eles. A burocracia executiva torna-se não só o centro de decisão, mas também a arena em que grandes conflitos do poder têm sua resolução aprovada ou negada. A "administração" substitui a política eleitoral; a manobra de claques (que incluem desde senadores até funcionários públicos) substitui o confronto aberto dos partidos.

A mudança de pessoas da corporação para o diretório político acelerou o declínio dos políticos no Congresso aos níveis de poder intermediários; em parte, a formação da elite do poder baseia-se nesse rebaixamento. Também se baseia no impasse semiorganizado dos interesses das localidades soberanas que domina a função legislativa; na ausência quase completa de um serviço civil politicamente neutro, mas politicamente relevante, um depósito de força cerebral e talento executivo; e baseia-se no maior sigilo oficial atrás do qual as grandes decisões são feitas em detrimento do público ou mesmo de debates no Congresso.

IV

Há uma última crença em que observadores liberais em todos os lugares baseiam suas interpretações e depositam suas esperanças. É a ideia de público e a ideia associada de opinião pública. Pensadores conservadores, desde a Revolução Francesa, têm, é claro, encarado com alarme a ascensão do público, por eles chamados de massas ou algo parecido. "O populacho é soberano", escreveu Gustave Le Bon, "e cresce a maré da barbárie". Mas com certeza se enganam aqueles que consideram que as massas estão prestes a triunfar. Em nosso tempo, a influência do público ou das massas na vida política está na verdade minguando, e essa pouca e ocasional influência tende, em um grau desconhecido, mas crescente, a ser guiada pelos meios de comunicação de massa.

Em uma sociedade de públicos, a discussão é o meio ascendente de comunicação, e a mídia de massa, se é que ela existe, apenas amplia e acalora essa discussão, conectando um público face a face com as discussões de outro. Em uma sociedade de massas, o tipo dominante de comunicação é a mídia formal, e os públicos se tornam meros mercados para esses meios de comunicação: o "público" de um programa de rádio consiste em todos aqueles expostos a ele. Quando tentamos analisar os Estados Unidos hoje como uma sociedade de públicos, percebemos que isso já avançou uma distância considerável rumo à sociedade de massas.

Nos círculos oficiais, o termo "público" adotou um sentido fantasma, que revela drasticamente seu eclipse. A elite responsável pelas decisões consegue identificar alguns daqueles que clamam publicamente como "Trabalho", outros como "Negócio", outros ainda como "Agricultor". Mas esses não são o público. "O público" consiste nos não identificados e nos não partidários em um mundo de interesses identificados e partidários. Nesse fraco eco da noção clássica, o público é composto por esses remanescentes da velha e da nova classe média cujos interesses não estão explicitamente definidos, organizados ou clamorosos. Em uma curiosa adaptação, o "público" muitas vezes torna-se, no fato administrativo, "o especialista desvinculado", que, embora sempre tão bem informado, nunca tomou uma posição clara e pública sobre temas polêmicos. Ele é o membro "público" do conselho, da comissão, do comitê. O que o "público" defende, por conseguinte, é muitas vezes uma imprecisão política (chamada de "mente aberta"), uma falta de envolvimento em assuntos públicos (conhecida como "racionalidade") e um desinteresse profissional (conhecido como "tolerância").

Tudo isso realmente está distante da ideia prevalente no século XVIII sobre a opinião pública. Aquela ideia é paralela à ideia econômica do mercado mágico. Aqui, existe o mercado composto por empresários em livre concorrência; acolá, um público composto por círculos de pessoas em discussão. Como o preço é o resultado de indivíduos anônimos, igualmente ponderados e negociadores, a opinião pública é o resultado de cada pessoa ter pensado as coisas consigo mesmo e então contribuído com sua voz ao coro maior. Com certeza, alguns podem ter mais influência no estado da opinião que os outros, mas nenhum grupo monopoliza a discussão ou por si só determina as opiniões que prevalecem.

Nessa imagem clássica, as pessoas se deparam com problemas. Discutem-nos. Formulam pontos de vista. Esses pontos de vista são organizados, e há competição entre eles. Um ponto de vista é "vitorioso". Então, as pessoas adotam esse ponto de vista, ou seus representantes são orientados a executá-lo, o que eles fazem prontamente.

Essas imagens de democracia ainda são usadas como justificativas trabalhistas do poder nos Estados Unidos. Ora, devemos reconhecer que essa descrição está mais para conto de fadas do que para aproximação útil. Os problemas que hoje moldam o destino da humanidade não são causados nem resolvidos pelo público em geral. A ideia de uma sociedade cuja base é composta de públicos não é a constatação de um fato; é a proclamação de um ideal, bem como a afirmação de uma legitimação disfarçando-se de fato.

Não posso aqui descrever as várias grandes forças dentro da sociedade norte-americana, bem como em outros lugares, que atuaram para a debilitação do público. Só quero lembrar que os públicos, como as associações livres, podem ser esmagados de modo deliberado e repentino ou podem definhar mais lentamente. Mas quer seja esmagado em uma semana, quer definhe em uma geração, o desaparecimento do público deve ser analisado junto com a ascensão de organizações centralizadas, com todos os seus novos meios de poder, incluindo a mídia e entretenimento de massas. Esses meios, agora nós sabemos, muitas vezes parecem expropriar a racionalidade e a vontade da aterrorizada ou talvez voluntariamente indiferente sociedade de massas. No processo mais democrático da indiferença, os remanescentes desses públicos permanecem apenas ocasionalmente intimidados por fanáticos em busca de "deslealdade". Mas, independentemente disso, eles perdem sua vontade de decisão, porque não têm os instrumentos de decisão; perdem o senso de pertencimento político, porque não pertencem a grupos; perdem sua vontade política, porque não enxergam nenhuma maneira de realizá-la.

A estrutura política de um Estado democrático moderno exige que esse público conforme projetado por teóricos democráticos não só exista, mas que seja o próprio fórum dentro do qual é promulgada uma política de problemas reais.

Exige um serviço civil que esteja diretamente relacionado com o mundo do conhecimento e da sensibilidade e que seja composto de pessoas qualificadas, que em suas carreiras e aspirações sejam verdadeiramente independentes de quaisquer interesses privados, ou seja, corporativos.

Exige partidos nacionalmente responsáveis, que discutam de modo aberto e claro os problemas que a nação e o mundo enfrentam com tanto rigor.

Exige uma *intelligentsia*, dentro e fora das universidades, que continue o grande discurso do mundo ocidental, e cujo trabalho seja relevante e influente entre os partidos, movimentos e públicos.

E certamente exige, como um fato de poder, a existência de associações livres entre famílias, pequenas comunidades e públicos, por um lado, e o Estado, os militares e as corporações, por outro. Pois, a menos que esses organismos existam, não há nenhum veículo para opiniões fundamentadas, nenhum instrumento para o empenho racional da vontade pública.

Hoje, essas formações democráticas não são ascendentes na estrutura do poder dos Estados Unidos, e, por isso, as pessoas com o poder de decisão não são selecionadas e formadas por carreiras dentro dessas associações e por seu desempenho diante desses públicos. O topo da sociedade norte-americana moderna está cada vez mais unificado e com frequência parece deliberadamente coordenado: no topo emergiu uma elite cuja potência talvez exceda o de qualquer pequeno grupo na história do mundo. Muitas vezes, os níveis intermediários são um conjunto de forças em impasse e à deriva: o meio não conecta a parte inferior com a parte superior. A base dessa sociedade está fragmentada politicamente e, mesmo como fato passivo, cada vez mais impotente: na base emerge uma sociedade de massas.

Essa evolução, acredito, não pode ser corretamente compreendida com base na interpretação liberal nem marxista da política e da história. Essas duas formas de pensamento surgiram como diretrizes para a reflexão sobre um tipo de sociedade hoje inexistente nos Estados Unidos. Essa nação enfrenta um novo tipo de estrutura social, que incorpora elementos e tendências de toda a sociedade moderna, mas na qual assumiram uma proeminência mais nua e chamativa.

Isso não significa que devemos desistir dos ideais dessas expectativas políticas clássicas. Acredito que as duas estejam preocupadas com o problema da racionalidade e da liberdade: no liberalismo, a liberdade e a racionalidade são fatos supremos em relação ao indivíduo; no marxismo, são fatos supremos em relação ao papel humano na composição política da história. Suponho que minhas afirmações possam ser compreendidas como uma tentativa de tornar evidente por que as ideias sobre liberdade e racionalidade hoje tantas vezes parecem tão ambíguas na nova sociedade dos Estados Unidos da América.

Richard L. Zweigenhaft e G. William Domhoff: As ironias da diversidade

... [A] elite do poder e o Congresso são mais diversificados do que eram antes do movimento dos direitos civis, e os movimentos sociais que se seguiram em seu rastro exerceram pressão sobre políticos, corporações e governo. Embora a elite do poder ainda seja composta principalmente de homens brancos e cristãos, hoje existem judeus, mulheres, negros, latinos e ásio-americanos nos conselhos diretoriais das maiores corporações do país; gabinetes presidenciais são muito mais diversificados do que acontecia há 50 anos; e os mais altos escalões militares já não são preenchidos exclusivamente por homens brancos. No caso de titulares eleitos de cargos públicos no Congresso, a tendência de diversidade é ainda maior para as mulheres e outros grupos previamente excluídos que estudamos. Ao mesmo tempo, mostramos que a incorporação de membros dos diferentes grupos tem sido desigual.

[No presente ensaio] abordamos os padrões que emergem de nossos achados específicos para ver se eles ajudam a explicar a inclusão gradual de alguns grupos e a contínua exclusão de outros. Também podemos discutir o impacto da diversidade sobre a elite do poder e o restante da sociedade norte-americana. Argumentamos que a maior par-

---

Extraído de *Diversity in the Power Elite* por Richard L. Zweigenhaft e G. William Domhoff. Rowman & Littlefield Publishing Group, 2006. Reproduzido com permissão de Rowman & Littlefield Publishing Group. Direitos autorais © 2006 por Richard L. Zweigenhaft e G. William Domhoff.

te dos efeitos foi inesperada e irônica. A mais importante dessas ironias se relaciona com as tensões entre o sonho norte-americano de progresso e realização individuais ("individualismo liberal") e a estrutura de classe: concluímos que a diversidade de gênero, etnia e raça celebrada pela elite do poder e pelos meios de comunicação, na verdade, reforça a natureza imutável da estrutura de classe e aumenta a tendência para ignorar as desigualdades de classe.

Por que alguns são incluídos?

Os movimentos sociais e as pressões por maior abertura nos níveis mais elevados da sociedade norte-americana levaram a alguma representação para todos os grupos previamente excluídos, mas alguns foram mais bem-sucedidos do que outros. Quatro fatores principais explicam por que algumas pessoas acabam incluídas: origens de classe superiores, educação de elite, cor de pele mais clara e a capacidade de se tornar aceitável perante os membros estabelecidos na elite do poder, o que chamamos de "gestão de identidade".

A importância da classe

Aqueles que trouxeram a diversidade para a elite do poder tendem a ter origem no mundo dos negócios e das profissões, como os brancos cristãos do sexo masculino estudados por C. Wright Mills há mais de 50 anos. Mais de um terço das mulheres que se tornaram diretoras corporativas pertence à classe alta, e muitas outras são das classes média e média-alta. A maioria dos cubano-americanos e chineses-americanos que ascendeu ao topo veio de classes de dirigentes deslocadas, longe de ser a imagem convencional dos imigrantes que começam do nada. Os judeus e os nipo-americanos em altas posições foram principalmente os produtos de duas e três gerações galgando os degraus da escada social. Os primeiros afro-americanos membros da elite corporativa e de gabinetes vinham principalmente da pequena classe média negra que antecedeu o movimento dos direitos civis. Embora não haja nenhuma informação sistemática sobre as origens sociais das lideranças *gays* e lésbicas, que na maioria dos estudos são tratadas como se não tivessem origem de classe social, nossas observações sugerem que muitos ativistas e profissionais visíveis também vêm de famílias de negócios e profissionais.

Uma origem social de alto nível, é claro, facilita a aquisição de valores, atitudes e estilos necessários para contratar, demitir e gerenciar as vidas no trabalho de funcionários de colarinho azul, branco e rosa. Essa análise pode ser ampliada para incluir até mesmo aqueles provenientes de circunstâncias mais modestas, como Lauro Cavazos, cujo pai era capataz de fazenda, ou Katherine Ortega, Sue Ling Gin e David Geffen, cujas famílias eram donas de pequenas empresas, ou David Mixner, cujo pai coordenava trabalhadores rurais pertencentes a minorias em uma fazenda alheia. A maioria das pessoas que estudamos, em outras palavras, aprende em primeira mão que algumas pessoas mandam na maioria ou têm profissões independentes com base nas credenciais acadêmicas e que delas se esperava a participação nesse estrato gerencial e profissional.

Porém, quando comparamos os membros recém-chegados da elite de poder com os seus homólogos no Congresso, surgem mais duas generalizações. Em primeiro lugar, os membros da elite do poder tendem a vir de origens sociais mais privilegiadas do que os ocupantes de cargos eletivos. Em segundo lugar, os titulares de cargos eletivos são mais propensos a ser democratas do que republicanos. Esses dois achados sugerem que existem dimensões políticas e de classe em nossas conclusões sobre as diferenças entre a elite do poder e o Congresso que atravessam as linhas de gênero e etnia. Agora que a elite do poder encontra-se quase exclusivamente no Partido Republicano e a coligação liberal-trabalhista tornou-se mais importante dentro do Partido Democrata, a política tradicional do país (a política regional, racial e étnica) está sendo substituída por uma política mais clara de raça e classe, com os republicanos e democratas agora capazes de dizer que abraçam a diversidade em termos de líderes e candidatos de todos os grupos previamente excluídos. (Até mesmo o partido republicano pode contar com membros *gays* e lésbicos graças ao grupo republicano Log Cabin, embora muitos republicanos conservadores preferissem evitar essa situação.) E, como todos sabem, o número de afro-americanos que são republicanos é muito pequeno, mas eles são importantes para o sucesso do partido com eleitores brancos centristas porque "provam" que o partido está tentando ser inclusivo a todos.[1]

A importância da educação

Contudo, a classe de modo nenhum explica todos nossos achados. A educação também importa muito. Os membros de grupos sub-representados que chegam à elite do poder costumam ter uma educação superior à dos homens brancos que já a compõem. Isso foi visto no caso dos afro-americanos e das mulheres euro-americanas em conselhos corporativos e em gabinetes presidenciais, bem como dos imigrantes ásio-americano bem-sucedidos. A educação parece ter-lhes dado a vantagem necessária para galgar degraus rumo à elite do poder. No caso de muitos dos afro-americanos, os novos programas educacionais nas escolas de ensino médio privadas da elite, criados em resposta às perturbações da década de 1960, foram mais do que uma vantagem. Foram essenciais. Com efeito, esses programas de bolsa de estudos em parte compensaram a riqueza que eles não tinham.[2]

Além disso, não importa apenas ter diplomas acadêmicos, mas também de quais universidades são esses diplomas. De modo recorrente, observamos que um número significativo provinha das mesmas e raras escolas que educam brancos cristãos do sexo masculino, como Harvard, Yale, Princeton e Massachusetts Institute of Technology (MIT) na costa leste, a University of Chicago no centro-oeste e Stanford na costa oeste. Bill Clinton e Bush na Casa Branca, Hillary Clinton no Senado de Nova York, Joseph Lieberman no Senado de Connecticut e Clarence Thomas na Suprema Corte: todos frequentaram a Yale University na década de 1960.

Essas escolas de elite não só conferem *status* a seus graduados, mas também fornecem contatos com elites masculinas brancas que se renovam ao longo da vida em encontros de ex-alunos e em outras ocasiões especiais. Conexões escolares, por sua vez, levam a convites para participar de eventos sociais exclusivos e para entrar em caros clubes sociais, que ampliam ainda mais as redes sociais dos recém-chegados. Com o sucesso nos negócios ou em uma profissão surgem convites para participar de conselhos de curadores em fundações e universidades de elite, e o círculo se fecha.

Em suma, eles adquiriram o complemento total do que hoje se chama de "capital social", a rede de amigos e contatos que fornece acesso a empregos, capital financeiro e parceiros de casamento de alto nível social. Assim, os recém-chegados tornam-se parte do quadro institucional em curso que define e molda a elite do poder nos Estados Unidos, mesmo se apenas alguns deles tenham a oportunidade de alcançar o topo. Os indivíduos na elite do poder podem se alternar e podem ter diversidade em termos de gênero, raça, etnia e orientação sexual, mas há estabilidade e continuidade em termos dos tipos de pessoas que abastecem o conjunto de instituições que define a elite do poder e domina a estrutura social norte-americana.

Como aconteceu nas origens de classe social, há uma diferença de escolaridade entre aqueles na elite do poder e aqueles no Congresso: os homens e as mulheres eleitos para o Congresso não têm tanta probabilidade quanto aqueles da elite do poder de ter frequentado faculdades e universidades de elite ou de ter obtido títulos de pós-graduação.

A importância da cor

Assim como só a classe não explica todas as nossas conclusões, tampouco a combinação de classe e educação: a cor também importa. Os afro-americanos e os latinos de pele mais escura têm mais dificuldades do que os outros para usar suas credenciais educacionais e o capital social como passaporte para o sucesso profissional. Isso pode ser visto de modo contundente em nossas comparações entre negros e latinos bem-sucedidos. Mesmo entre aqueles que tinham alcançado um nível de destaque (medido pela inclusão na edição do quinquagésimo aniversário da *Ebony* ou da lista da *Hispanic Business* de "Hispânicos influentes"), aqueles que ascenderam à elite do poder tinham cor da pele mais clara do que aqueles que não ascenderam. Nesse ponto, nossos dados apenas reforçam o trabalho prévio de outros estudiosos. Como informou a Glass Ceiling Comission (Comissão de Teto de Vidro): "Nossa sociedade desenvolveu um índice de aceitabilidade extremamente sofisticado, e muitas vezes negado, com base em gradações de cor de pele".[3]

Julia Alvarez, escritora cujos romances captam as dificuldades de deixar um lar latino-americano e chegar, com muito menos recursos materiais, aos Estados Unidos para começar uma vida nova, entende bem a importância da origem de classe no país natal e da pele clara no novo país. Em um ensaio sobre deixar a República Dominicana e vir aos Estados Unidos quando menina, Alvarez reconhece as vantagens que a sua família tinha sobre outras famílias imigrantes, por ter boa instrução, acesso ao dinheiro e (como ela diz, "em especial") pele clara: "Minha família não participou das ondas de imigrantes econômicos que deixaram a ilha na década de 1970, em geral grupo da classe trabalhadora, de pele mais escura, que poderia ter sido as empregadas ou os trabalhadores na casa de família da minha mãe. Viemos em 1960, refugiados políticos, sem dinheiro, mas com 'perspectivas': papai tinha um amigo que era médico no Waldorf Astoria e que o ajudou a conseguir um emprego; a família da mamãe tinha dinheiro no Chase Manhattan Bank e recebemos um empréstimo. Mudamos de classe nos Estados Unidos – da família de elite da mamãe para latinos de classe média – mas a nossa experiência e educação e, em especial, nossa pele clara tornaram a mobilidade bem mais fácil para nós aqui".[4]

A avaliação perceptiva e honesta de Alvarez sobre as vantagens que ela teve (tão diferente das histórias de relações públicas preconizadas por muitos chefes corporativos), junto com as conclusões que descrevemos sobre discriminação de cor, pode ajudar a explicar por que tão poucas pessoas de cor ascenderam à elite do poder. O fracasso da sociedade norte-americana em aceitar cidadãos de pele mais escura, especialmente afro-americanos, é o problema mais difícil que precisa ser compreendido pelos cientistas sociais. Voltaremos a esse tema na seção "Por que alguns continuam excluídos?".

Gestão de identidade

Por fim, vimos que os recém-chegados que se juntam à elite do poder encontraram maneiras de mostrar sua lealdade para com aqueles que dominam as instituições norte-americanas – homens heterossexuais, brancos, cristãos. Eles sabem como agir e interagir usando as boas maneiras, o estilo e o repertório conversacional da elite já estabelecida e conseguem discutir os detalhes da literatura e das artes; ou seja, têm o "capital cultural" que vem de origens de classe alta ou uma educação de elite. Quando William T. Coleman recita poesia clássica com seu colega estagiário jurídico, Elliot Richardson (membro da tradicional classe alta de Boston), ele não só partilhava o amor mútuo pela poesia com um colega e amigo: ele mostrava seu *background* educacional elitista. Lendo nas entrelinhas dos estereótipos tradicionais, podemos imaginar executivos judeus e negros sendo devidamente reservados, executivos ásio-americanos mantendo uma postura adequadamente desafiadora, *gays* executivos se comportando de maneiras tradicionalmente masculinas e lésbicas executivas agindo de maneiras tradicionalmente femininas. No âmbito desse contexto de gestão de identidades, também podemos ver por que Cecily Cannan Selby decidiu reduzir a tensão em um jantar com a diretoria de produtos Avon, anteriormente toda composta por pessoas do sexo masculino, acendendo um charuto; e por que Hazel O'Leary decidiu que precisava aprender a jogar golfe, se quisesse progredir em sua carreira corporativa. Em todos esses aspectos, os recém-chegados são capazes de enfrentar o desafio de se mover a uma "zona de conforto" dominada pelas pessoas que decidem quem é ou não é aceitável à inclusão.

Ao mesmo tempo, ... salientamos, com base na pesquisa sobre a sociologia das organizações, que a exigência por demonstrações externas de conformidade pelos líderes estabelecidos não é principalmente uma questão de preconceito ou patrimônio cultural. Em vez disso, é a necessidade de confiança e de suaves relações de trabalho dentro de organizações complexas que leva à preferência notável por mulheres e pessoas de cor que pensam e agem como os homens heterossexuais e cristãos que comandam essas organizações. Essas manifestações podem ser especialmente importantes quando há suspeitas de que os recém-chegados possam demonstrar lealdades persistentes com aqueles que deixaram para trás. Os movimentos sociais que surgiram na década de 1960 foram capazes de balançar o barco o suficiente para abrir espaço para líderes não tradicionais, mas não o suficiente para mudar a maneira na qual o trabalho é estruturado e as instituições são geridas. A menos, e até que, sejam feitas alterações na estrutura do trabalho e nas culturas institucionais, os grupos sub-representados estarão em desvantagem na escalada da hierarquia gerencial, mesmo que agora sejam capazes de entrar na competição.

Em resumo, excelente educação, origem de classe e aparência adequada, especialmente em termos de pele mais clara, são os pilares para a entrada na elite do poder, mas a gestão de identidade é a etapa final, a cereja do bolo.

Por que alguns continuam excluídos?

Como pode ser explicada a contínua exclusão dos afro-americanos e latinos com pele mais escura? A partir de nossa perspectiva sobre estrutura do poder, a resposta é encontrada na dominação econômica e política das pessoas de pele mais escura que começou quando os colonos europeus tomaram as Américas do Norte e do Sul dos nativos americanos e importaram cerca de 10 a 12 milhões de escravos da África para tornar ainda mais lucrativas a eles a região Sul dos Estados Unidos, as ilhas do Caribe e partes da América Latina. Essa subjugação economicamente orientada, que se desenrolou de modo brutal logo após 1492 com métodos que todos conhecemos muito bem, criou a "hierarquia racial" que persiste até hoje com base em um emaranhado de preconceitos, estereótipos culturais, estratégias de exclusão e sentimentos de superioridade por parte daqueles que são brancos.

O fato de que tanto os indígenas nativos e os escravos africanos foram conquistados e subjugados nos Estados Unidos é menos perceptível hoje, pois restam tão poucos nativos americanos. São muitas vezes considerados positivamente como guerreiros corajosos e heroicos, mas até pouco tempo atrás foram tratados como menos do que humanos devido à primeira (e bem-sucedida, junto com a ocorrida na Austrália) limpeza étnica em grande escala por uma democracia moderna. Sua população caiu de estimados 4 a 9 milhões na época pré-colombiana para 237 mil nos Estados Unidos de 1900, quando já não ofereciam ameaça para a fome de terra dos colonos brancos. Hoje, a maioria do 1,5 milhão de pessoas que se intitula americanos nativos e que não vive em reservas apresenta mistura de sangue branco e indígena, e, entre os casados, 59% são casados com brancos.[5]

Logo, nos Estados Unidos, ao contrário de muitos países da América Latina, onde tanto índios quanto ex-escravos africanos ocupam principalmente os mais baixos degraus da sociedade ou são párias completos, o principal impacto do persistente sentimento de superioridade de grupo por parte dos euro-americanos está na significativa porcentagem da população – 12%, como observamos anteriormente – que descende de escravos (e mestres de escravos, em alguns casos). Nesse país, ser "negro" significa ser estigmatizado, porque o *status* desonrado de ser escravo tornou-se identificado com as características raciais da "negritude".[6] Em particular, a cor da pele tornou-se o principal meio pelo qual grupos de escravizados e conquistados poderiam ser identificados e estigmatizados para fins de mantê-los subordinados. As características faciais e a textura do cabelo também faziam parte dos estereótipos raciais subalternos, mas a "cor" passou a representar o conjunto de marcadores de identificação. (Por outro lado, os povos eslavos escravizados pelos gregos e romanos, de cuja língua é derivada da palavra "escravo", eram capazes de se misturar quando seus mestres os libertavam da escravidão.)

Além do legado da escravidão, que desnudou as pessoas de qualquer identidade grupal ou pessoal, tornou-as sujeitas à vigilância e à violência constantes e habitualmente rompeu cerca de um terço de todas as famílias nucleares como maneira de destruir os sentimentos de parentesco, os afro-americanos também continuaram suportando a subordinação aos americanos brancos na era pós-escravidão. No Sul, essa subordinação começou com o sistema de exploração chamado "agricultura de arrendamento", que deixava os afro-americanos com pouco mais do que sua liberdade, uma mula e alguns implementos agrícolas.[7] No Norte, os afro-americanos eram alijados dos trabalhos mais bem pagos na construção civil, muitas vezes com o uso da violência por parte dos trabalhadores brancos, apesar de terem as competências necessárias. Também encontravam cruzes queimadas, tumultos e restrições jurídicas raciais quando tentavam viver em bairros brancos, ou seja, eram excluídos de escolas públicas predominantemente brancas e obrigados a pagar preços mais elevados por moradias, que depreciavam em valor porque os brancos não moravam nas proximidades.[8]

Nessas circunstâncias, e até a década de 1960, era raro que afro-americanos, à exceção de um pequeno número deles, conseguissem acumular alguma riqueza. Embora o movimento dos direitos civis tenha trazido igualdade formal e poder de voto para afro-americanos, o que, por sua vez, levou ao tratamento melhorado em muitas esferas sociais e melhores empregos, especialmente com o governo, ainda continua impossível para os afro-americanos superar a lacuna socioeconômica com os brancos. De acordo com um detalhado trabalho sobre acumulação de riqueza pelo sociólogo Thomas Shapiro, com base em suas próprias entrevistas em diversas cidades, junto com pesquisas nacionais e estatísticas do governo, a típica família afro-americana tem apenas um décimo da riqueza da família média branca (um valor líquido de US$ 8.000 *versus* US$ 81.000 para brancos). Isso acontece porque os brancos conseguiram gradativamente acumular riqueza ao longo do século XX com a ajuda de hipotecas apoiadas pelo governo, deduções fiscais sobre hipotecas residenciais, a legislação de reajuste das forças armadas e outros programas que, na época, estavam disponíveis para pouquíssimos afro-americanos, ou nenhum. Além disso, os brancos eram capazes de transmitir essa riqueza a seus filhos por herança, não só no momento da morte, mas também sob a forma do que Shapiro chama "ativos transformativos", que incluem bolsa de estudos universitários, financiamento para novas moradias (que então tinham seu preço valorizado) e doações ou empréstimos para sobreviver às crises inesperadas que causavam quedas temporárias na renda.[9]

Por outro lado, o legado histórico de discriminação de renda e riqueza significa que afro-americanos carecem de semelhantes ativos transformativos. Além disso, os negros destinavam sua riqueza para ajudar parentes e amigos em necessidade e cuidar dos pais idosos; assim, a pequena riqueza que os afro-americanos realmente acumulam é menos provável de ser transmitida a filhos jovens adultos como ativos transformativos ou de ser, por fim, herdada por eles. Mesmo quando os negros e os brancos estão no mesmo nível em termos de ganhos, eles estão em diferentes pontos de partida em termos de riqueza, tornando impossível superar a lacuna por meio dos ganhos salariais. Entre 1988 e 1999, tanto as famílias negras e brancas aumentaram sua riqueza financeira, mas houve um aumento de US$ 20.000 na lacuna de ativos. E o que é pior: a desigualdade racial está se agravando devido tanto às vantagens iniciais usufruídas pelos brancos quanto à sua maior capacidade para transmitir essas vantagens como ativos transformativos. Como conclui Shapiro: "é praticamente impossível para as pessoas de cor alcançar a riqueza por meio de salários".[10]

Essa enorme riqueza diferencial é ainda mais agravada pelas contínuas discriminação e exclusão por parte dos brancos, em especial na área do emprego, em que muitos brancos erroneamente pensam que agora há equidade racial.[11] Embora a ideologia racista oficial seja coisa do passado, ou pelo menos não mais verbalizada em público, há fortes evidências de que formas de racismo mais veladas ainda persistem, fazendo muitos negros se sentirem desconfortáveis ou indesejados em meios brancos. No racismo velado, que também tem sido chamado de racismo de livre mercado e daltônico, os tradicionais valores norte-americanos, em especial os relativos à equidade dos mercados, incluindo os mercados de trabalho, são mesclados com atitudes contrárias aos negros, de forma a permitir aos brancos a expressão de antagonismo em relação às demandas dos negros ("os negros estão ficando muito exigentes em seus pleitos por direitos civis") ou de ressentimento sobre alegados favores especiais para os negros ("o governo não deve ajudar negros e outras minorias raciais – elas devem ajudar a si próprias") sem pensar em si mesmos como racistas. Os brancos norte-americanos dizem que apenas querem que todos sejam tratados da mesma forma, mesmo que a maioria saiba que os afro-americanos não são tratados com igualdade.[12]

Assim, formas mais sutis de discriminação racial também são descobertas em vários tipos de experimentos de psicologia social que revelaram "racismo aversivo", no qual os brancos expressam crenças igualitárias, mas também mantêm, embora sem admitir, sentimentos negativos em relação aos negros. A ambivalência resultante significa que eles evitam os negros, em especial quando as normas são conflitantes ou ambíguas. As provas para formas aversivas e outras formas sutis de racismo são importantes porque revelam a persistência de estereótipos culturais em relação aos negros e demonstram que esses estereótipos afetam o comportamento, muitas vezes a um nível inconsciente. Esses estereótipos, por sua vez, transmitem aos afro-americanos a sensação de continuarem a serem vistos como "diferentes". Eles sentem que não são respeitados, o que naturalmente gera ressentimento e hostilidade, os quais então são detectados pelos brancos e rotulados como infundados em nossos dias atuais.[13]

Esse ciclo de discriminação, exclusão, ressentimento e recriminação mútua é muito diferente do que acontece com a maioria dos grupos que vêm para os Estados Unidos como imigrantes da Europa, Ásia ou América Latina. Eles chegam com um sentido de esperança, muitas vezes como famílias ou em redes de parentesco ampliadas e com uma cultura intacta; essas se unem para conseguir suportar a discriminação e a exclusão muitas vezes enfrentadas desde o início. À medida que persistem em seus esforços, a maioria dominante relutantemente aceita alguns deles. A diferença pode ser vista em dois indicadores mais reveladores de aceitação pelo grupo dominante, os padrões residenciais e as taxas de casamentos mistos.

O estudo mais abrangente sobre os padrões residenciais demonstra que afro-americanos continuam vivendo em bairros predominantemente negros, mas isso não acontece no caso dos latinos ou ásio-americanos. Em *American Apartheid: Segregation and the Making of the Underclass*, os sociólogos Douglas Massey e Nancy Denton revelam exatamente como a segregação residencial tem persistido nos Estados Unidos. Lançando mão de dados informatizados dos censos do país de 1970 e 1980, eles concentraram o estudo em trinta áreas metropolitanas com as maiores populações negras. Com base em duas medidas diferentes ("segregação de negros e brancos" e "isolamento espacial"), concluíram que a década de 1970 não mostrou praticamente nenhum aumento na integração, "apesar do que os brancos diziam nas pesquisas de opinião e apesar das disposições da Lei da Habitação Justa".[14] Além disso, eles não verificaram esse grau de segregação para hispânicos e ásio-americanos. "Na verdade", concluem Massey e Denton, "na maioria das zonas metropolitanas, hispânicos e asiáticos são mais propensos a compartilhar uma vizinhança com brancos do que com outros membros do seu próprio grupo". No último capítulo de seu livro, Massey e Denton atualizam seu trabalho para incluir dados do censo de 1990. Concluem que "pouca coisa nos dados recentes sugere que os processos de segregação racial tenham se moderado muito desde os anos de 1980. ... A segregação racial ainda constitui uma clivagem fundamental na sociedade norte-americana".[15] Essa conclusão ainda se mantém com base nos dados do censo de 2000, que mostra apenas um ligeiro decréscimo na segregação residencial para afro-americanos, junto com o aumento de segregação para todos ao longo das linhas de classe.[16]

Há dezenas de estudos enfocando os padrões de casamento recentes nos grupos sub-representados. Todos eles apontam para o aumento de casamentos mistos, ocorridos entre a grande população branca e cada grupo antes excluído, exceto afro-americanos. O percentual exato de "casamento com outra raça" varia de acordo com uma série de fatores, incluindo o país de nascimento, os anos de residência nos Estados Unidos, a região de residência, a escolaridade e a renda. Para a nossa ênfase em casamentos como indicador sensível de integração e aceitação, a pesquisa dos sociólogos Jerry Jacobs e Teresa Labov, usando uma amostra de 1% do censo de 1990 (539.279 casamentos), fornece um caso de teste ideal. A Tabela 1 resume os resultados de sua análise de casamentos com parceiros brancos não hispânicos por minorias nascidas nos Estados Unidos com menos de 40 anos.[17]

A Tabela 1 traz muitas revelações significativas, incluindo a altíssima porcentagem de ásio-americanos nativos a se casar com brancos não hispânicos, mas nenhuma é mais relevante para o nosso ponto de vista do que os contínuos baixos níveis de casamentos mistos entre afro-americanos e brancos não hispânicos. Uma amostra que se concentra apenas em casais casados, excluindo assim qualquer distorção pela alta porcentagem de homens e mulheres solteiros na comunidade

Tabela 1 Casamento inter-racial de membros de minorias étnico-raciais nascidos nos Estados Unidos

Grupo	Porcentagem casada com brancos não hispânicos			
	Masculino	(N)	Feminino	(N)
Filipino-americanos	61	(106)	66	(103)
Americanos nativos	57	(1.212)	58	(1.234)
Cubano-americanos	61	(92)	47	(137)
Chineses-americanos	47	(140)	52	(152)
Nipo-americanos	44	(216)	54	(266)
Porto-riquenho-americanos	42	(528)	35	(602)
Mexicano-americanos	31	(4.793)	28	(5.261)
Afro-americanos	5	(9.804)	2	(9.581)

Fonte: Adaptada de Jacobs e Labov, "Asian Brides, Anglo Grooms", 23, Tabela 4.
Nota: a tabela inclui apenas os indivíduos com menos de 40 anos e exclui noivas e noivos do período de guerra. (Ver nota 17.)

afro-americana, apenas 5% dos homens afro-americanos casados e 2% das mulheres afro-americanas casadas com menos de 40 anos se casaram com brancos não hispânicos. Isso é menos de um sexto da porcentagem para o próximo grupo mais baixo, o dos mexicano-americanos, e muito abaixo dos números de 44 a 66% para vários grupos de ásio-americanos. Mesmo entre afro-americanos graduados na universidade, apenas 11% dos homens e 3% das mulheres se casaram com brancos, enquanto as porcentagens para o grupo formado por todos os ásio-americanos com diploma universitário casados alcançavam 51% para os homens e 59% para as mulheres.[18]

Como pode ser deduzido com base no maior percentual de casamentos entre ásio-americanos diplomados e brancos, há uma forte tendência para que as minorias imigrantes ricas se casem com brancos ricos e para que os grupos menos abastados, como mexicano-americanos e porto-riquenhos, se casem com brancos menos prósperos. O mesmo padrão vale para casamentos entre afro-americanos e brancos: em geral, os parceiros têm níveis semelhantes de educação e ocupação.[19]

Para complicar as coisas, os grupos de imigração mais recente cultivam atitudes negativas em relação aos afro-americanos semelhantes às cultivadas em seus países de origem, como é o caso de latinos não negros, ou logo as adotam ao pisarem nos Estados Unidos, como se percebe no caso de alguns grupos de ásio-americanos. Muitas vezes eles afirmam que os afro-americanos não enxergam as "oportunidades" que surgem diante deles e não trabalham arduamente. Assim, a maioria dos imigrantes começa a compartilhar os estereótipos e preconceitos da maioria branca dominante.

Esse ponto é demonstrado por mexicano-americanos em uma análise de informações na pesquisa política latina de 1990, na qual 60% de todos os mexicano-americanos sentiam "cordialidade" em relação aos brancos em uma "escala de termômetro de sentimentos", em comparação com apenas 36% que sentiam isso em relação aos afro-americanos; aqueles com a pele mais clara ou nascidos fora dos Estados Unidos expressaram ainda menos cordialidade em relação aos afro-americanos.[20] Conclusões semelhantes são relatadas em um estudo sobre as atitudes em relação aos afro-americanos por parte tanto de latinos quanto de ásio-americanos em Los Angeles.[21] Esse distanciamento dos afro-americanos também é visto em um estudo em que latinos e ásio-americanos foram solicitados a construir o seu bairro "ideal", o qual não incluía afro-americanos para 33% dos latinos e 40% dos ásio-americanos.[22]

O poder dessa comparação entre afro-americanos e grupos de imigrantes é demonstrado em estudos sobre o curso diferente dos eventos para a maioria dos imigrantes de pele escura de herança africana, conforme estudado com mais minúcia no caso dos caribenhos. Com base na sua experiência de seus países de origem, onde há poucos negros no topo e poucos brancos na parte inferior, eles esperam encontrar obstáculos no progresso profissional devido ao "racismo estrutural", termo cunhado pela socióloga Mary Waters,[23] a qual conduziu entrevistas reveladoras com caribenhos, afro-americanos e seus supervisores brancos em uma empresa alimentícia nova-iorquina. No entanto, apesar de suas expectativas sobre o racismo estrutural, os caribenhos chegam esperançosos e com atitudes positivas em relação aos brancos como indivíduos, levando a interações agradáveis com a maioria dos brancos que encontram. Mas suas atitudes esperançosas iniciais são gradativamente abaladas pelo inesperado "racismo interpessoal" com que eles se deparam em algumas das suas interações com os brancos. Também ficam cautelosos em relação ao grau em que tudo é "racializado" nos Estados Unidos. Embora a maioria deles ainda mantenha uma postura otimista, eles passam a entender melhor a postura mais defensiva em relação aos brancos adotada pelos afro-americanos.

À medida que os imigrantes negros passam a perceber a profundidade do problema que enfrentam, eles se esforçam para preservar seus sotaques e tentam manter suas identidades "estrangeiras" na tentativa de evitar a estigmatização aplicada aos afro-americanos. Também tentam socializar seus filhos para que os americanos brancos não os enxerguem como afro-americanos. As primeiras gerações de imigrantes caribenhos, por exemplo, enviaram seus filhos de volta ao Caribe para serem educados. Mais recentemente, os caribenhos em Nova York com raízes na classe média fundaram escolas particulares inspiradas no sistema educacional "das ilhas do Caribe". Muitas vezes, essas escolas enfatizam que seus professores foram treinados no Caribe, os currículos são rigorosos, os alunos usam uniformes escolares ao estilo britânico e há uma disciplina rigorosa.[24]

Mas nem sempre essas estratégias são bem-sucedidas. Embora algumas crianças de origem caribenha de classe média sejam capazes de resistir à racialização e acabar entre os negros descendentes de africanos nas mais seletivas universidades dos Estados Unidos (onde até 25% dos alunos negros têm pelo menos um dos pais nascido no exterior), muitos outros, bem como os filhos de outros imigrantes negros, começaram a enxergar a sociedade dos Estados Unidos do mesmo modo que os afro-americanos da classe trabalhadora enxergam, porque eles enfrentam a mesma situação: altas taxas de desemprego, a falta de bons empregos e racismo nem tão sutil assim.[25] Tratados como afro-americanos, muitos caribenhos negros, porto-riquenhos negros, dominicanos negros e cubanos negros se enxergam subjetivamente como afro-americanos. Como Waters conclui: "É na segunda geração que esse processo de rápida mudança cultural é mais evidente. Os filhos de imigrantes crescem exibindo o racialismo que seus pais estão preocupados em prevenir. Com efeito, a rapidez da mudança de atitudes em relação à raça entre pais e filhos é muito drástica".[26]

Aqueles brancos americanos que alegam que o racismo é uma coisa do passado e culpam os afro-americanos por criarem problemas para si próprios ao ficarem batendo na mesma tecla, muitas vezes indicam suas boas relações interpessoais com grupos de imigrantes, incluindo os caribenhos, como prova de sua alegação. Porém, como Waters mostra, a persistente discriminação racial praticada (e negada) por brancos é na verdade a raiz do problema, gerando as tensões que os brancos atribuem aos afro-americanos:

> é a discriminação e o preconceito contínuos dos brancos, bem como o racismo estrutural e interpessoal em andamento, que criam uma incapacidade entre os negros dos Estados Unidos e, por fim, imigrantes do Caribe, de nunca esquecer o problema racial. O comportamento e as crenças sobre raça entre os brancos, além da cultura de comportamentos racistas entre os brancos, criam as próprias expectativas de desconforto das quais os brancos reclamam em suas relações com os seus vizinhos, colegas de trabalho e amigos negros. Essa expectativa não é algum resquício inexplicável do velho tempo da escravidão, mas sim uma expectativa por perturbações constantemente recriada, nutrida por cada táxi que não para e cada uso casual ou calculado da palavra "crioulo" por um branco.[27]

Com base nas conclusões sobre o quão diferentemente são tratados imigrantes negros e não negros, parece-nos provável que, ao longo do tempo, a esmagadora maioria dos filhos e dos netos de imigrantes não negros nos Estados Unidos vai se misturar com os brancos não hispânicos em uma amálgama cultural comum e, em seguida, classificar-se ao longo de linhas de classe e educacionais, utilizando as identidades étnico-raciais para fins principalmente simbólicos e estratégicos. No entanto, os norte-americanos de ascendência africana, sejam afro-americanos ou imigrantes, vão ter de lutar para manter seja qual for a situação social que conseguirem atingir. A raça, bem como a classe, continuará determinando suas chances de vida.[28] Portanto, concordamos com aqueles que argumentam que as pessoas de ascendência africana foram tratadas de forma muito diferente de todos os outros grupos previamente excluídos. Ao defender esse argumento, estamos plenamente conscientes de que outros grupos sofreram muitas formas de discriminação e exclusão e não queremos diminuir a profundidade da angústia pessoal que esse tratamento desdenhoso causou, mas o fato é que as pessoas de herança africana são as únicas a experimentar os efeitos combinados de raça, escravidão e segregação.[29] Essa confluência é exclusiva, porque os *status* de "desonrado" ou "estigmatizado" acoplados à escravidão em todos os lugares que ela tem sido praticada não podem facilmente ser superados ou esquecidos quando há a constante lembrança da cor de pele.

Com base nessa análise, podemos ver por que as conquistas obtidas pelos afro-americanos desde o movimento dos direitos civis estão em constante perigo em um contexto onde eles não foram capazes de acumular riqueza suficiente para ajudar os seus filhos ou a fornecer suporte em tempos de crise. Em decorrência da atual discriminação e das desvantagens acumuladas, pode ser que até a atual taxa de entrada na elite do poder seja difícil de manter. Negros americanos em ascensão social podem continuar sendo a exceção em vez da regra sem o forte apoio de leis de ação afirmativa e programas a nível federal.[30] Mas esses programas e leis têm recuado desde o começo da nova era conservadora na década de 1980, dificultando novos progressos.

No entanto, em uma clara demonstração das preocupações que os membros da elite do poder têm com esse assunto, uma pequena parte do declínio no apoio do governo para a igualdade de oportunidades tem sido compensada por um conjunto de programas patrocinados pelas corporações para identificar e educar academicamente jovens afro-americanos talentosos, que podem ser preparados para universidades de elite e uma possível incorporação na elite do poder. Esses programas começam no ensino fundamental em algumas áreas do país e, em seguida, prosseguem com êxito em escolas de ensino médio particulares, universidades da Ivy League* e estágios corporativos. Eles são financiados por doações das grandes fundações de caridade que, por sua vez, os ricos corporativos influenciam por meio de doações financeiras e cargos de diretoria. Já que escrevemos sobre esses programas em outras ocasiões, com especial ênfase no primeiro e o maior deles, "Uma chance melhor", fundado na década de 1960 por um punhado de diretores de colégio da Nova Inglaterra com patrocínio da Fundação Rockefeller, forneceremos apenas três exemplos aqui.[31]

O Black Student Fund (Fundo para o Aluno Negro), em Washington, D.C., posiciona alunos em 42 escolas particulares em Maryland, Virgínia, e no distrito de Colúmbia, com a ajuda de subsídios da fundação e doações pessoais. Desde a sua fundação em 1964, esse programa beneficiou mais de 2 mil alunos, 84% dos quais ganharam pelo menos um título de bacharel. A Steppingstone Foundation (Fundação Pedra para Pisar) em Boston e na Filadélfia tem um programa para crianças do 5º ao 6º ano, as quais são preparadas (por meio de duas sessões de seis semanas em dois verões consecutivos, aulas aos sábados e aulas fora do horário escolar uma vez por semana) para aceitação em escolas renomadas tanto particulares quanto públicas, onde cursarão o ensino médio com a ajuda de bolsas de estudos. Entre 1997 e 2005, 125 formandos do programa Pedra para Pisar tinham se matriculado em universidades. Cerca de um terço frequentou escolas prestigiadas (cinco foram para Columbia ou Barnard, quatro para Yale e Penn, três para

---

* N. de R.T.: A Ivy League é um grupo de oito universidades privadas do Nordeste dos Estados Unidos, reconhecidas por sua excelência acadêmica: Harvard, Princeton, Yale, Brown, Columbia, Cornell, Dartmouth e Universidade da Pensilvânia. A denominação originalmente designava uma liga desportiva formada por essas instituições. Acredita-se que o nome seja devido à hera (*ivy*, em inglês), planta que recobre muitos dos prédios históricos dessas universidades, indicando sua antiguidade.

Tufts, dois para Harvard, Wellesley, Bowdoin, Bates, Georgetown e Williams e um para Brown, Dartmouth, Duke, Hamilton, Johns Hopkins, Mt. Holyoke e Wesleyan), e cerca de 10% tinham frequentado faculdades e universidades com tradição em receber alunos negros (incluindo quatro que foram para Spelman, três para Hampton e dois para Morehouse). Os outros tinham frequentado uma vasta gama de instituições públicas e privadas (cinco foram para a University of Massachusetts, três para George Washington e dois para Temple, Boston College, Boston University, Fordham e Pine Manor).

O Prep para Prep, na cidade de Nova York, talvez seja o maior e mais completo desses programas. Criado em 1978 como um projeto piloto sob os auspícios da Faculdade para Formação de Professores da Columbia University exatamente na época em que começava o ataque em grande escala contra a ação afirmativa, acolhe cerca de 150 alunos do 6º ano e 60 alunos do 8º ano na cidade de Nova Iorque a cada ano para um programa de catorze meses para prepará-los para o ingresso em 36 escolas privadas diurnas e 10 internatos. Como o programa Pedra para Pisar, inclui dois programas intensivos de sete semanas por verão, bem como aulas fora do horário escolar um dia por semana e aulas aos sábados durante o ano letivo. Patrocina um instituto de liderança e oferece serviços de aconselhamento. Seu programa de estágios de trabalho de verão destina-se a apresentar os alunos aos mundos empresariais e profissionais. Os ex-alunos participam de um programa de consultoria de verão para ajudar a criar o que é chamado a "Comunidade Prep", um grupo de apoio e de identificação sentido grupal, e 75% das crianças completam o programa e vão para a faculdade.

Dados de 2003 mostram que o Prep para Prep tinha trabalhado com mais de 2.500 alunos e 951 tinham concluído a faculdade. Desses graduados, substanciais 84% frequentaram faculdades consideradas como as "mais seletivas" na lista anual publicada pela *U.S. News & World Report*, e 40% frequentaram escolas da Ivy League. Entre as escolas com mais ex-alunos do Prep para Prep (com base em dados de 2005) estão a Wesleyan (58), a University of Pennsylvania (36), Harvard (32), Columbia (30), Brown (27), Princeton (22) e Dartmouth (18).

Advogados e financistas de Wall Street dirigem o programa. Por exemplo, o seu presidente, John L. Vogelstein, é o vice-presidente do conselho administrativo do banco de investimentos E. M. Warburg, Pincus, & Company e participa do conselho administrativo de três outras corporações. O programa recebeu US$ 2,8 milhões de 29 fundações em 2002-2003, começando com US$ 1,5 milhão da Fundação Goldman Sachs.

Uma vez que os alunos afro-americanos estão na faculdade, existem programas que incentivam qualquer interesse que possam ter em faculdades de Direito ou Administração. Um programa conjunto entre as grandes corporações e a Harvard Business School é um bom exemplo de como afro-americanos são recrutados para a comunidade empresarial. Por quase 20 anos, a Harvard Business School patrocinou o Empreendimento de Verão em Programa de Gestão, um programa de uma semana projetado para expor alunos talentosos pertencentes a minorias à gestão no mundo dos negócios. Os participantes são "cidadãos norte-americanos membros de minorias sub-representadas" que completaram o primeiro ano de faculdade, foram contratados como estagiários durante o verão por empresas patrocinadoras (em geral, empresas citadas pela revista *Fortune*) e foram nomeados por essas empresas para passar uma semana na Harvard Business School aprendendo o que é uma escola de negócios de alto nível. A participação no programa não garante aceitação posterior na Harvard Business School, mas permite que a escola identifique e incentive as solicitações de indivíduos altamente qualificados.

Analisado como um todo, esse conduto escolar desde o ensino fundamental até o superior tem o potencial de gerar anualmente até vários milhares de membros para a comunidade empresarial, se também considerarmos, em conjunto aos graduados da escola preparatória, os graduados bem-sucedidos de escolas públicas de ensino médio que recebem graus de direito e administração. Porém, esses programas não têm abrangência suficiente para fornecer oportunidades para mais do que uma pequena fração de todos os afro-americanos sem tanta ajuda governamental nos níveis nacional, estadual e local. Consistem principalmente em uma forma de fornecer a alguns americanos altamente educados de origem africana as credenciais educacionais para ascenderem na comunidade empresarial. Por exemplo, apesar de todos esses programas, a porcentagem de mestrados atribuídos aos negros tem se mantido em torno de 6,5% desde 1977, o que demonstra uma significativa sub-representação. Uma análise de um período mais breve disponível a partir de dados do governo para mestrados em negócios revela um ligeiro, mas constante aumento entre os anos escolares de 1994/1995 e 1999/2000. Durante esses seis anos, a porcentagem de alunos negros recebendo graus em administração subiu de 5,2 para 7,1%. Portanto, acreditamos que a reserva potencial de afro-americanos capazes de ascender à elite do poder está crescendo a uma taxa muito mais lenta do que para os outros grupos previamente sub-representados.

Os muitos impactos irônicos da diversidade

O impulso para a maior diversidade, como salientamos, não veio de dentro da elite do poder, mas foi o resultado de pressões externas exercidas pelo movimento dos direitos civis. O fato de que a elite do poder norte-americana estava em concorrência com a União Soviética por acesso e influência em países de terceiro mundo antes colonizados também desempenhou um papel, mas esse fator pode ser exagerado facilmente em retrospectiva histórica. Confrontados com a possibilidade de continuar as perturbações e os tumultos em larga escala nas cidades de áreas metropolitanas, a maioria dos membros da elite do poder relutantemente aceitou como objetivos a integração e, mais tarde, a diversidade, só porque tinha pouca escolha.

Esse ponto é mais bem demonstrado no caso dos programas de ação afirmativa, originalmente projetados para criar mais oportunidades de emprego para afro-americanos. Apesar das hesitações sobre quebrar o tabu em relação a cotas e preferências, as políticas de ação afirmativa foram adotadas com muita pressa pelas elites políticas e empresariais em face da estimativa de 329 importantes distúrbios em 257 cidades entre 1964 e 1968, que resultaram em 220 mortes, 8.371 feridos e 52.629 detenções.[32] Com a insistência primeiro do presidente Kennedy e depois do presidente Johnson em reuniões não oficiais com o Conselho de Negócios, na época a principal organização da elite do poder, os diretores executivos das corporações assumiram a liderança em conclamar todas as empresas para fornecer mais empregos para afro-americanos tão rapidamente quanto possível. Assim, ajudaram a legitimar o que sabiam se tratar de contratação preferencial, porque os programas de trabalho eram vistos não só como a maneira mais rápida e mais segura de restaurar a tranquilidade doméstica, mas também como meio de evitar amplos programas oficiais e também de expandir os benefícios de previdência social. Além disso, foi a administração de Nixon, apoiada pelas corporações, que criou em 1969 as rigorosas diretrizes para contratação pelos contratantes do governo (sob o pretexto de esforços de "boa-fé" para alcançar "metas" numéricas), que logo foram atacadas como um sistema de "cotas".[33]

Porém, tão logo se abrandou a preocupação com a agitação urbana, as origens elitistas do plano logo foram ignoradas. Foi nesse momento, também, que Nixon abandonou suas orientações, e republicanos ultraconservadores começaram a atacar a ação afirmativa como inconstitucional e injusta para os brancos, um mero experimento de liberais e professores universitários. O medo da perturbação se desfez, por isso agora a reescrita da história poderia começar, junto com as tentativas de capitalizar a crescente revolta entre os trabalhadores brancos. Na primeira das muitas ironias decorrentes da saga de diversidade, os afro-americanos e brancos liberais, que tinham demonstrado muita hesitação quanto à contratação preferencial no início, acabaram defendendo um programa criado e endossado pelas elites masculinas brancas em tempos de crise.[34] Em uma ironia relacionada, a bem-sucedida campanha republicana para colocar a "culpa" do programa de ação afirmativa nos afro-americanos e brancos liberais contribuiu com a saída de brancos descontentes do Partido Democrata.

Foram os afro-americanos e seus aliados brancos que criaram as perturbações e as pressões que originaram os programas governamentais, incluindo a ação afirmativa. Porém, outros grupos previamente excluídos logo se tornaram elegíveis para consideração e se beneficiaram bastante, talvez ainda mais do que os afro-americanos em termos de empregos de nível superior.[35] Essa mudança, que foi aceita elegantemente pela maioria dos líderes afro-americanos e até mesmo vista por alguns deles como forma de ampliar sua coalizão, não só acabou marginalizando os afro-americanos dentro dos programas que eles criaram, mas aumentou a oposição por brancos do sexo masculino e de classe média, que se ressentiram profundamente com o aumento da concorrência que tiveram de enfrentar por bons empregos de colarinho azul e no governo.

Em resposta a esse crescente ressentimento, defensores do programa no mundo corporativo e seu entorno começaram a falar sobre a necessidade de "diversidade" nos círculos de gestão e a enfatizar sua importância por razões de negócios, em vez de por objetivos de justiça social. Nessa altura, o foco deslocou-se para vantagens de negócios como ter gerentes capazes de interagir com um conjunto cada vez mais heterogêneo de assalariados de nível inferior. Os defensores da diversidade também enfatizavam que uma equipe de gestão "multicultural" seria essencial para competir em muitos países não europeus que faziam parte da economia global em rápida expansão. Mas apesar de todas as mudanças na lógica e na ênfase em lucros e em objetivos de negócios, as práticas reais das corporações (e universidades e grandes organizações sem fins lucrativos) permaneceram as mesmas, com base em procedimentos e programas inicialmente estabelecidos por movimentos sociais e leis governamentais.[36]

Embora consultores afro-americanos fizessem parte desse esforço para redefinir os programas de ação afirmativa como programas de diversidade e, assim, afastar a ala direita do Partido Republicano, uma nova ironia se desenvolveu: a diversidade não precisava mais incluir os afro-americanos. A nova meta era ter uma porcentagem elevada de não brancos e mulheres. E não demorou muito até que executivos e profissionais estrangeiros, mesmo aqueles que vieram para os Estados Unidos como jovens adultos educados em universidades estrangeiras, fossem incluídos nas estatísticas, elevando os números ainda mais.[37]

Na que pode ser a maior e mais importante de todas essas ironias, a diversidade imposta à elite do poder talvez tenha ajudado a fortalecer essa elite. A diversidade abasteceu a elite do poder com protetores, embaixadores, símbolos e legitimidade. Essa é uma consequência não intencional prevista por poucos insurgentes ou cientistas sociais. Como recentes experimentos de psicologia social mostram e a experiência confirma, muitas vezes é necessária apenas a ascensão de um pequeno número de membros de grupos previamente excluídos, talvez apenas 2%, para minar as definições de um grupo excluído sobre quem são "nós" e quem são "eles", o que contribui para um declínio nos protestos e nas perturbações coletivas e aumenta o esforço pela mobilidade individual. Ou seja, aqueles que ascendem não são apenas "modelos" para os indivíduos, mas são válvulas de segurança contra a ação coletiva por grupos lesados.[38]

Símbolos no topo criam ambiguidade e dúvida interna para os membros do grupo subordinado. Talvez "o sistema" não seja tão injusto ao seu grupo quanto eles pensavam que era. Talvez exista algum fator pessoal que os impeça de avançar. Uma vez que as pessoas começam a refletir sobre essas possibilidades, a probabilidade de qualquer ação grupal sustentada diminui bastante. Como algumas pessoas subiram na vida, a tendência geral humana de pensar que o mundo é justo e igualitário se reafirma: já que o mundo é justo, e alguns membros do meu grupo estão progredindo, então, se fiquei para trás, pode ter sido culpa minha. Como ativistas de esquerda e liberais já sabem há muito tempo, é difícil sustentar um movimento social em face de "reformas", fato que conduziu a duradouros debates sobre como os ativistas devem proceder.[39]

Os membros de grupos antes excluídos agem de modo diferente?

Talvez não seja surpreendente que, ao observarmos as práticas de negócios dos membros de grupos previamente excluídos que subiram ao topo do mundo corporativo, façamos a descoberta de que as perspectivas e os valores não diferem acentuadamente em relação aos de seus correspondentes brancos do sexo masculino. Quando Linda Wachner, uma das primeiras mulheres a se tornar diretora executiva de um grupo citado pela *Fortune*, o conglomerado da Warnaco, concluiu que uma das muitas empresas da Warnaco, a Fábrica de Camisas Hathaway, era pouco rentável, ela decidiu parar de fabricar camisas Hathaway e vender ou fechar a fábrica. Para Linda Wachner, não importava que a Hathaway, que começou a fazer camisas em 1837, era uma das empresas mais antigas no Maine, que quase todos os 500 empregados na fábrica eram mulheres da classe trabalhadora, nem mesmo que as trabalhadoras tinham desistido de um aumento para contratar consultores a ensiná-las a trabalhar de maneira mais eficaz e, como resultado, tinham dobrado a sua produtividade. A questão primordial era a de que a empresa foi considerada não rentável, e o salário médio das trabalhadoras da Hathaway, US$ 7,50 por hora, foi considerado muito alto. (Em 1995, Wachner recebeu US$ 10 milhões em salários e ações, e a Warnaco teve um lucro líquido de US$ 46,5 milhões.) "É preciso fazer a coisa certa para a empresa e os acionistas", explicou Wachner.[40]

A etnia também não importou a Thomas Fuentes, vice-presidente sênior em uma empresa de consultoria em Orange County, Califórnia, diretor da Fleetwood Enterprises e presidente do Partido Republicano no Condado de Orange. Fuentes escolheu como alvos os companheiros latinos que por acaso fossem democratas quando enviou guardas uniformizados para vinte seções eleitorais em 1988 "portando cartazes em inglês e espanhol alertando as pessoas para que não votassem caso não fossem cidadãos dos Estados Unidos". A empresa de segurança acabou pagando US$ 60.000 em danos morais ao perder uma ação judicial decorrente dessa intimidação.[41] Também podemos recordar que os Fanjuls, os barões do açúcar cubano-americanos, não tinham pudor algum em ignorar as leis trabalhistas ao lidar com sua força de trabalho migrante, e que Sue Ling Gin, uma das ásio-americanas em nossa lista de gestores corporativas, explicou em uma entrevista que, em um ponto em sua carreira, ela havia contratado uma equipe toda feminina, não por princípios feministas, mas "porque as mulheres aceitavam trabalhar por salários mais baixos". Linda Wachner, Thomas Fuentes, os Fanjuls e Sue Ling Gin atuaram como empregadores, não como membros de grupos desfavorecidos. Ou seja, membros da elite do poder, de ambos os sexos e de todas as etnias, praticam política de classe.

Conclusão

Os liberais e progressistas negros e brancos que desafiaram a homogeneidade branca, masculina e cristã na estrutura do poder a partir das décadas de 1950 e 1960 procuraram fazer mais do que criar direitos civis e novas oportunidades de emprego para homens e mulheres que antes tinham sido maltratados e excluídos, por mais importantes que fossem esses objetivos. Eles também almejavam que as novas perspectivas nas salas de reuniões e sedes do governo fossem propagar uma maior abertura em toda a sociedade. A ideia era diversificar a elite do poder e, ao mesmo tempo, transferir um pouco do seu poder para grupos e classes sociais sub-representados. Os movimentos sociais da década de 1960 foram surpreendentemente bem-sucedidos em aumentar os direitos individuais e as liberdades disponíveis para todos os norte-americanos, em especial os afro-americanos. Como verificamos, eles também criaram as pressões que levaram a aberturas no topo para indivíduos de grupos antes ignorados.

Mas, à medida que alguns indivíduos tiveram êxito, e à medida que as preocupações de movimentos sociais, líderes políticos e tribunais aos poucos passaram a focar mais os direitos individuais e o progresso individual, perdeu-se o foco em "justiça distributiva", em exclusão racial geral e em classe social. O antigo compromisso norte-americano com o individualismo, reforçado por simbolismos e garantias dos membros da elite do poder, superou o compromisso com a maior igualdade de renda e riqueza que tinha sido um filão do liberalismo do New Deal e uma das principais ênfases do ativismo de esquerda na década de 1960.

Portanto, concluímos que a maior diversidade na elite do poder não gerou quaisquer alterações em um sistema de classe subjacente no qual o estrato superior de 1% das famílias (a classe alta) detém 33,4% de toda riqueza comercializável, e os seguintes 19% (os estratos gerenciais, profissionais e de pequenas empresas) detém 51%. Isso significa que apenas 20% das pessoas detêm extraordinários 84% das riquezas privadas nos Estados Unidos, deixando meros 16% da riqueza para os 80% do estrato inferior (trabalhadores assalariados).[42] Na verdade, as distribuições de riqueza e renda tornaram-se ainda mais distorcidas a partir da década de 1970, à medida que a maioria dos brancos, especialmente no Sul e na região das Grandes Planícies, aderiu ao Partido Republicano e, assim, abriu caminho para uma ressurgência conservadora, antissindical, antitributária e antigovernamental, à medida que está determinada a impor valores sociais ultraconservadores a todos os norte-americanos.

Os valores do individualismo liberal incorporados na Declaração de Independência, na Declaração dos Direitos dos Cidadãos Norte-americanos, na Bill of Rights e na cultura cívica norte-americana foram renovados por ativistas corajosos e vigorosos no período entre 1955 e 1975, mas a estrutura de classe continua sendo um importante obstáculo à realização individual para a esmagadora maioria dos norte-americanos. A reação conservadora que alega falar pelos direitos individuais reforçou essa estrutura de classe, que impede o avanço para a maioria dos indivíduos de famílias pertencentes aos 80% do estrato inferior de distribuição da riqueza. Essa solidificação das divisões de classe em nome do individualismo é mais do que uma ironia. É um dilema.

Além disso, esse dilema se combina com o dilema da raça para obscurecer ainda mais o impacto da classe e limitar a mobilidade individual, pelo simples fato de que a maioria dos americanos brancos de classe média não consegue trabalhar em uníssono com os afro-americanos em nome da maior oportunidade individual e da igualdade econômica por meio de um imposto de renda progressivo e o tipo de programas governamentais que tiraram da pobreza as gerações passadas. Esses dilemas entrelaçados de classe e raça levam a uma nação que celebra o individualismo, a diversidade e a igualdade de oportunidades, mas é, na realidade, um bastião de privilégio de classe, exclusão afro-americana e conservadorismo.

NOTAS

1. Sobre a importância continuada do voto de classe nos Estados Unidos, contrariando de-

clarações recentes com base em métodos fracos, ver Jeff Manza e Clem Brooks, *Social Cleavages and Political Change: Voter Alignments and U.S. Party Coalitions* (New York: Oxford University Press, 1999). Sobre voto de classe pelos latinos, ver Barry Kosmin e Ariela Keysar, "Party Political Preferences of U.S. Hispanics: The Varying Impact of Religion, Social Class and Demographic Factors", *Ethnic and Racial Studies* 18, n° 2 (1995): 336- 47. Nas pesquisas dos diretores executivos das maiores empresas pertencentes a latino-americanos em 1989 e 1996, *Hispanic Business* constatou que 78% deles votaram no Partido Republicano em 1988 e que 67% disseram que eram republicanos em 1996. Consulte "CEOs and the Enterpreneurial 80s", *Hispanic Business*, abril de 1989, 30; "HB 500 CEOs Opt for Dole", *Hispanic Business*, junho de 1996, 34. Sobre voto de classe por norte-americanos de origem chinesa, ver Wendy Tam, "Asians – a Monolithic Voting Bloc?" *Political Behavior* 17, n° 2 (1995): 223-49.

2. Richard L. Zweigenhaft e G. William Domhoff, *Blacks in the White Elite* (Lanham, MD: Rowman & Littlefield, 2003), 158-60.
3. Glass Ceiling Commission, *Good for Business: Making Full Use of the Nation's Human Capital, a Fact-Finding Report of the Federal Glass Ceiling Commission* (Washington, D.C.: U.S. Government Printing Office, 1995), 95.
4. Julia Alvarez, "A White Woman of Color", em *Half and Half: Writers on Growing Up Biracial and Bicultural*, ed. Claudine Chiawei O'Hearn, 139-49 (New York: Pantheon, 1998). Os romances de Alvarez incluem *How the Garcia Girls Lost Their Accents* (New York: Plume, 1992) e *In the Time of the Butterflies* (New York: Plume, 1994).
5. Michael Mann, *The Dark Side of Democracy: Explaining Ethnic Cleansing* (New York: Cambridge University Press, 2005); Karl Eschbach, "The Enduring and Vanishing American Indian: American Indian Population Growth and Intermarriage in 1990", *Ethnic and Racial Studies*, 18, n° 1 (1995): 89–108.
6. Glenn Loury, *The Anatomy of Racial Inequality* (Cambridge: Harvard University Press, 2002), 69.
7. Michael Schwartz, *Radical Protest and Social Structure: The Southern Farmers' Alliance and Cotton Tenancy, 1880-1890* (New York: Academic Press, 1976).
8. Kevin Fox Gotham, *Race, Real Estate, and Uneven Development* (Albany: State University of New York Press, 2002); Michael K. Brown, Martin Carnoy, Elliott Currie, Troy Duster, David B. Oppenheimer, Marjorie M. Shultz e David Wellman, *Whitewashing Race: The Myth of a Color-Blind Society* (Berkeley: University of California Press, 2003).
9. Thomas M. Shapiro, *The Hidden Cost of Being African American: How Wealth Perpetuates Inequality* (New York: Oxford University Press, 2004).
10. Shapiro, *Hidden Cost*, 2.
11. Devah Pager e Bruce Western, "Discrimination in Low-Wage Labor Markets: Results from an Experimental Audit Study in New York City" (artigo apresentado no encontro anual da Associação Sociológica Norte-Americana, Filadélfia, Pensilvânia, 2005); Deirdre A. Royster, *Race and the Invisible Hand: How White Networks Exclude Black Men from Blue-collar Jobs* (Berkeley: University of California Press, 2003).
12. Lawrence Bobo e Ryan Smith, "From Jim Crow to Laissez-faire Racism: The Transformation of Racial Attitudes", em *Beyond Pluralism: The Conception of Groups and Group Identities in America*, editado por Wendy Katkin, Ned Landsman e Andrea Tyree, 182-220 (Urbana: University of Illinois Press, 1998); Eduardo Bonilla-Silva, *Racism without Racists: Color-Blind Racism and the Persistence of Racial Inequality in the United States* (Lanham, MD: Rowman & Littlefield, 2003).
13. James M. Jones, *Prejudice and Racism*, 2ª ed. (New York: McGraw-Hill, 1997); John F. Dovidio, "On the Nature of Contemporary Prejudice: The Third Wave". *Journal of Social Issues* 57, n° 4 (2001): 829-49.
14. Douglas S. Massey and Nancy A. Denton, *American Apartheid: Segregation and the Making of the Underclass* (Cambridge: Harvard University Press, 1993), 61.
15. Massey and Denton, *American Apartheid*, 67, 223.
16. William Clark e Sarah Blue, "Race, Class, and Segregation Patterns in U.S. Immigrant Gateway Cities", *Urban Affairs Review* 39 (2004): 667–88; John Iceland, Cicely Sharpe e Erika Steinmetz, "Class Differences in African American Residential Patterns in US Metropolitan Areas: 1990-2000", *Social Science Research* 34 (2005): 252-66.

17. Jerry A. Jacobs e Teresa Labov, "Asian Brides, Anglo Grooms: Asian Exceptionalism in Intermarriage", Department of Sociology, University of Pennsylvania, outubro de 1995; Jerry A. Jacobs e Teresa Labov, "Sex Differences in Intermarriage: Exchange Theory Reconsidered", Department of Sociology, University of Pennsylvania, setembro de 1995. Consulte resultados semelhantes, com base nos dados do estudo de 1990 com latinos nativos, que são ligeiramente inferiores devido a uma gama maior de idade, em Rodolfo de la Garza, Louis DeSipio, F. Chris Garcia, John Garcia e Angelo Falcon, *Latino Voices: Mexican, Puerto Rican, and Cuban Perspectives on American Politics* (Boulder, CO: Westview, 1992), 25, Tabela 2.6. Jacobs e Labov verificam baixas taxas de casamentos mistos entre subgrupos de latinos, e de la Garza e colaboradores da mesma forma relatam baixas taxas entre grupos latinos na tabela citada. Há, no entanto, evidências de um crescente número de casamentos entre os ásio-americanos na Califórnia, com a taxa sendo superior a casamentos com brancos quando o tamanho da população é levado em conta. Ver Larry Hajima Shinagawa e Gin Yong Pang, "Intraethnic, Interethnic, and Interracial Marriages among Asian Americans in California, 1980", *Berkeley Journal of Sociology* 13 (1988): 95-114. A taxa de casamentos interasiáticos também é alta no Havaí; ver Morrison G. Wong, "A Look at Intermarriage among the Chinese in the U.S. in 1980", *Sociological Perspectives* 32, nº 1 (1989): 87-107.
18. Jacobs e Labov, "Sex Differences in Intermarriage", 11.
19. Jerry A. Jacobs e Teresa Labov, "Gender Differentials in Intermarriage among Sixteen Race and Ethnic Groups", *Sociological Forum* 17 (2002): 621-46. Sobre casamentos entre brancos e negros e semelhanças socioeconômicas, ver também James H. Gadberry e Richard A. Dodder, "Educational Homogamy in Interracial Marriages: An Update", *Journal of Social Behavior and Personality* 8, nº 6 (1993): 155-63; Matthijs Kalmijn, "Trends in Black/White Intermarriage", *Social Forces* 72, nº 1 (1993): 119-46; Kristyan M. Kouri e Marcia Lasswell, "Black-White Marriages: Social Change and Intergenerational Mobility", *Marriage and Family Review* 19, nº 3-4 (1993): 241-55.
20. Edward Murguia e Tyrone Foreman, "Shades of Whiteness: The Mexican-American Experience in Relation to Anglos and Blacks", em *White Out: The Continuing Significance of Race*, editado por Ashley Doane e Eduardo Bonilla-Silva, 63-79 (New York: Routledge, 2003).
21. Lawrence Bobo e Devon Johnson, "Racial Attitudes in a Prismatic Metropolis: Mapping Identity, Stereotypes, Competition, and Views on Affirmative Action", em *Prismatic Metropolis*, editado por Lawrence Bobo, Melvin L. Oliver, James H. Johnson Jr. e Abel Valenzuela, 81-166 (New York: Russell Sage Foundation, 2000).
22. Camille Zubrinsky Charles, "Neighborhood Racial-Composition Preferences: Evidence from a Multiethnic Metropolis", *Social Problems* 47 (2000): 379-407.
23. Mary C. Waters, "Explaining the Comfort Factor: West Indian Immigrants Confront American Race Relations", em *The Cultural Territories of Race: Black and White Boundaries*, ed. Michelle Lamont, 63-96 (Chicago: University of Chicago Press, 1999); Mary C. Waters, *Black Identities: West Indian Immigrant Dreams and American Realities* (Cambridge: Harvard University Press, 1999).
24. Philip Kasinitz, *Caribbean New York: Black Immigrants and the Politics of Race* (Ithaca, NY: Cornell University Press, 1992), 76, 220-21.
25. Para obter informações sobre os filhos dos negros nascidos no exterior em vinte e oito altamente seletivas faculdades e universidades, consulte Douglas S. Massey, Camille Z. Charles, Garvey F. Lundy e Mary J. Fischer, *The Source of the River: The Social Origins of Freshmen at America's Selective Colleges and Universities* (Princeton, NJ: Princeton University Press, 2003), 40. Em um fórum durante uma reunião de 2004 de ex-alunos negros de Harvard, Lani Guinier (professor de Direito) e Henry Louis Gates Jr. (presidente do Departamento de Estudos Afro-americanos) relataram que pelo menos uma maioria, e talvez até dois terços, dos então atuais alunos de Harvard eram imigrantes do Caribe e da África, seus filhos ou os filhos de casais birraciais. Ver Sara Rimer e Karen W. Arenson, "Top Colleges Take More Blacks, but Which Ones?" *New York Times*, 24 de junho de 2004, A1.
26. Waters, "Explaining the Comfort Factor".
27. Waters, "Explaining the Comfort Factor", 82.

28. Eduardo Bonilla-Silva, "'New Racism,' Color-blind Racism, and the Future of Whiteness in America", em Doane e Bonilla-Silva, *White Out*, 271-84; Herbert Gans, "The Possibility of a New Racial Hierarchy in the Twenty-First Century United States", em Lamont, *The Cultural Territories of Race*.
29. Thomas F. Pettigrew, "Integration and Pluralism", em *Modern Racism: Profiles in Controversy*, ed. Phyllis A. Katz e Dalmas A. Taylor, 19-30 (New York: Plenum, 1988), 24-26. Para provas detalhadas sobre as dificuldades que negros americanos, incluindo os membros da classe média, ainda confrontam, ver Lois Benjamin, The Black Elite (Chicago: Nelson Hall, 1991) e Joe R. Feagin & Melvin P. Sikes, *Living with Racism* (Boston: Beacon, 1994).
30. Ver Sharon Collins, *Black Corporate Executives: The Making and Breaking of a Black Middle Class* (Philadelphia: Temple University Press, 1997). Para uma demonstração empírica sistemática da importância dessas políticas de governo, usando dados de série temporal, consulte Martin Carnoy, *Faded Dreams: The Politics and Economics of Race in America* (New York: Cambridge University Press, 1994).
31. Zweigenhaft and Domhoff, *Blacks in the White Elite*, 2003.
32. Brian T. Downes, "A Critical reexamination of the Social and Political Characteristics of Riot Cities", *Social Science Quarterly* 51 (1970): 349-60.
33. John D. Skrentny, *The Ironies of Affirmative Action: Politics, Culture, and Justice in America* (Chicago: University of Chicago Press, 1996), cap. 4 e 7.
34. Skrentny, *The Ironies of Affirmative Action*, 78-91.
35. John D. Skrentny, *The Minority Rights Revolution* (Cambridge: Harvard University Press, 2002).
36. Erin Kelly e Frank Dobbin, "How Affirmative Action Became Diversity Management: Employer Responses to Antidiscrimination Law, 1961-1996", em *Color Lines: Affirmative Action, Immigration, and Civil Rights Options for America*, ed. John D. Skrentny, 87-117 (Chicago: University of Chicago Press, 2001).
37. Skrentny, *The Minority Rights Revolution*, cap. 10.
38. Stephen C. Wright, "Restricted Intergroup Boundaries: Tokenism, Ambiguity, and the Tolerance of Injustice", em *The Psychology of Legitimacy: Emerging Perspectives on Ideology, Justice, and Intergroup Relations*, ed. John Jost e Brenda Major, 223-54 (New York: Cambridge University Press, 2001); Stephen C. Wright, "Strategic Collective Action: Social Psychology and Social Change", em *Blackwell Handbook of Social Psychology: Intergroup Processes*, ed. Rupert Brown e Samuel Gaertner, vol. 4, 409-30 (Malden, MA: Blackwell, 2001).
39. Jost e Major, *The Psychology of Legitimacy*.
40. Sara Rimer, "Fall of a Shirtmaking Legend Shakes Its Maine Hometown", *New York Times*, 15 de maio de 1996. Ver também Floyd Norris, "Market Place", *New York Times*, 7 de junho de 1996; Stephanie Strom, "Double Trouble at Linda Wachner's Twin Companies", *New York Times*, 4 de agosto de 1996. O artigo de Strom revela que Hathaway Shirts "obteve uma moratória" quando um grupo de investidores entrou em cena para salvá-lo.
41. Claudia Luther e Steven Churm, "GOP Official Says He OK'd Observers at Polls", *Los Angeles Times*, 12 de novembro de 1988; Jeffrey Perlman, "Firm Will Pay $60,000 in Suit over Guards at Polls", *Los Angeles Times*, 31 de maio de 1989.
42. Edward N. Wolff, "Changes in Household Wealth in the 1980s and 1990s in the U.S." (artigo 407, Levy Economics Institute, Bard College, 2004), em www.levy.org.

Teoria das trocas e da escolha racional 8

Introdução

A teoria das trocas, que tem suas raízes no utilitarismo e behaviorismo psicológico, surgiu na década de 1960, como mais um paradigma da teoria social a desafiar o funcionalismo. As ideias rudimentares da teoria das trocas também podem ser encontradas em certas noções desenvolvidas por Georg Simmel, à medida que procurou captar a natureza fundamental da vida humana como um processo interativo que envolve relações recíprocas, ou trocas, no âmbito das parcerias sociais. No entanto, o trabalho de George Homans é mais fortemente vinculado ao behaviorismo psicológico de B. F. Skinner, psicólogo de Harvard, ao passo que Peter Blau recebeu influências mais fortes da obra de Simmel.

Tanto Homans quanto Blau expressam sérias reservas sobre a dependência do funcionalismo em relação a valores e normas para explicar o comportamento social. Para Homans, em particular, os trabalhos de Durkheim e mais tarde de Parsons davam muita ênfase ao jogo das forças sociais externas que interferem no comportamento e pouca ênfase ao indivíduo. Quando Homans fala sobre essas teorias sociológicas, em certo sentido ele as encara como ideológicas, uma traição dos ideais ocidentais. Para Homans, a teoria de Durkheim sobre a sociedade é um ataque contra o ideal liberal de autonomia individual e contra a ideia de que os indivíduos são entidades únicas que acabam por dar significado à sociedade.

A sociologia do Homans é, portanto, individualista e tenta construir uma teoria sobre a vida social a partir de proposições básicas behaviorísticas derivadas da psicologia do condicionamento operante, criada por B. F. Skinner. Isso significa que, extrapolando a partir do estudo de pombos, Skinner e Homans formulam proposições sobre o comportamento humano. Na interação social cotidiana, Homans mantém que os indivíduos atuarão para garantir recompensas e evitar punições. As relações sociais são vistas como relações de troca, no sentido de que recompensas, como aprovação ou reconhecimento, dependem de certos comportamentos. Quando esses comportamentos são recompensados, um indivíduo é suscetível de repeti-los em situações semelhantes. Se esses comportamentos provocam reações negativas, então, provavelmente não são repetidos. Isso leva a uma visão sobre comportamento humano em termos de custos e benefícios e de indivíduos racionais que podem calcular as consequências de seus atos antes de tomá-los. No entanto, permanece altamente questionável se essas formulações levaram Homans a uma teoria da sociedade ou a uma explicação adequada das estruturas sociais e instituições sociais, bem como do comportamento social, além da interação face a face.

Em resposta às teorias de Homans, Peter Blau desenvolveu a teoria das trocas, ampliando sua análise a estruturas sociais mais complexas, bem como explorando o desenvolvimento de estruturas sociais e a relação recíproca entre essas estruturas maiores e a interação social no nível individual. Por seu trabalho em *Troca e poder na vida social*, Blau criou uma reputação de teórico de considerável renome.

A devoção de Blau à ideia de troca de Simmel e sua rejeição à visão parsoniana sobre valores e normas culturais como explicações para a ação individual são evidentes. Contudo, Blau estava interessado em ir além do modelo de Homans para explicar as grandes estruturas sociais. De modo inevitável, Blau retorna aos valores e às normas como meios de vida social que impactam diretamente as trocas sociais e afetam os processos de integração e de diferenciação sociais.

O interesse do Blau nas teorias e críticas sobre o behaviorismo social e a teoria do valor o levou a desenvolver sua própria teoria de trocas sociais, uma teoria que reconhecesse a importância da interação face a face em um nível individual, mas também explorasse as trocas no campo social maior. Como Homans, Blau percebeu o valor de estudar a interação face a face para explicar fenômenos sociais, mas ele queria explorar estruturas mais complexas e as forças sociais que cercam e determinam sua forma.

Em sua tentativa de compreender as trocas em formações sociais complexas, Blau dedicou-se ao estudo dos grupos sociais. Ele acredita que a interação social desenvolve-se inicialmente em grupos sociais, que atraem os indivíduos pelas recompensas que oferecem. Blau discute os problemas de poder e legitimação à medida que impactam as relações face a face e as macroestruturas ou organizações sociais em grande escala. A integração social resulta de valores comumente compartilhados.

É importante diferenciar entre pequenos grupos e grandes estruturas coletivas. Em um grupo pequeno, a troca face a face ocorre entre a maioria dos membros, enquanto em grandes grupos o contato direto entre todos os membros é raro. Há, portanto, a necessidade de alguma força mediadora para aglutinar os membros. Blau argumenta que isso mostra a incapacidade do behaviorismo social, que se baseia em estudos de interação face a face, para explicar as trocas sociais em grandes estruturas. Embora os behavioristas possam argumentar que os mesmos princípios aplicados às trocas em escala individual aplicam-se em escala maior, Blau afirma que essas microinterações não ocorrem na esfera macro. Ele argumenta que valores e normas servem como mediadores em grandes coletividades, porque facilitam a troca social indireta e determinam a integração e a diferenciação sociais. A recompensa pela conformidade com as normas e os valores sociais é a aceitação e a aprovação, bem como a manutenção das estruturas.

A teoria da escolha racional, representada aqui em um artigo de 1988 de James S. Coleman, segue a tradição de Homans e Blau. Os escritos de Coleman na área da teoria social são imbuídos por uma crítica da ênfase determinística da clássica teoria europeia em detrimento das ações intencionais racionais dos indivíduos. Nesse sentido, o indivíduo é visto como sobredeterminado por estruturas sociais como classe ou como representação de papel em um complexo de entidades corporativas. Parte da missão de Coleman como teórico social é trazer o indivíduo de volta à teoria social, para mostrar que as relações sociais, ou o "capital social", oferecem benefícios significativos para os indivíduos sob a forma de "capital humano", ou recursos que possam beneficiar o indivíduo. Assim, em vez de conceber a estrutura social como força puramente exógena que restringe o comportamento além da capacidade dos indivíduos o controlarem, Coleman teoriza que os indivíduos se envolvem em relações sociais porque racionalmente calculam ou compreendem os benefícios a serem derivados deles. O artigo reimpresso aqui fornece várias ilustrações do que Coleman quer dizer com "capital social" e "capital humano", como e por que os indivíduos se engajam em comportamentos que lhes proporcionam "capital social", além das circunstâncias em que o "capital humano" pode ser criado.

A visão mais ampla de Coleman, mais tarde expressa em seu discurso presidencial nos Encontros da ASA (1993), é a de que a sociologia deve tornar-se uma disciplina preocupada com o redesenho racional da sociedade. No artigo transcrito neste capítulo, Coleman aborda esse tema à medida que descreve as condições sociais que têm corroído a criação do "capital humano" no declínio do "capital social" na família e na comunidade. Os leitores devem ser capazes de rastrear as implicações políticas dessas discussões, à medida que Coleman transfere essas perguntas à arena dos "bens públicos". Se os sociólogos participassem ativamente na reconstrução social da sociedade usando as formulações de Coleman, que tipos de políticas públicas seriam necessárias para restaurar a criação do "capital humano"?

Peter Blau: A estrutura das parcerias sociais

Claro que as qualidades elementares do fato social já estão presentes nas mentes individuais. Mas o fato social só emerge delas após terem sido transformadas por parcerias, pois só nas parcerias que o fato aparece. A parceria em si também é um fator ativo que gera efeitos especiais. Em si, portanto, é algo inovador. Quando a consciência dos indivíduos, em vez de permanecer isolada, torna-se agrupada e combinada, algo no mundo se altera.

Émile Durkheim, *Suicídio*

Falar da vida social é falar das parcerias entre as pessoas – a formação de parcerias com os outros no trabalho e no lazer, no amor e na guerra, para negociar ou louvar, para ajudar ou atrapalhar. É nas relações sociais estabelecidas pelas pessoas que seus interesses encontram expressão e seus desejos se concretizam. Como afirma Simmel: "A parceria social refere-se a formas amplamente variadas que são geradas à medida que os diversos interesses dos indivíduos os instigam a desenvolver unidades sociais em que concretizam esses – sensuais ou utópicos, duradouros ou fugazes, conscientes ou inconscientes, casualmente incitantes ou teleologicamente indutivos – interesses".[1] O postulado fundamental de Simmel, e também deste livro, é que a análise das parcerias sociais, dos processos que os regem e das formas que assumem é a tarefa central da sociologia. O título deste primeiro capítulo pode ser considerado uma tradução *livre* do conceito básico de Simmel: *Die Formen der Vergesellschaftung*.

As parcerias das pessoas se proliferam no tempo e no espaço sociais. As relações sociais unem não só indivíduos em grupos, mas também grupos em comunidades e sociedades. As parcerias entre indivíduos tendem a tornar-se organizadas em estruturas sociais complexas e, muitas vezes, tornam-se institucionalizadas para perpetuar a forma de organização muito além da expectativa de vida dos seres humanos. O principal objetivo sociológico de estudar os processos de interação face a face é lançar as bases para a compreensão das estruturas sociais que evoluem e as forças sociais emergentes que caracterizam o seu desenvolvimento.

Os objetivos da nossa pesquisa são analisar as parcerias sociais, os processos que as sustentam e as formas que elas assumem, além de continuar a verificando as complexas forças e estruturas sociais por elas originados. Por mais amplo que seja esse tema, a intenção é fornecer um foco específico que explicitamente exclui muitos problemas sociológicos da consideração. A sociologia é definida por Weber como "ciência que procura a compreensão interpretativa da ação social com o objetivo, portanto, de chegar a uma explicação causal de seu curso e seus efeitos. ... A ação é social na medida em que, em virtude do significado subjetivo designado a ela pelo indivíduo (ou pelos indivíduos) em ação, leva em conta o comportamento dos outros

---

Reimpresso com permissão de Transaction Publishing de Peter Blau, *Exchange and Power in Social Life*. Direitos autorais © de 1964.

[1] Georg Simmel, *Soziologie*, Leipzig: Duncker e Humblot, 1908, p. 6 (tradução do autor).

e, assim, é orientada em seu curso".[2] Uma preocupação com a ação social, amplamente concebida como qualquer conduta que derive seu ímpeto e significado a partir dos valores sociais, tem caracterizado a teoria contemporânea em sociologia há alguns anos. A preocupação resultante com orientações de valor tem desviado a atenção teórica do estudo das parcerias reais entre as pessoas e das estruturas de suas parcerias. Embora as estruturas das relações sociais sejam, é claro, profundamente influenciadas por valores comuns, essas estruturas têm um significado próprio, o qual é ignorado se a preocupação for exclusivamente direcionada aos valores e às normas subjacentes. As transações de trocas e as relações de poder, em particular, constituem as forças sociais que devem ser investigadas por direito próprio, não apenas em termos das normas que as limitam e os valores que as reforçam, para chegar a um entendimento sobre a dinâmica das estruturas sociais. Se uma das finalidades do título deste capítulo é indicar um vínculo com a tradição teórica de Simmel, outro objetivo é distinguir a orientação teórica nessa monografia de Weber e Parsons; o ponto focal da presente análise não é "a estrutura da ação social",[3] mas a estrutura das parcerias sociais.

Depois de ilustrar o conceito de troca social e suas manifestações nas diversas relações sociais, este capítulo apresenta o tema principal de como processos mais complexos de parceria social evoluem a partir dos mais simples. As forças de atração social estimulam as transações de trocas. As trocas sociais, por sua vez, tendem a originar a diferenciação de *status* e poder. Processos adicionais emergem em uma estrutura de *status* diferenciada que leva à legitimação e à organização, por um lado, e à oposição e à mudança, por outro. Enquanto a concepção de reciprocidade na troca implica a existência de equilíbrio de forças que criam uma tensão rumo ao equilíbrio, as operações simultâneas de diversas forças de equilíbrio produzem periodicamente desequilíbrios na vida social, e a dialética resultante entre reciprocidade e desequilíbrio dá às estruturas sociais sua natureza distinta e dinâmica.

A troca de recompensas sociais

> Por honra, em sua significação verdadeira e apropriada, queremos dizer nada mais do que a boa opinião dos outros. ...
>
> A razão pela qual existem tão poucas pessoas de virtude verdadeira e tantos de honra verdadeira é que toda recompensa que uma pessoa recebe por uma ação virtuosa é o prazer de fazê-la, coisa que a maioria das pessoas considera pagamento insuficiente; mas a abnegação à qual uma pessoa de honra se submete em um apetite é imediatamente recompensada com a satisfação que ela recebe de outro, e o que ela reduz de sua avareza ou de qualquer outra paixão é duplamente reembolsado em seu orgulho. ...
>
> Mandeville, *A fábula das abelhas*

A maioria dos prazeres humanos tem suas raízes na vida social. Seja como for, quer pensemos em amor ou poder, em reconhecimento profissional ou companhia sociável, nos confortos da vida familiar ou no desafio de esportes competitivos, as gratificações experimentadas por indivíduos dependem das ações dos outros. O mesmo é verdadeiro para as satisfações mais altruístas e espirituais. Trabalhar de maneira eficaz por uma boa causa exige a obtenção de pessoas comprometidas com essa causa. Até mesmo a experiência religiosa é muito enriquecida pela adoração comunal. Em comparação, os prazeres físicos

---

[2] Max Weber, *The Theory of Social and Economic Organization*, New York: Oxford University Press, 1947, p. 88.

[3] O título da primeira obra importante de Parsons, *The Structure of Social Action*, New York: McGraw-Hill, 1937, também seria adequado para alguns de seus escritos teóricos posteriores, como ele próprio observou em *The Social System*, Glencoe: Free Press, 1951, p. ix.

que podem ser experimentados na solidão empalidecem em importância. Por mais que um bom jantar seja agradável, é a ocasião social que o abrilhanta. De fato, há algo patético na pessoa que deriva sua maior gratificação da comida ou bebida em si, já que isso revela excesso de necessidade ou de gula; o mendigo é um exemplo do primeiro excesso, o glutão, do último. Com certeza, existem prazeres solitários profundos – ler um bom livro, criar uma obra de arte, produzir um trabalho acadêmico. Inclusive esses, porém, derivam muito de sua importância do fato de mais tarde serem comunicados e compartilhados com os outros. A falta dessa antecipação torna a atividade solitária novamente um pouco patética: o recluso que não tem ninguém com quem comentar suas leituras; o artista ou o estudioso cujas obras são completamente ignoradas, não só pelos seus contemporâneos, mas também pela posteridade.

Boa parte tanto do sofrimento humano quanto da felicidade humana tem sua fonte nas ações de outros seres humanos. Um decorre do outro, conforme os fatos da vida grupal, em que os pares não existem em total isolamento de outras relações sociais. Em geral, os mesmos atos humanos que causam prazer para alguns causam desagrado aos outros. Para que um rapaz desfrute do amor de uma moça que se comprometeu a ser seu par fiel, outros rapazes que a cobiçavam devem sofrer a dor da rejeição. A satisfação que um ser humano deriva de exercer poder sobre os outros requer que eles resistam à privação de serem submetidos ao seu poder. Para que um profissional alcance uma excelente reputação no seu campo, a maioria dos seus colegas deve se contentar em não obter esse agradável reconhecimento, uma vez que é a menor estima profissional da maioria que o define como excelente. A alegria que os membros da equipe vitoriosa experimentam tem sua contrapartida na decepção dos perdedores. Em suma, as recompensas que os indivíduos obtêm nas parcerias sociais tendem a implicar um custo para outros indivíduos. Isso não significa que a maioria das parcerias sociais envolva jogos de soma zero, em que os ganhos de alguns incorrem em perdas dos outros. Ao contrário: indivíduos estabelecem parcerias uns com os outros porque todos lucram com essa parceria. Mas nem todos eles necessariamente lucram de modo igual, nem compartilham o custo do fornecimento dos benefícios de modo igual, e, mesmo se não houver nenhum custo direto para os participantes, muitas vezes há custos indiretos, suportados por aqueles excluídos da parceria, como ilustra o caso dos pretendentes rejeitados.

Algumas parcerias sociais são intrinsecamente gratificantes. Amigos encontram prazer em se associarem entre si, e o desfrute de tudo o que eles fazem juntos – escalar uma montanha, assistir a um jogo de futebol – é reforçado pela gratificação inerente na própria parceria. A afeição mútua entre amantes ou membros da família tem o mesmo resultado. Não é o que os amantes fazem juntos, mas o fazê-lo *juntos* que é a fonte distintiva de sua satisfação especial – não assistir a uma peça teatral, mas compartilhar da experiência de assisti-la. A interação social nas relações menos íntimas do que aquelas entre amantes, familiares ou amigos, no entanto, também pode ser inerentemente gratificante. A sociabilidade em uma festa ou entre vizinhos ou em um grupo de trabalho envolve experiências não especialmente profundas, mas intrinsecamente gratificantes. Nesses casos, todos os parceiros beneficiam-se ao mesmo tempo da sua interação social, e o único custo em que incorrem é o custo indireto de desistir das possibilidades alternativas ao dedicar tempo à parceria.

As parcerias sociais também podem ser gratificantes por um motivo diferente. Muitas vezes, os indivíduos derivam benefícios específicos de relações sociais, porque seus parceiros deliberadamente se esforçam para fornecer esses benefícios a eles. A maioria das pessoas gosta de ajudar os outros e fazer favores a eles – ajudar não só os seus amigos, mas também seus conhecidos e às vezes até mesmo estranhos, como ilustra o caso do motorista que se oferece para ajudar outro com o carro enguiçado. Os favores nos deixam gratos, e nossas expressões de gratidão são recompensas sociais que tendem a tornar agradável o fazer de favores, em especial se expressamos nosso apreço e gratidão publicamente e, assim, ajudamos a estabelecer a reputação de uma pessoa como generosa, solícita e competente. Além disso, uma boa ação puxa outra. Se nos sentimos agradecidos e em dívida moral em relação a um parceiro por favores recebidos, vamos procurar retribuir sua bondade, fazendo coisas por ele. É provável que ele, por sua vez, retribua, e a resultante troca mútua de favores, muitas vezes sem intenção explícita, reforce o vínculo social entre nós.

Uma pessoa que não consegue retribuir favores é acusada de ingratidão. Essa própria acusação indica que a reciprocidade é esperada e serve como sanção social que desencoraja os indivíduos de esquecer as suas obrigações com os parceiros. Em geral, as pessoas são gratas por favores e pagam suas dívidas sociais, e tanto sua gratidão e seu reembolso são recompensas sociais para o parceiro que lhes fez favores.[4] O fato de que fornecer benefícios aos outros tende a produzir essas recompensas sociais é, naturalmente, uma das principais razões pelas quais as pessoas muitas vezes se esforçam bastante para ajudar seus parceiros e sentem satisfação em fazê-lo. Não seríamos humanos se essas consequências vantajosas não fossem incentivos importantes para fazermos nossas boas ações.[5] Sem dúvida, alguns indivíduos trabalham abnegadamente para outros sem qualquer pensamento de recompensa e mesmo sem esperar gratidão, mas esses são praticamente santos, e os santos são raros. O restante de nós também age com desinteresse, às vezes, mas exigimos algum incentivo para fazê-lo, nem que seja apenas o reconhecimento social de que somos altruístas.

Um aparente "altruísmo" permeia a vida social; as pessoas são ansiosas para beneficiar umas às outras e para retribuir pelos benefícios que recebem. Mas sob esse aparente altruísmo pode ser descoberto um "egoísmo" subjacente; a tendência para ajudar os outros é muitas vezes motivada pela expectativa de que isso trará recompensas sociais. Além dessa preocupação autointeressada em lucrar com parcerias sociais, no entanto, há outra vez um elemento "altruísta" ou, pelo menos, um que remove as transações sociais do simples egoísmo ou do hedonismo psicológico. Uma recompensa básica que as pessoas procuram em suas parcerias é a aprovação social, e a desconsideração egoísta com os outros torna impossível obter essa importante recompensa.[6]

A aprovação social daqueles cujas opiniões valorizamos é de grande importância para nós, mas a sua importância depende de sua autenticidade. Não podemos obrigar os outros a nos dar a sua aprovação, independentemente de quanto poder temos sobre eles, porque coagi-los a expressar sua admiração ou louvor tornaria essas expressões inúteis. "A ação pode ser forçada, mas uma demonstração de sentimento coagida é só

---

[4] "Raramente encontramos ingratidão, enquanto estivermos na posição de conceder favores." François La Rochefoucauld, *The Maxims*, London: Oxford University Press, 1940, p. 101 (nº 306).

[5] Uma vez que uma pessoa tornou-se emocionalmente comprometida com uma relação, sua identificação com a outra e o seu interesse em continuar a parceria proporcionam novos incentivos independentes para o fornecimento de benefícios para o outro. Da mesma forma, compromissos firmes com uma organização levam os membros a fazer contribuições recorrentes a ela sem esperar benefícios recíprocos em cada ocasião. A importância dessas ligações sociais é mais aprofundada em capítulos posteriores.

[6] O tema central de Bernard Mandeville é o de que os vícios privados produzem benefícios públicos porque a importância da aprovação social induz as pessoas a contribuir para o bem-estar das outras por interesse próprio. Como ele disse laconicamente em um ponto: "As virtudes morais são a prole política do cruzamento entre a bajulação e o orgulho". *The Fable of the Bees*, Oxford: Clarendon, 1924, Vol. 1, 51; ver também p. 63-80.

uma demonstração."⁷ A simulação rouba da aprovação seu significado, mas sua própria importância deixa os parceiros relutantes a sonegar a aprovação de outrem e especialmente de expressar desaprovação, introduzindo assim um elemento de simulação e dissimulação em suas comunicações. De fato, a etiqueta prescreve que essa aprovação seja simulada desrespeitando as opiniões reais em determinadas circunstâncias. Em geral, não se comenta com a anfitriã "Sua festa foi chata" ou com uma vizinha "Você só fala besteira". Já que as convenções sociais exigem observações elogiosas em muitas ocasiões, essas são habitualmente descontadas como não refletindo aprovação genuína, e outras provas desse reflexo são procuradas, por exemplo, se os convidados aceitam convites futuros ou se os vizinhos entabulam novas conversas.

Quando o assunto é moralidade, no entanto, os indivíduos têm fortes convicções que restringem maior liberdade na verbalização do que realmente pensam. Em geral, não hesitam em expressar desaprovação ou, pelo menos, em sonegar a aprovação de parceiros que tenham violado as normas de conduta socialmente aceitas. O desrespeito antissocial para com o bem-estar do grupo encontra desaprovação universal independentemente de quão imorais, em termos dos costumes da comunidade mais ampla, possam ser as normas de um determinado grupo. A importância da aprovação social, portanto, desestimula a conduta que é de um egoísmo nu e cru. Uma moralidade mais profunda deve repousar não apenas na pressão do grupo e em vantagens de longo prazo, mas sobretudo em padrões normativos interiorizados. No caso ideal, um indivíduo segue infalivelmente os comandos morais de sua consciência, sejam quais forem as consequências. Embora essa moralidade completa seja alcançada apenas por santos e tolos, e a maioria das pessoas faça algumas concessões,⁸ os padrões morais claramente guiam e reprimem a conduta humana. Dentro dos limites bastante amplos que essas normas impõem sobre as relações sociais, no entanto, os seres humanos tendem a ser regidos em suas parcerias com os outros pelo desejo de obter recompensas sociais de vários tipos, e as trocas resultantes dos benefícios moldam a estrutura das relações sociais.

A pergunta que surge é se uma concepção racionalista do comportamento humano está subjacente a esse princípio de que indivíduos buscam recompensas sociais em suas parcerias sociais. A única suposição feita é a de que os seres humanos escolhem entre parceiros ou cursos de ação potenciais alternativos, avaliando as experiências prévias ou experiências previstas com cada um em termos de classificação das preferências e selecionam a melhor alternativa. Tanto o comportamento irracional quanto o racional são regidos por essas considerações, como Boulding salientou:

> Todo comportamento, na medida em que o próprio conceito de comportamento implica fazer uma coisa em vez de outra, recai no padrão acima, até mesmo o comportamento do louco e da pessoa irracional, irresponsável ou errática. A distinção entre comportamento racional e irracional jaz no grau de consciência de si mesmo e na estabilidade das imagens envolvidas, em vez de em qualquer distinção do princípio de ótimo.⁹

O que explicitamente *não* se supõe aqui é que as pessoas tenham informações completas, que não tenham compromissos sociais restringindo as alternativas, que suas prefe-

---

⁷ Erving Goffman, *Asylums*, Chicago: Aldine, 1962, p. 115.

⁸ O relato de Heinrich von Kleist "Michael Kohlhaas" é uma ilustração patética da loucura inerente à insistência na rígida conformidade com padrões morais em completo desrespeito das consequências.

⁹ Kenneth Boulding, *Conflict and Defense*, New York: Harper, 1962, p. 151.

rências sejam inteiramente consistentes ou permaneçam constantes ou que busquem um único e específico objetivo em detrimento de todos os outros. Esses pressupostos mais restritivos, que não são feitos na presente análise, caracterizam modelos racionalistas da conduta humana, como o da teoria dos jogos.[10] De particular importância é o fato de que as pessoas se esforçam para atingir diversos objetivos. A afirmação de que as pessoas selecionam a mais preferida entre as alternativas disponíveis não implica que elas sempre escolham a que lhes rende o maior lucro material.[11] Elas podem escolher, e muitas vezes realmente escolhem, a alternativa que as obriga a fazer sacrifícios materiais, mas contribui mais para a realização de um ideal sublime, pois *esse* pode ser o seu objetivo. Mesmo nessa escolha elas podem errar e selecionar uma alternativa que na verdade não é o melhor meio para realizar seu objetivo. De fato, a necessidade de prever com antecipação as recompensas sociais com que os outros vão retribuir inevitavelmente introduz na troca das relações incertezas e erros recorrentes de julgamento que tornam impossíveis cálculos perfeitamente racionais. Considerando essas qualificações, a suposição de que as pessoas procuram adaptar as condições sociais para atingir os seus fins parece ser, mais do que realista, inevitável.

---

[10] Consulte uma discussão sobre as limitações da teoria dos jogos na obra de R. Duncan Luce e Howard Raiffa, *Games and Decisions*, New York: Wiley, 1957, especialmente Capítulos iii e vii. Para outras críticas da teoria dos jogos, notavelmente sua incapacidade de utilizar a pesquisa empírica e uma tentativa de incorporar alguns dos seus princípios em uma teoria substantiva do conflito, consulte Thomas C. Schelling, *The Strategy of Conflict*, Cambridge: Harvard University Press, 1960, especialmente Capítulos iv e vi.

[11] Sobre esse ponto, consulte George C. Homans, *Social Behavior*, New York: Harcourt, Brace and World, 1961, p. 79-80; e Anatol Rapoport, *Fights, Games, and Debates*, Ann Arbor: University of Michigan Press, 1960, p. 122.

Processos básicos

Recompensar é gratificar, remunerar, devolver com o bem o bem recebido. Punir também é gratificar, remunerar, embora de forma diferente; é devolver com o mal o mal realizado.

Adam Smith, *A teoria dos sentimentos morais*

Os processos sociais básicos que regem as parcerias entre as pessoas têm suas raízes nos processos psicológicos primitivos, como aqueles subjacentes aos sentimentos de atração entre os indivíduos e seus desejos por vários tipos de recompensas. Essas tendências psicológicas são primitivas apenas em relação ao nosso assunto, isto é, elas são tomadas nuas e cruas, sem pesquisa extra sobre as forças motivadoras que as produzem, pois nossa preocupação é com as forças sociais que delas emanam.

Os processos sociais mais simples que podem ser observados nas parcerias interpessoais e que repousam diretamente nas disposições psicológicas originam os mais complexos processos sociais que regulam as estruturas das parcerias sociais interligadas, como a organização social de uma fábrica ou as relações políticas de uma comunidade. Novas forças sociais emergem nas estruturas sociais cada vez mais complexas que se desenvolvem nas sociedades, e essas forças dinâmicas são bem removidas da derradeira base psicológica de toda a vida social. Embora complexos sistemas sociais tenham seus alicerces em sistemas mais simples, eles têm sua própria dinâmica com propriedades emergentes. Nesta seção, serão pinceladas em linhas gerais os processos básicos de parcerias sociais, a serem analisados posteriormente em maior detalhe, com especial atenção para as suas implicações mais amplas.

A atração social é a força que induz os seres humanos a estabelecer parcerias sociais por sua própria iniciativa e a expandir o escopo de suas parcerias, uma vez que elas foram formadas. Aqui nos referimos às relações sociais em que os seres humanos estabelecem por sua própria vontade, em vez de aquelas em que eles nascem (como grupos de parentesco) ou aquelas que lhes são impostas por forças além de seu controle (por exemplo, os pelotões aos quais os soldados são atribuídos), embora mesmo nessas relações involuntárias a extensão e a intensidade da parceria dependam do grau de atração mútua. Um indivíduo é atraído por outro se ele espera associar-se com ele para obter alguma forma de recompensa, e seu interesse nas recompensas sociais esperadas o atrai ao outro. As necessidades psicológicas e as disposições dos indivíduos determinam quais recompensas são particularmente relevantes para eles e, portanto, a quem eles serão atraídos. Sejam quais forem os motivos específicos, há uma diferença importante entre a expectativa de que a parceria venha a ser uma experiência intrinsecamente gratificante e a expectativa de que ela fornecerá benefícios extrínsecos, por exemplo, conselhos. Essa diferença chama a atenção para dois significados distintos do termo "atração" e seus derivados. Em seu sentido mais restrito, a atração social refere-se a gostar de outra pessoa *intrinsecamente* e ter sentimentos positivos em direção a ela; em sentido mais amplo (atualmente empregado), a atração social refere-se a atrair-se por outra pessoa por qualquer motivo. Nesse sentido mais amplo, o cliente é atraído pelo comerciante que vende bens de certa qualidade a um preço mais baixo, mas não tem sentimentos intrínsecos de atração por ele, a menos que casualmente sejam amigos.

Uma pessoa que é atraída pelas outras está interessada em se mostrar atraente para elas, pois sua capacidade de fazer parcerias com elas e colher os benefícios esperados da parceria depende de que as outras considerem essa parceira atraente e, assim, queiram interagir com ela. A atração das outras pessoas por ela, assim como a dela pelas outras, depende da antecipação de que a parceria será gratificante. Para despertar essa antecipação, uma pessoa tenta impressionar as outras. As tentativas de parecer impressionante estão presentes nas fases iniciais do conhecimento e da formação de grupo. Qualidades impressionantes tornam uma pessoa atraente e prometem que a associação com ela será gratificante. A atração mútua incita as pessoas a estabelecer uma parceria, e as recompensas que elas fornecem umas às outras no decorrer de sua interação social, a menos que suas expectativas sejam frustradas, mantêm a parceria contínua e sua atração mútua.

Processos de atração social, portanto, levam a processos de troca social. A natureza da troca em uma parceria experimentada como intrinsecamente gratificante, como um relacionamento amoroso, difere entre parceiros sobretudo preocupados com benefícios extrínsecos, como vizinhos que ajudam uns aos outros com várias tarefas, mas as trocas ocorrem em ambos os casos. Uma pessoa que fornece assistência necessária aos parceiros, muitas vezes com algum custo pessoal, deixa-os na obrigação de retribuir sua bondade. Quer se trate de serviços instrumentais ou de intangíveis como aprovação social, os benefícios que cada um fornece aos outros são recompensas que servem como estímulos para continuar fornecendo benefícios, e os laços integrativos criados no processo fortalecem o relacionamento social.

Muitas vezes, porém, surgem situações em que uma pessoa precisa de algo que a outra tem para oferecer, por exemplo, ajuda da outra em seu trabalho, mas não tem nada de que a outra precise para retribuir a ajuda. Enquanto a outra pessoa pode sentir-se suficientemente recompensada por expressões de gratidão por ajudá-la algumas vezes, é difícil de esperar que ela continue dedicando tempo e esforço para fornecer ajuda sem receber qualquer retorno para compensá-la por seus incômodos. (No caso da atração intrínseca, o único retorno esperado é a vontade de continuar a parceria.) A pessoa que precisa de serviços periódicos de um parceiro a quem ela não tem nada a oferecer tem várias alternativas. Primeiro, ela pode forçar o outro a lhe ajudar. Segundo, pode obter a ajuda de outra fonte. Terceiro, pode encontrar maneiras de viver sem essa ajuda.[12] Mas se ela for incapaz ou não quiser escolher uma dessas alternativas, resta-lhe apenas outro curso de ação: deve subordinar-se à outra e entrar em conformidade com seus desejos, assim recompensando a outra pessoa com o poder sobre si mesmo como um incentivo para fornecer a ajuda necessária. A disposição para entrar em conformidade com as exigências da outra pessoa é uma recompensa social genérica, já que o poder que lhe concede é um meio generalizado, paralelo ao dinheiro, que pode ser usado para atingir uma série de fins. O poder de exigir conformidade é equivalente ao do crédito: o credor pode utilizar no futuro para obter vários benefícios à custa daqueles que estão endividados com ele.[13] O fornecimento unilateral de importantes serviços estabelece esse tipo de crédito e, portanto, é uma fonte de poder.

Os processos de troca, então, originam a diferenciação do poder. Uma pessoa que executa serviços de que as outras precisam, e que é independente em seu comando, alcança o poder sobre as outras, atrelando a satisfação das necessidades delas à sua conformidade. Esse princípio aplica-se às relações sociais mais íntimas, bem como às mais distantes. A moça por quem um rapaz está apaixonado exerce poder sobre ele, desde que o ímpeto dele em passar muito tempo com ela o incentive a tornar o tempo deles juntos especialmente agradável e a satisfazer os caprichos da amada. O empregador pode obrigar os trabalhadores a entrar em conformidade com as diretivas porque eles dependem de seu salário. Com certeza, o poder do superior esmaece se os subordinados puderem recorrer à coerção, tiverem alternativas igualmente boas ou forem capazes de sobreviver sem os benefícios à disposição. Mas dadas essas condições limitantes, serviços unilaterais que atendam às necessidades básicas são a penúltima fonte de poder. A fonte suprema é, obviamente, a coerção física. Enquanto o poder que repousa sobre a coerção é mais absoluto, no entanto, também é mais limitado em escopo do que o poder que deriva de necessidades satisfeitas.

Uma pessoa da qual as outras dependem por benefícios vitais tem o poder de fazer valer as suas exigências. Ela pode fazer exigências que as outras considerem justas em relação aos benefícios que recebem para se submeter ao seu poder. No entanto, ela pode deixar de lado a moderação e fazer exigências que as outras considerem excessivas, despertando sentimentos de exploração por ter de entrar em conformidades além do que as recompensas recebidas justificam. As normas sociais definem as expectativas dos subordinados e suas avaliações das demandas do superior. O justo exercício do poder dá origem à aprovação do superior, enquanto a exploração injusta promove a reprovação. Quanto maiores os recursos sobre os quais repousam o poder de uma pessoa, mais fácil é para ela se abster de explorar os subordinados fazendo exigências exageradas e, assim, maiores são as chances de que os subordinados aprovem a justiça de seu comando em vez de desaprovar sua injustiça.

Existem diferenças fundamentais entre a dinâmica do poder em uma situação coletiva e o poder de um indivíduo sobre outro. A fraqueza do subordinado isolado limita a importância de sua aprovação ou desaprovação do superior. A concordância que emerge em uma coletividade de subordinados em relação à sua opinião sobre o superior, por outro lado, tem implicações de grande alcance para os desenvolvimentos na estrutura social.

A aprovação coletiva do poder legitima esse poder. Se as pessoas consideram que as vantagens obtidas pelo exercício do poder de um superior compensam as dificuldades que a conformidade com as exigências lhes impõe, elas tendem a transmitir umas às outras sua aprovação em relação ao governante e seus sentimentos de lealdade com ele. O con-

---

[12] As duas últimas dessas alternativas são anotadas por Parsons (*ibid.*, p. 252) em sua discussão sobre as reações de uma pessoa quando tem suas expectativas frustradas por outra.

[13] Consulte Parsons, "On the Concept of Influence", *Public Opinion Quarterly*, 27 (1963), 37-62, esp. p. 59-60.

senso que se desenvolve como resultado dessas comunicações revela-se em pressões de grupo que promovem a conformidade com as diretivas do governante, assim reforçando o seu poder de controle e legitimando a sua autoridade. "Um sentimento de obrigação para obedecer aos comandos da autoridade pública estabelecida é encontrado, variando em eficácia e vivacidade de um indivíduo para outro, entre os membros de qualquer sociedade política."[14] A autoridade legítima é a base da organização. Ela possibilita organizar o esforço coletivo para promover a realização de vários objetivos, alguns dos quais nunca poderiam ser alcançados por indivíduos separadamente e outros que podem ser alcançados de maneira mais eficaz por meio da coordenação de esforços. Embora o poder que não é legitimado pela aprovação dos subordinados também possa ser usado para organizá-los, a estabilidade de uma organização desse tipo é altamente precária.

A desaprovação coletiva do poder gera oposição. É provável que as pessoas que compartilham a experiência de serem exploradas (quer por exigências injustas de quem está no poder, quer por recompensas insuficientes recebidas pelas contribuições) transmitam seus sentimentos de raiva, frustração e agressão umas às outras. Então, surge um desejo de retaliar atacando o poder em vigor. "O modo como cada pessoa age, assim as outras pessoas agirão com ela, e a retaliação parece ser a grande lei que a natureza nos dita."[15] O apoio social que os oprimidos dão uns aos outros, compartilhando suas queixas e seus sentimentos de hostilidade, justifica e reforça sua oposição agressiva contra aqueles no poder. É a partir desse descontentamento compartilhado que evoluem ideologias e movimentos oposicionistas – que pessoas organizam um sindicato contra seu empregador ou um partido revolucionário contra seu governo.

Em suma, a diferenciação do poder em uma situação coletiva evoca forças dinâmicas contrastantes: legitimando processos que promovam a organização de indivíduos e grupos em empreendimentos comuns; e contrabalançando as forças que negam legitimidade aos poderes existentes e promovem oposição e divisão. Sob a influência dessas forças, o escopo da organização legítima se expande para incluir coletividades cada vez maiores, mas a oposição e o conflito periodicamente redividem essas coletividades e estimulam a reorganização ao longo de linhas diferentes.

A característica distintiva das estruturas sociais complexas é a de que seus elementos constituintes são também as estruturas sociais. Podemos chamar de "macroestruturas" essas estruturas de grupos inter-relacionados e de "microestruturas" aquelas compostas de indivíduos em interação. Existem alguns paralelos entre os processos sociais nas microestruturas e macroestruturas. Os processos de atração social criam laços integrativos entre parceiros, e os processos integrativos também unem vários grupos em uma comunidade. Os processos de troca entre os indivíduos dão origem a diferenciação entre eles, e as trocas intergrupais promovem a diferenciação entre os grupos. Os indivíduos se tornam incorporados em organizações legítimas, as quais, por sua vez, tornam-se parte dos órgãos mais amplos da autoridade legítima. Oposição e conflito ocorrem não só dentro das coletividades, mas também entre elas. Esses paralelos, no entanto, não devem esconder as diferenças fundamentais entre os processos que regem as parcerias interpessoais nas microestruturas e as forças características das relações sociais mais amplas e mais complexas nas macroestruturas.

Em primeiro lugar, o consenso de valor é de crucial importância para os processos sociais que permeiam as estruturas sociais complexas, pois os padrões de comum acordo servem como vínculos mediadores para as transações sociais entre indivíduos e grupos sem qualquer contato direto. O compartilhamento de valores básicos cria laços integrativos e solidariedade social entre milhões

---

[14] Bertrand de Jouvenel, *Sovereignty*, University of Chicago Press, 1957, p. 87.

[15] Adam Smith, *The Theory of Moral Sentiments* (2ª ed.), London: A. Millar, 1761, p. 139.

de pessoas em uma sociedade, a maioria das quais nunca se encontrou, e serve como um equivalente funcional para os sentimentos de atração pessoal que unem duplas de parceiros e grupos pequenos. Padrões comuns de avaliação produzem meios de troca – dinheiro sendo o protótipo, mas não o único – que por si só tornam possível transcender as transações pessoais e desenvolver redes complexas de troca indireta. A legitimação de valores expande o escopo do controle centralizado bem além do alcance da influência pessoal, como exemplificado pela autoridade de um governo legítimo. Os ideais de oposição servem como pontos de renovação para aglutinar estranhos de locais amplamente dispersos e uni-los em torno de uma causa comum. O estudo desses problemas necessita de uma análise sobre a importância dos valores e das normas sociais que devem complementar a análise das transações de troca e das relações de poder, mas não devem se tornar um substituto para ela.

Uma segunda e emergente propriedade das macroestruturas é a complexa interação entre as forças internas dentro de subestruturas e as forças que conectam as subestruturas diversas, algumas das quais podem ser microestruturas compostas por indivíduos, enquanto outras podem elas próprias ser macroestruturas compostas por subgrupos. Os processos de integração, diferenciação, organização e formação de oposição nas subestruturas diversas, que muitas vezes variam muito entre as subestruturas, e os processos correspondentes na macroestrutura repercutem entre si. Uma análise sistemática desses padrões intricados, que serão esboçados apenas nos Capítulos 10 e 11, teria de constituir o núcleo de uma teoria geral das estruturas sociais.

Por fim, instituições duradouras em geral evoluem e se tornam macroestruturas. Sistemas estabelecidos de legitimação suscitam a questão de sua perpetuação com o tempo. A forte identificação das pessoas com os mais altos ideais e as crenças mais sagradas que elas compartilham as faz desejosas de preservar esses valores básicos para as gerações seguintes. Os investimentos realizados no estabelecimento e na expansão de uma organização legítima criam um interesse em estabilizar e assegurar sua sobrevivência perante ataques da oposição. Para essa finalidade, instituem-se procedimentos formalizados que tornam a organização independente de qualquer membro individual e a permite persistir além do tempo de vida ou do período de mandato dos seus membros. A institucionalização refere-se ao surgimento de mecanismos sociais por meio dos quais os valores e as normas sociais, princípios organizacionais e conhecimentos e habilidades são transmitidos de geração em geração. As instituições de uma sociedade constituem a matriz social em que os indivíduos crescem e se socializam, com o resultado de que alguns aspectos das instituições se refletem em suas próprias personalidades, enquanto outros lhes aparecem como as condições externas inevitáveis da existência humana. As instituições tradicionais estabilizam a vida social, mas também introduzem fatores de rigidez que dificultam o ajuste às condições dinâmicas. Podem surgir movimentos de oposição para promover esse ajuste, mas esses próprios movimentos tendem a se tornar institucionalizados e rígidos no decorrer do tempo, criando necessidades por oposições renovadas.

Reciprocidade e desequilíbrio

> Ora, nessas amizades desiguais, os benefícios que uma parte recebe e tem o direito de reclamar da outra não são os mesmos em ambos os lados; ... a melhor das duas partes, por exemplo, ou a mais útil ou importante conforme o caso, deve receber mais carinho do que concede; pois, quando o carinho oferecido é proporcional ao recebido, em certo sentido isso produz igualdade entre as partes, e a igualdade é considerada um elemento essencial da amizade.
>
> Aristóteles, *Ética a Nicômaco*

Há uma tensão rumo ao desequilíbrio, bem como rumo à reciprocidade em parcerias sociais. Em si, o termo "equilíbrio" é ambíguo, na medida em que falamos não só de equilibrar nossos livros, mas também de um equilíbrio a nosso favor, que se refere, é claro, à falta de igualdade entre entradas e saídas. De fato, o equilíbrio da planilha contábil baseia-se apenas, no caso típico, em um desequilíbrio subjacente entre receitas e despesas, e o mesmo acontece com os equilíbrios aparentes na vida social. Indivíduos e grupos estão interessados em, pelo menos, manter um equilíbrio entre entradas e saídas e ficar fora da dívida em suas transações sociais; portanto, a tensão rumo à reciprocidade. Suas aspirações, no entanto, são atingir um equilíbrio em seu favor e acumular crédito que torne seu *status* superior ao dos outros; daí, a tensão rumo ao desequilíbrio.

Debates sobre o equilíbrio – que todas as teorias científicas devem ser concebidas em termos de modelos de equilíbrio ou que todos os modelos de equilíbrio negligenciam a dinâmica da vida real – ignoram um ponto importante: as mesmas forças que mantêm o equilíbrio em um nível da vida social constituem forças que provocam desequilíbrio em outros níveis. Por exemplo, para que a oferta e a procura permaneçam em equilíbrio em um mercado, devem existir forças que perturbam continuamente os padrões estabelecidos de troca. Da mesma forma, a circulação da elite, um modelo de equilíbrio, repousa sobre a operação de forças que criam desequilíbrios e distúrbios em diversos segmentos da sociedade. O princípio sugerido é o de que os estados sociais equilibrados dependem de desequilíbrios em outros estados sociais; forças que restabelecem o equilíbrio em um aspecto criam desequilíbrio em outros. Os processos de parceria descritos ilustram esse princípio.

Uma pessoa atraída por outra tentará mostrar-se atraente à outra. Assim, um rapaz que sente uma forte atração por uma moça, mais do que ela sente por ele, fica ansioso para tornar-se mais atraente para ela. Para fazer isso, ele vai tentar impressioná-la e fazer das tripas coração para tornar a parceria com ele uma experiência especialmente gratificante para ela. Ele pode quebrar a cabeça para encontrar maneiras de agradá-la, gastar muito dinheiro com ela e fazer as coisas que ela gosta em seus encontros, em vez das coisas que ele prefere. Vamos supor que ele seja bem-sucedido, e ela se torne tão atraída por ele quanto ele por ela, ou seja, ela considera a parceria com ele tão gratificante quanto ele considera a parceria com ela, o que se comprova pelo fato de que ambos estão igualmente ansiosos para passar o tempo juntos.

Agora a atração é recíproca, mas a reciprocidade foi estabelecida por um desequilíbrio na troca. Com certeza, ambos obtêm recompensas satisfatórias da parceria nessa fase; o rapaz como resultado da vontade da moça em passar o máximo de tempo possível com ele, e a moça como resultado da disposição dele em tornar seus encontros agradáveis para ela. Essas recompensas recíprocas são as fontes de sua atração mútua. As contribuições efetuadas, no entanto, estão em desequilíbrio. Ambos dedicam tempo à parceria, o que envolve desistir de oportunidades alternativas, mas o rapaz contribui, além disso, com esforços especiais para agradá-la. A companhia dela, por si só, é a recompensa suficiente, enquanto a dele não é, o que a torna "a mais útil ou importante" em termos de suas próprias avaliações, e ele deve fornecer recompensas suplementares para produzir "igualdade entre as partes". Claro, embora dois amantes possam estar igualmente ansiosos para passar o tempo juntos e agradar um ao outro, é raro que um equilíbrio perfeito de afeto mútuo se desenvolva espontaneamente. A atração recíproca nas relações mais íntimas – casamentos e amizades duradouras bem como em vínculos temporários – é o resultado de certo desequilíbrio das contribuições que compensa as desigualdades no afeto espontâneo, notavelmente sob a forma da maior vontade de um dos parceiros em ceder aos caprichos do outro.

A relação entre essa concepção e a teoria do equilíbrio na psicologia pode ser indicada de modo sucinto. Assim, o esquema ABX de Newcomb tem a ver com um indivíduo A, que está atraído por outro indivíduo B, tem certa atitude em relação a um objeto X e percebe que B tem certa atitude em relação a X.[16] Discrepâncias entre qualquer um desses elementos produzem uma tensão rumo ao equilíbrio em sistemas individuais, ou seja, estados psicológicos internos, e em sistemas coletivos, ou seja, relações interpessoais. Por exemplo, se A prefere os democratas e B, os republicanos, existem várias maneiras para A restaurar o equilíbrio: ele pode se tornar mais favorável aos republicanos; pode filtrar a atitude de B como não realmente republicana; pode perder o interesse na política, tornando a discordância irrelevante; ou pode interromper a parceria com B e procurar outros parceiros cujas opiniões considera mais agradável. O foco aqui é nas implicações que os desequilíbrios nas relações interpessoais têm para os processos psicológicos que restauram o equilíbrio nos estados mentais dos indivíduos,[17] por um lado, e para mudanças nas relações interpessoais, por outro. Inicialmente, no entanto, os indivíduos tendem a lidar com desequilíbrios iminentes em termo de atração, buscando se provarem atraentes para os parceiros que eles consideram atraentes, com o objetivo de estabelecer relações de amizade e integrar-se com eles. Esses processos, em vez daqueles aos quais Newcomb chama a atenção, são a principal preocupação da discussão precedente e da mais extensa no próximo capítulo.

O princípio teórico que tem sido preconizado é o de que um determinado equilíbrio nas parcerias sociais é produzido por desequilíbrios nas mesmas parcerias em outros aspectos. Esse princípio, que tem sido ilustrado com os desequilíbrios subjacentes à atração recíproca, aplica-se também ao processo de diferenciação social. Uma pessoa que fornece serviços em demanda a outras as obriga a retribuir. Se algumas não retribuem, ela tem fortes incentivos para sonegar a necessária assistência a fim de fornecê-la a outras que realmente lhe retribuam pelos seus esforços de alguma forma. Portanto, aqueles que não oferecem algo capaz de ser um retorno satisfatório aos seus serviços estão sob pressão para ceder aos desejos do fornecedor e entrar em conformidade com seus pedidos de retribuição por sua ajuda. Sua conformidade com as exigências dele lhe dá o poder para utilizar seus recursos de acordo com sua vontade para alcançar seus próprios objetivos. Ao fornecer benefícios unilaterais para outros, uma pessoa acumula um capital de disposição de conformidade com o qual pode contar sempre que for de seu interesse impor sua vontade aos outros, dentro dos limites da importância que o fornecimento contínuo de seus benefícios tem para eles. As vantagens gerais do poder capacitam as pessoas que de outra forma não conseguiriam retribuir pelos serviços de que precisam a obtê-los em troca de sua conformidade; embora no caso extremo da pessoa que tem muito poder e cujos benefícios estão em grande demanda, até mesmo uma oferta de conformidade não possa ser suficiente para obtê-los.

Aqui, um desequilíbrio de poder estabelece reciprocidade na troca. Serviços unilaterais dão origem a uma diferenciação de poder que equilibra a troca. O equilíbrio da troca, na verdade, reside em dois desequilíbrios: serviços unilaterais e poder unilateral. Embora em termos de uma perspectiva esses dois desequilíbrios componham um balanço ou equilíbrio, em termos de outra, igualmente válida, o equilíbrio da troca reforça e perpetua os desequilíbrios de dependência e de poder que os sustentam. As diferenças de poder não são apenas um desequilíbrio por definição,

---

[16] Theodore M. Newcomb, *The Acquaintance Process*, New York: Holt, Rinehart and Winston, 1961, esp. Capítulo ii. Ver também Fritz Heider, *The Psychology of Interpersonal Relations*, New York: Wiley, 1958.

[17] Processos que restauram o equilíbrio psicológico dos indivíduos, reduzindo a dissonância, ou seja, diminuindo a importância de um objeto ou pessoa inatingível, são o foco central em Leon Festinger, *Theory of Cognitive Dissonance*, Evanston: Row, Peterson, 1957.

mas também são realmente experimentadas como tal, como indicado pela tendência das pessoas a escapar da dominação se puderem. Na verdade, um grande impulso para a ânsia de indivíduos a desempenhar as suas obrigações e retribuir pelos serviços que recebem, fornecendo serviços em troca, é a ameaça de se tornarem sujeitos ao poder do fornecedor dos serviços. Embora os serviços recíprocos criem uma interdependência que equilibra o poder, a dependência unilateral de serviços mantém um desequilíbrio de poder.

A diferenciação do poder constitui evidentemente um desequilíbrio no sentido de uma desigualdade de poder; mas deve-se suscitar a questão de se a diferenciação do poder também constitui necessariamente um desequilíbrio no sentido de uma tensão rumo à mudança na estrutura das relações sociais. Assim, as diferenças do poder, analiticamente concebidas e abstraídas de outras considerações, criam essa pressão por mudanças, porque é possível supor que as pessoas encarem situações em que é preciso se submeter ao poder como um sofrimento do qual preferiram escapar. Portanto, as vantagens que as pessoas derivam de seu chefe ou governo podem superar o sofrimento envolvido na submissão ao poder (de uma pessoa ou de uma organização), e o resultado é que o desequilíbrio ou distúrbio analítico introduzido pelas diferenças de poder é neutralizado. A importância dos desequilíbrios do poder para a mudança social depende, portanto, de como os governados reagem ao exercício do poder.

As reações sociais para o exercício do poder refletem mais uma vez o princípio da reciprocidade e do desequilíbrio, embora em uma nova forma. O poder sobre os outros torna possível direcionar e organizar as suas atividades. Recursos suficientes para exercer o poder sobre um grande número de pessoas permitem que uma pessoa ou grupo estabeleça uma organização de grande porte. Os membros recrutados à organização recebem benefícios, como remuneração financeira, em troca da conformidade com as diretivas dos superiores e da realização de várias contribuições à organização. A liderança exerce o poder dentro da organização e deriva o poder da organização para uso na relação com outras organizações ou grupos. A ilustração mais clara desse duplo poder da liderança organizacional é o poder do comandante militar sobre seus próprios soldados e, por meio da força de seus braços, sobre o inimigo. Outro exemplo é o poder que a gestão de negócios emprega sobre seus próprios empregados e, por meio da força da empresa, sobre o mercado. Quanto maior o poder externo de uma organização, maiores são suas chances de acumular recursos que coloquem recompensas à disposição da liderança para possível distribuição entre os membros.

As expectativas normativas daqueles submetidos ao exercício do poder, que estão arraigadas em sua experiência social, governam suas reações a ele. Em termos desses padrões, os benefícios derivados de pertencer a uma organização ou sociedade política podem compensar os investimentos necessários para obtê-las, ou as exigências feitas junto aos membros podem exceder os retornos que eles recebem para cumprir essas exigências. O exercício do poder, portanto, pode produzir dois tipos diferentes de desequilíbrio: um desequilíbrio positivo de benefícios para os subordinados ou um desequilíbrio negativo de exploração e opressão.

Se os membros de uma organização ou, em geral, aqueles submetidos a uma liderança de governo comumente concordam que as exigências impostas a eles são justas tendo em vista as amplas recompensas que a liderança oferece, surgirá uma mescla de sentimentos de obrigação e lealdade em relação aos superiores, conferindo aprovação legítima à sua autoridade. Um desequilíbrio positivo de benefícios gera autoridade legítima para a liderança e, desse modo, reforça e amplia sua influência controladora. Ao expressar aprovação legítima e lealdade para com os que governam, os subordinados retribuem os benefícios que sua liderança fornece, mas simultaneamente fortificam o desequilíbrio de poder na estrutura social.

Se as exigências das pessoas que exercem o poder são experimentadas por aqueles submetidos a ela como exploradoras e opressoras, e, em especial, se esses subordinados têm sido malsucedidos em obter desagravo às suas queixas, as suas frustrações tendem a promover a desaprovação dos poderes existentes e o antagonismo em relação a eles. À medida que os oprimidos comunicam sua raiva e agressividade uns aos outros, desde que existam oportunidades para isso, seu apoio e aprovação mútuos socialmente justificam e reforçam a orientação negativa em relação aos opressores, e sua hostilidade coletiva pode inspirá-los a organizar uma oposição. O uso explorador do poder coercivo que desperta oposição ativa é mais prevalente nas relações entre organizações e grupos do que dentro das organizações. Dois motivos para isso são que as vantagens da aprovação legítima restringem os superiores organizacionais e que a eficácia da autoridade legítima, uma vez estabelecida, elimina a necessidade de medidas coercivas. Mas o uso explorador do poder também ocorre dentro das organizações, como mostram os sindicatos organizados em oposição a empresários exploradores. Um desequilíbrio negativo em relação aos submetidos ao poder estimula a oposição. A oposição negativamente retribui, ou retalha, com exigências exageradas na tentativa de nivelar a situação, mas simultaneamente cria conflito e desequilíbrio na estrutura social.[18]

Até mesmo nas estruturas relativamente simples de parceria social aqui consideradas, os equilíbrios em um aspecto implicam desequilíbrios em outros. A interação entre forças de equilíbrio e desequilíbrio é ainda mais evidente, embora talvez menos fácil de desvendar, em macroestruturas complexas com suas subestruturas de corte transversal, em que as forças que sustentam a reciprocidade e o equilíbrio têm repercussões de desequilíbrio não só em outros níveis da mesma subestrutura, mas também em outras subestruturas. Como veremos, as forças de desequilíbrio e reequilíbrio geram um padrão dialético de mudança nas estruturas sociais.

Conclusões

Neste capítulo foram descritos os processos básicos que alicerçam a estrutura das parcerias sociais, e algumas das forças emergentes características de estruturas sociais complexas foram indicadas de modo sucinto. Os princípios aqui apresentados de forma simplificada para transmitir uma impressão geral do esquema teórico deste livro serão aprofundados nos capítulos posteriores. Após discutir os processos de integração social, apoio e troca em parcerias interpessoais com certo detalhe, vários aspectos de diferenciação social em grupos serão analisados, e, por fim, a atenção será centrada na implicação dessas forças sociais bem como das forças recém-emergentes para a organização e a mudança de estruturas sociais complexas.

Portanto, a discussão abordará desde os processos básicos que regem a interação social entre indivíduos em microestruturas até os processos cada vez mais complexos em macroestruturas compostas de várias camadas de subestruturas entrecruzadas. Estaremos preocupados com as mudanças nos processos sociais que ocorrem à medida que uma pessoa se move de estruturas sociais mais simples para as mais complexas, e também com as novas forças sociais que emergem nestas últimas. Países inteiros, por exemplo, não podem confiar para o controle social principalmente na aprovação social e nas obrigações pessoais, a exemplo do que acontece em pequenos grupos de amigos, e, assim, devem dar um papel mais proeminente a procedimentos formalizados e poderes coercivos, como os tribunais e as forças policiais. Embora a evolução do mais simples ao mais complexo pareça ser a única sequência lógica, ela representa alguns problemas no estudo da vida social.

Claro, o padrão de parceria entre dois indivíduos é fortemente influenciado pelo contexto social em que ela ocorre. Mesmo a análise da interação social em díades, portan-

---

[18] Oposição organizada dá expressão a conflitos latentes e os torna manifestos.

to, não deve tratar esses pares como se existissem isoladamente de outras relações sociais. A atração mútua de duas pessoas e as trocas entre elas, por exemplo, são afetadas pelas oportunidades alternativas de cada uma, com o resultado de que surgem processos competitivos que incluem círculos mais amplos e que complementam e modificam os processos de troca e atração nesse par e em outros pares. O poder de um indivíduo sobre o outro depende inteiramente das alternativas sociais ou a falta de alternativas do indivíduo submetido, e esse fato, bem como alguns outros, torna obrigatório o exame das relações de poder em um contexto mais amplo do que o par isolado. A perceptiva discussão de Simmel sobre a díade e a tríade é instrutiva nesse contexto.[19]

A análise de Simmel sobre a díade parece ser concebida como um caso polar que destaca, por contraste, as características distintivas da vida do grupo. Para citar apenas um exemplo, a morte ou retirada de um indivíduo destrói a díade, enquanto os grupos não dependem completamente de qualquer membro único. A discussão dele sobre a tríade está explicitamente preocupada com a importância de uma multiplicidade de relações sociais na vida social, e seu uso da tríade aparentemente destina-se a enfatizar a distinção crucial entre um par e qualquer grupo de mais de dois.[20] O poder pode ser reforçado pela divisão da oposição (*divide et impera*); pode ser resistido pela formação de coalizões (*tertius gaudens*); e conflitos de poder podem ser mediados por terceiros. Todos esses processos distintos da dinâmica do poder não podem se manifestar em uma díade. A legitimação do poder de um superior e a mobilização da oposição a ele também não ocorrem em díades, exceto quando um superior é confrontado por um grupo de subordinados na comunicação com o outro.

É essencial, levando em conta essas considerações, conceituar processos de parceria social entre indivíduos realisticamente, em sua expressão em redes de relações sociais em grupos, e não abstrair artificialmente pares isolados desse contexto de grupo. Robinson Crusoé e Sexta-feira faziam uma díade que existiu isoladamente, mas a maioria das parcerias compõe uma ampla matriz de relações sociais. Só vamos analisar as estruturas complexas depois de primeiro examinarmos os processos interpessoais. Porém, as estruturas de grupo dentro do qual ocorrem as parcerias entre indivíduos serão levadas em conta desde o início.

---

[19] George Simmel, *The Sociology of George Simmel*, Glencoe: Free Press, 1950, Capítulos iii e iv.

[20] Ver *ibid.*, p. 138-139, 141, 145.

James S. Coleman: Capital social na criação do capital humano

Existem duas vastas correntes intelectuais na descrição e explicação da ação social. Uma dessas correntes, característica do trabalho da maioria dos sociólogos, considera que o agente é socializado e sua ação é regida por normas, regras e obrigações sociais. As principais virtudes dessa corrente intelectual residem na sua capacidade de descrever a ação no contexto social e explicar como a ação é moldada, restrita e redirecionada pelo contexto social.

A outra corrente intelectual, característica do trabalho da maioria dos economistas, considera que o agente alcança objetivos de modo independente, que ele age de forma independente e inteiramente egoísta. A principal virtude dessa corrente reside em ter um

---

De James S. Coleman, "Social Capital in the Creation of Human Capital", *American Journal of Sociology*, vol. 94 Supplement, 1988. Reimpresso com permissão da University of Chicago Press, Direitos autorais © de 1988. *Observação:* agradeço a Mark Granovetter, Susan Shapiro e Christopher Winship pelas críticas a um rascunho anterior do projeto, que muito ajudaram na revisão.

princípio de ação, o de maximizar a utilidade. Esse princípio da ação, junto com uma só generalização empírica (a utilidade marginal decrescente), gerou o amplo crescimento da teoria econômica neoclássica, bem como o crescimento da filosofia política de diversas variedades: utilitarismo, contratualismo e direitos naturais. ...

Em obras anteriores (Coleman 1986a, 1986b), defendi e me envolvi no desenvolvimento de uma orientação teórica em sociologia que inclui componentes dessas duas correntes intelectuais. Ela aceita o princípio de ação racional ou intencional e tenta mostrar como esse princípio, em conjunto com contextos sociais particulares, pode explicar não só as ações dos indivíduos em particular contextos, mas também o desenvolvimento da organização social. No presente trabalho, apresento uma ferramenta conceitual para uso nessa empreitada teórica: o capital social.

Capital social

Elementos para essas duas tradições intelectuais não podem ser embaralhados em uma mixórdia. É necessário começar com um arcabouço conceptual coerente de uma e introduzir elementos da outra sem destruir essa coerência. ...

Se começarmos com uma teoria da ação racional, em que cada agente exerce controle sobre certos recursos e interesses em certos recursos e eventos, então, o capital social constitui um tipo particular de recursos disponíveis para um agente.

O capital social é definido por sua função. Não é uma entidade isolada, mas um leque de diferentes entidades, com dois elementos em comum: todos eles consistem em algum aspecto em estruturas sociais e facilitam certas ações dos agentes – sejam eles pessoas ou corporações – dentro da estrutura. Como outras formas de capital, o capital social é produtivo, possibilitando a realização de certos fins que, em sua ausência, não seria possível. Como o capital físico e o capital humano, o capital social não é completamente fungível, mas pode ser específico a certas atividades. Uma determinada forma de capital social que é valiosa para facilitar certas ações pode ser inútil ou até prejudicial para outras.

Ao contrário de outras formas de capital, o capital social é inerente à estrutura das relações entre os agentes. Não se aloja nem nos próprios agentes nem nos implementos físicos da produção. Já que as organizações intencionais podem ser agentes ("agentes corporativos") como as pessoas também podem, as relações entre agentes corporativos também podem constituir capital social para eles (talvez o exemplo mais bem conhecido seja o compartilhamento de informações que permite a fixação de preços em uma indústria). No entanto, no presente trabalho, os exemplos e a área de aplicação para os quais vou direcionar a atenção dizem respeito ao capital social como um recurso para as pessoas.

Antes de estabelecer mais precisamente em que consiste o capital social, é útil dar vários exemplos que ilustram algumas de suas diferentes formas.

1. O mercado dos diamantes no atacado exibe uma propriedade que, para um observador, é notável. No processo de negociação de uma venda, um comerciante entrega a outro comerciante um saco de pedras para que este as examine em particular em seu lazer, sem seguro formal de que este último não substitua uma pedra por outra inferior ou imitação. A mercadoria pode valer milhares ou centenas de milhares de dólares. Essa troca livre de pedras para a inspeção é importante para o funcionamento desse mercado. Na sua ausência, o mercado funcionaria de forma muito mais burocrática e ineficiente.

A inspeção mostra determinados atributos da estrutura social. Certa comunidade mercante é em geral muito íntima, tanto na frequência de interação quanto em laços étnicos e familiares. Por exemplo, em Nova York, o mercado dos diamantes no atacado é judeu, com alto grau de casamentos dentro da comunidade, que habita o Brooklyn e frequenta as mesmas sinagogas. Em essência é uma comunidade fechada.

A observação do mercado dos diamantes no atacado indica que esses laços estreitos, envolvendo família, comunidade e filiação religiosa, fornecem o seguro necessário para facilitar as transações no mercado. Se qualquer membro dessa comunidade pisasse em falso e substituísse ou roubasse pedras em sua posse temporária, ele perderia laços familiares, religiosos e comunitários. A força desses vínculos possibilita transações em que a confiabilidade é tida como certa e o comércio pode ocorrer com facilidade. Na ausência desses vínculos, sofisticados dispositivos de seguros e fianças seriam necessários – caso contrário as transações não aconteceriam.

2. A edição do *International Herald Tribune*, de 21 e 22 de junho de 1986, trazia, na primeira página, um artigo sobre alunos ativistas radicais sul-coreanos. O texto descreve o desenvolvimento desse ativismo: "O pensamento radical é transmitido em 'círculos de estudo' clandestinos, grupos de alunos que podem vir da mesma escola de ensino médio, cidade natal ou igreja. Esses círculos de estudo ... servem como a unidade organizacional básica para manifestações e outros protestos. Para evitar a detecção, os membros de diferentes grupos nunca se encontram, mas se comunicam por meio de um representante designado".

Essa descrição da base da organização desse ativismo ilustra o capital social de dois tipos. A "mesma escola de ensino médio, cidade natal ou igreja" proporciona relações sociais sobre as quais os "círculos de estudo" mais tarde são construídos. Os próprios círculos de estudo constituem uma forma de capital social – uma forma celular de organização que aparenta ser especialmente valiosa para facilitar a oposição em qualquer sistema político intolerante com dissidências. Até mesmo onde existe tolerância em relação à dissidência política, não existe em relação a certas atividades, quer seja terrorismo com motivações políticas ou crime simples. A organização que torna possível essas atividades é uma forma de capital social especialmente poderosa.

3. Uma mãe de seis filhos, que recentemente se mudou com o marido e os filhos dos subúrbios de Detroit para Jerusalém, descreveu, como motivo para a mudança, a maior liberdade de seus filhos em Jerusalém. Ela se sentia segura em deixar os filhos de 8 e 6 anos atravessarem a cidade de ônibus rumo à escola e considerava os filhos seguros quando brincavam sem supervisão em um parque da cidade, coisas que ela não sentia na antiga morada.

A razão para essa diferença pode ser descrita como uma diferença no capital social disponível em Jerusalém e na Detroit suburbana. Em Jerusalém, a estrutura normativa assegura que as crianças desacompanhadas vão ser "cuidadas" por adultos nas proximidades, enquanto nenhuma estrutura normativa dessas existe na maioria das zonas metropolitanas dos Estados Unidos. Pode-se dizer que, em Jerusalém, as famílias têm ao seu dispor um capital social inexistente nas áreas metropolitanas dos Estados Unidos.

4. No mercado de Kahn El Khalili, no Cairo, as fronteiras entre comerciantes são difíceis de um forasteiro definir. O proprietário de uma loja especializada em couro, quando consultado sobre onde se pode encontrar certo tipo de joia, revela que também vende aquilo – ou, o que parece ser quase a mesma coisa, tem um parceiro íntimo que vende, a quem ele de imediato encaminha o cliente. Ou ele instantaneamente se torna cambista, embora não seja cambista, apenas indicando o seu colega algumas lojas adiante. Para algumas atividades, como trazer um cliente à loja de um amigo, existem comissões; para outras, como câmbio monetário, apenas a criação de obrigações. As relações familiares são importantes no mercado, como também é a estabilidade da propriedade exclusiva. Todo o mercado está tão impregnado com relações desse tipo que descrevi que pode ser visto como uma organização, não menor do que uma loja de departamentos. De modo alternativo, alguém pode considerar

que o mercado consiste em um conjunto de comerciantes individuais, cada qual tendo um extenso corpo de capital social no qual se basear, por meio das relações do mercado.

Os exemplos anteriores mostraram o valor do capital social para vários resultados, tanto econômicos quanto não econômicos. No entanto, certas propriedades do capital social são importantes para a compreensão de como isso acontece e de como isso é empregado na criação de capital humano. Primeiro, uma comparação com o capital humano e, em seguida, uma análise das diferentes formas de capital social serão úteis para visualizar esses prismas.

Capital humano e capital social

Talvez o desenvolvimento mais original e mais importante na economia da educação nos últimos 30 anos tenha sido a ideia de que o conceito de capital físico (conforme incorporado em ferramentas, máquinas e outros equipamentos produtivos) pode abranger também o capital humano (ver Schultz, 1961; Becker, 1964). Assim como o capital físico é criado por mudanças em materiais para moldar ferramentas que facilitam a produção, o capital humano é criado por mudanças nas pessoas que revelam dons e habilidades que as tornam capazes de agir de maneiras inovadoras.

Porém, o capital social surge por meio de mudanças nas relações entre pessoas que facilitam a ação. Se o capital físico é totalmente tangível, sendo incorporado na forma material observável, e o capital humano é menos tangível, sendo incorporado nas habilidades e nos conhecimentos adquiridos por um indivíduo, o capital social é ainda menos tangível, pois ele existe nas *relações* entre as pessoas. Assim como o capital físico e o capital humano facilitam a atividade produtiva, o capital social também facilita. Por exemplo, um grupo dentro do qual existe ampla confiabilidade e ampla confiança é capaz de realizar muito mais do que um grupo comparável sem essa confiabilidade e confiança.

Formas de capital social

O valor do conceito de capital social encontra-se primeiro no fato de que ele identifica certos aspectos da estrutura social pelas suas funções, assim como o conceito "cadeira" identifica certos objetos físicos por sua função, apesar das diferenças de forma, aparência e construção. A função identificada pelo conceito de "capital social" é o valor desses aspectos da estrutura social para agentes como recursos que eles podem utilizar para alcançar seus interesses. ...

Obrigações, expectativas e confiabilidade das estruturas

Se A faz algo por B e confia que B lhe retribua no futuro, isso estabelece uma expectativa em A e uma obrigação por parte de B. Essa obrigação pode ser concebida como uma nota de crédito mantida por A em relação ao desempenho de B. Se A detém um grande número dessas notas de crédito, para um bom número de pessoas com quem A tem relações, logo a analogia com o capital financeiro é direta. Essas notas de crédito constituem um vasto corpo de crédito ao qual A pode recorrer se necessário – a menos, claro, que a confiança tenha sido depositada de modo imprudente, e essas sejam dívidas insolventes que não serão reembolsadas.

Em certas estruturas sociais, diz-se que "as pessoas estão sempre fazendo coisas para as outras". Há um grande número dessas notas de crédito pendentes, muitas vezes em ambos os lados de uma relação (pois essas notas de crédito muitas vezes não parecem ser completamente fungíveis em todas as áreas de atividade, de modo que as notas de crédito de B em posse de A, e aquelas de A em posse de B, não são totalmente utilizadas para se cancelarem umas às outras). O mercado El Khalili no Cairo, antes descrito, constitui um caso extremo dessa estrutura social. Em outras estruturas sociais, em que os indivíduos são mais autossuficientes e dependem menos uns dos outros, existem menos dessas notas de crédito pendentes a qualquer momento.

Essa forma de capital social depende de dois elementos: a confiabilidade do ambiente social, ou seja, a certeza de que as obrigações serão reembolsadas, e a dimensão real das obrigações mantidas. As estruturas sociais diferem nessas duas dimensões, e agentes dentro da mesma estrutura diferem na segunda. Um caso que ilustra o valor da confiabilidade do ambiente é o das parcerias de crédito rotativo do Sudeste Asiático e em outros lugares. Essas parcerias são grupos de amigos e vizinhos que costumam se reunir uma vez por mês, com cada pessoa contribuindo para um fundo central que, então, é fornecido a um dos membros (por meio de licitação ou por lote), até que, após alguns meses, cada uma das n pessoas tenha feito n contribuições e recebido um pagamento. Como observa Geertz (1962), essas parcerias servem como instituições eficientes para acumular poupança para pequenas despesas de capital, um importante auxílio para o desenvolvimento econômico.

Mas sem um alto grau de confiabilidade entre os membros do grupo, a instituição não poderia existir – pois uma pessoa que recebe um pagamento no começo da sequência das reuniões poderia fugir e deixar as outras com prejuízo. Por exemplo, seria impossível imaginar uma parceria de crédito rotativo operando com sucesso em áreas urbanas marcadas por um elevado grau de desorganização social – ou, em outras palavras, por falta de capital social.

As diferenças nas estruturas sociais nas duas dimensões podem surgir por uma série de motivos. Existem diferenças nas necessidades reais que as pessoas têm para obter ajuda, na existência de outras fontes de ajuda (como os serviços governamentais de assistência social), no grau de riqueza (que reduz a ajuda necessária dos outros), nas diferenças culturais em relação à tendência de pedir e oferecer ajuda (ver Banfield, 1967), na proximidade das redes sociais, na logística dos contatos sociais (ver Festinger, Schachter e Back, 1963) e outros fatores. Seja qual for a fonte, no entanto, os indivíduos nas estruturas sociais com altos níveis de obrigações pendentes a qualquer momento têm mais capital social ao qual podem recorrer. A densidade das obrigações pendentes significa, com efeito, que a utilidade total dos recursos tangíveis dessa estrutura social é amplificada por sua disponibilidade aos outros quando necessário.

Os agentes individuais em um sistema social também diferem no número de notas de crédito pendentes ao qual eles podem recorrer a qualquer momento. Os exemplos mais extremos estão nas configurações de famílias hierarquicamente estruturadas, em que um patriarca (ou "poderoso chefão") tem um conjunto extraordinariamente grande de obrigações que ele pode lançar mão a qualquer momento para que seus desejos sejam cumpridos. Perto desse extremo estão aldeias em configurações tradicionais que são altamente estratificadas, com certas famílias ricas que, por causa de sua riqueza, acumularam créditos extensivos ao quais elas podem recorrer a qualquer momento.

Da mesma forma, em configurações políticas como uma legislatura, um legislador em um cargo com recursos extras (como o presidente da Câmara dos Deputados ou o líder da maioria do Senado dos Estados Unidos) pode desenvolver, por meio do uso eficaz dos recursos, um conjunto de obrigações de outros legisladores que permite aprovar uma legislação que caso contrário seria bloqueada. Essa concentração de obrigações constitui o capital social que é útil não só para esse poderoso legislador, mas útil também na obtenção de um aumento do nível de ação por parte de uma legislatura. Assim, os membros das legislaturas entre as quais esses créditos são amplos devem ser mais poderosos do que aqueles sem débitos e créditos amplos, porque eles podem usar os créditos para bloquear a votação em muitas pautas. É bem reconhecido, por exemplo, que no senado dos Estados Unidos alguns senadores são membros do que é chamado "o clube do Senado", enquanto outros não são. Com efeito, isso significa que alguns senadores são incorporados ao sistema de créditos e débitos, enquanto outros, fora do "clube", não são. Também se reconhece que aqueles pertencentes ao clube são mais poderosos do que os fora dele.

Canais de informações

Uma relevante forma de capital social é o potencial de informações inerente nas relações sociais. As informações são importantes em fornecer uma base para a ação. Mas a aquisição de informações é cara. No mínimo, requer atenção, algo sempre em oferta escassa. Um dos meios pelos quais as informações podem ser adquiridas é o uso de relações sociais que são mantidas por outros fins. Katz e Lazarsfeld (1955) mostraram como isso funciona em mulheres de vários segmentos da vida em uma cidade do centro-oeste, por volta de 1950. Os pesquisadores mostraram que uma mulher com interesse em estar na moda, mas sem interesse em estar na vanguarda da moda, utilizava amigas que ela sabia que acompanhavam a moda como fontes de informação. Da mesma forma, uma pessoa não muito interessada em eventos atuais, mas interessada em ser informada sobre acontecimentos importantes, pode poupar o tempo de ler um jornal confiando no cônjuge ou em amigos que prestam atenção a essas questões. Um cientista social interessado em se manter atualizado sobre as pesquisas em campos relacionados pode aproveitar as interações diárias com os colegas para fazê-lo, mas apenas em uma universidade em que a maioria dos colegas se mantém atualizada.

Todos esses são exemplos de relações sociais que constituem uma forma de capital social que fornece informações que facilitam a ação. Nesse caso, as relações não são importantes pelas "notas de crédito" que fornecem sob a forma de obrigações que uma pessoa detém sobre os desempenhos das outras ou sobre a confiabilidade da outra parte, mas apenas pelas informações que elas fornecem.

Normas e sanções efetivas

Quando uma norma existe e é eficaz, ela constitui uma forma poderosa, embora às vezes frágil, de capital social. Normas efetivas que inibem o crime tornam possível andar livremente à noite em uma cidade e permitem que pessoas idosas saiam de casa sem medo pela sua segurança. Em uma comunidade, normas que sustentam e fornecem recompensas efetivas para excelente desempenho escolar facilitam a tarefa da escola.

Uma norma prescritiva dentro de uma coletividade que constitui uma forma especialmente importante de capital social é a norma de que se deve renunciar o autointeresse e agir no interesse da coletividade. Uma norma desse tipo, reforçada pelo apoio social, *status*, honra e outras recompensas, é o capital social que constrói nações jovens (e depois se dissipa à medida que envelhecem), fortalece famílias por levar os principais membros da família a agir altruisticamente no interesse "da família", facilita o desenvolvimento dos movimentos sociais nascentes por meio de um pequeno grupo de membros dedicados, introspectivos e mutuamente gratificantes e, em geral, leva as pessoas a trabalhar para o bem público. Em alguns desses casos, as normas são internalizadas; em outros, são principalmente sustentadas por recompensas externas a ações altruístas e por desaprovação a ações egoístas. Porém, sustentadas quer por sanções internas, quer por externas, as normas desse tipo são importantes para superar o problema de bens públicos que existe nas coletividades.

Como todos esses exemplos sugerem, normas eficazes podem constituir uma poderosa forma de capital social. Esse capital social, no entanto, como as formas já descritas, não apenas facilita determinadas ações; ele restringe outras. Uma comunidade com normas fortes e eficazes sobre o comportamento dos jovens pode impedi-los de "se divertir". Normas que tornam possível andar sozinho à noite, também, restringem as atividades dos criminosos (e em alguns casos também de não criminosos). Até mesmo normas prescritivas que recompensem determinadas ações, como a norma em uma comunidade que diz que um garoto que é bom atleta deve dedicar-se ao futebol americano, de fato desviam a energia de outras atividades. As normas efetivas em uma área podem reduzir a capacidade de inovação nessa área, não apenas ações desviantes que prejudicam os outros, mas também ações desviantes que podem beneficiar a todos. (Ver em Merton [1968, p. 195-203] uma discussão de como isso pode acontecer.)

Estrutura social que facilita o capital social

Todas as relações sociais e as estruturas sociais facilitam algumas formas de capital social; os agentes estabelecem relações intencionalmente e as continuam enquanto elas fornecerem benefícios. Certos tipos de estrutura social, no entanto, são sobretudo importantes na facilitação de algumas formas de capital social.

Proximidade das redes sociais

Uma propriedade das relações sociais da qual dependem as normas eficazes é o que chamo de proximidade. Em geral, pode-se dizer que uma condição necessária, mas insuficiente, para o surgimento de normas eficazes é ação que imponha efeitos externos sobre os outros (ver Ullmann-Margalit, 1977; Coleman, 1987). As normas surgem como tentativas de limitar os efeitos externos negativos ou incentivar os positivos. Porém, em muitas estruturas sociais onde existem essas condições, as normas não entram em vigor. O motivo é o que pode ser descrito como falta de proximidade da estrutura social. ...

A proximidade da estrutura social é importante não só para a existência de normas eficazes, mas também para outra forma de capital social: a confiabilidade das estruturas sociais que permite a proliferação de obrigações e expectativas. A deserção de uma obrigação é uma forma de impor uma ou outra externalidade negativa. Porém, em uma estrutura sem proximidade, ela pode ser efetivamente sancionada, se for sancionada, apenas pela pessoa a quem a obrigação é devida. A reputação não pode surgir em uma estrutura aberta, e sanções coletivas que assegurariam a confiabilidade não podem ser aplicadas. Assim, podemos dizer que a proximidade cria a confiabilidade em uma estrutura social. ...

Capital social na criação do capital humano

As páginas anteriores foram dedicadas para definir e ilustrar o capital social em geral. Mas há um efeito do capital social que é especialmente importante: seu efeito na criação de capital humano na próxima geração. Tanto o capital social da família quanto o capital social na comunidade desempenham papéis na criação de capital humano na geração nascente. Vou examiná-los um de cada vez.

Capital social na família

Em geral, no exame dos efeitos de vários fatores do desempenho escolar, a "família" é considerada uma entidade única, distinguida da escolaridade em seus efeitos. Mas não há apenas uma só "origem familiar"; a origem familiar é separável analiticamente em pelo menos três componentes distintos: capital financeiro, capital humano e capital social. Grosso modo, o capital financeiro é medido pela riqueza ou a renda da família. Ele fornece os recursos físicos que podem auxiliar o desempenho: um lugar fixo em casa para estudar, materiais para auxiliar a aprendizagem, recursos financeiros que amenizam problemas familiares. Grosso modo, o capital humano é medido pela educação dos pais e mostra o potencial de fornecer à criança um ambiente cognitivo que auxilie a aprendizagem. O capital social no seio da família é diferente de qualquer um desses. Dois exemplos nos ajudam a entender o que ele é e como ele funciona.

John Stuart Mill, com menos idade do que a maioria das crianças, começa a frequentar a escola, teve aulas de latim e grego com seu pai, James Mill, e mais tarde na infância discutiria criticamente com seu pai e com Jeremy Bentham os rascunhos dos manuscritos de seu pai. É provável que John Stuart Mill não tivesse extraordinários dotes genéticos, e que o conhecimento do pai dele não fosse mais abrangente do que o de outros homens da época. A diferença central foi o tempo e o esforço investidos pelo pai com a criança em assuntos intelectuais.

Em um distrito de escolas públicas nos Estados Unidos onde livros-texto para uso escolar eram adquiridos pelas famílias das crianças, as autoridades escolares ficaram intrigadas ao descobrir que algumas famílias de imigrantes asiáticos compravam *dois* exemplares de cada livro didático necessários pela criança. A pesquisa revelou que a família comprava a segunda cópia para a mãe estudar a fim de ajudar seu filho a ter bom desempenho na escola. Eis um caso em que o capital humano dos pais, pelo menos conforme tradicionalmente medido por anos de escolaridade, é baixo, mas o capital social da família disponível para a educação da criança é extremamente alto.

Esses exemplos ilustram a importância do capital social no seio da família para o desenvolvimento intelectual da criança. Claro, é verdade que as crianças são fortemente afetadas pelo capital humano possuído por seus pais. Mas esse capital humano pode ser irrelevante para os resultados das crianças se os pais não forem uma parte importante das vidas de seus filhos, se o seu capital humano for empregado exclusivamente no trabalho ou em outros lugares fora de casa. O capital social da família consiste nas relações entre as crianças e os pais (e, quando as famílias incluem outros membros, também os relacionamentos com eles). Ou seja, se o capital humano possuído pelos pais não for complementado pelo capital social incorporado nas relações familiares, é irrelevante para o crescimento educacional da criança que o pai tenha uma quantidade grande ou pequena de capital humano. ...

O capital social no seio familiar que dá à criança acesso ao capital humano do adulto depende tanto da presença física dos adultos da família quanto da atenção dada pelos adultos à criança. A ausência física dos adultos pode ser descrita como uma deficiência estrutural no capital social familiar. O elemento mais proeminente de deficiência estrutural nas famílias modernas é a família de pais separados. No entanto, a família nuclear em si, em que um ou ambos os pais trabalham fora de casa, pode ser vista como estruturalmente deficiente, faltando o capital social que vem com a presença dos pais durante o dia ou a de avós, tios e tias perto da casa.

Mesmo se os adultos estão fisicamente presentes, há uma falta de capital social da família se não houver fortes relações entre as crianças e os pais. A falta de relações fortes pode resultar da inserção da criança em uma comunidade jovem, da inserção dos pais em relações com outros adultos que não atravessam gerações ou de outras fontes. Seja lá qual for a fonte, isso significa que seja lá qual for o capital *humano* existente nos pais, a criança não lucra com isso, porque o capital *social* está em falta.

Os efeitos da falta de capital social no seio da família diferem para diferentes parâmetros educacionais. Um para o qual parece ter especial importância é a evasão escolar. Com a amostragem de alunos chamada de *Ensino médio e além* em escolas de ensino médio, a Tabela 1 mostra as taxas de evasão esperadas em diferentes tipos de famílias quando vários parâmetros de capital humano e social da família e um parâmetro de capital social na comunidade são controlados estatisticamente. Uma explicação é necessária sobre a utilização do número de irmãos como parâmetro de falta de capital social. O número de irmãos representa, nessa interpretação, uma diluição da atenção adulta para a criança. Isso é consistente com os resultados da pesquisa em relação a parâmetros de desempenho e QI, que mostram que a pontuação dos testes decai com a posição do irmão, mesmo quando o tamanho total da família é controlado, e que a pontuação diminui com o número de crianças da família. Ambos os resultados são consistentes com a visão de que os irmãos mais novos e crianças em grandes famílias têm menos atenção adulta, o que gera resultados educacionais mais fracos.

O item 1 da Tabela 1 mostra que, quando outros recursos familiares são controlados, a porcentagem de alunos que abandona o ensino médio é 6% maior para as crianças de famílias monoparentais. O item 2 da Tabela 1 mostra que a taxa é de 6,4 pontos percentuais mais alta para alunos do 2º ano com quatro irmãos do que para aqueles com recursos familiares equivalentes, mas apenas um irmão. Ou, analisando esses dois parâmetros, podemos pensar na proporção de adultos para crianças como um parâmetro do capital social na família disponível para a educação de qualquer um deles. O item 3 da Tabela 1 mostra que, sob contextos semelhantes, para um aluno do 2º ano com quatro irmãos e um pai, a taxa é de 22,6%; com dois pais e um irmão, a taxa é de 10,1% – diferença de 12,5 pontos percentuais.

Outro indicador de atenção adulta na família, embora não um parâmetro puro de capital social, é a expectativa da mãe quanto ao filho ir para a faculdade. O item 4 da Tabela 1 mostra que, para alunos do 2º ano sem essa expectativa dos pais, a taxa é 8,6 pontos percentuais maior do que para aqueles com essa expectativa. Com as três fontes de capital social familiar analisadas em conjunto, o item 5 da Tabela 1 mostra que alunos do 2º ano com um irmão, dois pais e expectativa materna de o filho cursar uma faculdade (ainda controlando outros recursos da família) têm uma taxa de evasão de 8,1%; com quatro irmãos, só pai ou mãe e nenhuma expectativa da mãe pela faculdade, a taxa é de 30,6%. ...

Capital social fora da família

O capital social que tem valor para o desenvolvimento de uma pessoa jovem não reside unicamente no seio da família. Também pode ser encontrado lá fora, na comunidade, na forma de relações sociais que existem en-

Tabela 1 Taxas de evasão no ensino médio para alunos cujas famílias diferem em capital social, controle do capital humano e do capital financeiro familiar

	Porcentagem de evasão	Diferença na porcentagem
1. Presença dos pais:		
Dois pais	13,1	6,0
Só pai ou só mãe	19,1	
2. Filhos adicionais:		
Um irmão	10,8	6,4
Quatro irmãos	17,2	
3. Pais e filhos:		
Dois pais, um irmão	10,1	12,5
Só pai ou só mãe, quatro irmãos	22,6	
4. Expectativa materna em relação à educação da criança:		
Expectativa de cursar universidade	11,6	8,6
Sem expectativa de cursar universidade	20,2	
5. Três fatores juntos:		
Dois pais, um irmão, expectativa materna pela faculdade	8,1	22,5
Só pai ou mãe, quatro irmãos, sem expectativa de faculdade	30,6	

tre os pais, na proximidade exibida por essa estrutura de relações e nas relações dos pais com as instituições da comunidade.

O efeito desse capital social fora da família em resultados educacionais pode ser visto examinando-se os resultados para as crianças cujos pais diferem na fonte particular de capital social discutida anteriormente, a proximidade intergeracional. Não há um parâmetro direto para medir a proximidade intergeracional nos dados, mas existe um indicador indireto. Esse é o número de vezes que a criança mudou de escolas porque a família se mudou. Afinal, em famílias que se mudam muitas vezes, as relações sociais que constituem o capital social são rompidas a cada mudança. Seja qual for o grau de proximidade intergeracional disponível para os outros na comunidade, não está disponível para os pais em famílias móveis. ...

No conjunto de dados *Ensino médio e além*, outra variação entre as escolas constitui um indicador útil do capital social. Essa é a distinção entre escolas de ensino médio públicas, escolas de ensino médio particulares religiosas e escolas de ensino médio particulares não religiosas. As escolas de ensino médio religiosas estão cercadas por uma comunidade que se baseia na organização religiosa. Essas famílias têm proximidade intergeracional que se baseia em uma relação múltipla: sejam lá quais forem as outras relações que elas tenham, os adultos são membros do mesmo corpo religioso e pais de crianças na mesma escola. Em contraste, temos as escolas particulares independentes, normalmente menos cercadas por uma comunidade, pois seus corpos estudantis são coletâneas de alunos, cujas famílias, em sua maioria, não têm contato. Para a maioria desses pais, a escolha da escola particular é individualista, e, embora eles apoiem seus filhos com extensivo capital humano, enviam seus filhos para essas escolas desprovidos de capital social.

No conjunto de dados *Ensino médio e além*, existem 893 escolas públicas, 84 escolas católicas e 27 outras escolas particulares. A maioria das outras escolas privadas é de escolas independentes, embora uma minoria tenha fundações religiosas. Nessa análise, primeiro vou considerar as outras escolas privadas como escolas privadas independentes para examinar os efeitos do capital social fora da família.

Os resultados dessas comparações são mostrados na Tabela 2. O item 1 da tabela mostra que as taxas de evasão no 2º e no último ano do ensino médio são de 14,4% nas escolas públicas, 3,4% em escolas católicas e 11,9% em outras escolas particulares. O que é impressionante é a baixa taxa de evasão em

Tabela 2 Taxas de evasão no ensino médio para alunos de escolas com diferentes montantes de capital social na comunidade do entorno

	Públicas	Católicas	Outras escolas particulares
1. Taxas de evasão simples	14,4	3,4	11,9
2. Taxas de evasão padronizadas para o público médio – 2º ano[a] ..	14,4	5,2	11,7

	Religiosas não católicas	Independentes
3. Taxas de evasão simples para alunos[b] de escolas particulares independentes e religiosas não católicas	3,7	10,0

[a] A padronização baseia-se em regressões logísticas separadas para esses dois conjuntos de escolas, usando as mesmas variáveis enumeradas em n. 5. Os coeficientes e meios para a padronização estão em Hoffer (1986), Tabelas 5 e 24.
[b] Essa tabulação baseia-se em dados não ponderados, o que explica o fato de que ambas as taxas são menores do que a taxa para outras escolas particulares no item 1 da tabela, que se baseia em dados ponderados.

escolas católicas. A taxa é um quarto da observada nas escolas públicas e um terço da observada em outras escolas privadas.

Mesmo ajustando-se as taxas de evasão levando em conta as diferenças no capital financeiro, humano e social do corpo estudantil entre os três conjuntos de escolas, por meio da padronização da população nas escolas católicas e outras escolas particulares com o contexto do corpo estudantil das escolas públicas, as diferenças foram apenas ligeiramente afetadas. Além disso, as diferenças não são devido à religião dos alunos ou ao grau de observância religiosa. Os alunos católicos na escola pública são apenas ligeiramente menos propensos a desistir do que os não católicos. A frequência de participação em serviços religiosos, que em si é um parâmetro de capital social por meio de proximidade intergeracional, está fortemente relacionada com a taxa de evasão, que alcança 19,5% entre os alunos de escola pública que raramente ou nunca frequentam, em comparação com 9,1% entre aqueles que frequentam habitualmente. Mas esse efeito existe à parte do (e em acréscimo ao) efeito da afiliação religiosa da escola. Valores comparáveis para os alunos da escola católica são 5,9% e 2,6%, respectivamente (Coleman e Hoffer, 1987, p. 138).

As baixas taxas de evasão em escolas católicas, a ausência de baixas taxas de evasão em outras escolas privadas e o efeito independente da assiduidade em missas e cultos fornecem evidências da importância do capital social fora da escola, na comunidade adulta ao seu redor, para esse resultado da educação.

Mais um teste é possível, pois havia oito escolas na amostra de escolas particulares não católicas ("outras particulares" na análise anterior) que têm fundações religiosas e mais de 50% do corpo estudantil dessa religião. Três eram escolas batistas, duas eram judaicas e três de outras três denominações. Se a inferência é correta sobre a comunidade religiosa fornecer proximidade intergeracional e, portanto, capital social, e sobre a importância do capital social em diminuir a chance de abandonar a escola, essas escolas também devem mostrar uma taxa menor de abandono do que as escolas privadas independentes. O item 3 da Tabela 2 mostra que a taxa de evasão é de 3,7%, essencialmente a mesma que a das escolas católicas.

Os dados apresentados anteriormente indicam a importância do capital social para a educação da juventude ou, em outras palavras, a importância do capital social na criação de capital humano. Contudo, existe entre o capital social e a maioria das outras formas de capital uma diferença fundamental que tem fortes implicações para o desenvolvimento da juventude. É dessa diferença que vou tratar na próxima seção.

Aspectos de bens públicos do capital social

Em geral, o capital físico é um bem privado, e os direitos de propriedade tornam possível para a pessoa que investe em capital físico captar os benefícios que ele produz. Assim, o incentivo para investir em capital físico não está diminuído; não há um investimento subótimo em capital físico, pois quem investe nele é capaz de captar os benefícios de seus investimentos. Também no capital humano – pelo menos o tipo de capital humano produzido nas escolas – a pessoa que investe tempo e recursos na construção desse capital colhe seus benefícios sob a forma de um trabalho mais bem remunerado, trabalho mais aprazível ou de *status* mais elevado ou até mesmo o prazer de compreender melhor o mundo ao redor – em suma, todos os benefícios que a escolaridade traz para uma pessoa.

Mas a maioria das formas de capital social não é assim. Por exemplo, os tipos de estruturas sociais que tornam possível as normas sociais e as sanções que obrigam o seu cumprimento não beneficiam principalmente a pessoa ou pessoas cujos esforços seriam necessários para executá-las, mas beneficiam todas aquelas que fazem parte dessa estrutura. Por exemplo, em algumas escolas onde existe um denso conjunto de parcerias entre alguns pais, essas são o resultado de um pequeno número de pessoas, as mães em geral que não trabalham em tempo integral fora de casa. Mas essas próprias mães experimentam apenas um subconjunto dos benefícios desse capital social em torno da escola. Se uma delas decide abandonar essas atividades – por exemplo, aceitar um emprego em tempo integral –, essa pode ser uma ação inteiramente razoável do ponto de vista pessoal e até mesmo do ponto de vista da família e de seus filhos. Os benefícios da nova atividade podem superar as perdas decorrentes do declínio em parcerias com outros pais cujos filhos estão na escola. Mas o afastamento dessas atividades constitui uma perda para todos os outros pais cujas parcerias e contatos confiavam nelas.

Da mesma forma, a decisão de se mudar de uma comunidade para que o pai, por exemplo, assuma um emprego melhor, pode ser totalmente correta do ponto de vista dessa família. Mas, já que o capital social é composto das relações entre as pessoas, outras pessoas podem experimentar perdas amplas pela separação dessas relações, uma separação em relação à qual elas não tinham controle. Uma parte desses prejuízos é o enfraquecimento das normas e sanções que auxiliam a escola na sua tarefa. Para cada família, o custo total que ela experimenta em consequência das decisões que ela e outras famílias tomam pode superar os benefícios dessas poucas decisões sobre as quais ela tem controle. Contudo, as consequências benéficas para a família dessas decisões tomadas pela família podem superar e muito as perdas menores decorrentes apenas delas.

Não é apenas em associações voluntárias, como uma Associação de Pais e Mestres, que ocorre esse tipo de subinvestimento. Quando uma pessoa pede um favor de outra, assim incorrendo em uma obrigação, ela faz isso para obter um benefício necessário; ela não considera que também beneficia a outra por aumentar o fundo de capital social disponível em um momento de necessidade. Se o primeiro indivíduo pode satisfazer sua necessidade pela autossuficiência ou por meio de alguma fonte oficial sem incorrer em obrigação, ele o fará – e, portanto, deixa de aumentar o capital social pendente na comunidade.

Declarações semelhantes podem ser feitas com relação à confiabilidade como capital social. Um agente que escolhe manter a confiança ou não (ou escolher se deseja dedicar recursos para uma tentativa de manter a confiança) o faz com base nos custos e benefícios que ele próprio experimentará. Que a sua confiabilidade facilitará as ações de outrem ou que sua falta de confiabilidade inibirá as ações de outrem não influencia em sua decisão. Uma declaração semelhante, mas mais qualificada, pode ser feita para obter informações como forma de capital social. Um indivíduo que atua como fonte de informações para outro, porque é bem informado, em geral adquire essa informação para seu próprio benefício, não para que outros façam uso dela. (Nem sempre isso é verdade. Como mostram Katz e Lazarsfeld [1955], os "formadores de opinião" em uma área adquirem informações em parte para manter essa posição de formadores de opinião.)

Também para normas a declaração deve ser qualificada. Com efeito, as normas são intencionalmente estabelecidas como meio de reduzir as externalidades, e em geral seus benefícios são captados por aqueles que são responsáveis por estabelecê-las. Mas a capacidade de estabelecer e manter normas efetivas depende das propriedades da estrutura social (como proximidade) sobre as quais um agente não tem controle, contudo são afetadas pela ação de um agente. Essas propriedades afetam a capacidade estrutural de sustentar as normas eficazes, mas normalmente não influenciam uma decisão individual que as afeta.

Algumas formas de capital social têm a propriedade de que seus benefícios podem ser captados por aqueles que investem nelas; consequentemente, os agentes racionais não subinvestirão nesse tipo de capital social. As organizações que produzem um bem privado constituem o exemplo notável. O resultado é que haverá na sociedade um desequilíbrio no investimento relativo em organizações que produzem bens privados de um mercado e aquelas parcerias e relações em que os benefícios não são captados – um desequilíbrio no sentido de que, se as externalidades positivas criadas por esta última forma de capital social pudessem ser internalizadas, existiriam em maior quantidade.

A qualidade de bens públicos da maioria do capital social significa que ele está em uma posição fundamentalmente diferente no que tange à ação intencional do que a maioria das outras formas de capital. É um recurso importante para os indivíduos e pode afetar significativamente sua capacidade de agir e sua qualidade de vida percebida. Têm a capacidade de se concretizar. Contudo, como os benefícios de ações que concretizam o capital social são vivenciados principalmente por outras pessoas que não o agente, muitas vezes não é de seu interesse concretizá-lo. O resultado é que a maioria das formas de capital social é criada ou destruída como subproduto de outras atividades. Esse capital social surge ou desaparece sem que ninguém esteja disposto a criá-lo ou a eliminá-lo e, assim, é ainda menos reconhecido e considerado na ação social do que seu caráter intangível garantiria.

Importantes implicações desse aspecto de bens públicos de capital social desempenham um papel no desenvolvimento de crianças e jovens. Hoje, as condições de estrutura social que superam os problemas de fornecimento desses bens públicos – isto é, famílias fortes e comunidades fortes – são muito menos frequentes do que no passado e prometem ser ainda menos frequentes no futuro. Por isso, podemos esperar que, *ceteris paribus*, enfrentamos uma quantidade decrescente do capital humano, personificado em cada geração sucessiva. A solução óbvia parece ser a tentativa de encontrar maneiras de superar o problema de fornecimento desses bens públicos, ou seja, o capital social empregado em benefício de crianças e jovens. Muito provavelmente, isso significa substituir, com algum tipo de organização formal, a organização social voluntária e espontânea que no passado era a principal fonte de capital social disponível para os jovens.

Conclusão

Neste artigo, tentei introduzir na teoria social um conceito, "capital social", em paralelo com os conceitos de capital financeiro, capital físico e capital humano – mas incorporado nas relações entre as pessoas. Isso faz parte de uma estratégia teórica que envolve o uso do paradigma da ação racional, mas sem a suposição de elementos atomísticos despojados das relações sociais. Demonstrei o uso desse conceito por meio do efeito do capital social na família e na comunidade em ajudar a formação do capital humano. A única medida de formação de capital humano usada para isso foi uma que aparece especialmente sensível para o fornecimento de capital social: a permanência no ensino médio até a formatura *versus* evasão escolar. Tanto o capital social da família quanto o capital social fora dela, na comunidade adulta em torno da escola, mostraram evidências de considerável valor para reduzir a probabilidade de evasão escolar no ensino médio.

Na explicitação do conceito de capital social, foram identificadas três formas: obrigações e expectativas, que dependem da confiabilidade do ambiente social, a capacidade de fluxo de informações da estrutura social e as normas acompanhadas de sanções. Uma característica compartilhada pela maioria das formas de capital social que a diferença de outras formas de capital é seu bom aspecto público: o agente ou agentes que geram capital social normalmente captam apenas uma pequena parcela de seus benefícios, fato que conduz aos subinvestimentos em capital social.

REFERÊNCIAS

BAKER, WAYNE. 1983. "Floor Trading and Crowd Dynamics." Páginas. 107-28 em *Social Dynamics of Financial Markets,* editado por Patricia Adler e Peter Adler. Greenwich, Conn.: JAI.

BANFIELD, EDWARD. 1967. *The Moral Basis of a Backward Society.* New York: Free Press.

BECKER, GARY. 1964. *Human Capital.* New York: National Bureau of Economic Research.

BEN-PORATH, YORAM. 1980. "The F-Connection: Families, Friends, and Firms and the Organization of Exchange." *Population and Development Review* 6:1-30.

BLACK, R. D. C., A. W. COATS, e C. D. W. GOODWIN, EDS. 1973. *The Marginal Revolution in Economics.* Durham, N.C.: Duke University Press.

BLAU, PETER. 1964. *Exchange and Power in Social Life.* New York: Wiley.

COLEMAN, JAMES S. 1986a. "Social Theory, Social Research, and a Theory of Action." *American Journal of Sociology* 91:1309–35.

———. 1986b. *Individual Interests and Collective Action.* Cambridge: Cambridge University Press.

———. 1987. "Norms as Social Capital." Páginas 133–55 em *Economic Imperialism,* editado por Gerard Radnitzky e Peter Bernholz. New York: Paragon.

COLEMAN, J. S., e T. B. HOFFER. 1987. *Public and Private Schools: The Impact of Communities.* New York: Basic.

DEGRAAF, NAN DIRK e HENDRIK DERK FLAP. 1988. "With a Little Help from My Friends." *Social Forces* vol. 67 (no prelo).

FESTINGER, LEON, STANLEY SCHACHTER, e KURT BACK. 1963. *Social Pressures in Informal Groups.* Stanford, Calif.: Stanford University Press.

GEERTZ, CLIFFORD, 1962. "The Rotating Credit Association: A 'Middle Rung' in Development." *Economic Development and Cultural Change* 10:240-63.

GLUCKMAN, MAX. 1967. *The Judicial Process among the Barotse of Northern Rhodesia,* 2ª ed. Manchester: Manchester University Press.

GOULDNER, ALVIN. 1960. "The Norm of Reciprocity: A Preliminary Statement." *American Sociological Review* 25:161-78.

GRANOVETTER, MARK. 1985. "Economic Action, Social Structure, and Embeddedness." *American Journal of Sociology* 91:481-510.

HOFFER, T. B. 1986. *Educational Outcomes in Public and Private High Schools.* Tese de doutorado. University of Chicago, Departamento de Sociologia.

HOMANS, GEORGE. 1974. *Social Behavior: Its Elementary Forms,* edição revisada. New York: Harcourt, Brace & World.

KATZ, E. e P. LAZARSFELD. 1955. *Personal Influence.* New York: Free Press.

LENIN, V. I. (1902) 1973. *What Is To Be Done.* Pequim: Foreign Language Press.

LIN, NAN. 1988. "Social Resources and Social Mobility: A Structural Theory of Status Attainment." Em *Social Mobility and Social Structure,* editado por Ronald Breiger. Cambridge: Cambridge University Press.

LIPSET, SEYMOUR, M. TROW, e J. COLEMAN. 1956. *Union Democracy.* New York: Free Press.

MERRY, SALLY, E. 1984. "Rethinking Gossip and Scandal." Páginas 271-302 em *Toward a General Theory of Social Control.* Vol. 1, *Fundamentals,* editado por Donald Black. New York: Academic.

MERTON, ROBERT K. 1968. *Social Theory and Social Structure,* 2ª ed. New York: Free Press.

———. N.D. "Study of World War II Housing Projects." Manuscrito não publicado. Columbia University, Departamento de Sociologia.

SCHULTZ, THEODORE. 1961. "Investment in Human Capital." *American Economic Review* 51 (março): 1-17.

ULLMANN-MARGALIT, EDNA. 1977. *The Emergence of Norms.* Oxford: Clarendon.

WILLIAMSON, OLIVER. 1975. *Markets and Hierarchies.* New York: Free Press.

———. 1981. "The Economics of Organization: The Transaction Cost Approach." *American Journal of Sociology* 87:548-77.

WRONG, DENNIS. 1961. "The Oversocialized Conception of Man in Modern Sociology." *American Sociological Review* 26:183-93.

Sociologia fenomenológica e etnometodologia 9

Introdução

A sociologia fenomenológica é uma tentativa de Alfred Schutz (1899-1959) para tornar as ideias básicas do filósofo Edmund Husserl, o fundador da fenomenologia, relevantes para o estudo da sociedade. No cerne da questão está o impacto da metodologia das ciências naturais em nossa percepção e compreensão sobre a realidade social. Afinal, Husserl e outros defendem que a compreensão do mundo social chega fundamentalmente distorcida ao nosso conhecimento quando depende do uso dos métodos das ciências naturais. Como veremos abaixo, a sociologia fenomenológica endossa e emprega técnicas observacionais para garantir os dados empíricos. Mas as questões fundamentais para a fenomenologia são duas. Como a relevância é determinada no estudo científico? Que suposições devem ser feitas sobre a realidade social, antes que alguém continue obtendo conhecimento sobre essa realidade?

A sociologia fenomenológica se caracteriza como sociologia subjetiva ou criativa, pois busca compreender o mundo do ponto de vista do sujeito atuante e não do ponto de vista do observador científico. Inicialmente, o mundo de estudo relevante para o sociólogo é o mundo habitado por pessoas comuns e definido como sua realidade prática. A vida cotidiana das pessoas comuns é vivida nessa realidade social, e as pessoas compartilham uma cultura, uma linguagem e um conjunto de estruturas semânticas que lhes permitem negociar suas vidas cotidianas. As pessoas começam a entender seu mundo social como uma ordem natural. Existe antes de seu surgimento no cenário e continuará existindo depois de elas partirem. Elas não têm dúvidas sobre sua realidade ou sua factualidade objetiva. Esse mundo que todos ocupamos tem uma ordem e uma estrutura, e a questão para o fenomenólogo é o conteúdo de nossa consciência sobre a realidade social e como ela se torna o que é.[1]

Historicamente, as ciências naturais têm desafiado o entendimento de senso comum da realidade, mas Schutz está argumentando que o senso comum é precisamente o que deve ser considerado problemático. As ciências naturais criam livremente modelos de realidade que auxiliam na busca para saber mais sobre o mundo natural. Mas o mundo social já tem uma estrutura, e as pessoas que ocupam esse mundo compartilham estruturas semânticas que tornam possível a interação social. O sociólogo, portanto, não pode apenas criar modelos abstratos como faz o cientista natural, porque é obrigado a enfrentar o senso comum já existente da vida cotidiana. O que preocupa os fenomenólogos é que as construções abstratas realizadas pelos intelectuais contêm princípios dedutivamente derivados sobre ação a humana, mas ignoram os entendimentos e as estruturas de significado trazidas à interação pelos próprios atores. Em suma, os sociólogos que desconsideram o mundo da vida, por certo não percebem a problemática central de sua disciplina: analisar o mundo da vida e sua estrutura e verificar como ela chegou a ser o que é. Além disso, já que o mundo da vida é compartilhado e construído ativamente em vez de uma ocorrência natural, o sociólogo é obrigado a recontar como esse processo de construção social vem à tona. A partir desses breves comentários, pode ser discernido o desafio potencialmente radical à corrente sociológica dominante.

Os etnometodólogos como Harold Garfinkel desenvolveram uma intrigante abordagem experimental chamada de *ruptura*. Essa abordagem mostra empiricamente a existência de estruturas semânticas desconsideradas, ao observar as reações das pessoas em vários contextos, quando esses significados são violados ou as expectativas são negadas. O que se torna evidente a partir desse trabalho é que realidade social baseia-se em pressupostos tácitos que são compartilhados pelos participantes em situações de interação cotidiana. Essas regras tácitas guiam o comportamento e possibilitam o discurso e a ação. Se elas forem violadas, a interação é difícil, se não impossível, e a definição social da realidade se rompe. A fragilidade da ordem social torna-se evidente e se opõe diametralmente à visão estruturalista de uma ordem institucional externa, objetiva e determinante.

Peter Berger, aluno de Alfred Schutz e um dos sociólogos contemporâneos mais bem conhecidos que escrevem nessa tradição, fornece-nos uma breve análise de como acontece, mais exatamente, a construção social da realidade. Em um trecho de *O dossel sagrado*, Berger explora os processos que ele conceitua como *exteriorização, objetivação* e *internalização*. Em contraste com os modelos da sociedade que consideram a ordem social como determinada, Berger prefere questionar como essa ordem surge, como ela passa a ser vista como objetiva e como essa realidade social é mantida. Deveríamos perguntar neste momento o que Berger quer dizer quando menciona que os seres humanos são "inacabados" e como essa visão o leva a caracterizar os seres humanos como "criaturas de construção do mundo". Quais são as consequências dessa caracterização em contraste com as teorias deterministas? O que Berger quer dizer com "exteriorização" e que exemplos dá para apoiar a alegação de que os seres humanos se envolvem no processo? Berger também descreve a socialização como o processo que desencadeia a "internalização" e que permite a indivíduos distintos compartilharem da mesma realidade objetiva. A "conversa" seguinte sobre a vida cotidiana confirma uma realidade social objetiva para os participantes e também os envolve no processo de responder a ela e até mesmo reordenar a sociedade da qual fazem parte ativa. Hoje, existem exemplos de resposta à sociedade e de reordenação da sociedade?

Peter Berger: O dossel sagrado

A sociedade é um fenômeno dialético, no sentido de que é um produto humano e nada além de um produto humano, que, contudo, ainda age continuamente sobre seu produtor. A sociedade é um produto humano. Não existe exceto pelo fato de ser outorgada pela atividade e pela consciência humanas. Sem o ser humano não pode haver qualquer realidade social. Mas também se pode afirmar que o ser humano é um produto da sociedade. Cada biografia individual é um episódio dentro da história da sociedade, que ao mesmo tempo a precede e sobrevive a ela. A sociedade estava lá antes de o indivíduo nascer e vai estar lá depois de ele morrer. Além disso, é no seio da sociedade, e em decorrência dos processos sociais, que o indivíduo se torna uma pessoa, que alcança e se agarra a uma identidade e que realiza os vários projetos que constituem sua vida. O ser humano não consegue existir fora da sociedade. As duas afirmações, que a sociedade é o produto humano e que o ser humano é o produto da sociedade, não são contraditórias. Em vez disso, elas refletem o

---

De *The Sacred Canopy*, de Peter Berger, Direitos autorais © 1967 de Peter Berger. Usado com permissão da Doubleday, divisão da Random House, Inc.

caráter inerentemente dialético do fenômeno social. Apenas se esse caráter for reconhecido a sociedade será entendida em termos que sejam adequados à sua realidade empírica.[2]

O processo dialético fundamental da sociedade consiste em três momentos ou etapas: exteriorização, objetivação e internalização. Apenas quando esses três momentos são compreendidos em conjuntos uma visão empiricamente adequada da sociedade pode ser mantida. A exteriorização é a contínua efusão do ser humano para o mundo, em atividades humanas tanto físicas quanto mentais. A objetivação é a obtenção, pelos produtos dessas atividades (também físicas e mentais), de uma realidade que confronta seus produtores originais como factualidade externa a eles e diferente deles. A internalização ocorre quando os seres humanos se reapropriam dessa mesma realidade, transformando-a mais uma vez de estruturas do mundo objetivo em estruturas da consciência subjetiva. É por meio de exteriorização que a sociedade se torna um produto humano. É por meio da objetivação que a sociedade se torna uma realidade *sui generis*. É por meio da interiorização que o ser humano é um produto da sociedade.[3]

A exteriorização é uma necessidade antropológica. O ser humano, como ele é conhecido empiricamente, não pode ser concebido fora da contínua efusão de si mesmo no mundo em que se encontra. O ser humano não pode ser entendido como se de certa forma repousasse dentro de si, em alguma esfera fechada de interioridade, e *a partir daí* tentar se expressar no mundo que rodeia. O ser humano é exteriorizador em sua essência e desde o início.[4] É bem provável que essa verdade antropológica arraigue-se na constituição biológica humana.[5] O *Homo sapiens* ocupa uma posição peculiar no reino animal. Essa peculiaridade manifesta-se na relação humana com seu próprio corpo e com o mundo. Ao contrário de outros mamíferos superiores, que nascem com um organismo essencialmente concluído, o ser humano está curiosamente "inacabado" no nascimento.[6]

Etapas essenciais no processo de "acabamento" no desenvolvimento humano, que já tiveram lugar no período fetal para os outros mamíferos superiores, ocorrem no primeiro ano após o nascimento, no caso humano. Ou seja, o processo biológico de "tornar-se humano" ocorre no momento em que o bebê humano está em interação com um ambiente extraorganísmico, que inclui tanto o mundo físico quanto o mundo humano da criança. Assim, há uma base biológica para o processo de "tornar-se humano" no sentido de desenvolver a personalidade e apropriar-se da cultura. De certa forma, os últimos desenvolvimentos não se sobrepõem como mutações alienígenas sobre o desenvolvimento biológico humano, mas se alicerçam nele.

O caráter "inacabado" do organismo humano ao nascimento está intimamente relacionado com o caráter relativamente não especializado de sua estrutura instintiva. O animal não humano entra no mundo com impulsos altamente especializados e firmemente direcionados. Em decorrência disso, vive em um mundo quase completamente determinado por sua estrutura instintiva. Esse mundo é fechado em termos de suas possibilidades, programado, por assim dizer, pela constituição do próprio animal. Por conseguinte, cada animal vive em um ambiente específico à sua espécie em particular. Existe um mundo roedor, um mundo canino, um mundo equino e assim por diante. Em contrapartida, a estrutura instintiva do ser humano ao nascer é, ao mesmo tempo, subespecializada e não orientada rumo a um ambiente específico da espécie. No sentido acima, não existe um mundo humano. O mundo humano é programado de maneira imperfeita pela sua própria constituição. É um mundo aberto. Ou seja, é um mundo que deve ser formado pela atividade do próprio ser humano. Portanto, em comparação com os outros mamíferos superiores, o ser humano tem uma relação dualística com o mundo. Assim como os outros mamíferos, o ser humano está *em* um mundo que antecede a sua aparência. Mas, ao contrário de outros mamíferos, esse mundo não é simplesmente dado, pré-fabricado a ele. O ser humano deve *fabricar* um mundo para si mesmo. A atividade de construção de mundo do ser humano, portanto, não é um fenômeno biologicamente irrelevante, mas a consequência direta da constituição biológica do ser humano.

Assim, a condição do organismo humano no mundo é caracterizada por uma instabilidade interna. O ser humano não tem uma relação determinada com o mundo. Continuamente deve estabelecer uma relação com ele. A mesma instabilidade marca a relação humana com o seu próprio corpo.[7] De forma curiosa, o ser humano está "desequilibrado" consigo mesmo. Não pode repousar dentro de si, mas continuamente deve aceitar a si mesmo, expressando-se em atividade. A existência humana é um contínuo "equilíbrio" entre o ser humano e seu corpo, o ser humano e seu mundo. Alguém pode colocar isso de forma diferente dizendo que o ser humano está constantemente no processo de "alcançar a si próprio". É nesse processo que o ser humano produz um mundo. Apenas em um mundo produzido por si próprio ele pode localizar-se e perceber a sua vida. Mas o mesmo processo que constrói seu mundo também "encerra" seu próprio ser. Em outras palavras, o ser humano não só produz um mundo, mas também produz a si mesmo. Mais precisamente, ele se produz no mundo.

No processo de construção de mundo, o ser humano, por sua própria atividade, especializa seus impulsos e proporciona estabilidade para si mesmo. Biologicamente privado de um mundo humano, ele o constrói. Claro, esse mundo é a cultura. Seu propósito fundamental é fornecer as estruturas firmes para a vida humana que faltam biologicamente. Eis que essas estruturas humanamente produzidas nunca alcançam a estabilidade que marca as estruturas do mundo animal. A cultura, embora se torne uma "segunda natureza" para o ser humano, continua sendo algo bem diferente da natureza exatamente porque é o produto da própria atividade humana. A cultura deve ser continuamente produzida e reproduzida pelo ser humano. Suas estruturas são, portanto, inerentemente precárias e predestinadas a mudar. Juntos, o imperativo cultural da estabilidade e o caráter inerente da cultura postulam o problema fundamental da atividade de construção de mundo pelo ser humano. É necessário um pouco mais de tempo para abordar suas implicações de longo alcance em detalhe considerável. Por enquanto, basta dizer que, embora a construção de mundos seja necessária, é muito difícil mantê-los em funcionamento.

A cultura consiste na totalidade dos produtos humanos.[8] Alguns desses são materiais, outros não. A humanidade produz ferramentas de toda espécie concebível, por meio das quais ela modifica seu ambiente físico e submete a natureza à sua vontade. A humanidade também produz linguagem e, na sua fundação e por meio dela, um imponente edifício de símbolos que permeia todos os aspectos da sua vida. Há uma boa razão para pensar que a produção de cultura não material sempre andou de mãos dadas com a atividade humana de modificar fisicamente seu ambiente.[9] Claro, seja como for, a sociedade nada mais é do que parte integrante da cultura não material. A sociedade é o aspecto cultural que estrutura as relações em curso do ser humano com seus companheiros.[10] Na condição de elemento cultural, a sociedade compartilha plenamente desse caráter como produto humano. A sociedade é constituída e mantida por seres humanos em ação. Não tem existência nem realidade fora dessa atividade. Seus padrões, sempre relativos no tempo e no espaço, não são determinados na natureza, nem podem ser deduzidos em alguma forma específica da "natureza humana". Se alguém quiser usar esse termo para designar mais do que certas constantes biológicas, alguém pode dizer apenas que é da "natureza humana" produzir um mundo. O que aparece em qualquer dado momento histórico como "natureza humana" em si é um produto da atividade de construção de mundo pelo ser humano.[11]

No entanto, enquanto a sociedade aparece como nada além de um aspecto cultural, ela ocupa uma posição privilegiada entre as formações culturais humanas. Isso decorre de outro fato antropológico básico, a saber, a essencial sociabilidade humana.[12] O *Homo sapiens* é o animal social. Isso significa muito mais do que o fato superficial de que o ser humano vive sempre nas coletividades e, de fato, perde sua humanidade quando é alijado da companhia de outros seres humanos. Mais relevante do que isso: a atividade de construção de mundo pelo ser humano é sempre e inevitavelmente um empreendimento coletivo. Embora seja possível, talvez para fins heurísticos, analisar a relação humana com seu mundo em termos puramente individuais, a realidade empírica da construção de mundo pelo ser humano é sempre social. Em *conjunto* a humanidade molda ferramentas, inventa línguas, adota valores, concebe instituições e assim por diante. Não só a participação do indivíduo na cultura depende de um processo social (ou seja, o processo chamado socialização), mas sua contínua existência cultural depende da manutenção dos regimes sociais específicos. A sociedade, portanto, é não somente um resultado da cultura, mas uma condição necessária desta última. A sociedade estrutura, distribui e coordena as atividades humanas de construção de mundo. E só na sociedade os produtos dessas atividades podem persistir ao longo do tempo.

A compreensão da sociedade como arraigada na exteriorização do ser humano, ou seja, como produto da atividade humana, é particularmente importante levando em conta o fato de que a sociedade, pelo senso comum, aparenta ser algo completamente diferente, que independe da atividade humana e compartilha da doação inerte da natureza. Em breve vamos aprofundar o processo de objetivação que possibilita essa aparência. Aqui, basta dizer que um dos ganhos mais importantes de uma perspectiva sociológica é sua redução reiterada das entidades hipostasiadas que compõem a sociedade na imaginação do indivíduo da rua à atividade humana de que essas entidades são produtos e sem a qual elas não têm qualquer *status* na realidade. O "estofo" do qual a sociedade e todas as suas formações são feitas consiste em significados humanos exteriorizados na atividade humana. As grandes hipóstases sociais (como "a família", "a economia", "o Estado" e assim por diante) são novamente reduzidas pela análise sociológica à atividade humana que é sua única substância subjacente. Por esse motivo, é muito inútil para o sociólogo, exceto para fins heurísticos, lidar com esses fenômenos sociais como se fossem, na verdade, hipóstases independentes do empreendimento humano que originalmente os produziu e os continua produzindo. Em si, não há nada de errado no sociólogo falar de instituições, estruturas, funções, padrões e assim por diante. O dano surge apenas quando ele pensa neles, como o indivíduo da rua, como entidades existentes em si mesmas e por si mesmas, separadas da produção e da atividade humanas. Um dos méritos do conceito de exteriorização, conforme aplicado à sociedade, é a prevenção desse tipo de pensamento estático e hipostasiante. Outra maneira de expressar isso é dizer que a compreensão sociológica deve sempre ser humanizante, ou seja, deve remeter às imponentes configurações de estrutura social para os seres humanos que as criaram.[13]

A sociedade, então, é um produto humano, enraizada no fenômeno da exteriorização, que, por sua vez, baseia-se na própria constituição biológica do ser humano. Quando alguém fala sobre produtos exteriorizados, no entanto, está insinuando que esses produtos atingem um grau de distintividade em relação a seu produtor. Essa transformação dos produtos humanos em um mundo que não só deriva do ser humano, mas que vem para confrontá-lo como factualidade fora de si mesmo, está embebida no conceito da objetivação. O mundo humanamente produzido se torna algo "lá fora". Consiste em objetos, tanto materiais quanto imateriais, capazes de resistir aos desejos de seus produtores. Uma vez produzido, esse mundo simplesmente não pode ser ignorado. Embora toda a cultura se origine e esteja enraizada na consciência subjetiva dos seres humanos, uma vez formada, ela não pode ser reabsorvida ao bel-prazer da consciência. Ergue-se fora da subjetividade do indivíduo, como se fosse, de fato, um mundo. Em outras palavras, o mundo humanamente produzido alcança o caráter de realidade objetiva.

Essa objetividade adquirida de produtos culturais humanos refere-se tanto aos bens materiais quanto aos não materiais. Pode ser facilmente entendida no caso dos primeiros. O ser humano fabrica uma ferramenta e, com essa ação, enriquece a totalidade dos objetos físicos presentes no mundo. Uma vez produzida, a ferramenta tem uma existência própria que não pode ser facilmente alterada por aqueles que a empregam. Com efeito, a ferramenta (digamos, um implemento agrícola) pode impor a lógica de sua existência sobre seus usuários, às vezes de uma forma talvez não particularmente agradável a eles. Por exemplo, um arado, embora obviamente um produto humano, é um objeto externo não só no sentido de que seus usuários podem tropeçar nele e assim se machucar, exatamente como podem tropeçar em uma pedra, um toco ou qualquer outro objeto natural. De modo mais curioso, o arado pode obrigar seus usuários a organizar a sua atividade agrícola e quiçá também outros aspectos de suas vidas, de modo a conformar-se à lógica própria *do arado*, e talvez isso não tenha sido pretendido nem previsto por aqueles que o conceberam. A mesma objetividade, no entanto, caracteriza os elementos não materiais da cultura. O ser humano inventa um idioma e depois descobre que seu falar e seu pensamento são dominados por sua gramática. O ser humano produz valores e descobre que se sente culpado quando os viola. O ser humano organiza instituições, que passam a confrontá-lo como constelações poderosamente controladoras e até mesmo ameaçadoras do mundo externo. ...

Se a cultura é creditada com o *status* da objetividade, há um duplo significado nessa atribuição. A cultura é objetiva no sentido de que confronta o ser humano como um conjunto de objetos no mundo real, existente fora de sua própria consciência. A cultura está *ali*. Mas a cultura também é objetiva, no sentido de que pode ser experimentada e compreendida, digamos assim, em companhia. A cultura existe *para todo mundo*. Isso significa que os objetos da cultura (de novo, materiais e imateriais) podem ser compartilhados com os outros. Isso os distingue categoricamente de quaisquer construções da consciência subjetiva do indivíduo solitário. ...

... Em outras palavras, o mundo cultural não é produzido apenas coletivamente, mas continua sendo verdadeiro em virtude do reconhecimento coletivo. Estar na cultura significa compartilhar de um mundo particular de objetividades com os outros.[14]

As mesmas condições, claro, se aplicam a esse segmento de culturas que chamamos sociedade. Não é suficiente, portanto, dizer que a sociedade está enraizada na atividade humana. Deve-se também dizer que a sociedade é atividade humana *objetivada*, ou seja, a sociedade é um produto da atividade humana que alcançou o *status* de realidade objetiva. As formações sociais são vivenciadas pelo ser humano como elementos de um mundo objetivo. A sociedade confronta o ser humano como factualidade externa, subjetivamente opaca e coercitiva.[15] Com efeito, a sociedade costuma ser compreendida pelo ser humano como praticamente equivalente ao universo físico na sua presença objetiva – uma "segunda natureza", na verdade. A sociedade é experimentada como determinada "lá fora", estranha à consciência subjetiva e não controlável por esta última. As representações de fantasias solitárias oferecem relativamente pouca resistência à vontade do indivíduo. As representações da sociedade são imensamente mais resistentes. O indivíduo pode sonhar com sociedades diferentes e imaginar-se em vários contextos. A menos que ele exista na loucura solipsista, ele vai saber a diferença entre essas fantasias e a *realidade* de sua vida real na sociedade, que prescreve um contexto comumente reconhecido para ele e se impõe sobre ele independentemente de seus desejos. Já que a sociedade é verificada pelo indivíduo como uma realidade externa a si mesmo, muitas vezes pode acontecer que seu funcionamento permaneça opaco para sua compreensão. Ele não consegue descobrir o significado de um fenômeno social por introspecção. Deve, para essa finalidade, sair de si mesmo e se envolver basicamente no mesmo tipo de investigação empírica que é necessária se ele quiser entender algo localizado fora da sua própria mente. Acima de tudo, a sociedade manifesta-se pelo seu poder coercivo. O teste final de sua realidade objetiva é a sua capacidade de se impor em relação à relutância dos indivíduos. A sociedade direciona, sanciona, controla e pune a conduta individual. Em suas mais poderosas apoteoses (termo não escolhido a esmo, como veremos mais tarde), a sociedade pode até mesmo destruir o indivíduo.

É claro: a objetividade coercitiva da sociedade pode ser vista com mais facilidade em seus procedimentos de controle social, ou seja, aqueles procedimentos específicos para "realinhar" indivíduos ou grupos recalcitrantes. As instituições políticas e jurídicas podem servir como ilustrações óbvias disso. É importante compreender, no entanto, que a mesma objetividade coercitiva caracteriza a sociedade *como um todo* e está presente em *todas as* instituições sociais, incluindo as instituições fundadas no consenso. Isso (de modo veemente) *não* significa que todas as sociedades são variações da tirania. Significa *sim* que nenhuma construção humana pode ser chamada com precisão um fenômeno social, a não ser que alcance essa medida de objetividade que compele o indivíduo a reconhecê-la como real. Em outras palavras, a coercitividade fundamental da sociedade não reside em seus mecanismos de controle social, mas no seu poder de se constituir e de se impor como realidade. O caso paradigmático disso é a linguagem. Quase ninguém, por mais distante que esteja do pensamento sociológico, se arrisca a negar que a linguagem é um produto humano. Qualquer idioma específico é o resultado de uma longa história de inventividade, da imaginação e até mesmo do capricho humanos. Embora os órgãos vocais humanos imponham certas limitações fisiológicas em sua fantasia linguística, não existem leis da natureza que possam explicar o desenvolvimento, digamos, da língua inglesa. Nem a última tem qualquer *status* na natureza das coisas além de seu *status* como produção humana. A língua inglesa teve origem em acontecimentos humanos específicos, foi desenvolvida ao longo de sua história pela atividade humana e existe apenas na medida em que, e enquanto, os seres humanos continuam a usá-la e a entendê-la. No entanto, a língua inglesa apresenta-se ao indivíduo como realidade objetiva, que ele deve reconhecer como tal ou sofrer as consequências. Suas regras são fornecidas objetivamente. Elas devem ser aprendidas pelo indivíduo, quer na condição de língua nativa ou língua estrangeira, e ele não pode mudá-las a seu bel-prazer. De acordo com padrões objetivos, o inglês é considerado correto ou incorreto, e embora existam diferenças de opinião sobre pequenos detalhes, a existência dessas normas é uma pré-condição para o uso da língua em primeiro lugar. Há, naturalmente, penalidades para quem transgride essas normas, desde fracasso na escola até constrangimento social mais tarde na vida, mas a realidade objetiva da língua inglesa não é constituída principalmente por essas penalidades. Em vez disso, a língua inglesa é real objetivamente em virtude do simples fato de que constitui um universo de discurso coletivamente reconhecido e de fabricação pronta, no qual os indivíduos conseguem se entender uns aos outros e a si próprios.[16]

A sociedade, como realidade objetiva, fornece um mundo para o ser humano habitar. Esse mundo engloba a biografia do indivíduo, que se desenrola como uma série de eventos *dentro* desse mundo. Com efeito, a biografia do próprio indivíduo é objetivamente real, apenas na medida em que isso pode ser compreendido no âmbito das estruturas significativas do mundo social. De fato, o indivíduo pode ter certo número de autointerpretações altamente subjetivas, que vão parecer bizarras ou completamente incompreensíveis aos olhos de outrem. Sejam quais forem essas autointerpretações, continuará existindo a interpretação objetiva da biografia do indivíduo que localiza esta última em um arcabouço de referência coletivamente reconhecido. Os fatos objetivos dessa biografia podem ser minimamente determinados consultando os documentos pessoais relevantes. Nome, sobrenome, cidadania, estado civil, ocupação – são apenas algumas das interpretações "oficiais" da existência individual, objetivamente válidas não só pela força da lei, mas pela potência de outorgar a realidade fundamental da sociedade. Além disso, o próprio indivíduo, a menos que se envolva de novo em um mundo solipsista de afastamento da realidade comum, procurará validar suas autointerpretações comparando-as com as coordenadas objetivamente disponíveis de sua biografia. Em outras palavras, a vida do próprio indivíduo aparece como objetivamente real, tanto a si mesmo quanto aos outros, só à medida que está situada dentro de um mundo social que tenha também o caráter de realidade objetiva.[17]

A objetividade da sociedade se estende a todos os seus elementos constitutivos. Instituições, papéis e identidades existem como fenômenos objetivamente reais no mundo social, embora eles e este mundo sejam ao mesmo tempo nada além de produções humanas. Por exemplo, a família como a institucionalização da sexualidade humana em certa sociedade é experimentada e compreendida como realidade objetiva. A instituição está ali, externa e coercitiva, impondo seus padrões predefinidos sobre o indivíduo nessa área específica de sua vida. A mesma objetividade pertence aos papéis que o indivíduo deve desempenhar no contexto institucional em questão, mesmo se acontecer que ele particularmente não curta o desempenho. Os papéis de, por exemplo, marido, pai ou tio são objetivamente definidos e disponíveis como modelos para a conduta individual. Ao exercer esses papéis, o indivíduo acaba representando as objetividades institucionais de uma forma que seja compreendida, por ele próprio e pelos outros, como desconectada dos "meros" acidentes da sua existência individual.[18] Ele pode "vestir" o papel, como objeto cultural, de maneira semelhante a "vestir" um objeto físico de roupa ou adorno. Ainda pode reter uma consciência de si mesmo como distinta do papel, que em seguida se relaciona com o que ele compreende como seu "verdadeiro eu" como máscara para o ator. Assim, ele pode até mesmo dizer que não gosta de desempenhar este ou aquele detalhe do papel, mas deve fazê-lo contra a sua vontade – porque a descrição objetiva do papel assim determina. Além disso, a sociedade não contém apenas um conjunto objetivamente disponível das instituições e funções, mas um repertório de identidades dotado com o mesmo *status* de realidade objetiva. A sociedade atribui ao indivíduo não só um conjunto de funções, mas uma identidade designada. Em outras palavras, espera-se que o indivíduo não só encarne o papel de marido, pai ou tio, mas que ele *atue* como marido, pai ou tio – e, ainda mais, basicamente, que *atue* como ser humano, sejam lá quais forem os termos que essa "atuação" acarretar na sociedade em questão. Assim, no fim das contas, a objetivação da atividade humana significa que o ser humano se torna capaz de objetivar uma parte de si mesmo dentro de sua própria consciência, confrontando-se dentro de si mesmo em vultos geralmente disponíveis como elementos objetivos do mundo social. Por exemplo, o indivíduo na capacidade de "*self* verdadeiro" pode estabelecer uma conversa interna consigo como arcebispo. Na verdade, é somente por meio desse diálogo interno com as objetivações de si mesmo que a socialização é possível, em primeiro lugar.[19]

O mundo das objetivações sociais, produzido pela externalização da consciência, confronta a consciência como factualidade externa. E é compreendido assim. Essa compreensão, no entanto, ainda não pode ser descrita como internalização, mais do que a compreensão do mundo da natureza. Em vez disso, a internalização é a reabsorção na consciência do mundo objetivado de tal forma que as estruturas desse mundo passam a determinar as estruturas subjetivas da consciência em si. Ou seja, a sociedade agora funciona como a agência formativa para a consciência individual. Até onde acontece a internalização, o indivíduo agora compreende vários elementos do mundo objetivado como fenômenos internos para sua consciência ao mesmo tempo em que os compreende como fenômenos da realidade externa.

Cada sociedade que continua no tempo enfrenta o problema de transmissão de seus significados objetivados de uma geração para outra. Esse problema é atacado por meio de processos de socialização, ou seja, os processos pelos quais uma nova geração é ensinada a viver em conformidade com os programas institucionais da sociedade. Claro, a socialização pode ser descrita psicologicamente como um processo de aprendizagem. A nova geração é iniciada nos significados da cultura, aprende a participar em suas tarefas estabelecidas e a aceitar as funções, bem como as identidades que compõem sua estrutura social. A socialização, no entanto, tem uma dimensão crucial que não é adequadamente entendida falando-se de um processo de aprendizagem. O indivíduo não só aprende os significados objetivados, mas se identifica com eles e é moldado por eles. Ele os internaliza e os transforma em *seus* significados. Ele se torna não só possuidor deles, mas alguém que representa e expressa esses significados.

O sucesso da socialização depende do estabelecimento de simetria entre o mundo objetivo da sociedade e o mundo subjetivo do indivíduo. Se alguém imagina um indivíduo totalmente socializado, cada significado objetivamente disponível no mundo social teria seu significado análogo transmitido subjetivamente dentro de sua própria consciência. Do ponto de vista empírico, essa socialização total inexiste e, do ponto de vista teórico, é impossível, mesmo levando em conta apenas a variabilidade biológica dos indivíduos. No entanto, existem graus de sucesso na socialização. Uma socialização altamente bem-sucedida estabelece um alto grau de simetria objetiva/subjetiva, enquanto falhas de socialização levam a diversos graus de assimetria. Se a socialização não for bem-sucedida ao menos para internalizar os significados mais importantes de certa sociedade, esta última torna-se difícil de ser mantida como empreendimento viável. Especificamente, essa sociedade não estaria em condições de estabelecer uma tradição que garantiria a sua persistência no tempo. ...

... Os processos que internalizam o mundo socialmente objetivado são *os mesmos* processos que internalizam as identidades socialmente atribuídas. O indivíduo é socializado para *ser* uma pessoa designada e para *habitar* um mundo designado. A identidade subjetiva e a realidade subjetiva são produzidas na mesma dialética (aqui, no sentido etimologicamente literal) entre o indivíduo e aqueles outros significativos responsáveis por sua socialização.[20] É possível resumir a formação dialética da identidade dizendo que o indivíduo se transforma naquilo em que ele é tratado pelos outros. Alguém pode acrescentar que o indivíduo se apropria do mundo na conversa com os outros e, além disso, que tanto a identidade quanto o mundo permanecem reais para si mesmo apenas enquanto ele continua a conversa.

O último ponto é muito importante, pois implica que a socialização nunca pode ser concluída, que ela deve ser um processo contínuo durante toda a vida do indivíduo. Esse é o lado subjetivo da já comentada precariedade de todos os mundos humanamente construídos. A dificuldade de manter um mundo em andamento exprime-se psicologicamente na dificuldade de manter esse mundo subjetivamente plausível. O mundo é erigido na consciência do indivíduo pela conversa com outros significativos (como pais, professores, "pares"). O mundo é mantido como realidade subjetiva pelo mesmo tipo de conversa, seja com os mesmos ou com novos outros significativos (como cônjuges, amigos ou outros parceiros). Se essa conversa é interrompida (o cônjuge morre, os amigos desaparecem ou alguém abandona o meio social original), o mundo começa a cambalear, a perder sua plausibilidade subjetiva. Em outras palavras, a realidade subjetiva do mundo oscila sobre a corda bamba da conversa. A razão por que a maioria de nós desconhece essa precariedade na maioria das vezes baseia-se na continuidade da nossa conversa com outros significativos. A manutenção dessa continuidade é um dos mais importantes imperativos de ordem social.

Assim, a internalização implica que a factualidade objetiva do mundo social torna-se também uma factualidade subjetiva. O indivíduo constata as instituições em forma de *dados* do mundo objetivo fora de si mesmo, mas agora também são *dados* de sua própria consciência. Os programas institucionais instituídos pela sociedade são subjetivamente reais como atitudes, motivos e projetos de vida. A realidade das instituições é apropriada pelo indivíduo junto com seus papéis e a sua identidade. Por exemplo, o indivíduo apropria como realidade a conjuntura específica de parentescos de sua sociedade. *Ipso facto*, ele assume as funções que lhe são atribuídas nesse contexto e compreende sua própria identidade em termos dessas funções. ...

O processo de internalização deve ser sempre entendido como nada mais do que um momento do processo dialético mais amplo, que também inclui os momentos de exteriorização e objetivação. Se isso não for feito, emerge uma imagem de determinismo mecanicista, no qual o indivíduo é produzido pela sociedade como a causa produz efeitos na natureza. Essa imagem distorce o fenômeno social. Não só a internalização faz parte da mais ampla dialética desta última, mas a socialização do indivíduo também ocorre de forma dialética.[21] O indivíduo não é moldado como uma coisa passiva, inerte. Em vez disso, ele é formado ao longo de uma conversação prolongada (uma dialética, no sentido literal da palavra) na qual ele é *participante.* Ou seja, o mundo social (com suas instituições, papéis e identidades adequados) não é passivamente absorvido pelo indivíduo, mas ativamente *apropriado* por ele. Além disso, uma vez que o indivíduo é formado como pessoa, com uma identidade reconhecível objetiva e subjetivamente, ele deve continuar participando da conversa que o sustenta como pessoa em sua biografia em curso. Ou seja, o indivíduo continua sendo *coprodutor* do mundo social e, portanto, de si mesmo. Não importa quão pequeno seja o seu poder de alterar as definições sociais da realidade, ele deve ao menos continuar consentindo com aqueles que lhe constituem como pessoa. Mesmo se negar essa coprodução (por exemplo, como sociólogo positivista ou psicólogo), ele também permanece coprodutor de seu mundo – e, de fato, sua negação disso o insere na dialética como fator formativo de seu mundo e de si mesmo. ...

... Em outras palavras, tanto no que tange à língua quanto ao mundo socialmente objetivado como um todo, é possível afirmar que o indivíduo continua "respondendo" ao mundo que o formou e, assim, continua a mantê-lo como realidade.

Agora se compreende a proposição de que o mundo socialmente construído é, antes de tudo, uma ordenação de experiência. Uma ordem significativa (ou *nomos*) é imposta sobre as experiências distintas e os significados dos indivíduos.[22] Dizer que a sociedade é um empreendimento de construção de mundo é dizer que ela é uma atividade de ordenação ou nomização. O pressuposto para isso é dado, como tem sido indicado antes, na constituição biológica do *Homo sapiens*. O ser humano, biologicamente desprovido dos mecanismos de ordenação com que os outros animais são dotados, é obrigado a impor sua própria ordem diante da experiência. A sociabilidade humana pressupõe o caráter coletivo dessa atividade de ordenação. A ordenação da experiência é endêmica a qualquer tipo de interação social. Cada ação social implica que o significado individual é direcionado para os outros e a interação social em curso implica que os vários significados dos agentes estejam integrados em uma ordem de significado comum.²³ Seria errado supor que essa consequência de nomização de interação social deva, desde o início, produzir um nomos que abraça *todos* os significados e experiências separados dos indivíduos participantes. Se alguém pode imaginar uma sociedade em suas origens primitivas (algo, é claro, empiricamente indisponível), alguém pode supor que a gama do nomos comum se expande à medida que a interação social passa a incluir áreas cada vez mais amplas de sentido comum. Não faz sentido imaginar que esse nomos nunca incluirá a totalidade dos significados individuais. Exatamente como não pode haver indivíduo totalmente socializado, então, sempre haverá significados individuais que permaneçam fora do, ou marginal ao, nomos comum. De fato, como será visto mais tarde, as experiências marginais do indivíduo são de considerável importância para a compreensão da existência social. Da mesma forma, uma lógica inerente impele cada nomos a se expandir em domínios mais amplos de significado. Se a atividade de ordenação da sociedade nunca atinge a totalidade, ainda pode ser descrita como totalizante.²⁴

O mundo social constitui um nomos tanto objetiva quanto subjetivamente. O nomos objetivo é fornecido no processo de objetivação como tal. O fato da língua, mesmo se tomado por si só, facilmente pode ser visto como a imposição da ordem sobre a experiência. A linguagem nomiza impondo diferenciação e estrutura ao fluxo contínuo de experiência. À medida que é nomeado, um item de experiência é, *ipso facto,* retirado desse fluxo e recebe estabilidade *como* a entidade assim chamada. Adicionalmente, a linguagem fornece uma ordem fundamental de relacionamentos pelo acréscimo de sintaxe e gramática ao vocabulário. É impossível usar a linguagem sem participar de sua ordem. Pode-se dizer que cada linguagem constitui um nomos em formação ou, com validade igual, a consequência histórica da atividade de nomização de gerações de homens. O ato de nomização original é dizer que um item é *isto* e, portanto, *não aquilo*. Como essa incorporação original do item em uma ordem que inclui outros itens é seguida por designações linguísticas mais nítidas (o item é masculino e não feminino, singular e não plural, substantivo e não verbo e assim por diante), o ato de nomização propõe uma ordem abrangente de *todos* os itens que possam ser linguisticamente objetivados, isto é, tem a intenção de ser um nomos totalizante.

Com fundamento na linguagem, e por meio dela, constrói-se o edifício cognitivo e normativo que chamam de "conhecimento" em uma sociedade. No que ela "sabe", cada sociedade impõe uma ordem comum de interpretação sobre a experiência que se torna "conhecimento objetivo" por meio do processo de objetivação antes discutido. Apenas uma parte relativamente pequena desse edifício é constituída por teorias de um tipo ou outro, embora o "conhecimento" teórico seja particularmente importante porque em geral contém o corpo de interpretações "oficiais" da realidade. O "conhecimento" mais socialmente objetivado é pré-teórico. Trata-se de esquemas interpretativos, máximas morais e coleções da sabedoria tradicional que o indivíduo da rua, muitas vezes, compartilha com os teóricos. As sociedades variam no grau de diferenciação em seus corpos de "conhecimento". Sejam quais forem essas variações, cada sociedade fornece para os seus membros um corpo de "conhecimento" objetivamente disponível. Participar da sociedade é compartilhar seu "conhecimento", ou seja, é co-habitar seu nomos.

O nomos objetivo é internalizado no decurso de socialização. É, portanto, apropriado pelo indivíduo para se tornar sua própria ordenação subjetiva da experiência. É em virtude dessa apropriação que um indivíduo consegue que a sua própria biografia "faça sentido". Os elementos discrepantes de sua vida passada são ordenados em termos do que ele "sabe objetivamente" sobre a sua própria condição e a dos outros. Sua experiência em curso é integrada à mesma ordem, embora esta última talvez tenha de ser modificada para permitir essa integração. O futuro alcança uma forma significativa em virtude da mesma ordem nele projetada. Em outras palavras, viver no mundo social é viver uma vida ordenada e significativa. A sociedade é a guardiã da ordem e do significado não só objetivamente, nas suas estruturas institucionais, mas também subjetivamente, em sua estruturação da consciência individual.

É por essa razão que a separação radical do mundo social, ou anomia, constitui uma ameaça tão poderosa para o indivíduo.[25] Não é apenas que o indivíduo perde vínculos emocionalmente satisfatórios nesses casos. Ele perde sua orientação na experiência. Em casos extremos, ele perde o seu sentido de realidade e identidade. Torna-se anômico no sentido de se tornar sem mundo. Assim como o nomos do indivíduo é construído e sustentado em conversas com outros significativos, o indivíduo é mergulhado em direção à anomia quando essa conversa é radicalmente interrompida. As circunstâncias dessa ruptura nômica podem, naturalmente, variar. Podem envolver grandes forças coletivas, como a perda do *status* de todo o grupo social ao qual pertence o indivíduo. Ou talvez forças mais estritamente biográficas, como a perda de outros significativos por morte, divórcio ou separação física. Assim, é possível falar de estados coletivos, bem como individuais, de anomia. Nos dois casos, a ordem fundamental em termos de o indivíduo conseguir que sua vida "faça sentido" e reconhecer a sua própria identidade estará em processo de desintegração. Então, o indivíduo não só começará a perder seu rumo moral, com desastrosas consequências psicológicas, mas também se tornará incerto sobre seus rumos cognitivos. O mundo começa a agitar-se no mesmo instante em que sua conversa sustentável começa a vacilar.

Assim, o nomos socialmente estabelecido pode ser entendido, talvez em seu aspecto mais importante, como um escudo contra o terror. Em outras palavras, a função mais importante da sociedade é a nomização. O pressuposto antropológico para isso é um desejo humano por significado que parece ter a força do instinto. Seres humanos são congenitamente compelidos a impor uma ordem significativa à realidade. Porém, essa ordem pressupõe o empreendimento social de ordenar a construção do mundo. Estar separado da sociedade expõe o indivíduo a uma multiplicidade de perigos com os quais ele é incapaz de lidar sozinho, no caso extremo ao perigo de extinção iminente. A separação da sociedade também inflige tensões psicológicas insuportáveis sobre o indivíduo, tensões que se arraigam no fato antropológico da sociabilidade. O perigo supremo dessa separação, no entanto, é o perigo da falta de sentido. Esse perigo é o pesadelo *por excelência*, em que o indivíduo está submerso em um mundo de desordem, insensatez e loucura. A realidade e a identidade são malignamente transformadas em figuras sem sentido de horror. Estar em sociedade é ser "são" no sentido exato de estar protegido contra a suprema "insanidade" desse terror anômico. A anomia é insuportável ao ponto de o indivíduo preferir a morte. Inversamente, a existência dentro de um mundo nômico pode ser solicitada à custa de todos os tipos de sacrifício e sofrimento – e mesmo à custa da própria vida, se o indivíduo acreditar que esse supremo sacrifício tenha significado nômico.[26]

A qualidade protetora da ordem social torna-se especialmente evidente se olharmos para as situações marginais na vida do indivíduo, ou seja, em situações em que ele é conduzido para perto (ou além) dos limites da ordem que determina sua existência rotineira, cotidiana.[27] Em geral, essas situações marginais ocorrem em sonhos e fantasia. Elas podem aparecer no horizonte da consciência como suspeitas assombrosas de que o mundo pode ter outro aspecto além do "normal", ou seja, que as definições anteriormente aceitas da realidade podem ser frágeis ou até mesmo fraudulentas.[28] ...

Em outras palavras, as situações marginais da existência humana revelam a precariedade inata de todos os mundos sociais. Cada realidade socialmente definida continua sendo ameaçada por "irrealidades" à espreita. Cada nomos socialmente construído deve enfrentar a possibilidade constante de seu colapso em anomia. Visto na perspectiva da sociedade, cada nomos é uma área de significado esculpida a partir de uma vasta massa de falta de significados, uma pequena clareira de lucidez em uma selva sempre sinistra, escura e disforme. Visto na perspectiva do indivíduo, cada nomos representa o "lado" brilhante e diurno da vida, sutilmente equilibrado contra as sombras sinistras da "noite". Nas duas perspectivas, cada nomos é um edifício erigido perante as forças alienígenas e potentes do caos. Esse caos deve ser afastado a qualquer custo. Para garantir isso, cada sociedade desenvolve procedimentos que auxiliam seus membros a permanecerem "orientados à realidade" (ou seja, a manter-se dentro da realidade como "oficialmente" definido) e a "voltarem à realidade" (ou seja, retornar de esferas marginais da "irrealidade" ao nomos socialmente estabelecido). Adiante, esses procedimentos terão de ser analisados em minúcia. No momento, basta dizer que a sociedade fornece ao indivíduo vários métodos para afastar o pesadelo do mundo anômico e de permanecer dentro dos limites seguros do nomos estabelecido.

O mundo social pretende, na medida do possível, ser tomado como certo.[29] A socialização alcança sucesso na medida em que essa qualidade de tomado como certo é internalizada. Não é suficiente que o indivíduo considere os significados principais da ordem social úteis, desejáveis ou certos. É muito melhor (ou seja, melhor em termos de estabilidade social) se ele considerá-los inevitáveis, como parte integrante da universal "natureza das coisas". Se isso pode ser alcançado, o indivíduo que se desvia seriamente dos programas definidos pela sociedade pode ser considerado não só tolo ou patife, mas louco. Assim, do ponto de vista subjetivo, um desvio sério provoca não só culpa moral, mas o terror da loucura. Por exemplo, o programa sexual de uma sociedade é tomado como certo não simplesmente como utilitário ou moralmente correto, mas como inevitável expressão da "natureza humana". O chamado "pânico homossexual" pode servir como excelente ilustração do terror desencadeado pela negação do programa. Isso não equivale a negar que esse terror também é alimentado por receios práticos e escrúpulos de consciência, mas sua principal força motriz é o terror de ser empurrado a uma escuridão que separa alguém da ordem "normal" dos homens. Em outras palavras, os programas institucionais são dotados de um *status* ontológico ao ponto de que negá-los é negar a própria existência – a existência da ordem universal das coisas e, assim, a existência da pessoa nessa ordem. ...

NOTAS

[1] Aqui, o termo "mundo" é entendido em sentido fenomenológico, isto é, com a questão do seu supremo *status* ontológico permanecendo entre colchetes. Para a aplicação antropológica do termo, *cf.* Max Scheler, *Die Stellung des Menschen im Kosmos* (Munich, Nymphenburger Verlagshandlung, 1947). Para a aplicação do termo à sociologia do conhecimento, *cf.* Max Scheler, *Die Wissensformen und die Gesellschaft* (Bern, Francke, 1960); Alfred Schutz, *Der sinnhafte Aufbau der sozialen Welt World* (Vienna, Springer, 1960) e *Collected Papers*, Vols. I-II (The Hague, Nijhoff, 1962-64). O termo "dialético" aplicado à sociedade é aqui entendido em um sentido marxista essencial, em especial ano sentido desenvolvido nos *Manuscritos econômicos e filosóficos de 1844.*

² Sustentaríamos que essa compreensão dialética sobre o ser humano e a sociedade como produtos mútuos torna possível uma síntese teórica das abordagens weberianas e durkheimianas à sociologia, sem perder a intenção fundamental de cada uma delas (perda ocorrida, em nossa opinião, na síntese parsoniana). A compreensão de Weber sobre a realidade social como continuamente constituída por significação humana e a de Durkheim sobre essa mesma realidade como tendo o caráter de *choseité* contra o indivíduo são *ambas* corretas. Pretendem, respectivamente, a fundação subjetiva e a factualidade objetiva do fenômeno social, *ipso facto* apontando para a relação dialética da subjetividade e seus objetos. Da mesma forma, as duas compreensões são apenas corretas *juntas*. Uma ênfase quase weberiana sobre a subjetividade *só* leva a uma distorção idealista do fenômeno social. Uma ênfase quase durkheimiana na objetividade *só* leva à reificação sociológica, a distorção mais desastrosa rumo à qual tendeu boa parte da sociologia norte-americana contemporânea. Convém salientar que não estamos insinuando aqui que essa síntese dialética teria sido agradável para esses dois próprios autores. Nosso interesse é sistemático em vez de exegético, um interesse que permite uma atitude eclética em relação a construções teóricas anteriores. Quando dizemos, então, que a última ênfase "pretende" essa síntese, queremos dizer isso no sentido da lógica teórica intrínseca, em vez de no sentido das intenções históricas desses autores.

³ Os termos "exteriorização" e "objetivação" derivam de Hegel (*Entaeusserung* e *Versachlichung*) e são entendidos aqui essencialmente como foram aplicados aos fenômenos coletivos por Marx. O termo "internalização" é entendido como sendo comumente usado na sociopsicologia norte-americana. A fundamentação teórica desta última é, acima de tudo, o trabalho de George Herbert Mead, consultar a obra dele *Mind, Self and Society* (Chicago, University of Chicago Press, 1934) e a de Anselm Strauss (Ed.), *George Herbert on Social Psychology* (Chicago, University of Chicago Press, 1956). O termo "realidade *sui generis*", conforme aplicado à sociedade, é desenvolvido por Durkheim na obra *Rules of Sociological Method* (Glencoe, Ill., Free Press, 1950).

⁴ A necessidade antropológica de exteriorização foi desenvolvida por Hegel e Marx. Consultar desenvolvimentos mais contemporâneos desse entendimento nos trabalhos de Scheler, bem como nas obras de Helmut Plessner, *Die Stufen des Organischen und der Mensch* (1928), e de Arnold Gehlen, *Der Mensch* (1940).

⁵ Para a fundação biológica desse argumento, ver F. J. J. Buytendijk, *Mensch und Tier* (Hamburgo, Rowohlt, 1958); Adolf Portmann, *Zoologie und das neue Bild des Menschen* (Hamburgo, Rowohlt, 1956). A aplicação mais importante dessas perspectivas biológicas para problemas sociológicos encontra-se no trabalho de Gehlen.

⁶ Isso foi resumido na frase de abertura de um recente trabalho antropológico escrito do ponto de vista essencialmente marxista: "L'homme naît inachevé" ("O ser humano nasce incompleto", Georges Lapassade, *L'entrée dans la vie* [Paris, Editions de Minuit, 1963], p. 17).

⁷ Plessner cunhou o termo "excentricidade" para se referir a essa instabilidade inata na relação do ser humano com o seu próprio corpo. Ver *ibidem*.

⁸ O uso do termo "cultura" para se referir à totalidade dos produtos humanos segue a prática atual da antropologia cultural norte-americana. Os sociólogos têm a tendência de usar o termo em sentido mais restrito, referindo-se apenas à assim chamada esfera simbólica (daí o conceito de "sistema cultural" de Parsons). Embora haja boas razões para preferir o sentido mais restrito em outros contextos teóricos, sentimos que a utilização mais ampla é mais apropriada na presente argumentação.

⁹ O enlace de produção material e imaterial foi desenvolvido no conceito de Marx sobre "trabalho" (que não pode ser entendido como mera categoria econômica).

¹⁰ Entre os sociólogos, existem diferentes conceitos em uso sobre a sociedade, é claro. Uma discussão sobre esses conceitos pouco adiantaria a esta argumentação. Por isso, utilizamos uma definição muito simples, relacionando-a ao conceito de cultura supramencionado.

¹¹ A compreensão da "natureza humana", em si um produto humano, também é derivada de Marx. Marca a separação fundamental entre uma dialética e uma antropologia não dialética. No pensamento sociológico, esses antípodas antropológicos são mais bem representados, respectivamente, por Marx e Pareto. Aliás, a antropologia freudiana também deve ser designada em essência não dialética, ponto comumente negligenciado em recentes tentativas de uma síntese freudiano-marxiana.

¹² A sociabilidade essencial do ser humano foi vista claramente por Marx, mas claro que ela é endêmica em toda tradição sociológica. O trabalho de Mead fornece uma base sociopsicológica indispensável para as perspectivas antropológicas de Marx.

¹³ A necessidade de a sociologia de-hipostatizar as objetivações sociais foi sublinhada repetidamente

na metodologia de Weber. Embora provavelmente seja errado acusar Durkheim de uma concepção hipostatizada da sociedade (como vários críticos marxistas fizeram), seu método presta-se facilmente a essa distorção, como foi mostrado em especial em seu aprimoramento pela escola estrutural-funcionalista.

[14] Consulte uma evolução do entendimento sobre objetividade compartilhada nas obras de Schutz anteriormente citadas.

[15] Nesse ponto, a discussão sobre a objetividade da sociedade segue de perto Durkheim. Em especial, ver a obra já citada, *Rules of Sociological Method*.

[16] A compreensão da linguagem como paradigmática para a objetividade dos fenômenos sociais também é derivada de Durkheim. Consulte uma discussão da linguagem em termos essencialmente durkheimianos em A. Meillet, *Linguistique historique et linguistique générale* (Paris, Champion, 1958).

[17] Consulte a realidade das autointerpretações como local em um mundo social objetivamente real na obra de Maurice Halbwachs sobre memória, em especial *Les cadres sociaux de la mémoire* (Paris, Presses Universitaires de France, 1952).

[18] Chega-se ao conceito de papéis como representação objetiva por uma combinação dos pontos de vista de Mead e Durkheim. Sobre este último, ver aqui especialmente a obra de Durkheim *Sociology and Philosophy* (London, Cohen & West, 1953), p. 1 ff.

[19] O conceito de conversação interna é derivado de Mead. Ver *Mind, Self and Society*, p. 135 ff.

[20] A expressão "outros significativos" também é derivada de Mead. Tem, é claro, recebido uso geral na psicologia social norte-americana.

[21] O caráter dialético da socialização é expresso em conceitos de Mead, o "eu" e o "mim". Ver *ibidem*, p. 173 ff.

[22] O termo "nomos" é indiretamente derivado de Durkheim, digamos, girando em torno do seu conceito de *anomia*. Este último foi desenvolvido pela primeira vez em seu *Suicide* (Glencoe, Ill., Free Press, 1951); ver especialmente p. 241 ff.

[23] A definição de ação social em termos de significado deriva de Weber. A implicação dessa definição em termos do "mundo" social foi especialmente desenvolvida por Schutz.

[24] O termo "totalização" deriva de Jean-Paul Sartre. Ver sua *Critique de la raison dialectique*, Vol. I (Paris, Gallimard, 1960).

[25] "Anomy" é uma anglicização da *anomie* de Durkheim preferida por vários sociólogos norte-americanos, embora não por Robert Merton (que procurou integrar o conceito dentro de sua teoria estrutural-funcionalista, mantendo a ortografia francesa). Adotamos a ortografia anglicizada apenas por questões estilísticas.

[26] Isso sugere que há suicídios nômicos bem como anômicos, ponto aludido, mas não desenvolvido, por Durkheim em sua discussão sobre "suicídio altruísta" (*Suicide*, p. 217).

[27] O conceito de "situações marginais" (*Grenzsituationen*) deriva de Karl Jaspers. Em especial, ver sua *Philosophie* (1932).

[28] A noção sobre o "outro aspecto" da realidade era um dos principais temas e foi desenvolvida por Robert Musil em seu grande romance inacabado, *Der Mann ohne Eigenschaften*. Ver uma discussão crítica na obra de Ernst Kaiser e Eithne Wilkins, *Robert Musil* (Stuttgart, Kohlhammer, 1962).

[29] O conceito do mundo tomado como certo é derivado de Schutz. Em especial, ver seus *Collected Papers*, vol. I, p. 207 ff.

Harold Garfinkel: Estudos sobre os motivos rotineiros das atividades cotidianas

O problema

Para Kant, a ordem moral "interna" era um mistério fantástico, para os sociólogos a ordem moral "externa" é um mistério técnico. Do ponto de vista da teoria sociológica, a ordem moral consiste nas atividades governadas por regras da vida cotidiana. Membros de uma sociedade encontram e reconhecem a ordem moral como cursos de ação notadamente normais – cenas familiares de assuntos cotidianos, o mundo cotidiano da vida

---

De Harold Garfinkel, *Studies in Ethnomethodology*. Reimpresso com permissão de Polity, Direitos autorais © 1967.

em comum com os outros e tomado como certo com os outros.

Eles se referem a esse mundo como os "fatos naturais da vida" que, para os membros, são fatos morais da vida, por completo. Para os membros, os problemas não têm a ver apenas com cenas familiares, mas com o que é moralmente certo ou errado. As cenas familiares das atividades cotidianas, tratadas pelos membros como os "fatos naturais da vida", são fatos maciços da existência diária dos membros tanto como mundo real quanto como produto das atividades no mundo real. Fornecem o "conserto", o "é isto aí" ao qual o estado de vigília se volta, e são os pontos de partida e retorno para cada modificação do mundo cotidiano que é alcançada em jogos, sonhos, transes, teatros, teorizações científicas ou nobres cerimônias.

Em cada disciplina, humanística ou científica, o mundo familiar de senso comum da vida cotidiana é uma questão de permanente interesse. Nas ciências sociais, e em especial na sociologia, é uma questão de preocupação essencial. Compõe o assunto problemático da sociologia, entra na própria constituição da atitude sociológica e exerce uma soberania ímpar e obstinada sobre as alegações dos sociólogos quanto a explicações adequadas.

Apesar da centralidade do tópico, uma imensa literatura contém poucos dados e alguns métodos com os quais as características essenciais das "cenas familiares" socialmente reconhecidas podem ser detectadas e relacionadas com as dimensões da organização social. Embora os sociólogos tomem cenas socialmente estruturadas da vida cotidiana como ponto de partida, eles quase nunca veem[1] nisso uma tarefa de pesquisa sociológica sua de direito, a questão geral é de como tais mundos de senso comum são possíveis. Em vez disso, a possibilidade do mundo cotidiano é acomodada por representação teórica ou meramente assumida. Como tópico e terreno metodológico para pesquisas sociológicas, a definição do mundo do senso comum da vida cotidiana, embora seja adequadamente um projeto de pesquisa sociológica, tem sido negligenciada. Meus propósitos neste artigo são apresentar a relevância essencial, às pesquisas sociológicas, de uma preocupação com as atividades de senso comum como tópico de pesquisa em seu próprio direito e, ao relatar uma série de estudos, exortar sua "redescoberta".

Dando visibilidade a cenas comuns

Ao relatar as características estáveis das atividades cotidianas, os sociólogos comumente selecionam cenários conhecidos como núcleos familiares ou locais de trabalho e indagam sobre as variáveis que contribuem para suas características estáveis. Com a mesma frequência, um conjunto de considerações deixa de ser examinado: as características contextuais das cenas cotidianas, socialmente padronizadas e padronizadoras, "vistas, mas não percebidas" e esperadas. O membro da sociedade usa as expectativas contextuais como esquema de interpretação. Com a sua utilização, as aparições reais são para ele reconhecidas e inteligíveis como as aparências-de-eventos-familiares. De modo comprovado, ele é sensível a esse contexto, embora ao mesmo tempo não consiga nos dizer especificamente em que consistem as expectativas. Quando lhe perguntamos sobre essas expectativas, ele tem pouco ou nada a dizer.

Para que essas expectativas contextuais venham à tona, a pessoa deve ser estranha ao caráter da "vida costumeira" do cotidiano ou tornar-se estranha a elas. Como salientou Alfred Schutz, é necessário um "motivo

---

[1] O trabalho de Alfred Schutz, já referido em nota anterior, é uma magnífica exceção. Os leitores familiarizados com seus escritos reconhecerão o quanto este artigo está em dívida com ele.

especial" para torná-las problemáticas. No caso dos sociólogos, esse "motivo especial" consiste na tarefa programática de tratar as circunstâncias concretas de um membro da sociedade, que, do ponto de vista deste membro, incluem o caráter moralmente necessário de muitas de suas características contextuais, como questões de interesse teórico. O contexto visto, mas não percebido, das atividades cotidianas torna-se visível e é descrito em uma perspectiva em que as pessoas vivem as suas vidas, têm os seus filhos, sentem os sentimentos, pensam os pensamentos, entram nos relacionamentos, tudo a fim de permitir que o sociólogo resolva os seus problemas teóricos.

Quase sozinho entre os teóricos sociológicos, o falecido Alfred Schutz, em uma série de estudos clássicos[2] sobre a fenomenologia constitutiva do mundo da vida cotidiana, descreveu muitas dessas expectativas contextuais vistas, mas não percebidas. Chamou-as de "atitude de vida cotidiana". Ele se refere às suas atribuições cênicas como o "mundo conhecido em comum e tomado como certo". A obra fundamental de Schutz torna possível buscar as tarefas de clarificar sua natureza e operação, relacionando-as aos processos de ações orquestradas e atribuindo-lhes um lugar em uma sociedade empiricamente imaginável.

Os estudos relatados neste artigo tentam detectar algumas expectativas que emprestam a cenas banais seu caráter familiar, de vida costumeira, e o relacionam com as estruturas sociais estáveis das atividades cotidianas. Processualmente é minha preferência começar com cenas familiares e perguntar o que pode ser feito para criar problemas. As operações que alguém teria de executar para multiplicar as características insensatas de ambientes percebidos; para produzir e sustentar a perplexidade, consternação e confusão; para produzir os efeitos socialmente estruturados de ansiedade, culpa, vergonha e indignação; e para produzir interação desorganizada devem nos dizer algo sobre como as estruturas das atividades cotidianas são rotineira e comumente produzidas e mantidas.[3]

Uma palavra de precaução. Apesar de sua ênfase processual, meus estudos são não propriamente experimentais. São manifestações concebidas, na expressão de Herbert Spiegelberg, como "ajudas para uma imaginação lenta". Descobri que eles produzem reflexões por meio das quais a estranheza de um mundo obstinadamente familiar pode ser detectada.

Algumas características essenciais do entendimento comum

Várias considerações determinam a impossibilidade de que o entendimento comum consista em uma quantidade medida de comum acordo entre as pessoas sobre determinados temas. Mesmo se os tópicos forem limitados em número e escopo e cada dificuldade prática de avaliação for perdoada, a noção de que estamos lidando com certa quantidade de comum acordo permanece essencialmente incorreta. Isso pode ser demonstrado conforme segue.

Alunos foram convidados a relatar conversas comuns, escrevendo, no lado esquerdo de uma folha, o que as partes realmente

---

[2] Alfred Schutz, *Der Sinnhafte Aufbau Der sozialen Welt* (Wein: Verlag von Julius Springer, 1932); *Collected Papers I: The Problem of Social Reality*, ed. Maurice Natanson (The Hague: Martinus Nijhoff, 1962); *Collected Papers II: Studies in Social Theory*, ed. Arvid Broderson (The Hague: Martinus Nihjoff, 1964); *Collected Papers III: Studies in Phenomenological Philosophy*, ed. I. Schutz (The Hague: Martinus Nijhoff, 1966).

[3] Por outro lado, um conhecimento de como as estruturas das atividades cotidianas são produzidas rotineiramente deve nos permitir dizer como podemos proceder para a produção efetiva de distúrbios desejados.

disseram e, no lado direito, o que eles e seus parceiros entendiam sobre o que estava sendo dito. Um aluno relatou o seguinte colóquio entre ele e a esposa.

MARIDO: Dana conseguiu colocar um centavo em um parquímetro hoje sem ser flagrada.	Esta tarde, fui buscar Tiago, nosso filho de 4 anos, na escolinha de educação infantil, e na volta ele conseguiu se esticar o suficiente para colocar uma moeda em um parquímetro. Foi a primeira vez que ele fez isso sozinho, pois antes sempre tinha de ser erguido para alcançar.
ESPOSA: Você o levou à loja de discos?	Já que ele colocou uma moeda no parquímetro, isso significa que você parou enquanto ele estava com você. Sei que você parou na loja de discos na ida à escolinha e depois na volta. Foi no caminho de volta, enquanto ele estava com você, ou você parou lá a caminho de buscá-lo e em outro lugar no caminho de volta?
MARIDO: Não, eu o levei à sapataria.	Não, parei na loja de discos na ida e parei na sapataria na volta, quando ele estava comigo.
ESPOSA: Por quê?	Sei de um motivo para você ter parado na sapataria. Sabe mesmo?
MARIDO: Comprar cadarços novos para meus sapatos.	Não se lembra de que esses dias arrebentei o cadarço do meu sapato marrom? Então, parei para comprar cadarços novos.
ESPOSA: Nossos sapatos precisam urgentemente de saltos novos.	Pensei em outra coisa que você estava precisando. Você poderia ter levado o sapato preto para trocar o salto. É melhor fazer isso logo.

Um exame do colóquio revela o seguinte. (a) Havia muitos assuntos compreendidos pelos parceiros que não eram mencionados. (b) Muitos assuntos que os parceiros compreendiam eram compreendidos com base não só no que era realmente dito, mas no que ficava subentendido. (c) Muitos assuntos eram compreendidos por meio de um processo de considerar a série temporal de enunciados como evidências documentais de uma conversa em desenvolvimento, em vez de uma sequência de termos. (d) Os assuntos que os dois entendiam em comum eram compreendidos apenas em (e por meio de) um curso de trabalho de compreensão que consistia em tratar um acontecimento linguístico real como "o documento de", como "apontando para", como justificando um padrão subjacente de assuntos que cada um supunha serem os assuntos que a pessoa, por meio de sua fala, poderia estar dizendo à outra. O padrão subjacente não derivava apenas de um curso de evidências documentais individuais, mas as evidências documentais por sua vez eram interpretadas com base "no que era conhecido" e previamente cognoscível sobre os padrões subjacentes.[4] Cada qual era usado para elaborar o outro. (e) Ao considerar os enunciados como "eventos em conversação", cada parte fez referências à biografia e às perspectivas da interação presente que cada um usava e atribuía ao outro como esquema comum de interpretação e expressão. (f) Cada qual esperava por algo mais a ser dito a fim de ouvir o que anteriormente havia sido conversado e cada qual parecia disposto a esperar.

O entendimento comum consistiria em uma quantidade medida de comum acordo, se o entendimento comum consistisse em eventos coordenados com as sucessivas posições dos ponteiros do relógio, ou seja, dos acontecimentos no tempo padrão. Os resultados supracitados, por lidarem com os intercâmbios do colóquio como eventos em conversação, exortam que mais um parâmetro de tempo, ao menos, é necessário: o papel do tempo enquanto constitutivo do "assunto falado" como evento em desenvolvimento e desenvolvido no curso da ação que o gerou, à medida que tanto o processo quanto o produto eram conhecidos *de dentro* desse desenvolvimento por ambas as partes, cada qual por si, bem como em nome do outro.

O colóquio revela características adicionais. (1) Muitas de suas expressões são tais que seu sentido não pode ser decidido por um ouvinte, a menos que ele saiba ou suponha algo sobre a biografia e as intenções do falante, as circunstâncias do enunciado, o curso anterior da conversa ou a relação particular de interação real ou potencial que existe entre o usuário e o ouvinte. As expressões não têm um sentido que permanece idêntico nas suas diversas e dinâmicas ocasiões de utilização. (2) Os eventos comentados eram especificamente vagos. Não só deixam de emoldurar um conjunto claramente restrito de determinações possíveis, mas os eventos retratados incluem, como suas características essencialmente pretendidas e sancionadas, uma "periferia" acompanhante de determinações abertas no que diz respeito a relações internas, relações com outros eventos e relações com possibilidades retrospectivas e prospectivas. (3) Para alcançar o caráter sensato de uma expressão, após sua ocorrência, cada um dos participantes da conversa, na condição de ouvinte de seus próprios enunciados bem como dos enunciados do interlocutor, tinha de assumir a qualquer ponto do intercâmbio que, esperando pelo que ele ou a outra pessoa poderia dizer depois, seria esclarecido o significado presente do que já havia sido dito. Assim, muitas expressões tinham a propriedade de ser progressivamente realizados e realizáveis ao longo do curso da conversa. (4) Dificilmente precisa ser salientado que o sentido das expressões dependia de onde a expressão ocorria na ordem serial, do caráter expressivo dos termos que a compunham e da importância para os conversadores dos acontecimentos retratados.

Essas propriedades do entendimento comum contrastam com as características que elas teriam se desconsiderássemos seu caráter temporalmente constituído e, em vez disso, as tratássemos como entradas pré-codificadas em um tambor de memória, a ser consultado como um conjunto definido de significados alternativos, entre os quais uma pessoa escolheria, sob condições pré-decididas que especificavam em qual conjunto de formas alternativas a pessoa entenderia a situação quando surgisse a necessidade de uma decisão. As últimas propriedades são aquelas do discurso racional estrito, à medida que essas são idealizadas nas regras que definem uma prova lógica adequada.

Assim, para fins de *conduzir seus negócios cotidianos*, as pessoas se recusam a permitir

---

[4] Karl Mannheim, em seu ensaio "On the Interpretation of 'Weltanschauung'" (em *Essays on the Sociology of Knowledge,* traduzido e editado por Paul Kecskemeti [New York: Oxford University Press, 1952], p. 33-83), referido neste trabalho como o "método da interpretação documental".

que as outras entendam "do que elas realmente estão falando". A antecipação de que as pessoas entenderão, a ocasionalidade de expressões, a imprecisão específica de referências, o sentido retrospectivo-prospectivo de uma ocorrência presente, esperando por algo posterior para descobrir o significado anterior, são propriedades sancionadas do discurso comum. Fornecem um contexto de características vistas, mas não percebidas, do discurso comum, por meio do qual os enunciados reais são reconhecidos como eventos de conversa comum, razoável, compreensível e simples. As pessoas exigem essas propriedades do discurso como condições sob as quais elas próprias são autorizadas e autorizam os outros a afirmar que sabem do que estão falando e que sua fala é compreensível e deve ser entendida. Em suma, sua presença vista, mas não percebida, é usada para autorizar as pessoas a conduzir, sem interferência, seus assuntos de conversação compartilhados. Afastamentos desses usos invocam tentativas imediatas de restaurar um estado de coisas apropriado.

O caráter sancionado dessas propriedades é demonstrável a seguir. Alunos foram instruídos a entabular uma conversa normal com um conhecido ou um amigo e (sem indicar que a indagação do experimentador era algo incomum) a insistir para que a pessoa esclarecesse o sentido de suas observações comuns. Vinte e três alunos relataram 25 exemplos desses encontros. Transcrevemos a seguir trechos representativos de seus relatos.

Caso 1

O sujeito da experiência explicava ao experimentador, um membro do grupo de transporte solidário do sujeito, sobre o pneu murcho na ida ao trabalho na véspera.

Sujeito: Tive um pneu murcho.
Experimentador: Como assim, teve um pneu murcho?

Primeiro, ela pareceu atordoada. Então, respondeu de forma brusca: "Como assim, 'como assim'? Um pneu murcho é um pneu murcho. Foi isso o que eu quis dizer. Nada de especial. Que pergunta mais doida!".

Caso 2

s: Oi, Ray. Como vai sua namorada?
e: Como assim, "como ela vai"? Física ou mentalmente?
s: Quer dizer, como ela vai. Qual é o problema? (Com ar irritado).
e: Nenhum. Só pode me explicar melhor o que você quer dizer?
s: Deixa para lá. Tudo certo com o seu pedido de ingresso na Faculdade de Medicina?
e: Como assim, "tudo certo?".
s: Sabe o que eu quero dizer.
e: Na verdade, não.
s: Qual é o seu problema? Está doente?

Caso 3

"Na sexta à noite, meu marido e eu assistíamos à tevê. Meu marido comentou que estava cansado. Perguntei: 'Cansado em que sentido? Fisicamente, mentalmente ou apenas entediado?'"

s: Sei lá, acho que mais fisicamente.
e: Quer dizer que está com dor nos músculos ou nos ossos?
s: Acho que sim. Não seja tão técnica. (*Depois de assistir mais*)
s: Todos esses filmes antigos têm esse mesmo tipo de cama com cabeceira de ferro.
e: Como assim? Quer dizer todos os filmes antigos, ou alguns deles, ou só os que você já viu?
s: Qual é o seu problema? Sabe o que quero dizer.
e: Só queria que você fosse mais específico.
s: Sabe o que quero dizer! Vai ver se estou lá na esquina!

Caso 4

Durante uma conversa (com a noiva feminina de E), E questionou o significado de várias palavras usadas pelo sujeito. ...

> Durante o primeiro minuto e meio, a pessoa respondeu às questões como se fossem perguntas legítimas. Então ela começou a responder com "Por que você está me fazendo essas perguntas?" e a repetir isso duas ou três vezes depois de cada pergunta. Ficou nervosa e agitada, com o rosto e os movimentos das mãos... descontrolados. Aparentou estar desnorteada e reclamou que eu estava deixando-a nervosa, exigindo: "Pare com isso". ... A pessoa pegou uma revista e cobriu o rosto. Baixou a revista e fingiu estar absorta na leitura. Quando indagada por que estava olhando para a revista, permaneceu calada e se recusou a fazer quaisquer observações.

Caso 5

Meu amigo me disse: "Rápido, ou vamos nos atrasar". Perguntei a ele o que queria dizer com se atrasar e sob qual prisma ele se referia. Ele me fitou com ar de perplexidade e sarcasmo. "Por que me fez essas perguntas tolas? Com certeza não preciso explicar uma frase dessas. O que há de errado com você hoje? Por que cargas d'água eu deveria me dar ao trabalho de analisar essa frase? Todo mundo entende minhas frases e você não deve ser exceção!"

Caso 6

A vítima alegremente acenou com a mão.

s: Como vai?
e: Como vou, em que sentido? Minha saúde, meu trabalho escolar, as minhas finanças, minha paz mental, meu...?
s: (*O rosto corado e, de repente, fora de controle.*)
 Olha só! Só tentei ser educado. Na real, não estou nem aí com você.

Caso 7

Meu amigo e eu estávamos falando de um sujeito cuja atitude arrogante nos irritava. Meu amigo expressou seu sentimento.

s: Ele me deixa nauseado.
e: Pode me explicar o que há de errado em se sentir nauseado?
s: Está brincando comigo? Sabe o que quero dizer.
e: Por favor, explique a razão de sua náusea.
s: (*Ele me ouviu com um olhar perplexo...*)
 O que deu em você? A gente nunca fala desse jeito, não é?

Compreensões contextuais e reconhecimento "adequado" de eventos comuns

Que tipos de expectativas compõem um contexto "visto, mas não percebido" de entendimento comum, e como estão relacionados ao reconhecimento pelas pessoas de cursos estáveis de transações interpessoais? Algumas informações podem ser obtidas se primeiro perguntamos como uma pessoa vai enxergar uma cena comum e familiar, e o que ela verá nela se lhe exigirmos que ela não faça nada além de enxergar a cena como algo que não lhe seja "óbvio" nem "real".

Alunos de graduação receberam a tarefa de passar de 15 minutos a 1 hora em suas casas visualizando suas atividades e, ao mesmo tempo, supor que eram inquilinos na casa e não pertencessem à família. Foram instruídos a não revelar a suposição. Trinta e três alunos relataram suas experiências.

Em seus relatórios escritos, os alunos "comportamentalizaram" as cenas domésticas. Eis um trecho de um relato para ilustrar o que quero dizer.

Um baixinho atarracado entrou em casa, me beijou na bochecha e perguntou: "Como foi a escola?" Respondi educadamente. Ele entrou na cozinha, beijou a mais jovem das duas mulheres e disse oi para a outra. A mulher mais jovem me perguntou: "O que você quer para o jantar, meu bem?" Respondi: "Nada". Ela deu de ombros e não disse mais nada. A mulher mais velha arrastou os pés pela cozinha, resmungando. O sujeito lavou as mãos, sentou-se à mesa e pegou o jornal. Ficou lendo até as duas mulheres acabarem de colocar a comida na mesa. Os três se sentaram. Conversaram abobrinhas sobre os eventos do dia. A mulher mais velha disse algo em uma língua estrangeira que fez os outros rir.

Pessoas, relações e atividades foram descritas sem respeito por sua história, pelo lugar da cena em um conjunto de circunstâncias vitais em desenvolvimento nem pelas cenas como textura de eventos relevantes para as próprias partes. Em geral, foram omitidas referências aos motivos, ao decoro, à subjetividade e ao caráter socialmente padronizado dos eventos. As descrições podem ser pensadas como as de uma pessoa que espia pelo buraco da fechadura que deixa de lado muito do que ela sabe em comum com os personagens das cenas que está presenciando, como se o escritor tivesse testemunhado as cenas com uma leve amnésia de seu conhecimento de senso comum sobre as estruturas sociais.

Os alunos ficaram surpresos ao ver as formas pessoais nas quais os membros tratavam os outros. Os assuntos de um eram tratados como os assuntos dos outros. Uma pessoa que estava sendo criticada foi incapaz de mostrar uma postura digna e impedida pelos outros de se sentir ofendida. Uma aluna relatou sua surpresa em quão livremente obteve o comando da casa. Exibições de conduta e sentimentos ocorreram sem aparente preocupação pela gestão de impressões. Os modos à mesa eram péssimos, e os membros da família mostravam pouca polidez uns com os outros. Vítimas precoces na cena foram as notícias familiares do dia a dia que se transformavam em conversa trivial.

Os alunos relataram que essa maneira de ver foi difícil de sustentar. Objetos familiares – pessoas obviamente, mas também a mobília e a arrumação do ambiente – resistiram aos esforços dos alunos a se pensarem como estranhos. Muitos se tornaram desconfortavelmente conscientes de como movimentos habituais estavam sendo feitos; de *como* alguém manipulava os talheres, ou de *como* abria uma porta ou cumprimentava outro membro. Muitos relataram que foi difícil de sustentar a atitude porque, com ela, brigas, disputas e motivações hostis tornavam-se constrangedoramente visíveis. Com frequência, um relato que contava problemas recentemente visíveis era acompanhado pela afirmação do aluno de que o seu relato sobre os problemas familiares não era uma imagem "verdadeira"; a família era *mesmo* felicíssima. Vários alunos relataram a sensação levemente opressiva de "interpretar um papel". Vários alunos tentaram formular o "eu real" como atividades regidas por normas de conduta, mas desistiram, considerando isso um trabalho ruim. Consideraram mais convincente pensar em si nas circunstâncias "normais" como "sendo o verdadeiro eu". No entanto, um aluno ficou intrigado com a forma tão deliberada e tão bem-sucedida com a qual ele foi capaz de prever as outras respostas por suas ações. Não se incomodou com esse sentimento.

Muitos relatos traziam uma variação do tema: "Fiquei contente quando acabou a hora e pude voltar a ser eu mesmo".

Os alunos estavam convencidos de que o ponto de vista de um inquilino não era seu ambiente real em casa. A postura de inquilino gerou aparências que eles descontaram como incongruências interessantes de pouca e enganosa relevância prática. Como os modos familiares de olhar seus ambientes domésticos foram alterados? Como sua aparência diferiu da habitual?

Vários contrastes em relação à maneira "costumeira" e "necessária" de ver são detectáveis de seus relatos. (1) Ao olhar para suas casas como inquilinos, substituíram a textura mutuamente reconhecida de eventos com uma regra de interpretação que exigia que essa textura mútua fosse *temporariamente* desconsiderada. (2) A textura mutuamente reconhecida foi trazida sob a jurisdição da nova atitude como uma definição das estruturas essenciais dessa textura. (3) Isso foi feito por meio de interação com os outros com uma atitude cuja natureza e propósito apenas o usuário sabia, que permaneceu desconhecida, que poderia ser tanto adotada ou posta de lado em um momento de escolha do usuário e se tratava de um caso de eleição deliberada. (4) A atitude como intenção foi sustentada por uma questão de conformidade pessoal e desejada com uma regra explícita e única, (5) pela qual, como um jogo, o objetivo da intenção era idêntico a olhar as coisas sob a proteção da única regra em si. (6) Acima de tudo, o olhar não estava vinculado a qualquer necessidade em direcionar o interesse de alguém no âmbito da atitude para com as ações dos outros. Foram esses os assuntos que os alunos acharam estranhos.

Quando os alunos usavam essas expectativas contextuais não só como formas de olhar cenas familiares, mas também como base para atuar nelas, havia o recrudescimento das cenas com a perplexidade e a raiva dos membros da família.

Em outro procedimento, os alunos foram convidados a passar de 15 minutos até 1 hora em suas casas, imaginando que eram inquilinos e fazendo transparecer essa suposição. Foram instruídos a adotar uma conduta prudente e educada. Deviam comportar-se de modo impessoal, usar tratamento formal e falar apenas em resposta ao interlocutor.

Dos 49 alunos estudados, nove se recusaram a fazer a tarefa (cinco casos) ou a tentativa foi "malsucedida" (quatro casos). Quatro dos alunos que "não tentaram" alegaram estar com medo de fazê-lo; a quinta aluna disse que preferia evitar o risco de abalar sua mãe, que tinha problemas cardíacos. Em dois dos casos "malsucedidos", a família tratou a situação como piada desde o início e recusou-se a mudar a postura, apesar das contínuas ações do aluno. Uma terceira família considerou que existia algo oculto, mas seja lá qual fosse o problema, não lhes dizia respeito. Na quarta família, o pai e a mãe comentaram que a filha estava sendo "superlegal" e, sem dúvida, em breve faria algum pedido.

E nos restantes 80% dos casos, os familiares ficaram estupefatos. Vigorosamente se esforçaram para tornar as ações estranhas inteligíveis e para restabelecer a situação a uma aparência normal. Os relatórios foram preenchidos com descrições de espanto, perplexidade, choque, ansiedade, vergonha e raiva e com acusações por vários membros da família de que o aluno estava sendo perverso, insensível, egoísta, desagradável ou indelicado. Os membros da família exigiam explicações. Qual é o problema? O que deu em você? Foi demitido? Está doente? Por que está agindo com arrogância? Por que está emburrado? Enlouqueceu ou é pura estupidez? Uma aluna deixou a mãe constrangida na frente de suas amigas perguntando se ela se importava se ela abrisse a geladeira para preparar um lanche. "Se eu me importo se você faça um lanchinho? Você faz lanchinhos por aqui há anos sem me perguntar. O que deu em você?". Outra mãe, enfurecida porque sua filha só falava com ela apenas para responder à conversa materna, começou a espinafrá-la por seu desrespeito e insubordinação e se recusou a ser acalmada pela irmã da aluna. Um pai repreendeu a filha por estar insuficientemente preocupada com o bem-estar dos outros e de agir como criança mimada.

Às vezes, os membros da família primeiro tratavam a ação do aluno como sugestão para um número de comédia conjunto que logo era substituído por irritação e raiva exasperada porque o aluno não soube o momento de parar. Os membros da família zombavam da "educação" dos alunos – "Com certeza, sr. Herzberg!" – ou acusavam o aluno de bancar o espertalhão e geralmente reagiam à "delicadeza" com sarcasmo.

Explicações foram procuradas em motivos anteriores e compreensíveis do aluno: o aluno estava "se esforçando muito" na escola; o aluno estava "doente"; tinha "brigado outra vez" com a noiva. Quando as explicações oferecidas pelos membros da família permaneciam não reconhecidas, seguia-se a retirada do membro ofendido, tentativa de isolamento do culpado, retaliação e denúncia. "Não se incomode com ele, para variar ele acordou com o pé esquerdo"; "Não vou dar bola, mas só espera ele me pedir algo"; "Você está tirando sarro com a minha cara, *o.k.*, vou tirar da sua e daí, vamos ver"; "Por que é sempre você quem cria atrito em nossa harmonia familiar?". Muitos relatos continham variantes do confronto seguinte. Um pai seguiu seu filho até o quarto. "Sua mãe tem razão. Você não parece bem... e não está falando coisa com coisa. É melhor conseguir outro emprego que não exija trabalho noturno." O aluno respondeu que agradecia a consideração, mas que se sentia bem e só queria um pouco de privacidade. O pai reagiu gritando com raiva: "Não quero mais *isto* de *você*, e se você não consegue tratar sua mãe decentemente é melhor ir embora!".

Em todos os casos a situação pôde ser contornada após a explicação do aluno. No entanto, a maior parte dos membros da família não achou graça e só poucas vezes considerou a experiência instrutiva, como o aluno argumentou que supostamente seria.

Depois de ouvir a explicação, uma irmã friamente respondeu em nome de uma família de quatro pessoas: "Por favor, chega desses experimentos. A gente não é cobaia, sabe". Às vezes uma explicação era aceita, mas a ofensa foi ainda maior. Em vários casos, foi relatado que as explicações deixaram os alunos, as famílias ou ambos se perguntando o quanto havia de "pura encenação" no que ele dissera e quanto ele "realmente quis dizer".

Alunos acharam a tarefa difícil de realizar. Mas em contraste com os relatos de observadores, os alunos foram capazes de relatar que as dificuldades consistiam em não ser tratados como se estivessem no papel que eles tentavam interpretar, e de ser confrontados com situações, mas não saber como um inquilino reagiria.

Houve vários resultados totalmente inesperados. (1) Embora muitos alunos relatassem amplos ensaios em imaginação, poucos mencionaram medo ou vergonha por antecipação. (2) Por outro lado, embora desdobramentos inesperados e desagradáveis tenham ocorrido com frequência, em apenas um caso um aluno relatou graves arrependimentos. (3) Poucos alunos relataram alívio sincero quando a hora acabou. Foram muito mais propensos a relatar alívio parcial. Muitas vezes relataram que, em resposta à raiva dos outros, eles também se irritaram e facilmente deslizaram a ações e sentimentos subjetivamente reconhecíveis.

Em contraste com os relatórios dos "inquilinos" observadores, pouquíssimos relatos "comportamentalizaram" a cena.

Interação simbólica 10

Introdução

Discutimos as ideias de George Herbert Mead em um capítulo anterior. Lembre-se de que a contribuição de Mead à compreensão sociológica foi sua teoria sobre o *self* como produto social e sua tentativa de capturar o processo interativo e dinâmico pelo qual o *self* é formado. Ao rejeitar o behaviorismo watsoniano, Mead não só deixou de lado uma visão excessivamente simplista do comportamento humano como resposta condicionada, mas também introduziu um agente social ativo e reflexivo cuja consciência poderia ser entendida, por meio da análise dos processos sociais que contribuem para a sua construção.

Herbert Blumer (1900-1987) foi aluno de Mead na University of Chicago. Embora Mead tenha sido filósofo, seus cursos em psicologia social atraíram vários alunos de pós-graduação de sociologia, entre os quais, Blumer. Ele se tornou um grande intérprete da obra de Mead e usou pela primeira vez o termo *interacionismo simbólico*, em 1937, em um artigo que explicava como a participação ativa na vida de um grupo afeta o desenvolvimento social de um indivíduo. O trabalho de Blumer alicerçava-se na obra de Mead, mas ia além, abrangendo uma crítica das teorias reducionistas na psicologia e das teorias deterministas na sociologia. Os escritos de Blumer tentam capturar a fluidez da ação social, a reflexividade do *self* e o caráter negociado de grande parte da vida cotidiana. Em vez de focar a estrutura social como a causa antecedente da ação humana, Blumer enfatiza os processos sociais e interativos que permitem que os indivíduos construam as suas ações. Nesse aspecto, Blumer rejeita a noção de que ação humana é uma resposta a impulsos internos ou a forças externas exercidas sobre o indivíduo. Em vez disso, Blumer defende que as ações humanas são mais bem entendidas como consequência de processos reflexivos e deliberativos, pelos quais o indivíduo é capaz de observar e determinar a relevância dos objetos no ambiente, calcular se deve ou não responder (e como responder) a certas situações, além de rejeitar certos cursos de ação e escolher entre alternativas. Dessa forma, Blumer desafia as explicações predominantes da ação humana nas ciências sociais e traz à tona um agente consciente e reflexivo, no lugar do objeto passivo e determinado.

Blumer compreende a interação simbólica como um processo exclusivamente humano, no sentido de que exige a definição e a interpretação de linguagem e gestos e também a determinação do significado das ações dos outros. Para que os seres humanos interajam, eles devem ser capazes de compreender o significado dos comentários e das ações dos outros e modelar uma resposta adequada. Assim, os indivíduos tentam ajustar suas ações e mesclar seus comportamentos com os dos outros com quem interagem. Em decorrência disso, a vida social é um processo fluido e negociado em vez de um processo determinado por macroestruturas como classe econômica ou organização burocrática. A discussão de Blumer sobre "ação conjunta" capta essa visão da vida social como processo em vez de estrutura e projeta uma visão da sociedade como teia complexa de ações colaborativas na qual os participantes estão constantemente refletindo, negociando e ajustando suas ações com as dos outros para atingir objetivos comuns. No lugar da visão de que a sociedade é uma estrutura fixa e definível com resultados previsíveis e linhas de ação severamente restritas para os indivíduos, Blumer salienta a incerteza, a contingência e a transformação que caracterizam a vida cotidiana.

Como já vimos, as ideias de Mead e seu posterior desenvolvimento por Blumer fornecem a base para a escola de pensamento conhecida como interacionismo simbólico. Duas críticas importantes surgiram com relação a essa perspectiva. Primeira: o interacionismo simbólico é falacioso por colocar muita ênfase na vida cotidiana e na formação social do *self*, praticamente ignorando a estrutura social. Há momentos em que os interacionistas simbólicos escrevem como se os pobres, os desabrigados e as vítimas de deslocamentos econômicos não fizessem parte da vida cotidiana. As relações de classe e as restrições que elas impõem nas linhas de ação abertas a agentes individuais são ignoradas ou negligenciadas em favor de uma visão mais otimista de uma sociedade aberta em que a ação conjunta negociada é a característica relevante da ação humana.

Segunda: alguns têm encontrado na perspectiva do interacionismo simbólico um afastamento dos cânones da metodologia científica e sua busca em prol de generalizações objetivamente verificáveis em sociologia. O interacionismo simbólico coloca grande ênfase sobre uma metodologia que se concentra em significados, símbolos e interpretações subjetivos na determinação de como os agentes chegam a seus cursos de ação. Como os processos são mentais e internos, alguns interacionistas confiam em percepções subjetivas e introspectivas em vez de em dados prontamente observáveis e objetivos. Essa crítica causou uma ruptura interna no interacionismo simbólico: alguns alegaram que Blumer não foi fiel ao compromisso de Mead ao behaviorismo científico e que sua versão do campo não conduziu ao desenvolvimento de conceitos úteis ou à formulação de generalizações com base na observação do comportamento aberto.

Outra voz no campo do interacionismo simbólico é a de Erving Goffman (1922-1982). Canadense de nascimento, Goffman estudou na University of Toronto, mas fez sua pós-graduação na University of Chicago, onde estudou com Herbert Blumer. Goffman aceitou uma nomeação na University of California, em Berkeley, onde lecionou sociologia no mesmo departamento de Blumer. Em 1969, deixou Berkeley para a University of Pennsylvania, onde lecionou até 1982.

A abordagem de Goffman à sociologia é fortemente influenciada por Mead e Blumer, embora ele tenha enveredado por caminhos um pouco diferentes nas várias obras que produziu. Sua obra inicial, *A representação do self na vida cotidiana* (1959), segue mais a tradição do interacionismo simbólico, porque Goffman centra-se no indivíduo como *self* ativo e reflexivo capaz de adotar uma ampla gama de opções para determinar como o *self* deve ser apresentado nos diversos espaços sociais. Em seus outros trabalhos, como *Estigma* (1963) e *Manicômios* (1961), Goffman continuou enfocando a criatividade do *self* e sua tenacidade para sobreviver contra todas as probabilidades. Ao contrário de seus mentores, Goffman prestou muito mais atenção às estruturas sociais e, em especial em *Manicômios*, desenvolveu o conceito de "instituições totais" e as estratégias que os reclusos desenvolvem para contornar seus tratadores.

A dramaturgia é a inovadora guinada dada por Goffman ao tradicional pensamento de Mead, e o termo com mais frequência associado ao nome dele. Goffman pede que encaremos nossas ações e as dos outros pelo prisma de uma peça de teatro. A ação social não implica simplesmente um papel, mas também envolve "bastidores" e um "palco frontal". Nos bastidores, sempre escondido da plateia como no teatro, o elenco se prepara para atuar no palco frontal. A seleção de "adereços"; o vestuário a ser usado; o uso, o desuso ou o abuso de maquiagem; e quaisquer outros auxílios considerados adequados pelo ator para projetar a imagem apropriada são todos cuidadosamente determinados fora da vista da plateia diante da qual a apresentação acontecerá. Todos os atores envolvidos na interação social participam dessa escolha da máscara apropriada, a fim de desempenhar o papel de forma convincente. Em cada instância, Goffman argumenta, um *self* diferente é projetado; e o que e como ele se projeta é uma decisão consciente por parte do ator; além disso, e aqui Goffman vai além de Mead e Blumer, assim como o ator em uma peça teatral representa um papel a fim de ser convincente ao público, também na vida cotidiana os indivíduos representam as suas funções com atenção consciente àqueles detalhes que os tornarão convincentes. Por fim, na vida cotidiana, como no teatro, há um elemento de manipulação envolvido na relação entre ator e plateia. Nos dois casos, o ator tenta avaliar a reação do público e, portanto, molda a atuação, ou a apresentação do *self*, a fim de provocar a reação desejada do outro.

No trecho apresentado aqui, Goffman resume sua visão sobre o significado do *self* e apresenta algumas conclusões marcantes. O *self* não é singular, mas múltiplo, não é uma fonte moralmente coerente de ação, mas um repertório de atos. Não existe exceto na forma de apresentações convincentes, como uma ilusão considerada real pelo observador ou pelo público. Embora essas conclusões possam ser difíceis, ou talvez inaceitáveis para alguns, elas realmente se relacionam com a presciência das ideias de Goffman, sem mencionar Simmel, Mead e Blumer antes dele, no sentido de que antecipam as noções do *self* descentralizado, popularizado pelos teóricos pós-modernistas contemporâneos. Para Goffman, como para Simmel, a vida social contemporânea nos envolve em uma multiplicidade de interações heterodoxas em diferentes espaços sociais. As interações bem-sucedidas com outras pessoas e as realizações de objetivos individuais ou coletivos envolvem a capacidade de interpretar uma variedade de papéis e de manipular o *self* para obter dos outros as reações, respostas ou recompensas desejadas. Assim, o *self* torna-se um objeto para si mesmo, de forma um pouco diferente do que a imaginada por Mead e Blumer, à medida que Goffman introduz considerações sobre manipulação e poder de interacionismo simbólico. E ainda mais importante: a visão ideológica liberal do indivíduo como fonte central de ação, vontade, intenção e consistência moral e integridade é substituída pela concepção sociológica do ator social funcionando em muitos contextos, que invoca atos diferentes para atender a situações novas e variadas. Se isso é uma condição moralmente repreensível ou emancipada não cabe a Goffman decidir. Seu papel como sociólogo é nos apresentar as realidades que enfrentamos em nosso cotidiano, mesmo que tenhamos a tendência de negá-las.

O artigo de Arlie Hochschild, "Explorando o coração gerenciado", aqui reproduzido, apresenta outra perspectiva. Hochschild explora as emoções humanas e os usos comerciais aos quais elas podem estar sujeitas. Ela sustenta que as emoções e o trabalho emocional devem ser encarados como labor em todos os sentidos do termo. Em geral, pensar em emoções é pensar em administrar nossos sentimentos de amor, raiva, ira, carinho e proteção – como expressões verdadeiramente sentidas por nosso ser interno. Hochschild encara as emoções no contexto de uma sociedade capitalista pós-industrial. Afirma que hoje o trabalho emocional nunca teve tanta demanda, à medida que a sociedade migra de fábricas e a produção de bens materiais para uma economia de serviços que exige mais interações face a face. A necessidade de gerenciar as emoções, tanto aquelas do provedor de serviço quanto as do cliente ou do consumidor que está sendo servido, só aumenta.

Os alunos devem centrar-se nos exemplos de trabalho emocional descritos por Hochschild e perguntar como e por que os provedores se tornam "alienados". Como

Hochschild chega às suas conclusões? Para você, as comissárias de bordo descritas por ela são exploradas, e de que forma? De alguma maneira, todos nós participamos na gestão de emoções? Você encontra qualquer conexão entre a visão de Goffman sobre o *self* e a análise de Hochschild sobre "o coração gerenciado"?

Herbert Blumer: Sociedade como interação simbólica

Uma visão da sociedade humana como interação simbólica tem sido mais seguida do que formulada. Afirmações parciais, em geral fragmentárias, podem ser encontradas nos escritos de alguns eminentes estudiosos, tanto dentro quanto fora do campo da sociologia. Entre os primeiros podemos citar estudiosos como Charles Horton Cooley, W. I. Thomas, Robert E. Park, E. W. Burgess, Florian Znaniecki, Ellsworth Faris e James Mickel Williams. Entre aqueles fora da disciplina estão William James, John Dewey e George Herbert Mead. Na minha percepção, nenhum desses estudiosos apresentou uma declaração sistemática sobre a natureza da vida grupal humana do ponto de vista da interação simbólica. Entre todos eles, Mead se destaca por revelar as premissas fundamentais da abordagem, mas ele fez pouco para desenvolver suas implicações metodológicas para o estudo sociológico. Os alunos que procuram retratar a posição de interação simbólica podem facilmente dar imagens diferentes sobre ela. O que tenho a apresentar deve ser considerado a minha versão pessoal. Meu objetivo é apresentar as premissas básicas do ponto de vista e desenvolver as consequências metodológicas para o estudo da vida grupal humana.

O termo "interação simbólica" refere-se, é claro, ao caráter peculiar e distintivo da interação, à medida que acontece entre seres humanos. A peculiaridade consiste no fato de que os seres humanos interpretam ou "definem" as ações de outrem em vez de apenas reagir às ações dos outros. Sua "resposta" não é feita diretamente para as ações de outrem, mas em vez disso baseia-se no significado atribuído a essas ações. Assim, a interação humana é mediada pelo uso de símbolos, pela interpretação ou pela averiguação do significado das ações de outrem. Essa mediação é equivalente à inserção de um processo de interpretação entre estímulo e resposta no caso do comportamento humano.

O simples reconhecimento de que os seres humanos interpretam as ações de outrem como os meios de agir em relação aos outros tem permeado o pensamento e os escritos de muitos estudiosos da conduta humana e da vida grupal humana. No entanto, poucos se esforçaram para analisar as implicações dessa interpretação para a natureza do ser humano ou para a natureza da associação humana. Em geral, ficam contentes com o mero reconhecimento de que a "interpretação" deve ser detectada pelo aluno, ou com a simples percepção de que símbolos (normas ou valores culturais) devem ser introduzidos em suas análises. Na minha percepção, só G. H. Mead tem procurado analisar as implicações do ato de interpretação implica para a compreensão do ser humano, da ação humana e da associação humana. Os pontos essenciais de sua análise são tão penetrantes e profundos, e tão importantes para a compreensão da vida grupal humana, que pretendo desenvolvê-los, mesmo que sucintamente.

A característica fundamental na análise de Mead é a de que o ser humano tem um *self*. Essa ideia não deve ser descartada como esotérica ou interpretada como óbvia e, portanto, indigna de atenção. Ao declarar que o ser humano tem um *self*, Mead primordial-

---

De Herbert Blumer, "Society as Symbolic Interaction", em *Human Behavior and Social Processes: An Interactionist Approach*, editado por Arnold M. Rose. Reimpresso com permissão da Houghton Mifflin co. Direitos autorais © 1962.

mente queria dizer que o ser humano pode ser objeto de suas próprias ações. Ele pode atuar em relação a si mesmo como pode atuar em relação aos outros. Cada um de nós está familiarizado com ações desse tipo, em que o ser humano fica irritado consigo mesmo, recrimina-se, orgulha-se de si mesmo, discute consigo mesmo, tenta reforçar sua própria coragem, diz a si mesmo que deveria "fazer isso e não aquilo", traça metas para si mesmo, estabelece compromissos consigo mesmo e planeja o que vai cumprir. Que o ser humano atua em relação a si mesmo nessas e em inúmeras outras maneiras é uma questão de fácil observação empírica. Reconhecer que o ser humano pode atuar em relação a si mesmo não é nenhum feitiço místico.

Mead considera que essa capacidade do ser humano de atuar em relação a si mesmo é o mecanismo central com o qual o ser humano enfrenta o mundo e lida com ele. Esse mecanismo permite ao ser humano indicar para si mesmo as coisas do ambiente e, assim, guiar seus atos pelo que observa. Tudo de que um ser humano tem consciência é algo que ele está indicando a si próprio – o tique-taque de um relógio, uma batida na porta, o aparecimento de um amigo, uma observação feita por um conhecido, o reconhecimento de que tem uma tarefa a cumprir ou a constatação de que pegou um resfriado. Por outro lado, qualquer coisa sobre a qual ele não tenha consciência é, *ipso facto,* algo que ele não está indicando para si mesmo. A vida consciente do ser humano, desde o instante em que acorda até cair no sono, é um fluxo contínuo de autoindicações – anotações sobre as coisas com as quais lida e leva em conta. Recebemos, então, a imagem do ser humano como organismo que confronta o seu mundo com um mecanismo para fazer indicações a si mesmo. Esse é o mecanismo envolvido em interpretar as ações de outrem. Interpretar as ações de outrem é salientar para si mesmo que a ação tem esse ou aquele significado ou caráter.

Ora, de acordo com Mead, o significado de fazer indicações para si mesmo é de suma importância. A importância reside ao longo de duas linhas. Em primeiro lugar, indicar algo é desprendê-lo de seu contexto, separá-lo, dar um significado a ele ou, na linguagem de Mead, transformá-lo em um objeto. Um objeto – ou seja, tudo o que um indivíduo indica a si mesmo – é diferente de um estímulo; em vez de ter um caráter intrínseco que atua sobre o indivíduo e que pode ser identificado além do indivíduo, seu caráter ou significado é conferido pelo indivíduo. O objeto é um produto da disposição individual para agir em vez de ser um estímulo antecedente que evoca o ato. Em vez de o indivíduo estar rodeado por um ambiente de objetos preexistentes que atuam sobre ele e invocam o comportamento dele, a imagem adequada é a de que ele constrói seus objetos com base em sua atividade em andamento. Em qualquer um de seus inúmeros atos – desde os menores, como se vestir, até os maiores, como organizar-se para uma carreira profissional – o indivíduo está designando diferentes objetos para si mesmo, dando-lhes significado, julgando sua adequação à sua ação e tomando decisões com base no julgamento. Isso é o que se entende por interpretação ou atuar com base em símbolos.

A segunda implicação importante do fato de o ser humano fazer indicações para si mesmo é que sua atuação é construída em vez de apenas emitida. Seja qual for a ação em que estiver envolvido, o indivíduo humano evolui salientando a si mesmo as coisas divergentes que têm de ser levadas em conta no decorrer de sua ação. Ele precisa observar o que ele quer fazer e como vai fazê-lo; precisa salientar as várias condições que podem ser instrumentais para sua ação e aquelas que podem obstruir a sua ação; precisa levar em conta as demandas, as expectativas, as proibições e as ameaças que podem surgir na situação em que está atuando. Sua ação é construída passo a passo pelo processo da autoindicação. O indivíduo humano conecta as peças e orienta a sua ação levando em conta as diferentes coisas e interpretando o seu significado para a sua ação esperada. Não há exemplo de ação consciente em que isso não seja verdade.

O processo da construção de ação por meio de fazer indicações a si mesmo não pode ser classificado em nenhuma das categorias psicológicas convencionais. Esse processo é distinto e diferente do que é rotulado como "ego" – assim como é diferente de qualquer outra concepção que concebe o *self* em termos de composição ou organização. A autoindicação é um processo comunicativo e dinâmico em que o indivíduo observa as coisas, avalia-as, lhes dá um significado e decide agir com base no significado. O ser humano opõe-se ao mundo, ou contra os "alters", com esse processo e não com um mero ego. Além disso, o processo da autoindicação não pode ser classificado sob as forças, sejam externas ou internas, presumidas para atuar em cima do indivíduo para produzir seu comportamento. Pressões ambientais, estímulos externos, impulsos orgânicos, desejos, atitudes, sentimentos, ideias e quejandos não abrangem nem explicam o processo da autoindicação. O processo da autoindicação opõe-se a eles, no sentido de que o indivíduo salienta a si mesmo e interpreta o surgimento e a expressão dessas coisas, observando certa exigência que é feita dele, reconhecendo um comando, observando que está com fome, percebendo que deseja comprar alguma coisa, ciente de que tem determinado sentimento, consciente de que não gosta de comer com alguém que despreza ou ciente de que está pensando em fazer alguma coisa em específico. Em virtude de indicar essas coisas a si mesmo, ele se posiciona contra elas e é capaz de agir contra elas, aceitá-las, rejeitá-las ou transformá-las de acordo com o modo como ele as define ou as interpreta. Por conseguinte, seu comportamento não provém de coisas como pressões ambientais, estímulos, motivos, atitudes e ideias, mas, em vez disso, surge de como ele interpreta e lida com essas coisas na ação que está construindo. O processo da autoindicação, por meio do qual a ação humana é formada, não pode ser explicado por fatores que precedem o ato. O processo de autoindicação existe por direito próprio e deve ser aceito e estudado como tal. É por meio desse processo que o ser humano constrói sua ação consciente.

Ora, Mead reconhece que a formação da ação pelo indivíduo por meio de um processo de autoindicação sempre ocorre em um contexto social. Já que esse assunto é tão vital para uma compreensão da interação simbólica, ele precisa ser explicado com cuidado. Fundamentalmente, a ação grupal assume a forma de um ajuste de linhas individuais de ação. Cada indivíduo alinha a sua ação com a ação dos outros, por meio da averiguação do que estão fazendo ou do que pretendem fazer – ou seja, por meio da obtenção do significado dos atos de outrem. Para Mead, isso é feito com o indivíduo "assumindo o papel" dos outros – seja o papel de uma pessoa específica, seja o papel de um grupo (o "outro generalizado" de Mead). Ao assumir esses papéis, o indivíduo procura averiguar a intenção ou a direção dos atos de outrem. Ele forma e alinha a sua própria ação com base nessa interpretação dos atos dos outros. Essa é a maneira fundamental no grupo em que a ação grupal acontece na sociedade humana.

Acima estão as características que considero essenciais na análise de Mead sobre as bases da interação simbólica. Elas pressupõem o seguinte: que a sociedade humana é composta de pessoas com *selves* (ou seja, que fazem indicações para si mesmas); que a ação individual é construção e não emissão, sendo erigida pelo indivíduo por meio de observar e interpretar as características das situações em que ele atua; que a ação coletiva ou grupal consiste no alinhamento das ações individuais, provocado quando o indivíduo interpreta ou considera as ações de outrem. Já que meu objetivo é apresentar e não defender a posição de interação simbólica, não me esforçarei neste ensaio para dar suporte às três premissas que acabei de indicar. Só quero dizer que as três premissas podem ser verificadas com facilidade do ponto de vista empírico. Desconheço exemplo de ação grupal humana ao qual não se aplique as três premissas. O leitor é desafiado a encontrar ou a pensar em um só exemplo em que elas não se encaixem.

Agora gostaria de frisar que, em geral, as opiniões sociológicas sobre a sociedade humana discordam bastante das premissas que indiquei como alicerces da interação simbólica. Com efeito, o grosso dessas opiniões, em especial aquelas em voga hoje em dia, não enxerga nem trata a sociedade humana como interação simbólica. Casadas, como tendem a ser, a alguma forma de determinismo sociológico, elas adotam imagens da sociedade humana, dos indivíduos nela e da ação do grupo que não se enquadram nas premissas da interação simbólica. Gostaria de dizer algumas palavras sobre as principais linhas de discordância.

O pensamento sociológico raramente reconhece ou trata as sociedades humanas como compostas por indivíduos que têm *selves*. Em vez disso, assume que os seres humanos são meros organismos com algum tipo de organização, respondendo às forças neles exercidas. Em geral, mas não exclusivamente, essas forças são apresentadas na composição da sociedade, como no caso de "sistema social", "estrutura social", "cultura", "posição de *status*", "papel social", "costumes", "instituição", "representação coletiva", "situação social", "norma social" e "valores". A suposição é a de que o comportamento das pessoas como membros *de uma sociedade* é uma expressão da atuação desses tipos de fatores ou forças sobre elas. Claro, essa é a posição lógica necessariamente tomada quando o estudioso explica seu comportamento ou as fases de seu comportamento em termos de um ou outro desses fatores sociais. Os indivíduos que compõem uma sociedade humana são tratados como os meios pelos quais esses fatores operam, e a ação social desses indivíduos é considerada uma expressão desses fatores. Essa abordagem ou ponto de vista contraria, ou pelo menos ignora, que os seres humanos têm egos – que atuam fazendo indicações para si mesmos. Aliás, o *self* não é trazido à cena pela introdução de itens como impulsos orgânicos, motivos, atitudes, sentimentos, fatores sociais internalizados ou componentes psicológicos. Esses fatores psicológicos têm o mesmo *status* do que os fatores sociais mencionados: são considerados fatores que atuam sobre o indivíduo para produzir sua ação. Não constituem o processo da autoindicação. O processo da autoindicação opõe-se a eles, exatamente como se opõe aos fatores sociais que atuam sobre o ser humano. Praticamente todas as concepções sociológicas da sociedade humana não reconhecem que os indivíduos que a compõem têm *selves* no sentido mencionado.

De modo correspondente, essas concepções sociológicas não consideram as ações sociais dos indivíduos na sociedade humana como sendo construídas por eles por meio de um processo de interpretação. Em vez disso, a ação é tratada como um produto de fatores exercidos sobre os indivíduos e por meio deles. O comportamento social das pessoas não é visto como construído por elas por meio de uma interpretação de objetos, de situações ou de ações dos outros. Se um lugar é destinado à "interpretação", a interpretação é considerada apenas uma expressão de outros fatores (como motivos) que precedem o ato e, assim, desaparece como fator por si só. Portanto, a ação social das pessoas é tratada como fluxo para o exterior ou expressão das forças exercidas sobre elas, em vez de atos criados pelas pessoas ao interpretar as situações em que são colocadas.

Essas observações sugerem outra significativa linha de diferença entre os pontos de vista sociológicos gerais e a posição da interação simbólica. Esses dois conjuntos de pontos de vista diferem no local em que posicionam a ação social. Sob a perspectiva da interação simbólica, a ação social é posicionada em indivíduos agindo que ajustam suas respectivas linhas de ação com as dos outros por meio de um processo de interpretação; a ação grupal é a ação coletiva desses indivíduos. Em oposição a essa visão, as concepções sociológicas em geral posicionam a ação social na ação da sociedade ou em alguma unidade da sociedade. Exemplos disso são múltiplos e vou citar alguns. Certas concepções, no tratamento de sociedades ou grupos humanos como "sistemas sociais", consideram a ação grupal uma expressão de um sistema, tanto em estado de equilíbrio ou procurando atingir o equilíbrio. Ou a ação grupal é concebida como expressão das "funções" de uma sociedade ou de um grupo. Ou a ação grupal é considerada a expressão externa dos elementos posicionados na sociedade ou no grupo, como exigências culturais, fins sociais, valores sociais ou ênfases institucionais. Essas concepções típicas ignoram ou apagam uma visão da vida grupal ou da ação grupal que consiste em ações coletivas ou orquestradas de indivíduos que buscam satisfazer suas situações de vida. Quando reconhecidos, os esforços das pessoas para desenvolver atos coletivos e satisfazer suas situações são classificados sob o jogo de forças subjacentes ou transcendentes posicionadas na sociedade ou em suas partes. Os indivíduos que compõem a sociedade ou o grupo se tornam "carreadores" ou meios para a expressão dessas forças; e o comportamento interpretativo por meio do qual as pessoas formam suas ações é apenas um vínculo coagido na atuação dessas forças.

A indicação das linhas precedentes de divergência deve ajudar a colocar a posição da interação simbólica em uma perspectiva melhor. Na discussão restante, desejo esboçar com um pouco mais de plenitude como a sociedade humana aparece em termos de interação simbólica e salientar algumas implicações metodológicas.

Devemos encarar que a sociedade humana consiste em pessoas agindo e que a vida da sociedade consiste em suas ações. As unidades de atuação podem ser indivíduos separados, coletividades cujos membros estão agindo juntos em uma busca comum, ou organizações que atuam em nome de eleitorado. Exemplos respectivos são compradores individuais em um mercado, grupos de brincadeiras ou missionários, uma corporação de negócios ou uma associação nacional de profissionais. Não existe atividade empiricamente observável em uma sociedade humana que não surja de uma unidade de atuação. Essa declaração banal deve ser realçada à luz da prática comum de sociólogos de reduzir a sociedade humana a unidades sociais que não atuam – por exemplo, as classes sociais na sociedade moderna. Claro que existem outras maneiras de ver a sociedade humana que não em termos das unidades de atuação que a compõem. Só gostaria de salientar que, em relação à atividade concreta ou empírica, a sociedade humana deve necessariamente ser vista em termos das unidades de atuação que a formam. E acrescento: qualquer esquema da sociedade humana que pretenda ser uma análise realista tem de respeitar e ser congruente com o reconhecimento empírico de que uma sociedade humana consiste em unidades de atuação.

O respeito correspondente deve ser mostrado em relação às condições sob as quais atuam essas unidades. Uma condição primordial é que a ação ocorre em (e no que tange a) uma situação. Qualquer que seja a unidade de atuação – indivíduo, família, escola, igreja, empresa de negócios, sindicato, assembleia legislativa e assim por diante –, qualquer ação particular é formada à luz da situação em que ela ocorre. Isso leva ao reconhecimento de uma segunda condição primordial, ou seja, que a ação é formada ou construída com base na interpretação da situação. A unidade de atuação necessariamente tem de identificar as coisas que precisa levar em conta – tarefas, oportunidades, obstáculos, meios, exigências, desconfortos, perigos e similares; tem de avaliá-los de alguma forma e tem de tomar decisões com base na avaliação. Esse comportamento interpretativo pode ocorrer no indivíduo guiando sua própria ação, em uma coletividade de indivíduos atuando em conjunto ou em "agentes" atuando em nome de um grupo ou organização. A vida grupal consiste em unidades de atuação que desenvolvem atos para satisfazer as situações em que são colocadas.

Em geral, a maioria das situações encontradas pelas pessoas em certa sociedade é definida ou "estruturada" por elas da mesma forma. Pela interação prévia, elas desenvolvem e adquirem entendimentos ou definições comuns de como agir nessa ou naquela situação. Essas definições comuns permitem que as pessoas ajam de modo parecido. O comportamento repetitivo comum das pessoas nessas situações não deve induzir o leitor a acreditar que nenhum processo de interpretação está em jogo; ao contrário, embora fixadas, as ações das pessoas participantes são construídas por elas por meio de um processo interpretativo. Com definições prontas e comumente aceitas à disposição, pouca ênfase é dada pelas pessoas na orientação e organização de seus atos. No entanto, muitas outras situações talvez não sejam definidas de forma única pelas pessoas participantes. Nesse caso, suas linhas de ação não se ajustam facilmente, e a ação coletiva está bloqueada. As interpretações têm de ser desenvolvidas, e a eficaz acomodação dos participantes entre si tem de ser trabalhada. No caso dessas situações "indefinidas", é necessário rastrear e estudar o processo emergente de definição que vem à tona.

Na medida em que os sociólogos ou alunos da sociedade humana estão preocupados com o comportamento das unidades de atuação, a posição da interação simbólica requer que os alunos entendam o processo de interpretação pelo qual eles constroem suas ações. Esse processo não deve ser entendido apenas debruçando-se sobre condições antecedentes ao processo. Essas condições antecedentes são úteis para a compreensão do processo, na medida em que entram nele, mas, como já foi mencionado, não constituem o processo. Tampouco alguém pode entender o processo apenas inferindo sua natureza a partir da ação aberta que é o seu produto. Para entender o processo, o aluno deve assumir o papel da unidade de atuação cujo comportamento ele está estudando. Já que a interpretação está sendo feita pela unidade de atuação em termos de objetos designados e avaliados, significados adquiridos e decisões tomadas, o processo tem de ser visto do ponto de vista dessa unidade de atuação. É o reconhecimento desse fato que torna o trabalho de pesquisa de estudiosos como R. E. Park e W. I. Thomas tão notável. Tentar compreender o processo interpretativo permanecendo distante como um chamado observador "objetivo" e recusando-se a assumir o papel da unidade de atuação é arriscar-se a cometer o pior tipo de subjetivismo – o observador objetivo talvez preencha o processo de interpretação com suas próprias conjeturas em vez de entender o processo que ocorre na experiência da unidade de atuação que o utiliza.

Grosso modo, é claro, os sociólogos não estudam a sociedade humana em termos de suas unidades de atuação. Em vez disso, eles são propensos a encarar a sociedade humana em termos de estrutura ou organização e a tratar a ação social como uma expressão dessa estrutura ou organização. Assim, a confiança é depositada em categorias estruturais como sistema social, cultura, normas, valores, estratificação social, posições de *status*, papéis sociais e organização institucional. Essas categorias são usadas tanto para analisar a sociedade humana quanto para explicar a ação social dentro dela. Outros grandes interesses dos acadêmicos sociológicos centram-se ao redor desse tema focal da organização. Uma linha de interesse é encarar a organização em termos das funções que ela deveria desempenhar. Outra linha de interesse é estudar a organização social como sistema em busca de equilíbrio; aqui, o acadêmico empenha-se em detectar os mecanismos que são nativos do sistema. Outra linha de interesse é identificar as forças que atuam sobre a organização para trazer mudanças nela; aqui, o acadêmico se esforça, em especial por meio de estudos comparativos, para isolar uma relação entre fatores causais e resultados estruturais. Essas várias linhas de perspectiva sociológica e interesse, hoje tão fortemente consolidadas, saltam sobre as unidades de atuação de uma sociedade e ignoram o processo interpretativo pelo qual essas unidades de atuação constroem suas ações.

Essas respectivas preocupações com organização, por um lado, e as unidades de atuação, por outro, definem a diferença essencial entre os pontos de vista convencionais da sociedade humana e o ponto de vista implícito na interação simbólica. Este último reconhece a presença da organização na sociedade humana e respeita a sua importância. Porém, encara e trata a organização de forma diferente. A diferença reside em duas linhas principais. Primeiro, do ponto de vista da interação simbólica, a organização de uma sociedade humana é o arcabouço dentro do qual a ação social ocorre e não é o fator determinante da ação. Segundo, essa organização e as mudanças nela são o produto da atividade das unidades de atuação e não de "forças" que desconsideram essas unidades de atuação. Cada uma dessas duas linhas principais de diferença deve ser explicada sucintamente a fim de obter uma melhor compreensão sobre a sociedade humana em termos da interação simbólica.

Do ponto de vista da interação simbólica, a organização social é um arcabouço dentro do qual as unidades de atuação desenvolvem suas ações. As características estruturais, como "cultura", "sistemas sociais", "estratificação social" ou "papéis sociais", definem condições para a sua ação, mas não determinam sua ação. As pessoas – isto é, as unidades de atuação – não agem em relação à cultura, à estrutura social e afins; elas agem em relação a situações. A organização social entra em ação apenas na medida em que molda as situações em que as pessoas agem e na medida em que fornece conjuntos fixos de símbolos que pessoas utilizam em suas situações de interpretação. Essas duas formas de influência da organização social são importantes. No caso de sociedades estabelecidas e estabilizadas, como tribos primitivas isoladas e comunidades camponesas, a influência certamente é profunda. No caso de sociedades humanas, em particular as sociedades modernas, em que surgem fluxos de novas situações e as velhas situações tornam-se instáveis, a influência da organização diminui. Deve-se ter em mente que o elemento mais importante confrontando uma unidade de atuação nas situações consiste nas ações de outras unidades de atuação. Na sociedade moderna, com seu entrelaçamento de linhas de ação, é comum que surjam situações em que as ações dos participantes anteriormente não sejam regularizadas e padronizadas. Nesse ponto, a organização social existente não molda as situações. Por sua vez, os símbolos ou ferramentas de interpretação que as unidades de atuação utilizam nessas situações podem variar e mudar de modo considerável. Por essas razões, a ação social pode ir além, ou afastar-se, da organização existente em qualquer de suas dimensões estruturais. A organização de uma sociedade humana não deve ser identificada com o processo de interpretação usado por suas unidades de atuação; embora o afete, não abraça nem cobre esse processo.

Talvez a consequência mais marcante de encarar a sociedade humana como organização seja ignorar o papel desempenhado pelas unidades de atuação na mudança social. O procedimento convencional dos sociólogos é *(a)* identificar a sociedade humana (ou parte dela) em termos de uma forma estabelecida ou organizada, *(b)* identificar algum fator ou condição de mudança atuando sobre a sociedade humana ou parte dela e *(c)* identificar a nova forma assumida pela sociedade após a atuação do fator de mudança. Essas observações permitem ao aluno exprimir proposições no sentido de que certo fator de mudança atuando sobre certa forma de organização resulta em certa nova forma organizada. Existem abundantes exemplos desde afirmações toscas até as mais refinadas, como a de que uma depressão econômica aumenta a solidariedade nas famílias de trabalhadores, ou a de que a industrialização substitui famílias ampliadas por famílias nucleares. Minha preocupação não é com a validade dessas proposições, mas com a posição metodológica que elas pressupõem. Em essência, essas proposições ou ignoram o papel do comportamento interpretativo das unidades de atuação em dado exemplo de mudança ou, então, consideram o comportamento interpretativo como coagido pelo fator de mudança. Gostaria de salientar que qualquer linha de mudança social, uma vez que envolve mudança na ação humana, é necessariamente mediada pela interpretação por parte das pessoas surpreendidas com a mudança – a mudança aparece sob a forma de novas situações em que as pessoas têm de construir novas formas de ação. Também, em consonância com o supramencionado, as interpretações das situações novas não são predeterminadas pelas condições antecedentes às situações, mas dependem do que é levado em conta e avaliado nas situações reais em que o comportamento é formado. Facilmente podem ocorrer variações na interpretação na medida em que diferentes unidades de atuação omitem diferentes objetos na situação, ou dão peso diferente aos objetos que observam ou reúnem os objetos em diferentes padrões. Ao formular proposições de mudança social, seria sábio reconhecer que qualquer linha de mudança é mediada pelas unidades de atuação que interpretam as situações com as quais se deparam.

Alunos que estudam a sociedade humana têm de enfrentar uma questão: a sua preocupação com as categorias de estrutura e organização pode ser enquadrada no processo interpretativo por meio do qual os seres humanos, individual e coletivamente, atuam na sociedade humana? É a discrepância entre esses dois fatores que assola esses alunos em seus esforços para alcançar as proposições científicas do tipo alcançado nas ciências físicas e biológicas. Além disso, essa discrepância é a principal responsável por sua dificuldade no ajuste de proposições hipotéticas a novos conjuntos de dados empíricos. Claro, esforços são feitos para superar essas deficiências, criando novas categorias estruturais, por meio da formulação de novas hipóteses estruturais, por meio do desenvolvimento de técnicas mais aprimoradas de pesquisa e até mesmo por meio da formulação de novos esquemas metodológicos de caráter estrutural. Esses esforços continuam ignorando ou explicando o processo interpretativo pelo qual as pessoas agem, individual e coletivamente, na sociedade. Resta saber se a sociedade humana ou a ação social podem ser analisadas com sucesso por esquemas que se recusam a reconhecer os seres humanos como eles são, ou seja, como pessoas construindo a ação individual e coletiva, por meio de uma interpretação das situações com as quais se deparam.

Erving Goffman: A representação do *self* na vida cotidiana

O arcabouço

Um estabelecimento social é qualquer lugar cercado por barreiras fixas à percepção e onde um tipo particular de atividade acontece de modo habitual. Tenho sugerido que qualquer estabelecimento social pode ser estudado de forma vantajosa do ponto de vista da gestão de impressão. Dentro das paredes de um estabelecimento social, encontramos um elenco que colabora para apresentar ao público certa definição da situação. Isso incluirá a concepção da própria equipe e do público e as suposições sobre o etos que deve ser mantido pelas regras da polidez e do decoro. Muitas vezes encontramos uma divisão entre os bastidores, onde rotineiramente se prepara a *performance*, e o palco frontal, onde é realizada a *performance*. O acesso a essas regiões é controlado a fim de impedir que a plateia enxergue os bastidores e impedir que estranhos presenciem uma *performance* não direcionada a eles. Entre os membros da equipe, descobrimos que a familiaridade

---

De *The Presentation of Self in Everyday Life* por Erving Goffman, Direitos autorais © 1959 de Erving Goffman. Usado com permissão da Doubleday, divisão da Random House, Inc. e Penguin Group (Reino Unido).

prevalece, a solidariedade é suscetível de desenvolver-se e os segredos que se revelados poderiam tirar a graça do espetáculo são compartilhados e mantidos. Um acordo tácito é mantido entre atores e plateia para agir como se existisse um determinado grau de oposição e de acordo entre eles. Normalmente, mas nem sempre, o acordo é enfatizado, e a oposição é subestimada. O consenso de trabalho resultante tende a ser contrariado pela atitude em relação à plateia que o elenco expressa na ausência da plateia e pela comunicação cuidadosamente controlada com base no personagem veiculado pelos atores, enquanto a plateia está presente. Constatamos que se desenvolvem papéis discrepantes: alguns dos indivíduos que são, aparentemente, companheiros de equipe, ou plateia, ou forasteiros adquirem informações sobre a apresentação e sobre as relações com a equipe, as quais não são aparentes e complicam o problema de fazer uma apresentação. Às vezes, as rupturas ocorrem por meio de gestos não intencionais, gafes e cenas, assim desacreditando ou contradizendo a definição da situação que está sendo mantida. A mitologia da equipe residirá nesses eventos de ruptura. Constatamos que atores, plateia e forasteiros utilizam técnicas para salvar a apresentação, seja ao evitar prováveis rupturas ou ao corrigir pequenas rupturas indesejadas, ou por tornar possível que outros o façam. Para assegurar que essas técnicas sejam empregadas, a equipe tenderá a selecionar os membros que sejam leais, disciplinados e circunspectos e selecionar um público delicado.

Esses recursos e elementos, então, compõem o arcabouço que reivindico como característico da maior parte da interação social, como ela ocorre em ambientes naturais em nossa sociedade anglo-americana. Esse arcabouço é formal e abstrato no sentido de que pode ser aplicado a qualquer estabelecimento social; porém, não é apenas uma classificação estática. O arcabouço atua sobre questões dinâmicas criadas pela motivação de sustentar uma definição da situação que foi projetada diante dos outros.

O contexto analítico

Este relatório tem se preocupado principalmente com estabelecimentos sociais como sistemas relativamente fechados. Partiu-se do pressuposto de que a relação de um estabelecimento com os outros é em si um espaço inteligível de estudo e deveria ser tratada analiticamente como parte de uma ordem diferente de fatos – a ordem da integração institucional. Aqui talvez seja interessante colocar a perspectiva deste relatório no contexto de outras perspectivas que parecem ser as atualmente empregadas, implícita ou explicitamente, no estudo dos estabelecimentos sociais como sistemas fechados. Quatro dessas perspectivas podem ser sugeridas.

Um estabelecimento pode ser visto "tecnicamente", em termos de sua eficiência e ineficiência como sistema intencionalmente organizado de atividades para o alcance de objetivos predefinidos. Um estabelecimento pode ser visto "politicamente", em termos de ações que cada participante (ou classe de participantes) pode exigir de outros participantes, os tipos de privações e indulgências que podem ser infligidos a fim de fazer cumprir essas exigências e os tipos de controles sociais que norteiam esse exercício de comando e o uso de sanções. Um estabelecimento pode ser visto "estruturalmente", em termos das divisões de *status* horizontais e verticais e os tipos de relações sociais que ocorrem entre esses vários grupos. Por fim, um estabelecimento pode ser visto "culturalmente", em termos dos valores morais que influenciam a atividade no estabelecimento – valores pertinentes a modas, costumes e questões de gosto, a cordialidade e decoro, a objetivos finais e a restrições normativas sobre os meios, etc. Deve ser realçado que todos os fatos que podem ser descobertos sobre um estabelecimento são relevantes para cada uma das quatro perspectivas, mas que cada perspectiva dá sua própria prioridade e a ordem a esses fatos.

Parece-me que a abordagem dramatúrgica pode constituir uma quinta perspectiva para se adicionar às perspectivas técnicas, políticas, estruturais e culturais.[1] A perspectiva dramatúrgica, como cada uma das outras quatro, pode ser empregada como o ponto final da análise, como a forma final de ordenar os fatos. Isso nos levaria a descrever as técnicas de gestão de impressão empregadas em determinado estabelecimento, os principais problemas da gestão de impressão no estabelecimento e a identidade e as inter-relações dos vários elencos que operam no estabelecimento. Porém, como acontece com os fatos utilizados em cada uma das outras perspectivas, os fatos especificamente pertinentes à gestão de impressão também desempenham um papel nos assuntos que são uma preocupação em todas as outras perspectivas. Talvez seja útil ilustrar isso sucintamente.

As perspectivas técnicas e dramatúrgicas se cruzam mais claramente, talvez, em relação aos padrões de trabalho. É importante para ambas as perspectivas o fato de que um conjunto de indivíduos vai se preocupar em testar as características e qualidades ocultas das realizações de trabalho de outro conjunto de indivíduos, e esse outro conjunto vai se preocupar em dar a impressão de que seu trabalho incorpora esses atributos escondidos. As perspectivas política e dramatúrgica cruzam-se claramente no que se refere às capacidades de um indivíduo direcionar a atividade do outro. Pois se um indivíduo pretende orientar os outros, ele muitas vezes achará útil manter segredos estratégicos. Além disso, se um indivíduo tenta direcionar a atividade de outrem por meio de exemplo, esclarecimento, persuasão, intercâmbio, manipulação, autoridade, ameaça, punição ou coerção, será necessário, independentemente da sua posição de poder, veicular eficazmente o que ele quer fazer, o que está disposto a fazer para levar a cabo a tarefa e o que ele fará se não conseguir. Poder de qualquer tipo deve ser revestido em meios eficazes de exibi-lo e terá efeitos diferentes, dependendo de como for dramatizado. (Claro, a capacidade de veicular eficazmente uma definição da situação pode ter pouca utilidade se a pessoa não estiver em condições de fornecer exemplos, intercâmbios, punições, etc.) Assim, o modo mais objetivo do poder nu, ou seja, a coerção física, muitas vezes não é nem objetivo tampouco nu, mas, em vez disso, funciona como exibição para persuadir o público; muitas vezes é um meio de comunicação, não apenas um meio de ação. As perspectivas estruturais e dramatúrgicas parecem se cruzar mais claramente em relação à distância social. A imagem que um grupo de *status* é capaz de manter aos olhos de uma plateia de outros grupos de *status* dependerá da capacidade dos atores de restringir o contato comunicativo com a plateia. As perspectivas culturais e dramatúrgicas cruzam-se mais claramente no que se refere à manutenção dos padrões morais. Os valores culturais de um estabelecimento determinarão em detalhes como os participantes se sentem em relação a muitos assuntos e ao mesmo tempo estabelecem um arcabouço de aparências que deve ser mantido, havendo ou não sentimento por trás das aparências.

Personalidade-Interação-Sociedade

Nos últimos anos, observaram-se tentativas elaboradas para incorporar em um só arcabouço os conceitos e as conclusões derivadas de três áreas diferentes de investigação: a personalidade individual, a interação social e a sociedade. Gostaria de sugerir aqui uma simples adição a essas tentativas interdisciplinares.

Quando um indivíduo aparece diante dos outros, ele consciente e inconscientemente projeta uma definição da situação, da qual uma concepção de si mesmo é uma parte importante. Quando ocorre um evento expressivamente incompatível com essa impressão

---

[1] Compare a posição tomada por Oswald Hall com relação a possíveis perspectivas para o estudo de sistemas próximos em sua obra "Methods and Techniques of Research in Human Relations" (Abril 1952), relatado em E. C. Hughes et al., *Cases on field Work* (no prelo).

fomentada, as consequências significativas são sentidas simultaneamente em três níveis de realidade social, cada uma das quais envolve um ponto de referência diferente e uma ordem de fato diferente.

Em primeiro lugar, a interação social, tratada aqui como diálogo entre duas equipes, pode ser interrompida de modo constrangedor e confuso; talvez a situação deixe de se definir, talvez as posições prévias deixem de ser defensáveis e talvez os participantes se encontrem sem um curso de ação traçado. Em geral, os participantes sentem uma falta de sinceridade na situação e passam a se sentirem estranhos, agitados e, literalmente, fora de si. Em outras palavras, o diminuto sistema social criado e sustentado pela interação social ordenada torna-se desorganizado. Essas são as consequências que a ruptura tem do ponto de vista da interação social.

Em segundo lugar, além dessas consequências desorganizadoras para a ação no momento, as rupturas da *performance* podem ter consequências de natureza mais profunda. As plateias tendem a aceitar o *self* projetado pelo ator individual durante qualquer *performance* atual como representante responsável de seu agrupamento de colegas, de sua equipe e de seu estabelecimento social. As plateias também aceitam a *performance* particular do indivíduo como prova da sua capacidade para representar o que foi ensaiado e até mesmo como prova de sua capacidade de representar qualquer rotina ensaiada. Em certo sentido, essas unidades sociais maiores – equipes, estabelecimentos, etc. – tornam-se comprometidas cada vez que o indivíduo representa sua rotina; a cada *performance*, a legitimidade dessas unidades tenderá a ser novamente testada, e sua reputação permanente, colocada em jogo. Esse tipo de compromisso é especialmente forte durante algumas *performances*. Assim, quando um cirurgião e sua enfermeira se afastam da mesa de operações e o paciente anestesiado, acidentalmente, cai da mesa e morre, não apenas a cirurgia sofre uma ruptura vergonhosa, mas a reputação do médico (na condição de médico e ser humano) e também a reputação do hospital podem ser enfraquecidas. Essas são as consequências que as rupturas podem ter do ponto de vista da estrutura social.

Por fim, muitas vezes constatamos que o indivíduo pode envolver profundamente o ego em sua identificação com uma parte, um estabelecimento e um grupo específicos, e em sua autoconcepção como alguém que não rompe a interação social nem decepciona as unidades sociais que dependem dessa interação. Quando ocorre uma ruptura, então, podemos constatar que as autoconcepções em torno das quais foi construída sua personalidade podem tornar-se desacreditadas. Essas são as consequências que as rupturas podem ter do ponto de vista da personalidade individual.

As rupturas de *performance*, portanto, têm consequências nos três níveis de abstração: personalidade, interação e estrutura social. Embora a probabilidade de ruptura varie amplamente de interação em interação, e ao mesmo tempo a importância social das prováveis rupturas varie de interação em interação, ainda parece não haver interação em que os participantes não tenham uma probabilidade apreciável de ficar um pouco constrangidos ou uma pequena chance de se sentirem profundamente humilhados. Talvez a vida não seja um jogo de azar, mas a interação seja. Além do mais, na medida em que os indivíduos envidam esforços para evitar rupturas ou corrigir as rupturas não evitadas, esses esforços também têm consequências simultâneas nos três níveis. Aqui, então, temos uma maneira simples de articular os três níveis de abstração e três perspectivas a partir das quais a vida social tem sido estudada.

Comparações e estudo

Neste relatório, foram utilizadas ilustrações de outras sociedades além de nossa anglo-americana. Ao fazê-lo, não quis insinuar que o arcabouço aqui apresentado é livre de cultura ou aplicável nas mesmas áreas da vida social, tanto nas sociedades não ocidentais quanto em nossa própria. Levamos uma vida social em locais fechados. Especializamo-nos em cenários fixos, em manter estranhos fora e em dar ao elenco um pouco de privacidade para se preparar para o *show*. Assim que começamos uma apresentação, somos inclinados a terminá-la e somos sensíveis a notas desafinadas que porventura ocorram durante ela. Se nos deparamos com uma possível deturpação nos sentimos profundamente humilhados. Levando em conta nossas regras dramatúrgicas e inclinações gerais para conduzir a ação, não devemos ignorar áreas da vida em outras sociedades que aparentemente seguem outras regras. Relatórios pelos viajantes ocidentais estão cheios de exemplos em que seu sentido dramatúrgico foi ofendido ou surpreso, e, se quisermos generalizar a outras culturas, devemos considerar esses exemplos, bem como aquelas mais favoráveis. Na China, devemos estar prontos para ver que, embora as ações e a decoração mostrem harmonia e coerência maravilhosas em um salão de chá privado, refeições extremamente elaboradas podem ser servidas em restaurantes bastante simples, e lojas que se parecem com casebres com balconistas ranzinzas e familiares podem conter em seus recônditos, embrulhados em antigo papel pardo, rolos de seda maravilhosamente delicados.[2] E em meio a um povo que se considera cioso com a reputação alheia, é preciso estar pronto para ler isto:

> Felizmente os chineses não acreditam na privacidade doméstica como nós. Não se importam em revelar os detalhes de toda sua experiência diária, para todos que quiserem olhar. Como vivem, o que comem e até mesmo os abalos familiares que tentamos abafar do público são coisas que parecem ser propriedade comum e não pertencem exclusivamente a esta família particular a que dizem mais respeito.[3]

E temos de estar preparados para ver que, em sociedades com sistemas de *status* não igualitários e fortes orientações religiosas, os indivíduos são às vezes menos sinceros em relação a todo o drama cívico do que nós somos e vão cruzar barreiras sociais com gestos breves que dão mais reconhecimento ao homem por trás da máscara do que podemos considerar admissível.

Além disso, precisamos ter muito cuidado com qualquer esforço para caracterizar a nossa sociedade como um todo no que diz respeito a práticas dramatúrgicas. Por exemplo, nas relações de gestão de trabalho atuais, sabemos que uma equipe pode participar de reuniões de consulta conjunta com a oposição com o conhecimento de que pode ser necessário dar a aparência de sair da reunião a passos largos em um acesso de raiva. Às vezes, são necessárias equipes diplomáticas para encenar um *show* semelhante. Em outras palavras, enquanto as equipes em nossa sociedade são normalmente obrigadas a suprimir sua raiva por trás de um trabalho consensual, há momentos em que as equipes são obrigadas a suprimir a aparência de oposição sóbria por trás de uma manifestação de sentimentos ultrajados. Da mesma forma, há ocasiões em que os indivíduos, quer queiram, quer não, sentem-se obrigados a destruir uma interação para salvar sua honra e sua reputação. Seria mais prudente, então, começar com unidades menores, com estabelecimentos sociais ou classes de estabelecimentos, ou com *status* particulares e comparações de documento e mudanças, de forma modesta, por meio do método de estudo de caso. Por exemplo, temos o seguinte tipo de informação sobre os *shows* que empresários são legalmente permitidos a organizar:

> O último meio século presenciou uma mudança acentuada na atitude dos tribunais no que tange ao assunto da confian-

---

[2] J. Macgowan, *Sidelights on Chinese Life* (Philadelphia: Lippincott, 1908), pp. 178-179.

[3] *Ibid.*, p. 180-181.

ça justificável. Decisões anteriores, sob a influência da doutrina predominante da cláusula *caveat emptor* (em latim, "cuidado, comprador"), enfatizavam o "dever" do querelante de se proteger e desconfiar de seu antagonista e sustentavam que ele não tinha direito a confiar mesmo em asserções factuais positivas feitas por alguém com quem ele estava lidando de forma autônoma, ou seja, sem vínculos de dependência, controle ou influência. Supunha-se que de qualquer pessoa esperar-se-ia uma tentativa de obter vantagem em uma negociação, e que só um tolo esperaria pura honestidade. Portanto, o querelante deve fazer uma investigação razoável e formar seu próprio julgamento. O reconhecimento de um novo padrão de ética nos negócios, exigindo que as declarações de fato sejam feitas ao menos de modo honesto e cuidadoso, e, em muitos casos, que sua veracidade seja garantida, tem levado a uma mudança quase completa neste ponto de vista.

Hoje se sustenta que asserções factuais sobre a quantidade ou a qualidade das terras ou das mercadorias vendidas, a situação financeira das corporações e assuntos semelhantes que influenciam as transações comerciais podem justificadamente ser confiadas sem investigação, não só nos casos em que essa investigação seria onerosa e difícil, como nos em que a terra vendida situe-se em local longínquo, mas também naqueles em que a falsidade da representação possa ser descoberta com pouco esforço por meios facilmente à mão.[4]

E embora a franqueza possa estar aumentando nas relações de negócio, temos algumas evidências de que conselheiros matrimoniais concordam cada vez mais que um indivíduo não deveria se sentir obrigado a contar a seu cônjuge seus "casos" prévios, já que isso só pode causar tensões desnecessárias. Outros exemplos podem ser citados. Sabemos, por exemplo, que, até cerca de 1830, os *pubs* na Grã-Bretanha forneciam um cenário de bastidores para operários, pouco distinguível de suas próprias cozinhas, e que, após essa data, de repente surgiu o "palácio de gim" (bar opulento para a venda de gim) e proporcionou à mesma clientela uma fachada mais sofisticada do que ela poderia sonhar.[5] Temos registros sobre a história social de cidades norte-americanas específicas, contando o declínio recente na extravagância das fachadas domésticas e não profissionais das elites locais. Em contraste, certos materiais disponíveis descrevem o recente aumento na extravagância do cenário empregado pelas organizações sindicais,[6] e a tendência crescente de "abastecer" o cenário com especialistas treinados academicamente que proporcionam uma aura de meditação e de respeitabilidade.[7] Podemos rastrear mudanças no leiaute de organizações industriais e comerciais específicas e mostrar um aumento na fachada, tanto no exterior do prédio principal quanto nas salas de conferências, salões principais e salas de espera dos prédios. Podemos rastrear em uma comunidade rural específica como o celeiro para os animais, antigamente localizado "nos bastidores" da cozinha e acessível por uma portinhola ao lado do fogão, ultimamente tem sido removido a certa distância da casa, e como a própria casa, uma vez situada de modo desprotegido no meio do jardim, de equipamentos agrícolas, detritos e animais de pastejo, está adquirindo, em certo sentido, uma orientação de relações públicas, com um pátio frontal cercado e mantido com certa limpeza, apre-

---

[4] Prosser, *op. cit.*, p. 749-750.

[5] M. Gorham e H. Dunnett, *Inside the pub* (London: The Architectural Press, 1950), p. 23-24.

[6] Ver, por exemplo, Hunter, *op. cit.*, p. 19.

[7] Ver Wilensky, *op. cit.*, Cap. IV, para uma discussão da função de "fachada" de especialistas em equipe. Para referências à contraparte em negócios sobre esse movimento, ver Riesman, *op. cit.*, p. 138-139.

sentando um lado bonito para a comunidade, enquanto os detritos se espalham aleatoriamente na parte traseira e não cercada do terreno. E à medida que o estábulo anexo desaparece, e a copa em si começa a se tornar menos frequente, podemos observar a modernização dos estabelecimentos domésticos, onde a cozinha, que uma vez tinha seus próprios bastidores, agora se tornou a região menos apresentável da casa e, ao mesmo tempo, cada vez mais apresentável. Também podemos rastrear aquele peculiar movimento social que levou algumas fábricas, navios, restaurantes e casas a limpar seus bastidores a tal ponto que, como monges, comunistas, ou vereadores germânicos, suas guardas estão sempre erguidas e não há lugar onde a fachada está abaixada, enquanto, ao mesmo tempo, os membros da plateia tornam-se suficientemente extasiados com a identificação da sociedade para explorar os lugares que foram limpos para eles. A atenção prestada a ensaios de orquestra sinfônica é apenas um dos exemplos mais recentes. Podemos observar o que Everett Hughes chama de mobilidade coletiva, por meio da qual os ocupantes de um *status* tentam alterar o conjunto de tarefas executadas por eles, para que não seja necessário nenhum ato expressivamente inconsistente com a imagem do *self* que esses incumbentes estejam tentando estabelecer a si próprios. E podemos observar um processo paralelo, que poderia ser chamado de "iniciativa de função ou papel", dentro de certo estabelecimento social, no qual um determinado membro não tenta se mover a uma posição mais elevada já estabelecida, mas tenta criar uma nova posição para si mesmo, posição cujos deveres convenientemente expressem atributos que lhe sejam agradáveis. Podemos examinar o processo de especialização que permite a vários atores fazer breve uso comunal de cenários sociais muito elaborados, contentando-se em dormir sozinhos em cubículos sem pretensão. Podemos seguir a difusão de fachadas cruciais – como o complexo de laboratório de vidro, aço inoxidável, luvas de borracha, azulejo branco e jaleco – que permite, a um número crescente de pessoas conectadas, tarefas indecorosas como forma de autopurificação. Começando com a tendência em organizações altamente autoritárias de que uma equipe seja exigida a passar seu tempo infundindo uma limpeza rigorosamente ordenada no cenário em que a outra equipe atuará, detectamos, em estabelecimentos como hospitais, bases da força aérea e grandes famílias, uma diminuição atual da severidade hipertrófica desses cenários. E, por fim, podemos acompanhar a ascensão e a difusão do *jazz* e dos padrões culturais da "Costa Oeste", em que termos como *bit*, *goof*, *scene*, *drag*, *dig*, circulam normalmente, permitindo que os indivíduos mantenham alguma coisa da relação de um profissional de palco com os aspectos técnicos das apresentações diárias.

O papel da expressão é veicular impressões do *self*

Talvez um toque moral possa ser permitido no final. Neste relatório, o componente expressivo da vida social foi tratado como uma fonte de impressões dadas ou tomadas por outros. A impressão, por sua vez, tem sido tratada como fonte de informações sobre fatos não aparentes e como meio pelo qual os destinatários podem orientar sua resposta ao informante sem ter de esperar que sejam sentidas as plenas consequências das ações do informante. A expressão, então, tem sido tratada em termos da função comunicativa que desempenha durante a interação social e não, por exemplo, em termos de função conclusiva ou de liberação de tensão que possa ter ao expressador.[8]

Subjacente a toda a interação social parece haver uma dialética fundamental. Quando

---

[8] Um tratamento recente desse tipo pode ser encontrado em Talcott Parsons, Robert F. Bales e Edward A. Shils, *Working Papers in the Theory of Action* (Glencoe, Ill.: The Free Press, 1953), Cap. II, "The Theory of Symbolism in Relation to Action".

um indivíduo surge na presença de outros, ele vai querer descobrir os fatos da situação. De posse dessa informação, ele pode saber, e fazer ajustes para, o que virá a acontecer e pode dar a outras pessoas presentes o que for consistente com seu autointeresse esclarecido. Para revelar plenamente a natureza factual da situação, seria necessário que o indivíduo soubesse todos os dados relevantes sociais sobre os outros. Também seria necessário que o indivíduo soubesse o resultado real ou o produto final da atividade dos outros durante a interação, bem como seus sentimentos mais íntimos que lhe dizem respeito. Plenas informações dessa ordem são raramente disponíveis; na sua ausência, o indivíduo tende a empregar substitutos – deixas, testes, dicas, gestos expressivos, símbolos de *status*, etc. – como dispositivos de previsão. Em suma, uma vez que a realidade do indivíduo é imperceptível no momento, as aparências devem ser invocadas em seu lugar. E, paradoxalmente, quanto mais o indivíduo estiver envolvido em uma realidade indisponível à percepção, mais ele deve concentrar sua atenção nas aparências.

O indivíduo tende a tratar os outros presentes com base na impressão que eles dão agora sobre o passado e o futuro. É aqui que atos comunicativos são traduzidos em atos morais. As impressões que os outros dão tendem a ser tratadas como asserções e promessas que eles fizeram implicitamente, e asserções e promessas tendem a ter um caráter moral. Em sua mente, o indivíduo diz: "Estou usando essas impressões sobre você como modo de verificar você e a sua atividade, e você não deve me desviar". O estranho disso tudo é que o indivíduo tende a tomar essa posição, embora espere que os outros estejam inconscientes de muitos dos seus comportamentos expressivos e embora espere explorar os outros com base nas informações coligidas sobre eles. Já que as fontes de impressão usadas pelo indivíduo observador envolvem uma infinidade de normas relativas à polidez e ao decoro, relativas tanto aos encontros sociais quanto ao desempenho da tarefa, podemos apreciar novamente como a vida cotidiana está entremeada a linhas morais de discriminação.

Mudemos agora para o ponto de vista dos outros. Se quiserem ser cavalheirescos e aceitar o jogo do indivíduo, vão dar pouca atenção consciente ao fato de que impressões estão sendo formadas sobre eles, mas em vez disso agirão sem malícia ou artifício, permitindo que o indivíduo receba impressões válidas sobre eles e os seus esforços. E se por acaso refletirem no fato de estarem sendo observados, não permitirão que isso os influencie indevidamente, acreditando que o indivíduo obtenha uma impressão correta e lhes dê a devida consideração. Caso venham a se preocupar em influenciar o tratamento que o indivíduo lhes dá, e é apropriado esperar-se isso, então um meio cavalheiresco estará disponível a eles. Só precisam orientar sua ação no presente para que as suas consequências futuras sejam do tipo que levaria um indivíduo justo a tratá-los agora em uma maneira que gostariam de ser tratados; tão logo isso seja feito, eles só precisam confiar na perceptividade e na justeza do indivíduo que os observa.

Às vezes, aqueles que são observados, é claro, empregam esses meios adequados para influenciar a maneira pela qual o observador os trata. Mas há outra maneira, mais direta e mais eficiente, em que o observado pode influenciar o observador. Em vez de permitir a impressão de que sua atividade surja como subproduto acidental da sua atividade, ele pode reorientar o seu arcabouço de referência e dedicar seus esforços à criação de impressões desejadas. Em vez de tentar alcançar certos fins pelos meios aceitáveis, ele tenta alcançar a impressão de que estão alcançando certos fins por meios aceitáveis. Sempre é possível manipular a impressão que o observador usa como substituta da realidade, pois um sinal da presença de uma coisa, não sendo essa coisa, pode ser empregado na ausência dela. A necessidade de o observador confiar nas representações das coisas em si cria a possibilidade de deturpação.

Muitos conjuntos de pessoas têm a sensação de que não podem permanecer no negócio, seja qual for esse negócio, caso limitem-se aos meios cavalheirescos de influenciar o indivíduo que os observa. Em algum ponto ou outro no giro de sua atividade, elas sentem que é necessário se unir e manipular diretamente a impressão que elas dão. Os observados tornam-se um elenco e os observadores se tornam a plateia. As ações que parecem ser feitas sobre objetos se tornam gestos dirigidos ao público. O giro da atividade se torna dramatizado.

Vamos agora à dialética básica. Em sua capacidade como atores, os indivíduos se envolvem em manter a impressão de que fazem jus aos muitos padrões pelos quais eles e seus produtos são julgados. Como esses padrões são tão numerosos e tão penetrantes, os indivíduos que são atores residem mais do que poderíamos pensar em um mundo moral. Mas, na condição de atores, os indivíduos estão preocupados não com a questão moral de cumprir esses padrões, mas com a questão amoral de construir uma impressão convincente de que esses padrões estão sendo cumpridos. Nossa atividade, assim, preocupa-se principalmente com questões morais, mas na condição de atores não temos uma preocupação moral com elas. Como atores, somos mercadores da moralidade. Nosso dia é dedicado ao íntimo contato com as mercadorias que exibimos e nossas mentes estão repletas de entendimentos íntimos sobre elas; talvez, entretanto, quanto mais dermos atenção a essas mercadorias, maior será a distância em relação a elas e àqueles que estão acreditando o suficiente para comprá-las. Para usar uma imagem diferente, a própria obrigação e a própria lucratividade de sempre aparecer sob uma constante luz moral, de ser um personagem socializado, força alguém a ser o tipo de pessoa com experiência de palco.

Encenação e o *self*

A noção geral que fazemos uma representação de nós mesmos aos outros dificilmente é inovadora; o que deve ser salientado em conclusão é que a própria estrutura do *self* pode ser vista em termos de como arranjamos essas representações em nossa sociedade anglo-americana.

Neste relatório, o indivíduo foi dividido por implicação em dois papéis básicos: ele era visto como um *ator*, um fabricante atormentado de impressões envolvido na tarefa demasiado humana de encenar uma *performance*; ele era visto como *personagem*, uma figura em geral requintada, cujo espírito, força e outras qualidades a apresentação era projetada a evocar. Os atributos do elenco e os atributos do personagem são de ordem diferente, basicamente, embora ambos os conjuntos tenham seu significado em termos da apresentação que deve continuar.

Primeiro, o personagem. Em nossa sociedade, o personagem encarnado por alguém e o *self* de alguém se equiparam um pouco e, em geral, esse *self*-como-personagem é visto como algo alojado dentro do corpo de seu possuidor, especialmente suas partes superiores, sendo, de certa forma, um nódulo na psicobiologia da personalidade. Sugiro que essa visão é uma parte implícita do que todos estamos tentando apresentar, mas fornece, só por causa disso, uma análise ruim sobre a representação. Neste relatório, o *self* representado foi visto como espécie de imagem, em geral fidedigna, que o indivíduo no palco e no personagem efetivamente tenta induzir os outros a manter em relação a ele. Embora essa imagem seja acalentada *em relação* ao indivíduo, para que um *self* seja imputado a ela, esse *self* em si não deriva de seu possuidor, mas de toda a cena de sua ação, sendo gerada por esse atributo de eventos locais que os torna interpretáveis por testemunhas. Uma cena representada e encenada corretamente leva o público a imputar um *self* a um personagem apresentado, mas essa imputação – esse *self* – é *produto* e não *causa* de uma cena bem-sucedida. O *self*, então, como personagem representado, não é uma coisa orgânica com localização específica, cujo destino fundamental é nascer, amadurecer e morrer; é um efeito dramático que decorre difusamente de uma cena apresentada, e a questão característica, a preocupação crucial, é se a cena merece crédito ou não.

Assim, ao analisar o *self*, nos afastamos de seu possuidor, de quem vai lucrar ou perder mais com isso, pois ele e seu corpo simplesmente fornecem o cabideiro em que algo da manufatura colaborativa será pendurado por um tempo. E não residem no cabideiro os meios de produzir e manter os *selves*; na verdade, muitas vezes esses meios se encontram em estabelecimentos sociais. Há uma região de bastidores com suas ferramentas para moldar o corpo e uma região de fachada com seus adereços fixos. Há uma equipe de pessoas cuja atividade no palco, em conjunto com os adereços disponíveis, constituirá a cena da qual o *self* do personagem apresentado emergirá, e outra equipe, a plateia, cuja atividade interpretativa será necessária para essa emergência. O *self* é um produto de todas essas disposições e em todas as suas partes carrega as marcas dessa gênese.

Claro, a completa maquinaria da autoprodução é complicada, e às vezes emperra, expondo seus componentes separados: controle dos bastidores; conluio de equipe; tato da plateia; e assim por diante. Mas, bem azeitada, impressões fluirão dela com rapidez suficiente para nos colocar nas garras de um dos nossos tipos de realidade – a *performance* terá sucesso e o *self* sólido concedido a cada personagem representado parecerá emanar intrinsecamente de seu ator.

Agora vamos deixar de analisar o indivíduo como personagem representado e começar a analisar o indivíduo como ator. Ele tem capacidade de aprender, exercida na tarefa de treinamento para encenar um papel. Tende a ter fantasias e sonhos, alguns que agradavelmente se desdobram em uma *performance* triunfante, outros cheios de ansiedade e pavor que nervosamente lidam com depreciações vitais em uma fachada pública. Muitas vezes, ele manifesta um desejo gregário por companheiros de equipe e plateias, uma delicada consideração por suas preocupações; e tem uma capacidade de profunda vergonha, levando-o a minimizar suas chances de exposição.

Esses atributos do indivíduo *na condição de* ator não são apenas um efeito retratado em representações específicas; são psicobiológicos por natureza e, apesar disso, parecem surgir da relação íntima com as contingências de encenar *performances*.

E agora um comentário final. Ao desenvolver o arcabouço conceitual empregado neste relatório, foi utilizada um pouco da terminologia de palco. Falei em atores e plateias; em rotinas e papéis; de *performances* bem-sucedidas ou malfadadas; em deixas, cenários de palco e bastidores; em necessidades, habilidades e estratégias dramatúrgicas. Ora, convém admitir que essa tentativa de forçar uma mera analogia até aqui foi em parte uma retórica e uma manobra.

A alegação de que todo o mundo é um palco é um lugar suficientemente comum para que os leitores estejam familiarizados com suas limitações e tolerantes de sua apresentação, sabendo que a qualquer momento serão facilmente capazes de provar a si mesmos que isso não deve ser levado muito a sério. Uma ação encenada em um teatro é uma ilusão relativamente artificial e admitida; ao contrário da vida comum, nada real ou efetivo pode acontecer com os personagens apresentados – embora, em outro nível de curso, algo real e efetivo possa acontecer com a reputação do elenco *na condição de* profissionais cujo trabalho diário é encenar apresentações teatrais.

Aqui, então, a terminologia e a máscara do palco serão descartadas. Andaimes, afinal de contas, servem para construir outras coisas e devem ser erguidos já com a ideia de baixá-los. Este relatório não está preocupado com os aspectos teatrais que se insinuam na vida cotidiana. Está preocupado com a estrutura dos encontros sociais – a estrutura dessas entidades na vida social que passa a existir sempre que pessoas surgem na presença física imediata de outras. O fator essencial nessa estrutura é a manutenção de uma única definição da situação, essa definição precisando ser expressa e sustentada em face de uma infinidade de potenciais rupturas.

Um personagem encenado no teatro não é de certa forma real, nem tem o mesmo tipo de consequências reais que o personagem completamente artificial apresentado por um homem confiante; mas a encenação *bem-sucedida* de qualquer um desses tipos de figuras falsas envolve o uso de técnicas *reais* – as mesmas técnicas pelas quais, todos os dias, as pessoas sustentam suas situações sociais reais. Aqueles que conduzem a interação face a face no palco do teatro devem cumprir a exigência fundamental das situações reais; devem sustentar expressivamente uma definição da situação: mas fazem isso em circunstâncias que lhes facilitou desenvolver uma terminologia apta às tarefas interacionais de que todos nós compartilhamos.

Arlie Hochschild: Explorando o coração gerenciado

A única área da sua vida profissional em que ela pode ser "livre para agir", a área de sua própria personalidade, agora também deve ser gerenciada, deve tornar-se o instrumento alerta, mas obsequioso, pelo qual os bens são distribuídos.

(C. Wright Mills, *White Collar,* p. 184)

Em uma seção de *O Capital* intitulada "O dia de trabalho", Karl Marx analisa depoimentos apresentados em 1863 à Comissão de Emprego de Crianças na Inglaterra. Um depoimento foi dado pela mãe de um menino operário em uma fábrica de papel de parede: "Quando ele tinha 7 anos, eu costumava levá-lo e trazê-lo [para o trabalho e do trabalho] em minhas costas pela neve, e ele costumava trabalhar 16 horas por dia. ... Muitas vezes eu me ajoelhava para alimentá-lo, enquanto ele permanecia de pé ao lado da máquina, pois ele não podia sair de perto dela nem interromper o seu funcionamento". Alimentada enquanto trabalhava, como um motor a vapor é alimentado com carvão e água, essa criança era "um instrumento de trabalho".[1] Marx questionou quantas horas por dia era justo usar um ser humano como instrumento, e qual o pagamento justo para alguém ser um instrumento, considerando os lucros que os proprietários da fábrica tinham. Mas ele também se preocupava com algo que considerava ainda mais fundamental: o custo humano de se tornar um "instrumento de trabalho".

Em outro continente, 117 anos mais tarde, uma estagiária de comissária de bordo de 20 anos sentou-se com outras 122 estagiárias ouvindo um piloto palestrar no auditório do Centro de Treinamento de Aeromoças da Delta Airlines. Até para os padrões norte-americanos modernos, e com certeza pelos padrões de trabalho feminino, ela havia aterrissado em um excelente trabalho. Em 1980, o plano de pagamento iniciava com 850 dólares por mês nos primeiros seis meses e aumentava em sete anos para cerca de US$ 20.000 por ano. Seguro de saúde e seguro contra acidentes eram fornecidos, e o horário de expediente era leve.*

A jovem estagiária sentada ao meu lado escreveu no seu bloco de notas: "Importante sorrir. Não se esqueça de sorrir". O aviso foi dado pelo palestrante lá na frente do auditório, um piloto cinquentão com corte à escovinha, falando em arrastado sotaque sulista: "Bem, meninas, quero que vocês saiam lá fora

---

De *The Managed Heart: Commercialization of Human Feeling*, de Arlie Hochschild, © 2003 The Regents of the University of California. Publicado pela University of California. Reimpresso com permissão.

* Por conveniência de estilo, vou usar o pronome "ela" quando me referir a uma comissária de bordo, exceto quando um comissário de bordo do sexo masculino específico estiver sendo discutido. Caso contrário, tentarei evitar a exclusão verbal de qualquer gênero.

e realmente *sorriam*. O sorriso é seu maior *ativo*. Quero que saiam lá fora e usem-no. Sorriam. *Realmente* sorriam. Sorriam *pra valer*".

O piloto falava do sorriso como o *ativo das comissárias de bordo*. Mas à medida que as novatas como a moça ao meu lado progrediam no treinamento, o valor de um sorriso pessoal é direcionado para refletir a disposição da empresa – a confiança de que seus aviões não vão se acidentar, a garantia de que as partidas e chegadas serão pontuais, as boas-vindas e o convite para retornar. Os instrutores consideram parte de seu trabalho anexar ao sorriso do estagiário uma atitude, um ponto de vista, um ritmo de sentimento que é, como se costuma dizer, "profissional". Essa extensão mais profunda do sorriso profissional nem sempre é fácil de retrair, como observou uma aeromoça em seu primeiro ano na empresa World Airways: "Às vezes, termino uma longa viagem em estado de exaustão total, mas descubro que não consigo relaxar. Dou muito risada, converso, ligo para as amigas. É como se não conseguisse me liberar de uma alegria artificialmente criada que me manteve 'para cima' na viagem. Espero ser capaz de lidar melhor com isso à medida que eu progredir no trabalho".

Como diz o *jingle* da PSA (Pacific Southwest Airlines): "Nossos sorrisos não são só pintados". Os sorrisos de nossas comissárias de bordo, a companhia enfatiza, serão mais humanos do que os sorrisos falsos que você está resignado a ver em pessoas pagas para sorrir. No nariz de cada avião da PSA há uma listra de tinta que lembra um sorriso. Com efeito, o avião e a aeromoça anunciam um ao outro. O anúncio de rádio promete não só sorrisos e serviços, mas uma experiência de viagem de felicidade e calma verdadeiras. Visto de uma forma, isso nada mais é do que entregar um serviço. Visto de outra forma, aliena os trabalhadores de seus próprios sorrisos e convence os clientes de que o comportamento no trabalho é calculado. Agora que os anúncios, o treinamento, as noções de profissionalismo e as notas de dólares interviram entre a pessoa que sorri e a que recebe o sorriso, é preciso um esforço extra para imaginar que cordialidade espontânea pode existir em pessoas de uniforme – porque as empresas agora também anunciam cordialidade espontânea.

À primeira vista, pode parecer que as circunstâncias da criança da fábrica do século XIX e a aeromoça do século XX não podiam ser mais diferentes. Para a mãe do menino, para Marx, aos membros da Comissão de Emprego das Crianças, talvez para o gerente da fábrica de papel de parede e quase certamente para o leitor contemporâneo, o menino era vítima, até mesmo símbolo, das condições brutais de seu tempo. Podemos imaginar que ele tinha meia-vida emocional, consciente de pouco mais de cansaço, fome e tédio. Por outro lado, a comissária de bordo goza da liberdade da classe alta para viajar e participa do glamour que cria para os outros. Desperta a inveja de funcionários em trabalhos mais chatos, menos bem pagos.

Mas um exame atento das diferenças entre as duas circunstâncias pode nos levar a um inesperado contexto comum. Na superfície, há uma diferença em como sabemos o que o trabalho realmente produz. Como o trabalhador na fábrica de papel de parede podia dizer quando seu trabalho estava pronto? Contando os rolos de papel de parede; uma mercadoria foi produzida. Como a comissária de bordo pode dizer quando seu trabalho está pronto? Um serviço foi produzido; o cliente parece satisfeito. No caso da comissária de bordo, o *estilo emocional de oferecer o serviço faz parte do próprio serviço*, no sentido de que amar ou odiar o papel de parede não faz parte da produção do papel de parede. Parecer "amar o trabalho" torna-se parte do trabalho; e, na verdade, tentar amá-lo e apreciar os clientes ajuda o trabalhador nesse esforço.

Na prestação de serviços, o produto é um estado de espírito. Como empresas de outras indústrias, as companhias aéreas são classificadas de acordo com a qualidade do serviço que seu pessoal oferece. O guia anual de Egon Ronay, *Lucas Guide*, oferece um ranking desse tipo; é vendido em aeroportos e farmácias, relatado nos jornais, citado em memorandos de gestão e transmitido àqueles que treinam e supervisionam comissárias de bordo. Por influenciar os consumidores, as companhias aéreas usam o guia na definição de seus critérios para o bom desempenho da função de comissária de bordo. Em 1980, o *Lucas Guide* classificou os serviços da Delta Airlines em primeiro lugar entre 14 companhias aéreas que voam habitualmente entre Estados Unidos e Canadá e as Ilhas Britânicas. O relatório sobre a Delta incluiu trechos assim:

> [As bebidas eram servidas] não só com um sorriso, mas com uma atenciosa pergunta, como: "Deseja mais alguma coisa, senhora?". A atmosfera era de uma festa civilizada – com os passageiros, por sua vez, comportando-se como convidados civilizados. ... Uma ou duas vezes nossos inspetores testaram as aeromoças sendo deliberadamente exigentes, mas elas nunca se alteraram e, no final do voo, perfilaram-se para dizer adeus com alegria intacta. ...
>
> [Os passageiros] logo detectam sorrisos tensos ou forçados e sobem a bordo querendo *desfrutar* do voo. Um de nós estava ansioso por sua próxima viagem na Delta "porque é divertido". Com certeza é assim que os passageiros deviam sentir-se.[2]

O trabalho do menino na fábrica de papel de parede exigia uma coordenação de mente e braço, mente e dedos e mente e ombro. O que se chama simplesmente de trabalho braçal. A comissária de bordo faz trabalho físico ao empurrar pesados carrinhos de refeição pelos corredores e faz trabalho mental quando se prepara para e na prática organiza evacuações e pousos de emergência. Mas, ao fazer esse trabalho físico e mental, também faz algo mais, algo que defino como *trabalho emocional*.* Este trabalho requer que a pessoa induza ou suprima os sentimentos a fim de manter o semblante externo que produz o adequado estado mental nos outros – nesse caso, a sensação de ser cuidada em um lugar acolhedor e seguro. Esse tipo de trabalho exige uma coordenação da mente e dos sentimentos e, às vezes, inspira-se em uma fonte do *self* que honramos como parte integrante e profunda de nossa individualidade.

Sob a diferença entre trabalho físico e emocional, reside uma semelhança no custo possível de fazer o trabalho: o trabalhador pode tornar-se alijado ou alienado de um aspecto do *self* – ou o corpo ou as margens da alma – que é *usado* para fazer o trabalho. O braço do menino da fábrica funcionava como peça de maquinaria usada para produzir papel de parede. Seu empregador, considerando aquele braço como instrumento, reivindicava controle sobre a rapidez e os movimentos dele. Nessa situação, qual era a relação entre o braço do menino e sua mente? Será que em algum sentido significativo, o braço do menino era dele *próprio?*[3]

Essa é uma questão antiga, mas como sugere a comparação com as comissárias de bordo, ainda permanece muito acesa. Se podemos nos tornar alienados das mercadorias em uma sociedade produtora de mercadorias, podemos nos tornar alienados dos serviços em uma sociedade produtora de serviços. Isso é o que C. Wright Mills, um dos nossos observadores sociais mais argutos, quis dizer quando escreveu em 1956: "Precisamos caracterizar a sociedade norte-americana de meados do século XX em termos mais psicológicos, pois agora os problemas que mais nos preocupam beiram os psiquiátricos".[3]

Ao sair do trabalho, que relação tinha a comissária de bordo com a "alegria artificial" que ela havia induzido no trabalho? Em que sentido essa alegria no trabalho era *dela própria*? A empresa pretende controlar não só seus movimentos físicos – como ela manuseia as bandejas de alimentos – mas suas ações emocionais e a maneira que elas se revelam na facilidade de um sorriso. As comissárias

---

* Uso o termo *trabalho emocional* para a gestão dos sentimentos para criar uma exibição facial e corporal publicamente observável; o trabalho emocional é vendido por um salário e, portanto, tem *valor de troca*. Uso os termos sinônimos *trabalho emocional* ou *gestão de emoção* para me referir a esses mesmos atos realizados em um contexto particular em que eles têm *valor de uso*.

com quem conversei falavam muitas vezes de seus sorrisos como *estando* nelas, mas não como *sendo* delas. Eram vistos como uma extensão da maquiagem, da música gravada, do uniforme, dos suaves tons pastel da decoração do avião e das bebidas diurnas, que, em conjunto, orquestravam o humor dos passageiros. O produto final não é certo número de sorrisos a serem contados como rolos de papel de parede. Para a comissária de bordo, os sorrisos são *parte do seu trabalho,* uma parte que lhe exige coordenar o *self* e os sentimentos para que o trabalho pareça prazeroso. Mostrar que a satisfação requer esforço é fazer um mau trabalho. Da mesma forma, parte do trabalho é disfarçar a fadiga e a irritação, pois caso contrário o trabalho mostrar-se-ia de modo indecoroso, e o produto – o contentamento dos passageiros – seria danificado.* Como é mais fácil disfarçar o cansaço e a irritação se eles pudessem ser banidos completamente, pelo menos por breves períodos, essa façanha exige trabalho emocional.

O motivo para comparar esses trabalhos diferentes é que o trabalhador da linha de montagem moderna foi por algum tempo um símbolo ultrapassado da mão de obra industrial moderna; menos de 6% dos trabalhadores agora trabalham em linhas de montagem. Outro tipo de trabalho agora ganhou destaque simbólico – a entrega de serviço voz a voz ou face a face – e a comissária de bordo é um modelo adequado para isso. Sempre houve trabalhos de serviço público, é claro; a novidade é que hoje eles são arquitetados socialmente e organizados com minúcia pela cúpula. Embora o emprego da comissária de bordo não seja pior e, em muitos aspectos, seja melhor do que outros trabalhos de serviço, ele torna o trabalhador mais vulnerável à engenharia social do seu trabalho emocional e reduz seu controle sobre esse trabalho. Os problemas dela, portanto, podem ser um sinal do que está por vir em outros empregos.

O trabalho emocional é potencialmente bom. Nenhum cliente quer lidar com uma garçonete ranzinza, um funcionário do banco mal-humorado ou uma aeromoça que evita o contato visual para evitar receber um pedido. Lapsos de cortesia por aqueles pagos para serem corteses são muito reais e bastante comuns. Eles nos mostram o quão frágil a civilidade pública realmente é. Somos trazidos de volta à questão de em que na verdade consiste o tapete social e o que ele exige daqueles que deveriam mantê-lo bonito. Os retardatários e os atoleiros do trabalho emocional nos fazem debruçar sobre as questões básicas. O que é trabalho emocional? O que fazemos quando gerenciamos a emoção? O que, na verdade, é a emoção? Quais são os custos e benefícios do gerenciamento de emoção, na vida privada e no trabalho?

As faces privadas e públicas de um sistema emocional

Nossa busca por respostas a essas perguntas leva a três discursos distintos, mas igualmente relevantes: relativo ao trabalho, relativo à exibição e relativo à emoção.

Aqueles que discutem o trabalho muitas vezes comentam que hoje em dia a maioria dos empregos exige uma capacidade de lidar com pessoas em vez de com objetos, ou seja, exige mais habilidades interpessoais e menos habilidades mecânicas. Em *A vinda da sociedade pós-industrial* (1973), Daniel Bell argumenta que o crescimento do setor de

---

* Na condição de mercadoria, o serviço que exige trabalho emocional está sujeito às leis da oferta e da procura. Recentemente aumentou a demanda por esse trabalho e o seu fornecimento diminuiu drasticamente. O crescimento da indústria de aviação comercial desde a década de 1970 foi seguido por uma desaceleração na oferta de comissárias de bordo. A desaceleração revela o quanto de trabalho emocional a função exigia. Sugere quais custos até mesmo trabalhadoras felizes em condições normais pagam por esse trabalho anônimo. O crescimento aguçou a ambivalência que muitos trabalhadores sentiam sobre quanto de si mesmo doar ao cargo e o quanto de si mesmo proteger dele.

serviços significa que a "comunicação" e o "encontro" – "a resposta do ego para alterar e voltar" – hoje é o principal relacionamento de trabalho.* Nas palavras dele: "O fato de que os indivíduos agora conversam com outros indivíduos, em vez de interagirem com uma máquina, é fundamental sobre o trabalho na sociedade pós-industrial". Os críticos de estudos sobre o trabalho, como Harry Braverman em *Mão de obra e capital de monopólio* (1974), apontam uma contínua subdivisão do trabalho em muitos ramos da economia. Tarefas complexas, de que um artesão costumava orgulhar-se, são divididas em segmentos mais simples, mais repetitivos, cada vez mais tediosos e menos bem pagos do que o trabalho original. O trabalho se automatiza (exige menos destreza), e o trabalhador é menosprezado. Mas tanto celebrantes quanto críticos não têm examinado de perto ou com olhos sociopsicológicos o que é que os "trabalhos de pessoas" *realmente exigem* dos trabalhadores. Eles não investigaram a real natureza desse trabalho. Alguns não sabem exatamente o que, no caso do trabalho emocional, torna-se automatizado.

Um segundo discurso, mais próximo da pessoa e mais distante da organização geral do trabalho, refere-se à exibição de sentimentos. As obras de Erving Goffman nos apresentam muitas pequenas regras de tráfego de interação face a face, à medida que surgem em um jogo de cartas, no elevador, na rua ou na mesa de jantar de um manicômio de loucos. Ele nos impede de descartar o pequeno como trivial, mostrando como pequenas regras, transgressões e punições somam-se para formar as faixas mais longas de experiência que chamamos de "trabalho". Ao mesmo tempo, é difícil usar o foco de Goffman para explicar por que as empresas treinam as comissárias de bordo para sorrir, ou como o tom emocional é supervisionado, ou qual lucro enfim está vinculado ao trabalho emocional. É difícil, em outras palavras, basear-se apenas nesse discurso e perceber como "trabalho de exibição" se encaixa no esquema mais amplo das coisas.

O terceiro discurso ocorre em uma viela tranquila da ciência social norte-americana; lida com as questões intemporais do que é uma emoção e como é possível gerenciá-la. ...

Para desnudar o coração do trabalho emocional, para entender o que é preciso para fazê-lo e o que ele faz com as pessoas, eu me baseei em elementos desses três discursos. Certos eventos na história econômica não podem ser compreendidos plenamente a menos que prestemos atenção aos delicados padrões de sentimentos e sua gestão, porque os detalhes desses padrões são uma parte importante do que muitos homens e mulheres fazem para viver.

Essas tradições diferentes se unem aqui; por isso, a minha pesquisa terá relevância diferente para diferentes leitores. Talvez seja mais relevante para quem faz o trabalho que a pesquisa descreve – as comissárias de bordo. Mas a maioria de nós tem empregos que exigem alguma manipulação dos sentimentos de outras pessoas e de nossos próprios sentimentos, e, nesse sentido, em parte, todos somos comissárias. O secretário que cria um escritório alegre que anuncia a empresa como "amigável e confiável" e o chefe dela como "em ascensão"; a garçonete ou garçom que cria uma "atmosfera de jantar agradável"; o guia de turismo ou o recepcionista de hotel que nos faz sentir bem-vindos; a assistente social cujo olhar de preocupação solícita faz o cidadão sentir-se protegido; o vendedor que cria a sensação de "produto

---

* As funções que Bell inclui no setor de serviços são aquelas em transportes e serviços de utilidade pública, distribuição e comércio, finanças e seguros, serviços profissionais e de negócios, trabalhos ligados a atividades de lazer (recreação e viagens) e trabalhos que lidam com serviços comunitários (saúde, educação e governo). Apenas alguns desses empregos do setor de serviços exigem bastante gestão emocional.

desejado"; o cobrador que inspira medo; o diretor de funerária que transmite a sensação de luto compreendido; o clérigo que cria uma sensação de proximidade protetora e cordialidade imparcial – todos devem enfrentar, de um jeito ou de outro, os requisitos do *trabalho emocional*.

O trabalho emocional não observa as distinções convencionais entre os tipos de empregos. Estimo que cerca de um terço dos trabalhadores norte-americanos hoje tenha empregos que os sujeita a exigências substanciais de trabalho emocional. Além disso, de todas as *mulheres* no mercado de trabalho, cerca de metade têm empregos que exigem trabalho emocional. ... Assim, esta pesquisa tem especial relevância para as mulheres e provavelmente também descreve mais a experiência feminina. Tradicionalmente, as mulheres são gerentes mais consumadas dos sentimentos na vida privada. Assim, as mulheres, mais do que os homens, colocaram o trabalho emocional no mercado, e elas conhecem mais sobre seus custos pessoais.

Esta pesquisa pode parecer à primeira vista relevante apenas aos trabalhadores vivendo sob o capitalismo, mas a engenharia de um coração gerenciado não é desconhecida ao socialismo; o entusiasta "herói do trabalho" ostenta o padrão emocional para o Estado socialista tanto quanto a Comissária de Bordo do Ano o faz para a indústria da aviação capitalista. Qualquer sociedade funcional faz uso eficaz do trabalho emocional dos seus membros. Não pensamos duas vezes sobre o uso dos sentimentos no teatro, ou na psicoterapia, ou em formas de vida grupal que admiramos. A preocupação moral começa quando começamos a falar de *exploração* da base pelo topo em qualquer sociedade. Em qualquer sistema, a exploração depende da real distribuição de muitos tipos de lucros – dinheiro, autoridade, *status*, honra, bem-estar. Não é o trabalho emocional em si, portanto, mas é o subjacente sistema de recompensa que suscita a questão sobre qual é o seu custo.

Fontes e método

Ao descrever a face pública e privada de um *sistema emocional* e mostrar como ele funciona, eu me baseei em amostras empíricas de várias partes distintas desse sistema. Poderia ter experimentado mais partes dele – estudando enfermeiras, advogados ou vendedores, por exemplo – como desejo muito que alguém venha a fazer. Ou poderia ter aprofundado mais o material que coletei. Mas, para este projeto, a abordagem de amostra ampla parecia fazer mais sentido. Pois antes de começar o tipo mais usual de pesquisa, temos de enfrentar a tarefa prévia de pensar em algo que tem sido, de modo surpreendente, alvo de tão pouca análise anterior. Nessa fase inicial de pesquisa, parece-me que o caminho mais promissor para usar materiais é apontar, ilustrar e comentar, e é isso que tentei fazer.

As ilustrações para as ideias encontradas neste livro vêm principalmente de três fontes. A primeira foi uma pesquisa sobre a questão de como as pessoas de diferentes sexos e classes sociais experimentam a emoção e a gerenciam. Distribuí questionários para 261 alunos em duas turmas na University of California, Berkeley, em 1974.[5] Um bom número de minhas ilustrações na Parte Um é extraído de suas respostas a duas solicitações: "Descreva uma situação real que foi importante para você e na qual você experimentou uma profunda emoção" e "Descreva do modo mais completo e concreto possível uma situação real que foi importante para você e na qual você mudou a situação para ajustá-la a seus sentimentos ou mudou seus sentimentos para ajustá-los à situação". Com dois assistentes de pesquisa, analisei as respostas quanto à consciência do trabalho emocional.[6] Como um pescador que joga uma tarrafa, lancei essas solicitações para ver o que iria encontrar, mas estava de olho em certo tipo de captura – nesse caso, indicações de *vontade* em relação a como as pessoas falavam sobre sentimentos. Muitas vezes, meus entrevistados falaram em ações *sobre* os sentimentos: em *tentar* se apaixonar ou em *amortecer* o amor, em *tentar* se sentir gratos, em *tentar não* se sentir deprimido, em *controlar* sua raiva, em *deixar* se sentir tristes. Em suma, falavam de sentimentos gerenciados. ...

Gerenciar amores e ódios privados é participar de um intricado sistema emocional privado. Quando os elementos desse sistema são tomados no mercado e vendidos como mão de obra humana, eles se estendem em formas sociais padronizadas. Nessas formas, a contribuição de sentimentos de uma pessoa é mais frágil, menos carregada de consequência; mas, ao mesmo tempo, é vista como menos oriunda da própria pessoa (*self*) e menos dirigida *ao* outro. Por esse motivo, é mais suscetível à alienação.

Acompanhei o trabalho emocional no mercado de trabalho por meio de duas rotas. Primeiro, entrei no mundo das comissárias de bordo. Como ponto de entrada, escolhi a Delta Airlines por vários motivos: coloca um prêmio mais elevado nos serviços do que as outras companhias aéreas; seu programa de treinamento em voo é talvez o melhor na indústria; seus serviços têm sido classificados como excelentes; tem sede no sul e não tem sindicato para as comissárias de bordo. Por todos esses motivos, as exigências da companhia são maiores e as exigências de seus trabalhadores são menores do que em outras empresas. Assim, a Delta exacerba as exigências requeridas de todas as comissárias de bordo. Aguça ainda mais a questão geral sobre o trabalho emocional na vida pública.

A razão para exacerbar o caso é para mostrar até onde as exigências pelo trabalho emocional podem ir. Fazendo isso, podemos desenvolver um ponto de referência para medir outras exigências de trabalho. Mesmo dentro da indústria da aviação, hoje o trabalho emocional é muito menos evidente do que era em meados da década de 1950, quando os aviões eram menores, a clientela mais exclusiva e a proporção de número de comissárias de bordo para número de passageiros era menor. Meu raciocínio é que quando o trabalho emocional é colocado no mercado público, ele se comporta como mercadoria: a procura por ele aumenta e diminui dependendo da concorrência dentro da indústria. Centrando-se em uma empresa do sul, sem sindicato trabalhista e com a melhor escola de formação, podemos aproximar uma fase de alta procura por uma "mercadoria" – a gestão treinada dos sentimentos.

Na Delta, coligi informações de várias maneiras. Primeiro, observei. A gerente do Centro de Treinamento Delta em Atlanta, uma mulher gentil na casa dos 50 anos, me permitiu assistir às aulas lá. Observei as recrutas aprendendo a lidar com os passageiros e manusear o serviço de refeição na cabine de aprendizagem. Conheci os instrutores, que pacientemente me explicaram seu trabalho. Eles foram generosos com seu tempo, em horário de expediente e fora dele; um dos instrutores me convidou para jantar na casa dele, e vários me convidaram para almoçar. Ao longo de inúmeros cafés da manhã, almoços e jantares, e no ônibus do aeroporto, falei com as alunas que cursavam a Formação Inicial e com experientes comissárias de bordo que frequentavam as obrigatórias sessões de Treinamento de Reciclagem.

Entrevistei 20 funcionários da Delta, desde o vice-presidente executivo até gerentes de pessoal, recrutamento, treinamento, vendas e faturamento. Realizei uma entrevista em grupo com sete supervisores. Entrevistei quatro agentes de publicidade da empresa contratada para promover a Delta e suas comissárias de bordo e analisei microfilmes de 30 anos de publicidade da Delta. Por fim, também entrevistei dois funcionários de relações públicas encarregados de me "ciceronear".

Para complementar o estudo na Delta, observei o recrutamento de comissárias de bordo pela Pan American Airways, em sua base de San Francisco. (A Delta educadamente recusou meu pedido para observar os procedimentos de recrutamento.) Observei entrevistas em grupo e individuais com candidatos a emprego e presenciei as discussões dos recrutadores sobre os candidatos. Também realizei entrevistas abertas, cada uma com duração de 3 a 5 horas, com 30 comissários de bordo na área da Baía de San Francisco; 25 eram mulheres e cinco homens. Eles trabalhavam para companhias aéreas como Pan American, TWA, World Airways, United, American e Delta. A idade média foi de 35 anos, e 40% eram casados. Uma estava em seu primeiro ano de trabalho, e outra no vigésimo segundo. Em média tinham 11 anos de experiência.[7]

A escolha para estudar os comissários de bordo também foi boa do ponto de vista de compreender a relação de gênero em relação aos empregos ... por três razões. Primeiro, não é uma ocupação de elite. Temos muitos excelentes estudos sobre mulheres profissionais – médicas, advogadas e acadêmicas –, mas surpreendentemente poucos estudos sobre secretárias, garçonetes e operárias. A comissária de bordo recai aproximadamente entre essas duas categorias. Em segundo lugar, é difícil encontrar trabalhos que nos permitam comparar a experiência de homens e mulheres fazendo "o mesmo" trabalho. Estudar secretárias é estudar quase apenas mulheres; estudar pilotos é estudar quase apenas homens. Advogados e médicos homens e mulheres tendem a ter diferentes especialidades e diferentes clientelas. O comissário de bordo masculino, no entanto, faz o mesmo trabalho no mesmo lugar que a comissária de bordo, de modo que as diferenças na experiência de trabalho são mais prováveis devido ao sexo. Em terceiro lugar, em muitos estudos, os problemas das mulheres como trabalhadoras são confundidos com os problemas de ser uma minoria em determinada ocupação. Neste trabalho, pelo menos, essa carapuça não serve: os homens compreendem apenas 15% dos comissários de bordo. Eles são a minoria; e embora o fato de fazer parte de uma minoria em geral funcione contra o indivíduo, esse não parece ser o caso dos comissários de bordo do sexo masculino.

Entrevistei certas pessoas com ângulos especiais de visão sobre o serviço das comissárias de bordo, como cinco dirigentes sindicais que tentavam persuadir uma associação local que relutava a aceitar o contrato recém-proposto por eles a American Airlines, e uma terapeuta sexual, que, em seus 10 anos de prática, tivera cerca de 50 aeromoças como clientes. Observei um curso de treinamento de assertividade para comissárias de bordo em que encontros com passageiros "problemáticos" eram encenados. Também posso mencionar conversas (com uma recepcionista de clientes VIP na Pan American e dois pilotos preparando seu avião para Hong Kong), uma visita guiada em um avião da Pan Am e uma visita de 2 horas na cozinha de um avião da Delta onde uma comissária de bordo em uma calça jeans descarregava bandejas sujas e comentava em escapar para a faculdade de direito.

Acompanhei o trabalho emocional no mercado de trabalho por outra rota também. Enquanto as comissárias de bordo fazem trabalho emocional para inflar a posição do cliente e para atrair mais vendas por sua simpatia, existe outro lado mostrado pela corporação, representado pelos cobradores que, às vezes deliberadamente, murcham a posição do cliente com desconfiança e raiva. Como miniprojeto, entrevistei cinco cobradores, começando com o chefe do setor de faturamento da Delta, homem cujo escritório supervisionava quase meio hectare de mulheres classificando faturas.

A comissária de bordo e o cobrador, o dedão do pé e o calcanhar do capitalismo, ilustram dois extremos de exigência ocupacional por sentimento. Extraí a maior parte de minhas ilustrações do mundo das comissárias de bordo. Não fiz um estudo em grande escala sobre os cobradores, mas minhas entrevistas com eles sugerem que os mesmos princípios de trabalho emocional se aplicam a trabalhos muito diferentes e sentimentos muito diferentes.

Dessas três fontes de dados, em seguida, extraí três amostragens de um sistema emocional. A primeira, extraída de relatos privados das alunas, revela a face privada do sistema emocional. A segunda, extraída do mundo das comissárias de bordo, conta a história de sua fachada pública. A terceira, extraída do mundo dos cobradores, conta a história de seus bastidores públicos. Este livro não se destina a ser um relato empírico nem a ser algo tão simples assim. Ele fornece o que teria de *fundamentar* um relatório desses – um conjunto de ideias ilustradas sobre como a sociedade usa o sentimento. Sua finalidade é apontar em certa direção e oferecer ao leitor um novo ângulo de visão. À exceção das ilustrações em prosa ou ficção publicadas (citadas nas notas), todas as citações que ofereço são de pessoas reais.

Usos privados e comerciais do sentimento

Uma criança do século XIX, trabalhando em uma brutalizante fábrica de papel de parede inglesa, e uma bem remunerada comissária de bordo do século XX têm algo em comum: a fim de sobreviver em seus trabalhos, eles mentalmente devem separar-se – a criança operária de seu próprio corpo e de seu trabalho físico, e a comissária de bordo de seus próprios sentimentos e de seu trabalho emocional. Marx e muitos outros nos contaram a história do operário de fábrica. Estou interessada em contar a história da comissária de bordo a fim de promover uma apreciação mais completa dos custos envolvidos no trabalho que ela faz. E quero basear essa apreciação em uma demonstração prévia do que pode acontecer a qualquer um de nós quando nos alienamos de nossos sentimentos e da gestão deles.

Sentimos. Mas o que é um sentimento? Eu definiria o sentimento, como a emoção, como um sentido, como o sentido da audição ou da visão. De modo geral, experimentamos o sentimento quando sensações corporais são associadas com o que vimos ou imaginamos.[8] Como o sentido da audição, a emoção comunica informações. Como Freud disse da ansiedade, tem uma "função de sinal". Do sentimento, descobrimos nosso próprio ponto de vista sobre o mundo.

Muitas vezes dizemos que *tentamos* sentir, mas como podemos fazer isso? Sentimentos, sugiro, não estão armazenados "dentro" de nós e não são independentes de atos de gestão. Tanto o ato de "entrar em contato" com o sentimento quanto o ato de "tentar" sentir podem tornar-se parte do processo que torna a coisa com a qual entramos em contato, ou a coisa que gerenciamos, *em* um sentimento ou emoção. Na gestão de sentimentos, contribuímos para criá-los.

Se for assim, o que consideramos intrínseco ao sentimento ou à emoção sempre pode ser moldado em formato social e ter aplicação cívica. Considere o que acontece quando jovens com a raiva aflorada são voluntários para ir à guerra, ou quando fãs aplaudem com entusiasmo seu rei, mulá ou time de futebol. A vida social privada sempre pode ter exigido a gestão dos sentimentos. O convidado da festa demonstra alegria devida ao anfitrião, a pessoa enlutada demonstra tristeza adequada no funeral. Cada qual oferece sentimentos como uma contribuição momentânea ao bem coletivo. Na ausência de um nome inglês para sentimentos-em--forma-de-contribuição-para-o-grupo (que a cultura Hopi, mais centrada em grupos, chama de *arofa*), vou oferecer o conceito de troca de dons.[9] Raiva silenciada, gratidão invocada e inveja reprimida são ofertadas entre pais e filhos, esposa e marido, amigo e amigo e amante e amante. Vou tentar ilustrar os intricados modelos dessas ofertas, salientar as suas formas e estudar como elas são feitas e trocadas.

O que fornece padrão social a nossos atos de gerenciamento de emoção? Acredito que ao tentarmos sentir aplicamos regras de sentimento latentes. ... Dizemos "não deveria sentir-me tão zangado com o que ela fez" ou "pelo que combinamos, não tenho direito de sentir ciúmes". Atos de gestão emocional não são atos apenas privados; são usados em trocas sob a orientação das regras de sentimentos. Regras de sentimento são normas usadas na conversação emocional para determinar quais são os valores justos a pagar e a receber na moeda do sentimento. Por meio delas, podemos dizer o que é "devido" em cada relação, cada função. Prestamos homenagem ao outro na moeda do ato administrativo. Em interações pagamos, pagamos em excesso, pagamos pouco, parcelamos o pagamento, reconhecemos nossas dívidas, fingimos pagar ou reconhecemos o que é emocionalmente devido à outra pessoa. Dessas formas, ... fazemos nossa tentativa de civilidade sincera.

Já que a distribuição de poder e autoridade é desigual em algumas das relações da vida privada, os atos de gestão também podem ser desiguais. A miríade de atos momentâneos de gestão compõe parte do que podemos resumir nos termos *relação* e *função*. Como no pontilhismo de um quadro de Seurat, os microatos da gestão emocional compõem, pela repetição e mudança ao longo do tempo, um movimento de forma. Certas formas expressam a desigualdade e outras, igualdade.

Ora, o que acontece quando o gerenciamento emocional é vendido como mão de obra? O que acontece quando regras de sentimento, como regras de exibição comportamental, são estabelecidas não por negociação privada, mas por manuais da empresa? O que acontece quando as trocas sociais não estão, como na vida privada, sujeitas à mudança ou ao término, mas ritualmente seladas e quase inevitáveis?

O que acontece quando a exibição emocional que uma pessoa deve à outra reflete certa desigualdade inerente? O passageiro da companhia aérea pode optar por não sorrir, mas a aeromoça é obrigada não só a sorrir, mas a transmitir alguma cordialidade por trás disso. O que acontece, em outras palavras, quando há uma *transmutação* das formas particulares com que usamos o sentimento?

Às vezes é preciso uma palavra grandiosa para apontar um padrão coerente entre as ocorrências que, caso contrário, pareceriam totalmente desconexas. Minha palavra é "transmutação". Quando falo de transmutação de um sistema emocional, quero destacar uma ligação entre um ato privado, como a tentativa de desfrutar de uma festa, e um ato público, como exibir bons sentimentos para um cliente. Refiro-me a expor a relação entre o ato privado de tentar amortecer a simpatia por uma pessoa – coisa que amantes supercomprometidos às vezes tentam fazer – e o ato público de um cobrador que suprime a empatia por um devedor. Pela expressão grandiosa "transmutação de um sistema emocional", refiro-me ao que fazemos em particular, muitas vezes inconscientemente, aos sentimentos que hoje em dia muitas vezes recaem sob a influência das grandes organizações, da engenharia social e do lucro.

Tentar sentir o que uma pessoa quer, espera ou pensa que deve sentir provavelmente não é mais recente do que a emoção em si. Entrar em conformidade com as regras de sentimento, ou desviar-se delas, também dificilmente é uma novidade. Na sociedade organizada, as regras provavelmente nunca foram aplicadas apenas ao comportamento observável. "Crimes do coração" há muito foram reconhecidos, porque as proibições há tempos têm protegido os "pré-atos" do coração; a Bíblia diz para não cobiçar a mulher do próximo, não só para evitar agir em relação a esse sentimento. O que há de novo em nosso tempo é uma cada vez mais prevalente *postura instrumental* em relação a nossa capacidade nativa de manipular, consciente e ativamente, uma gama de sentimentos para um propósito particular e o modo em que essa postura é arquitetada e administrada pelas grandes organizações.

Essa transmutação da utilização privada do sentimento afeta os dois sexos e as várias classes sociais de distintas maneiras. ... Como questão de tradição, a gestão emocional tem sido mais bem compreendida e utilizada com mais frequência por mulheres como uma das ofertas que elas trocam por apoio econômico. Em especial entre mulheres dependentes das classes média e alta, as mulheres têm o trabalho (ou pensam que deveriam ter) de criar o tom emocional dos encontros sociais: expressar alegria enquanto os outros abrem os presentes de Natal, criar a sensação de surpresa em aniversários ou exibir espanto ao se deparar com o rato na cozinha. O gênero não é o único determinante da habilidade nessa expressão gerenciada e no trabalho emocional necessário para fazê-la bem. Mas os homens que fazem bem esse trabalho têm em comum com outros homens um pouco menos do que as mulheres que fazem bem isso têm com outras mulheres. Quando a arte "feminina" de conviver com as convenções emocionais *privadas* torna-se pública, ela se anexa a uma afirmação diferente de ganhos e perdas.

Da mesma forma, o trabalho emocional afeta as várias classes sociais diferentemente. Se forem as mulheres, membros do sexo menos favorecido, que se especializam no trabalho emocional, são as camadas médias e superiores do sistema de classe que parecem exigir mais por ele. E os pais que fazem trabalho emocional no trabalho vão transmitir a importância da gestão emocional a seus filhos e prepará-los para aprender as habilidades que eles provavelmente precisarão para os trabalhos que provavelmente vão conseguir.

Em geral, pessoas de classe baixa e da classe trabalhadora tendem a trabalhar mais com as coisas, enquanto pessoas de classe média e classe alta tendem a trabalhar mais com as pessoas. Mais mulheres do que homens lidam com pessoas como trabalho. Assim, existem tanto os padrões de gênero quanto padrões de classe para o uso comercial e cívico do sentimento humano. Essa é a questão social.

Mas há uma questão pessoal, também. Há um custo para o trabalho emocional: ele afeta o grau em que podemos ouvir os sentimentos e, por vezes, a nossa própria capacidade de sentir. Gerenciar o sentimento é uma arte fundamental na vida civilizada, e presumo que em termos gerais o custo paga o benefício fundamental. Freud, em *O mal-estar na civilização*, analogamente argumentou sobre o instinto sexual: por mais agradável que seja esse instinto, no longo prazo somos sábios ao não cedermos sempre a ele. Mas quando a transmutação do uso privado do sentimento é realizada com sucesso – quando formos bem-sucedidos em emprestar nossos sentimentos aos engenheiros organizacionais das relações entre trabalhador e cliente – podemos pagar um custo em como ouvimos nossos sentimentos e um custo no que, para o bem ou para o mal, eles nos revelam sobre nós mesmos. Quando um aumento na velocidade da linha de montagem humana torna o "verdadeiro" serviço pessoal mais difícil de entregar, o trabalhador pode retrair o trabalho emocional e em vez disso oferecer uma fina crosta de exibição. Em seguida, o custo se modifica: a penalidade torna-se uma sensação de ser falso ou insincero. Em suma, quando a transmutação funciona, o trabalhador se arrisca a perder a função de sinal do sentimento. Quando não funciona, o risco é perder a função de sinal da exibição.

Determinadas condições sociais têm aumentado o custo da gestão de impressão. Uma é a total imprevisibilidade sobre nosso mundo social. Pessoas comuns, hoje em dia, movem-se em meio a muitos mundos sociais e obtêm a essência de dezenas de papéis sociais. Compare isso com a vida de aprendiz de padeiro do século XIV, descrita por Peter Laslett em *O mundo que perdemos* (1968): é uma vida que começa e termina em uma localidade, em uma ocupação, em um domicílio, dentro de uma visão de mundo e de acordo com um conjunto de regras.[10] Tornou-se muito menos comum que determinadas circunstâncias pareçam ditar a interpretação adequada delas ou que elas indiquem de modo claro qual sentimento é devido a quem, e quando, e como. Em razão disso, nós, modernos, dedicamos mais tempo mental à questão: "O que, nessa situação, devo estar sentindo?". Curiosamente, uma segunda condição mais adequada ao aprendiz de padeiro de Laslett sobreviveu em tempos mais modernos e fluidos. Ainda, ao que parece, perguntamos a nós mesmos "Quem sou eu?", como se a questão permitisse uma única resposta pura. Ainda procuramos um núcleo sólido e previsível do *self*, embora as condições para a existência desse *self* tenham desaparecido há muito tempo.

Face a essas duas condições, as pessoas recorrem aos sentimentos a fim de localizar-se ou, pelo menos, de ver quais são suas próprias reações para determinado evento. Ou seja, na ausência de diretrizes externas inquestionáveis, a função de sinal da emoção se torna mais importante, e a distorção comercial do coração gerenciado torna-se ainda mais importante como custo humano.

Bem podemos estar vendo uma resposta a tudo isso, a aprovação crescente do coração não gerenciado, a maior virtude agora vinculada ao que é "natural" ou espontâneo. Ironicamente, a pessoa como o nobre selvagem de Rousseau, que apenas sorri "naturalmente", sem propósito ulterior, é uma fraca perspectiva para os empregos de garçom, gerente de hotel ou comissária de bordo. O alto respeito pelo "sentimento natural", assim, pode coincidir com a necessidade culturalmente imposta para desenvolver o exato oposto – uma postura instrumental em relação ao sentimento. Tratamos o sentimento espontâneo, por esse motivo, como se fosse escasso e precioso; podemos criá-lo como virtude. Talvez não seja demais sugerir que estamos testemunhando um chamado para a conservação dos "recursos interiores", um chamado para salvar outro ambiente silvestre do uso corporativo e mantê-lo "para sempre selvagem".

Com a crescente celebração da espontaneidade, surgiram as piadas de robô. O humor com robôs brinca com a tensão entre ser humano – quer dizer, ter sentimentos – e ser uma engrenagem de uma máquina socioeconômica. O charme do pequeno robô R2-D2, no filme *Guerra nas estrelas*, é que ele parece tão humano. Filmes como esse nos trazem o familiar no sentido inverso: todos os dias, fora da sala de cinema, vemos seres humanos cujas demonstrações de sentimento têm uma qualidade robótica. Hoje as ambiguidades são engraçadas.

Tanto a celebração crescente da espontaneidade quanto as piadas que contamos sobre sermos robôs sugerem que, no reino de sentimento, *1984* de Orwell já surgiu disfarçado há vários anos, deixando para trás uma risada e talvez a ideia de uma saída particular.

NOTAS

EPÍGRAFE: C. Wright Mills, *White Collar*, p. 184.

[1] Marx, *Capital* (1977), p. 356-357, 358.

[2] *Lucas Guide 1980*, p. 66, 76. Catorze aspectos de viagens aéreas nas fases de partida e chegada e do voo em si são classificados. Cada aspecto recebe uma de 16 pontuações diferentes ponderadas. Por exemplo, "A amizade ou a eficiência do pessoal é mais importante do que a qualidade do anúncio de voo pelo piloto ou a seleção de jornais e revistas oferecidas".

[3] Marx, em seus *Economic and Philosophic Manuscripts* (Tucker, 1972), pode ter fornecido a última ideia realmente básica sobre alienação. Entre os trabalhos recentes e úteis sobre o assunto estão Blauner (1964), Etzioni (1968), Kohn (1976) e Seeman (1967).

[4] Mills (1956).

[5] O objetivo desta análise foi explorar, ao responder às perguntas mais gerais sobre o sentimento, a questão de quem mostrou uma tomada de consciência do trabalho emocional, quanto mostrou e em que contexto mostrou. Usando essa codificação, constatamos que 32% das mulheres e 18% dos homens espontaneamente mencionaram a gestão de emoção no decorrer de suas descrições. Embora nossos indicadores para classe social fossem reduzidos (apenas a ocupação do pai), mais entrevistados de classe média do que entrevistados da classe trabalhadora mencionaram trabalho emocional; a diferença de sexo permaneceu quando classe foi controlada.

[6] Inicialmente considerei que as respostas a essas perguntas indicavam autorretratos de estilos de enfrentamento. As respostas caíram em quatro tipos. Um grupo (os instrumentalistas) se retratavam como capazes de mudar o mundo, não a si mesmos. Falavam de sentimentos como algo que tinha sido posto em prática, como base assumida para a ação. Não descreviam sentimentos como desmoronando em face de obstáculos situacionais ou como algo a ser "trabalhado" ou gerenciado. O segundo grupo (os acomodadores) retratou-se como capaz de mudar atitudes ou comportamentos, embora não um sentimento subjacente ou orientação. Falavam do mundo como imutável, um lugar que exige determinadas alterações superficiais do *self*. Os acomodadores falavam em não seguir seus

sentimentos "verdadeiros" que permaneciam "verdadeiros" ou inalterados. Em contraste, o terceiro grupo (os adaptadores) dissolvia-se diante de um mundo exigente. Falavam que o *self* era fluido e maleável e que o mundo era correspondentemente rígido. Seus sentimentos não eram experimentados como base sólida para a ação; isso indicava que os sentimentos mudam não pelo esforço, mas ao natural, por uma questão de andamento. O quarto tipo, que mais tarde identifiquei como os "trabalhadores emocionais", adotaram uma postura ativa em relação ao sentimento. Afirmaram: "Eu me preparei psicologicamente", "Suprimi a minha raiva", "Relaxei e me diverti". Adaptaram-se, mas de um modo ativo, em vez de passivo.

[7] Embora este estudo exploratório não tenha sido concebido para ser representativo, as entrevistadas não estavam longe do perfil geral das 5.075 comissárias de bordo empregadas pela Pan American: a idade média das entrevistadas foi de 32,7 anos, 34% eram casadas e sua antiguidade média era de cinco anos. Aproximadamente um quarto de meus entrevistados tinha pais da classe trabalhadora, um quarto tinha pais de classe média baixa e metade tinha pais com empregos aproximadamente de classe média alta. As mães de metade eram donas de casa, e as mães da outra metade eram trabalhadoras clericais ou prestadoras de serviços; nenhum tinha mãe profissional. O salário anual médio das comissárias de bordo era US$ 16.250.

[8] Em geral, o termo *sentimento* conota sensações físicas menores ou mais suaves – ruborizar, suar, tremer – do que o termo *emoção*. Sob esse prisma, o sentimento é mais suave do que a emoção. Para efeitos desta pesquisa, os dois termos são intercambiáveis.

Deixe-me relacionar brevemente meu modelo de *self* como gestor de emoção com a obra de Riesman (1953), Lifton (1970) e Turner (1976). O "homem dirigido aos outros", de Riesman, difere do "homem dirigido a si mesmo" no que diz respeito a quem uma pessoa recorre em busca de diretrizes sociais. O "homem dirigido aos outros" recorre aos pares, o "homem dirigido a si mesmo" recorre aos pais internalizados (superego). Em meu arcabouço, isso pode ser visto como formas alternativas de perceber regras de sentimento que se aplicam à zona mais estreita do *self* (o *self* como gestor de emoção) na qual eu me concentro. Lifton postula um novo tipo de estrutura de caráter "multiforme", mais elástica e mais adaptável do que as anteriores. Compartilho com Lifton uma valorização do aspecto plástico, socialmente moldável do caráter humano e suas aplicações sociais. Mas o foco de Lifton é na capacidade *passiva* de adaptação, forjado com uma ausência de vínculos locais, enquanto meu foco é no componente *ativo* de nossa capacidade de adaptação. Turner contrasta um "*self* institucional" com um "*self* impulsional" e registra uma tendência social de ir do primeiro ao segundo. Por *self* institucional, Turner refere-se ao indivíduo que acredita que o seu "verdadeiro" reside em seu comportamento e sentimentos no âmbito de funções institucionais. O "*self* impulsional" refere-se ao indivíduo que localiza o seu *self* "verdadeiro" fora das funções institucionais. Acho que a tendência que ele vislumbra é real, e a razão disso pode estar em uma contradição entre duas tendências, ambas relacionadas ao individualismo. Por um lado, o individualismo como ideia implica um valor no sentimento e na vontade humanas. Em razão desse valor, passa a valer a pena procurar e localizar os sentimentos "verdadeiros" de alguém. (Pessoas que não alimentam a ideia do individualismo não tomam isso como objetivo válido, sequer pensável. É um luxo de vida burguesa que só pessoas não preocupadas com a sobrevivência são capazes de pensar em fazer.) Por outro lado, as oportunidades de trabalho não apresentam uma forma de encontrar o verdadeiro *self* no trabalho; o trabalho no qual alguém exerce controle e autoridade (isto é, trabalho de classe alta) não é tão abundante quanto a demanda por ele. A oferta de postos de trabalho com os quais alguém pode se identificar, como afirma Braverman, diminuiu. As duas tendências juntas levam à propagação do "*self* impulsional". Turner sugere que o *self* impulsional é *menos social,* menos sujeito às reivindicações dos outros. À luz de minha tese, o *self* impulsional não é menos social; ao contrário, está sujeito a regras diferentes e controlado por um tipo diferente de sistema de controle (regras de sentimento e o sistema de controle de pessoal). ... Pode-se pensar que o *self* impulsional coloca menos ênfase na *gestão* emocional (daí o termo *impulso).* Mas existem outras regras para esses indivíduos. (Por exemplo, você não pode estar pensando em outra coisa quando você diz seu mantra; na terapia Gestalt, você não deveria estar "absorto em seus pensamentos".) O "*self* impulsional" não está mais sujeito aos impulsos.

[9] Lee (1959) discute o conceito de *arofa.*

[10] Laslett (1968); Stone (1965); Swidler (1979).

Leituras adicionais: teoria sociológica contemporânea

FUNCIONALISMO

ALEXANDER, JEFFREY C., 1984: *Theoretical Logic in Sociology*, Vol. 4. *The Modern Reconstruction of Classical Thought: Talcott Parsons*. Berkeley: University of California Press.

ALEXANDER, JEFFREY C., 1985: *Neofunctionalism*. Beverly Hills: Sage.

ALEXANDER, JEFFREY C., e PAUL COLOMY, 1985: "Toward Neo-functionalism." *Sociological Theory* 3:11-23.

MERTON, ROBERT K., 1957: *Social Theory and Social Structure*. New York: Free Press, 1957.

PARSONS, TALCOTT, 1951. *The Social System*. Glencoe: Free Press, 1951.

TEORIA DO CONFLITO

COLLINS, RANDALL, 1975: *Conflict Sociology: Toward Explanatory Science*. New York: Academic Press.

DAHRENDORF, RALF, 1958: *Class and Class Conflicts in Industrial Society*. Stanford: Stanford University Press, 1958.

LENSKI, GERHARD, 1984: *Power and Privilege: A Theory of Social Stratification*. Chapel Hill: University of North Carolina Press.

MILLS, C. WRIGHT, 1956: *The Power Elite*. Nova York: Oxford University Press.

TEORIA DAS TROCAS E DA ESCOLHA RACIONAL

BLAU, PETER, 1964: *Exchange and Power in Social Life*. New York: Wiley.

COLEMAN, JAMES S., 1990: *Foundations of Social Theory*. Cambridge: Harvard University Press.

COOK, KAREN, RICHARD EMERSON, MARY GILLMORE e TOSHIO YAMAGISHI, 1983: "The Distribution of Power in Exchange Networks." *American Journal of Sociology* 89:275.

HOMANS, GEORGE C., 1961: *Social Behavior: Its Elementary Forms*. New York: Harcourt Brace.

SHUBIK, MARTIN, 1957: *Game Theory in the Social Sciences*. Cambridge: MIT Press.

SIMON, HERBERT A., 1957: *Models of Man*. New York: Wiley.

SOCIOLOGIA FENOMENOLÓGICA E ETNOMETODOLOGIA

BERGER, PETER e THOMAS LUCKMANN, 1966: *The Social Construction of Reality*. New York: Doubleday.

BODEN, DEIDRE, e DON ZIMMERMAN, Eds., 1991: *Talk and Social Structure: Studies in Ethnomethodology and Conversation Analysis*. Berkeley: University of California Press.

CICOUREL, AARON, 1973: *Cognitive Sociology*. Baltimore: Penguin.

GARFINKEL, HAROLD, 1967: *Studies in Ethnomethodology*. Englewood Cliffs, NJ: Prentice Hall, 1967.

SCHUTZ, ALFRED, 1962-66: *Collected Papers*. Haia: Martinus Nijhoff.

INTERAÇÃO SIMBÓLICA

BLUMER, HERBERT, 1969: *Symbolic Interactionism: Perspective and Method*. Englewood Cliffs, NJ: Prentice Hall.

DEEGAN, MARY JO, 1989: *American Ritual Dramas: Social Rules and Cultural Meanings*. New York: Greenwood Press.

DEEGAN, MARY JO, e MICHAEL R. HILL, Eds., 1987: *Women and Symbolic Interaction*. Boston: Allen & Unwin.

GOFFMAN, ERVING, 1959: *The Presentation of Self in Everyday Life*. Garden City, NY: Doubleday.

GOFFMAN, ERVING, 1961: *Asylums*. Garden City, NY: Doubleday.

GOFFMAN, ERVING, 1967: *Interaction Ritual*. Garden City, NY: Doubleday.

GOFFMAN, ERVING, 1971: *Relations in Public*. New York: Basic Books.

HEWITT, JOHN P., 1989: *Dilemmas of the American Self*. Philadelphia: Temple University Press.

LEWIS, J. DAVID, E RICHARD L. SMITH, 1980: *American Sociology and Pragmatism: Mead, Chicago Sociology, and Symbolic Interaction*. Chicago: University of Chicago Press.

Parte III

MODERNISMO
E PÓS-MODERNISMO

Teoria crítica 11

Introdução

Teoria crítica é o nome dado à escola de pensamento que surgiu a partir dos escritos dos membros da Escola de Frankfurt, entre eles T. W. Adorno, Max Horkheimer, Herbert Marcuse e Friedrich Pollock. Eles pertenciam a um grupo de intelectuais alemães do Instituto de Pesquisas Sociais na Universidade de Frankfurt, que continuou sua associação desde os anos de 1930, até durante o período da Segunda Guerra Mundial e depois na era do pós-guerra. O que lhes unia era um interesse comum no marxismo e sua relevância para um mundo dominado pelo stalinismo no Oriente e pelo fascismo emergente na Europa. A teoria crítica distinguia-se da teoria tradicional, ou seja, sociocientífica, por seu compromisso com um conceito moral de progresso e emancipação que formaria o alicerce para todos os seus estudos. Multidisciplinar em sua abordagem, a teoria baseava-se em psicologia, sociologia, economia e política para desenvolver o seu ponto de vista único, comprometido, enfim, à ideia de que o conhecimento deve ser posto em prática para alcançar uma ordem social justa e democrática.

Este capítulo apresenta excertos de obras de Herbert Marcuse (1898-1979) e Jürgen Habermas. Marcuse foi um dos primeiros membros do Instituto de Frankfurt e, após a ascensão do poder nazista na Alemanha, foi para os Estados Unidos em 1934 para juntar-se a Max Horkheimer e continuar o trabalho do Instituto, que, a esta altura, encontrara um novo lar na Columbia University.

Jürgen Habermas é o mais proeminente membro da teoria crítica de "segunda geração". Aluno de Adorno, Habermas era adolescente durante o domínio de Hitler. Isso, junto com a experiência posterior da Alemanha no pós-guerra, reflete-se na preocupação de Habermas em relação às perspectivas futuras de uma sociedade democrática humana e racional.

Herbert Marcuse foi aluno de filosofia e estudou nas grandes universidades de Berlim e Friburgo. Sua obra mostra a influência poderosa de Marx e Weber, mas também de Hegel, Husserl e Heidegger e, em certa medida, Nietzsche.

Durante a década de 1960, Herbert Marcuse alcançou grande fama entre os alunos universitários norte-americanos e europeus, pois seus escritos teóricos forneciam um amplo contexto histórico e sociopolítico para compreender os movimentos de protesto aqui e no exterior. Nesse sentido, ele foi o teórico social mais amplamente conhecido no cenário norte-americano. Deu apoio intelectual ao movimento contra a guerra e juntou-se às crescentes fileiras de manifestantes contra a guerra do Vietnã.

Os movimentos sociais dos anos 1960 que emergiam em torno de questões como direitos civis, feminismo e direitos dos homossexuais, bem como a contracultura, também encontraram apoio nos escritos posteriores de Marcuse. Na opinião dele, esses movimentos sociais davam um sinal de grande esperança para o futuro da sociedade industrial avançada, porque demonstravam, ao contrário de suas próprias formulações pessimistas em *Homem unidimensional*, que existiam fontes de negatividade e resistência às novas formas de controle social envolvendo a sociedade norte-americana.

Marcuse publicou uma série de importantes trabalhos sobre teoria social e sociologia política. Entre eles estão *Razão e revolução* (1941), *Eros e civilização* (1955), *Marxismo soviético* (1958), *Homem unidimensional* (1964), *A crítica da tolerância pura* (1965), *Negações: ensaios sobre teoria crítica* (1968), *Ensaio sobre libertação* (1969), *Contrarrevolução e revolta* (1972), *Estudos em filosofia crítica* (1973) e *A dimensão estética* (1978).

Em *Homem unidimensional*, Marcuse deu expressão completa e popular à ideia do pensamento dialético e demonstrou sua contínua relevância como modo de análise social. Ao mesmo tempo, há um sentido importante no qual a análise de Marcuse amplia a ideia de Weber sobre racionalização, empregando o conceito de "racionalidade tecnológica". Weber, o leitor vai recordar, procurou capturar o parâmetro do secular processo pelo qual a ciência dominou o ponto de vista intelectual ocidental ao caracterizar a sociedade moderna como "jaula de ferro". O processo de racionalização não só se manifestou no comportamento racional dos indivíduos em configurações burocráticas, mas também se refere ao seu método de pensamento. A racionalidade instrumental, modo de pensamento calculista e *orientado ao meio*, veio gradualmente a substituir a racionalidade substantiva, ou pensamento, lidando com a moralidade, a validade dos *fins* da ação.

Na opinião de Marcuse, a sociedade industrial avançada tornou-se uma sociedade sem oposição, dominada pela "racionalidade tecnológica". Além disso, sua análise o leva a rejeitar as formulações marxistas tradicionais sobre as fontes de conflito na estrutura de classe do capitalismo. Em vez disso, ele vê uma classe trabalhadora que constantemente tem abraçado os valores da classe média (aburguesamento) e tornou-se absorvida pela corrente principal da cultura de consumo capitalista. A classe operária deixou de ser a negação do capitalismo para se tornar seu franco apoiador e defensor.

Assim, Marcuse projeta uma sociedade que aparece aberta e tolerante, mas está fechada a críticas fundamentais e mudanças radicais. A sociedade industrial avançada é capaz de absorver toda a espécie de dissidência por meio de cooptar os dissidentes e usar suas plataformas para lucro comercial ou político. O aluno deve pensar em vários exemplos do mundo da publicidade de mídia, cultura popular e política que podem ilustrar de que modo assuntos começam como negação e terminam como cooptação. Será esse o caminho inevitável da política democrática?

No entanto, os movimentos sociais dos anos de 1960 pareceram a Marcuse ter potencial revolucionário. Nas últimas páginas de *Homem unidimensional*, ele se refere ao potencial de oposição entre "os párias e os renegados, os explorados e os perseguidos de outras raças e outras cores". Óbvio que esses não são os estudantes radicais dos anos 1960, mas a história nunca se ajusta perfeitamente com a teoria social. Mais tarde, Marcuse antecipou que a mudança social seria a longa marcha por meio das instituições da sociedade capitalista avançada com o objetivo de criar uma sociedade justa e mais democrática.

Jürgen Habermas, que estudou com T. W. Adorno, um dos vultos mais importantes da escola de Frankfurt, é considerado o principal expoente contemporâneo da teoria crítica. Em geral considerado o mais bem-sucedido teórico social alemão de nosso tempo e talvez o mais relevante desde Max Weber, Habermas escreveu amplamente nas áreas de filosofia e sociologia. Nascido em 1929, Habermas estudou na Alemanha e ensinou filosofia e sociologia nas universidades de Heidelberg e Frankfurt. Entre seus escritos estão: *Rumo a uma sociedade racional* (1970), *Conhecimento e interesses humanos* (1971), *Crise de legitimação* (1976), *Comunicação e a evolução da sociedade* (1979), *Razão e racionalização da sociedade* (1984), *Entre fatos e normas: contribuições para uma teoria do discurso da lei e da democracia* (1996) e *A inclusão do outro: estudos de teoria política* (1998).

O foco principal do trabalho de Habermas é a sobrevivência da democracia em um mundo que se transforma cada vez mais pela ciência e tecnologia. Habermas envolve os grandes pensadores da tradição clássica em um diálogo reconstrutivo em que ele desenvolve e cria novas formulações. Ele se mantém fiel ao projeto emancipatório de Marx e, ao mesmo tempo, consciente da tese de racionalização desenvolvida por Weber, e seu projeto é demonstrar como e por que a "jaula de ferro" não precisa ser nosso destino, embora o processo de racionalização continue. Além disso, é sua intenção demonstrar o quanto é possível uma efetiva mudança social na direção de uma ordem democrática substancialmente justa na ausência do proletariado como força revolucionária.

Responder a essas perguntas tinha sido o foco do trabalho dos teóricos críticos da escola de Frankfurt, em particular Adorno, Horkheimer e Marcuse. Em *Dialética do esclarecimento* (1972), Horkheimer e Adorno chegaram a suas conclusões mais pessimistas sobre as perspectivas de atingir os objetivos progressistas do Iluminismo. Da mesma forma, Herbert Marcuse argumentara em *Homem unidimensional* (1964) que todas as fontes da negação crítica tinham sido efetivamente absorvidas no arcabouço estabelecido de valores e de poder.

Em vez de sucumbir a esse pessimismo, Habermas tem desafiado as formulações de seus antigos professores e colegas, alegando que eles aceitaram muito prontamente a visão determinista de Marx sobre a relação entre infraestrutura e superestrutura ou, em termos de Weber, entre Estado e sociedade. Nos dois casos, o potencial autônomo do mundo da vida (com suas formas nativas de ação simbólica e comunicativa) tem sido solapado ou desvalorizado, resultando na visão da sociedade completamente administrada, comandada por elites tecnocráticas e legitimada por uma ideologia que emerge da aceitação generalizada da ciência e da racionalidade instrumental.

No ponto de vista de Habermas, as necessidades integrativas do sistema social não implicam absorver e comandar o mundo da vida. O modo de comunicação no mundo da vida preserva concepções de justiça e liberdade, mesmo que esses valores sejam removidos do vocabulário das elites tecnocráticas, cujo linguajar é integralmente redigido nos termos instrumentais da análise custo-benefício. À medida que o sistema social evolui em suas instituições político-econômicas rumo a mais eficiência, previsibilidade, coordenação e controle, o mundo da vida evolui rumo a mais reflexividade e mais compreensão sobre o destino comum de todos os povos. Portanto, o mundo da vida caracteriza-se por uma lógica própria que não sucumbe automaticamente às influências do dinheiro e do poder, pois essas influências emanam dos subsistemas político-econômicos do sistema social.

Habermas está bem consciente das pressões para absorver o mundo da vida da ação comunicativa no sistema amoral de ação instrumental ou intencional. Os perigos são amplamente desenvolvidos na maior parte de sua obra. No entanto, Habermas faz mais do que seus antecessores ao abrir possibilidades de ação que lhes foram impedidas devido às limitações de suas análises conceituais. As consequências desses diálogos reconstrutivos com pensadores antigos e atuais, com os quais Habermas está envolvido, devem ser encontradas em sua formulação de alternativas que retratam com mais precisão o presente momento histórico. Em termos simples, Habermas vê duas possíveis direções que nossa sociedade enfrenta no futuro: uma solução tecnocrática, chamada de colonização do mundo da vida, ou uma solução democrática, prevendo uma revitalização da vida pública democrática.

Se, por um lado, o mundo da vida é colonizado, então, gradativamente perde sua finalidade cultural e moral, que é articular e formular uma visão de ordem social que esteja de acordo com o progresso evolutivo da espécie humana. Em vez disso, um público cada vez mais apático e desinteressado sucumbe aos incentivos de ordem material (de dinheiro e de poder) e adapta-se às exigências integrativas do sistema tecnocrático. Se, por outro lado, a opção democrática está próxima, então, o mundo da vida da ação comunicativa pode ser capaz de impor o seu arcabouço moral ao sistema econômico e político e reintegrar o público no sistema cultural que lhe fornecerá relevantes propósitos e significados.

Em outras palavras, à medida que as sociedades industriais avançadas se desenvolvem, elas liberam recursos para o desenvolvimento cultural e a educação. Uma população mais esclarecida torna-se cada vez mais consciente sobre as estruturas de poder que dominam o sistema atual e sobre a evolução histórica e evolução da ordem social. Da mesma forma, ela se torna mais consciente sobre as questões globais, ambientais e universalistas dos direitos humanos. Essa consciência aumentada leva à formação de novos movimentos sociais que articulam os valores mais gerais ou universalistas, em vez de os interesses especiais que dominaram a política do passado. Os novos movimentos sociais expressam preocupações sobre o ambiente, sobre os direitos humanos e sobre a equidade no tratamento das minorias de raça, gênero e orientação sexual. Essa nova política cultural expressa as preocupações do mundo da vida e se envolve em um discurso moral que não pode ser facilmente absorvido no arcabouço da política instrumental. Para Habermas, os novos movimentos sociais são os arautos de um novo consenso moral que fornecerá a base para uma ordem democrática revitalizada.

Ao rejeitar a necessidade da solução tecnocrática, Habermas ressuscita os ideais do Iluminismo e nos lembra que se trata de um projeto que ainda está para ser concluído. É nesse sentido que Habermas é considerado um "modernista", um teórico que continua com a visão do Iluminismo do mundo moderno em que o progresso, a razão, a verdade e a justiça acabarão triunfando.

No seu ensaio "Religião na esfera pública", Jürgen Habermas se debruça sobre um problema atual que a democracia enfrenta – ou seja, a religião e a sua crescente importância política nos Estados Unidos e em outras partes do mundo. A questão que ele suscita nesse ensaio é se instituições democráticas podem sobreviver ao inesperado renascimento da religião e, em caso afirmativo, sob quais condições. Em outras palavras, o que acontece com uma democracia se os cidadãos estão divididos em campos beligerantes de laicos e sectários, nenhum dos quais entende ou respeita o outro? À medida que um dos lados obtém uma maioria dominante, Habermas teme a supressão e a ameaça à legitimidade das instituições democráticas, à medida que a minoria começa a retirar a sua lealdade ao sistema e já não aceita de bom grado suas leis.

O contínuo conflito sobre o aborto, a controvérsia Schiavo sobre o direito de morrer, o debate hostil sobre a investigação em células-tronco, a divisão sobre os direitos dos homossexuais e a controvérsia sobre o ensino da evolução estão entre as questões sociais mais proeminentes que dividem os Estados Unidos. Como outra prova do papel da religião na política, Habermas cita o poderoso apoio dado a George W. Bush por grupos religiosos nas eleições de 2004.

O ensaio se concentra na visão de Habermas de que a igual participação na (e a igualdade de acesso à) esfera pública é o alicerce de uma ordem democrática e a impregna de legitimidade. Fora do processo comunicativo livre e sem restrições, o discurso racional leva a um processo deliberativo, com o qual todas as partes estão comprometidas, aceitando de bom grado os resultados da política como lei. A ressurgência religiosa manifestada nas questões sociais supramencionadas impõe um desafio a esse processo: à medida que os cidadãos religiosos invocam as suas crenças, os laicos consideram essas visões arcaicas e as descartam.

A fim de evitar maior deterioração política em oposições beligerantes, Habermas defende uma nova definição das obrigações do cidadão. Tanto laicos quanto sectários devem tentar entender a si próprios como desenvolvimentos evolucionários na esteira do Iluminismo. Ou seja, por um lado, os sectários precisam entender a primazia da linguagem laica no discurso democrático decorrente do

Iluminismo e seu compromisso com a razão, a ciência e a evidência como base para as declarações de verdade. Por outro lado, os laicos precisam entender a importância dos valores morais no discurso religioso. Os dois lados devem se envolver em "traduções" de seus pontos de vista em uma linguagem adequada ao discurso na esfera pública e nas leis. Se essas traduções forem realizadas de boa-fé, então os sectários vão entender por que não podem invocar Deus nesse discurso e os laicos saberão por que não devem descartar os sectários como ignorantes ou retrógrados.

Habermas tem a esperança de que esses esforços no autoconhecimento possam levar ao entendimento mútuo, estabelecer regras consensuais de discurso público, sustar a erosão na legitimidade democrática e, quem sabe, se aplicados em uma escala mais ampla, evitar o "choque de civilizações".

Herbert Marcuse: Homem unidimensional

A paralisia da crítica: sociedade sem oposição

A ameaça de uma catástrofe atômica que poderia exterminar a espécie humana não serve também para proteger as próprias forças que perpetuam esse perigo? Os esforços para evitar essa catástrofe ofuscam a busca por suas causas potenciais na sociedade industrial contemporânea. Essas causas permanecem não identificadas, não reveladas, intocadas pelo público, porque recuaram diante das óbvias ameaças externas – ao Ocidente a do Oriente, ao Oriente a do Ocidente. Igualmente óbvia é a necessidade de estar pronto para viver no limite, para enfrentar o desafio. Submete-nos à produção pacífica dos meios de destruição, à perfeição do desperdício, a ser educado para uma defesa que deforma os defensores e aquilo que defendem.

Se tentarmos relacionar as causas de perigo com a maneira em que a sociedade está organizada e organiza seus membros, somos imediatamente confrontados com o fato de que a sociedade industrial avançada torna-se mais rica, maior e melhor, à medida que perpetua o perigo. A estrutura de defesa facilita a vida para um número maior de pessoas e estende o domínio da natureza pela humanidade. Sob essas circunstâncias, nossos meios de comunicação de massa têm pouca dificuldade em vender interesses particulares como se fossem os interesses de todas as pessoas sensatas. As necessidades políticas da sociedade tornam-se aspirações e necessidades individuais, sua satisfação promove negócios e bem-estar público e o conjunto parece ser a própria personificação da razão.

No entanto, essa sociedade é irracional como um todo. Sua produtividade destrói o livre desenvolvimento das necessidades e faculdades humanas, sua paz é mantida pela constante ameaça de guerra, seu crescimento depende da repressão das possibilidades reais de pacificar a luta pela existência – individual, nacional e internacional. Essa repressão, tão diferente daquela que caracteriza os estágios anteriores e menos desenvolvidos da nossa sociedade, atua hoje não a partir de uma posição de imaturidade natural e técnica, mas sim de uma posição de força. Hoje, os recursos (intelectuais e materiais) da sociedade contemporânea são incomensuravelmente maiores do que no passado – ou seja, hoje, o escopo da dominação da sociedade sobre o indivíduo é incomensuravelmente maior do que no passado. Nossa sociedade distingue-se pela conquista de forças sociais centrífugas por meio da tecnologia em vez de pelo terror, com a base dualística de uma eficiência avassaladora e um crescente padrão de vida.

De *One-Dimensional Man* por Herbert Marcuse, Direitos autorais de © 1964 pertencentes a Herbert Marcuse. Reimpresso com permissão da Beacon Press, Boston.

Investigar as raízes desses desenvolvimentos e suas alternativas históricas faz parte do objetivo de uma teoria crítica da sociedade contemporânea, uma teoria que analisa a sociedade à luz de seus recursos usados e não usados ou abusados para melhorar a condição humana. Mas quais são os padrões para essa crítica?

Com certeza, juízos de valor desempenham um papel. A maneira estabelecida de organizar a sociedade compara-se com outras formas possíveis, formas capazes de oferecer mais chances para aliviar a luta humana pela existência; uma prática histórica específica compara-se com suas próprias alternativas históricas. Desde o início, qualquer teoria crítica da sociedade, portanto, confronta o problema da objetividade histórica, um problema que surge em dois pontos cuja a análise implica juízos de valor:

1. O julgamento de que a vida humana vale a pena ser vivida, ou melhor, pode e deve valer a pena ser vivida. Esse julgamento está subjacente a todo o esforço intelectual; é o *a priori* da teoria social, e sua rejeição (que é perfeitamente lógica) rejeita a teoria em si.

2. O julgamento de que, em certa sociedade, existem possibilidades específicas para a melhoria da vida humana e modos e meios específicos para realizar essas possibilidades. A análise crítica deve demonstrar a validade objetiva dessas decisões, e a demonstração tem de prosseguir com bases empíricas. A sociedade estabelecida tem disponível uma quantidade e uma qualidade determináveis de recursos intelectuais e materiais. Como esses recursos podem ser usados para o desenvolvimento ideal e a satisfação das necessidades e faculdades individuais com um mínimo de trabalho árduo e sofrimento? Teoria social é teoria histórica, e a história é o reino do acaso no reino da necessidade. Portanto, entre os vários modos possíveis e reais de organizar e utilizar os recursos disponíveis, quais oferecem a maior chance de um desenvolvimento ideal?

A tentativa de responder a essas perguntas exige uma série de abstrações iniciais.

A fim de identificar e definir as possibilidades de um desenvolvimento ideal, a teoria crítica deve abstrair-se da real organização e utilização dos recursos da sociedade e dos resultados dessa organização e utilização. Essa abstração que se recusa a aceitar o universo determinado de fatos como o contexto final de validação, essa análise "transcendente" dos fatos à luz de suas possibilidades presas e negadas, pertence à própria estrutura da teoria social. Ela se opõe a toda metafísica, em virtude do caráter rigorosamente histórico da transcendência.[1] As "possibilidades" devem estar ao alcance da respectiva sociedade; devem ser objetivos domináveis da prática. Da mesma forma, a abstração das instituições estabelecidas deve ser expressiva de uma tendência real – ou seja, sua transformação deve ser a real necessidade da população subjacente. A teoria social está preocupada com as alternativas históricas que assombram a sociedade estabelecida como forças e tendências subversivas. Os valores ligados às alternativas realmente tornam-se fatos quando são convertidos em realidade pela prática histórica. Os conceitos teóricos culminam com a mudança social.

Mas eis que a sociedade industrial avançada confronta a crítica com uma situação que parece privá-la de seus próprios alicerces. O progresso técnico, ampliado a todo um sistema de dominação e de coordenação, cria formas de vida (e de poder) que parecem conciliar as forças opostas do sistema e derrotar ou refutar todo protesto em nome das perspectivas históricas da liberdade do trabalho árduo e da dominação. A sociedade contemporânea parece ser capaz de controlar as mudanças sociais – mudanças qualitativas que estabeleceriam essencialmente diferentes instituições, uma nova direção do processo

---

[1] Os termos "transcendente" e "transcendência" são usados no sentido empírico-crítico: designam tendências na teoria e na prática que, em uma determinada sociedade, "ultrapassam" o universo estabelecido de discurso e ação em relação a suas alternativas históricas (possibilidades reais).

produtivo, novos modos de existência humana. Esse controle da mudança social é talvez a realização mais singular da sociedade industrial avançada; a aceitação geral da finalidade nacional, a política bipartidária, o declínio do pluralismo, o conluio de negócios e trabalho no âmago do Estado forte testemunham pela integração dos opostos, que é o resultado, bem como o pré-requisito, dessa conquista.

Uma breve comparação entre a fase formativa da teoria da sociedade industrial e sua situação atual pode ajudar a mostrar como a base da crítica foi alterada. Em suas origens na primeira metade do século XIX, quando ela elaborou os primeiros conceitos das alternativas, a crítica da sociedade industrial alcançou concretude em uma mediação histórica entre teoria e prática, valores e fatos, necessidades e objetivos. Essa mediação histórica ocorreu na consciência e na ação política das duas grandes classes que se enfrentavam na sociedade: a burguesia e o proletariado. No mundo capitalista, elas ainda são as classes básicas. No entanto, o desenvolvimento capitalista alterou a estrutura e a função dessas duas classes de tal forma que elas já não parecem ser agentes de transformação histórica. Um interesse na preservação e na melhoria do *status quo* institucional une os antigos antagonistas nas áreas mais avançadas da sociedade contemporânea. E na medida em que o progresso técnico assegura o crescimento e a coesão da sociedade comunista, a própria ideia de mudança qualitativa recua diante das noções realistas de uma evolução não explosiva. Na ausência de agentes e agências de mudança social demonstráveis, a crítica é, portanto, lançada de volta a um alto nível de abstração. Não existe território em que a teoria e a prática, o pensamento e a ação se encontram. Até mesmo as mais empíricas análises das alternativas históricas parecem ser especulações irrealistas, e o compromisso com elas, uma questão de preferência pessoal (ou grupal).

Mas essa ausência refuta a teoria? Diante de fatos aparentemente contraditórios, a análise crítica ainda insiste que a necessidade de mudança qualitativa continua tão urgente quanto nunca. Necessária para quem? A resposta continua igual: pela sociedade como um todo, para cada um dos seus membros. A união de produtividade crescente com destruição crescente; o risco de aniquilamento; a rendição do pensamento, da esperança e do medo às decisões dos poderes existentes; a preservação da miséria em face de riqueza sem precedentes constitui a acusação mais imparcial – mesmo que não seja a *raison d'être* desta sociedade, mas apenas seu subproduto: sua racionalidade arrebatadora, que impulsiona a eficiência e o crescimento, por si só, é irracional.

O fato de que a grande maioria da população aceita, e é levada a aceitar, essa sociedade não a torna menos irracional e menos repreensível. A distinção entre consciência verdadeira e falsa, entre interesse real e imediato, ainda é significativa. Mas essa própria distinção deve ser validada. As pessoas devem enxergá-la e passar da falsa à verdadeira consciência, do interesse imediato ao real. Podem fazê-lo apenas se viverem na necessidade de mudar o seu modo de vida, de negar o positivo, de recusar. É exatamente essa necessidade que a sociedade estabelecida consegue reprimir na proporção em que é capaz de "fornecer as mercadorias" em uma escala cada vez maior e de usar a conquista científica da natureza para a conquista científica da humanidade.

Confrontado com o caráter pleno das conquistas da sociedade industrial avançada, a teoria crítica é deixada sem a justificativa para transcender essa sociedade. O vácuo esvazia a própria estrutura teórica, pois as categorias de uma teoria social crítica foram desenvolvidas durante o período em que a necessidade de recusa e subversão refletia-se na ação de forças sociais eficazes. Essas categorias eram essencialmente conceitos negativos e opositivos, definindo as contradições reais da sociedade europeia do século XIX. A própria categoria "sociedade" expressava o conflito agudo entre as esferas social e política – a sociedade como antagônica ao Estado. Da mesma forma, "individual", "classe", "privado", "família" denotavam esferas e forças ainda não integradas com as condições estabelecidas – esferas de tensão e contradição. Com a crescente integração da sociedade industrial, essas categorias estão perdendo sua conotação crítica e tendem a se tornar termos descritivos, enganosos ou operacionais.

Uma tentativa de recapturar a intenção crítica dessas categorias e compreender como a intenção foi cancelada pela realidade social, aparenta, desde o início, ser a regressão de uma teoria conectada com a prática histórica ao pensamento abstrato e especulativo: da crítica da economia política à filosofia. Esse caráter ideológico da crítica resulta do fato de que a análise é forçada a prosseguir a partir de uma posição "externa" às tendências da sociedade sejam elas positivas ou negativas, produtivas ou destrutivas. A sociedade industrial moderna é a identidade generalizada desses opostos – é o conjunto que está em questão. Ao mesmo tempo, a posição da teoria não pode ser de mera especulação. Deve ser uma posição histórica no sentido de se alicerçar nas capacidades da referida sociedade.

Essa situação ambígua envolve uma ambiguidade ainda mais fundamental. O *Homem unidimensional* vacila entre duas hipóteses contraditórias: (1) a de que a sociedade industrial avançada é capaz de controlar uma mudança qualitativa no futuro previsível; (2) a de que existem forças e tendências capazes de romper esse controle e explodir a sociedade. Não acho que possa ser dada uma resposta clara. As duas tendências estão aí, lado a lado – e até mesmo entrelaçadas. A primeira tendência é a dominante, e sejam lá quais forem as precondições para uma reversão, elas estão sendo usadas para impedi-la. Talvez um acidente possa alterar a situação, mas, a menos que o reconhecimento do que está sendo feito e do que está sendo impedido subverta a consciência e o comportamento humanos, nem mesmo uma catástrofe vai trazer a mudança.

A análise se concentra na sociedade industrial avançada, em que o aparato técnico de produção e distribuição (com um crescente setor de automação) funciona, não como a soma total de meros instrumentos que podem ser isolados de seus efeitos sociais e políticos, mas sim como um sistema que determina *a priori* o produto do aparato, bem como as operações para sua manutenção e ampliação. Nessa sociedade, o aparelho produtivo tende a tornar-se totalitário na medida em que determina não só ocupações, habilidades e atitudes socialmente necessárias, mas também necessidades e aspirações individuais. Assim, oblitera a oposição entre existência pública e privada, entre necessidades individuais e sociais. A tecnologia serve para instituir formas inovadoras, mais eficazes e mais agradáveis de controle social e coesão social. A tendência totalitária desses controles parece afirmar-se em ainda outro sentido – espalhando-se para as áreas menos desenvolvidas e até mesmo para áreas pré-industriais do mundo e por meio da criação de semelhanças no desenvolvimento do capitalismo e do comunismo.

Perante as características totalitárias dessa sociedade, a noção tradicional da "neutralidade" da tecnologia já não pode ser mantida. A tecnologia, como tal, não pode ser isolada do uso ao qual é submetida; a sociedade tecnológica é um sistema de dominação que já opera no conceito e na construção de técnicas.

A maneira em que uma sociedade organiza a vida de seus membros envolve uma *escolha* inicial entre alternativas históricas que são determinadas pelo nível herdado da cultura intelectual e material. A escolha em si resulta do jogo dos interesses dominantes. Ela *antecipa* modos específicos de transformar e utilizar o homem e a natureza e rejeita outros modos. É um "projeto" de realização, entre outros.[2] Mas tão logo o projeto torna-se operacional nas instituições básicas e das relações, ele tende a tornar-se exclusivo e a determinar

---

[2] O termo "projeto" enfatiza o elemento de liberdade e responsabilidade em determinação histórica: liga autonomia e contingência. Nesse sentido, o termo é usado no trabalho de Jean-Paul Sartre.

o desenvolvimento da sociedade como um todo. Na condição de universo tecnológico, a sociedade industrial avançada é um universo *político*, a fase mais recente na realização de certo *projeto* histórico – ou seja, a experiência, a transformação e a organização da natureza como mero estofo da dominação.

À medida que o projeto se desenrola, vai moldando todo o universo de discurso e ação, cultura intelectual e material. No meio da tecnologia, a cultura, a política e a economia se fundem em um sistema onipresente que engole ou repele todas as alternativas. A produtividade e o crescimento desse sistema estabilizam a sociedade e controlam o progresso técnico no arcabouço da dominação. A racionalidade tecnológica tornou-se racionalidade política.

Na discussão das tendências familiares da civilização industrial avançada, raramente forneci referências específicas. O material é montado e descrito na vasta literatura sociológica e psicológica sobre tecnologia e mudança social, gestão científica, empresa corporativa, mudanças no caráter do trabalho industrial e da força de trabalho, etc. Existem muitas análises unideológicas dos fatos – como *A corporação moderna e a propriedade privada*, de Berle e Means, os anais do 76º Congresso do Comitê Econômico Nacional Temporário sobre a *Concentração do poder econômico*, as publicações da AFL-CIO sobre *Automação e principais mudanças tecnológicas*, mas também aquelas de *Notícias e cartas* e *Correspondência* em Detroit. Gostaria de enfatizar a importância vital do trabalho de C. Wright Mills e dos estudos que muitas vezes são encarados com maus olhos por causa de simplificações, exageros ou facilidades jornalísticas – pertencem a essa categoria *Os persuasivos ocultos*, *Os caçadores de status* e *Estratégia do desperdício*, de Vance Packard; *O homem organizacional*, de William H. Whyte; e *O estado militarista*, de Fred J. Cook. Com certeza, a falta de análise teórica nessas obras deixa as raízes das condições descritas cobertas e protegidas, mas, deixando-as falarem por si, as condições falam alto o suficiente. Talvez a evidência mais reveladora possa ser obtida simplesmente olhando para a televisão ou ouvindo o rádio AM durante uma hora consecutiva por dois dias, sem desligar nos comerciais e de vez em quando mudando de estação.

Minha análise concentra-se nas tendências das sociedades contemporâneas mais desenvolvidas. Existem grandes áreas dentro e fora dessas sociedades em que as tendências descritas não prevalecem – ou melhor: ainda não prevalecem. Estou projetando essas tendências e oferecendo algumas hipóteses, nada mais.

As novas formas de controle

Uma confortável, suave, sensata e democrática falta de liberdade prevalece na civilização industrial avançada, um sinal do progresso técnico. Na verdade, o que poderia ser mais racional do que a supressão da individualidade na mecanização dos desempenhos socialmente necessários, mas dolorosos; a concentração de empresas individuais em corporações mais eficientes e mais produtivas; a regulamentação da livre concorrência entre sujeitos econômicos desigualmente equipados; a redução de prerrogativas e de soberanias nacionais que impedem a organização internacional dos recursos? Que essa ordem tecnológica também envolve uma coordenação política e intelectual pode ser um desenvolvimento lamentável, mas promissor.

Os direitos e as liberdades, fatores tão vitais nas origens e nos estágios anteriores da sociedade industrial, cedem a um estágio superior dessa sociedade: perdem sua lógica e seu conteúdo tradicionais. As liberdades de pensamento, de discurso e de consciência eram – assim como a livre iniciativa, promovida e protegida por elas – essencialmente ideias *críticas*, projetadas para substituir uma obsoleta cultura intelectual e material por uma cultura mais racional e produtiva. Uma vez institucionalizados, esses direitos e liberdades compartilharam o destino da sociedade da qual se haviam tornado parte integrante. A realização cancela as premissas.

Na medida em que a liberdade da necessidade, a substância concreta de todas as liberdades, está se tornando uma possibilidade real, as liberdades que pertencem a um estado de menor produtividade estão perdendo seu conteúdo antigo. A independência de pensamento, a autonomia e o direito de oposição política estão sendo privados de sua função básica de crítica em uma sociedade que parece cada vez mais capaz de satisfazer as necessidades dos indivíduos pela maneira como é organizada. Essa sociedade pode, com justiça, exigir a aceitação de seus princípios e instituições e reduzir a oposição para a discussão e a promoção de políticas alternativas *dentro* do *status quo*. Quanto a isso, parece fazer pouca diferença se a crescente satisfação das necessidades é realizada por um sistema autoritário ou não autoritário. Sob as condições de um padrão de vida ascendente, a não conformidade com o próprio sistema parece ser socialmente inútil, ainda mais quando implica desvantagens econômicas e políticas tangíveis e ameaça o bom funcionamento do conjunto. Na verdade, pelo menos no que tange às necessidades da vida, parece não haver nenhuma razão por que a produção e a distribuição de bens e serviços devam evoluir por meio da concorrência competitiva entre as liberdades individuais.

Desde o início, a liberdade de empreendimento não foi uma completa bênção. Como a liberdade de trabalhar ou passar fome, ela significou trabalho árduo, insegurança e medo para a maior parte da população. Se os indivíduos já não estavam mais compelidos a se afirmar no mercado, como um sujeito econômico livre, o desaparecimento desse tipo de liberdade seria uma das maiores conquistas da civilização. Os processos tecnológicos de mecanização e padronização podem liberar a energia individual para um domínio ainda desconhecido da liberdade além da necessidade. A própria estrutura da existência humana seria alterada; o indivíduo seria libertado das necessidades e possibilidades alienígenas impostas pelo mundo do trabalho. O indivíduo estaria livre para exercer autonomia sobre uma vida que lhe pertenceria. Se o aparato produtivo pudesse ser organizado e dirigido para a satisfação das necessidades vitais, seu controle bem que poderia ser centralizado; esse controle não impediria a autonomia individual, mas a tornaria possível.

Esse é um objetivo no âmbito dos recursos da civilização industrial avançada, a "finalidade" da racionalidade tecnológica. Na verdade, porém, a tendência contrária atua: o aparato impõe suas exigências econômicas e políticas para a defesa e a expansão no tempo de trabalho e no tempo livre, na cultura intelectual e material. Em virtude da forma como organizou sua base tecnológica, a sociedade industrial contemporânea tende a ser totalitária. Pois "totalitário" não é apenas uma coordenação política terrorista da sociedade, mas também uma coordenação técnico-econômica não terrorista, que atua por meio da manipulação das necessidades por interesses escusos. Evita, assim, o surgimento de uma oposição eficaz contra o conjunto. Não só uma forma específica de governo ou regime de partido apoia o totalitarismo, mas também um sistema específico de produção e distribuição, que pode tranquilamente ser compatível com um "pluralismo" de partidos, jornais, "poderes compensatórios", etc.

Hoje, o poder político afirma-se por meio de seu poder sobre o processo mecânico e sobre a organização técnica do aparato. O governo de sociedades industriais avançadas e em pleno avanço pode se manter e se garantir apenas quando for bem-sucedido em mobilizar, organizar e explorar a produtividade técnica, científica e mecânica disponível para a civilização industrial. E essa produtividade mobiliza a sociedade como um todo, acima e além de quaisquer interesses particulares individuais ou grupais. O fato brutal de que o poder físico (apenas físico?) da máquina supera o poder do indivíduo e o poder de qualquer grupo específico de indivíduos torna a máquina o mais eficaz instrumento político em qualquer sociedade cuja organização básica é aquela do processo de máquina.

Mas a tendência política pode ser revertida; em essência, o poder da máquina é apenas o poder humano, armazenado e projetado. Na medida em que o mundo do trabalho é concebido como máquina e mecanizado em conformidade com isso, torna-se a base *potencial* de uma nova liberdade para o ser humano.

A civilização industrial contemporânea demonstra que atingiu o estágio em que "a sociedade livre" já não pode ser adequadamente definida nos termos tradicionais das liberdades econômicas, políticas e intelectuais, não porque essas liberdades tornaram-se insignificantes, mas porque elas são muito significativas para limitar-se às formas tradicionais. São necessários novos modos de realização, correspondendo aos novos recursos da sociedade.

Esses novos modos só podem ser indicados em termos negativos porque eles significariam a negação dos modos vigentes. Assim, a liberdade econômica significaria liberdade *da* economia – de ser controlado por forças e relações econômicas; liberdade da luta diária pela existência, de ganhar a vida. A liberdade política significaria libertação dos indivíduos *da* política sobre a qual eles não têm nenhum controle eficaz. Da mesma forma, a liberdade intelectual significaria a restauração do pensamento individual agora absorvido pela comunicação de massa e doutrinação, a abolição da "opinião pública" junto com seus criadores. O tom irrealista dessas proposições é indicativo, não de seu caráter utópico, mas do poder das forças que impedem a sua realização. A forma mais eficaz e duradoura de guerra contra a libertação é a implantação de necessidades materiais e intelectuais que perpetuam formas obsoletas de luta pela existência.

A intensidade, a satisfação e até mesmo o caráter das necessidades humanas, para além do nível biológico, sempre têm sido precondicionados. É possível fazer ou deixar, apreciar ou destruir, possuir ou rejeitar: mas tomar ou não tomar isso como *necessidade* depende de considerar ou não considerar isso como desejável e necessário para as instituições e interesses sociais prevalecentes. Nesse sentido, as necessidades humanas são necessidades históricas e, na medida em que a sociedade exige o desenvolvimento repressivo do indivíduo, suas próprias necessidades e o direito a satisfazê-las estão sujeitos aos padrões críticos predominantes.

Podemos distinguir tanto as necessidades verdadeiras quanto as falsas. "Falsas" são aquelas que se sobrepõem ao indivíduo por interesses sociais particulares em sua repressão: as necessidades que perpetuam o trabalho árduo, a agressividade, a miséria e a injustiça. A satisfação dessas necessidades pode ser muito gratificante para o indivíduo, mas essa felicidade não é uma condição que tenha de ser mantida e protegida se ela serve para conter o desenvolvimento da capacidade (dele próprio e dos outros) para reconhecer a doença do conjunto e abraçar as chances de cura da doença. O resultado é então euforia na infelicidade. A maioria das necessidades prevalecentes para relaxar, divertir-se, comportar-se e consumir em conformidade com as propagandas, para amar e odiar o que outros amam e odeiam, pertence a essa categoria de falsas necessidades.

Essas necessidades têm conteúdos e funções sociais que são determinados pelos poderes externos sobre os quais o indivíduo não tem controle; o desenvolvimento e a satisfação dessas necessidades são heterônomos. Não importa o quanto essas necessidades possam ter se tornado o próprio indivíduo, reproduzidas e fortalecidas pelas condições da existência dele; não importa o quanto ele se identifica com elas e se realiza ao satisfazê-las: elas continuam a ser o que eram desde o início – produtos de uma sociedade cujo interesse dominante exige repressão.

A prevalência de necessidades repressivas é um fato consumado, aceito na ignorância e na derrota, mas um fato que deve ser desfeito no interesse do indivíduo feliz, bem como no interesse daqueles cuja miséria é o preço de sua satisfação. As únicas neccssidades que têm direito irrestrito à satisfação são as vitais – nutrição, vestuário, moradia ao nível alcançável de cultura. A satisfação dessas necessidades é o pré-requisito para a realização de *todas* as necessidades, sublimadas ou não.

Para qualquer conscientização e consciência, para qualquer experiência que não aceite o interesse social prevalecente como a lei suprema de pensamento e comportamento, o universo estabelecido de necessidades e satisfações é um fato a ser questionado – questionado em termos de veracidade e falsidade. Esses termos são inerentemente históricos, e sua objetividade é histórica. O julgamento das necessidades e sua satisfação, sob as condições determinadas, envolvem padrões de *prioridade* – padrões que se referem ao desenvolvimento do indivíduo, de todos os indivíduos, sob a utilização ideal dos recursos materiais e intelectuais disponíveis para o ser humano. Os recursos são calculáveis. "Veracidade" e "falsidade" das necessidades designam condições objetivas, na medida em que a satisfação universal das necessidades vitais e também o alívio progressivo do trabalho árduo e da pobreza são padrões universalmente válidos. Mas esses padrões históricos variam não só de acordo com a área e o estágio de desenvolvimento; também são definidos apenas em (maior ou menor) *contradição* em relação aos prevalecentes. Que tribunal se arrisca a reivindicar a autoridade de decisão?

No fim das contas, a questão sobre necessidades verdadeiras e falsas deve ser respondida pelos próprios indivíduos, mas só no fim das contas; ou seja, se e quando eles estiverem livres para dar sua própria resposta. Enquanto forem incapazes de ser autônomos, enquanto se mantiverem doutrinados e manipulados (inclusive seus próprios instintos), a resposta que derem a essa pergunta não pode ser tomada como sua própria. Pela mesma razão, no entanto, nenhum tribunal pode com justiça se arrogar o direito de decidir quais necessidades devem ser desenvolvidas e satisfeitas. Qualquer tribunal desses é condenável, embora nossa repulsa não afaste a pergunta: como as pessoas que têm sido objeto de dominação eficaz e produtiva podem criar por si só as condições de liberdade?

À medida que a administração repressiva da sociedade torna-se mais racional, produtiva, técnica e total, os meios e os modos pelos quais os indivíduos administrados podem romper sua servidão e aproveitar sua própria liberação se tornam mais inimagináveis. Sem dúvida, impor a razão a uma sociedade inteira é uma ideia paradoxal e escandalosa – embora alguém possa contestar a justiça de uma sociedade que ridiculariza essa ideia e ao mesmo tempo transforma a sua própria população em objetos da administração total. Toda a libertação depende da consciência de servidão, e o surgimento dessa consciência sempre é dificultado pela predominância de necessidades e satisfações que, em grande medida, tornaram-se próprias ao indivíduo. O processo sempre substitui um sistema de precondicionamento por outro; a meta ideal é a substituição de falsas necessidades por verdadeiras, o abandono da satisfação repressiva.

A característica distintiva da sociedade industrial avançada é a eficaz asfixia dessas necessidades que exigem a libertação – libertação também daquilo que é tolerável, gratificante e confortável – enquanto sustenta e absolve o poder destrutivo e a função repressiva da sociedade abastada. Aqui, os controles sociais cobram a necessidade imperiosa de produção e consumo de desperdício; a necessidade de trabalho atordoante em que já não existe mais uma necessidade real; a necessidade por modos de relaxamento que aliviam e prolongam esse atordoamento; a necessidade de manter essas liberdades enganadoras, como livre concorrência a preços administrados, imprensa livre que censura a si própria, livre escolha entre marcas e aparelhos.

Sob o domínio de um conjunto repressivo, a liberdade pode se transformar em um poderoso instrumento de dominação. O leque de escolha aberto ao indivíduo não é o fator decisivo na determinação do grau de liberdade humana, mas *o que* pode ser escolhido e o que *é* escolhido pelo indivíduo. O critério da livre escolha nunca pode ser absoluto, mas também não é inteiramente relativo. A livre escolha dos mestres não aboliu mestres nem escravos. A livre escolha entre uma ampla variedade de bens e serviços não significa liberdade se esses bens e serviços mantêm controles sociais sobre uma vida de trabalho árduo e medo – isto é, se eles mantêm a alienação. E a reprodução espontânea das necessidades sobrepostas pelo indivíduo não estabelece autonomia; apenas atesta a eficácia dos controles.

Nossa insistência sobre a profundidade e a eficácia desses controles está aberta à objeção de que podemos superestimar o poder de doutrinação da "mídia", e que, por si só, o povo iria sentir e satisfazer as necessidades hoje impostas sobre ele. A objeção perde o fio da meada. O precondicionamento não inicia com a produção em massa de rádio e televisão e com a centralização de seu controle. As pessoas entram nessa fase como receptáculos precondicionados de longa data; a diferença decisiva é o achatamento do contraste (ou conflito) entre o existente e o possível, entre as necessidades satisfeitas e insatisfeitas. Aqui, a chamada equalização das distinções de classe revela sua função ideológica. Se o trabalhador e o chefe dele desfrutam do mesmo programa de televisão e visitam os mesmos lugares de resort, se a datilógrafa se pinta e se veste de modo tão atraente quanto a filha do patrão, se o negro tem um Cadillac, se todos leem o mesmo jornal, então, essa assimilação não indica o desaparecimento das classes, mas sim a medida em que as necessidades e satisfações que servem à preservação da situação são compartilhadas pela população subjacente.

Com efeito, nos setores mais desenvolvidos da sociedade contemporânea, o transplante das necessidades sociais em necessidades individuais é tão eficaz que a diferença entre elas parece puramente teórica. Alguém consegue mesmo diferenciar entre a mídia de massa como instrumento de informação e entretenimento ou como agente de manipulação e doutrinação? Entre o automóvel como incômodo ou conveniência? Entre os horrores e os confortos da arquitetura funcional? Entre o trabalho para defesa nacional e o trabalho para ganho empresarial? Entre o prazer privado e a utilidade comercial e política envolvidos no aumento da taxa de natalidade?

De novo nos confrontamos com um dos aspectos mais irritantes da civilização industrial avançada: o caráter racional de sua irracionalidade. Sua produtividade e eficiência, sua capacidade de aumentar e espalhar os confortos, de transformar desperdício em necessidade e destruição em construção, na medida em que essa civilização transforma o mundo objeto em uma extensão da mente e do corpo humanos, tornam questionável a própria noção de alienação. As pessoas reconhecem-se em suas mercadorias; encontram a sua alma em seus automóveis, aparelhos de som de alta fidelidade, casas coloniais em dois níveis e parafernálias para cozinha. O próprio mecanismo que vincula o indivíduo à sua sociedade foi alterado, e o controle social está ancorado nas novas necessidades que ele produziu.

As formas prevalecentes de controle social são tecnológicas em um novo sentido. Sem dúvida, a estrutura técnica e a eficácia do aparato produtivo e destrutivo têm sido de grande instrumentalidade em submeter populações à estabelecida divisão social do trabalho ao longo do período moderno. Além disso, essa integração sempre tem sido acompanhada por formas mais óbvias de compulsão: perda de meios de subsistência, a administração da justiça, a polícia, as forças armadas. Ainda é. Mas, no período contemporâneo, os controles tecnológicos parecem ser a própria personificação da razão em benefício de todos os grupos sociais e interesses – a tal ponto que toda contradição pareça irracional e toda ação contrária pareça impossível.

Por isso, não é de se admirar que, nas áreas mais avançadas dessa civilização, os controles sociais têm sido introjetados ao ponto onde até o protesto individual é afetado nas suas raízes. Recusar-se, com o intelecto e a emoção, a ser "maria vai com as outras", parece uma atitude neurótica e impotente. Esse é o aspecto sociopsicológico do evento político que marca o período contemporâneo: a passagem das forças históricas que, na fase anterior da sociedade industrial, pareciam representar a possibilidade de novas formas de existência.

Mas talvez o termo "introjeção" não descreva a maneira em que o indivíduo sozinho reproduza e perpetue os controles externos exercidos pela sua sociedade. A introjeção sugere uma variedade de processos relativamente espontâneos por meio do qual um *self* (ego) transpõe o "exterior" para o "interior". Assim, a introjeção implica a existência de uma dimensão interna que se destaca e até mesmo é antagônica em relação às exigências externas – uma consciência individual e um inconsciente individual *separado da* opinião pública e do comportamento público.[3] Aqui, a ideia de "liberdade interior" tem a sua realidade: designa o espaço privado em que o homem pode tornar-se e permanecer "próprio".

Hoje, esse espaço privado foi invadido e podado pela realidade tecnológica. A produção em massa e a distribuição em massa reivindicam o indivíduo *inteiro*, e a psicologia industrial há muito deixou de ser confinada à fábrica. Os múltiplos processos de introjeção parecem estar ossificados em reações quase mecânicas. O resultado não é ajuste, mas *mimese*: uma identificação imediata do indivíduo com a *sua* sociedade e, por meio dela, com a sociedade como um todo.

Essa identificação imediata e automática (que pode ter sido a característica de formas primitivas de associação) reaparece na alta civilização industrial; seu novo "imediatismo", no entanto, é o produto de uma gestão organizacional sofisticada e científica. Esse processo poda a dimensão "interior" da mente em que a oposição ao *status quo* pode enraizar-se. A perda dessa dimensão, em que o poder do pensamento negativo – o poder crítico da razão – é exercido, é a contrapartida ideológica ao próprio processo material pelo qual a sociedade industrial avançada silencia e reconcilia a oposição. O impacto do progresso transforma a razão em submissão aos fatos da vida, e a capacidade dinâmica de produzir mais e mais fatos do mesmo tipo de vida. A eficiência do sistema embota o reconhecimento, por parte dos indivíduos, de que o sistema não contém fatos que não comunicam o poder repressivo do todo. Se os indivíduos se encontram nas coisas que moldam sua vida, eles fazem isso, não dando, mas aceitando a lei das coisas – não a lei da física, mas a lei de sua sociedade.

Há pouco, sugeri que o conceito de alienação parece tornar-se questionável quando os indivíduos se identificam com a existência que é imposta sobre eles e nela encontram seu próprio desenvolvimento e satisfação. Essa identificação não é ilusão, mas realidade. No entanto, a realidade constitui uma fase mais progressiva da alienação. A última tornou-se inteiramente objetiva; o sujeito que se aliena é engolido por sua existência alienada. Há apenas uma dimensão, e ela está em todos os lugares e em todas as formas. As conquistas do progresso desafiam a acusação ideológica, bem como a justificação; perante o tribunal, a "falsa consciência" de sua racionalidade torna-se a verdadeira consciência.

Porém, essa absorção de ideologia em realidade não significa o "fim da ideologia". Ao contrário, em um sentido específico, a cultura industrial avançada é *mais* ideológica do que sua antecessora, na medida em que hoje a própria ideologia está em processo de produção.[4] De forma provocante, essa proposição revela os aspectos políticos da racionalidade tecnológica prevalecente. O aparelho produtivo e os bens e serviços por ele produzidos "vendem" ou impõem o sistema social como um todo. Os meios de comunicação e de transporte de massa, as mercadorias imobiliárias, gastronômicas e de moda, a oferta irresistível da indústria de entretenimento e de informações carregam consigo atitudes e hábitos prescritos, certas reações intelectuais

---

[3] A mudança na função da família tem papel decisivo: suas funções "socializadoras" são cada vez mais tomadas por grupos de fora e pela mídia. Ver meu trabalho *Eros and Civilization* (Boston: Beacon Press, 1955), p. 96 ff.

[4] Theodor W. Adorno, *Prismen, Kulturkritik und Gesellschaft* (Frankfurt: Suhrkam, 1955), p. 24 f.

e emocionais que ligam os consumidores mais ou menos agradavelmente aos produtores e, por meio destes últimos, ao todo. Os produtos doutrinam e manipulam; eles promovem uma falsa consciência que é imune a sua falsidade. E à medida que esses produtos benéficos tornam-se disponíveis para indivíduos em mais classes sociais, a doutrinação que eles carregam deixa de ser publicidade; torna-se um modo de vida. É uma boa maneira de vida – muito melhor do que antes – e, como uma boa maneira de vida, faz militância contra a mudança qualitativa. Assim, emerge um padrão de *pensamento e comportamento unidimensionais* em que ideias, aspirações e metas (que, pelo seu conteúdo, transcendem o universo estabelecido de discurso e ação) são repelidas ou reduzidas aos termos desse universo. São redefinidas pela racionalidade do sistema existente e de sua extensão quantitativa.

A tendência pode estar relacionada a um desenvolvimento no método científico: a operacionalidade na física, o behaviorismo nas ciências sociais. A característica comum é um empirismo total no tratamento dos conceitos; seu significado é restrito à representação de determinados comportamentos e operações. O ponto de vista operacional é bem ilustrado pela análise de P. W. Bridgman sobre o conceito de comprimento:[5]

> Sabemos, evidentemente, o que entendemos por comprimento, se podemos dizer qual é o comprimento de todo e qualquer objeto, e para o físico nada mais é necessário. Para encontrar o comprimento de um objeto, temos de executar determinadas operações físicas. Portanto, o conceito de comprimento é fixo, quando as operações pelas quais o comprimento é medido são fixas: ou seja, o conceito de comprimento envolve tanto e nada mais do que o conjunto de operações, pelo qual o comprimento é determinado. Em geral, entendemos por qualquer conceito nada mais do que um conjunto de operações; *o conceito é sinônimo do conjunto correspondente de operações.*

Bridgman percebeu as amplas implicações desse modo de pensamento para a sociedade em geral:[6]

> Adotar o ponto de vista operacional envolve muito mais do que uma mera restrição de como entendemos o significado da palavra "conceito", mas representa uma mudança profunda em todos os nossos hábitos de pensamento, no sentido de que não devemos mais usar, como ferramentas de nosso pensamento, conceitos sobre os quais não podemos explicar adequadamente em termos de operações.

A previsão de Bridgman tornou-se realidade. Hoje, o novo modo de pensamento é a tendência predominante em campos como a filosofia, a psicologia e a sociologia. Muitos dos conceitos mais seriamente problemáticos estão sendo "eliminados", mostrando que não podem ser explicados de modo suficiente em termos de operações ou comportamentos. Portanto, o radical ataque empírico (adiante, nos Capítulos VII e VIII, examino sua pretensão de ser empírico) fornece a justificativa metodológica para a desmistificação da mente pelos intelectuais – positivismo que, na sua negação de transcender os elementos da razão, constitui a contrapartida acadêmica do comportamento socialmente necessário.

Fora do meio acadêmico, a "mudança de longo alcance em todos os nossos hábitos de pensamento" é mais grave. Ela serve

---

[5] P. W. Bridgman, *The Logic of Modern Physics* (New York: Mcmillan, 1928), p. 5. A doutrina operacional tem sido desde então refinada e qualificada. O próprio Bridgman estendeu o conceito de "operação" para incluir as operações "rascunhadas" do teórico (em Philipp J. Frank, *The Validation of Scientific Theories* [Boston: Beacon Press, 1954], Cap. II). O principal motivo continua o mesmo: é "desejável" que as operações rascunhadas "sejam capazes de contato eventual, embora talvez indiretamente com operações instrumentais".

[6] P. W. Bridgman, *The Logic of Modern Physics*, loc. cit., p. 31.

para coordenar ideias e objetivos com aqueles exigidos pelo sistema prevalecente a fim de incluí-los no sistema e de repelir aqueles que são irreconciliáveis com o sistema. O reinado de uma realidade tão unidimensional não significa que o materialismo governa, e que as ocupações espirituais, metafísicas e boêmias estejam definhando. Ao contrário: há uma abundância de "Vamos adorar juntos esta semana", "Por que não tentar Deus", zen, existencialismo e estilos de vida *beat*, etc. Mas esses modos de protesto e transcendência já não são contraditórios ao *status quo* e já deixaram de ser negativos. Constituem, em vez disso, a parte cerimonial do behaviorismo prático, sua negação inofensiva, e são rapidamente digeridos pelo *status quo* como parte de sua dieta saudável.

O pensamento unidimensional é sistematicamente promovido pelos formuladores das políticas e de seus fornecedores de informação em massa. Seu universo de discurso é preenchido por hipóteses autovalidadas que, repetidas de modo incessante e monopolista, tornam-se definições ou ditados hipnóticos. Por exemplo, "livres" são as instituições que operam (e são operadas) em países do mundo livre; outros modos transcendentes da liberdade são, por definição, anarquismo, comunismo ou propaganda. "Socialistas" são todas as transgressões em empresas privadas não realizadas pela iniciativa privada em si (ou por contratos com o governo), como o seguro de saúde universal e abrangente, a proteção da natureza contra toda a galopante comercialização ou a criação de serviços públicos que possam prejudicar o lucro privado. Essa lógica totalitária de fatos consumados tem sua contrapartida no lado oriental. Lá, a liberdade é o modo de vida instituído por um regime comunista, e todos os outros modos transcendentes da liberdade são capitalistas, revisionistas ou esquerdistas. Nos dois campos, as ideias não operacionais são subversivas e não behavioristas. O movimento do pensamento é interrompido em barreiras que aparecem como os limites da própria razão.

Sem dúvida, essa limitação de pensamento não é nova. O crescente racionalismo moderno, em sua forma especulativa, bem como empírica, mostra, por um lado, um impressionante contraste entre o extremo radicalismo crítico no método científico e filosófico e, por outro, uma quietude acrítica na atitude com instituições sociais estabelecidas e funcionais. Assim, o *ego cogitans* (eu pensante) de Descartes deixava os "grandes organismos públicos" intocados, e Hobbes defendia que "o presente deve sempre ser preferido, mantido e mais bem considerado". Kant concordava com Locke em justificar a revolução *se e quando* ela conseguisse organizar o conjunto e prevenir a subversão.

No entanto, esses conceitos que acomodam a razão sempre foram contrariados pelas evidentes misérias e injustiças dos "grandes organismos públicos" e a rebelião eficaz, mais ou menos consciente, contra eles. Existiam condições sociais que provocavam e permitiam a real dissociação do estado estabelecido de assuntos; com a presença de uma dimensão privada e política, a dissociação pode se transformar em oposição eficaz, testando sua força e a validade dos seus objetivos.

Com o gradual fechamento dessa dimensão pela sociedade, a autolimitação do pensamento assume um significado maior. A inter-relação entre os processos sociais e os científico-filosóficos, entre razão teórica e prática, afirma-se "pelas costas" dos cientistas e filósofos. A sociedade exclui um tipo inteiro de operações e comportamentos opositivos; por conseguinte, os conceitos a eles pertinentes são tornados ilusórios ou sem sentido. A transcendência histórica aparece como transcendência metafísica, inaceitável à ciência e ao pensamento científico. O ponto de vista operacional e comportamental, praticado como "hábito de pensamento" em geral, torna-se o panorama do universo estabelecido de discurso e ação, necessidades e aspirações. A "astúcia da razão" funciona, como tantas vezes funcionou, no interesse dos poderes. A insistência em conceitos operacionais e comportamentais se volta contra os esforços de livre pensamento e comportamento *da* determinada realidade e *para* as alternativas suprimidas. A razão teórica e prática, bem como o behaviorismo acadêmico e social, encontram-se em terreno comum: o terreno de uma sociedade avançada que transforma o progresso técnico e científico em instrumento de dominação.

"Progresso" não é um termo neutro; ele se move em direção a fins específicos, e esses fins são definidos pelas possibilidades de melhorar a condição humana. A sociedade industrial avançada está se aproximando do estágio em que o progresso continuado exigiria a subversão radical da direção e da organização prevalecentes do progresso. Esse estágio será alcançado quando a produção material (incluindo os serviços necessários) torna-se automatizada, na medida em que todas as necessidades vitais podem ser satisfeitas, enquanto o tempo de trabalho necessário é reduzido a tempo marginal. De agora em diante, o progresso técnico transcenderia o domínio da necessidade, em que serviu como instrumento de dominação e exploração que, assim, limitava sua racionalidade; a tecnologia se tornaria sujeita ao livre jogo das capacidades na luta para a pacificação da natureza e da sociedade.

Essa condição é contemplada na noção de Marx sobre "abolição do trabalho". O termo "pacificação da existência" parece mais adequado a designar a alternativa histórica de um mundo que – por meio de um conflito internacional que transforma e suspende as contradições no âmbito das sociedades estabelecidas – avança à beira de uma guerra global. "Pacificação da existência" significa o desenvolvimento da luta de humanos contra humanos e contra a natureza, sob condições em que as necessidades, os desejos e as aspirações que competem entre si já não são organizados por interesses adquiridos na dominação e na escassez – uma organização que perpetua as formas destrutivas dessa luta.

A luta de hoje contra essa alternativa histórica encontra uma base firme e em massa na população subjacente e encontra sua ideologia na rígida orientação de pensamento e comportamento em relação a determinado universo de fatos. Validado pelas realizações da ciência e da tecnologia, justificado por sua produtividade crescente, o *status quo* desafia toda transcendência. Confrontada com a possibilidade de pacificação em razão de suas realizações técnicas e intelectuais, a sociedade industrial amadurecida se fecha contra essa alternativa. A operacionalidade, na teoria e na prática, torna-se a teoria e a prática do *controle*. Sob sua dinâmica óbvia, essa sociedade é um sistema completamente estático da vida: a autopropulsão na sua produtividade opressiva e na sua coordenação benéfica. O controle do progresso técnico anda de mãos dadas com seu crescimento na direção estabelecida. Apesar dos grilhões políticos impostos pelo *status quo*, quanto mais a tecnologia parece ser capaz de criar as condições para a pacificação, mais as mentes e os corpos dos seres humanos se organizam contra essa alternativa.

As áreas mais avançadas da sociedade industrial exibem esses dois recursos: uma tendência à consumação da racionalidade tecnológica e esforços intensivos para controlar essa tendência no seio das instituições estabelecidas. Eis a contradição interna dessa civilização: o elemento irracional na sua racionalidade. É o símbolo das suas realizações. A sociedade industrial que se apropria da ciência e da tecnologia é organizada para a dominação cada vez mais eficaz do homem e da natureza, por meio da utilização cada vez mais eficiente dos seus recursos. Torna-se irracional quando o sucesso desses esforços abre novas dimensões da realização humana. A organização para a paz é diferente de organização para a guerra; as instituições que servem à luta pela existência não podem servir à pacificação da existência. A vida como fim é qualitativamente diferente da vida como meio.

Esse modelo de existência qualitativamente novo nunca pode ser considerado como o mero subproduto de mudanças políticas e econômicas, como o efeito mais ou menos espontâneo de novas instituições que constituem o pré-requisito necessário. A mudança qualitativa também envolve uma mudança na base *técnica* em que essa sociedade repousa – que sustenta as instituições econômicas e políticas que estabilizam a "segunda natureza" humana como um objeto agressivo da administração. As técnicas de industrialização são técnicas políticas; assim, elas prejulgam as possibilidades da razão e da liberdade.

Com certeza, o trabalho deve preceder a redução de mão de obra, e a industrialização deve preceder o desenvolvimento das necessidades e satisfações humanas. Mas como toda liberdade depende da conquista da necessidade alheia, a realização da liberdade depende das *técnicas* dessa conquista. A maior produtividade do trabalho pode ser usada para a perpetuação do trabalho, e a industrialização mais eficiente pode servir à restrição e à manipulação das necessidades.

Quando esse ponto é alcançado, a dominação – sob o disfarce de riqueza e liberdade – estende-se a todas as esferas da existência pública e privada, integra toda a oposição autêntica, absorve todas as alternativas. A racionalidade tecnológica revela seu caráter político, à medida que se torna o grande veículo de melhor dominação, criando um universo verdadeiramente totalitário, em que a sociedade e a natureza, a mente e o corpo são mantidos em estado de mobilização permanente para a defesa desse universo.

Jürgen Habermas: A religião na esfera pública

1

As tradições religiosas e as comunidades de fé ganharam uma nova, até então inesperada, importância política desde as mudanças de 1989-90,[1] que marcaram época. Desnecessário dizer, o que primeiro nos vem à mente são as variantes do fundamentalismo religioso que enfrentamos não só no Oriente Médio, mas também na África, no sudeste da Ásia e no subcontinente indiano. Essas variantes muitas vezes provocam conflitos nacionais e étnicos e, hoje, também preparam o terreno para a forma descentralizada de terrorismo que opera globalmente e é dirigida contra as injúrias e os insultos percebidos causados por uma superior civilização ocidental. Existem outros sintomas, também.

Por exemplo, no Irã, o protesto contra um regime corrupto estabelecido e apoiado pelo Ocidente deu origem a um verdadeiro governo de sacerdotes que serve a outros movimentos como um modelo a ser seguido. Em vários países muçulmanos, e em Israel também, o direito de família religioso é uma alternativa ou um substituto para o direito civil laico. E no Afeganistão (e em breve no Iraque), a aplicação de uma constituição mais ou menos liberal deve ser limitada por sua compatibilidade com a xariá (lei islâmica). Da mesma forma, os conflitos religiosos estão despontando na arena internacional. As esperanças associadas com a agenda política das *modernidades múltiplas* são alimentadas pela autoconfiança cultural daquelas religiões do mundo que, até hoje, inequivocamente, moldam a fisionomia das grandes civilizações. E no lado ocidental da cerca, a percepção das relações internacionais foi alterada à luz dos temores de um "choque de civilizações" – "o eixo do mal" é apenas um exemplo proeminente disso. Até mesmo os intelectuais ocidentais, até hoje autocríticos a esse respeito, começam a partir ao ataque em sua resposta à imagem ocidentalista que os outros têm do Ocidente.[2]

O fundamentalismo em outros cantos da terra pode ser interpretado, entre outras coisas, em termos do impacto de longo prazo da colonização violenta e de falhas na descolonização. Sob circunstâncias desfavoráveis, a modernização capitalista que vem do exterior e penetra nessas sociedades então dispara incertezas sociais e turbulências culturais. Sob esse prisma, os movimentos religiosos processam as mudanças radicais na estrutura social e nas dissincronias culturais, mudanças que, nas condições de uma modernização acelerada ou defeituosa, o indivíduo pode expe-

---

Reimpresso com permissão, "Religion in the Public Sphere" por Jürgen Habermas, do *European Journal of Philosophy*, Abril de 2006, Vol. 14, n° 1, p. 1-25.

rimentar como uma sensação de perder suas raízes. O mais surpreendente é a revitalização política da religião no coração dos Estados Unidos, onde o dinamismo da modernização se desenrola com mais sucesso. Certamente, na Europa, desde os dias da Revolução Francesa estamos cientes do poder de uma forma religiosa de tradicionalismo que se enxergava como contrarrevolucionária. No entanto, essa evocação da religião como o poder da tradição implicitamente revelava a perturbadora dúvida de que a vitalidade daquilo que já é reflexivamente transmitido *como* tradição pode ter sido quebrada. Por outro lado, o despertar político de uma forte consciência religiosa em andamento nos Estados Unidos aparentemente não foi afetado por essas dúvidas.

Existem evidências estatísticas de uma onda de laicização em quase todos os países europeus desde o fim da Segunda Guerra Mundial – de mãos dadas com a modernização social. Em contrapartida, para os Estados Unidos, todos os dados mostram que a relativamente grande porção da população composta por cidadãos devotos e religiosamente ativos permaneceu constante ao longo das últimas seis décadas.[3] E o mais importante: a direita religiosa não é tradicionalista. Precisamente por desencadear uma energia espontânea ao revivalismo, ela provoca irritação paralisante entre seus opositores laicos.

Os movimentos para renovação religiosa no âmago da civilização ocidental estão fortalecendo, no nível *cultural*, a divisão *política* do Ocidente que foi provocada pela guerra do Iraque.[4] As questões divisórias incluem, entre outras, a abolição da pena de morte; regulamentos mais ou menos liberais sobre o aborto; criação de parcerias homossexuais em pé de igualdade com casamentos heterossexuais; rejeição incondicional de tortura; e, em geral, a priorização dos direitos sobre bens coletivos, por exemplo, a segurança nacional. Os Estados europeus parecem seguir em frente sozinhos naquele caminho que, desde as duas revoluções constitucionais do final do século XVIII, eles trilharam ao lado dos Estados Unidos. Nesse meio-tempo, a importância das religiões usadas para fins políticos cresceu mundo afora. Nesse contexto, a divisão no Ocidente é mais percebida como um isolamento da Europa em relação ao resto do mundo. Analisado em termos de história mundial, hoje o "racionalismo ocidental" de Max Weber parece ser o verdadeiro desvio.

Desse ponto de vista revisionista, as tradições religiosas parecem continuar com força intacta, eliminando ou pelo menos nivelando os limiares até então considerados concernentes às sociedades "modernas" e "tradicional". Dessa forma, a própria imagem de modernidade do Ocidente parece, como em um experimento psicológico, submeter-se a uma alternância: o modelo normal para o futuro de todas as outras culturas súbito torna-se um cenário de casos especiais. Mesmo que esse sugestivo interruptor gestaltiano não chegue a suportar o escrutínio sociológico e que as evidências contrastantes possam ser alinhadas com explicações mais convencionais sobre a laicização,[5] não há nenhuma dúvida sobre as evidências em si e, acima de tudo, sobre o fato sintomático dos humores políticos divisionistas que se cristalizam em torno delas.

Dois dias após as últimas eleições presidenciais, apareceu um ensaio, escrito por um historiador, intitulado "O dia do Iluminismo se apagou". Ele disparou a pergunta alarmista: "Um povo que acredita mais fervorosamente no Nascimento Virginal do que na evolução ainda pode ser chamado de uma nação iluminada? Os Estados Unidos da América, a primeira democracia real na história, foi um produto dos valores do Iluminismo. ... Embora os fundadores diferissem em muitas coisas, eles compartilhavam esses valores do que então se considerava a modernidade. ... O respeito pelas evidências parece não existir mais, levando em conta que uma pesquisa eleitoral feita pouco antes da eleição mostrou que 75% dos apoiadores do Sr. Bush acreditavam que o Iraque trabalhou em estreita colaboração com a Al-Qaeda ou esteve diretamente envolvido nos atentados de 11/9".[6]

Independentemente de como a pessoa avalia os fatos, as análises da eleição confirmam que a divisão cultural do Ocidente atravessa o cerne da própria nação norte-americana: orientações de valores conflitantes – Deus, *gays* e armas – manifestadamente protegeram interesses de contraste mais tangível. Seja como for, o Presidente Bush deve agradecer a sua vitória a uma coalizão de eleitores cuja principal motivação é religiosa.[7] Essa mudança de poder indica uma mudança mental na sociedade civil que também fornece o contexto para os debates acadêmicos sobre o papel político da religião no Estado e na esfera pública.

Mais uma vez, a batalha tem a ver com o teor da primeira frase da Primeira Emenda: "O Congresso não criará leis para oficializar uma religião nem para proibir seu livre exercício". Os Estados Unidos foram os líderes na rota de estabelecer uma liberdade de religião que repousava no respeito recíproco da liberdade religiosa dos outros.[8] O maravilhoso artigo 16 da Declaração dos Direitos de Virgínia, composta em 1776, é o primeiro documento da liberdade de religião garantida como direito básico que cidadãos democráticos concordam *entre si* de um lado a outro das divisões entre as diferentes comunidades religiosas. Ao contrário do que aconteceu na França, a introdução da liberdade de religião nos Estados Unidos da América não significou a vitória do laicismo sobre uma autoridade que, na melhor das hipóteses, mostrou tolerância a minorias religiosas em consonância com suas próprias normas impostas. Aqui, a laicização dos poderes do Estado não serviu primordialmente ao propósito negativo de proteger os cidadãos contra a compulsão a adotar uma fé contra sua própria vontade. Em vez disso, ela foi projetada para garantir aos colonos que tinham dado as costas à velha Europa a liberdade positiva para continuar exercendo suas respectivas religiões sem entraves. Por essa razão, no presente debate norte-americano envolvendo o papel político da religião, todos os lados foram capazes de afirmar sua lealdade à constituição. Vamos ver até que ponto essa afirmação é válida. …

A liberdade de religião constitucional é a resposta política adequada aos desafios do pluralismo religioso. Dessa forma, restringe-se o potencial de conflito no nível de interação social dos cidadãos, enquanto no nível cognitivo continuam existindo conflitos profundos entre as convicções existencialmente relevantes dos crentes, crentes de outras denominações e não crentes. O caráter laico do Estado é necessário, embora não seja uma condição suficiente para garantir a liberdade religiosa igual para todos. Não é suficiente contar com a condescendente benevolência de uma autoridade laica que se propõe a tolerar as minorias discriminadas até então. As próprias partes devem chegar a um acordo sobre as delimitações sempre contestadas entre a liberdade positiva para praticar uma religião própria e a liberdade negativa de ser poupado das práticas religiosas dos outros. Se o princípio da tolerância é estar acima de qualquer suspeita de características opressivas, então motivos imperiosos devem ser encontrados para a definição do que pode simplesmente ser tolerado e do que não pode, motivos que todos os lados possam aceitar igualmente.[9] Acordos justos só podem ser encontrados se as partes envolvidas aprenderem a aceitar as perspectivas dos outros. O procedimento que melhor se encaixa nesse propósito é o modo deliberativo da formação da vontade democrática. No Estado laico, o governo tem de ser colocado em uma base não religiosa, de qualquer forma. A constituição liberal deve concretizar a perda de legitimação causada por uma laicização que priva o Estado de derivar sua autoridade de Deus. A partir da prática da lavra da constituição, surgem os direitos básicos que cidadãos livres e iguais devem conceder uns aos outros se desejarem regular sua convivência razoavelmente por conta própria e por meio do direito positivo.[10] O procedimento democrático é capaz de gerar a legitimação em virtude de dois componentes: primeiro, a igual participação política de todos os cidadãos, que garante que os destinatários [*sic*] das leis também possam ser compreendidos como os autores dessas leis; e, segundo, a dimensão epistemológica de uma deliberação que fundamenta a presunção de resultados racionalmente aceitáveis.[11] ...

O princípio da separação entre Estado e Igreja obriga os políticos e funcionários dentro das instituições políticas a formular e justificar as leis, acórdãos, decretos e medidas apenas em uma linguagem igualmente acessível a todos os cidadãos.[14] No entanto, a ressalva a quais cidadãos, partidos políticos e seus candidatos, organizações sociais, igrejas e outras associações religiosas estão sujeitos não é tão rigorosa na esfera pública política. ...

O Estado liberal não deve transformar o requisito de separação *institucional* entre religião e política em um indevido fardo *mental* e *psicológico* para aqueles de seus cidadãos que seguem uma fé. É claro que deve esperar que eles reconheçam o princípio de que a autoridade política é exercida com neutralidade no sentido de visões de mundo concorrentes. Cada cidadão deve conhecer e aceitar que apenas motivos laicos contam além do limiar institucional que divide a esfera pública informal de parlamentos, tribunais, ministérios e administrações. Mas tudo que é necessário aqui é a habilidade epistêmica para considerar a própria fé reflexivamente de um prisma externo e relacioná-la com visões laicas. Cidadãos religiosos podem muito bem reconhecer essa "ressalva de tradução institucional" sem ter de dividir sua identidade em uma parte pública e outra privada no momento em que participam de discursos públicos. Portanto, eles devem poder expressar e justificar suas convicções em uma linguagem religiosa se não encontrarem "traduções" laicas para elas.

Essa necessidade de modo nenhum separa os cidadãos "monoglotas" do processo político, porque eles realmente assumem uma posição com intenção política, mesmo se demonstram motivos religiosos. Inclusive se a linguagem religiosa for a única que possam falar em público, e se as opiniões religiosamente justificadas forem as únicas que eles possam ou desejem colocar em controvérsias políticas, eles, no entanto, entendem-se como membros de uma *civitas terrena* (cidade humana), que lhes permitem ser os autores das leis às quais, na condição de destinatários [sic], eles estão sujeitos. Levando em conta que só podem expressar-se em um idioma religioso sob a condição de que reconhecem a ressalva da tradução institucional, eles podem, confiando que seus concidadãos vão cooperar para a realização de uma tradução, se entender como participantes do processo legislativo, embora apenas razões laicas contem nesse processo. ...

As tradições religiosas têm um poder especial para articular as intuições morais, especialmente no que se refere a formas vulneráveis da vida comunal. No caso dos debates políticos correspondentes, esse potencial torna o discurso religioso um candidato sério para transportar conteúdos possíveis de verdade, os quais então podem ser traduzidos para o vocabulário de determinada comunidade religiosa em uma linguagem geralmente acessível. No entanto, os limiares institucionais entre a "vida selvagem" da esfera pública e política e os procedimentos formais no âmbito dos organismos políticos são também um filtro que, da Babel de vozes nos fluxos informais da comunicação pública, permite apenas a passagem de contribuições laicas. No Parlamento, por exemplo, as regras permanentes do procedimento da casa devem capacitar o líder da casa a ter declarações ou justificativas religiosas expurgadas das minutas. O conteúdo verdadeiro das contribuições religiosas só pode entrar na prática institucionalizada da deliberação e da tomada de decisão se a tradução necessária já ocorre no domínio pré-parlamentar, ou seja, na esfera pública e política em si.

Essa exigência de tradução deve ser concebida como uma tarefa cooperativa em que os cidadãos não religiosos também devem participar, para que seus concidadãos religiosos não sejam sobrecarregados com um fardo assimétrico. Considerando que os cidadãos de fé podem fazer contribuições públicas na sua própria língua religiosa apenas com a ressalva de que essas sejam traduzidas, os cidadãos laicos devem abrir suas mentes ao possível conteúdo verdadeiro dessas apresentações e travar diálogos em que os motivos religiosos consigam emergir disfarçados de argumentos geralmente acessíveis.[13] Cidadãos de uma comunidade democrática devem uns aos outros bons motivos para suas atitudes e declarações políticas. Mesmo se as contribuições religiosas não estiverem sujeitas à autocensura, elas dependem de atos cooperativos de tradução. Pois sem uma tradução bem-sucedida, não existe qualquer perspectiva de que o conteúdo substancial das vozes religiosas seja retomado nas agendas e negociações no âmbito dos organismos políticos e no processo político mais amplo. ...

Claro, o que é ilegítimo não é o voto da maioria, supondo que tenha sido feito corretamente, mas a violação de outro componente principal do procedimento, ou seja, a natureza discursiva das deliberações anteriores à votação. O que é ilegítimo é a violação do princípio da neutralidade, segundo o qual todas as decisões políticas exequíveis *devem ser formuladas* em uma linguagem igualmente acessível a todos os cidadãos e também *devem ser justificáveis* nesta língua. A regra da maioria se transforma em repressão se a maioria implanta argumentos religiosos no processo de formação de opinião e de vontade política e se recusa a oferecer aquelas justificativas publicamente acessíveis que a minoria vencida, seja laica ou de uma fé diferente, é capaz de acompanhar e avaliar à luz dos padrões compartilhados. O procedimento democrático tem o poder de gerar legitimidade exatamente porque tanto inclui todos os participantes quanto tem caráter deliberativo; no longo prazo, a presunção justificada de resultados racionais pode basear-se unicamente nisso. ...

Porém, na cultura ocidental, de fato observamos uma mudança na forma de consciência religiosa desde a Reforma e o Iluminismo. Os sociólogos têm descrito essa "modernização da consciência religiosa" como resposta ao desafio que as tradições religiosas têm enfrentado levando em conta fatos como o pluralismo, o surgimento da ciência moderna e a propagação do direito positivo e da moralidade profana. Nesses três aspectos, as comunidades tradicionais de fé devem processar dissonâncias cognitivas que não surgem para cidadãos laicos ou lhes surgem apenas se eles aderem às doutrinas ancoradas em uma forma igualmente dogmática:

> Cidadãos religiosos devem desenvolver uma atitude epistêmica em relação a outras religiões e visões de mundo com que se deparam no âmbito de um universo discursivo até então ocupado apenas por sua própria religião. Eles são bem-sucedidos na medida em que relacionam autorreflexivamente suas crenças religiosas com as declarações das doutrinas de salvação concorrentes, de forma a não colocar em risco sua própria e exclusiva afirmação de verdade.
>
> Além disso, os cidadãos religiosos devem desenvolver uma postura epistêmica em relação à independência do conhecimento laico do sagrado e ao monopólio institucionalizado de peritos científicos modernos. Eles só podem ter sucesso se, do seu ponto de vista religioso, concebem a relação de crenças dogmáticas e laicas de forma que o progresso autônomo no conhecimento laico não pode vir a contradizer a sua fé.
>
> Por fim, os cidadãos religiosos devem desenvolver uma postura epistêmica em relação à prioridade que os motivos laicos desfrutam na arena política. Isso só pode ter sucesso na medida em que eles ligarem convincentemente o individualismo igualitário e o universalismo do direito e da moralidade modernos com as premissas de suas doutrinas abrangentes.

... Dentro desse arcabouço liberal, o que me interessa é a pergunta sem resposta, se, afinal de contas, o conceito revisto de cidadania que propus na verdade impõe um fardo assimétrico sobre as tradições religiosas e comunidades religiosas. Historicamente falando, os cidadãos religiosos tinham de aprender a adotar atitudes epistêmicas em relação ao seu ambiente laico, atitudes que, seja como for, os cidadãos laicos iluminados desfrutam, desde que, para começo de conversa, não estejam expostos a dissonâncias cognitivas semelhantes. No entanto, os cidadãos laicos igualmente não são poupados de um fardo cognitivo, porque uma atitude laica não é suficiente para a cooperação esperada com os concidadãos que são religiosos. Esse ato cognitivo de adaptação precisa ser distinguido da virtude política da mera tolerância. O que está em jogo não é uma sensação respeitosa para o possível significado existencial da religião para outra pessoa. O que devemos esperar dos cidadãos laicos é, sobretudo, uma transcendência autorreflexiva de uma autocompreensão laica sobre a modernidade.

Enquanto cidadãos laicos estiverem convencidos de que as tradições religiosas e as comunidades religiosas são em certa medida relíquias arcaicas das sociedades pré-modernas que continuam existindo no presente, eles vão entender a liberdade de religião como a modalidade cultural da conservação de uma espécie em perigo de extinção. Do seu ponto de vista, a religião já não tem qualquer justificação intrínseca de existir. E o princípio da separação entre Estado e Igreja para eles pode ter apenas o significado laico de indiferença indulgente. Na leitura laica, podemos imaginar que, no longo prazo, os pontos de vista religiosos inevitavelmente vão derreter sob o sol da crítica científica e que as comunidades religiosas não serão capazes de resistir às pressões irresistíveis da modernização cultural e social. Obviamente, já não se espera que os cidadãos que adotam uma postura epistêmica em relação à religião levem a sério as contribuições religiosas em questões contenciosas políticas e nem mesmo ajudem a avaliá-las em termos de uma substância que possa ser expressa em linguagem laica e justificada por argumentos laicos.

Sob as premissas normativas do estado constitucional, a admissão de declarações religiosas para a esfera pública política só faz sentido se esperarmos que todos os cidadãos, desde o início, não neguem qualquer substância cognitiva possível com essas contribuições – ao mesmo tempo respeitando a precedência dos motivos laicos e a exigência de tradução institucional. Seja como for, é isso que os cidadãos religiosos consideram. Mas, por parte dos cidadãos laicos, essa atitude pressupõe uma mentalidade que pode ser tudo, menos automática, nas sociedades laicais ocidentais. Em vez disso, a percepção dos cidadãos laicos de que vivem em uma sociedade pós-laica *epistemologicamente ajustada* para a continuação da existência de comunidades religiosas exige primeiro uma mudança de mentalidade que não é menos cognitivamente exigente do que a adaptação da consciência religiosa para os desafios de um ambiente cada vez mais laico. Em consonância com esse critério modificado, os cidadãos laicos devem entender seus conflitos com opiniões religiosas como um *desacordo razoavelmente esperado.*

Na ausência dessa precondição cognitiva, um uso público da razão não pode ser atribuído aos cidadãos, ao menos não no sentido de que cidadãos laicos devem estar dispostos a se engajar em, e a participar de, uma discussão sobre o conteúdo das contribuições religiosas com o intuito de traduzir, se houver esse conteúdo, intuições e razões moralmente convincentes em uma linguagem geralmente acessível.[14] Aqui se pressupõe uma mentalidade epistêmica que se origina de uma avaliação autocrítica sobre os limites da razão laica.[15] No entanto, essa condição cognitiva indica que a versão de uma ética da cidadania proposta por mim só poderá ser esperada igualmente de todos os cidadãos se os dois tipos de cidadãos, tanto religiosos quanto laicos, já tiverem se submetidos a processos de aprendizagem complementares. ...

O fato de que o "uso público da razão" (na minha interpretação sobre isso) depende de condições cognitivas que requerem processos de aprendizagem tem consequências interessantes, mas ambíguas. Em primeiro lugar, lembra-nos de que o estado de direito democrático, tal qual se baseia em uma forma de política deliberativa, é uma forma epistemologicamente perspicaz de governo que é, por assim dizer, sensível à verdade. Uma "democracia de pós-verdade", como o *New York Times* vislumbrou no horizonte nas últimas eleições presidenciais, já não seria uma democracia. Além disso, a exigência de mentalidades complexas chama a nossa atenção para um imperativo funcional improvável de que o estado liberal dificilmente pode satisfazer empregando seus próprios meios. A polarização de visões de mundo em uma comunidade que se divide em campos fundamentalistas e laicos mostra, por exemplo, que um número insuficiente de cidadãos condiz com o critério do uso público da razão e, assim, pôr em risco a integração política. Mas essas mentalidades são pré-políticas na origem. Mudam de modo incremental e imprevisto em resposta às condições dinâmicas de vida. Um processo de longo prazo desse tipo, na melhor das hipóteses, acelera-se no meio de discursos públicos entre os próprios cidadãos. Mas, afinal, esse é um processo cognitivo cumulativo que para começo de conversa podemos descrever como um processo de aprendizagem? ...

Até agora, assumimos que os cidadãos de um estado constitucional podem adquirir as mentalidades funcionalmente necessárias embarcando em "processos de aprendizagem complementares". A seguinte consideração mostra que essa suposição não é problemática: a partir de qual perspectiva podemos reivindicar que a fragmentação de uma comunidade política, se ela for causada por uma colisão dos campos fundamentalista e laico, pode ser creditada a "déficits de aprendizagem"? Aqui, deixe-nos trazer à mente a mudança na perspectiva que fizemos ao mover-se de uma explicação normativa de uma ética da cidadania rumo a uma investigação epistemológica das precondições cognitivas para a expectativa racional de que os cidadãos sejam capazes de cumprir as obrigações correspondentes. Deve ocorrer uma mudança de atitudes epistêmicas para que a consciência religiosa se torne reflexiva e a consciência laica transcenda suas limitações. Mas é apenas do ponto de vista de uma autocompreensão específica, de viés normativo, sobre a modernidade que podemos qualificar essas mudanças de mentalidade como "processos de aprendizagem" complementares.

Ora, claro que esse ponto de vista pode ser defendido no arcabouço de uma teoria da evolução social. Muito além da posição controversa que essas teorias têm no âmbito de sua própria disciplina acadêmica, do ponto de vista da teoria política normativa não podemos em momento algum impor aos cidadãos nossa expectativa de que eles se inscrevam em termos, por exemplo, de uma teoria da evolução religiosa, ou até mesmo se classificarem como cognitivamente "retrógrados". Apenas os participantes e suas organizações religiosas podem resolver a questão de se uma fé "modernizada" ainda é a fé "verdadeira". Por outro lado, ainda permanece entre os próprios filósofos a dúvida de se uma forma cientificamente justificada do laicismo no final superará um conceito mais abrangente da razão concebido em termos de algum pensamento pós-metafísico. Mas se a teoria política deve deixar sem resposta se todas as mentalidades funcionalmente necessárias podem ser adquiridas por meio de algum(ns) processo(s) de aprendizagem, então, os teóricos políticos devem aceitar que um conceito normativamente justificado como "o uso público da razão" possa por bons motivos permanecer "essencialmente contestado" entre os próprios cidadãos. Pois ao Estado liberal é permitido confrontar seus cidadãos apenas com deveres que estes últimos consigam perceber como expectativas razoáveis; esse será o caso apenas se as necessárias atitudes epistêmicas por sua vez forem adquiridas de uma percepção, ou seja, por meio de "aprendizagem".

Não devemos nos iludir e tirar conclusões errôneas dessa autolimitação da teoria política. Na condição de filósofos e cidadãos, podemos muito bem nos convencer de que uma forte leitura dos fundamentos liberais e republicanos do Estado constitucional deve *e pode* ser defendida com sucesso tanto intramuros quanto na arena política. No entanto, esse discurso – sobre se uma constituição liberal e uma ética da cidadania democrática são corretas e se temos o entendimento certo sobre o assunto – inevitavelmente nos leva a um terreno onde já não são mais suficientes os argumentos normativos. A controvérsia se estende também à pergunta epistemológica da relação entre fé e conhecimento, que por si só toca em elementos essenciais da compreensão contextual da modernidade em si. Curiosamente, os esforços tanto filosóficos quanto teológicos que definem a relação entre fé e conhecimento geram perguntas abrangentes sobre a genealogia da modernidade. ...

Um debate diferenciado sobre as questões filosóficas fundamentais é certamente necessário se uma visão naturalista do mundo fizer um "saque a descoberto" na conta do conhecimento científico no sentido adequado. Não é possível derivar a demanda pública de que as comunidades religiosas agora devem enfim colocar de lado as tradicionais declarações sobre a existência de Deus e/ou uma vida eterna depois da morte a partir de recentes percepções neurológicas sobre a dependência que todas as operações mentais têm dos processos cerebrais, pelo menos, não até que possamos ter esclarecido, do ponto de vista filosófico, o significado pragmático que essas declarações bíblicas assumem no contexto da doutrina e da prática das comunidades religiosas.[16] A questão de saber como, a partir desse ângulo, a ciência diz respeito à doutrina religiosa, toca outra vez na genealogia do autoentendimento da modernidade. A ciência moderna é uma prática completamente compreensível em seus próprios termos, que estabelece a medida de todas as verdades e falsidades? Ou a ciência moderna deveria ser interpretada como resultante de uma história da razão que inclui as religiões do mundo? ...

... Afinal de contas, se a resposta liberal ao pluralismo religioso pode vir a ser aceita pelos próprios cidadãos como a única resposta certa também vai depender de se os cidadãos laicos e religiosos, cada qual a partir de seus próprios e respectivos ângulos, estiverem preparados para embarcar em uma interpretação da relação entre fé e conhecimento que em primeiro lugar lhes permita se comportar de forma autorreflexiva, uns em relação aos outros, na esfera pública e política.[17]

NOTAS

[1] Cf. Berger (ed.) 1999.
[2] Cf. Buruma e Margalit, 2004.
[3] Cf. Norris e Inglehart, 2004: Cap. 4.
[4] Cf. Habermas, 2004.
[5] Norris e Inglehart, 2004: o Capítulo 10 defende a hipótese clássica de que a secularização triunfa na medida em que junto com a melhoria das condições econômicas e sociais para a vida também espalha a sensação de "segurança existencial". Junto com a suposição demográfica que as taxas de fertilidade nas sociedades desenvolvidas estão caindo, essa hipótese explica inicialmente por que a secularização hoje se arraigou por completo no "Ocidente". Os Estados Unidos constituem uma exceção, principalmente devido a dois fatos. Em primeiro lugar, um tipo muito obtuso de capitalismo tem efeitos menos amortecidos por uma sensação de bem-estar e, assim, expõe a população em média a um grau maior de incerteza existencial. E em segundo lugar a taxa relativamente alta de imigração das sociedades tradicionais, onde as taxas de fertilidade são correspondentemente altas, explica a estabilidade da proporção relativamente grande de cidadãos religiosos.
[6] Wills, 2004.
[7] Goodstein e Yardley, 2004. Bush foi escolhido por 60% dos eleitores falantes de espanhol, por 67% dos brancos protestantes e por 78% dos evangélicos ou cristãos renascidos. Mesmo entre os católicos, que anteriormente tendiam a votar nos democratas, Bush conquistou as maiorias tradicionais. O fato de os bispos católicos tomarem partido é surpreendente, apesar de todo consenso sobre a questão do aborto, se nos mantivermos em mente que, ao

contrário da Igreja, a administração defende a pena de morte e colocou em risco a vida de dezenas de milhares de soldados norte-americanos e civis iraquianos em uma guerra agressiva que violou o direito internacional, para a qual a administração só foi capaz de citar motivos duvidosos.

[8] Sobre esse "conceito de respeito", ver o amplo, e mesmo assim sistematicamente convincente, estudo histórico de Forst (2003).

[9] Sobre o conceito de tolerância como respeito recíproco, ver Forst, 2003.

[10] Ver Habermas, 1996: Capítulo 3.

[11] Ver Rawls, 1997: 769: "Idealmente, os cidadãos pensam em si como se fossem legisladores e perguntam-se quais estatutos, fundamentados por quais razões que satisfaçam o princípio da reciprocidade, eles considerariam mais razoáveis para aprovar".

[12] Para uma especificação da demanda por razões em uma linguagem "geralmente acessível", consulte Forst, 1994: 199-209.

[13] Habermas, 2003: 256ff.

[14] Nesse sentido, Forst (1994: 158) também fala em "tradução" quando exige que "uma pessoa deve ser capaz de fazer uma (gradual) *tradução* [itálico dele] de seus argumentos em razões aceitáveis com base nos valores e princípios da razão pública". Porém, ele considera a tradução não como uma *joint venture* em busca da verdade, da qual os cidadãos seculares devem tomar parte mesmo se o outro lado limita-se a declarações religiosas. Forst formula a exigência como Rawls e Audi fazem, como um dever cívico também para a pessoa religiosa. Aliás, a definição puramente processual do ato da tradução, tendo em vista uma "justificação recíproca irrestrita", não faz justiça ao problema semântico de transpor o conteúdo do discurso religioso em uma forma de representação pós-religiosa e pós-metafísica. Em decorrência disso, a diferença entre o discurso ético e religioso se perde. Ver, por exemplo, Arens (1982), que interpreta metáforas bíblicas como atos de discurso inovador.

[15] Em seu magistral estudo sobre a história da noção de tolerância, Rainer Forst denominou Pierre Bayle "o maior pensador sobre a tolerância", pois Bayle fornece, de modo exemplar, essa limitação autorreflexiva da razão em relação à religião. Sobre Bayle, ver Forst, 2003: § 18 bem como §§ 29 e 33 sobre o argumento sistemático.

[16] Ver o comentário final de W. Detel em seu artigo maravilhosamente articulado (Detel, 2004).

[17] Agradeço a Rainer Forst e Thomas M. Schmidt suas observações perspicazes; os dois já publicaram várias obras instrutivas sobre esse tema. Também sou grato a Melissa Yates pelas referências úteis e pelos debates estimulantes.

REFERÊNCIAS

ARENS, E. (1982), *Kommunikative Handlungen*. Düsseldorf: Patmos Verlag.

BERGER, P. L. (ed.) (1999), *The Desecularization of the World*. Washington, DC: Ethics and Public Policy Center.

BURUMA, I. e MARGALIT, A. (2004), *Occidentalism. The West in the Eyes of its Enemies*. Harmondsworth: Penguin.

DETEL, W. (2004), "Forschungen über Hirn und Geist", *Deutsche Zeitschrift für Philosophie*, 6: 891-920.

FORST, R. (1994), *Kontexte der Gerechtigkeit*. Frankfurt/Main: Suhrkamp.

_____ (2003), *Toleranz im Konflikt*. Frankfurt/Main: Suhrkamp.

GOODSTEIN, L. e YARDLEY, W. (2004). "President Bush Benefits from Efforts to Build a Coalition of Religious Voters", *New York Times*, Nov. 5, 2004, A 19.

HABERMAS, J. (1996), *Between Facts and Norms*, tradução de Rehg William. Cambridge, MA: MIT.

_____ (1991), "Vom pragmatischen, ethischen und moralischen Gebrauch der praktischen Vernunft, Abschnitt IV", em sua obra *Erläuterungen zur Diskursethik*. Frankfurt/Main: Suhrkamp, 112-5.

_____ (2003), "Glauben und Wissen", em sua obra *Zeitdiagnosen*. Frankfurt/Main: Suhrkamp, 249-263.

_____ (2004), *Der gespaltene Westen*. Frankfurt/Main: Suhrkamp.

NORRIS, P. e INGLEHART, R. (2004), *Sacred and Secular, Religion and Politics Worldwide*. Cambridge: Cambridge University Press.

RAWLS, J. (1997), "The Idea of Public Reason Revisited", *The University of Chicago Law Review*, 64: 765-807.

Wills, G. (2004), "The Day the Enlightenment Went Out", *New York Times*, 4 de nov. de 2004, A 31.

Pós-modernismo 12

Introdução

O significado do termo pós-modernismo ou pós-modernidade engloba muitas coisas diferentes. Alguns o associam à sociedade pós-industrial, outros com o mundo pós-marxista; ainda outros o visualizam como um movimento na crítica literária, e alguns o encaram como a legitimação para novas vozes em uma sociedade diversificada e multicultural. Claro que é difícil dar uma definição única e abrangente a um movimento intelectual que se desenvolveu em muitas direções distintas. Dois temas básicos são explorados nos excertos das páginas seguintes: um lida com a questão da promessa do Iluminismo, e o outro tema, correlacionado com este, lida com a relação entre teoria e conhecimento.

Na discussão da obra de Habermas, referiu-se ao compromisso dele com o projeto do Iluminismo, uma visão que propõe uma ordem democrática e social como resultado evolutivo da modernidade. Essa visão baseia-se no pressuposto de que as pessoas serão capazes de chegar a um entendimento racional de bem público, e que esse conhecimento político pode ser obtido, em condições adequadas, sem recorrer às distorções de interesse e poder. Ou seja, o conhecimento do bem pode ser racionalmente compreendido; em outras palavras, conhecimento e poder são esferas separadas e distintas da ação humana.

Cabe à obra de Foucault o fardo de defender o contrário: que conhecimento e poder são indissociáveis. Foucault nasceu em 1926 em Poitiers, França, onde foi educado em escolas católicas e, por fim, ingressou na Sorbonne e concluiu o curso de filosofia na École Normale Supérieure. Depois estudou psicologia e obteve um diploma em psicopatologia, o que levou a pesquisar e publicar um livro sobre doenças mentais, intitulado *Doença mental e psicologia.* Foucault lecionou em várias universidades estrangeiras, mas retornou à França e, em 1964, foi nomeado para a cadeira de filosofia na Université de Clermont-Ferrand. Em 1970, Foucault foi designado "professor da história dos sistemas de pensamento", no Collège de France.

Em *Vigiar e punir,* que tem um trecho reproduzido nas páginas seguintes, bem como em outros trabalhos, como *Loucura e civilização, O nascimento da clínica* e o primeiro volume de *A história da sexualidade,* Foucault demonstra como as ciências humanas tornaram-se técnicas de poder ao moldar as opiniões e os comportamentos dos seres humanos. O conhecimento científico (nesse exemplo, as ciências humanas) não é uma esfera separada de atividade envolvendo os talentos e os interesses de uma comunidade rarefeita de estudiosos. Ao contrário: o conhecimento produzido nessas disciplinas teve um profundo impacto na vida das pessoas comuns e moldou seus pontos de vista sobre si mesmos e os outros em torno de conceitos de normalidade e desvio. Em vez de capacitar os seres humanos com conhecimentos, as ciências humanas os transformaram em objetos de estudo e os submeteram a normas e regras de comportamento adequado que têm sido legitimadas pela ideia da própria ciência. O conhecimento, portanto, traz o poder na sua esteira, à medida que produz novos tipos de seres humanos que são considerados melhores porque são normais.

Ao formular o problema nesses termos, Foucault reconceitualiza o poder e o incorpora nos processos de socialização da vida cotidiana. É isso que ele quer dizer com a "sociedade carcerária". As transações reais do poder não residem nas relações dos cidadãos com o Estado, mas nas relações das pessoas com professores, médicos, terapeutas, assistentes sociais e psiquiatras. Esses não são os ajudantes benignos e melhorativos do Estado-Providência, mas, em vez disso, agentes morais cujo poder disciplinar se baseia em sua participação na elite de conhecimento credenciada.

Um tema relacionado ao pós-modernismo é explorado por Jean-François Lyotard na obra *A condição pós-moderna: um relatório sobre o conhecimento*. Aqui, Lyotard desfere um ataque direto contra as "metanarrativas", ou seja, os discursos filosóficos em geral, como o marxismo e outras teorias do Iluminismo, que distorceram a nossa capacidade de ver a verdade sobre a nossa condição, colorindo nossas percepções com pedidos de emancipação, progresso e justiça. No passado, as metanarrativas forneceram significado e propósito para explorações científicas, mas o que Lyotard nos diz é que as metanarrativas funcionam como os paradigmas de Kuhn e tendem a impor significado em eventos históricos, em vez de explorar o significado desses eventos empiricamente. Abandonar essas metanarrativas é aceitar a ideia de que a história talvez não tenha objetivo, que não é uma marcha evolutiva ou progressiva rumo a um *telos* emancipatório, mas em vez disso um conjunto de eventos casual, muitas vezes acidentais e com muitas consequências imprevistas.

Uma consequência dessa afirmação é solapar a posição privilegiada de teóricos e filósofos, que passam a serem vistos como defensores de um ponto de vista que promete uma verdade objetiva, mas, em vez disso, revela uma visão parcial que suprime outras visões como falsas ou indignas de consideração. No cenário político contemporâneo, o pós-modernismo tem legitimado a expressão das vozes de muitos quadrantes, cada qual afirmando suas próprias verdades e cada qual envolvida em uma luta pelo poder a fim de legitimar-se politicamente, porque já não existe qualquer autoridade intelectual superior capaz de julgar o que é bom ou mau.

Ao mostrar a falsidade do compromisso dos modernistas com a razão, com o conhecimento desinteressado e com verdades que são universais, os escritos de Foucault e Lyotard se esmeram para deslegitimar estruturas intelectuais que sub-repticiamente exercem poder sob o pretexto de se engajar na ciência. Os contrastes com Habermas não poderiam ser maiores.

Michel Foucault: O carcerário

Se fosse para fixar a data de consumação do sistema carcerário, eu escolheria não 1810 e o código penal, nem mesmo 1844, quando foi aprovada a lei que estabelece o princípio do confinamento em celas; nem mesmo escolheria 1838, quando foram publicados os livros sobre a reforma prisional escritos por Charles Lucas, Moreau-Christophe e Faucher. Escolheria 22 de janeiro de 1840, a data da inauguração oficial da colônia penal de Mettray. Ou, melhor ainda, talvez, esse glorioso dia, despercebido e não registrado, quando um menino em Mettray observou pouco antes de morrer: "Que pena eu deixar a colônia tão cedo". Isso marcou a morte do primeiro santo penitenciário. Muitos dos abençoados sem

---

De Michel Foucault, "The Carceral", em *Discipline and Punish: The Birth of the Prison* (New York: Pantheon, 1977). Originalmente publicado em francês como *Surveiller et Punir: Naissance de la Prison* pela Editora Gallimard, Paris. Direitos autorais © 1975 pertencentes a Editora Gallimard. Reimpresso com permissão de Georges Borchardt, Inc., para a Editora Gallimard e o Grupo Penguin da Grã-Bretanha.

dúvida foram se juntar a ele, se acreditarmos no que os antigos prisioneiros das colônias penais comentavam ao cantar os louvores de novas políticas punitivas do organismo: "Preferíamos as bordoadas, mas a cela nos cai melhor".

Por que Mettray? Porque é a disciplina em sua forma mais extrema, o modelo em que se concentram todas as tecnologias coercitivas do comportamento. Nele se encontram "claustro, prisão, escola, regimento". Os grupos pequenos, altamente hierarquizados, em que os reclusos se dividiam, seguiam simultaneamente cinco modelos: o de família (cada grupo era uma "família" composta de "irmãos" e dois "irmãos mais velhos"); o de exército (cada família, comandada por um líder, dividia-se em duas seções, cada qual com um subcomandante; cada prisioneiro tinha um número e aprendia exercícios militares básicos; havia uma inspeção diária de limpeza, uma inspeção semanal de vestuário; uma chamada de controle era feita três vezes ao dia); o de oficina, com supervisores e capatazes responsáveis pela constância do trabalho e pela aprendizagem dos jovens reclusos; o de escola (uma hora ou uma hora e meia de aula por dia; a aula era ministrada pelo instrutor e pelos assistentes); por último, o modelo judicial (todos os dias, inflígia-se a "justiça" no salão): "O menor ato de desobediência é castigado, e a melhor maneira de evitar delitos graves é punir com muita severidade os delitos, por menores que eles sejam: em Mettray, até uma palavra inútil é punível"; o principal castigo infligido era o encarceramento na cela; pois o "isolamento é a melhor forma de agir sobre a natureza moral das crianças; é lá que acima de tudo a voz da religião, mesmo que ela nunca tenha falado com seus corações, recupera todo o seu poder emocional"; toda a instituição parapenal, criada a fim de não ser uma prisão, culmina na cela, cujas paredes trazem uma inscrição em tinta preta: "Deus te enxerga".

Essa sobreposição de diferentes modelos torna possível indicar, em suas características específicas, a função do "treinamento". Os chefes e seus assistentes em Mettray tinham de ser não exatamente juízes, ou professores, ou capatazes, ou oficiais subalternos, ou "pais", mas um pouco disso tudo em um modo bastante específico de intervenção. Em certo sentido, eram técnicos do comportamento; engenheiros da conduta, ortopedistas da individualidade. A tarefa deles era produzir corpos dóceis e capazes; eles supervisionavam as nove ou dez horas de trabalho diárias (seja na oficina ou na lavoura); orientavam os movimentos ordenados dos grupos de detentos, os exercícios físicos, os exercícios militares, o toque de alvorada pela manhã, o toque de recolher à noite, marchas com o acompanhamento de corneta e apito; ensinavam ginástica;[1] verificavam a limpeza, supervisionavam o banho. O treinamento era acompanhado pela observação permanente; um corpo de conhecimento estava sendo constantemente construído a partir do comportamento cotidiano dos detentos; organizava-se como um instrumento de avaliação perpétua: "Ao entrar na colônia, a criança está sujeita a uma espécie de interrogação quanto à sua origem, a posição de sua família, o delito pelo qual ela foi trazida perante os tribunais e todas as outras infrações que compõem sua existência curta e muitas vezes triste. Essas informações estão escritas em uma placa em que tudo relativo a cada detento é anotado, sua estada na colônia e o lugar ao qual ele é enviado quando sair". A modelagem do corpo produz um conhecimento sobre o indivíduo, o aprendizado das técnicas induz modos de comportamento, e a aquisição de competências está intimamente associada com o estabelecimento de relações de poder; trabalhadores agrícolas fortes e hábeis são produzidos; esse mesmo trabalho, desde que seja tecnicamente supervisionado, gera indivíduos submissos e constrói um corpo confiável de conhecimento sobre esses indivíduos. Essa técnica disciplinar exercida sobre o corpo teve um efeito duplo: uma "alma" para ser conhecida e uma sujeição a ser mantida. Um resultado justificava esse trabalho de treinamento: em 1848, em um momento em que "a febre da revolução atiçava a imaginação de todos, quando as escolas em Angers, La Flèche, Alfort, até mesmo os internatos, se rebelavam, os detentos de Mettray estavam mais calmos do que nunca" (Ferrus).

Onde Mettray mostrava-se especialmente exemplar era a especificidade reconhecida nessa operação de treinamento. Ela se referia a outras formas de supervisão, na qual se baseava: medicina, educação geral, direção religiosa. Mas isso absolutamente não pode ser identificado com elas. Nem com a administração no sentido estrito. Líderes ou assistentes das "famílias", monitores e capatazes, tinham de viver em estreita proximidade com os reclusos; suas roupas eram "quase tão humildes" como aquelas dos reclusos; praticamente não saíam do lado deles, vigiando-os dia e noite; constituíam entre eles uma permanente rede de vigilância. E, para eles mesmos treiná-los, uma escola especializada havia sido organizada na colônia. O elemento essencial de seu programa era submeter os futuros quadros de pessoal aos mesmos aprendizados e às mesmas coerções que os próprios detentos: eram "submetidos como os pupilos à disciplina que, mais tarde, como instrutores, teriam de impor". Eles eram ensinados na arte das relações de poder. Foi a primeira escola de formação em disciplina pura: a "penitenciária" não era simplesmente um projeto que procurava a sua justificativa na "humanidade" ou suas fundações em uma "ciência", mas uma técnica que era aprendida, transmitida e que obedecia a normas gerais. A prática que normalizava por meio da força a conduta dos indisciplinados ou perigosos podia, por sua vez, ser "normalizada", por meio de elaboração técnica e reflexão racional. A técnica disciplinar tornou-se uma "disciplina", que também tinha a sua escola.

Eis que os historiadores das ciências humanas datam o nascimento da psicologia científica nesse momento: durante esses mesmos anos, ao que parece, Weber manipulava sua pequena bússola para a medição de sensações. O que aconteceu em Mettray (e em outros países europeus, mais cedo ou mais tarde) era obviamente de uma ordem bem diferente. Foi o surgimento ou, melhor do que isso, a especificação institucional, ou, digamos, o batismo de um novo tipo de supervisão – ao mesmo tempo conhecimento e poder – sobre os indivíduos que resistiam à normalização disciplinar. E, contudo, na formação e no crescimento da psicologia, o surgimento desses profissionais da disciplina, normalidade e sujeição certamente marca o início de uma nova etapa. Alguém poderá dizer que a avaliação quantitativa das respostas sensoriais ao menos é capaz de derivar autoridade a partir do prestígio da ciência emergente da fisiologia e que só por esse detalhe já mereceria constar na história das ciências. Mas a supervisão de normalidade estava firmemente envolta em uma medicina ou uma psiquiatria que proporcionava uma espécie de "cientificidade"; era apoiada por um aparato jurídico que, direta ou indiretamente, lhe dava justificativa legal. Assim, ao abrigo desses dois protetores consideráveis, e, com efeito, atuando como elo entre eles, ou ponto de troca, uma técnica cuidadosamente trabalhada para a supervisão das normas continuou a desenvolver-se até os dias atuais. Os apoios específicos e institucionais desses métodos têm proliferado desde a fundação da pequena colônia em Mettray; seus aparatos aumentaram em quantidade e escopo; seus serviços auxiliares têm aumentado, com hospitais, escolas, administrações públicas e empresas privadas; seus agentes têm proliferado em número, poder e qualificação técnica; os técnicos da indisciplina têm fundado uma família. Ao normalizar o poder de normalização, ao organizar o binômio poder-conhecimento sobre os indivíduos, a colônia de Mettray marcou uma nova era.

Mas por que escolher esse momento como o ponto de surgimento da formação de uma arte de punir que ainda é mais ou menos nossa própria? Exatamente porque essa escolha é um pouco "injusta". Porque ela situa o "fim" do processo na escala inferior do direito penal. Porque Mettray era uma prisão, mas não inteiramente; uma prisão no sentido de que abrigava jovens delinquentes condenados pelos tribunais; mas, além disso, era outra coisa, pois também abrigava menores que tinham sido acusados, mas absolvidos, nos termos do artigo 66° do código, e detentos mantidos, como no século XVIII, como alternativa à correção paterna. Mettray, um modelo punitivo, está no limite da penalidade rigorosa. Foi a mais famosa de toda uma série de instituições que, muito além das fronteiras do direito penal, constituiu o que se poderia chamar de arquipélago carcerário.

Mas os princípios gerais, os grandes códigos e a legislação posterior eram bem claros sobre o assunto: não existe prisão "fora da lei", nem detenção que não tivesse sido decidida por uma instituição judicial qualificada, nem encarceramentos arbitrários e mesmo assim generalizados. Contudo o próprio princípio do encarceramento extrapenal na verdade nunca foi abandonado. (Um estudo inteiro ainda merece ser feito sobre os debates que aconteceram na Revolução, concernentes às varas de família, correção paterna e o direito dos pais de trancafiar seus filhos.) E, se o aparato da grande forma clássica de cárcere foi desmontado de modo parcial (e apenas de modo parcial), logo após foi reativado, reorganizado e desenvolvido em certas direções. Porém, mais importante do que isso: ele foi homogeneizado, pela mediação da prisão, por um lado, com punições legais e, por outro, com mecanismos disciplinares. As fronteiras entre encarceramento, punição judicial e instituições de disciplina, que já eram turvas na época clássica, tendiam a desaparecer e a constituir um grande *continuum* carcerário que difundia técnicas penitenciárias para as disciplinas mais inocentes, transmitindo normas disciplinares ao próprio âmago do sistema penal e depositando sobre a menor ilegalidade, sobre a mais ínfima variação, irregularidade ou anomalia, a ameaça da delinquência. Uma rede carcerária sutil e gradativa (com instituições compactas, mas também métodos separados e difusos) assumiu a responsabilidade pelo cárcere arbitrário, generalizado e mal-integrado da época clássica.

Aqui não vou tentar reconstituir toda a rede que formou primeiro o entorno imediato da prisão e, depois, espalhou-se cada vez mais longe dela. No entanto, algumas referências e datas devem dar alguma ideia do escopo e da precocidade do fenômeno.

Havia seções agrícolas nas *maisons centrales* (o primeiro exemplo foi Gaillon, em 1824, seguido mais tarde de Fontevrault, Les Douaires, Le Boulard); havia colônias para crianças pobres, abandonadas e errantes (Petit-Bourg, em 1840; Ostwald, em 1842); havia asilos para jovens delinquentes do sexo feminino que "se encolhiam diante da ideia de entrar em uma vida de desordem", para "pobres meninas inocentes cuja imoralidade das mães as expusera à perversidade precoce" ou para meninas pobres encontradas nas portas de hospitais e pensões. Havia colônias penais previstas pela lei de 1850: menores, absolvidos ou condenados, deviam ser enviados para essas colônias e "criados sob disciplina rígida e treinados no trabalho agrícola e nas principais atividades relacionadas a ela"; mais tarde, juntar-se-iam a eles os condenados a trabalhos forçados perpétuos e "alunos sórdidos e insubordinados da assistência pública". E, afastando-se ainda mais da penalidade em sentido estrito, os círculos carcerários se ampliam, e o formato de prisão diminui devagar e, por fim, desaparece na íntegra: as instituições para crianças abandonadas ou indigentes, os orfanatos (como Neuhof ou Mesnil-Firmin), os estabelecimentos para aprendizes (como o de Bethléem Reims ou a Maison de Nancy); e, ainda mais distante, os conventos-fábricas, como La Sauvagère, Tarare e Jujurieu (onde as trabalhadoras ingressavam aos 13 anos, viviam confinadas durante anos e só eram autorizadas a sair sob vigilância, recebiam em vez de salários promessas de pagamento, que podiam ser aumentadas com bônus por zelo e boa conduta, que elas poderiam usar apenas nas licenças). E, ainda mais distante, havia toda uma série de mecanismos que não adotavam o modelo de prisão "compacto", mas usavam alguns dos métodos carcerários: sociedades beneficentes, associações de aprimoramento moral, organizações que distribuíam assistência e também praticavam vigilância, trabalhadores de propriedades agrícolas e pensões – o mais primitivo dos quais ainda mostra todas as marcas bem visíveis do sistema penitenciário.[2] E, por último, essa ampla rede carcerária atinge todos os mecanismos disciplinares que funcionam em toda a sociedade.

Já vimos que, na justiça penal, a prisão transformou o procedimento punitivo em uma técnica penitenciária; o arquipélago carcerário transportou essa técnica da instituição penal para todo o corpo social. Com vários resultados importantes.

1. Esse vasto mecanismo estabeleceu uma gradação lenta, contínua e imperceptível que tornou possível passar naturalmente de distúrbio a ofensa e também de transgressão da lei para ligeiro desvio de uma regra, uma média, uma exigência, uma norma. No período clássico, apesar de certa referência comum ao delito em geral,[3] a ordem do crime, a ordem do pecado e a ordem da má conduta permaneceram separadas, na medida em que se relacionavam a autoridades e critérios separados (tribunal, penitência, cárcere). Ao contrário, o encarceramento funcionava, com seus mecanismos de vigilância e punição, de acordo com um princípio de continuidade relativa. A continuidade das próprias instituições, que estavam ligadas entre si (assistência pública com o orfanato, o reformatório, a penitenciária, o batalhão disciplinar, a prisão, a escola com a sociedade beneficente, a oficina, o albergue para pobres, o convento penitenciário; os trabalhadores da lavoura com o hospital e a prisão). Uma continuidade dos critérios e mecanismos punitivos, que, com base em uma mera irregularidade, gradativamente reforçou as regras e aumentou a punição. Uma gradação contínua das autoridades estabelecidas, especializadas e competentes (na ordem do conhecimento e na ordem do poder) que, sem recorrer à arbitrariedade, mas estritamente de acordo com os regulamentos, por meio de observação e da avaliação hierarquizada, diferenciava, julgava, punia e se afastava gradativamente da correção de irregularidades para a punição do crime. O "carcerário", com suas diversas formas difusas ou compactas, as suas instituições de supervisão ou de restrição, de vigilância discreta e coerção insistente, assegurava a comunicação de punições de acordo com a qualidade e quantidade; conectava em série ou organizava de acordo com divisões sutis as sanções menores e as graves, as formas suaves e rigorosas de tratamento, as notas ruins e as sentenças amenas. Você vai acabar nos trabalhos forçados, a menor indisciplina parece dizer; e a mais severa das prisões diz para os condenados à prisão perpétua: observarei a menor irregularidade em sua conduta. A generalidade da função punitiva que o século XVIII procurou na técnica "ideológica" das representações e sinais agora tinha como seu apoio a extensão, a estrutura material, complexa, dispersa, mas coerente, dos diversos mecanismos carcerários. Em razão disso, certa generalidade significativa perpassa a menor das irregularidades e o maior dos crimes; não era mais o delito, o ataque contra o interesse comum, era o desvio da norma, a anomalia; foi isso que assombrou a escola, o tribunal, o asilo ou a prisão. Generalizava na esfera do significado a função que o carcerário generalizava na esfera das táticas. O inimigo social, antes adversário dos soberanos, transformava-se em um depravado, que trazia consigo o perigo múltiplo da desordem, do crime e da loucura. A rede carcerária conectava, por meio de inúmeras relações, as duas extensas e múltiplas séries do punitivo e do anormal.

2. O carcerário permite, com suas redes de longo alcance, o recrutamento de importantes "delinquentes". Organiza o que poderia ser chamado de "carreiras disciplinares", pela qual, com várias exclusões e rejeições, todo um processo é desencadeado.

No período clássico, abriu-se nos confins ou interstícios da sociedade o domínio confuso, tolerante e perigoso dos "fora da lei" ou pelo menos daquilo que se esquivava do domínio direto do poder: um espaço incerto que era para a criminalidade um campo de treinamento e uma região de refúgio; lá se reuniam a pobreza, o desemprego, a inocência perseguida, a astúcia, a luta contra os poderosos, a recusa a cumprir as obrigações e as leis e o crime organizado, de acordo com o acaso e a sorte; era o domínio de aventura que Gil Blas, Sheppard ou Mandrin, cada um à sua maneira, habitavam. Pelo jogo de divisões e subdivisões disciplinares, o século XIX construiu canais rigorosos que, no âmbito do sistema, inculcaram docilidade e produziram delinquência pelos mesmos mecanismos. Havia uma espécie de "treinamento" disciplinar, contínuo e convincente, que continha algo do currículo pedagógico e algo da rede profissional. Desse treinamento, emergiam carreiras, tão seguras e previsíveis quanto carreiras da vida pública: associações de assistência, aprendizagens residenciais, colônias penais, batalhões disciplinares, prisões, hospitais, albergues. Essas redes já estavam bem planejadas no início do século XIX: "Nossos estabelecimentos benevolentes apresentam um conjunto de admirável coordenação por meio do qual os indigentes não permanecerão um momento sem ajuda, desde o berço até a sepultura. Acompanhe a trajetória do homem infeliz: você o verá nascer entre os enjeitados; a partir daí ele passa ao berçário, depois para um orfanato; aos 6 anos ele entra na escola primária e mais tarde nas escolas adultas. Se não pode trabalhar, é colocado na lista dos escritórios da caridade de seu distrito e, se ele adoece, pode escolher entre 12 hospitais… Por fim, quando o pobre parisiense chega ao fim da sua carreira, sete lares para a terceira idade lhe aguardam e muitas vezes seu regime saudável prolonga sua inútil existência a ponto de fazê-lo viver mais do que um homem rico" (Moreau de Jonnès, citado em Touquet).

A rede carcerária não joga o inassimilável em um inferno confuso; não há lado de fora. Recupera com uma das mãos o que parece excluir com a outra. Salva tudo, inclusive o que ela castiga. Não está disposta a desperdiçar nem mesmo aquilo que decidiu desqualificar. Nessa sociedade panóptica, da qual o encarceramento é a armadura onipresente, o delinquente não está fora da lei; ele está, desde o início, na lei, no âmago da lei ou, pelo menos, no meio desses mecanismos que transferem o indivíduo imperceptivelmente de disciplina à lei, da irregularidade ao delito. Embora seja verdade que a prisão castiga a delinquência, a delinquência na maior parte do tempo é produzida em e por um encarceramento que, em última análise, por sua vez, é perpetuado pela prisão. A prisão é apenas a consequência natural, não mais do que um grau mais elevado, dessa hierarquia estabelecida passo a passo. O delinquente é um produto institucional. Não adianta mostrar surpresa, portanto, com o fato de que, em uma proporção considerável dos casos, a biografia dos condenados passa por todos esses mecanismos e estabelecimentos, cuja finalidade é, acredita-se amplamente, afastá-los da prisão. Aqui pode ser encontrado o que se poderia chamar de indício de um "temperamento" irreprimivelmente delinquente: o prisioneiro condenado a trabalhos forçados foi meticulosamente produzido por uma infância passada no reformatório, de acordo com as linhas de força do sistema carcerário generalizado. Por outro lado, o lirismo de marginalidade pode encontrar inspiração na imagem do "bandido", o grande nômade social, que vagueia no cativeiro de uma ordem dócil e assustada. Mas não é à margem da sociedade e por meio de sucessivos exílios que essa criminalidade nasce, mas sim por meio de inserções cada vez mais intimamente posicionadas, sob vigilância cada vez mais insistente, pelo acúmulo de coerção disciplinar. Em suma, o arquipélago carcerário assegura, nas profundezas do corpo social, a formação da delinquência com base nas ilegalidades sutis, a sobreposição destas por aquela e o estabelecimento de uma criminalidade especificada.

3. Mas talvez o efeito mais importante do sistema carcerário e de sua extensão muito além do aprisionamento jurídico é que ele é bem-sucedido em tornar o poder de punir natural e legítimo, em ao menos diminuir o limiar de tolerância à penalidade. O sistema tende a apagar o que pode ser exorbitante no exercício de punição. Faz isso contrapondo entre si os dois registros em que ele está implantado – o registro legal da justiça e o registro extralegal da disciplina. Com efeito, a grande continuidade do sistema carcerário ao longo da lei e de suas sentenças fornece uma espécie de sanção jurídica aos mecanismos disciplinares, para as decisões e sentenças que eles impõem. Ao longo de toda essa rede, que compreende muitas instituições "regionais", relativamente autônomas e independentes, é transmitido, no "formato prisão", o modelo da própria justiça. Os regulamentos dos estabelecimentos disciplinares podem reproduzir a lei, as punições imitam os veredictos e as sanções, a vigilância repete o modelo de polícia; e, acima de todos esses variados estabelecimentos, a prisão, que, em relação aos mesmos é uma forma pura, não adulterada e não mitigada, lhes dá uma espécie de sanção oficial. O sistema carcerário, com sua longa gradação que se estende desde a condenação ou encarceramento com trabalhos forçados até limitações difusas e suaves, comunica um tipo de poder que a lei valida e que a justiça usa como sua arma preferida. Como as disciplinas e o poder que funciona nelas podem parecer arbitrários, quando apenas operam os mecanismos da própria justiça, inclusive com o objetivo de atenuar sua intensidade? Quando, ao generalizar seus efeitos e transmiti-los para todos os níveis, ele torna possível evitar seu rigor completo? A continuidade carcerária e a fusão do formato prisão possibilitam legalizar, ou de qualquer modo, legitimar o poder disciplinar, que, assim, evita qualquer elemento do excesso ou abuso que pode implicar.

Mas, por outro lado, a pirâmide carcerária dá ao poder de infligir punição legal um contexto em que ele parece estar livre de todo excesso e de toda a violência. Na gradação sutil dos aparatos de disciplina e das sucessivas "incrustações" que eles envolvem, a prisão não representa o desencadear de um tipo diferente de poder, mas simplesmente um grau adicional de intensidade de um mecanismo que continua operando desde as primeiras formas de punição legal. Entre a instituição mais recente de "reabilitação", para onde uma pessoa é levada para evitar a prisão, e a prisão para onde uma pessoa é enviada após uma ofensa definível, a diferença é (e deve ser) pouco perceptível. Existe uma estrita economia com o efeito de proporcionar, da forma mais discreta possível, o singular poder de punir. Agora, não existe nada nela que lembre os antigos excessos de poder soberano, quando abusava da autoridade para torturar os corpos daqueles prestes a serem executados. A prisão continua, naqueles que são confiados a ela, um trabalho começado em outro lugar, que toda a sociedade persegue em cada indivíduo, por meio de inúmeros mecanismos de disciplina. Por meio de um *continuum* carcerário, a autoridade que sentencia se infiltra em todas aquelas outras autoridades que supervisionam, transformam, corrigem, melhoram. Podemos até mesmo dizer que nada realmente as distingue, além do caráter singularmente "perigoso" dos delinquentes, a gravidade de seu afastamento do comportamento normal e a solenidade necessária do ritual. Mas, na sua função, o poder de punir não é essencialmente diferente do poder de curar ou educar. Recebe deles e de sua função menor uma aprovação que vem de baixo; mas nem por isso essa aprovação é menos importante, pois é a aprovação da técnica e da racionalidade. O carcerário "naturaliza" o poder legal de punir, à medida que "legaliza" o poder técnico de disciplinar. Ao homogeneizá-los dessa forma, apagando o que há de violento em um e de arbitrário no outro, atenuando os efeitos de revolta que os dois possam suscitar, tornando inútil qualquer excesso de ambos, fazendo circular os mesmos métodos calculados, mecânicos e discretos de um para o outro, o carcerário possibilita a execução daquela grande "economia" de poder cuja fórmula o século XVIII havia procurado, quando surgiu pela primeira vez o problema da acumulação e da gestão útil dos homens.

Ao operar em todos os níveis do corpo social e ao mesclar incessantemente a arte de corrigir e o direito de punir, a universalidade do sistema carcerário reduz o nível a partir do qual se torna natural e aceitável ser punido. Muitas vezes, suscita-se a pergunta sobre de que forma, antes e depois da Revolução, foi criada uma nova fundação ao direito de punir. E sem dúvida a resposta pode ser encontrada na teoria do contrato. Mas talvez seja mais importante fazer a pergunta inversa: como é que as pessoas foram convencidas a aceitar o poder de punir ou, simplesmente, tolerar o fato de ser punidas. A teoria do contrato só pode responder a essa pergunta pela ficção de um sujeito jurídico que dá aos outros o poder de exercer sobre ele o direito que ele próprio possui sobre eles. É muito provável que o grande *continuum* carcerário, que fornece uma comunicação entre o poder de disciplina e o poder da lei e se estende sem interrupção desde as menores coerções até a mais longa detenção penal, constitui a contrapartida técnica e real, imediatamente material, daquela quimérica concessão do direito de punir.

4. Com essa nova economia de poder, o sistema carcerário, que é seu instrumento básico, permitiu o surgimento de uma nova forma de "lei": uma mescla de legalidade e natureza, prescrição e constituição, a norma. Isso teve uma série de efeitos: o deslocamento interno do poder judiciário ou pelo menos do seu funcionamento; uma crescente dificuldade em julgar, como se houvesse uma vergonha para dar a sentença; um desejo furioso por parte dos juízes de julgar, avaliar, diagnosticar, reconhecer o normal e anormal e reivindicar a honra de curar ou reabilitar.

Nesse panorama, é inútil acreditar em boas ou más consciências dos juízes, ou mesmo em seu inconsciente. Seu imenso "apetite para a medicina", que constantemente se manifesta – de seu apelo aos peritos psiquiátricos, sua atenção ao debate sobre criminologia – exprime o fato principal de que o poder exercido por eles foi "desnaturado"; que em determinado nível é regido por leis; que em outro nível mais fundamental funciona como poder normativo; o que eles exercem é a economia do poder, e não a economia dos seus escrúpulos ou de seu humanismo, e é isso que os leva a dar sentenças "terapêuticas" e recomendar períodos de cárcere para "reabilitação". Mas, por outro lado, se os juízes aceitam com relutância cada vez maior condenar simplesmente por condenar, a atividade de julgar aumentou precisamente na medida em que o poder de normalização se espalhou. Cultivado pela onipresença dos mecanismos de disciplina e baseando-se em todos os aparelhos carcerários, esse poder tornou-se uma das principais funções da nossa sociedade. Os juízes da normalidade estão presentes em todos os lugares. Estamos na sociedade do professor-juiz, do médico--juiz, do educador-juiz, do assistente social--juiz. É neles que se baseia o reino universal do normativo; e cada indivíduo, seja lá onde se encontre, submete a esse reino o seu corpo, seus gestos, seu comportamento, suas aptidões, suas conquistas. A rede carcerária, em suas formas compactas ou disseminadas, com seus sistemas de inserção, distribuição, vigilância e observação, tem sido o maior apoio, na sociedade moderna, da normalização do poder.

5. A textura carcerária da sociedade assegura tanto a captura real do corpo quanto sua observação perpétua; é, por sua própria natureza, o aparelho de punição que se adapta mais completamente à nova economia do poder e o instrumento para a formação do conhecimento de que essa própria economia precisa. Seu funcionamento panóptico lhe permite esse duplo papel. Em virtude de seus métodos de fixar, dividir, gravar, essa textura

carcerária tem sido uma das condições mais simples, mais toscas, também mais concretas, porém, talvez mais indispensáveis ao desenvolvimento dessa colossal atividade de exame que tem objetivado o comportamento humano. Se, após a era da justiça "inquisitorial", estamos na era da justiça "examinatória", se, de modo ainda mais geral, o método de análise tem sido capaz de se difundir tão amplamente em toda a sociedade e de originar, em parte, as ciências humanas, um dos grandes instrumentos para isso tem sido a multiplicidade e a íntima sobreposição dos vários mecanismos de encarceramento. Não estou dizendo que as ciências humanas surgiram a partir da prisão. Mas, se as ciências humanas se formaram e conseguiram produzir tantas mudanças profundas na episteme, é porque têm sido conduzidas por uma nova e específica modalidade de poder: uma determinada política do corpo, certa maneira de tornar dóceis e úteis os grupos humanos. Essa política exigiu a participação de certas relações do conhecimento nas relações do poder; apelou a uma técnica de sobrepor sujeição e objetivação; trouxe consigo novos procedimentos de individualização. A rede carcerária constituiu um dos arcabouços desse binômio poder-conhecimento que tornou historicamente possível as ciências humanas. O ser humano cognoscível (alma, individualidade, consciência, conduta, seja lá como for chamado) é o efeito-objeto desse investimento analítico, dessa dominação-observação.

6. Isso explica a extrema solidez da prisão, essa invenção ligeira que, no entanto, desde o início foi vituperada. Se tivesse sido não mais do que um instrumento de rejeição ou repressão a serviço de um aparato estatal, teria sido mais fácil de alterar suas formas mais evidentes ou de encontrar um substituto mais aceitável. Mas, arraigada como estava em mecanismos e estratégias de poder, poderia atender a qualquer tentativa de transformá-la com uma grande força de inércia. Um fato é característico: quando é uma questão de alterar o sistema prisional, a oposição não provém apenas das instituições judiciárias; a resistência é encontrada não na prisão como sanção penal, mas na prisão com todas as suas determinações, conexões e resultados extrajudiciais; na prisão como o relé de uma rede geral de disciplinas e vigilâncias; na prisão que funciona como regime panóptico. Isso não significa que esse sistema não possa ser alterado, nem que seja absolutamente indispensável ao nosso tipo de sociedade. Alguém poderá, ao contrário, localizar os dois processos que são capazes, na própria continuidade dos processos que permitem o funcionamento da prisão, de exercer considerável restrição no seu uso e de transformar o seu funcionamento interno. E, sem dúvida, esses processos já começaram em larga medida. O primeiro é o que reduz a utilidade (ou aumenta seus inconvenientes) de uma delinquência acomodada como ilegalidade específica, trancafiada e supervisionada; assim, o crescimento das grandes ilegalidades nacionais ou internacionais, diretamente relacionadas com os aparelhos políticos e econômicos (ilegalidades financeiras, serviços de informação, tráfico de armas e de entorpecentes, especulação imobiliária), deixa claro que a força de trabalho um pouco rústica e conspícua da delinquência está se mostrando ineficaz; ou, novamente, em escala menor, assim que a taxa econômica sobre o prazer sexual é executada com mais eficiência pela venda de anticoncepcionais, ou obliquamente por meio de publicações, filmes ou *shows*, a hierarquia arcaica da prostituição perde muito de sua utilidade antiga. O segundo processo é o crescimento das redes disciplinares, a multiplicação de seus intercâmbios com o aparelho penal, os poderes cada vez mais importantes que lhes são dados, a transferência cada vez mais maciça de funções jurisdicionais para elas; hoje, à medida que a medicina, a psicologia, a educação, a assistência pública e o "trabalho social" assumem uma parte cada vez maior dos poderes de supervisão e avaliação, o aparato penal será capaz, por sua vez, de se tornar medicalizado, psicologizado, educacionalizado; e da mesma forma essa reviravolta representada pela prisão torna-se

menos útil quando, pela lacuna entre seu discurso penitenciário e seu efeito de consolidar a delinquência, articula o poder penal e o poder disciplinar. No meio de todos esses mecanismos de normalização, que estão se tornando cada vez mais rigorosos na sua aplicação, a especificidade da prisão e seu papel de conexão estão perdendo algo de sua finalidade.

Se existe um problema político global em torno da prisão, ele não é, portanto, o fato de ser ou não corretivo; se os juízes, os psiquiatras ou os sociólogos devem exercer o poder mais do que os administradores ou supervisores; não é nem se deveríamos ter prisões ou algo diferente das prisões. Hoje em dia, o problema reside na ascensão íngreme no uso desses mecanismos de normalização e no abrangente poder que, pela proliferação de novas disciplinas, eles trazem consigo.

Em 1836, um leitor escreveu para o jornal *La Phalange*: "Moralistas, filósofos, legisladores, bajuladores da civilização, este é o plano da sua Paris, perfeitamente ordenada e organizada, eis o plano de melhoria em que todas as coisas parecidas são reunidas. No centro, e dentro de um primeiro cercado: hospitais para todas as doenças, albergues para todos os tipos de pobreza, hospícios, prisões, presídios para os condenados (homens, mulheres e crianças). Ao redor do primeiro cercado, quartéis, tribunais, delegacias, casas para guardas de prisão, andaimes, casas para o carrasco e seus assistentes. Nos quatro cantos, a Câmara dos Deputados, a Câmara dos Pares, o Instituto e o Palácio Real. Lá fora, existem vários serviços que abastecem o cercado central: o comércio, com seus vigaristas e suas bancarrotas; a indústria e seus embates furiosos; a imprensa, com seus sofismas; os antros de apostas; a prostituição, as pessoas morrendo de fome ou chafurdando na libertinagem, sempre prontas para dar ouvidos à voz do Gênio das Revoluções; os ricos desalmados. ... Por fim, a implacável guerra de todos contra todos" *(La Phalange,* 10 de agosto de 1836).

Vou interromper esse texto anônimo. Agora estamos bem longe do país de torturas, pontilhado com rodas, patíbulos, forcas, pelourinhos; estamos longe, também, do sonho dos reformadores, menos de 50 anos atrás: a cidade de punições em que mil pequenos teatros teriam fornecido uma interminável representação multicolorida de justiça, em que as punições, meticulosamente produzidas em andaimes decorativos, teriam constituído o festival permanente do código penal. A cidade carcerária, com seu imaginário "geopolítico", é regida por princípios completamente diferentes. A carta ao *La Phalange* lembra-nos de alguns dos princípios mais importantes: no centro dessa cidade, e como se para segurá-la no lugar, existe não o "centro do poder", não uma rede de forças, mas uma rede múltipla de diversos elementos – paredes, espaço, instituição, regras, discurso; o modelo da cidade carcerária não é, portanto, o corpo do rei, com os poderes que emanam dela, nem a reunião contratual de vontades a partir da qual nasceu um corpo ao mesmo tempo individual e coletivo, mas uma distribuição estratégica de elementos de diferentes naturezas e níveis. A prisão não é a filha de leis, códigos, nem do aparelho judicial; ela não está subordinada ao tribunal e ao instrumento dócil ou desajeitado das sentenças que fornece e dos resultados que pretende alcançar; o tribunal é externo e subordinado à prisão. Ocupando uma posição central, a prisão não está sozinha, mas ligada a toda uma série de mecanismos "carcerários" que parecem bastante distintos – uma vez que se destinam a aliviar a dor, a curar, a confortar – mas que tendem todos, como a prisão, a exercer um poder de normalização. Esses mecanismos são aplicados não a transgressões contra uma lei "central", mas ao aparato produtivo – "comércio" e "indústria" –, a uma multiplicidade inteira de ilegalidades, em toda a sua diversidade de natureza e origem, seu papel específico no lucro e as diferentes maneiras em que são tratadas pelos mecanismos punitivos. E, em última análise, o que preside todos esses mecanismos não é o funcionamento unitário de um aparato ou de uma instituição, mas a necessidade de combate e as regras da estratégia. Por conseguinte, as noções de instituições de repressão, rejeição, exclusão e marginalização não são adequadas para descrever, no âmago da cidade carcerária, a formação de leniências insidiosas, inconfessáveis crueldades mesquinhas, pequenos atos de astúcia, métodos calculados, técnicas, "ciências" que permitem a fabricação do indivíduo disciplinar. Nessa humanidade central e centralizada, efeito e instrumento de complexas relações de poder, forças e organismos submetidos a vários mecanismos de "encarceramento", objetos para discursos que, por si só, são elementos para essa estratégia, devemos ouvir o rugido distante da batalha.

Neste ponto, termino um livro que deve servir como antecedente histórico para vários estudos sobre o poder de normalização e a formação do conhecimento na sociedade moderna.

NOTAS

[1] "Qualquer coisa que ajuda a cansar o corpo ajuda a expulsar os maus pensamentos; por isso se toma o cuidado de que jogos consistam em exercícios exaustivos. À noite, eles adormecem no momento em que põem a cabeça no travesseiro" (Ducpétiaux, 1854, 375-6).

[2] Confira, por exemplo, a seguinte descrição do alojamento dos trabalhadores, construído em Lille, em meados do século XIX: "A limpeza é a ordem do dia. É o cerne do estatuto. Há uma série de disposições severas contra ruído, embriaguez, distúrbios de todos os tipos. Uma ofensa grave é punida com expulsão. Trazidos de volta aos hábitos regulares da ordem e da economia, os trabalhadores já não abandonam as oficinas às segundas-feiras... As crianças são mais bem supervisionadas e já não provocam escândalos... Prêmios são dados para a manutenção das habitações, por bom comportamento, por sinais de devoção e a cada ano esses prêmios são cobiçados por um grande número de concorrentes" (Houzé de l'Aulnay, 13-15).

[3] O crime foi explicitamente definido por certos juristas como Muyart de Vouglans e Rousseaud de la Combe.

Jean-François Lyotard: A condição pós-moderna: um relatório sobre o conhecimento

Defino *pós-moderno* como a incredulidade em relação às metanarrativas. Essa incredulidade é, sem dúvida, um produto do progresso nas ciências: mas esse progresso, por sua vez, a pressupõe. A obsolescência do aparato metanarrativo da legitimação corresponde, mais notavelmente, à crise da filosofia metafísica e da instituição universitária que, no passado, baseou-se nele. A função narrativa está perdendo seus funtores, seu grande herói, seus grandes perigos, suas grandes viagens, seu grande objetivo. Está sendo dispersa em nuvens de elementos de linguagem narrativa – narrativa, mas também denotativa, prescritiva, descritiva e assim por diante. Transportada dentro de cada nuvem estão valências pragmáticas específicas ao seu tipo. Cada um de nós vive na interseção de muitas dessas. No entanto, não estabelecemos necessariamente combinações linguísticas estáveis, e as propriedades das que estabelecemos não são necessariamente comunicáveis.

Assim, a sociedade do futuro recai menos no âmbito da província de uma antropologia newtoniana (como o estruturalismo ou a teoria de sistemas) do que em uma pragmática de partículas de linguagem. Existem muitos e diferentes jogos idiomáticos – uma heterogeneidade de elementos. Eles só dão origem às instituições em remendos – determinismo local.

Reimpresso com permissão da University of Minnesota Press a partir de Jean-François Lyotard, *The Post-Modern Condition: A Report on Knowledge*, traduzido por Geoff Bennington e Brian Massumi (University of Minnesota Press, 1984). Direitos autorais da tradução inglesa e do prefácio © 1984 pertencentes à University of Minnesota Press.

Os tomadores de decisão, no entanto, tentam gerenciar essas nuvens de sociabilidade, de acordo com as matrizes de entrada/saída, seguindo uma lógica que implica que seus elementos são comensuráveis e que o todo é determinável. Eles alocam nossas vidas ao crescimento do poder. Em matéria de justiça social e também da verdade científica, a legitimação do poder baseia-se na sua otimização do desempenho do sistema – na eficiência. A aplicação desse critério para todos os nossos jogos envolve necessariamente certo nível de terror, suave ou duro: seja operacional (em suma, comensurável) ou desapareça.

Sem dúvida, a lógica do máximo desempenho é inconsistente em muitos aspectos, particularmente no que diz respeito à contradição no campo socioeconômico: ao mesmo tempo exige menos trabalho (para reduzir os custos de produção) e mais trabalho (para diminuir os encargos sociais da população ociosa). Mas hoje a nossa incredulidade é tamanha que já não esperamos salvação a partir dessas inconsistências, como esperava Marx.

Ainda assim, a condição pós-moderna é tão estranha para o desencanto quanto para a cega positividade da legitimação. Onde, após as metanarrativas, pode residir a legitimidade? O critério de operatividade é tecnológico; ele não tem relevância alguma para julgar o que é verdadeiro ou justo. A legitimidade deve ser encontrada no consenso obtido pela discussão, como pensa Jürgen Habermas? Esse consenso comete violências com a heterogeneidade dos jogos de linguagem. E da divergência sempre nasce a invenção. O conhecimento pós-moderno não é simplesmente uma ferramenta das autoridades; ele aprimora a nossa sensibilidade para as diferenças e reforça nossa capacidade de tolerar o incomensurável. Seu princípio não é a homologia do perito, mas a paralogia do inventor.

Eis a questão: a legitimação do vínculo social, uma sociedade justa, é viável em termos de um paradoxo análogo àquele da atividade científica? Qual seria esse paradoxo, afinal?

O texto a seguir é ocasional. É um relatório sobre o conhecimento nas sociedades mais desenvolvidas e foi apresentado perante o Conseil des Universités do governo de Quebec, a pedido do seu presidente. Gostaria de agradecê-lo por sua bondade em permitir sua publicação.

Resta dizer que o autor do relatório é um filósofo, não um especialista. Este último sabe o que ele sabe e o que não sabe: o primeiro, não. Um conclui, o outro questiona – dois jogos de linguagem muito diferentes. Aqui eu os combino, com o resultado de que nenhum dos dois é muito bem-sucedido.

O filósofo ao menos pode se consolar com o pensamento de que a análise formal e pragmática de certos discursos filosóficos e ético-políticos de legitimação, que subjaz o relatório, algum dia será conhecida. O relatório terá servido para introduzir essa análise de um viés um tanto sociologizador, um viés que trunca, mas ao mesmo tempo situa.

Assim como está, dedico este relatório ao Institut Polytechnique de Philosophie da Université de Paris VIII (Vincennes) – nesse momento bastante pós-moderno em que se encontra a Universidade, aproximando-se do que pode ser o seu fim, enquanto o Instituto talvez esteja apenas começando.

O campo: conhecimento nas sociedades computadorizadas

A transformação na natureza do conhecimento, então, bem poderia ter repercussões sobre os poderes públicos existentes, forçando-os a reconsiderar as suas relações (tanto *de jure* quanto *de facto*) com as grandes corporações e, mais geralmente, com a sociedade civil. A reabertura do mercado mundial, um retorno à vigorosa competição econômica, a ruptura da hegemonia do capitalismo norte-americano, o declínio da alternativa socialista, uma provável abertura do mercado chinês – esses e muitos outros fatores já preparam, no final da década de 1970, as nações para uma séria reavaliação do papel que estão acostumadas a exercer desde a década de 1930: o papel de orientar ou mesmo direcionar os investimentos. Sob esse prisma, as novas tecnologias só podem aumentar a urgência desse reexame, já que elas tornam as informações utilizadas na tomada de decisão (e, portanto, os meios de controle) ainda mais móveis e sujeitas à pirataria.

Não é difícil de visualizar a aprendizagem circulando ao longo das mesmas linhas que o dinheiro, em vez de ao longo de seu valor "educacional" ou de sua importância política (administrativa, diplomática, militar); a distinção pertinente já não seria entre o conhecimento e a ignorância, mas, ao contrário, como acontece no caso do dinheiro, entre "conhecimento de pagamento" e "conhecimento de investimento" – em outras palavras, entre unidades de conhecimento trocadas em uma estrutura de manutenção diária (a reconstituição da força de trabalho, a "sobrevivência") *versus* fundos do conhecimento dedicados a otimizar o desempenho de um projeto.

Se fosse esse o caso, a transparência comunicacional seria semelhante ao liberalismo. O liberalismo não impede uma organização do fluxo de dinheiro em que alguns canais são usados na tomada de decisão, enquanto outros só servem para o pagamento de dívidas. Da mesma forma, alguém poderia imaginar os fluxos de conhecimento viajando ao longo de canais idênticos de natureza idêntica, alguns dos quais seriam reservados aos "tomadores de decisão", enquanto os outros seriam usados para pagar a dívida perpétua de cada pessoa no que diz respeito ao vínculo social.

O problema: legitimação

Essa é a hipótese de trabalho que define o campo dentro do qual tenciono analisar a questão do *status* de conhecimento. Esse cenário, semelhante ao que se chama de "informatização da sociedade" (embora a nossa seja avançada em um espírito totalmente diferente), não tem pretensão alguma de ser original nem verdadeiro. O que se exige de uma hipótese de trabalho é uma requintada capacidade de diferenciação. O cenário da informatização das sociedades mais desenvolvidas permite-nos lançar os holofotes (embora com o risco de ampliação excessiva) a certos aspectos da transformação do conhecimento e seus efeitos sobre o poder público e as instituições civis – efeitos difíceis de perceber sob outros pontos de vista. A nossa hipótese, portanto, não deve receber valor preditivo em relação à realidade, mas valor estratégico em relação à questão levantada.

No entanto, ela tem forte credibilidade e, nesse sentido, a nossa escolha dessa hipótese não é arbitrária. Descrita amplamente por peritos,[1] a hipótese já orienta determinadas decisões de agências governamentais e de empresas privadas mais diretamente interessadas, como aquelas que gerenciam a indústria de telecomunicações. Em certa medida, então, já faz parte da realidade observável. Por fim, a menos que aconteça um cenário de estagnação econômica ou recessão geral (resultantes, por exemplo, de um contínuo fracasso em resolver os problemas energéticos mundiais), há boas chances de que esse cenário aconteça: é difícil visualizar por qual outra direção a tecnologia contemporânea poderia enveredar como alternativa para a informatização da sociedade.

Isso é o mesmo que dizer que a hipótese é banal. Mas apenas na medida em que ela não consegue desafiar o paradigma geral do progresso na ciência e na tecnologia, ao qual o crescimento econômico e a expansão do poder sociopolítico parecem ser complementos naturais. Nunca se questionou o fato de que os conhecimentos científicos e técnicos são cumulativos. No máximo, o que se discute é a forma que conduz à acumulação – alguns a imaginam como regular, contínua e unânime, outros como periódica, descontínua e conflituosa.[2]

Mas esses truísmos são falaciosos. Em primeiro lugar, o conhecimento científico não representa a totalidade do conhecimento; sempre existiu para além de, e em competição e conflito com, outro tipo de conhecimento, que chamarei de narrativo para o bem da simplicidade (suas características serão descritas mais tarde). Não quero dizer que o conhecimento narrativo pode prevalecer sobre a ciência, mas seu modelo está relacionado com as ideias de equilíbrio e convívio internos[3] juntos às quais o conhecimento científico contemporâneo cria uma imagem precária, especialmente se pretende passar por uma exteriorização no que diz respeito ao "conhecedor" e uma alienação de seu usuário ainda maior do que costumava ser. A desmoralização resultante de pesquisadores e professores está longe de ser insignificante; sabe-se que, durante a década de 1960, em todas as sociedades mais desenvolvidas, atingiu dimensões tão explosivas entre aqueles que se preparam para praticar essas profissões – os alunos – que houve uma notável diminuição na produtividade de laboratórios e universidades, incapazes de se proteger dessa contaminação.[4] Esperar que isso, com medo ou esperança, provoque uma revolução (como muitas vezes acontecia) está descartado: a ordem das coisas na sociedade pós-industrial não vai mudar da noite para o dia. Mas essa dúvida por parte dos cientistas deve ser levada em conta como um fator importante na avaliação dos *status* presente e futuro do conhecimento científico.

É mais do que necessário levar isso em consideração, pois – e esse é o segundo ponto – a desmoralização dos cientistas tem um impacto sobre o problema central da legitimação. Utilizo a palavra em um sentido mais amplo do que os teóricos alemães contemporâneos em suas discussões sobre a questão da autoridade.[5] Tome qualquer lei civil como exemplo: ela afirma que determinada categoria de cidadãos deve realizar um tipo específico de ação. A legitimação é o processo pelo qual o legislador está autorizado a promulgar essa lei como norma. Agora, tome o exemplo de uma declaração científica: está sujeita à regra de que uma declaração deve cumprir determinado conjunto de condições a fim de ser aceita como científica. Nesse caso, a legitimação é o processo pelo qual um "legislador" tem, lidando com o discurso científico, autorização para prescrever as condições declaradas (em geral, as condições de verificação experimental e de consistência interna), determinando se uma declaração deve ser incluída naquele discurso para a consideração pela comunidade científica.

O paralelo pode parecer forçado. Mas, como veremos, não é. A questão da legitimidade da ciência tem sido indissociavelmente ligada àquela de legitimação do legislador desde a época de Platão. A partir desse ponto de vista, o direito de decidir o que é verdadeiro não é independente do direito de decidir o que é justo, mesmo se as declarações consignadas a essas duas autoridades diferiram em natureza. O ponto é que existe uma interconexão estreita entre o tipo de linguagem chamado ciência e o tipo chamado ética e política: ambos provêm da mesma perspectiva ou, se você preferir, da mesma "escolha" – a escolha chamada Ocidente.

Quando examinamos o *status* atual do conhecimento científico – em uma era em que a ciência parece, mais do que nunca, completamente subordinada aos poderes dominantes e, junto com as novas tecnologias, em perigo de se tornar parte importante em seus conflitos – a questão da legitimação dupla, longe de recuar para o segundo plano, necessariamente vem à tona. Pois ela aparece na sua mais completa forma, a da reversão, revelando que o conhecimento e o poder são simplesmente dois lados da mesma moeda: quem decide o que é o conhecimento, e quem sabe o que precisa ser decidido? Na era da informática, a questão do conhecimento é hoje, mais do que nunca, uma questão governamental. ...

Deslegitimação

Na sociedade e na cultura contemporâneas – sociedade pós-industrial, cultura pós-moderna[6] –, a questão da legitimação do conhecimento é formulada em termos diferentes. A narrativa grandiosa perdeu sua credibilidade, independentemente de qual modo de unificação que ela usa, independentemente de ser narrativa especulativa ou narrativa de emancipação.

O declínio da narrativa pode ser visto como efeito do florescimento das técnicas e tecnologias desde a Segunda Guerra Mundial, que deslocou a ênfase dos fins da ação para seus meios; também pode ser visto como efeito da reimplantação do capitalismo liberal avançado após seu recuo sob a proteção do keynesianismo ao longo do período de 1930-60, renovação que eliminou a alternativa comunista e valorizar o desfrute individual de bens e serviços.

Sempre que procurarmos causas dessa forma, estamos fadados a nos decepcionar. Mesmo se adotássemos uma ou outra dessas hipóteses, ainda teríamos que detalhar a correlação entre as tendências mencionadas e o declínio do poder unificador e legitimador das grandiosas narrativas de especulação e emancipação.

Claro, é compreensível que tanto a renovação e a prosperidade capitalistas quanto o recrudescimento desorientado de tecnologia teriam impactos sobre o *status* do conhecimento. Mas, a fim de compreender como a ciência contemporânea poderia ter sido suscetível a esses efeitos muito antes de eles ocorrerem, primeiro temos de localizar as sementes da "deslegitimação"[7] e o niilismo inerente às grandiosas narrativas do século XIX.

Em primeiro lugar, o aparato especulativo mantém uma relação ambígua com conhecimento. Ele mostra que o conhecimento só é digno desse nome na medida em que se reduplica ("ergue-se", *hebt sich auf*; é negado) citando suas próprias declarações em um discurso de segundo nível (autonímia) que funciona para legitimá-las. Isso equivale a dizer que, em seu imediatismo, o discurso denotativo sobre um determinado referente (organismo vivo, propriedade química, fenômeno físico, etc.) não sabe realmente o que pensa que sabe. A ciência positiva não é uma forma de conhecimento. E a especulação se alimenta de sua supressão. A narrativa especulativa hegeliana, portanto, abriga certo ceticismo em relação à aprendizagem positiva, como o próprio Hegel admite.[8]

Uma ciência que não se legitima não é uma ciência verdadeira; se o discurso destinado a legitimar parece pertencer a uma forma pré-científica de conhecimento, como uma narrativa "vulgar", ele é rebaixado à categoria mais inferior, a de ideologia ou instrumento de poder. E isso sempre acontece se as regras do jogo da ciência que o discurso denuncia como empíricas são aplicadas à própria ciência.

Analise, por exemplo, a afirmação especulativa: "Uma afirmação científica é conhecimento se, e somente se, consegue tomar o seu lugar em um processo universal de engendramento". A pergunta é: essa afirmação é conhecimento como ela própria se define? Apenas se ela consegue tomar o seu lugar no processo universal de engendrar. O que é possível. Tudo o que tem a fazer é pressupor que esse processo existe (a vida do espírito) e que, por si só, é uma expressão desse processo. Esse pressuposto, aliás, é indispensável para o jogo de linguagem especulativa. Sem ele, a linguagem de legitimação não seria legítima; acompanharia a ciência em um mergulho no *nonsense*, ao menos se levarmos em conta a palavra do idealismo.

Mas esse pressuposto também pode ser entendido em um sentido totalmente diferente, um sentido que nos leva rumo à cultura pós-moderna: poderíamos dizer, de acordo com a perspectiva que adotamos anteriormente, que esse pressuposto define o conjunto de regras que é preciso aceitar a fim de praticar o jogo especulativo.[9] Essa avaliação assume, em primeiro lugar, a nossa aceitação de que as ciências "positivas" representam o modo geral de conhecimento; e, em segundo lugar, que a nossa compreensão dessa linguagem implica certas pressuposições formais e axiomáticas que sempre devem se manter explícitas. É exatamente isso que Nietzsche faz, embora com uma terminologia diferente, ao mostrar que o "niilismo europeu" resultou da exigência científica pela verdade voltando-se contra si mesma.[10]

Assim, surge uma ideia de perspectiva que não é distante, pelo menos nesse aspecto, da ideia dos jogos de linguagem. O que temos aqui é um processo de legitimação, alimentado pela própria demanda por legitimação. A "crise" do conhecimento científico, cujos sinais vêm se acumulando desde o final do século XIX, não nasce de uma proliferação científica ocasional, em si um efeito do progresso da tecnologia e da expansão do capitalismo. Representa, ao contrário, uma erosão interna do princípio da legitimidade do conhecimento. Dentro do jogo especulativo a erosão entra em ação e, ao afrouxar a tecedura da rede enciclopédica em que cada ciência encontra o seu lugar, ela por fim as liberta.

As clássicas linhas divisórias entre os vários campos da ciência são assim postas em xeque – disciplinas desaparecem, sobreposições ocorrem nas fronteiras entre as ciências e, a partir disso, nascem novos territórios. A hierarquia especulativa de aprendizagem dá lugar a uma rede imanente e, digamos, "achatada" de áreas de pesquisa, cujas respectivas fronteiras estão em fluxo constante. As antigas "faculdades" dividem-se em institutos e fundações de todos os tipos, e as universidades perdem sua função de legitimação especulativa. Despojadas da responsabilidade por pesquisa (que foi sufocada por narrativa especulativa), elas se limitam à transmissão do que se julga ser conhecimento estabelecido e, por meio da didática, garantem a replicação de professores em vez da produção de pesquisadores. Essa é a situação em que Nietzsche as encontra e as condena.[11]

O potencial de erosão intrínseco a outro procedimento de legitimação, o aparato de emancipação que flui a partir do *Aufklärung*, não é menos extenso do que o potencial em ação no âmbito do discurso especulativo. Mas toca em um aspecto diferente. Sua característica distintiva é a de alicerçar a legitimação da ciência e da verdade na autonomia dos interlocutores envolvidos nas práxis ética, social e política. Como já vimos, há problemas imediatos com essa forma de legitimação: a diferença entre uma afirmação denotativa com valor cognitivo e uma afirmação prescritiva com valor prático tem a ver com relevância e, portanto, competência. Uma afirmação que descreve uma situação real até pode ser verdadeira, mas nada prova que vai resultar em uma afirmação prescritiva justa (cujo efeito será necessariamente uma modificação dessa realidade).

Analise, por exemplo, uma porta fechada. Entre "A porta está fechada" e "Abra a porta" não há nenhuma relação de consequência de acordo com a lógica proposicional. As duas afirmações pertencem a dois conjuntos autônomos de regras que definem os diferentes tipos de relevância e, portanto, de competência. Aqui, o efeito de dividir a razão em, por um lado, razão cognitiva ou teórica e, por outro lado, razão prática é atacar a legitimidade do discurso da ciência. Não de modo direto, mas indireto, ao revelar que é um jogo de linguagem com suas próprias regras (sobre as quais as condições aprioristicas do conhecimento na obra de Kant fornecem um primeiro vislumbre) e que não têm nenhuma especial vocação para supervisionar o jogo da práxis (e nem o jogo de estética, diga-se de passagem). O jogo da ciência é, assim, colocado em pé de igualdade com os outros.

Se essa "legitimação" é perseguida nos mínimos detalhes e seu escopo é ampliado (como Wittgenstein faz à sua própria maneira, e pensadores como Martin Buber e Emmanuel Lévinas à maneira deles),[12] então, a estrada se abre para uma importante corrente da pós-modernidade: a ciência desempenha seu próprio jogo; é incapaz de legitimar os outros jogos de linguagem. O jogo de prescrição, por exemplo, escapa disso. Mas, acima de tudo, é incapaz de legitimar-se, como a especulação assumia que era possível.

O próprio sujeito social parece dissolver-se nessa disseminação dos jogos de linguagem. O vínculo social é linguístico, mas não é tecido com um único fio. É um tecido formado pela interseção de pelo menos dois (e, na realidade, um número indeterminado de) jogos de linguagem, obedecendo a regras diferentes. Escreve Wittgenstein: "A nossa linguagem pode ser vista como uma cidade antiga: um labirinto de pequenas ruas e praças, de casas antigas e novas e de casas com adições de vários períodos; e tudo isso cercado por uma multidão de novos bairros com ruas em linhas retas e casas uniformes".[13] E para explicar que o princípio da unitotalidade – ou a síntese sob a autoridade de um metadiscurso de conhecimento – é inaplicável, ele submete a "cidade" da linguagem ao velho paradoxo sorites ao indagar: "Quantas casas ou ruas são necessárias para que uma cidade comece a se tornar uma cidade?".[14]

Novas linguagens são adicionadas às antigas, formando subúrbios da cidade antiga: "o simbolismo da química e a notação do cálculo infinitesimal".[15] Trinta e cinco anos mais tarde, podemos adicionar à lista: linguagens de máquina, matrizes da teoria dos jogos, novos sistemas de notação musical, sistemas de notação para formas não denotativas de lógica (lógica temporal, lógica deôntica, lógica modal), a linguagem do código genético, gráficos de estruturas fonológicas e assim por diante.

Podemos formar uma impressão pessimista dessa fragmentação: ninguém fala todas essas línguas, elas não têm nenhuma metalinguagem universal, o projeto do sistema-sujeito é um fracasso, o objetivo da emancipação não tem nada a ver com a ciência, estamos todos presos no positivismo desta ou daquela disciplina de aprendizagem, os acadêmicos sábios transformaram-se em cientistas, as tarefas diminuídas da pesquisa têm se tornado compartimentalizadas e ninguém consegue dominar todas elas.[16] A filosofia especulativa ou humanística é forçada a abandonar as suas funções de legitimação,[17] o que explica por que a filosofia enfrenta uma crise sempre que persiste em usurpar essas funções e se reduz ao estudo dos sistemas de lógica ou à história das ideias onde tiver sido suficientemente realista para entregar-se a elas.[18]

A Viena da virada do século se desfez desse pessimismo: não só artistas como Musil, Kraus, Hofmannsthal, Loos, Schönberg e Broch, mas também os filósofos Mach e Wittgenstein.[19] Eles tinham a consciência sobre, e a responsabilidade teórica e artística para, a deslegitimação, até onde isso poderia ser feito. Hoje podemos dizer que foi concluído o processo de luto. Não há nenhuma necessidade de começar tudo de novo. A força de Wittgenstein é que ele não opta pelo positivismo que estava sendo desenvolvido pelo círculo de Viena,[20] mas descreve em sua pesquisa sobre os jogos de linguagem uma forma de legitimação que não se baseia na performatividade. Isso resume a ideia do mundo pós-moderno. A maioria das pessoas perdeu a nostalgia pela narrativa perdida. Disso não se conclui de maneira alguma que elas estão reduzidas à barbárie. O que as salva da barbárie é o seu conhecimento de que a legitimação apenas pode emergir de sua própria prática linguística e interação comunicacional. A ciência, "sorrindo com seus botões" para todas as outras crenças, ensinou-lhes a dura austeridade do realismo.[21] ...

Legitimação por paralogia

Deixe-nos dizer nesse momento em que os fatos que apresentamos sobre o problema da legitimação do conhecimento hoje são suficientes para os nossos propósitos. Já não temos recurso para as grandes narrativas – não podemos recorrer à dialética do espírito nem mesmo à emancipação da humanidade como validação do discurso científico pós-moderno. Mas, como vimos há pouco, a pequena narrativa (*petit récit*) continua sendo a forma por excelência da invenção imaginativa, mais particularmente na ciência.[22] Além disso, o princípio do consenso como critério de validação parece ser inadequado. Ele tem duas formulações. Na primeira, o consenso é um acordo entre os homens, definido como intelectos sagazes e vontades livres, e é obtido por meio do diálogo. Essa é a forma elaborada por Habermas, mas sua concepção baseia-se na validade da narrativa de emancipação. Na segunda, o consenso é um componente do sistema, que o manipula a fim de manter e melhorar seu desempenho.[23] É o objeto de procedimentos administrativos, no sentido de Luhmann. Nesse caso, sua única validade é a de um instrumento a ser usado para alcançar o verdadeiro objetivo, o objetivo que legitima o sistema – o poder.

Portanto, o problema é determinar se é possível ter uma forma de legitimação baseada unicamente na paralogia. A paralogia deve ser distinguida da inovação: esta última está sob o comando do sistema, ou pelo menos é usada por ele para melhorar sua eficiência; a primeira é um movimento (cuja importância muitas vezes só é reconhecida mais tarde) exercido na pragmática do conhecimento. Na realidade, com frequência, mas nem sempre, uma se transforma na outra. Esse fato não representa uma dificuldade para a hipótese.

Voltando à descrição da pragmática científica (seção 7), agora é a divergência que deve ser enfatizada. O consenso é um horizonte que nunca é alcançado. A pesquisa realizada sob a égide de um paradigma[24] tende a se estabilizar; é como a exploração de uma ideia tecnológica, econômica ou artística. Isso não pode ser desconsiderado. Mas o notável é que sempre aparece alguém para perturbar a ordem da "razão". É necessário postular a existência de um poder que desestabiliza a capacidade de explicação, que se manifesta na promulgação de novas normas de compreensão ou, quem sabe, em uma proposta de criação de novas regras que circunscrevem um novo campo de pesquisa para a linguagem da ciência. Isso, no contexto da discussão científica, é o mesmo processo que Thom chama de morfogênese. Não é sem regras (existem classes de catástrofes), mas é sempre determinado localmente. Aplicada à discussão científica e colocada em um arcabouço temporal, essa propriedade implica que as "descobertas" são imprevisíveis. Em termos da ideia de transparência, é um fator que gera pontos cegos e adia o consenso.[25]

Esse resumo torna fácil de ver que a teoria dos sistemas e a forma de legitimação por ela proposta não tem qualquer tipo de base científica: a ciência em si não funciona de acordo com esse paradigma da teoria dos sistemas, e a ciência contemporânea exclui a possibilidade de utilizar esse paradigma para descrever a sociedade.

Nesse contexto, vamos examinar dois pontos importantes no argumento de Luhmann. Por um lado, o sistema só pode funcionar se reduzir a complexidade e, por outro lado, deve induzir a adaptação das aspirações individuais para seus próprios fins.[26] A redução da complexidade é necessária para manter a capacidade de potência do sistema. Se todas as mensagens podem circular livremente entre todos os indivíduos, a quantidade de informações que teria de ser levada em conta antes de fazer a escolha correta atrasaria as decisões consideravelmente, diminuindo assim a performatividade. A rapidez é, com efeito, um componente do poder do sistema.

Objetar-se-á que essas opiniões moleculares de fato devem mesmo ser levadas em consideração se quisermos evitar o risco de perturbações graves. Luhmann assevera – e esse é o segundo ponto – que é possível orientar as aspirações individuais por meio de um processo de "quase aprendizagem", "livre de toda e qualquer perturbação", a fim de torná-las compatíveis com as decisões do sistema. As decisões não têm de respeitar as aspirações dos indivíduos: as aspirações têm de aspirar às decisões, ou pelo menos aos seus efeitos. Os procedimentos administrativos devem induzir as pessoas a "querer" o que o sistema precisa, a fim de terem um bom desempenho.[27] É fácil de ver qual o papel que as tecnologias telemáticas poderiam desempenhar nesse processo.

Não se pode negar que há uma força persuasiva na ideia de que o domínio e o controle do contexto são inerentemente melhores do que a sua ausência. O critério de performatividade tem lá suas "vantagens". Em princípio, ele exclui a adesão a um discurso metafísico; exige a renúncia das fábulas; exige clareza e sangue-frio; substitui a definição das essências com o cálculo das interações; faz os "jogadores" assumirem a responsabilidade não só pelas afirmações que eles propõem, mas também pelas regras às quais eles submetem essas afirmações a fim de torná-las aceitáveis. O critério traz à tona as funções pragmáticas do conhecimento, na medida em que elas parecem se relacionar com o critério de eficiência: a pragmática da argumentação, da produção da prova, da transmissão de ensino e da aprendizagem da imaginação.

Também contribui para elevar todos os jogos de linguagem para o autoconhecimento, mesmo aqueles fora do âmbito do conhecimento canônico. Tende a abalar o discurso cotidiano em uma espécie de metadiscurso: afirmações comuns agora exibem uma propensão para a autocitação, e as várias publicações pragmáticas tendem a fazer uma conexão indireta mesmo com mensagens atuais que lhes dizem respeito.[28] Por fim, sugere que os problemas de comunicação interna, experimentados pela comunidade científica no trabalho de desmontar e remontar suas línguas, são comparáveis em natureza aos problemas vividos pela coletividade social quando ela, privada de sua cultura narrativa, deve reexaminar a sua própria comunicação interna e, nesse processo, questiona a natureza da legitimidade das decisões feitas em seu nome.

Correndo o risco de escandalizar o leitor, também gostaria de dizer que o sistema pode listar a severidade entre as suas vantagens. No âmbito do arcabouço do poder, uma solicitação (ou seja, uma forma de prescrição) não ganha legitimidade alguma em virtude de se basear nas dificuldades de uma necessidade insatisfeita. Os direitos não fluem das dificuldades, mas do fato de que o alívio do sofrimento melhora o desempenho do sistema. Por uma questão de princípios, as necessidades dos mais desfavorecidos não devem ser usadas como regulador do sistema: desde que os meios de satisfazê-las já são conhecidos, sua satisfação real não melhora o desempenho do sistema, mas apenas aumenta seus gastos. A única contraindicação é que o fato de não satisfazê-las talvez desestabilize o conjunto.

É contra a natureza da força ser governada pela fraqueza. Mas faz parte de sua natureza induzir novas solicitações para levar a uma redefinição das normas da "vida".[29] Nesse sentido, o sistema parece ser uma máquina de vanguarda arrastando a humanidade atrás dela, desumanizando-a, a fim de re-humanizá-la em um nível diferente de capacidade normativa. Os tecnocratas declaram que não podem confiar naquilo que a sociedade designa como suas necessidades; eles "sabem" que a sociedade não pode saber sobre suas necessidades, já que elas não são variáveis independentes das novas tecnologias.[30] Essa é a arrogância dos tomadores de decisão – e a sua cegueira.

E essa "arrogância" deles significa identificar-se com o sistema social, concebido como totalidade em busca de sua unidade mais performativa possível. Se olharmos para a pragmática da ciência, aprendemos que essa identificação é impossível: em princípio, nenhum cientista incorpora conhecimento ou negligencia as "necessidades" de um projeto de pesquisa, ou as aspirações de um pesquisador, sob o pretexto de que elas não acrescentam nada ao desempenho da "ciência" como um todo. Em geral, um pesquisador responde a um pedido assim: "Vamos ver, conte sua história".[31] Em princípio, ele não prejulga que um caso já foi fechado ou que o poder da "ciência" vai sofrer se o caso for reaberto. Na verdade, o oposto é verdadeiro.

Claro, na verdade nem sempre isso acontece. Inúmeros cientistas viram seus "movimentos" ignorados ou reprimidos, às vezes por décadas, pois também desestabilizavam abruptamente as posições aceitas, não só na Universidade e na hierarquia científica, mas também na problemática.[32] Quanto mais forte o "movimento", mais provável de ser negado o consenso mínimo, justamente porque ele muda as regras do jogo em que o consenso se baseava. Mas quando a instituição do conhecimento funciona dessa maneira, ela está agindo como um centro de energia comum, cujo comportamento é regido por um princípio da homeostase.

Esse comportamento é terrorista, como é o comportamento do sistema descrito por Luhmann. Por terror, refiro-me à eficiência adquirida por eliminar, ou ameaçar eliminar, um participante do jogo de linguagem que alguém compartilha com ele. Ele é silenciado ou consente, não porque foi refutado, mas porque sua capacidade de participar foi ameaçada (existem muitas maneiras para impedir alguém de jogar). A arrogância dos tomadores de decisão, que, em princípio, não encontra equivalente nas ciências, consiste no exercício do terror. Ela diz: "Adapte suas aspirações a nossos fins – ou sofra as consequências".[33]

Mesmo a permissividade em relação a vários jogos torna-se condicional à performatividade. A redefinição das normas da vida consiste em reforçar a competência do sistema para o poder. Isso é particularmente evidente na introdução de tecnologias telemáticas: os tecnocratas encaram a telemática como promessa de liberalização e de enriquecimento nas interações entre interlocutores; mas o que torna esse processo atraente para eles é o fato de provocar novas tensões no sistema, tensões que conduzirão a uma melhoria na sua performatividade.[34]

Na medida em que a ciência é diferencial, sua pragmática fornece o antimodelo de um sistema estável. Uma afirmação é considerada válida para ser guardada no momento em que marca uma diferença em relação ao que já é conhecido, e depois de se encontrar argumentos e provas em apoio dela. A ciência é um modelo de um "sistema aberto",[35] no qual uma instrução torna-se relevante se "gera ideias", ou seja, se gera outras afirmações e outras regras do jogo. A ciência não tem qualquer metalinguagem geral em que todas as outras línguas podem ser transcritas e avaliadas. Isso é o que impede a sua identificação com o sistema e, apesar de tudo, com o terror. Se a divisão entre tomadores de decisão e executores existe na comunidade científica (e ela existe), isso é um fato do sistema socioeconômico e não da pragmática da própria ciência. Na verdade, isso é um dos principais obstáculos ao desenvolvimento imaginativo do conhecimento.

A questão geral da legitimação torna-se: qual é a relação entre o antimodelo da pragmática da ciência e a sociedade? É aplicável para as vastas nuvens de material de linguagem que constitui uma sociedade? Ou se limita ao jogo de aprendizagem? E, caso positivo, que papel exerce em relação ao vínculo social? É um ideal impossível para uma comunidade aberta? É um componente essencial para o subconjunto dos tomadores de decisão, que força na sociedade o critério de desempenho que eles rejeitam para si? Ou, inversamente, é a recusa em colaborar com as autoridades, um movimento rumo à contracultura, com o risco acoplado de que todas as possibilidades de pesquisa sejam impedidas por falta de financiamento?[36]

Desde o início deste estudo, tenho enfatizado as diferenças (não só formais, mas também pragmáticas) entre os diversos jogos de linguagem, especialmente entre jogos denotativos (de conhecimento) e jogos prescritivos (de ação). A pragmática da ciência é centrada em enunciados denotativos, que compõem os alicerces sobre os quais ela constrói as instituições de aprendizagem (institutos, centros, universidades, etc.). Mas seu desenvolvimento pós-moderno traz à tona um "fato" decisivo: até mesmo discussões sobre as afirmações denotativas precisam ter regras. As regras não são enunciados denotativos, mas prescritivos, e, para evitar confusão, é melhor os chamarmos de metaprescritivos (ou seja, prescrevem o que os movimentos dos jogos de linguagem devem ser com o objetivo de serem admissíveis). A função da atividade diferencial ou imaginativa ou paralógica da atual pragmática da ciência é salientar essas metaprescritivas ("pressupostos" da ciência)[37] e peticionar aos jogadores a aceitar os diferentes. A única legitimação que pode tornar admissível esse tipo de pedido é a de que gerará ideias, em outras palavras, novas afirmações.

A pragmática social não tem a "simplicidade" da pragmática científica. É um monstro formado pelo entrelaçamento de várias redes de trabalho de classes heteromorfas de enunciados (denotativos, prescritivos, performativos, técnicos, avaliativos, etc.). Não há nenhuma razão para pensar que seria possível determinar metaprescritivas comuns a todos esses jogos de linguagem, ou que um consenso suscetível de revisão como aquele em vigor em determinado momento na comunidade científica pudesse abarcar a totalidade das metaprescrições que regulam a totalidade das afirmações que circulam na coletividade social. Na realidade, o declínio contemporâneo das narrativas de legitimação – sejam elas tradicionais ou "modernas" (a emancipação da humanidade, a realização da Ideia) – está ligado ao abandono dessa crença. É a sua ausência que a ideologia do "sistema", com suas pretensões de totalidade, tenta compensar e que se expressa no cinismo de seu critério de desempenho.

Por esse motivo, não parece possível, nem mesmo prudente, seguir Habermas no que tange ao nosso tratamento do problema da legitimação rumo ao consenso universal[38] por meio do que ele chama de *Diskurs*, em outras palavras, um diálogo de argumentação.[39]

Isso equivaleria a fazer duas suposições. A primeira é a possibilidade de que todos os falantes cheguem a um acordo pelo qual as regras ou metaprescrições sejam universalmente válidas para os jogos de linguagem, quando é evidente que os jogos de linguagem são heteromorfos, sujeitos a conjuntos heterogêneos de regras pragmáticas.

A segunda suposição é a de que o objetivo do diálogo é o consenso. Mas, como tenho mostrado na análise da pragmática da ciência, o consenso é apenas um estado particular de discussão, não a sua finalidade. Pelo contrário, a sua finalidade é a paralogia. Essa observação dupla (a heterogeneidade das regras e a busca por dissidência) destrói uma crença ainda subjacente à pesquisa de Habermas, ou seja, de que a humanidade como sujeito coletivo (universal) busca sua emancipação comum por meio da regularização dos "movimentos" permitidos em todos os jogos de linguagem e que legitimidade de qualquer afirmação reside na sua contribuição para essa emancipação.[40]

É fácil de ver qual função esse recurso exerce no argumento de Habermas contra Luhmann. O *Diskurs* é a arma suprema contra a teoria do sistema estável. A causa é boa, mas o argumento não é.[41] O consenso tornou-se um valor fora de moda e suspeito. Mas a justiça como valor não está ultrapassada, nem suspeita. Devemos, portanto, chegar a uma ideia e prática de justiça que não esteja ligada àquela de consenso.

Um reconhecimento da natureza heteromorfa dos jogos de linguagem é um primeiro passo nessa direção. Obviamente, isso implica uma renúncia de terror, que pressupõe que eles sejam isomórficos e tenta fazê-los assim. O segundo passo é o princípio de que qualquer consenso entre as regras que definem um jogo e os "movimentos" praticáveis dentro dele *deve* ser local, em outras palavras, combinado pelos jogadores presentes e sujeito a consequente cancelamento. Assim, a orientação favorece uma multiplicidade de meta-argumentos finitos, ou seja, argumentação que diz respeito a metaprescritivas e é limitada no espaço e no tempo.

Essa orientação corresponde ao curso que hoje a evolução da interação social está tomando; o contrato temporário está na prática suplantando as instituições permanentes nos domínios profissional, emocional, sexual, cultural, familiar e internacional, bem como em assuntos políticos. Essa evolução é, naturalmente, ambígua: o contrato temporário é favorecido pelo sistema devido à sua maior flexibilidade, menor custo e à agitação criativa de suas motivações acopladas – todos esses fatores contribuem para maior operatividade. Em todo caso, não se trata aqui de propor uma alternativa "pura" ao sistema: agora todos nós sabemos, à medida que a década de 1970 chega ao fim, que a tentativa de uma alternativa desse tipo acabaria assemelhando-se ao sistema que ela deveria substituir. Deveríamos estar felizes que a tendência rumo ao contrato temporário seja ambígua: não é totalmente subordinada ao objetivo do sistema, no entanto, o sistema a tolera. Isso comprova a existência de outro objetivo no sistema: o próprio conhecimento de jogos de linguagem e a decisão de assumir a responsabilidade por suas regras e efeitos. Seu efeito mais significativo é justamente o que valida a adoção de regras – a busca pela paralogia.

Por fim, estamos em condições de compreender como a informatização da sociedade afeta essa problemática. Poderia se tornar o instrumento de "sonho" para controlar e regular o sistema de mercado, ampliado para incluir o próprio conhecimento e regido exclusivamente pelo princípio da performatividade. Nesse caso, inevitavelmente envolveria o uso de terror. Mas também poderia ajudar grupos a discutir metaprescritivas, fornecendo-lhes as informações que normalmente não têm para tomar decisões bem informadas. A linha a seguir para a informatização tomar o segundo desses dois caminhos é, em princípio, bastante simples: dar o acesso público gratuito aos bancos de memória e de dados.[42] Os jogos de linguagem seriam então jogos de informações perfeitas em qualquer momento específico. Mas também seriam jogos de soma zero, e, em virtude desse fato, a discussão nunca arriscaria a se fixar em uma posição de equilíbrio "minimax" por já ter esgotado suas apostas. Pois as apostas seriam o conhecimento (ou a informação, se preferir) e a reserva do conhecimento – a reserva de possíveis enunciados da linguagem – é inesgotável. Isso esboça os contornos de uma política que respeitaria tanto o desejo por justiça quanto o desejo pelo desconhecido.

NOTAS

[1] "La Nouvelle Informatique et ses utilisateurs", anexo 3, *L'Informatisation de la Société.*

[2] B. P. Lécuyer, "Bilan et perspectives de la sociologie des sciences dans les pays occidentaux", *Archives européennes de sociologie* 19 (1978): 257-336 (bibliografia). Boas informações sobre as correntes inglesas e norte-americanas: a hegemonia da escola de Merton até o início da década de 1970 e a dispersão da corrente, especialmente sob a influência de Kuhn; não há muita informação sobre a sociologia da ciência alemã.

[3] O termo ganhou peso na obra de Ivan Illich, *Tools for Conviviality* (New York: Harper & Row, 1973).

[4] Sobre essa "desmoralização", ver A. Jaubert e J. M. Lévy-Leblond, editores, *(Auto) critique de la science* (Paris: Seuil, 1973), Pt. 1.

[5] Jürgen Habermas, *Legitimationsprobleme im Spätkapitalismus* (Frankfurt: Suhrkamp, 1973) [tradução para o inglês de Thomas McCarthy, *Legitimation Crisis* (Boston: Beacon Press, 1975)].

[6] Certos aspectos científicos do pós-modernismo são inventariados por Ihab Hassan em "Culture, Indeterminacy, and Immanence: Margins of the (Postmodern) Age", *Humanities in Society* 1 (1978): 51-85.

[7] Claus Mueller usa a expressão "um processo de legitimação" em *The Politics of Communication* (New York: Oxford University Press, 1973), p. 164.

[8] "Estrada de dúvida... estrada de desespero... ceticismo", escreve Hegel no prefácio do *Phenomenology of Spirit* para descrever o efeito do impulso especulativo sobre o conhecimento natural.

[9] Com receio de sobrecarregar este relato, adiei para um estudo posterior a exposição desse grupo de regras. [Ver "Analyzing Speculative Discourse as Language-Game", *The Oxford Literary Review 4*, nº 3 (1981) 59-67].

[10] Nietzsche, "Der europäische Nihilismus" (MS. N VII 3); "der Nihilism, ein normaler Zustand" (MS. WII 1); "Kritik der Nihilism" (MS. W VII 3); "Zum Plane" (MS. W II 1), em *Nietzsches Werke kritische Gesamtausgabe*, vol. 7, partes 1 e 2 (1887-89) (Berlin: De Gruyter, 1970). Esses textos foram alvo de um comentário por K. Ryjik, *Nietzsche, le manuscrit de Lenzer Heide* (texto datilografado, Département de philosophie, Université de Paris VIII [Vincennes]).

[11] "On the future of our educational institutions", em *Complete Works*, vol. 3.

[12] Martin Buber, *Ich und Du* (Berlin: Schocken Verlag, 1922) [tradução para o inglês de Ronald G. Smith, *I and Thou* (New York: Charles Scribner's Sons, 1937)], e *Dialogisches Leben* (Zürich: Müller, 1947); Emmanuel Lévinas, *Totalité et Infinité* (La Hoye: Nijhoff, 1961) [tradução para o inglês de Alphonso Lingis, *Totality and Infinity: An Essay on Exteriority* (Pittsburgh: Duquesne University Press, 1969)], e "Martin Buber und die Erkenntnistheorie" (1958), em *Philosophen des 20. Jahrhunderts*

(Stuttgart: Kohlhammer, 1963) [tradução para o francês "Martin Buber et la théorie de la connaissance", em *Noms Propres* (Montpellier: Fata Morgana, 1976)].

[13] *Philosophical Investigations,* seç. 18, p. 8.

[14] Ibid.

[15] Ibid.

[16] Ver, por exemplo, "La taylorisation de la recherche", em *(Auto) critique de la science* (nota 4), p. 291-93. E, em especial, D. J. de Solla Price, *Little Science, Big Science* (New York: Columbia University Press, 1963), que enfatiza a separação entre um pequeno número de pesquisadores altamente produtivos (avaliados em termos de publicação) e uma grande massa de pesquisadores com baixa produtividade. O número destes últimos cresce na potência 2 em relação aos primeiros, de modo que o número de pesquisadores de alta produtividade só aumenta realmente a cada 20 anos. Price conclui que a ciência considerada como entidade social é "antidemocrática" (p. 59) e que "um eminente cientista" está 100 anos à frente do "cientista mínimo" (p. 56).

[17] Ver J. T. Desanti, "Sur le rapport traditionnel des sciences et de la philosophie", em *La Philosophie silencieuse, ou critique des philosophies de la science* (Paris: Seuil, 1975).

[18] A reclassificação da filosofia acadêmica como uma das ciências humanas nesse contexto tem um significado muito além de preocupações apenas profissionais. Não acho que a filosofia como legitimação esteja condenada a desaparecer, mas é possível que não seja capaz de realizar esse trabalho, ou pelo menos avançá-lo, sem rever seus laços com a instituição universitária. Ver sobre este assunto o preâmbulo para *Projet d'un institut polytechnique de philosophie* (texto datilografado, Département de philosophie, Université de Paris VIII [Vincennes], 1979).

[19] Ver Allan Janik e Stephan Toulmin, *Wittgenstein's Vienna* (New York: Simon & Schuster, 1973), e J. Piel, ed., "Vienne début d'un siècle", *Critique,* 339-40 (1975).

[20] Ver Jürgen Habermas, "Dogmatismus, Vernunft unt Entscheidung–Zu Theorie und Praxis in der verwissenschaftlichen Zivilisation" (1963), em *Theorie und Praxis* [*Theory and Practice,* edição condensada da 4ª edição alemã, tradução de John Viertel (Boston: Beacon Press, 1971)].

[21] "Science Smiling into its Beard" é o título do capítulo 72, vol. 1 de *The Man Without Qualities*, de Musil. Citado e discutido por J. Bouveresse, "La Problématique du sujet".

[22] Não foi possível dentro dos limites deste estudo analisar a forma assumida pelo retorno da narrativa nos discursos de legitimação. Exemplos são: o estudo de sistemas abertos, determinismo local, antimétodo – em geral, tudo o que agrupo sob o nome *paralogia*.

[23] Nora e Minc, por exemplo, atribuem o sucesso do Japão no ramo da computação a uma "intensidade do consenso social" que eles julgam ser específicos à sociedade japonesa (*L'Informatisation de la Société,* p. 4). Eles escrevem em sua conclusão: "A dinâmica da informatização social prolongada leva a uma sociedade frágil: uma sociedade é construída com vista a facilitar o consenso, mas já pressupõe sua existência e fica paralisada se esse consenso não puder ser percebido" (p. 125). Y. Stourdzé, "Les États-Unis", enfatiza o fato de que a tendência atual de desregulamentar, desestabilizar e enfraquecer a administração é incentivada pela perda de confiança da sociedade na capacidade de desempenho do Estado.

[24] No sentido de Kuhn.

[25] Pomian ("Catastrophes") mostra que esse tipo de funcionamento não tem nenhuma relação com a dialética hegeliana.

[26] "Nesse sentido, a legitimação das decisões implica fundamentalmente um processo de aprendizagem eficaz, com um mínimo de atrito, dentro do sistema social. Esse aspecto envolve uma questão mais geral: 'como as "aspirações mudam, como o subsistema político-administrativo, ele próprio apenas uma parte da sociedade, consegue, porém, estruturar as expectativas na sociedade por meio de suas decisões?". A eficácia da atividade da qual constitui apenas uma parte, para o conjunto, em grande medida dependerá de quão bem ela conseguirá integrar novas expectativas em sistemas já existentes – sejam eles pessoas ou sistemas sociais – sem, assim, provocar consideráveis perturbações funcionais" (Niklas Luhmann, *Legitimation durch Verfahren,* p. 35).

[27] Essa hipótese é desenvolvida nos estudos prévios de David Riesman. Ver Riesman, *The Lonely Crowd* (New Haven: Yale University Press, 1950); W. H. Whyte, *The Organization Man* (New York: Simon & Schuster, 1956); Herbert Marcuse, *One-Dimensional Man* (Boston: Beacon, 1966).

[28] Josette Rey-Debove (*Le Métalangage,* p. 228ff) observa a proliferação das marcas de discurso indireto ou conotação autonímica na linguagem cotidiana contemporânea. Como ela nos lembra: "o discurso indireto não é confiável".

[29] Como frisa Georges Canguilhem, "o ser humano só é verdadeiramente saudável quando é capaz de uma série de normas, quando é mais do que normal" ("Le Normal et la pathologique" [1951], in *La Connaissance de la vie* [Paris: Hachette, 1952], p. 210) [tradução para o inglês de Carolyn Fawcett, *On the Normal and the Pathological* (Boston: D. Reidel, 1978)].

[30] E. E. David comenta que a sociedade só pode estar consciente das necessidades que ela sente no estado atual do seu meio tecnológico. É da natureza das ciências básicas a descoberta de propriedades desconhecidas que remodelam o meio técnico e criam necessidades imprevisíveis. Ele cita como exemplos o uso de materiais sólidos como amplificadores e o rápido desenvolvimento da física dos sólidos. Essa "regulação negativa" das interações e necessidades sociais pelo objeto das técnicas contemporâneas é criticada por R. Jaulin, "Le Mythe technologique", *Revue de L'Entreprise* 26, edição especial sobre "Ethnotechnology" (março de 1979): 49-55. Essa é uma resenha de A. G. Haudricourt, "La Technologie culturelle, essai de méthodologie", em Gille, *Historie des techniques*.

[31] Medawar (*Art of the Soluble*, p. 151-52) compara os estilos de escrita e de fala dos cientistas. O primeiro deve ser "indutivo", ou eles não serão considerados; quanto ao segundo, Medawar faz uma lista de expressões que ouviu muitas vezes em laboratórios, incluindo: "Os meus resultados ainda não contam uma história". Ele conclui: "Os cientistas estão construindo estruturas explicativas, *contando histórias …*".

[32] Ver um exemplo famoso em Lewis S. Feuer, *Einstein and the Generations of Science* (NewYork: Basic Books, 1974). Como Moscovici enfatiza em sua introdução à tradução francesa [traduzido por Alexandre, *Einstein et le conflit des générations* (Bruxelles' Complexe, 1979)]: "A Relatividade nasceu de uma 'academia' improvisada formada por amigos, nenhum dos quais era físico; todos eram engenheiros ou filósofos amadores".

[33] O paradoxo de Orwell. O burocrata fala: "Não estamos contentes com a obediência negativa, nem mesmo com a submissão mais abjeta. Quando enfim você se render para nós, deve ser de sua própria vontade" (*1984* [New York: Harcourt, Brace, 1949], p. 258). Na terminologia de jogo de linguagem, o paradoxo seria expresso como um "Sinta-se livre" ou um "Queira o que você quiser", e é analisado por Watzlawick et al., *Pragmatics of Human Communication*, p. 203-7. Sobre esses paradoxos, ver J. M. Salanskis, "Genèses 'actuelles' et genèses 'sérielles' de l'inconsistant et de l'hétérogeme", *Critique* 379 (1978): 1155-73.

[34] Ver a descrição de Nora e Minc sobre as tensões que a informatização de massa produzirá inevitavelmente na sociedade francesa (*L'Informatisation de la Societé*, introdução).

[35] Conforme a discussão de sistemas abertos em Watzlawick et al., *Pragmatics of Human Communication*, p. 117-48. O conceito de teoria de sistemas abertos é objeto de um estudo realizado por J. M. Salanskis, *Le Systématique ouvert* (no prelo).

[36] Após a separação entre Igreja e Estado, Paul Feyerabend (*Against Method*) exige no mesmo espírito "laico" a separação entre ciência e Estado. Mas quanto à ciência e o dinheiro?

[37] Essa é pelo menos uma forma de compreender esse termo, que provém da problemática de Ducrot, *Dire*.

[38] *Legitimationsprobleme* (nota 5), *passim*, em especial p. 21-22: "A linguagem funciona na forma de um transformador… mudando cognições em proposições, necessidades e sentimentos em expectativas (comandos, valores) normativas. Essa transformação produz a profunda distinção entre a subjetividade da intenção, vontade, de prazer e desprazer, por um lado, e expressões e normas com *pretensão de universalidade*, por outro. A universalidade significa a objetividade do conhecimento e a legitimidade das normas vigentes; ambos asseguram a comunidade (*Gemeinsamkeit*) constitutiva da experiência social vivida". Vemos que, ao formular a problemática dessa forma, a questão da legitimidade é fixada em um tipo de resposta, a universalidade. Isso, por um lado, pressupõe que a legitimação do sujeito do conhecimento seja idêntica àquela do sujeito da ação (em oposição à crítica de Kant, que dissocia a universalidade conceitual, apropriada ao primeiro, e a universalidade ideal, ou "natureza suprassensata", que constitui o horizonte deste último, e, por outro lado, mantém que o consenso (*Gemeinschaft*) é o único horizonte possível para a vida da humanidade.

[39] Ibid., p. 20. A subordinação das metaprescritivas da prescrição (ou seja, a normalização das leis) ao *Diskurs* é explícita, por exemplo, na p. 144: "A pretensão normativa à validade é por si só cognitiva no sentido de que sempre pressupõe que ele poderia ser aceito em uma discussão racional".

⁴⁰ Garbis Kortian, *Métacritique* (Paris: Éditions de Minuit, 1979) [traduzido para o inglês por John Raffan, *Metacritique: The Philosophical Argument of Jürgen Habermas* (Cambridge: Cambridge University Press, 1980)], parte 5, examina esse aspecto de iluminismo no pensamento de Habermas. Consulte do mesmo autor "Le Discours philosophique et son objet", *Critique* 384 (1979): 407-19.

⁴¹ Ver J. Poulain ("Vers une pragmatique nucléaire") e consulte uma discussão mais geral sobre a pragmática de Searle e Gehlen em J. Poulain, "Pragmatique de la parole et pragmatique de la vie", *Phi zéro* 7, n° 1 (Université de Montréal, setembro de 1978): 5-50.

⁴² Ver Tricot et al, *Informatique et libertés*, relatório governamental (La Documentation française, 1975); L. Joinet, "Les 'pièges liberaticides' de l'Informatique", *Le Monde diplomatique* 300 (março de 1979): essas armadilhas *(pièges)* são "a aplicação da técnica de 'perfis sociais' à gestão de massas da população; a lógica de segurança produzida pela automatização da sociedade". Consulte também os documentos e as análises de *Inter-férences* 1 e 2 (inverno de 1974-primavera de 1975), cujo tema é o estabelecimento de redes populares de comunicação multimídia. Os tópicos tratados incluem: rádios amadores (especialmente seu papel em Quebec durante o caso FLQ de outubro de 1970 e aquele da "frente comum" em maio de 1972); rádios comunitárias nos Estados Unidos e no Canadá; o impacto dos computadores no trabalho editorial da imprensa; rádios piratas (antes de seu desenvolvimento na Itália); arquivos administrativos, o monopólio da IBM, sabotagem de computadores. O município de Yverdon (cantão de Vaud), após autorizar a compra de um computador (operacional em 1981), promulgou um certo número de regras: autoridade exclusiva do conselho municipal para decidir quais dados são coletados, a quem e em que condições eles são comunicados; acesso para todos os cidadãos a todos os dados (no pagamento); o direito de cada cidadão para ver os registros no arquivo dele (cerca de 50), corrigi-los e encaminhar uma reclamação sobre eles ao conselho municipal e, se for necessário, ao conselho estadual; o direito de todos os cidadãos de saber (sob solicitação) quais dados que lhes digam respeito são comunicados e a quem *(La Semaine midia* 18, 1° de março de 1979, 9).

Leituras adicionais: modernismo e pós-modernismo

TEORIA CRÍTICA

HABERMAS, JÜRGEN, 1979: *Communication and the Evolution of Society*. Traduzido por Thomas McCarthy. Boston: Beacon Press.

HABERMAS, JÜRGEN, 1984: *The Theory of Communicative Action*. Traduzido por Thomas McCarthy. Boston: Beacon Press.

HABERMAS, JÜRGEN, 1996: *Between Facts and Norms: Contributions to a Discourse Theory of Law and Democracy*. Traduzido por William Rehg. Cambridge: MIT Press.

HABERMAS, JÜRGEN, 1998: *The Inclusion of the Other: Studies in Political Theory*. Editado por Ciaran Cronin e Pablo De Grief. Cambridge: MIT Press.

HOY, DAVID COUZENS, e THOMAS MCCARTHY, 1994: *Critical Theory*. Oxford: Basil Blackwell.

JAY, MARTIN, 1973: *The Dialectical Imagination: A History of the Frankfurt School and the Institute of Social Research, 1923-1950*. Boston: Little, Brown.

KELLNER, DOUGLAS, 1984: *Herbert Marcuse and the Crisis of Marxism*. Berkeley: University of California Press.

KELLY, MICHAEL, Ed., 1994: *Critique and Power: Recasting the Foucault/Habermas Debate*. Cambridge: MIT Press.

MARCUSE, HERBERT, 1963: *One-Dimensional Man: Studies in the Ideology of Advanced Industrial Society*. Boston: Beacon Press.

MARCUSE, HERBERT, 2001: *Towards a Critical Theory of Society*. Editado por Douglas Kellner. New York: Routledge.

MCCARTHY, THOMAS, 1978: *The Critical Theory of Jürgen Habermas*. Cambridge: MIT Press.

PÓS-MODERNISMO

BAUMAN, ZYGMUNT, 1991: *Intimations of Postmodernity*. New York: Routledge.

BAUMAN, ZYGMUNT, 1997: *Postmodernity and Its Discontents*. New York: New York University Press.

BEST, STEVEN, and DOUGLAS KELLNER, 1991: *Postmodern Theory: Critical Interrogations*. New York: Guilford Press.

DICKENS, DAVID R., e Andrea Fontana, Eds., 1994: *Postmodernism and Social Inquiry*. New York: Guilford Press.

FOUCAULT, MICHEL, 1977: *Discipline and Punish: The Birth of the Prison.* Traduzido por Alan Sheridan. New York: Pantheon Books.

FOUCAULT, MICHEL, 1978: *The History of Sexuality.* Vols. 1 and 3. Traduzido por Robert Hurley. New York: Pantheon Books.

FOUCAULT, MICHEL, 1988: *Politics, Philosophy, Culture: Interviews and Other Writings, 1977-1984.* Editado por Lawrence D. Kritzman. Traduzido por Alan Sheridan e outros. New York: Routledge.

GIDDENS, ANTHONY, 1990: *The Consequences of Modernity.* Stanford: Stanford University Press.

HALPERIN, DAVID M., 1995: *Saint Foucault: Towards a Gay Hagiography.* New York: Oxford University Press.

HARVEY, DAVID, 1989: *The Condition of Postmodernity: An Enquiry into the Origins of Cultural Change.* Oxford: Blackwell, 1989.

KELLNER, DOUGLAS, 1989: *Jean Baudrillard: From Marxism to Postmodernism and Beyond.* Stanford: Stanford University Press.

LASH, SCOTT, 1990: *Sociology of Postmodernism.* New York: Routledge, 1990.

LYOTARD, JEAN-FRANÇOIS, 1984: *The Postmodern Condition: A Report on Knowledge.* Traduzido por Geoff Bennington e Brian Massumi. Minneapolis: University of Minnesota Press.

MILLER, JIM, 1993: *The Passion of Michel Foucault.* New York: Simon & Schuster.

NICHOLSON, LINDA e STEVEN SEIDMAN, Editores, 1995: *Social Postmodernism: Beyond Identity Politics.* Cambridge: Cambridge University Press.

POSTER, MARK, 1984: *Foucault, Marxism, and History: Mode of Production Versus Mode of Information.* New York: Blackwell.

ROJEK, CHRIS, e BRYAN S. TURNER, Eds., 1998: *The Politics of Jean-François Lyotard: Justice and Political Theory.* New York: Routledge.

VATTIMO, GIANNI, 1988: *The End of Modernity: Nihilism and Hermeneutics in Postmodern Culture.* Tradução e introdução de Jon R. Snyder. Baltimore: Johns Hopkins University Press.

WOOD, ELLEN MEIKSINS, e JOHN BELLAMY FOSTER, Eds., 1997: *In Defense of History: Marxism and the Postmodern Agenda.* New York: Monthly Review Press.

Parte IV

ALÉM DO PÓS-MODERNISMO

Sexo, gênero e teoria *queer* 13

Introdução

"Os problemas de hoje não podem ser resolvidos se ainda pensarmos como pensávamos na época em que os criamos."

Albert Einstein

Este capítulo relata as maneiras pelas quais os teóricos sociais têm tentado lidar com as questões da igualdade e da democracia à medida que elas foram emergindo a partir das convulsões sociais e políticas das décadas de 1960 e 1970. As questões profundamente filosóficas suscitadas pela teoria crítica e pelo pós-modernismo encontram ressonância nesses escritos, à medida que desafiam a ortodoxia de aplicar o método científico às ciências sociais e analisam as suas consequências.

Habermas estava preocupado que o método científico aplicado às ciências sociais concentrava-se em medir e analisar o comportamento externo e não abordava adequadamente o significado subjetivo da ação. Além disso, o método não possibilitava uma visão crítica ou emancipatória para orientar o discurso sobre a situação atual da conjuntura em uma sociedade democrática. O objetivo dele era empregar diferentes estratégias de conhecimento que resultariam em comunicações confiáveis e não distorcidas na arena pública sobre o bem comum e como alcançá-lo.

Por outro lado, Foucault não mantinha uma visão articulada para a evolução rumo a uma sociedade melhor. Sua crítica da ciência envolvia expor as maneiras em que as suposições sobre a neutralidade e objetividade ocultavam o poder disciplinar da ciência para controlar o comportamento humano. Mesmo quando uma sociedade proclamava-se livre, Foucault argumentava, ela era, na verdade, uma "sociedade carcerária". A desconstrução, a metodologia do pós-modernismo, investigou profundamente a ligação entre conhecimento e poder e desafiou a legitimidade de todas as instituições sociais. Por meio da desconstrução, descobriu-se que as regras de comportamento apropriado eram construções sociais, refletindo os interesses de poder dos grupos dominantes, mas aderidas de modo voluntário e amplamente aceitas como naturais.

Novos movimentos sociais surgiram nas lutas das décadas de 1960 e 1970, e Habermas encarava esses desenvolvimentos políticos como agentes de mudança social que conduziam a uma democracia melhor. O movimento feminista, o movimento *gay* e o movimento de libertação negra desafiaram a política de consenso das épocas anteriores. Esses movimentos exigiam igualdade de direitos, organizando seus círculos eleitorais para criar a "política de identidade", uma nova etapa na evolução da política norte-americana.

Na vanguarda acadêmica, intelectuais comprometidos com os movimentos abraçaram essas demandas e organizaram os currículos, ou seja, agendas de investigação para enfrentar a questão de como e por que as ciências sociais por tanto tempo aquiesceram com essas questões. Essa era uma acusação para examinar o paradigma científico que orientou a agenda de investigação nas ciências sociais e na sociologia em particular. Vários pesquisadores abraçaram a desconstrução.

Em decorrência disso, a suposição anterior, de que a sociologia e outras ciências sociais permaneceriam livres de valor, foi desafiada com base em que a adesão a esses princípios metodológicos havia ignorado questões politicamente sensíveis lidando com a igualdade de direitos, conforme entendida por negros, *gays* e mulheres. À medida que ativistas intelectuais vieram à tona e testemunharam as falhas da democracia, eles questionaram a ideologia da ciência livre de valor e argumentaram em favor de um compromisso político aberto para orientar futuras pesquisas e alcançar uma democracia melhor.

Os resultados dessa pesquisa são apresentados neste capítulo. Os autores (Dorothy Smith, Patricia Hill Collins, Candace West e Don Zimmerman e Steven Seidman) representam os diferentes movimentos sociais e mostram como o método da desconstrução gera resultados que penetram profundamente as fontes sociais, institucionais e culturais de viés, preconceito, racismo, sexismo e heterossexismo. A metodologia é pós-moderna, mas os objetivos são consistentes com a teoria crítica, na medida em que o objetivo desses novos discursos é fornecer a base para uma democracia mais bem informada, mais justa e equânime.

Dorothy Smith, cuja obra *As práticas conceituais do poder: uma sociologia feminista do conhecimento* (1990) é amostrada nas páginas seguintes, nasceu na Grã-Bretanha em 1926, recebeu seu diploma da University of London e depois concluiu o doutorado em sociologia na University of California, em Berkeley, em 1963. Desde então, Smith publicou várias obras importantes relativas às questões da teoria social feminista.

Smith lança a pergunta: como seria uma sociologia que partisse do ponto de vista das mulheres? Ao perguntar isso, ela deseja suscitar questões relativas às afirmações sobre conhecimento objetivo que caracterizam as principais correntes da sociologia. Smith defende que todo conhecimento é conhecimento de um ponto de vista particular. Para ela, o que tem sido afirmado como conhecimento objetivo da sociedade esconde um viés masculino. Além disso, como disciplina, a sociologia funciona no âmbito de um sistema social maior, com estruturas de poder econômico e político. Smith afirma que esse arcabouço de poder, cujas suposições de domínio são amplamente aceitas no âmbito das principais correntes da sociologia, torna-a uma disciplina que compartilha um ponto de vista consoante com o da rede predominante do poder. Em suma, a sociologia situa-se em um contexto e não é uma disciplina objetiva.

Um tema essencial na obra de Dorothy Smith é a teoria de *bifurcação*. Por esse termo, ela quer transmitir uma distinção conceitual entre o mundo como nós o experimentamos e o mundo como passamos a conhecê-lo por meio dos arcabouços conceituais que a ciência inventa. Ao formular o problema nesses termos, Smith adota a perspectiva fenomenológica articulada por Alfred Schutz na sua distinção entre duas maneiras de conhecer o mundo: pela ciência e pelo bom senso. Smith defende uma reestruturação do método sociológico de pesquisa, a fim de que a experiência direta da realidade das mulheres, até então reprimida, torne-se uma voz ativa e crítica. Ao ler o trecho, talvez o leitor queira se perguntar sobre o significado dos conceitos "ponto de vista" e "bifurcação". Se todo conhecimento é situado, então, todo o conhecimento é tendencioso? Quais vozes femininas devem ser ouvidas? Elas falarão de suas experiências em uníssono ou em vozes dissonantes, e com quais consequências para um movimento político?

Patricia Hill Collins, ex-presidente da Associação Sociológica Americana (2009), é uma autora com um vasto conjunto de obras publicadas, entre as quais *Palavras de combate: mulheres negras e a busca por justiça, Política sexual negra: afro-americanos, Gênero e o novo racismo, Do poder negro ao hip-hop: racismo, nacionalismo e feminismo,* além de *Pensamento feminista negro: conhecimento, consciência e a política de empoderamento,* da qual este capítulo traz um excerto. Hoje em dia, Collins leciona na University of Maryland, College Park, onde foi nomeada professora egrégia da universidade.

Em seu clássico livro *Pensamento feminista negro,* Collins examina uma vasta gama de temas relativos à condição da mulher negra nos Estados Unidos. Ela se baseia nas reflexões narrativas de mulheres negras e encontra nesses escritos variados temas comuns de opressão e libertação caracterizados como "teoria social crítica".

Collins argumenta que a experiência de mulheres negras nos Estados Unidos, dos pontos de vista histórico, econômico e sexual, além do racial, imprime um novo significado à opressão e indica uma nova epistemologia ou método de análise para a compreensão do seu significado. Em que consiste essa nova abordagem e como ela se relaciona com o posterior debate de Collins sobre a verdade são temas importantes para discussão e compreensão.

Para explorar ainda mais as fontes de opressão negra, Collins desenvolve suas ideias sobre a "teoria do ponto de vista". Em contraste com Dorothy Smith, Collins expande sua análise para incluir o conceito de "interseccionalidade". Enquanto raça, classe e gênero geralmente têm sido considerados como distintivos, na presente discussão são integralmente relacionados e interligados para formar uma compreensão mais complexa sobre a opressão da mulher negra como "matriz de dominação".

Collins conclui sua análise com a afirmação de que nossas noções convencionais sobre a "verdade", e o método amplamente "científico" ou positivista pelo qual chegamos a ela, são limitadas. O positivismo centra-se na aparência das coisas e em sua quantificação, se possível. O pensamento feminista negro, por sua vez, capta uma realidade experiencial por meio de uma ampla gama de narrativas nos escritos e nas artes. Assim, pode contribuir com um novo conhecimento e com uma nova consciência social de opressão e injustiça, junto com um apelo para a mudança política e social.

Os autores de "Fazendo gênero", Candace West e Don Zimmerman, exploram a relação convencionalmente compreendida entre sexo e gênero sob o prisma da etnometodologia. Influenciados por Harold Garfinkel, eles examinam comportamentos apropriados ao gênero e questionam sua suposta conexão natural com a identidade do sexo fisiológico. No âmbito do regime tradicional, meninos e meninas entendem desde cedo o que é "natural" e apropriado para seu gênero como consequência de seu sexo fisiológico. Machos fortes, fêmeas fracas; mulheres sensíveis, homens sem sentimentos; esportes e conflitos para homens e rapazes, cuidado e carinho para meninas e mulheres: esses são os comportamentos considerados relacionados com o sexo e apropriados ao gênero.

West e Zimmerman argumentam contra essa visão. Afirmam que o gênero é um conjunto aprendido de comportamentos, mas que uma perspectiva "natural" ou fisiológica obscurece a construção social desses comportamentos. Além disso, ao explorar como o gênero é "feito", os autores também revelam o caráter verdadeiramente social de dominação e subordinação que muitas vezes define as relações homem/mulher. Quando esses comportamentos são considerados naturais, eles também encontram legitimação.

Ao longo da vida, comportamentos apropriados ao gênero são realizados e monitorados por meio de "responsabilização", ou seja, o quanto esses comportamentos apropriados ao gênero são bem executados aos olhos dos outros. Tanto esse processo de socialização impregnou-se no âmbito das relações institucionais e sociais que quando posto em prática irrefletidamente tende a reproduzir as relações de poder.

Os autores introduzem uma categoria teórica entre sexo e gênero, a "categoria do sexo", que identifica uma etapa entre o sexo fisiológico e o gênero. Os indivíduos podem escolher uma "categoria de sexo" e, então, adotar os comportamentos de gênero apropriados a essa escolha. Quem viu os filmes *Meninos não choram* ou *Transamérica* logo vai reconhecer o que os autores têm em mente. Indivíduos nascidos fisiologicamente machos podem mais tarde identificarem-se como fêmeas e escolherem a categoria do sexo feminino para aprender os comportamentos de gênero apropriado às mulheres; e outros, nascidos fêmeas, identificam-se como machos e aprendem comportamentos de gênero apropriados ao sexo masculino.

O principal aqui é mostrar que todos os comportamentos de gênero têm de ser aprendidos. Ao fazer uma distinção entre sexo, categoria de sexo e gênero, nos conscientizamos de como as relações sociais são reproduzidas. Como as outras pessoas responsabilizam homens e mulheres por seus comportamentos de gênero, homens e mulheres agem de acordo com o que as outras pessoas percebem como "natural" ou adequado para o seu sexo. No processo, passamos a entender a diferença entre o sexo como *status* atribuído e gênero como *status* alcançado, bem como o colossal investimento social em orientar os indivíduos rumo a comportamentos apropriados ao gênero socialmente aprovados e sobre as consequências que podem recair sobre aqueles que desafiam as normas.

No entanto, as notícias mais recentes indicam mudanças significativas na política social e nas atitudes culturais. A Secretaria de Saúde da Cidade de Nova York avaliou uma proposta para permitir que indivíduos nascidos em Nova York mudassem o sexo designado em suas certidões de nascimento para registrar o sexo de sua escolha (*New York Times*, 7 de novembro de 2006). Além disso, em um reconhecimento adicional sobre as mudanças na identidade de gênero, há relatos de que médicos e pais de crianças pequenas, em vez de castigar e punir, estão cada vez mais dispostos a "deixá-los ser quem eles são" quando as crianças manifestam preferências de gênero do sexo oposto (*New York Times*, 2 de dezembro de 2006).

Steven Seidman, no excerto a seguir, deslinda vários temas interligados e importantes associados à teoria *queer*. Primeiro, ele estabelece a distinção entre a teoria *queer* e as teorias prévias que têm explorado a homossexualidade. Em segundo lugar, ele frisa a distinção entre tentativas passadas de *gays* e lésbicas para ganhar aceitação na sociedade dominante como "política de identidade" e a "libertação política" ou "política de resistência" da teoria *queer*. Em terceiro lugar, ele descreve a influência da teoria pós-estrutural francesa nos escritos dos teóricos *queer* e a adoção de um modo desconstrutivo de análise.

A teoria *queer* distingue-se da política de identidade com base em que os movimentos anteriores do interior das comunidades *gays* e lésbicas têm procurado a inclusão na sociedade dominante e, grosso modo, alcançaram os seus objetivos. A aceitação, no entanto, deixou intocada a fundamental distinção binária entre heterossexuais e homossexuais. E é essa oposição binária que a teoria *queer* busca examinar, rastreando suas afirmações de legitimação e explorando suas consequências opressivas.

A oposição binária é vista como um desafio a duas abordagens muito diferentes à homossexualidade: por um lado, a posição essencialista afirma que os homossexuais têm uma predisposição natural à atração pelo mesmo sexo e, portanto, identificam-se como um grupo fundamentalmente diferente dos heterossexuais; por outro lado, a posição construtivista afirma que a homossexualidade não é uma característica inata, mas em vez disso uma categoria socialmente construída, projetada para proteger as consequências procriadoras funcionalmente necessárias da interação sexual masculino-feminino e outras formas de interação sexual "normal". Na perspectiva dos teóricos *queer*, ambas as interpretações conduzem à mesma consequência, ou seja, que os homossexuais identificam-se uns com os outros como grupo e podem unir-se para buscar objetivos políticos comuns.

Esse entendimento continua sendo o cerne do movimento *gay* e da política de identidade. Ele é concebido para alcançar a aceitação na sociedade dominante e culmina com a luta pelos direitos civis e equânimes e também com a aceitação cultural mais ampla da vida *gay*, conforme refletida nos meios de comunicação, inclusive a televisão, a arte e o cinema.

Mas a oposição binária permanece intacta, e os teóricos *queer* questionam profundamente as origens e as implicações dessa condição. A teoria *queer* defende que a distinção binária estabelece uma relação de poder em que estão codificados modos aceitáveis e inaceitáveis de expressar o desejo, de buscar o prazer ou outras formas de comportamento expressivo. Impregnada na própria articulação de uma distinção entre heterossexual e homossexual está a categorização do corpo como sexual, em oposição a uma fonte de dar e receber prazer de várias formas, das quais a sexual é apenas uma. Assim, a oposição binária permanece no controle mesmo quando heterossexuais são tolerantes e aceitam os estilos de vida homossexuais.

O ideal da teoria *queer* é o ideal em que os indivíduos são livres para se expressar, se relacionar e representar com os outros seus desejos e suas necessidades de busca de prazer, sem a preocupação de que esses desejos e necessidades sejam considerados homossexuais ou heterossexuais, aceitáveis ou inaceitáveis. Em suma, as restrições de comportamento codificado nos textos culturais e sociais que afetam a vida cotidiana são arbitrárias e precisam ser desconstruídas e destruídas.

Essa idealização é pressuposta no modo desconstrutivo da análise que assume formas existentes de expressão cultural e formas institucionalizadas de interação e mostra a confirmação implícita do binário hétero/homo. Uma vez que a elite do conhecimento expõe as bases socioculturais do binário e o poder que ele exerce sobre todas as partes, tanto homossexuais quanto heterossexuais, uma nova política pode emergir de uma nova sociedade. Uma maneira de enfrentar essa discussão abstrata é indagar, com base no que você leu, se a teoria *queer* pode ser responsabilizada pelo movimento em prol do casamento *gay*.

Embora Seidman seja um crítico solidário à teoria *queer*, ele suscita relevantes questões morais, políticas e sociais sobre as suas implicações dentro do mundo real da interação humana. Que tipo de ordem social pode sustentar as concepções libertadoras que subscrevem a teoria *queer*? O que a política pode trazer sobre essa condição, assumindo que seja desejável? E qual é a justificativa moral para a promoção de comportamentos e desejos que exploram todos os aspectos do prazer corporal e sensual, sem restrições? Essas perguntas suscitadas por Seidman são muito dignas da apreciação e da análise do leitor.

Dorothy Smith: Experiência das mulheres como crítica radical da sociologia

Relações de governo e conhecimento objetificado

Quando menciono aqui sobre governar ou regulamentar eu me refiro a algo mais geral do que a noção de governo como organização política. Em vez disso, eu me refiro a esse complexo integral de atividades, distintas em esferas múltiplas, por meio do qual nosso tipo de sociedade é governado, gerido e administrado. Inclui o que o mundo dos negócios chama de *gestão*, inclui as profissões, inclui o governo e as atividades daqueles que escolhem, treinam e doutrinam aqueles que serão seus governantes. Essa última categoria inclui aqueles que fornecem e elaboram os procedimentos pelos quais a sociedade é governada e desenvolve métodos para explicar como as coisas são feitas – a saber, as faculdades de administração, os sociólogos, os economistas. Essas são as instituições pelas quais somos governados e pelas quais nós, e enfatizo esse *nós*, participamos do governo.

De *The Conceitual Practices of Power: A Feminist Sociology of Knowledge* by Dorothy E. Smith. Direitos autorais © 1990 de Dorothy E. Smith. Reproduzido com permissão da Northeastern University Press.

Assim, concebo a sociologia como muito mais do que um comentário na empreitada que a justifica e racionaliza e, ao mesmo tempo, como muito menos do que "ciência". O governo de nosso tipo de sociedade é feito em símbolos e conceitos abstratos, e a sociologia ajuda a criá-los ao transpor as realidades da vida das pessoas e a experiência em moeda conceitual com a qual podem ser governadas.

Assim, as relevâncias da sociologia são organizadas em termos de uma perspectiva sobre o mundo, uma visão panorâmica que toma como certo que os procedimentos pragmáticos de governar são aqueles que emolduram e identificam o seu tópico de estudo. Formulam-se questões porque elas têm relevância administrativa, não porque são primordialmente significativas na experiência daqueles que as vivem. Os tipos de fatos e eventos que são importantes para os sociólogos já foram moldados e receberam seus caráter e substância pelos métodos e pela prática de governar. Doença mental, crimes, rebeliões, violência, satisfação no trabalho, vizinhos e bairros, motivação e assim por diante – são as construções da prática do governo. Muitas dessas construções, como doença mental, crimes ou bairros, constituem fenômenos separados nos contextos institucionais de governo; outros surgem como problemas relacionados com a prática real de governo ou gestão (por exemplo, os conceitos de violência, motivação ou satisfação no trabalho).

Os processos que regem nossa sociedade são organizados como entidades sociais externas àquelas pessoas que participam deles e os executam. Os sociólogos estudam essas entidades no âmbito da organização formal. Essas entidades são estruturas tratadas como objetos, com metas, atividades, obrigações e assim por diante, distintas das pessoas que trabalham para elas. As profissões acadêmicas são constituídas da mesma forma. Membros de uma disciplina acumulam conhecimentos que então são apropriados pela disciplina como se fossem próprios dela. O trabalho dos membros visa a contribuir para esse corpo de conhecimento.

Como estudantes de pós-graduação aprendendo a se tornar sociólogos, aprendemos a pensar na sociologia como ela é pensada e a praticá-la como ela é praticada. Aprendemos que alguns tópicos são relevantes e outros não. Aprendemos a descartar a nossa experiência pessoal como fonte de informações confiáveis sobre o caráter do mundo e a limitar e concentrar nossas ideias no âmbito de arcabouços conceituais e relevâncias da disciplina. Quer se deva pensar em outros tipos de pensamentos, quer se deva experimentar o mundo de forma diferente ou com horizontes que ultrapassem o conceitual, devemos descartá-los ou encontrar um jeito de introduzi-los. Aprendemos uma forma de pensar sobre o mundo que é reconhecível para seus praticantes como o modo sociológico de pensar.

Aprendemos a praticar a subsunção sociológica das realidades de nós mesmos e de outras pessoas. Descobrimos como tratar o mundo como exemplos de um corpo sociológico do conhecimento. O procedimento funciona como uma espécie de imperialismo conceitual. Quando escrevemos uma tese ou um livro, aprendemos que a primeira coisa a fazer é estabelecer um vínculo com a disciplina em algum momento. Isso pode ser feito mostrando-se o problema como ele é dentro de um arcabouço teórico e conceitual existente. Assim, os limites da pesquisa situam-se no âmbito do arcabouço do que já está estabelecido. Mesmo quando isso se torna, como felizmente acontece, uma autorização cerimonial de um projeto que tem pouco a ver com a teoria usada para autorizá-lo, ainda trabalhamos dentro dos vocabulários e dentro dos limites conceituais da "perspectiva sociológica".

Um importante conjunto de procedimentos que serve para separar o corpo de conhecimento da disciplina de seus praticantes é conhecido como *objetividade*. A ética da objetividade e os métodos utilizados na sua prática estão preocupados principalmente com a separação dos conhecedores do que eles sabem e, em especial, com a separação do que se conhece dos interesses dos conhecedores, "preconceitos" e assim por diante, desautorizados pela disciplina. Nas ciências sociais, a busca da objetividade possibilita que as pessoas sejam pagas para buscar um conhecimento ao qual, caso contrário, elas seriam indiferentes. O que elas sentem e pensam sobre a sociedade pode ser mantido fora daquilo em que estão profissional ou academicamente interessados. Correlativamente, se estão interessadas em explorar um tópico sociologicamente, as pessoas devem encontrar maneiras de converter seu interesse privado em um formato imparcial e despersonalizado.

A sociologia participa nas relações extralocais de governo

Os sociólogos, quando vão trabalhar, entram na sociedade conceitualmente ordenada pesquisada por eles. Observam, analisam, explicam e examinam esse mundo como se não houvesse problema algum em como o mundo se torna observável aos sociólogos. Movem-se em meio às atividades de organizações, processos governamentais e burocracias como pessoas que se sentem em casa nesse ambiente. A própria natureza desse mundo, como ele é conhecido pelos sociólogos, as condições de sua existência e sua relação com ele não entram em questão. Seus métodos de observação e investigação estendem-se nesse mundo como procedimentos essencialmente de ordem igual aos que provocam os fenômenos com os quais estão preocupados. Suas perspectivas e interesses podem ser diferentes, mas a substância é a mesma. Trabalham com fatos e informações que foram equacionados a partir das realidades sob a forma de documentos que são eles próprios o produto de processos organizacionais, quer deles próprios, quer de outra agência. Encaixam essa informação em um arcabouço de entidades e processos organizacionais cujo conhecimento eles tomam como certo, sem indagar como é que sabem daquilo ou por quais processos sociais os eventos reais – o que as pessoas fazem ou enunciam – são construídos como os fenômenos conhecidos.

Onde prevalece uma divisão de trabalho de gênero tradicional, os homens entram no mundo conceitualmente organizado de governar sem uma sensação de transição. Nessas circunstâncias, o sociólogo do sexo masculino ultrapassa seu cenário particular e imediato (o escritório em que produz textos, as bibliotecas em que faz consultas, as ruas em que caminha, a casa para onde retorna) sem tratar da mudança na consciência. Ele trabalha no próprio meio que é objeto de seu estudo.

Mas claro, como todos os outros, ele também existe no corpo no lugar em que está. Esse também é o lugar de sua organização sensorial da experiência imediata; o lugar onde suas coordenadas (de aqui e agora, de antes e depois) são organizadas em torno de si mesmo como centro; o lugar onde ele confronta as pessoas cara a cara no modo físico em que ele se expressa para elas e elas se expressam para ele com mais eficiência do que cada qual se expressaria sozinho. Esse é o lugar onde as coisas têm cheiro, onde pássaros irrelevantes voam na frente da janela, onde ele tem indigestão, onde ele morre. Nesse espaço devem se inserir, na condição de eventos materiais reais – seja na forma de sons da fala, seja na forma de arranhões na superfície do papel que ele constitui como texto ou diretamente –, qualquer coisa que ele saiba do mundo. Seja como for, tem de acontecer aqui, se é que ele vai experimentá-lo de algum modo.

Entrar no modo governante de nosso tipo de sociedade eleva os agentes para fora do contexto particular, imediato e local em que estamos no corpo. O que se torna presente para nós no modo governante é um meio de ultrapassar o local e entrar na ordem conceitual. Esse modo governante, pelo menos potencialmente, cria uma bifurcação da consciência. Estabelece dois modos de saber e experimentar e fazer, um situado no corpo e no espaço que ocupa e no qual se move, e outro que os ultrapassam. A sociologia tem como objetivo esse último modo de ação e é produzida nele. Robert Bierstedt escreve: "A sociologia pode libertar a mente dos próprios tempo e espaço e removê-la a um reino novo e transcendental, onde já não depende dessas categorias aristotélicas".[1] Até mesmo o trabalho observacional visa à descrição nas categorias e, portanto, nas formas conceituais do "reino transcendental". Contudo, o sítio local e específico do saber, ou seja, o outro lado da consciência bifurcada, não tem sido um sítio que desenvolve o conhecimento sistemático.

Exclusão das mulheres do modo conceitual de governar

A supressão do local e particular como sítio de conhecimento tem sido (e continua sendo) organizada pelo gênero. Os sítios nacionais de trabalho feminino, tradicionalmente identificados com as mulheres, são exteriores e subservientes a essa estrutura. Os homens têm funcionado como sujeitos no modo de governar; as mulheres têm sido ancoradas na fase local e particular do mundo bifurcado. Para ser capaz de entrar e ser absorvido no modo conceitual, e de esquecer a dependência de estar nesse modo conceitual para sua existência corporal, o homem precisa cumprir uma condição: a de não concentrar suas atividades e interesses em sua existência corporal. A plena participação no modo abstrato de ação exige a libertação de satisfazer às necessidades no concreto e no particular. A organização do trabalho em círculos gerenciais e profissionais depende da alienação dos sujeitos da sua existência corporal e local. A estrutura de trabalho e a estrutura de carreira tomam como certo que essas questões foram resolvidas de modo a não interferirem com ações e participações humanas nesse mundo. Sob o regime de gênero tradicional, proporcionar ao homem a liberação das categorias aristotélicas de Bierstedt significa uma mulher que mantém a casa para ele, concebe e cuida das crianças dele, lava as roupas dele, toma conta dele quando ele está doente e, em termos gerais, não deixa faltar nada para a logística de sua existência corporal.

O trabalho feminino nos (e em torno dos) cenários profissionais e gerenciais desempenha funções análogas. O trabalho feminino faz a mediação entre o abstrato e conceitual e a forma material na qual ele deve viajar para se comunicar. As mulheres fazem o trabalho administrativo, o processamento de texto, a entrevista para a pesquisa; elas coletam mensagens, lidam com a correspondência, marcam reuniões e cuidam de pacientes. Em quase todas as circunstâncias, as mulheres são responsáveis por mediar, no trabalho dos homens, a relação entre o modo conceitual de ação e as formas concretas reais em que esse modo é e deve ser realizado, bem como as condições materiais reais das quais ele depende.

Aqui se aplica o conceito de Marx de alienação em uma forma modificada. A formulação mais simples da alienação postula uma relação entre o trabalho que os indivíduos fazem e uma ordem externa que os oprime, no sentido de que seu trabalho contribui com a força da ordem que os oprime. Essa é a situação das mulheres nessa relação. Quanto mais bem-sucedidas as mulheres forem em mediar o mundo de detalhes concretos para que os homens não precisem se envolver com esse mundo (e, portanto, tomar consciência dele) como condição para as suas atividades abstratas, mais será completa a absorção dos homens nesse mundo e mais eficaz sua autoridade. A dicotomia entre os dois mundos, organizada com base no gênero, separa as formas dualísticas de consciência; a consciência do governar domina o mundo primário de uma consciência situada localmente, mas não consegue cancelá-la; essa última é um território subordinado, suprimido, ausente, mas absolutamente essencial da consciência do governar. A organização em gêneros da subjetividade dicotomiza os dois mundos, afasta-os e, ao silenciar as mulheres, silencia a consciência localmente situada.

Mulheres sociólogas e a contradição entre sociologia e experiência

A bifurcação da consciência é experimentada à medida que as mulheres se movem entre esses dois modos com uma consciência de trabalho ativo em ambos os casos. Estamos situadas como sociólogas diante de uma contradição sobre a relação de nossa disciplina com a nossa experiência do mundo. Os papéis de gênero tradicionais recusam a existência da contradição; a supressão a torna invisível, como tem tornado invisíveis outras contradições entre mulheres e homens. Nesse contexto, reconhecer, explorar e trabalhar significa encontrar modos alternativos de pensamento e pesquisar aqueles modos que nos envolveriam na prática sociológica das relações de poder.

As teorias, os conceitos e os métodos da nossa disciplina alegam-se capazes de explicar o mundo que experimentamos diretamente. Mas foram organizados em torno (e construídos a partir) de uma forma de conhecer o mundo que toma como certo e subordina sem examinar as condições de sua própria existência. Não é capaz de analisar sua relação com as suas condições, porque o sujeito sociológico como pessoa real em um cenário concreto real foi cancelado nos procedimentos que a tratam como objeto e a separam de seu conhecimento. Assim, o vínculo que aponta outra vez para suas condições é obliterado.

Para as mulheres, essas condições são um problema prático direto a ser resolvido de alguma forma, exercendo o trabalho sociológico e seguindo uma carreira sociológica. Como administrar a carreira e os filhos (incluindo, é claro, a negociação sobre compartilhar esse trabalho com um homem)? Como levar a cabo o trabalho doméstico? Como equilibrar o tempo dedicado à carreira com o tempo dedicado à família? Como coordenar a implacável estrutura do cronograma escolar dos filhos com o cronograma igualmente exigente do trabalho profissional e gerencial? É raro que esses problemas sejam resolvidos com o pleno compartilhamento das responsabilidades entre homens e mulheres. Em sua maioria, porém, essas alegações, solicitações e exigências de certa forma inevitáveis estão ainda continuamente presentes e prementes para as mulheres, em especial, claro, aquelas que têm filhos. Assim, a relação entre nós na condição de mulheres e sociólogas praticantes e nós na condição de mulheres trabalhadoras permanece sempre um assunto, um aspecto comum, despercebido, mas penetrante da nossa experiência do mundo. A bifurcação da consciência se torna para nós um abismo a ser atravessado diariamente, tendo, de um lado, essa especial atividade conceitual de pensamento, pesquisa, ensino e administração e, do outro lado, o mundo de atividades localizadas, orientadas a outros detalhes: manter as coisas limpas, gerir bem ou mal a casa, a família e os filhos – um mundo em que as particularidades das pessoas em seu completo imediatismo orgânico (alimentação, limpar o vômito, trocar as fraldas) são inelutáveis. Mesmo que isso atualmente não nos preocupe, como já não mais me preocupa, o nosso presente é moldado por um passado que era assim.

Aprendemos no contexto de mulheres na sociologia que a disciplina não é daquelas que podemos entrar e ocupar nas mesmas condições que os homens. Não nos apropriamos totalmente de sua autoridade, ou seja, o direito de ser autor dos atos de conhecer e pensar que consistem no conhecer e pensar da disciplina, bem como de autorizar esses atos. A teoria feminista na sociologia continua sendo teoria *feminista* e não só pura teoria sociológica. Os princípios internos de nosso trabalho teórico permanecem alojados fora de nós. Os arcabouços de referência que ordenam os termos sobre os quais a pesquisa e o debate são conduzidos têm origem masculina. Os sujeitos das frases sociológicas (se elas tiverem um sujeito) são ainda masculinos, embora hoje o protocolo exija o uso de pronomes "desgenerizados". Mesmo antes de nos tornarmos conscientes de nosso sexo como a base de uma exclusão (elas não têm falado sobre nós), não conseguimos nos tornar totalmente os sujeitos das afirmações delas. O problema permanece; devemos suspender nosso sexo e suspender nosso conhecimento sobre quem somos e também sobre quem na verdade está falando e de quem. Até agora, não participamos plenamente nas declarações e formulações de seu modo de consciência. A exteriorização da sociologia como profissão é para as mulheres um estranhamento tanto em suprimir as dimensões da nossa experiência como mulheres quanto em criar, para o nosso uso, sistemas de interpretar e compreender nossa sociedade que validem a supressão.

As mulheres que se deslocam entre esses dois mundos têm acesso a uma experiência que nos mostra a estrutura da consciência bifurcada. Para aquelas de nós que são sociólogas, isso prejudica o nosso compromisso de uma sociologia que visa a um corpo exteriorizado de conhecimento com base em uma organização de que exclui a nossa experiência.

Conhecendo a essência de uma sociedade: uma perspectiva feminina

Uma abordagem sociológica alternativa deve transcender de alguma forma essa contradição, sem entrar de novo no "reino transcendental" de Bierstedt. O ponto de vista feminino, da maneira como estou analisando-o aqui, desacredita a afirmação da sociologia para constituir um conhecimento objetivo, independentemente da situação do sociólogo. Os procedimentos, os métodos e as relevâncias conceituais da sociologia organizam seus assuntos a partir de determinada posição na sociedade. Essa revelação crucial é a base de uma forma alternativa de pensar sobre a sociologia. Se a sociologia não pode evitar ser situada, então, deve tomar esse fato como seu início e incorporá-lo em suas estratégias metodológicas e teóricas. Na situação atual, essas estratégias separam um mundo construído sociologicamente daquele mundo da experiência direta; é justamente essa separação que deve ser desfeita.

Não estou propondo uma transformação imediata e radical do tema e dos métodos da disciplina, nem o sucateamento de tudo que se articulou antes. Minha sugestão é mais em termos de uma reorganização da relação dos sociólogos com o objeto de nosso conhecimento e de nossa problemática. Essa reorganização envolve, em primeiro lugar, colocar os sociólogos onde estamos na verdade situados, ou seja, no início daqueles atos pelos quais conhecemos ou viemos a conhecer; e, em segundo lugar, incorporar nossa experiência direta do mundo cotidiano nos fundamentos primordiais de nosso conhecimento.

Uma sociologia assim trabalhada não teria como objetivo um corpo de conhecimento subsistindo em e de si mesmo; a pesquisa não seria justificada pela sua contribuição para sobrecarregar esse corpo de conhecimento. Rejeitaríamos uma sociologia que olha principalmente para si. Não estaríamos interessados em contribuir para um corpo de conhecimento cujos usos são articulados por relações de governo em que as mulheres participam apenas marginalmente, se é que participam. O sociólogo profissional é treinado para pensar nos modos despersonalizados do discurso sociológico, para pensar a sociologia como ela tem sido pensada e é pensada; que o treinamento e a prática devem ser descartados. Em vez disso, como sociólogos estaríamos restringidos pelas realidades de como as coisas se concretizam na experiência direta das pessoas, incluindo a nossa. Uma sociologia para mulheres ofereceria um conhecimento sobre a organização social e as determinações das propriedades e dos eventos do mundo que experimentamos diretamente.[2] Suas análises se tornariam parte de nossas interpretações comuns do mundo experimentado, assim como nossa experiência de admirar o pôr do sol no horizonte é transformada pelo nosso conhecimento de que o mundo gira e dá a impressão de que o sol se põe.

A única maneira de conhecer um mundo socialmente construído é conhecer sua essência. Nunca podemos ficar fora dele. Uma relação em que os fenômenos sociológicos são tratados como objetos e apresentados como externos e independentes do observador é em si uma prática social especial, também conhecida em sua essência. A relação entre observador e objeto de observação, entre sociólogo e seu "sujeito", é um relacionamento social especializado. Até mesmo ser um estranho é entrar em um mundo constituído em essência como estranho. A estranheza em si é o modo em que o mundo é experimentado.

Quando Jean Briggs[3] fez seu estudo etnográfico sobre as maneiras em que o povo esquimó estrutura e expressa a emoção, o que ela aprendeu lhe surgiu no contexto das relações realmente desenvolvidas entre ela e a família com quem viveu e outros membros do grupo. O relato dela situa o conhecimento no contexto daquelas relações e nos sítios reais em que acontecia o trabalho de subsistência familiar. Afetos, tensões e brigas, situações em que às vezes ela se envolvia, teciam a vida em que ela aprendia o que descreve. Ela esclarece como esse contexto estruturou sua aprendizagem e como o que ela aprendeu e conseguiu relatar tornou-se observável.

Briggs nos conta o que normalmente é descartado nas narrativas antropológicas ou sociológicas. Embora a pesquisa sociológica seja necessariamente uma relação social, aprendemos a dissociar nossa própria parte nela. Recuperamos apenas o objeto de nosso conhecimento, como se ele estivesse sozinho. A sociologia não se esforça para ver que há sempre dois termos para essa relação. Uma sociologia alternativa deve preservar a presença, as preocupações e a experiência do sociólogo como conhecedor e descobridor.

Começar com a experiência direta e retornar a ela como restrição ou "teste" da adequação de um conhecimento sistemático é começar de onde estamos localizados corporalmente. As realidades do nosso mundo cotidiano já são socialmente organizadas. Cenários, equipamentos, ambientes, cronogramas, ocasiões e assim por diante, bem como nossos empreendimentos e rotinas, são socialmente produzidos e concreta e simbolicamente organizados antes de começarmos a pesquisa. Adotando um ponto de vista em nosso conhecimento original e imediato do mundo, os sociólogos conseguem tornar as propriedades socialmente organizadas de sua disciplina primeiro observáveis e depois problemáticas.

Quando menciono *experiência* não uso o termo como sinônimo de *perspectiva*. Nem ao propor uma sociologia fundamentada na experiência real do sociólogo estou recomendando a autoindulgência da exploração interna ou qualquer outro empreendimento com o *self* como único foco e objeto. Essas interpretações subjetivistas da *experiência* são elas próprias um aspecto da organização da consciência que suprime o lado localmente situado da consciência bifurcada e transporta-nos direto ao país da mente, armazenando as condições concretas e práticas sobre as quais ela depende. Nunca podemos escapar dos círculos de nossas próprias cabeças se aceitarmos isso como nosso território. Em vez disso, a investigação dos sociólogos sobre nosso mundo diretamente experimentado como problema é um modo de descobrir ou redescobrir a essência da sociedade. Começamos a partir de nosso próprio conhecimento original, mas tácito, e da essência dos atos pelos quais podemos trazê-lo a nosso alcance, no sentido de torná-lo observável e compreender como ele funciona. Não buscamos uma reiteração do que já (tacitamente) sabemos, mas uma exploração do que se passa além desse conhecimento e está profundamente envolvido em como ele é.

Sociologia como relações estruturantes entre sujeito e objeto

Nosso conhecimento do mundo nos é dado nos modos pelos quais entramos em relações com o objeto do conhecimento. Nesse caso, porém, o objeto do nosso conhecimento é a coordenação das atividades entre "sujeitos", ou se origina nessa coordenação. A constituição de uma sociologia objetiva é feita, na forma de uma versão fidedigna de como as coisas são, a partir de uma posição nas práticas de governo (e como parte delas) em nosso tipo de sociedade. Nosso treinamento como sociólogos nos ensina a ignorar a inquietude nas conjunturas em que múltiplas e diversas experiências são transformadas em objetos. Essa conjuntura revela os problemas comuns que os entrevistados têm em adaptar sua experiência do mundo às perguntas do cronograma da entrevista. Sociólogos do sexo feminino têm dificuldade de preservar essa exclusão, pois descobrem precisamente essa inquietude em sua relação com a disciplina como um todo. A persistência da versão (ou versões) sociológica(s) privilegiada(s) depende de uma subestrutura que já desacreditou e destituiu a autoridade para falar das vozes dos que conhecem a sociedade de forma diferente. A objetividade de uma versão sociológica depende de uma relação especial com as outras que torna mais fácil para os sociólogos manter-se fora da experiência dos outros e não lhes obriga a reconhecer essa experiência como alegação válida.

Há não muito tempo, a bordo de um trem em Ontário, avistei uma família indígena reunida – pai, mãe e três filhos – em um penhasco acima do rio, vendo o trem passar. Percebi que poderia contar esse incidente – o trem, as cinco pessoas avistadas do outro lado do vidro – como ele era, mas que a minha descrição era construída com base em minha posição e minhas interpretações. Chamei-os "indígenas" e uma família; contei que estavam observando o trem. Meu entendimento já subsumiu o deles. Tudo pode ter sido muito diferente para eles. Minha descrição tem o privilégio de sustentar-se como o que realmente aconteceu porque a descrição deles não é escutada nos contextos em que posso falar. Se começarmos do mundo como na verdade o experimentamos, ao menos conseguimos perceber: realmente estamos localizados e o que sabemos do outro está condicionado a esse local. Existem e devem existir diferentes experiências do mundo e diferentes bases de experiência. Não devemos descartá-las e tirar proveito de nosso discurso privilegiado para construir uma versão sociológica que depois lhes impomos como se fosse a realidade dos outros. Não podemos reescrever o mundo dos outros nem impor um arcabouço conceitual que extraia dele o que se encaixa com o nosso. A realidade dos outros, suas variedades de experiência, deve ser um dado incondicional. É o lugar a partir do qual a pesquisa começa.

Bifurcação da consciência

Minha experiência no trem simboliza uma relação sociológica. Já estou separada do mundo como ele é experimentado por aqueles que observei. Essa separação é fundamental para o caráter dessa experiência. Depois de me tornar consciente de como o meu mundo se integra em termos práticos cotidianos e de como as minhas relações são moldadas por suas condições concretas (mesmo em uma questão tão simples como a em que estou sentada no trem e viajo, mas aquelas pessoas em pé no penhasco, não), sou levada à descoberta de que não posso entender a natureza do mundo que experimento ao permanecer dentro dos limites normais de suposição e conhecimento. Para explicar aquele momento no trem e a relação entre as duas (ou mais) experiências e as duas posições a partir das quais essas experiências começam, devo inserir aquele momento em uma ordem socioeconômica maior. A combinação que possibilita a observação, e o fato de que estávamos separados e divididos, e o fato de que agora faço uso disso aqui – essas propriedades são definidas em outro lugar e não nessa própria relação.

Além disso, a forma que nosso conhecimento do mundo nos é mediado acaba se tornando o problema de saber como esse mundo nos é organizado antes de nossa participação nele. Na condição de intelectuais, comumente o recebemos como um mundo de mídia, um mundo de textos, imagens, revistas, livros, conversa e outros modos simbólicos. Descartamos outras maneiras de saber como foco essencial da nossa prática. Explicar esse modo de conhecer e a organização social que o define para nós mais uma vez nos leva a uma análise da ordem socioeconômica total em que está inserida. A pesquisa que permanece no âmbito das circunscrições do que é diretamente experimentado não pode explorar e explicar as relações, organizar as matrizes cotidianas da experiência direta.

Ao abordarmos o problema das condições, bem como as formas e as organizações percebidas na experiência imediata, devemos incluir nessa abordagem os eventos como eles realmente acontecem e o mundo material normal com o qual nos deparamos como questão factual: o projeto de renovação urbana que desaloja quatrocentas famílias;

como é depender da assistência social como uma prática diária normal; cidades como as estruturas físicas reais em que nos movemos; a organização das ocasiões acadêmicas como aquela que originou este capítulo. Ao examiná-los, descobrimos que há muitos aspectos desses eventos sobre os quais nós, sociólogos, temos pouco a dizer. Temos a sensação de que os acontecimentos que entram em nossa experiência se originam em algum lugar em uma intenção humana, mas não somos capazes de rastreá-los para descobrir como eles chegaram de lá até aqui.

Ou pegue esta sala em que trabalho ou o quarto em que você está lendo e trate isso como um problema. Se pensarmos sobre as condições de nossa atividade aqui, podemos rastrear como estas cadeiras, esta mesa, nossas roupas, nossa presença vieram parar aqui; como esses lugares (seu e meu) são limpos e mantidos; e assim por diante. Nas condições materiais reais de nosso trabalho, existem atividades, intenções e relações humanas não aparentes assim. A organização social do cenário não é totalmente disponível para nós em sua aparência. No imediatismo da atividade prática específica, ignoramos a complexa divisão do trabalho que é uma precondição essencial para isso. Para nós, esses pressupostos são fundamentalmente misteriosos e impõem problemas para compreender as relações sociais com os quais a sociologia está mal equipada para lidar. Além dos limites do que conhecemos no senso comum, experimentamos o mundo como primordialmente incompreensível. Nenhuma quantidade de observação das relações face a face, nenhuma quantidade de conhecimento de senso comum da vida cotidiana, vão nos levar além de nossa ignorância essencial de como tudo se integra. Nossa experiência direta do mundo cria (digamos assim) um problema, mas não oferece nenhuma resposta. Experimentamos um mundo de "aparências", cujas determinações jazem além dele.

Podemos pensar nas aparências de nossa experiência direta como uma multiplicidade de superfícies, cujas propriedades e relações são geradas por organizações sociais não observáveis em seus efeitos. As relações que subjazem e geram as características do nosso próprio mundo diretamente experimentado nos levam a relações invisíveis com os outros. A experiência deles é necessariamente diferente da nossa. Se partirmos de nosso mundo experimentado e tentarmos analisar e explicar como ele é, devemos postular outros cuja experiência não é a mesma que a nossa.

A situação das mulheres na sociologia nos revela uma típica estrutura bifurcada, tendo, de um lado, as práticas abstratas e conceituais e, de outro, as realizações concretas, as rotinas de manutenção e assim por diante. Tomar como certo cada um dos lados vai depender de estar totalmente situado em um ou outro lado, para que o outro não apareça em contradição com ele. A experiência direta das mulheres nos coloca um passo atrás, onde podemos reconhecer a inquietude que surge da afirmação sobre a sociologia ter a ver com o mundo em que vivemos e, ao mesmo tempo, sua incapacidade de explicar ou mesmo descrever as características reais que vivenciamos. Ainda não encontramos o princípio interior da nossa própria atividade por meio de explorar o que é experimentado diretamente. Não vemos como ele é integrado porque ele é determinado em outro lugar. A própria organização do mundo (que nos foi atribuída como o lócus principal de nosso ser, moldando outros projetos e desejos) é determinada por relações da sociedade fundadas em um modo de produção capitalista e subordinada a essas relações. O objetivo de uma sociologia alternativa seria explorar e desdobrar as relações para além de nossa experiência direta que a moldam e determinam. Uma sociologia alternativa seria um meio para que qualquer pessoa entenda como o mundo aparece para nós e como ele se organiza do modo que acontece conosco em nossas experiências. Uma sociologia alternativa, do ponto de vista das mulheres, torna problemático o mundo cotidiano.

O ponto de vista das mulheres como ponto de partida

O ponto de vista das mulheres situa o pesquisador no sítio da existência corporal feminina e nas realidades locais do mundo de trabalho feminino. É um ponto de vista que posiciona a pesquisa, mas não tem nenhum conteúdo específico. Quem se compromete a realizar pesquisas com essa perspectiva sempre começa da experiência feminina como ela é para as mulheres. Nós que temos autoridade para falar de nossas experiências. O ponto de vista das mulheres situa o sujeito sociológico antes de entrar no modo conceitual abstrato, investido em textos, que é a ordem das relações governantes. Sob esse prisma, conhecemos o mundo cotidiano por meio das especificidades de nossas práticas e atividades locais, nos lugares reais de nosso trabalho e no tempo real que ele leva. Ao tornar o mundo cotidiano problemático também problematizamos as práticas cotidianas localizadas das formas despersonalizadas do conhecimento que organizam nossos mundos cotidianos.

Uma consciência bifurcada é um efeito das relações sociais reais em que participamos como parte de um trabalho cotidiano. Por si só, entrar como sujeito nas relações sociais de uma consciência despersonalizada é uma organização das práticas cotidianas reais. A sociologia que objetiva a sociedade e as relações sociais e transforma as realidades da experiência das pessoas nos objetos sintéticos do seu discurso é uma organização das atividades e das práticas reais. Sabemos e usamos práticas de pensar e pesquisar sociologicamente que excisam nosso conhecimento sobre a sociedade e o separam da sociedade que conhecemos ao vivê-la e praticá-la. As práticas conceituais de um conhecimento alienado sobre a sociedade também estão no mundo cotidiano. Em suas práticas conceituais e suas práticas cotidianas de leitura e escrita, entramos em um modo da consciência fora do sítio cotidiano de nossa existência e experimentação corporal. O ponto de vista delas, ou, pelo menos, *esse* ponto de vista delas no trabalho, nas formas tradicionais que as mulheres trabalhavam e continuam trabalhando, expõe o conhecimento alienado das relações de governo como as práticas cotidianas dos indivíduos reais. Assim, embora um conhecimento alienado também aliene outros que não pertençam à minoria branca masculina dominante, o ponto de vista das mulheres distintamente abre margem para a exploração das práticas conceituais e atividades das relações de governo extralocais e objetificadas no que as pessoas reais fazem.

NOTAS

[1] Robert Bierstedt, "Sociology and general education", em *Sociology and contemporary education*, ed. Charles H. Page (New York: Random House, 1966).

[2] Dorothy E. Smith, *The everyday world as problematic: A feminist sociology* (Boston: Northeastern University Press, 1987).

[3] Jean Briggs, *Never in anger* (Cambridge: Harvard University Press, 1970).

Patricia Hill Collins: Pensamento feminista negro

Pensamento feminista negro como teoria social crítica

Mesmo aparentando o contrário, as situações como a supressão das ideias das mulheres negras dentro da academia tradicional e os embates no âmbito das críticas desse conhecimento estabelecido são inerentemente instáveis. As condições na economia política mais ampla simultaneamente moldam a subordinação e impulsionam o ativismo das mulheres negras. Em certo nível, as pessoas que são oprimidas geralmente sabem disso.

De Patricia Hill Collins, *Black Feminist Thought: Knowledge, Consciousness, and the Politics of Empowerment*. Routledge, 2000.

No caso das mulheres afro-americanas, os conhecimentos adquiridos nas opressões entrecruzadas de raça, classe e gênero fornecem o estímulo para elaborar e passar adiante o conhecimento subjugado da teoria social crítica das mulheres negras (Collins 1998a, 3-10).

Como um grupo historicamente oprimido, as mulheres negras dos Estados Unidos têm produzido pensamento social concebido em oposição à opressão. Não só a forma assumida por esse pensamento desvia-se da teoria acadêmica padrão – pode assumir a forma de poesia, música, ensaios e afins –, mas também o *propósito* do pensamento coletivo das mulheres negras é nitidamente distinto. As teorias sociais emergentes das (e/ou em nome das) mulheres negras dos Estados Unidos e de outros grupos historicamente oprimidos visam a encontrar maneiras de escapar da, sobreviver na e/ou opor-se à injustiça socioeconômica vigente. Nos Estados Unidos, por exemplo, o pensamento sociopolítico afro-americano analisa o racismo institucionalizado, não para ajudá-lo a funcionar com mais eficácia, mas para resistir a ele. O feminismo defende a emancipação e o empoderamento das mulheres, o pensamento social marxista busca uma sociedade mais equânime, enquanto a teoria *queer* se opõe ao heterossexismo. Além das fronteiras do país, muitas mulheres dos grupos oprimidos também se esforçam para compreender novas formas de injustiça. Em um contexto transnacional e pós-colonial, as mulheres inseridas em Estados-nações administrados por negros no Caribe, na África e na Ásia lutam com novos significados vinculados à etnicidade, ao *status* de cidadania e à religião. Nos Estados-nações cada vez mais multiculturais da Europa, as mulheres migrantes de ex-colônias encontram novas formas de subjugação (Yuval-Davis, 1997). As teorias sociais expressadas por mulheres emergindo desses diversos grupos normalmente não surgem a partir da atmosfera rarefeita de suas imaginações. Em vez disso, as teorias sociais refletem os esforços das mulheres para chegar a um acordo com as experiências vividas no âmbito de opressões entrecruzadas de raça, classe, gênero, sexualidade, etnicidade, nação e religião (ver, por exemplo, Alexander e Mohanty, 1997; Mirza, 1997).

O pensamento feminista negro, a teoria social crítica das mulheres negras dos Estados Unidos, reflete relações de poder semelhantes. Para as mulheres afro-americanas, a teoria crítica social envolve corpos de conhecimento e conjuntos de práticas institucionais que lidam ativamente com questões fulcrais enfrentadas pelas mulheres negras no país como coletividade. A necessidade desse pensamento surge porque as mulheres afro-americanas como *grupo* permanecem oprimidas em um contexto norte-americano caracterizado pela injustiça. Isso também não significa que todas as mulheres afro-americanas dentro desse grupo sejam oprimidas da mesma maneira, nem que algumas das mulheres negras norte-americanas não suprimam as outras. A identidade do pensamento feminista negro como teoria social "crítica" reside em seu compromisso com a justiça, tanto para as mulheres negras dos Estados Unidos como coletividade quanto para aquelas de outros grupos igualmente oprimidos.

Historicamente, dois fatores estimularam a teoria social crítica das mulheres negras norte-americanas. Por um lado, antes da Segunda Guerra Mundial, a segregação racial em habitações urbanas tornou-se tão entrincheirada que a maioria das mulheres afro-americanas vivia confinada em bairros negros independentes, onde seus filhos frequentavam escolas predominantemente negras e onde elas mesmas pertenciam a igrejas frequentadas apenas por negros e a organizações comunitárias semelhantes. Embora a formação de guetos tenha sido concebida para promover o controle político e a exploração econômica dos negros norte-americanos (Squires, 1994), esses bairros compostos apenas por negros forneciam simultaneamente um espaço separado onde homens e mulheres afro-americanos poderiam utilizar ideias derivadas das ideias africanas para elaborar distintivos conhecimentos opositivos, projetados para resistir à opressão racial.

Cada grupo social tem uma visão de mundo em constante evolução que o grupo usa para ordenar e avaliar suas próprias experiências (Sobel, 1979). Para afro-americanos, essa cosmovisão se origina nas cosmologias de diversos grupos étnicos do Oeste da África (Diop, 1974). Ao reter e retrabalhar elementos significativos dessas culturas da África Ocidental, comunidades de escravos africanos ofereceram a seus membros explicações para a escravidão alternativas àquelas fornecidas pelos proprietários de escravos (Gutman, 1976; Webber, 1978; Sobel, 1979). Essas ideias derivadas de africanos também lançaram as bases para as regras de uma sociedade civil americana negra distintiva. Posteriormente, a prática de confinar afro-americanos em guetos urbanos rurais do sul e do norte promoveu a solidificação de um etos distintivo na sociedade civil negra em matéria de linguagem (Smitherman, 1977), religião (Sobel, 1979; Paris, 1995), estrutura familiar (Sudarkasa, 1981b) e comunidade política (Brown, 1994). Embora essenciais para a sobrevivência dos negros norte-americanos como grupo e expressos diferentemente por cada afro-americano individual, esses conhecimentos permaneceram simultaneamente escondidos e suprimidos por brancos. Os conhecimentos opositivos negros existiam para resistir à injustiça, mas também permaneceram subjugados.

Na condição de mães, mães substitutas, professoras e clérigas em comunidades rurais e bairros urbanos essencialmente negros, as mulheres negras dos Estados Unidos participaram na construção e na reconstrução desses conhecimentos opositivos. Por meio de experiências vividas e adquiridas no âmbito de suas comunidades e famílias estendidas, as mulheres afro-americanas individuais modelavam suas próprias ideias sobre o significado das mulheres negras. Quando essas ideias encontravam expressão coletiva, as autodefinições das mulheres negras capacitavam-nas a remodelar as concepções influenciadas pela África sobre si mesmas e da comunidade. Essas autodefinições da feminilidade negra foram projetadas para resistir às imagens controladoras negativas da feminilidade negra formadas pelos brancos, bem como às práticas sociais discriminatórias apoiadas por essas imagens controladoras. No cômputo geral, a participação das mulheres negras na elaboração de uma cultura afro-americana em constante evolução promoveu cosmovisões distintivamente centradas nos negros e nas mulheres.

Outro fator que estimulou a teoria social crítica das mulheres negras norte-americanas reside nas experiências comuns que elas obtiveram de seus empregos. Antes da Segunda Guerra Mundial, as mulheres negras trabalhavam principalmente em duas ocupações – a agricultura e o trabalho doméstico. Sua guetização no trabalho doméstico provocou uma importante contradição. O trabalho doméstico fomentou a exploração econômica das mulheres negras do país, embora tenha criado simultaneamente as condições para formas de resistência distintivamente negras e femininas. O trabalho doméstico permitiu às mulheres afro-americanas ver as elites brancas, tanto reais quanto aspirantes, de perspectivas amplamente obscurecidas de homens negros e desses próprios grupos. Em suas "famílias" brancas, as mulheres negras não só desempenhavam tarefas domésticas, mas em geral formavam laços fortes com as crianças que criavam e com os próprios empregadores. Em certo nível, essa relação de "gente de dentro de casa" era gratificante para todos os interessados. Relatos de trabalhadoras domésticas negras salientam o sentido de autoafirmação das mulheres experimentado ao ver a ideologia racista desmistificada. Mas em outro nível, essas mulheres negras sabiam que nunca poderiam pertencer a suas "famílias" brancas. Eram trabalhadoras exploradas economicamente e, portanto, permaneceriam "gente de fora de casa". O resultado foi serem colocadas em uma curiosa localização social *externa-interna* (Collins, 1986b), uma peculiar marginalidade que estimulou a perspectiva distintiva das mulheres negras em uma gama de temas (ver, por exemplo, Childress, 1986).

Analisada em conjunto, a participação das mulheres negras na construção da cultura afro-americana em cenários completamente negros e as perspectivas distintas obtidas em seu posicionamento externo-interno no trabalho doméstico fornecem o contexto material para o exclusivo ponto de vista das mulheres negras. Quando munidas de crenças culturais aperfeiçoadas na sociedade civil negra, muitas mulheres negras que faziam trabalhos domésticos muitas vezes desenvolviam visões distintas sobre as contradições entre as ideologias e as ações do grupo dominante. Além disso, elas muitas vezes compartilhavam suas ideias com outras mulheres afro-americanas. Nancy White, uma residente negra da região central da cidade, explora a conexão entre experiência e crenças:

> Sabe, entendo todas essas coisas da vida, Mas você não pode deitar nessas camas floridas de facilidade e pensar que também está gerenciando a sua vida. Algumas mulheres, as mulheres brancas, podem gerenciar a vida de seus maridos por um tempo, mas a maioria delas resume-se a ... ver o que o marido as manda ver. Se ele diz a elas para não enxergar o que elas *sabem* que estão enxergando, elas têm de fingir que não enxergam! (em Gwaltney, 1980, 148)

Essa passagem não só explicita o poder do grupo dominante para suprimir o conhecimento produzido por grupos subordinados, mas ilustra como estar em posições externas-internas pode fomentar novos ângulos de visão sobre opressão. A negritude da Sra. White a torna uma perpétua forasteira. Ela nunca poderia ser uma mulher de classe média branca, deitada em um "berço esplêndido" de facilidades. Mas seu trabalho de cuidar da casa de mulheres brancas lhe permitiu uma visão "interna" sobre algumas contradições, por exemplo, o fato de as mulheres brancas pensarem que gerenciam suas vidas e aceitarem a autoridade patriarcal em seus domicílios.

Práticas como essas, sejam experimentadas ou aprendidas por ouvir as mulheres afro-americanas que as experimentaram, têm incentivado muitas mulheres negras norte-americanas a questionar as contradições entre as ideologias dominantes da feminilidade norte-americana e o *status* desvalorizado das mulheres negras norte-americanas. Se as mulheres são supostamente passivas e frágeis, então, por que as mulheres negras são tratadas como "mulas de carga" e encarregadas de pesadas tarefas de limpeza? Se boas mães devem ficar em casa com seus filhos, então, por que as mulheres negras norte-americanas em assistência social são forçadas a encontrar empregos e a deixar os seus filhos na creche? Se a maior vocação da mulher é tornar-se mãe, então, por que mães adolescentes negras são pressionadas a usar Norplant e Depo Provera? Na ausência de um feminismo negro viável que investiga como opressões entrecruzadas de raça, gênero e classe incentivam essas contradições, o ângulo de visão criado por serem consideradas trabalhadoras desvalorizadas e mães fracassadas facilmente poderia ser voltado para dentro, levando à opressão internalizada. Mas o legado de luta entre as mulheres negras norte-americanas sugere que conhecimentos opositivos compartilhados coletivamente por elas existem há muito tempo. Essa sabedoria coletiva, por sua vez, tem estimulado as mulheres negras dos Estados Unidos a gerar um conhecimento mais especializado, ou seja, o pensamento feminista negro como teoria social crítica. Exatamente como combater a injustiça está no âmago das experiências das mulheres negras norte-americanas, então, analisar e criar respostas criativas à injustiça caracteriza o cerne do pensamento feminista negro.

Historicamente, embora muitas vezes elas discordassem em sua expressão – algumas mulheres negras norte-americanas eram profundamente reformistas enquanto pensadoras mais radicais beiravam o revolucionário –, mulheres afro-americanas intelectuais, educadas nas condições sociais de segregação racial, esforçavam-se para desenvolver o pensamento feminista negro como teoria social crítica. Independentemente da classe social e de outras diferenças entre mulheres negras norte-americanas, todas foram de algum modo afetadas pelas opressões entrecruzadas de raça, gênero e classe. As dimensões econômicas, políticas e ideológicas da opressão das mulheres negras norte-americanas suprimiram a produção intelectual das pensadoras feministas negras individuais. Ao mesmo tempo, essas mesmas condições sociais estimularam padrões distintivos do ativismo das mulheres negras dos Estados Unidos que também influenciaram e foram influenciados por pensadoras negras individuais. Assim, a dialética da opressão e de ativismo que caracteriza as experiências das mulheres negras norte-americanas com opressões entrecruzadas também influenciou as ideias e as ações das mulheres negras intelectuais.

A exclusão das ideias das mulheres negras do discurso acadêmico dominante e a curiosa colocação de mulheres afro-americanas intelectuais no pensamento feminista, nas teorias sociopolíticas negras e em outros pensamentos importantes como estudos trabalhistas dos Estados Unidos significou que as intelectuais negras norte-americanas se encontraram em posições externas-internas em muitos empreendimentos acadêmicos (Hull et al., 1982; Christian, 1989). Os pressupostos em que se baseia a plena filiação grupal – a brancura no pensamento feminista, a masculinidade no pensamento sociopolítico negro e a combinação disso na dominância acadêmica –, ignoram as realidades da mulher negra. Impedidas de se tornarem completas associadas em qualquer uma dessas áreas de pesquisa, as mulheres negras permaneceram em posições externas-internas, indivíduos cuja marginalidade forneceu um ângulo distinto de visão sobre essas entidades intelectuais e políticas.

O trabalho de Alice Walker exemplifica essas influências fundamentais no âmbito das tradições intelectual das mulheres negras. Walker descreve como a sua localização externa-interna influenciou o pensamento dela: "Acredito ... que foi a partir desse período – de minha posição solitária e isolada, a posição de um pária – que comecei a realmente perceber as pessoas e as coisas, a realmente notar as relações" (Walker, 1983, 244). Walker se dá conta de que "o dom da solidão é às vezes uma visão radical da sociedade ou de um povo que antes não era levada em conta" (p. 264). E, apesar disso, a marginalidade não é a única influência no trabalho dela. Ao reciclar as obras de Zora Neale Hurston e de outras maneiras posicionar as experiências e a cultura das mulheres negras no centro do seu trabalho, ela obtém cosmovisões feministas negras alternativas.

Por que pensamento feminista negro norte-americano?

O feminismo negro permanece importante porque as mulheres negras dos Estados Unidos constituem um grupo oprimido. Como coletividade, as mulheres negras norte-americanas participam de uma relação dialética vinculando a opressão e o ativismo das mulheres afro-americanas. Relações dialéticas desse tipo significam que duas partes são opostas e opositivas. Enquanto persistir a subordinação da mulher negra no âmbito das opressões entrecruzadas de raça, classe, gênero, sexualidade e nação, o feminismo negro como resposta ativista a essa opressão continuará sendo necessário.

De forma semelhante, o objetivo primordial do pensamento feminista negro dos Estados Unidos também é resistir à opressão, tanto as suas práticas quanto as ideias que a justificam. Se as opressões entrecruzadas não existissem, o pensamento feminista negro e os conhecimentos opositivos semelhantes seriam desnecessários. Como teoria social crítica, o feminismo negro visa a capacitar as mulheres afro-americanas no âmbito do contexto da injustiça social sustentada por opressões entrecruzadas. Já que as mulheres negras não podem ser completamente empoderadas a menos que as próprias opressões entrecruzadas sejam eliminadas, o pensamento feminista negro apoia grandes princípios de justiça social que transcendem as necessidades específicas das mulheres negras dos Estados Unidos.

Já que boa parte do pensamento feminista negro norte-americano tem sido filtrado sob o prisma do contexto do país, seus contornos foram grandemente afetados pela especificidade do multiculturalismo norte-americano (Takaki, 1993). Em particular, o pensamento feminista negro no país e sua prática servem de resposta a uma contradição fundamental da sociedade norte-americana. Por um lado, são feitas promessas democráticas de liberdade individual, igualdade sob a lei e a justiça social para todos os cidadãos norte-americanos. Mas, por outro lado, persiste a realidade do tratamento diferencial de grupo com base em raça, classe, gênero, sexualidade e *status* de cidadania. Os grupos organizados em torno de raça, classe e gênero, por si só, não constituem um problema inerente. No entanto, quando afro-americanos, pobres, mulheres e outros grupos discriminados percebem poucas esperanças de avanço baseadas em grupo, essa situação constitui injustiça social.

Nessa abrangente contradição, as mulheres negras dos Estados Unidos encontram um conjunto distinto de práticas sociais que acompanham nossa história particular no âmbito de uma matriz única de dominação caracterizada por opressões entrecruzadas. A raça está longe de ser o único marcador significativo de diferença grupal – classe, gênero, sexualidade, religião e *status* de cidadania, todos têm grande importância nos Estados Unidos (Andersen e Collins, 1998). Porém, para as mulheres afro-americanas, os efeitos do racismo institucionalizado permanecem visíveis e palpáveis. Além disso, o racismo institucionalizado que as mulheres afro-americanas enfrentam depende muito da segregação racial e das práticas discriminatórias que a acompanham, projetadas para recusar aos negros do país um tratamento equânime. Apesar dos importantes avanços para combater a segregação da sociedade dos Estados Unidos desde 1970, a segregação racial permanece profundamente arraigada na habitação, na educação e no emprego (Massey e Denton, 1993). Para muitas mulheres afro-americanas, o racismo não é algo que existe a distância. Encontramos o racismo nas situações cotidianas de locais de trabalho, lojas, escolas, habitação e interação social diária (St. Jean e Feagin, 1998). A maioria das mulheres negras não tem a oportunidade de fazer amizade com mulheres e homens brancos como vizinhos, nem de fazer seus filhos irem à escola com crianças brancas. A segregação racial continua sendo uma característica fundamental da paisagem social do país, deixando muitos afro-americanos com a crença de que, quanto mais as coisas mudam, mais elas permanecem as mesmas (Collins, 1998a, 11-43). Sobrepor essas desigualdades persistentes é uma retórica de daltonismo projetada para tornar invisíveis essas desigualdades sociais. Em um contexto em que muitos acreditam que falar da raça promove racismo, a igualdade alegadamente situa-se em tratamento equânime a todos. No entanto, como assinala Kimberle Crenshaw (1997), "é bastante óbvio que tratar coisas diferentes de forma igual pode gerar tanta desigualdade como tratar coisas iguais de forma diferente" (p. 285).

Embora hoje a segregação racial organize-se de modo diferente do que em épocas anteriores (Collins, 1998a, 11-43), nos Estados Unidos, ser mulher e negra continua expondo as mulheres afro-americanas a determinadas experiências comuns. O trabalho e as experiências familiares semelhantes das mulheres negras norte-americanas, assim como nossa participação em diversas expressões da cultura afro-americana significam que, em geral, as mulheres negras dos Estados Unidos como um grupo vivem em um mundo diferente daquele das pessoas do sexo feminino que não são negras. Para as mulheres individuais, as experiências particulares que se acumulam na vivência da mulher negra nos Estados Unidos podem estimular uma consciência distinta sobre nossas próprias experiências e a sociedade como um todo. Muitas mulheres afro-americanas compreendem essa conexão entre o que se faz e como se pensa. Hannah Nelson, idosa, empregada doméstica e negra, discute como o trabalho molda as perspectivas das mulheres afro-americanas e brancas: "Já que tenho de trabalhar, não tenho de me preocupar com a maioria das coisas que a maioria das mulheres brancas para quem já trabalhei se preocupam. E se essas mulheres fizessem seu próprio trabalho, elas pensariam exatamente como penso – sobre isso, inclusive" (Gwaltney, 1980, 4). Ruth Shays, negra e moradora do centro da cidade, salienta como as variações nas experiências de homens e de mulheres levam a diferenças de perspectiva. "A mente do homem e a mente da mulher são iguais", observa ela, "mas a vida cotidiana obriga as mulheres a usar as suas mentes de modos que os homens sequer imaginam" (Gwaltney, 1980, 33).

Um reconhecimento dessa conexão entre a experiência e a consciência que molda a vida cotidiana das mulheres afro-americanas individuais muitas vezes permeia as obras de mulheres negras ativistas e acadêmicas. Em sua autobiografia, Ida B. Wells-Barnett descreve como o linchamento de seus amigos teve tanto impacto na sua cosmovisão que ela posteriormente dedicou grande parte de sua vida à causa do antilinchamento (Duster, 1970). O desconforto da socióloga Joyce Ladner com a disparidade entre os ensinamentos da academia dominante e suas experiências como jovem mulher negra no sul a levou a escrever *Amanhã é amanhã* (1972), inovador estudo sobre a adolescência feminina negra. Da mesma forma, a consciência transformada e vivenciada por Janie, a heroína de pele clara do clássico *Seus olhos viam Deus* (1937), de Zora Neale Hurston, de neta e esposa obediente a uma autodefinida mulher afro-americana, pode ser diretamente rastreada em suas experiências com cada um dos seus três maridos. Em uma cena, o segundo marido de Janie, irritado porque ela lhe serviu um jantar de arroz queimado, peixe malcozido e pão empapado, a espanca. Esse incidente estimula Janie a ficar "onde ele a deixou por um tempo não mensurável" e pensar. E em seu pensamento "a imagem de Jody caiu e se estilhaçou. ... Agora, ela possuía um interior e um exterior e de repente sabia como não misturá-los" (p. 63).

Em geral, esses vínculos entre o que uma pessoa faz e o que uma pessoa pensa, ilustrados por mulheres negras *individuais*, também podem caracterizar as experiências e as ideias das mulheres negras como *grupo*. Historicamente, a segregação racial em habitação, educação e emprego promoveu compartilhamentos grupais que incentivaram a formação de um ponto de vista coletivo, com base no grupo. Por exemplo, a forte concentração das mulheres negras dos Estados Unidos no trabalho doméstico junto com a segregação racial em casas e escolas significava que as mulheres negras do país tinham redes organizacionais comuns que lhes permitiam compartilhar experiências e construir um corpo coletivo de sabedoria. Essa sabedoria coletiva sobre como sobreviver na condição de mulheres negras do país constituiu um distintivo ponto de vista sobre padrões de segregação racial gênero-específicos e as sanções econômicas que os acompanham.

A presença da sabedoria coletiva das mulheres negras desafia duas interpretações predominantes da consciência dos grupos oprimidos. Uma abordagem alega que os grupos subordinados identificam-se com os poderosos e não têm interpretação válida e independente de sua própria opressão. A segunda assume que os oprimidos são menos humanos de quem os governa e, portanto, menos capazes de interpretar suas próprias experiências (Rollins, 1985; Scott, 1985). Sob o prisma das duas abordagens, qualquer consciência independente expressada por mulheres afro-americanas e outros grupos oprimidos ou não é de nossa própria fabricação ou é inferior à dos grupos dominantes. E, mais importante: as duas explicações sugerem que a alegada falta de ativismo político por parte dos grupos oprimidos deriva de nossa consciência imperfeita sobre nossa própria subordinação.

Historicamente, o local do grupo das mulheres negras nas opressões entrecruzadas produziu compartilhamentos entre as mulheres afro-americanas individuais. Ao mesmo tempo, enquanto experiências comuns podem predispor as mulheres negras a desenvolver uma consciência de grupo distinta, elas não garantem que essa consciência desenvolver-se-á entre todas as mulheres, tampouco que ela será articulada assim pelo grupo. À medida que as condições históricas mudam, também mudam as ligações entre os tipos de experiências que as mulheres negras terão e qualquer consciência de grupo posterior, relativa a essas experiências. Já que os pontos de vista grupais situam-se em, refletem e ajudam a moldar relações de poder injustas, os pontos de vista não são estáticos (Collins, 1998a, 201-28). Assim, os desafios comuns podem promover ângulos de visão semelhantes, levando a um conhecimento ou ponto de vista grupal entre as mulheres afro-americanas. Ou talvez não.

Mulheres negras, opressões entrecruzadas e política sexual

Devido em grande parte à natureza politizada das próprias definições, as questões de sexualidade e a política sexual em que elas participam suscitam preocupações especiais. O que é sexualidade? O que é poder? Essas duas perguntas geram amplo debate. Além disso, analisar questões de sexualidade e poder no âmbito de um arcabouço interpretativo que leva em conta as opressões entrecruzadas aparenta ser uma tarefa assustadora.

Enquanto a sexualidade faz parte das opressões entrecruzadas, existem maneiras diferentes de conceitualizá-las. A sexualidade pode ser analisada como um sistema independente de opressão semelhante às opressões de raça, classe e gênero. Essa abordagem encara o heterossexismo como um sistema de poder que vitimiza as mulheres negras de formas específicas. No âmbito do heterossexismo como sistema de opressão, as mulheres afro-americanas descobrem que o seu posicionamento grupal distinto (no âmbito das hierarquias de raça, classe e gênero) molda as experiências das mulheres negras como coletividade, bem como as histórias sexuais de mulheres negras individuais.

Uma segunda abordagem examina como sexualidades se tornam manipuladas *no âmbito de* classe, raça, nação e gênero como sistemas de opressão distintivos e se baseiam em suposições heterossexistas para fazê-lo. Regular as sexualidades das mulheres negras emerge como característica distintiva da exploração de classe social, do racismo institucionalizado, das políticas de Estado-nação dos Estados Unidos e da opressão de gênero. Em essência, essa abordagem sugere que tanto os significados sexuais atribuídos aos corpos de mulheres negras quanto as práticas sociais justificadas por ideologias sexuais reaparecem no espectro de sistemas de opressão aparentemente separados.

Mas outra abordagem encara a sexualidade como um sítio específico de interseccionalidade em que as opressões entrecruzadas se juntam. Estudar as sexualidades das mulheres negras revela como a sexualidade constitui um importante sítio em que convergem heterossexismo, classe, raça, nação e gênero como sistemas de opressão. Para as mulheres negras, renunciar ao controle sobre as autodefinições das sexualidades das mulheres negras sustenta múltiplas opressões. Isso ocorre porque todos os sistemas de opressão dependem de aproveitar o poder do erotismo. Em contraste, quando autodefinidas pelas próprias mulheres negras, entre as quais me incluo, as sexualidades das mulheres negras podem tornar-se um lugar importante da resistência. Exatamente como aproveitar o poder do erotismo é importante para a dominação, reciclar e autodefinir esse mesmo erotismo pode constituir um caminho rumo ao empoderamento das mulheres negras.

Sexualidade no âmbito de sistemas distintivos de classe, raça, gênero e nação

Analisar de que modo o heterossexismo como sistema de opressão vitimiza as mulheres negras constitui uma importante abordagem para examinar a sexualidade. Uma segunda abordagem explora de que modo as sexualidades construídas em conjunto com um inquestionável heterossexismo tornam-se manipuladas no âmbito de classe, raça, gênero e nação como sistemas de opressão distintivos. Por exemplo, a imagem controladora de Jezebel reaparece em vários sistemas de opressão. Na opressão de classe, a imagem de Jezebel promove a exploração sexual dos corpos das mulheres negras por meio da prostituição. A imagem de Jezebel reforça a opressão racial ao justificar as agressões sexuais contra as mulheres negras. A ideologia de gênero também usa a imagem de Jezebel – uma Jezebel desvalorizada potencializa a pura feminilidade branca. Supervisionar esses relacionamentos são políticas de Estados-nações que, ao implicitamente enxergar as mulheres negras como jezebéis, recusam às mulheres negras tratamento equânime sob a lei. As mães solteiras negras têm lutado para obter benefícios de bem-estar social há muito tempo disponíveis para as mulheres brancas (Amott, 1990); adolescentes negras têm mais probabilidade do que mulheres brancas de receber Norplant e outros métodos contraceptivos que as consideram incapazes de controlar sua libido sexual (Roberts, 1997, 104-49); e, como verificou Anita Hill, as afirmações das mulheres negras de terem sido assediadas sexualmente e estupradas muitas vezes são desconsideradas. Assim, cada sistema tem interesses pessoais para regular a sexualidade e se baseia em práticas simbólicas e estruturais para fazê-lo.

Examinar como a regulação da sexualidade das mulheres negras funciona para apoiar cada sistema constitui uma forma de investigar essas relações. O controle sobre os corpos das mulheres negras foi especialmente importante para as relações de classe capitalistas nos Estados Unidos. Quando se trata das experiências das mulheres negras no país, duas características do capitalismo permanecem notáveis. Primeiro, os corpos das mulheres negras foram tratados como objetos e mercantilizados sob as relações de classe capitalista dos Estados Unidos. O tratamento das mulheres negras como objetos, discutido no Capítulo 4, está intimamente ligado à posterior mercantilização desses organismos tratados como objetos – o tratamento dos corpos das mulheres negras como objetos os transforma em mercadorias que podem ser vendidas ou trocadas no mercado aberto. Corpos mercantilizados de todos os tipos tornam-se marcadores de *status* no âmbito de hierarquias de classe que dependem de raça e gênero. Por exemplo, bebês brancos saudáveis são mercadorias de grande procura no mercado de adoção do país, enquanto bebês negros saudáveis são relegados ao segundo plano e permanecem em orfanatos. Uma segunda característica da classe capitalista dos Estados Unidos diz respeito a como os corpos das mulheres negras têm sido explorados. Por meio de mecanismos como a discriminação no emprego, a manutenção de imagens de mulheres negras que as constroem como mulas de carga ou objetos de prazer, e o encorajamento ou desencorajamento da reprodução das mulheres negras por meio da intervenção estatal, vários aspectos das mulheres negras foram explorados: o trabalho, a sexualidade e a fertilidade.

A mercantilização e a exploração não só estão ligadas, como também os padrões de explorar a sexualidade das mulheres negras tomaram muitas formas. Em alguns casos, o próprio corpo inteiro se tornou mercantilizado. Por exemplo, leilões de escravos intermediavam os corpos mercantilizados tanto de homens negros quanto de mulheres negras – os corpos podiam ser comprados e vendidos no mercado livre. Em outros casos, partes do corpo podem ser mercantilizadas e vendidas a fim de obter lucro. Barbara Omolade apresenta essa noção de mercantilização especializada em que "toda e qualquer parte da mulher negra" era usada pelo mestre branco. "Para o mestre branco, a mulher negra era uma mercadoria fragmentada cujos sentimentos e escolhas raramente importavam: cabeça e coração eram separados de costas e mãos, divididos de útero e vagina" (Omolade, 1994, 7). A sexualidade da mulher negra poderia ser reduzida a ganhar controle sobre uma vagina transformada em objeto que então pode ser mercantilizado e vendido. O interesse de longa data na genitália das mulheres negras na ciência ocidental parece apto aqui no sentido de que reduzir as mulheres negras a vaginas e genitálias mercantilizadas efetivamente trata as mulheres negras como prostitutas potenciais. Da mesma forma, os atuais retratos das mulheres negras na cultura popular – reduzindo as mulheres negras a traseiros – funcionam para reinscrever essas partes do corpo mercantilizadas. O próximo passo pode ser a mercantilização e a exploração dos úteros da mulher negra. Quando um juiz da Califórnia rejeitou a alegação da afro-americana Anna Johnson de que o bebê branco que ela havia carregado lhe conferia certos direitos de maternidade, a mensagem parecia clara – armários e úteros constituem propriedade de aluguel (Hartouni, 1997).

Com certeza, regular a sexualidade da mulher negra foi significativo no âmbito da prática e do discurso racistas. Nos Estados Unidos, como a raça tem sido construída como categoria biológica enraizada no corpo, controlar a sexualidade negra há tempos tem sido importante na preservação de fronteiras raciais. As noções norte-americanas de pureza racial, como a regra que alega que uma "gota de sangue" negra determina a identidade racial, exigiram controle rigoroso sobre a sexualidade e a posterior fertilidade de mulheres negras, mulheres brancas e homens negros. Embora explicitamente um meio para impedir que negros e brancos se associem em acomodações públicas, a segregação racial no sul baseou-se no medo profundo de que "a mistura social conduzisse à mistura sexual" (d'Emilio e Freedman 1988, 106). Esses mecanismos de controle afetaram de forma diferente grupos populacionais diversificados. Homens brancos ricos normalmente apreciavam o acesso aos corpos de todas as mulheres e removiam outros homens da competição sexual. A criação de uma classe de "homens brancos raivosos" na sequência das reformas sociais das décadas de 1960 e 1970 reflete, em parte, a deterioração das práticas de supremacia branca que deram esse poder aos homens brancos (Ferber, 1998). As mulheres brancas ricas eram valorizadas por uma virgindade antes do casamento, a qual, quando "perdida" no contexto do casamento heterossexual, garantia que todas as crianças seriam biologicamente "brancas". Independentemente da classe social, os brancos foram incentivados a temer o amálgama racial, acreditando que isso os rebaixaria ao *status* de outras raças (d'Emilio e Freedman, 1988, 86). Nesse contexto, os homens negros foram construídos como bestas sexualmente violentas, uma visão que não só justificava sua perseguição pelo Estado (Berry, 1994), mas que também era usada para recusar-lhes acesso aos corpos das mulheres brancas. A sexualidade das mulheres negras não encontrou proteção alguma. Assim, as noções de supremacia branca baseiam-se na noção de diferença racial em que "a diferença seria em grande parte baseada na percepção da diferença sexual e ... o fundamento da diferença sexual reside nas atitudes em relação às mulheres negras" (Giddings, 1995, 417).

Regular a sexualidade da mulher negra também constituiu uma parte da opressão de gênero. Dividir as mulheres em duas categorias (as mulheres assexuais e morais, a serem protegidas pelo casamento; e suas contrapartes sexuais e imorais) serviu como modelo de gênero para a construção de ideias sobre a masculinidade e a feminilidade. Os principais símbolos arquetípicos das mulheres no pensamento ocidental constroem a sexualidade das mulheres por meio de uma série de binários firmemente entrelaçados. Coletivamente, esses binários criam uma hierarquia sexual com expressão sexual aprovada instalada no topo e sexualidades proibidas relegadas ao substrato inferior. Pressupostos de sexualidade normal e desviante funcionam para rotular mulheres como garotas boas ou más, resultando em duas categorias de sexualidade feminina. As virgens são as mulheres que permanecem no celibato antes do casamento e que ganham licença para se envolver em práticas sexuais heterossexuais após o casamento. Em contraste, as prostitutas são as mulheres solteiras que são, por vontade própria, "fodidas". Se uma mulher é virgem de verdade ou não importa menos do que se ela pode socialmente construir-se como "boa" moça sob essa lógica. Racializar essa ideologia de gênero (ou seja, designar todas as mulheres negras independentemente do comportamento real à categoria de moças "más") simplifica a gestão desse sistema.

É importante lembrar que as ideias e práticas que aparentam ser naturais e normais em matéria de sexualidade na verdade são cuidadosamente fabricadas e promovidas por escolas, religiões organizadas, mídia e, sobretudo, políticas do governo. As esferas locais, estaduais e federais do governo dos Estados Unidos podem aparentar estar removidas das questões de sexualidade, mas via impostos, assistência social e outras políticas, o Estado-nação dos Estados Unidos na prática regula quais sexualidades são consideradas legítimas e quais não são. Por exemplo, as políticas do Estado-nação do país moldam entendimentos de que aos cidadãos deve ser proporcionada privacidade. Famílias abastadas em condomínios suburbanos recebem privacidade e proteção governamental superiores do que as fornecidas às famílias pobres em habitações urbanas, onde a polícia se intromete na privacidade familiar mais vezes do que a protege. De forma semelhante, a sexualidade da mulher negra foi construída por lei como propriedade pública – as mulheres negras não têm direitos de privacidade que os brancos devem observar. Como Barbara Omolade sugere, "os homens brancos usaram seu poder na esfera pública para construir uma esfera privada capaz de satisfazer as suas necessidades e o seu desejo pelas mulheres negras, o qual, se admitido publicamente, teria minado a falsa construção de raça da qual eles precisavam para manter o poder público. Portanto, a história das mulheres negras na América reflete a conjuntura em que as esferas públicas e privadas e a opressão pessoal e política se encontram" (Omolade, 1994, 17).

Regulação dos corpos de mulheres negras

A sexualidade pode ser conceituada como um sistema independente de opressão semelhante às opressões de raça, classe, nação e sexo, bem como parte de cada um desses sistemas de opressão distintivos. Uma terceira abordagem encara a sexualidade como importante posição social que une esses distintivos sistemas de opressão. Essa conceituação encara a sexualidade como aglutinador conceitual que une as opressões entrecruzadas. Em outras palavras, as opressões entrecruzadas compartilham certas características principais. Manipular e regulamentar as sexualidades de diversos grupos constitui um desses recursos ou sítios compartilhados de interseccionalidade.

Nesse contexto, investigar os esforços para regulamentar os corpos das mulheres negras pode iluminar a relevante questão de como a sexualidade funciona como um sítio de interseccionalidade. Dentro desse esforço maior, as experiências das mulheres negras com pornografia, prostituição e estupro constituem casos específicos de como grupos mais poderosos almejam controlar os corpos das mulheres negras. Esses casos enfatizam as conexões entre as ideologias sexuais desenvolvidas para justificar práticas sociais reais e o uso da força para manter a ordem social. Assim, esses temas fornecem uma lente útil para examinar como as opressões entrecruzadas dependem da sexualidade para mutuamente se construírem.

Rumo à verdade

A existência do pensamento feminista negro sugere outro caminho para as verdades universais que podem acompanhar a "verdadeira identidade". Neste volume, situo a subjetividade da mulher negra no centro da análise e examino a interdependência do conhecimento cotidiano tomado como certo e compartilhado pelas mulheres afro-americanas como um grupo, o conhecimento mais especializado produzido por mulheres negras intelectuais e as condições sociais que moldam os dois tipos de pensamento. Essa abordagem me permite descrever a tensão criativa que conecta como as condições sociais influenciaram o ponto de vista das mulheres negras e como o poder das ideias deu a muitas mulheres afro-americanas a força para moldar essas mesmas condições sociais. Na minha concepção, o pensamento feminista negro situa-se em um contexto de dominação e não é um sistema de ideias divorciado da realidade política e econômica. Além disso, apresento o pensamento feminista negro como conhecimentos subjugados no sentido de que as mulheres afro-americanas têm lutado há muito tempo para encontrar localizações e epistemologias alternativas para validar nossas próprias autodefinições. Em suma, examinei o ponto de vista situado e subjugado das mulheres afro-americanas com o objetivo de compreender o pensamento feminista negro como uma perspectiva parcial sobre dominação.

Já que as mulheres negras norte-americanas têm acesso às experiências que se acumulam na vivência simultânea de mulher e negra, uma epistemologia alternativa usada para rearticular um ponto de vista das mulheres negras deve refletir a convergência dos dois conjuntos de experiências. O gênero e a raça podem ser analiticamente distintos, mas atuam juntos na vida cotidiana das mulheres negras. A busca de características distintivas de uma epistemologia alternativa usada por mulheres afro-americanas revela que algumas ideias que acadêmicas africanistas identificam como caracteristicamente "negras" muitas vezes apresentam notáveis semelhanças com ideias parecidas defendidas por acadêmicas feministas como caracteristicamente "femininas". Essa semelhança sugere que os contornos reais das opressões entrecruzadas podem variar drasticamente e ainda gerar alguma uniformidade nas epistemologias usadas pelos grupos subordinados. Exatamente como as mulheres negras dos Estados Unidos e as mulheres africanas encontraram diversos padrões de opressões entrecruzadas, mas geraram agendas semelhantes sobre o que importava em seus feminismos, um processo semelhante pode estar em andamento no que tange às epistemologias dos grupos oprimidos. Assim, a importância de uma epistemologia feminista negra pode residir na sua capacidade de enriquecer a nossa compreensão sobre como grupos subordinados criam conhecimentos que promovem o empoderamento e a justiça social.

Essa abordagem ao pensamento feminista negro permite que as mulheres afro-americanas explorem as implicações epistemológicas da política transversal. Por fim, essa abordagem pode nos alcançar em um ponto em que, afirma Elsa Barkley Brown, "todas as pessoas possam aprender a centrar-se em outra experiência, validá-la e julgá-la com seus próprios padrões, sem a necessidade de comparação ou a necessidade de adotar esse arcabouço como delas próprias" (1989, 922). Nessa política, "uma pessoa não tem necessidade de 'descentrar-se' em alguém a fim de centrar-se em alguém; a pessoa tem apenas de, constante e apropriadamente, 'girar o centro'" (p. 922).

Em vez de enfatizar como o ponto de vista das mulheres negras e a epistemologia que o acompanha diferem daqueles de mulheres brancas, homens negros e outras coletividades, as experiências das mulheres negras servem como um local social específico para a análise de pontos de conexão entre várias epistemologias. Encarar a epistemologia feminista negra por esse prisma desafia as análises aditivas sobre opressão, as quais alegam que as mulheres negras têm uma visão mais precisa da opressão do que outros grupos. Essas abordagens sugerem que a opressão pode ser quantificada e comparada e que adicionar camadas de opressão produz um ponto de vista potencialmente mais claro (Spelman, 1988). Uma implicação de alguns usos da teoria do ponto de vista é a de que quanto mais subordinado o grupo, mais pura a visão disponível para esse grupo. Esse é um resultado das origens das abordagens de ponto de vista na teoria social marxista, em si refletindo o pensamento binário da sua origem ocidental. Ironicamente, ao quantificar e classificar as opressões humanas, os teóricos do ponto de vista invocam critérios da adequação metodológica que se assemelham àqueles do positivismo. Embora seja tentador afirmar que as mulheres negras são mais oprimidas do que qualquer outra pessoa e, portanto, tem o melhor ponto de vista a partir do qual podem entender os processos do mecanismo e os efeitos da opressão, isso não acontece.

Em vez disso, aquelas ideias validadas como verdadeiras por grupos como mulheres afro-americanas, homens afro-americanos, lésbicas latinas, mulheres ásio-americanas, homens porto-riquenhos e outros grupos com pontos de vista distintivos, com cada grupo usando as abordagens epistemológicas cultivadas a partir de seu ponto de vista único, tornam-se as verdades mais "objetivas". Cada grupo fala de seu próprio ponto de vista e compartilha seu conhecimento parcial e situado. Mas já que cada grupo percebe sua própria verdade como parcial, seu conhecimento está inacabado. Cada grupo se torna mais capaz de considerar os pontos de vista dos outros grupos sem renunciar a singularidade de seu próprio ponto de vista nem suprimir as perspectivas parciais dos outros grupos. "Uma coisa sempre necessária na apreciação da arte, ou da vida", afirma Alice Walker, "é a perspectiva mais ampla. As conexões feitas, ou pelo menos tentadas, onde nada existia antes, o esforço para, em um relance de olhos para o mundo variado, abranger o fio comum, o tema unificador em meio à imensa diversidade" (1983, 5). A parcialidade, e não a universalidade, é a condição de ser ouvido; indivíduos e grupos encaminhando afirmações de conhecimento sem possuir sua posição são considerados menos confiáveis do que aqueles que as possuem.

Por si só, as afirmações de conhecimento alternativo raramente ameaçam o conhecimento convencional. Essas afirmações são rotineiramente ignoradas, desacreditadas ou simplesmente absorvidas e marginalizadas em paradigmas existentes. Muito mais ameaçador é o desafio que as epistemologias alternativas oferecem para o processo básico usado pelos poderosos para legitimar afirmações de conhecimento que, por sua vez, justificam seu direito de governar. Se a epistemologia usada para validar o conhecimento entra em consideração, logo todas as afirmações de conhecimento prévias, validadas sob o modelo dominante, tornam-se suspeitas. As epistemologias alternativas desafiam todo conhecimento certificado e abrem a questão de se o que considerado verdadeiro pode resistir ao teste das formas alternativas de validar a verdade. A existência de um autodefinido ponto de vista das mulheres negras usando a epistemologia feminista põe em causa o conteúdo do que hoje passa como verdade e, simultaneamente, desafia o processo de se chegar a essa verdade.

REFERÊNCIAS

ALEXANDER, M. JACQUI. "Erotic Autonomy as a Politics of Decolonization: An Anatomy of Feminist and State Practice in the Bahamas Tourist Industry". Em *Feminist Genealogies, Colonial Legacies, Democratic Futures*, ed. M. Jacqui Alexander e Chandra Talpade Mohanty, 63-100. New York: Routledge.

AMOTT, TERESA L. 1990. "Black Women and AFDC: Making Entitlement Out of Necessity." Em *Women, the State, and Welfare*, ed. Linda Gordon, 280-98. Madison: University of Wisconsin Press.

ANDERSEN, MARGARET L. e PATRICIA HILL COLLINS, eds. 1998. *Race, Class, and Gender: An Anthology Third Edition*. Belmont, CA: Wadsworth Press.

BERRY, MARY FRANCES. [1971] 1994. *Black Resistance, White Law: A History of Constitutional Racism in America*. New York: Penguin.

BROWN, ELSA BARKLEY. 1989. "African-American Women's Quilting: A Framework for Conceptualizing and Teaching African-American Women's History." *Signs* 14 (4): 921-29.

—. 1994. "Negotiating and Transforming the Public Sphere: African American Political Life in the Transition from Slavery to Freedom." *Public Culture* 7 (1): 107-46.

CHILDRESS, ALICE. [1956] 1986. *Like One of the Family: Conversations from a Domestic's Life*. Boston: Beacon.

CHRISTIAN, BARBARA. 1989. "But Who Do You Really Belong to–Black Studies or Women's Studies?" *Women's Studies* 17 (1-2): 17-23.

COLLIER, JANE, MICHELLE Z. ROSALDO, e SYLVIA YANAGISKO. 1992. "Is There a Family? New Anthropological Views." Em *Rethinking the Family: Some Feminist Questions, Second Edition* ed. Barrie Thorne and Marilyn Yalom, 31-48. Boston: Northeastern University Press.

COLLINS, PATRICIA HILL. *Fighting Words: Black Women and the Search for Justice.* Minneapolis: University of Minnesota Press.

CRENSHAW, KIMBERLE WILLIAMS. 1997. "Color Blindness, History, and the Law." Em *The House That Race Built,* ed. Wahneema Lubiano, 280-88. New York: Pantheon.

D'EMILIO, JOHN, e ESTELLE FREEDMAN. 1988. "Race and Sexuality." Em *Intimate Matters: A History of Sexuality in America,* 85-108. New York: Harper e Row.

DIOP, CHEIKH. 1974. *The African Origin of Civilization: Myth or Reality?* New York: L. Hill.

DUSTER, ALFREDA M., ed. 1970. *Crusade for Justice: The Autobiography of Ida B. Wells.* Chicago: University of Chicago Press.

FERBER, ABBY. 1998. *White Man Falling: Race, Gender, and White Supremacy.* Lantham, MD: Rowman & Littlefield.

GUTMAN, HERBERT. 1976. *The Black Family in Slavery and Freedom,* 1750–1925. New York: Random House.

GWALTNEY, JOHN LANGSTON. 1980. *Drylongso, A Self-Portrait of Black America.* New York: Vintage.

HARTOUNI, VALERIE. 1997. "Breached Birth: Anna Johnson and the Reproduction of Raced Bodies." Em *Cultural Conceptions: On Reproductive Technologies and the Remaking of Life,* 85-98. Minneapolis: University of Minnesota Press.

HULL, GLORIA T., PATRICIA BELL SCOTT e BARBARA SMITH, eds. 1982. *But Some of Us Are Brave.* Old Westbury, NY: Feminist Press.

HURSTON, ZORA NEALE. [1937] 1969. *Their Eyes Were Watching God.* Greenwich, CT: Fawcett.

LADNER, JOYCE. 1972. *Tomorrow's Tomorrow.* Garden City, NY: Doubleday.

MASSEY, DOUGLAS S. e NANCY A. DENTON. 1993. *American Apartheid: Segregation and the Making of the Underclass.* Cambridge, MA: Harvard University Press.

OMOLADE, BARBARA. 1994. *The Rising Song of African American Women.* New York: Routledge.

PARIS, PETER J. 1995. *The Spirituality of African Peoples: The Search for a Common Moral Discourse.* Minneapolis: Fortress.

ROBERTS, DOROTHY. 1997. *Killing the Black Body: Race, Reproduction, and the Meaning of Liberty.* New York: Pantheon.

ROLLINS, JUDITH. 1985. *Between Women, Domestics and Their Employers.* Philadelphia: Temple University Press.

SCOTT, JAMES C. 1985. *Weapons of the Weak: Everyday Forms of Peasant Resistance.* New Haven, CT: Yale University Press.

SMITHERMAN, GENEBRA. 1977. *Talkin and Testifyin: The Language of Black America.* Boston: Houghton Mifflin.

SOBEL, MECHAL. 1979. *Trabelin' On: The Slave Journey to an Afro-Baptist Faith.* Princeton: Princeton University Press.

SPELMAN, ELIZABETH V. 1988. *Inessential Woman: Problems of Exclusion in Feminist Thought.* Boston: Beacon.

SQUIRES, GREGORY D. 1994. *Capital and Communities in Black and White: The Intersections of Race, Class, and Uneven Development.* Albany: State University of New York Press.

ST. JEAN, JEFFERSON e JOE R. FEAGIN. 1998. *Double Burden: Black Women and Everyday Racism.* Armonk, NY: M. E. Sharpe.

SUDARKASA, NIARA 1981b. "Interpreting the African Heritage in Afro-American Family Organization." Em *Black Families,* ed. Harriette Pipes McAdoo, 37-53. Beverly Hills, CA: Sage.

TAKAKI, RONALD. 1993. *A Different Mirror: A History of Multicultural America.* Boston: Little, Brown.

WALKER, ALICE. 1983. *In Search of Our Mother's Gardens.* New York: Harcourt Brace Jovanovich.

WEBBER, THOMAS L. 1978. *Deep Like the Rivers.* New York: W. W. Norton.

YUVAL-DAVIS, NIRA. 1997. *Gender and Nation.* Thousand Oaks, CA: Sage.

Candace West e Don H. Zimmerman: fazendo gênero

Nosso objetivo neste artigo é propor uma compreensão etnometodologicamente informada e, portanto, distintamente sociológica, do gênero em forma de conquista rotineira, metódica e recorrente. Podemos afirmar que o "fazer" do gênero é executado por mulheres e homens cuja competência como membros da sociedade é refém de sua produção. Fazer gênero envolve um complexo de atividades perceptivas, interacionais e micropolíticas socialmente orientadas que suscita buscas particulares como expressões das "naturezas" masculinas e femininas.

Quando vemos o sexo como conquista, uma propriedade alcançada de conduta situada, nossa atenção desloca-se de assuntos internos ao indivíduo e centra-se nas arenas interacionais e, por fim, institucionais. Em certo sentido, é claro, são os indivíduos que fazem gênero. Mas é um fazer situado, executado na presença real ou virtual de outras pessoas que se presume estarem orientadas para sua produção. Concebemos o gênero não na forma de uma propriedade de indivíduos, mas na forma de um recurso emergente de situações sociais: tanto como resultado quanto como justificativa para várias combinações sociais e como meio de legitimar uma das divisões mais fundamentais da sociedade. ...

Para elaborar a nossa proposta, sugerimos desde o início que distinções importantes, mas muitas vezes ignoradas, sejam observadas entre sexo, categoria de sexo e gênero. *Sexo* é uma determinação feita pela aplicação de critérios biológicos socialmente acordados para classificar as pessoas como mulheres ou homens.[1] Os critérios de classificação podem ser a genitália no nascimento ou tipagem cromossômica antes do nascimento, os quais não necessariamente combinam entre si. O posicionamento em uma *categoria de sexo* é alcançado pela aplicação dos critérios de sexo, mas, na vida cotidiana, a categorização é estabelecida e sustentada pelas demonstrações identificatórias socialmente necessárias que proclamam a filiação em uma ou outra categoria. Nesse sentido, a categoria de sexo pressupõe o sexo de alguém e se destaca como substituta dele em muitas situações, mas sexo e categoria de sexo podem variar de forma independente; ou seja, é possível reivindicar filiação a uma categoria de sexo, mesmo quando os critérios de sexo estão ausentes. O *gênero*, em contraste, é a atividade de gestão da conduta situada à luz das concepções normativas de atitudes e atividades apropriadas para a categoria de sexo. As atividades de gênero emergem e reforçam reivindicações à filiação em uma categoria de sexo.

Podemos afirmar que o reconhecimento da independência analítica entre sexo, categoria de sexo e gênero é essencial para compreender as relações entre esses elementos e o trabalho interacional envolvido em "ser" uma pessoa com gênero na sociedade. Embora o nosso principal objetivo seja teórico, haverá ocasião para discutir rumos frutíferos para a pesquisa empírica a partir da formulação de gênero que propomos.

Sexo, categoria de sexo e gênero

O estudo de caso de Garfinkel (1967) sobre Agnes, transexual criada como menino que adotou identidade feminina aos 17 anos e depois foi submetido a uma operação de mudança de sexo, mostra como o gênero é criado por meio de interação e ao mesmo tempo estrutura a interação. Agnes, a quem Garfinkel caracterizava como "metodologista prática", desenvolveu uma série de procedimentos para se fazer passar por uma "mulher normal e natural" antes e depois da cirurgia. Ela adotou a tarefa prática de gerenciar o fato de que sua genitália era masculina e que não dispunha dos recursos sociais que a biografia de uma menina presumivelmente proporcionaria na interação cotidiana. Em suma, ela precisava demonstrar-se como mulher e, ao mesmo tempo, aprender a ser mulher. Da necessidade, esse exercício em tempo integral aconteceu em um momento em que o gênero da maioria das pessoas seria bem credenciado e rotinizado. Agnes teve de inventar conscientemente o que a grande maioria das mulheres faz sem pensar. Ela não estava "fingindo" o que as mulheres

---

De *Doing Gender, Doing Difference,* de Sarah Fenstermaker e Candace West. Reimpresso com permissão de Routledge/Taylor & Francis Group, LLC.

"reais" fazem naturalmente. Ela foi obrigada a analisar e a descobrir como agir dentro de circunstâncias socialmente estruturadas e concepções de feminilidade que as mulheres nascidas com credenciais biológicas apropriadas tomam como certo desde o início. Como no caso de outros que devem "se fazer passar", por exemplo, travestis, atores Kabuki ou a "Tootsie", de Dustin Hoffman, o caso de Agnes torna visível o que a cultura tornou invisível – a conquista do gênero.

A discussão de Garfinkel (1967) sobre Agnes não separa de modo explícito três conceitos analiticamente distintos, embora sobrepostos do ponto de vista empírico – sexo, categoria de sexo e gênero.

Sexo

Agnes não tinha os critérios biológicos socialmente acordados para a classificação como membro do *sexo feminino*. Ainda assim, Agnes se considerava uma mulher, embora uma mulher com pênis, coisa que uma mulher não deveria ter. O pênis, insistia ela, era um "equívoco" que precisava de remédio (Garfinkel, 1967, 126-7, 131-2). Como outros membros competentes da nossa cultura, Agnes honrava a noção de que *existem* critérios biológicos essenciais que distinguem inequivocamente as mulheres dos homens. No entanto, se nos afastamos do ponto de vista do senso comum, descobrimos que a confiabilidade desses critérios não é inquestionável (Money e Brennan, 1968; Money e Erhardt, 1972; Money e Ogunro, 1974; Money e Tucker, 1975). Além disso, outras culturas reconheceram a existência de "gêneros cruzados" (Blackwood, 1984; W. Williams, 1986) e a possibilidade de mais de dois sexos (Hill, 1935; M. Martin e Voorhies, 1975; ver também Cucchiari, 1981).

Mais central para nossa discussão é o raciocínio de Kessler e McKenna (1978) de que as genitálias estão convencionalmente escondidas da inspeção pública na vida cotidiana; apesar disso, continuamos por meio de nossas rondas sociais a "observar" um mundo de pessoas com dois sexos naturais e normais. É a *suposição* de que critérios essenciais existem ou deveriam existir quando procurados que fornece a base para a categorização de sexo. Kessler e McKenna, com base nas teorias de Garfinkel, argumentam que "masculino" e "feminino" são eventos culturais – produtos do que elas chamam de "processo de atribuição de gênero" – em vez de alguma coleção de características, comportamentos ou até mesmo atributos físicos. Ilustrativamente eles citam a criança que, exibindo uma foto de alguém com terno e gravata, afirma: "É homem, porque tem pinto" (154). Tradução: "Ele deve ter pinto [característica essencial], porque vejo a *insígnia* do terno e da gravata". Nem a atribuição de sexo inicial (pronunciamento ao nascimento como menina ou menino), nem a existência de critérios essenciais para essa atribuição (posse de um clitóris e vagina ou pênis e testículos) têm muito – se é que tem – a ver com a identificação da categoria de sexo na vida cotidiana. Assim, Kessler e McKenna observam que operamos com a certeza moral de um mundo de dois sexos. Não pensamos: "a maioria das pessoas com pênis é homem, mas alguns talvez não sejam" ou "a maioria das pessoas que se veste como homens tem pênis". Em vez disso, tomamos como certo que sexo e categoria de sexo são congruentes – que conhecendo esta última, conseguimos deduzir o resto.

Categorização de sexo

A reivindicação de Agnes ao *status* de categoria feminina, que ela sustentava por demonstrações identificatórias adequadas e outras características, poderia ser *desacreditada* antes e após a operação transexual (ver Raymond, 1979). A esse respeito, Agnes tinha de estar continuamente alerta para ameaças reais ou potenciais à segurança de sua categoria de sexo. O problema dela não era tanto satisfazer algum protótipo de feminilidade essencial, mas preservar sua categorização de sexo feminino. Essa tarefa foi facilitada por um recurso muito poderoso, ou seja, o processo de categorização do senso comum na vida cotidiana.

A categorização de membros da sociedade em categorias nativas, como "menina" ou "menino" ou "mulher" ou "homem", opera de forma social. O ato de categorização não envolve um teste positivo, no sentido de um conjunto bem definido de critérios que devem ser atendidos antes de se fazer a identificação. Em vez disso, a aplicação das categorias de filiação depende de um teste de "se pode-então" na interação diária (Sacks, 1972, 332-5). Esse teste estipula que, se as pessoas *podem ser vistas* como filiadas a categorias pertinentes, *então, as categorize assim*. Ou seja, use a categoria que parece apropriada, a menos que informações discrepantes ou características óbvias a descartem. Esse procedimento está em completa consonância com a atitude da vida cotidiana, que nos leva a tomar aparências pelo valor de face, a menos que tenhamos razão especial para duvidar (Bernstein, 1986; Garfinkel, 1967; Schutz, 1943).[2] Deve-se acrescentar que é precisamente quando temos motivo especial para duvidar que surge a questão de aplicar critérios rigorosos, mas é raro, fora de contextos legais ou burocráticos, encontrar a insistência em testes positivos (Garfinkel, 1967; T. Wilson, 1970).

O recurso inicial de Agnes era a predisposição das pessoas que ela encontrava de considerar a aparência dela (a silhueta, as roupas, o penteado e assim por diante) como a aparência indubitável de uma mulher normal. Seu recurso adicional foi nossa perspectiva cultural sobre as propriedades das "pessoas de sexo natural e normal". Garfinkel (1967, 122-8) observa que, na vida cotidiana, vivemos em um mundo de dois – e somente dois – sexos. Essa combinação tem um *status* moral, no sentido de que incluímos nela nós mesmos e os outros como "em essência, originalmente, em primeiro lugar, sempre fomos, sempre seremos, de uma vez por todas, em última análise, 'machos' ou 'fêmeas'" (121).

Considere o seguinte caso:

> Essa questão faz-me lembrar uma visita que fiz a uma loja de informática, há uns dois anos. A pessoa que me atendeu era sem dúvida *especialista em vendas*. Não consegui categorizá-la como mulher ou homem. Que detalhes observei? (1) Cabelo facial: ela/e tinha pele lisa e macia, mas alguns homens têm pouco ou nenhum cabelo facial. (Isso varia conforme a raça; nativos americanos e negros muitas vezes não têm nenhum). (2) Seios: ela/e vestia uma camisa folgada, caída nos ombros. E, como muitas mulheres que sofreram a adolescência nos anos 1950 reconhecem envergonhadas, existem muitas mulheres com pouco seio. (3) Ombros: os ombros dela/e eram pequenos e redondos para um homem, amplos para uma mulher. (4) Mãos: dedos longos e delgados, nós dos dedos um pouco grandes para uma mulher, pequenos para um homem. (5) Voz: escala média, inexpressiva para uma mulher, nem de longe os tons exagerados que alguns homens *gays* afetam. (6) O modo como ela/e me tratou: não revelou quaisquer sinais que me deixassem saber que eu era do mesmo sexo ou de sexo diferente ao dessa pessoa. Sequer existiam sinais de que ela/e sabia que o sexo dela/e seria difícil de categorizar e fiquei me perguntando sobre isso, embora tenha me esforçado para esconder essas perguntas de modo a não constrangê-la/o enquanto falávamos sobre papel para impressora. Fui embora sem saber o sexo da/o especialista em vendas, um tanto perturbada por essa pergunta sem resposta (fruto da cultura em que estou inserida). (Diane Margolis, comunicação pessoal)

O que esse caso pode nos dizer sobre situações como a de Agnes (cf. Morris, 1974; Richards, 1983) ou o processo de categorização de sexo em geral? A partir dessa descrição, primeiro inferimos que a demonstração identificatória do/a vendedor/a era ambígua, já que ele ou ela não estava vestido/a ou adornado/a de forma inequivocamente masculina ou feminina. É quando essa demonstração *fracassa* em fornecer fundamentos para categorização de que fatores como pelos faciais ou tom de voz são avaliados para determinar a filiação a uma categoria de sexo. Em segundo lugar, além do fato de que esse incidente pôde ser lembrado após "uns dois anos", a cliente não só ficou "perturbada" com a ambiguidade da categoria do/a vendedor/a, mas também assumiu que reconhecer essa ambiguidade seria constrangedor para o/a vendedor/a. Não só queremos saber a categoria de sexo das pessoas ao nosso redor (e, talvez, percebê-la em um relancear de olhos), mas também presumimos que as outras pessoas a estão exibindo para nós, em uma forma tão decisiva quanto podem.

Gênero

Agnes tentou ser "120% feminina" (Garfinkel, 1967, 129), isto é, inquestionavelmente feminina em todas as formas e em todas as ocasiões. Ela pensava que podia se proteger contra a revelação antes e após intervenção cirúrgica comportando-se de maneira feminina, mas também poderia ter se "entregado" se exagerasse em seu desempenho. Categorização do sexo e a conquista do gênero não são sinônimos. A categorização de Agnes poderia ser segura ou suspeita, mas não dependia do fato de ela satisfazer a alguma concepção ideal de feminilidade. As mulheres podem ser vistas como pouco femininas, mas isso não as torna "não fêmeas". Agnes enfrentou a tarefa contínua de *ser* mulher – algo além do estilo de vestuário (demonstração identificatória) ou da permissão para que os homens acendessem o cigarro dela (demonstração do gênero). O problema dela era produzir configurações de comportamento que fossem vistas pelos outros como comportamentos normativos do gênero.

A estratégia de Agnes de "aprendizagem secreta", por meio da qual ela aprendeu o esperado decoro feminino pela observância cuidadosa das críticas que o noivo dela fazia em relação a outras mulheres, era um meio de mascarar incompetências e, simultaneamente, adquirir as habilidades necessárias (Garfinkel, 1967, 146-7). Foi por meio de seu noivo que Agnes aprendeu que tomar banho de sol no gramado em frente da casa era "ofensivo" (pois a colocava em exposição para outros homens). Ela também aprendeu, com base nas críticas do noivo em relação a outras mulheres, que não deveria insistir em fazer as coisas à sua maneira e que não deveria dar suas opiniões nem reivindicar a igualdade com os homens. (Como as outras mulheres na nossa sociedade, Agnes aprendeu algo sobre o poder no decorrer de sua "educação".)

Na cultura popular, numerosos livros e revistas compilam representações idealizadas das relações entre homens e mulheres. Aqueles centrados na etiqueta do namoro ou nos padrões vigentes de comportamento feminino buscam oferecer ajuda prática nesses assuntos. No entanto, o uso de qualquer uma dessas fontes como *manual de procedimento* requer a suposição de que fazer gênero envolve apenas fazer uso de pacotes individuais e bem definidos de comportamento que podem simplesmente ser plugados em situações interacionais para produzir representações reconhecíveis de masculinidade e feminilidade. O homem "faz" ser masculino, por exemplo, oferecendo o braço à mulher para atravessar a rua, e ela "faz" ser feminina ao consentir em ser guiada e ao não iniciar esse comportamento com um homem.

Talvez Agnes pudesse ter usado essas fontes como manuais, mas defendemos que fazer gênero não é tão facilmente arregimentado (Mithers, 1982; Morris, 1974). Essas fontes podem listar e descrever os tipos de comportamentos que marcam ou exibem o gênero, mas são necessariamente incompletas (Garfinkel, 1967; Wieder, 1974; Zimmerman e Wieder, 1970). E para ser bem-sucedido, marcar ou demonstrar gênero deve ser precisamente adaptado às situações e modificado ou transformado como requer a ocasião. Fazer gênero consiste em gerir essas ocasiões para que, independentemente dos detalhes, o resultado seja percebido e perceptível em contexto como apropriado ao gênero ou, como talvez aconteça, inapropriado ao gênero – ou seja, *responsável*.

Gênero e responsabilização

Como observa Heritage (1984, 136-7), membros da sociedade participam habitualmente de "explicações descritivas da situação de um para o outro", e esses relatos são ao mesmo tempo sérios e consequentes. Essas descrições identificam, caracterizam, formulam, explicam, desculpam, escoriam ou apenas tomam conhecimento de alguma circunstância ou atividade e, assim, a posicionam dentro de um arcabouço social (localizando-o em relação a outras atividades, parecidas ou não).

Essas descrições são elas próprias responsáveis, e membros da sociedade orientam-se para o fato de que as suas atividades são sujeitas a comentário. Muitas vezes, as ações são projetadas com um olho em sua responsabilização, ou seja, qual aparência elas podem ter e como elas podem ser caracterizadas. A noção de responsabilidade abrange também as ações empreendidas de modo a serem especificamente desinteressantes e, portanto, merecedoras apenas de comentários passageiros, pois são consideradas em conformidade aos padrões culturalmente aprovados.

Heritage (1984) observa que o processo de tornar algo responsável tem caráter interacional:

> [Isso] permite que os agentes projetem suas ações em relação às suas circunstâncias de modo a permitir que os outros, levando em conta as circunstâncias metodicamente, reconheçam a ação pelo o que ela é. (179)

A palavra-chave aqui é *circunstâncias*. Uma circunstância que atende praticamente todas as ações é a categoria de sexo do agente. Como Garfinkel (1967) comenta:

> O trabalho e as ocasiões socialmente estruturadas de *passing* sexual foram obstinadamente inexoráveis às tentativas [de Agnes] para rotinizar os fundamentos das atividades diárias. Essa obstinação aponta para a *onirrelevância* do *status* sexual para assuntos do cotidiano como um contexto invariável, mas despercebido, na textura das relevâncias que compõem as dinâmicas cenas reais da vida cotidiana. (118, itálicos adicionados)

Se a categoria de sexo é onirrelevante (ou até mesmo se estiver perto disso), então, uma pessoa envolvida em praticamente qualquer atividade pode ser responsabilizada pelo desempenho dessa atividade como *mulher* ou *homem*, e sua incumbência em uma ou outra categoria de sexo pode ser usada para legitimar ou desacreditar as suas outras atividades (Berger, Cohen e Zelditch, 1972; Berger, Conner e Fisek, 1974; Berger et al., 1977; Humphreys e Berger, 1981). Da mesma forma, praticamente qualquer atividade pode ser avaliada quanto à sua natureza feminina ou masculina. E observe-se que "fazer" gênero nem sempre é satisfazer as concepções normativas de feminilidade ou masculinidade; é envolver-se em comportamento *com o risco da avaliação de gênero*. Embora sejam os indivíduos que fazem gênero, a empreitada tem caráter fundamentalmente interacional e institucional, pois a responsabilização é uma característica das relações sociais, e seu idioma é obtido da arena institucional em que essas relações são representadas. Se for assim, é possível alguma vez *não* fazer gênero? Na medida em que uma sociedade é dividida por diferenças "essenciais" entre homens e mulheres, e o posicionamento em uma categoria de sexo é ao mesmo tempo relevante e imposto, fazer gênero é inevitável.

Recursos para fazer gênero

Fazer gênero significa criar diferenças entre meninas e meninos e mulheres e homens, as diferenças que não são naturais, essenciais ou biológicas. Uma vez que as diferenças foram construídas, elas são usadas para reforçar a "essência" do gênero. Em um delicioso relato sobre a "combinação entre os sexos", Goffman (1977) observa a criação de vários arcabouços institucionalizados, por meio dos quais nossa "sexualidade natural e normal" pode ser representada. As características físicas do ambiente social fornecem um recurso óbvio para a expressão de nossas diferenças "essenciais". Por exemplo, a segregação sexual dos banheiros públicos norte-americanos distingue *ladies* de *gentlemen* em assuntos considerados fundamentalmente biológicos, mesmo que ambos "sejam um tanto similares na questão dos resíduos de produtos e sua eliminação" (315). Esses ambientes estão equipados com equipamentos dimórficos (como mictórios para os homens ou sofisticadas instalações de cuidados estéticos para as mulheres), embora ambos os sexos possam alcançar as mesmas finalidades com os mesmos meios (e aparentemente o façam na privacidade de suas casas). Aqui vale salientar o fato de que

> o *funcionamento* de órgãos com diferenciação sexual está envolvido, mas não há nada nesse funcionamento que recomende biologicamente a segregação; *essa* combinação é uma questão totalmente cultural ... a segregação dos banheiros é apresentada como consequência natural da diferença entre as classes de sexo quando na verdade é um meio de honrar, se não produzir, essa diferença (Goffman, 1977, 316).

Ocasiões sociais padronizadas também fornecem etapas para evocações das "naturezas essenciais femininas e masculinas". Goffman cita esportes organizados como um desses arcabouços institucionalizados para a expressão de masculinidade. Ali, as qualidades que devem estar "adequadamente" associadas com a masculinidade (como resistência, força e espírito competitivo) são festejadas por todas as partes interessadas – os participantes, com a oportunidade de demonstrar essas características, e os espectadores, que, na segurança das arquibancadas, aplaudem as demonstrações dos atletas.

As práticas de acasalamento preferencial entre casais heterossexuais também fornecem meios adicionais para criar e manter as diferenças entre homens e mulheres. Por exemplo, embora tamanho, força e idade tendam a ser distribuídos normalmente entre fêmeas e machos (com sobreposição considerável entre eles), o pareamento seletivo garante casais em que os rapazes e homens são visivelmente maiores, mais fortes e mais velhos (ou até "mais sábios") do que as moças e mulheres com quem estão pareados. Assim, caso ocorram situações que exijam mais tamanho, mais força ou mais experiência, rapazes e homens sempre estarão prontos para demonstrá-los, e moças e mulheres, a apreciar sua demonstração (Goffman, 1977; West e Iritani, 1985).

O gênero pode ser moldado em várias situações rotineiras que, para começo de conversa, parecem convencionalmente expressivas, como aquelas que apresentam mulheres "desamparadas" ao lado de objetos pesados ou pneus furados. Mas, como salienta Goffman (1977), preocupações pesadas, confusas e periclitantes podem ser construídas a partir de *qualquer* situação social, "mesmo que pelos padrões estabelecidos em outros ambientes, isso possa envolver algo leve, organizado e seguro" (324). Levando em conta esses recursos, é evidente que *qualquer* situação interacional prepara o palco para representações de naturezas sexuais "essenciais". Em suma, essas situações "permitem não apenas a expressão de diferenças naturais, como principalmente a produção dessa própria diferença" (Goffman, 1977, 324).

Para começo de conversa, muitas situações não têm uma clara categorização de sexo, nem o que transpira dentro delas é obviamente relevante em termos de gênero. Porém, qualquer encontro social pode ser posto a serviço dos interesses de fazer gênero. Assim, a pesquisa de Fishman (1978) sobre conversas casuais encontrou uma "divisão de trabalho" assimétrica na conversa entre heterossexuais íntimos. As mulheres tinham de fazer mais perguntas, preencher mais silêncios e usar mais iniciativas para captar a atenção para serem ouvidas. As conclusões dela são particularmente pertinentes aqui:

> Já que o trabalho interacional está relacionado com o que constitui ser mulher, com o que uma mulher *é*, a ideia de que isso *constitui* trabalho é obscurecida. O trabalho não é visto como o que as mulheres fazem, mas como parte do que elas são. (405)

Argumentaríamos que é exatamente esse trabalho que ajuda a constituir a natureza essencial das mulheres *como* mulheres em contextos interacionais (West e Zimmerman, 1983; ver também Kollock, Blumstein e Schwartz, 1985).

Os indivíduos têm muitas identidades sociais que podem ser vestidas ou despidas, silenciadas ou salientadas, conforme a situação. Alguém pode ser amigo, esposo, profissional, cidadão e muitas outras coisas para muitas pessoas diferentes – ou para a mesma pessoa em momentos diferentes. Mas sempre somos mulheres ou homens – a menos que modificássemos nossa categoria de sexo. Isso significa que nossas demonstrações identificatórias fornecerão um recurso sempre disponível para fazer gênero sob um conjunto de circunstâncias infinitamente diversificado.

Algumas ocasiões são organizadas para demonstrar e celebrar de modo rotineiro comportamentos convencionalmente vinculados a uma ou outra categoria de sexo. Nessas ocasiões, todo mundo conhece seu lugar no esquema interacional das coisas. Se um indivíduo identificado como membro de uma categoria de sexo se engaja em um comportamento geralmente associado com a outra categoria, essa rotinização é desafiada. Hughes (1945) fornece uma ilustração desse dilema:

> [Uma] jovem... tornou-se parte dessa profissão viril, a engenharia. Espera-se que o projetista de um avião participe do voo inaugural do primeiro avião construído de acordo com o projeto. Ele [*sic*] então dá um jantar para os engenheiros e funcionários que trabalharam no novo avião. O jantar é, naturalmente, uma festa com presenças masculinas. A moça em questão projetou um avião. Os colegas de trabalho a avisaram para que ela não corresse o risco – para o qual, presumivelmente, só os homens estão aptos – da viagem inaugural. Com efeito, eles estavam pedindo que ela agisse como dama e não como engenheira. Ela preferiu ser engenheira. Então, deu a festa e pagou por ela como um homem. Depois da comida e da primeira rodada de brindes, foi embora como uma dama. (356)

Nessa ocasião, as partes alcançaram uma combinação que permitiu a uma mulher participar de comportamentos presumivelmente masculinos. No entanto, observamos que no final, esse compromisso permitiu a demonstração de sua feminilidade "essencial", por meio de um comportamento passível de ser atribuído a uma "dama".

Hughes (1945) sugere que essas contradições podem ser contestadas por gerenciamento de interações em uma base muito estreita, por exemplo, "mantendo a relação formal e específica" (357). Mas o cerne da questão é que mesmo – talvez, especialmente – em um relacionamento formal, o gênero continua sendo algo pelo qual a pessoa é responsável. Assim, uma mulher médica (observe o qualificador especial no caso dela) pode ser respeitada por sua habilidade e até mesmo tratada por um título apropriado. No entanto, ela está sujeita a uma avaliação em termos de concepções normativas de atitudes e atividades adequadas para a categoria de sexo e sob pressão para provar que ela é um ser "essencialmente" feminino, apesar das aparências em contrário (West, 1984, 97-101). A categoria de sexo é usada para desacreditar a sua participação em atividades clínicas importantes (Lorber, 1984), enquanto que seu envolvimento na medicina é usado para desacreditar o seu compromisso com as suas responsabilidades como esposa e mãe (Bourne e Wikler, 1978). Simultaneamente, a exclusão dela da comunidade de colegas médicos é mantida, e sua responsabilização *como mulher* é assegurada.

Nesse contexto, o "conflito de papel" pode ser encarado como um aspecto dinâmico de nossa atual "combinação entre os sexos" (Goffman, 1977), combinação que prevê ocasiões em que as pessoas de determinada categoria de sexo possam "ver" claramente que estão fora do lugar e que, se não estivessem lá, seus problemas atuais não existiriam. Do ponto de vista interacional, o que está em jogo é a gestão das nossas naturezas "essenciais"; do ponto de vista do indivíduo, é a conquista contínua de gênero. Se, como defendemos, a categoria de sexo é onirrelevante, então, qualquer ocasião, conflituosa ou não, oferece os recursos para fazer gênero.

Procuramos mostrar que a categoria de sexo e o gênero são propriedades gerenciadas de conduta que são inventadas no que tange ao fato de que outros vão nos julgar e nos responder de formas específicas. Afirmamos que o gênero de uma pessoa não é simplesmente um aspecto do que ela é, porém, mais fundamentalmente, é algo que alguém *faz*, e faz de modo recorrente, em interação com os outros.

Quais são as consequências dessa formulação teórica? Se, por exemplo, os indivíduos se esforçam para conquistar o gênero em encontros com outros, como uma cultura incute a necessidade de conquistá-lo? Qual é a relação entre a produção do gênero no nível interacional e essas combinações institucionais como a divisão do trabalho na sociedade? E, talvez mais importante, de que modo o "fazer gênero" contribui para a subordinação das mulheres pelos homens? ...

Gênero, poder e mudança social

Voltemos à questão: podemos evitar fazer gênero? Antes propusemos que na medida em que a inclusão de uma categoria de sexo é usada como critério fundamental para a diferenciação, fazer gênero é inevitável. É inevitável devido às consequências sociais da associação com a categoria de sexo: a alocação de poder e recursos, não só nos domínios doméstico, econômico e político, mas também na ampla arena das relações interpessoais. Em praticamente qualquer situação, a categoria de sexo pode ser relevante, e o desempenho de alguém como titular dessa categoria (ou seja, gênero) pode ser submetido à avaliação. Manter essa atribuição generalizada e fiel do *status* de vida exige legitimação.

Mas fazer gênero também processa os arranjos sociais com base na categoria de sexo responsável como normal e natural, ou seja, as formas legítimas de organizar a vida social. Diferenças entre mulheres e homens que são criadas por esse processo, então, podem ser retratadas como disposições fundamentais e duradouras. Sob esse prisma, as combinações institucionais de uma sociedade podem ser vistas como responsivas às diferenças – a ordem social constituindo apenas uma acomodação à ordem natural. Assim, se, ao fazer gênero, os homens também estão fazendo dominância e as mulheres estão fazendo deferência (cf. Goffman, 1967), a ordem social resultante, que supostamente reflete "diferenças naturais", é uma poderosa reforçadora e legitimadora das combinações hierárquicas. Frye (1983) observa:

> Para uma eficiente subordinação, o que se deseja é que a estrutura não pareça ser um artefato cultural em vigor por decisão humana ou costume, mas que pareça natural – que pareça ser uma consequência direta de fatos da natureza animal que estão fora do escopo da manipulação humana. ... O fato de sermos treinados para nos comportar de modo tão diferente como mulheres e homens e de nos comportar de modo tão diferente em relação a mulheres e homens, por si só, contribui poderosamente para o aparecimento de dimorfismo extremo, mas também as *formas* com que agimos como mulheres e homens e as *formas* com que agimos em

relação a mulheres e homens moldam nossos corpos e nossas mentes ao formato da subordinação e da dominação. Tornamo-nos o que praticamos ser. (34)

Se fizermos gênero de modo apropriado, simultaneamente sustentamos, reproduzimos e tornamos legítimas as combinações institucionais que se baseiam na categoria de sexo. Se fracassarmos em fazer gênero de modo apropriado, como indivíduos – não combinações institucionais – podemos ser responsabilizados (por nosso caráter, motivos e predisposições).

Movimentos sociais como o feminismo podem fornecer a ideologia e o ímpeto para questionar as combinações existentes, além do apoio social aos indivíduos para explorar alternativas a essas combinações. As mudanças legislativas, como as propostas pela Emenda dos Direitos Iguais, também podem enfraquecer a responsabilização da conduta à categoria de sexo, proporcionando, assim, a possibilidade de afrouxamento mais generalizado da responsabilização em geral. Com certeza, a igualdade perante a lei não garante igualdade em outras arenas. Como aponta Lorber (1986), a garantia de "igualdade escrupulosa entre as categorias de pessoas consideradas essencialmente diferentes exige monitoramento constante" (577). O que essas mudanças propostas *podem* fazer é fornecer o mandado para perguntar por que, afinal, são necessárias duas categorias de sexo se queremos tratar mulheres e homens como iguais (consulte Lorber, 1986).

A relação entre categoria de sexo/gênero conecta os níveis institucionais e interacionais, um acoplamento que legitima a interação das combinações sociais. Fazer gênero fornece o andaime interacional da estrutura social, junto com um mecanismo embutido de controle social. Ao apreciar as forças institucionais que mantêm as distinções entre mulheres e homens, não devemos perder de vista a validação interacional daquelas distinções que lhes confere o senso de "naturalidade" e "justiça".

Por conseguinte, a mudança social deve ser perseguida nos níveis institucional e cultural da categoria de sexo e no nível interacional do gênero. Essa conclusão não é novidade alguma. No entanto, sugerimos que é importante reconhecer que a distinção analítica entre as esferas institucionais e interacionais não impõe uma escolha de ou/ou quando se trata de efetuar a mudança social. Reconceitualizar o gênero não como simples propriedade dos indivíduos, mas como dinâmica integral das ordens sociais, implica uma nova perspectiva de toda a rede de relações de gênero, compreendendo

> a subordinação social das mulheres e as práticas culturais que ajudam a sustentá-la; a política de escolha de objeto sexual e particularmente a opressão das pessoas homossexuais; a divisão sexual do trabalho, a formação de caráter e motivo, até onde eles se organizam como feminilidade e masculinidade; o papel do corpo nas relações sociais, especialmente a política de partos; e a natureza das estratégias dos movimentos de libertação sexual. (Connell, 1985, 261)

O gênero é um poderoso dispositivo ideológico que produz, reproduz e legitima as escolhas e as restrições declaradas na categoria de sexo. Uma compreensão sobre como o gênero é produzido nas situações sociais permitirá o esclarecimento dos andaimes interacionais na estrutura social e dos processos de controle social que os sustentam.

NOTAS

[1] Esta definição subestima muitas complexidades envolvidas nas relações entre biologia e cultura (Jaggar, 1983). No entanto, o nosso ponto é que a determinação da classificação de sexo de um indivíduo é integralmente um processo *social*.

[2] Bernstein (1986) relata um caso incomum de espionagem em que um homem, se fazendo passar por uma mulher, convenceu um amante que ele/a havia dado à luz ao "filho" deles, o qual, o amante pensou, "se parecia" com ele.

REFERÊNCIAS

BERGER, J., B. P. COHEN e M. ZELDITCH, JR. 1972. Status characteristics and social interaction. *American Sociological Review* 37: 241-55.

BERGER, J., T. L. CONNER e M. H. FISEK, eds. 1974. *Expectation states theory: A theoretical research program*, Cambridge: Winthrop.

BERGER, J., M. H. FISEK, R. Z. NORMAN e M. ZELDITCH, JR. 1977. *Status characteristics and social interaction: An expectation states approach*. New York: Elsevier.

BERNSTEIN, R. 1986. France jails 2 in odd case of espionage. *New York Times*, 11 de maio.

BLACKWOOD, E. 1984, Sexuality and gender in certain Native American tribes: The case of cross-gender females. *Signs: Journal of Women in Culture and Society* 10: 27-42.

BOURNE, P. G. e N. J. WIKLER. 1978. Commitment and the cultural mandate: Women in medicine. *Social Problems* 25: 430-40.

CONNELL, R. W. 1985. Theorizing gender. *Sociology* 19: 260-72.

CUCCHIARI, S. 1981. The gender revolution and the transition from bisexual horde to patrilocal band: The origins of gender hierarchy. Em *Sexual meanings: The cultural construction of gender and sexuality*, editado por S. B. Ortner e H. Whitehead. New York: Cambridge University Press.

FISHMAN, P. 1978. Interaction: The work women do. *Social Problems* 25: 397-406.

FRYE, M. 1983. *The politics of reality: Essays in feminist theory*. Trumansburg, NY: Crossing Press.

GARFINKEL, H. 1967. *Studies in ethnomethodology*. Englewood Cliffs, NJ: Prentice-Hall.

GOFFMAN, E. 1967 (1956). The nature of deference and demeanor. Em *Interaction ritual*. New York: Anchor/Doubleday.

_____. 1977. The arrangement between the sexes. *Theory and Society* 4: 301-31.

HERITAGE, J. 1984, *Garfinkel and ethnomethodology*. Cambridge: Polity.

HILL, W. W. 1935. The status of the hermaphrodite and transvestite in Navaho culture. *American Anthropologist* 37: 273-79.

HUGHES, E. C. 1945. Dilemmas and contradictions of status. *American Journal of Sociology* 50: 353-9.

HUMPHREYS, P. e J. BERGER. 1981. Theoretical consequences of the status characteristics formulation. *American Journal of Sociology* 86: 953-83.

JAGGAR, A. M. 1983. *Feminist politics and human nature*. Totowa, NJ: Rowman & Allanheld.

KESSLER, S. J. e W. McKENNA, 1978. *Gender: An ethnomethodological approach*. New York: Wiley.

KOLLOCK, P., P. BLUMSTEIN e P. SCHWARTZ. 1985. Sex and power in interaction. *American Sociological Review* 50: 34-46.

LORBER, J. 1984. *Women physicians: Careers, status and power*. New York: Tavistock.

_____. 1986. Dismantling Noah's ark. *Sex Roles* 14: 567-80.

MARTIN, M. K. e B. VOORHEIS. 1975. *Female of the species*. New York: Columbia University Press.

MITHERS, C. L. 1982. My life as a man. *The Village Voice*, 5 de outubro.

MONEY, J. e J. G. BRENNAN. 1968. Sexual dimorphism in the psychology of female transsexuals. *Journal of Nervous and Mental Disease* 147: 487-99.

MONEY, J. e A. A. EHRHARDT. 1972. *Man and woman/boy and girl*. Baltimore: Johns Hopkins University Press.

MONEY, J. e C. OGUNRO. 1974. Behavioral sexology: Ten cases of genetic male intersexuality with impaired prenatal and pubertal androgenization. *Archives of Sexual Behavior* 3: 181-206.

MONEY, J. e P. TUCKER. 1975. *Sexual signatures*. Boston: Little, Brown.

MORRIS, J. 1974. *Conundrum*. Nova York: Harcourt Brace Jovanovich.

RAYMOND, J. G. 1979. *The transsexual empire*. Boston: Beacon.

RICHARDS, R. com J. AMES. 1983. *Second serve: The Renee Richards story*. Nova York: Stein and Day.

SACKS, H. 1972. On the analyzability of stories by children. Em *Directions in sociolinguistics*, editado por J. J. Gumperz e D. Hymes. Nova York: Holt, Rinehart e Winston.

SCHUTZ, A. 1943. The problem of rationality in the social world. *Economics* 10: 130-49.

WEST, C. 1984. When the doctor is a "lady": Power, status, and gender in physician-patient encounters *Symbolic Interaction* 7:87–106.

WEST, C. e B. IRITANI. 1985. Gender politics in mate selection: The male-older norm. Trabalho apresentado no encontro anual da Associação Sociológica Americana, Washington, D.C.

WEST, C. e D. H. ZIMMERMAN. 1983. Small insults: A study of interruptions in conversations between unacquainted persons. Em *Language, gender and society*, editado por B. Thorne, C. Kramarae e N. Henley. Rowley, MA: Newbury House.

WIEDER, D. L. 1974. *Language and social reality: The case of telling the convict code*. The Hague: Mouton.

WILLIAMS, W. L. 1986. *The Spirit and the flesh: Sexual diversity in American Indian culture.* Boston: Beacon.

WILSON, T. P. 1970. Conceptions of interaction and forms of sociological explanation. *American Sociological Review* 35: 697-710.

ZIMMERMAN, D. H. e D. L. WIEDER. 1970. Ethnomethodology and the problem of order: Comment on Denzin. Em *Understanding everyday life,* editado por J. Denzin. Chicago: Aldine.

Steven Seidman: Desconstruindo a teoria *queer*, ou certas dificuldades em uma teoria e política da diferença

... Desde o final da década de 1970, os termos da luta em torno da "homossexualidade" mudaram drasticamente. A suposição de que a "homossexualidade" é uma condição uniforme e idêntica deu lugar à noção de que o significado do desejo sexual pelo mesmo sexo varia consideravelmente no âmbito das sociedades e de uma sociedade para outra (por exemplo, de acordo com classe, raça, etnia ou identidade subcultural). No começo da década de 1980, tornou-se sabedoria convencional entre muitos intelectuais pelo menos que o significado e, portanto, a experiência da sexualidade de mesmo sexo articula uma lógica social e histórica, não natural e universal. ...

A teoria *queer* representa uma força poderosa em repensar a homossexualidade como cultura e política. Pode parecer estranho pensar em teóricos basicamente acadêmicos moldando um movimento de mudança cultural. Mas sua posição em universidades de prestígio, sua proeminência crescente na cultura intelectual *gay* e sua influência na política radical da Queer Nation e no ativismo da aids/HIV sugere que eles se tornaram uma importante força que molda a cultura e política *gay* e lésbica. ...

As elites culturais produzem representações e discursos que moldam imagens do *self* e estratégias políticas e comunitárias. Embora jornalistas, escritores, artistas e cineastas possam ter acesso a mais pessoas, os intelectuais acadêmicos influenciam essas elites e mídias culturais diretamente e exercem uma ampla influência pública por meio do ensino e da escrita. Assim como uma geração anterior de teóricos liberacionistas moldou a vida *gay* cultural e política, hoje é um novo movimento, uma geração de teóricos *queer*, que está moldando a cultura intelectual *gay* e lésbica.

Para compreender o significado social e político da teoria *queer*, desejo situá-la historicamente. Esboço os contornos históricos da evolução da cultura intelectual *gay* e lésbica, desde o início dos anos 1970 até o presente. Esse esboço tenciona ser meramente sugestivo. Depois faço uma caracterização das ideias básicas da teoria *queer* e seu significado social e político. Por fim, exponho seus próprios silêncios e ao mesmo tempo aprecio sua conexão importante para uma política do conhecimento.

Situando a cultura intelectual *gay* pós-Stonewall

A primeira fase da cultura intelectual *gay* e lésbica durou de 1968 a 1975, aproximadamente. Em 1968, havia apenas o início de uma comunidade *gay* e isso apenas em poucas áreas urbanas importantes. Um aparato cultural *gay* e lésbico, se é que podemos falar disso em 1968, foi o produto de uma geração prévia que se organizou em torno da Sociedade Mattachine e das Filhas de Bilitis. Refletindo o caráter local e clandestino dessas organizações, nacionalmente não havia jornais, revistas ou editoras identificados com

---

Reimpresso com permissão da Cambridge University Press, de Steven Seidman. *Difference Troubles: Queering Social Theory and Sexual Politics,* cap. 7 Cambridge University Press, 1997.

o público *gay* ou lésbico, nenhuma arte *gay* ou teatro *gay* institucionalizado e só alguns poucos escritores identificados com *gays* que escreviam a maior parte do tempo em isolamento. A teoria homossexual oscilava entre uma visão da homossexualidade como distúrbio psicológico secundário característico de um segmento da população e como desejo normal presente em graus variados na população humana. O início de uma teoria da homossexualidade como minoria oprimida foi expresso por radicais como Harry Hay, mas amplamente ignorado. A política *gay* era esmagadoramente orientada aos direitos civis, com o objetivo de assimilação social (d'Emilio, 1983). ...

No começo dos anos 1970, podemos observar o início de um aparato cultural nacional *gay* e lésbico. Os liberacionistas foram fundamentais na formação dessa cultura intelectual. Lançaram periódicos, revistas, boletins e jornais; publicações nacionais afloraram circulando arte, literatura e teoria *gays* e lésbicas. Embora vários intelectuais identificados com *gays* e lésbicas tivessem laços com a academia – de fato, muitos eram estudantes de pós-graduação ou professores – seus escritos ancoravam-se diretamente na cultura e na política do movimento. Em parte, essa posição refletiu seus vínculos fracos com a academia (como corpo docente júnior em um ambiente ferozmente hostil) e seus vínculos fortes (por exemplo, pela autodefinição e filiação comunitária) com o movimento em evolução. Com as suas raízes primárias pessoais e sociais no movimento, os liberacionistas *gays* e as feministas lésbicas foram capazes de fundir os papéis de intelectuais e ativistas (por exemplo, Altman, 1971; Bunch, 1975). O estilo e a linguagem de sua escrita indicam os interesses dos ativistas do movimento, por exemplo, críticas que normalmente assumiam a forma de ensaios curtos, poemas, panfletos, manifestos, memórias, contos e declarações autobiográficas, em vez de livros analíticos ou teoricamente orientados. O trabalho deles apareceu em veículos baratos, como boletins informativos, jornais, panfletos, livros e antologias escritas para o público geral. Em suma, nos primeiros anos da liberação *gay* e do feminismo lésbico, a cultura intelectual lésbica-*gay* estava firmemente enraizada nas preocupações do movimento e nas lutas públicas. Os liberacionistas eram, digamos, intelectuais públicos, porta-vozes de um movimento sociocomunitário em formação.

Uma segunda fase da cultura *gay* e lésbica abrange aproximadamente de meados da década de 1970 até meados da década de 1980. Esse foi um período de desenvolvimento comunitário e de amadurecimento político do movimento *gay* e lésbico. Uma comunidade *gay* totalmente elaborada e institucionalizada pontilhava a paisagem social de praticamente todas as grandes cidades, Estados Unidos afora. Parte essencial desse desenvolvimento social foi a criação de um aparato público e nacional *gay* e lésbico que incluía jornais, revistas, editoras e associações artísticas e literárias. Uma cultura nacional *gay* e lésbica existiu pela primeira vez nos Estados Unidos a partir de meados da década de 1980.

Embora o liberacionismo *gay* fosse fundamental nesse esforço de construção de comunidade, suas ideias e sua agenda eram marginalizadas no novo meio dominante *gay* e lésbico. As visões liberacionistas de criar uma nova humanidade deram lugar a modelos nacionalistas étnicos de identidade e políticas de interesse de grupo isoladas, inspiradas tanto por um ideal assimilativo liberal quanto por, no caso do feminismo lésbico, uma agenda ideológica separatista. Ser *gay* e lésbica passou a ser celebrado como distintiva identidade sociocultural.

Emergiu uma nova intelectualidade. Com a institucionalização das comunidades *gays*/lésbicas em todo o país, um novo estrato de trabalhadores culturais identificados com *gays* e lésbicas (por exemplo, escritores, jornalistas, artistas e produtores de conhecimento) poderia ser apoiado por jornais, revistas, editoras e teatros. Além disso, a tolerância expandida para a homossexualidade na corrente dominante dos Estados Unidos permitiu a ascensão de um novo estrato de intelectuais acadêmicos *gays* que introduziram o tópico da homossexualidade em suas pesquisas e teorizações. Muitos desses acadêmicos tinham raízes nas comunidades de liberacionismo *gay* ou feminismo lésbico. Em geral, eles defendiam uma visão crítica sobre a homossexualidade como condição trans-histórica. Disputavam tentativas de enquadrar a identidade homossexual como fenômeno fixo, universalmente idêntico, sem, no entanto, romper com a política de identidade. Abordavam a homossexualidade em termos sociais e históricos. Em particular, a fusão de homossexualidade e identidade era analisada como evento histórico ocidental recente, não como condição natural e universal.

Ao contrário de uma geração anterior de intelectuais identificados com *gays* e lésbicas, essa geração (por exemplo, Weeks, 1977; d'Emilio, 1983; Boswell, 1980; Faderman, 1981) estava muito mais ancorada academicamente. Os historiadores em sua maioria pertenciam ao quadro docente fixo; escreviam para revistas especializadas ou publicavam livros nas editoras universitárias; foram a primeira geração de intelectuais capaz de ter sucesso na academia apesar de assumir uma identidade *gay* ou lésbica. Embora muitos desses intelectuais fossem acadêmicos, o seu trabalho não era divorciado da política e da cultura de movimento. Em parte, essa unidade reflete o fato de que, na condição de historiadores, eles escreviam geralmente em um estilo mais acessível à comunidade leiga, mesmo quando almejavam o reconhecimento pelos seus colegas. Além disso, muitos tinham uma história de ativismo social e se integraram política e socialmente na vida *gay* e lésbica; essas comunidades de leigos foram um público principal para essa nova intelectualidade. Talvez mais importante, o seu trabalho, concentrado na formação social de uma identidade e uma comunidade homossexuais, reforçou a minoritarização da vida *gay* e lésbica na década de 1970. Assim, embora muitos desses intelectuais escrevessem como acadêmicos buscando *status* colegial, seus fortes vínculos com a história e a política atual do movimento, bem como sua identificação com as disciplinas que valorizavam a educação pública, permitiram-lhes mesclar os papéis de intelectual acadêmico e público.

A terceira fase da evolução de uma cultura intelectual lésbica/*gay* abrange o período entre aproximadamente meados da década de 1980 e o presente. A construção de uma comunidade prosseguiu à medida que as comunidades *gays* e lésbicas assumiram a forma de subculturas plenamente institucionalizadas. Além disso, enquanto o período anterior testemunhou drásticos acontecimentos sociais e políticos, um ímpeto de se integrar à corrente principal (*mainstream*) dominou a política do movimento nesse período. Com efeito, a reação antigay do fim da década de 1970 até o início dos anos de 1980 pode ser lida como prova do próprio sucesso dessa integração. A integração à corrente principal é evidente na comercialização de moda descaradamente *gay* identificada; na inclusão de *gays* na Coalizão Arco-Íris (Rainbow Coalition) como parceiros integrais; no perigo diminuído que as elites socioculturais sentiam por estar associadas publicamente com as causas lésbicas e *gays*. Talvez a ilustração mais drástica dessa integração à corrente principal tenha ocorrido no reino da cultura intelectual. Conceituados periódicos, revistas e editoras abriram espaço para autores que se identificavam com o público *gay* e lésbico; inclusive em publicações de orientação acadêmica. Periódicos como *October, Social Text, Socialist Review, Radical America, South Atlantic Quarterly, differences, Oxford Review* e *Raritan* publicaram importantes manifestações sobre os temas *gays* e lésbicos. Desde editoras renomadas, como a Routledge e a Beacon, até as editoras universitárias, como as da University of Chicago, Columbia, Duke, Minnesota e Indiana, desenvolveram fortes vertentes em estudos *gays* e lésbicos. Programas de estudos e centros de pesquisas *gays* estão sendo estabelecidos nas grandes universidades.

A integração da cultura intelectual *gay* e lésbica significa que a universidade tornou-se um local principal para a produção de discursos de *gays* e lésbicas. Sem dúvida, discursos de experiências homossexuais continuam sendo produzidos pelo corpo dos trabalhadores culturais não acadêmicos, por exemplo, cineastas, jornalistas, escritores, poetas, ensaístas, autores pornográficos, ativistas políticos e escritores. No entanto, cada vez mais, acadêmicos que se identificam como *gays* controlam a produção dos conhecimentos *gays* e lésbicos. E embora esse desenvolvimento sugira que *gays* e lésbicas terão voz nas lutas sobre a produção e a circulação do conhecimento, também significa que a cultura intelectual *gay* agora está mais dividida do que nunca entre um setor acadêmico e um setor não acadêmico. Além disso, à medida que o fosso se alarga entre o discurso academicamente dominado sobre a homossexualidade e a cultura *gay* cotidiana, surge a possibilidade real de que a política *gay* e a teoria *gay* tenham apenas uma tênue conexão. À medida que os teóricos e ativistas estão posicionados socialmente de modo diferente, à medida que eles falam em línguas diferentes para diferentes públicos, suas relações podem ser tensas e fracas; por exemplo, os teóricos podem invocar ativistas para correção política, enquanto ativistas pedem que a teoria demonstre respeitabilidade cultural.

A terceira fase presenciou a ascensão de uma nova força na cultura intelectual *gay* e lésbica: a teoria *queer*. A antiga elite intelectual dos intérpretes autodidatas da vida *gay* e lésbica (por exemplo, Katz, 1976; Martin e Lyon, 1972; Rich, 1980) e historiadores profissionais e cientistas sociais (por exemplo, d'Emilio, 1983; Trumbach, 1977; Weeks, 1977; Smith-Rosenberg, 1975), cujas raízes e público principal eram a comunidade *gay* e lésbica, estão perdendo terreno na luta por definir os conhecimentos sobre "homossexualidade" para uma nova elite cultural de acadêmicos que cada vez mais implantam o signo de *queer* para descrever ou posicionar sua abordagem. A vertente mais conspícua da teoria *queer* inspira-se fortemente na teoria pós-estrutural francesa e no método crítico de desconstrução. Os produtores da teoria *queer* estão mais bem integrados com a academia do que as gerações anteriores que produziram conhecimentos *gays*; na sua maioria, são professores que buscam o *status* de colegiado, bem como o reconhecimento da elite cultural não acadêmica *gay* e lésbica, por exemplo, escritores públicos, corpo editorial de revistas e jornais, casas editoriais e elites políticas. Boa parte dos teóricos *queer* alcançou a maturidade durante um período de ativismos renovado da política de aids/HIV e compartilham o espírito de renovação da política transformadora com grupos como ACT-UP ou Queer Nation. A teoria *queer* está moldando profundamente a cultura intelectual, pelo menos aquele segmento anteriormente controlado por estudiosos independentes, historiadores acadêmicos e cientistas sociais.

Os teóricos *queer* estão posicionados para se tornar uma força substancial na moldagem da cultura intelectual *gay* e lésbica. Muitas vezes unificada por geração e por afiliação acadêmica, compartilhando uma cultura baseada em práticas conceituais e linguísticas comuns e capturando o espírito de descontentamento em relação tanto à corrente principal hétero quanto à corrente principal *gay*, a teoria *queer* é uma importante força social na formação da cultura e da política intelectual *gay* nos anos 1990. Gostaria de contribuir para a compreensão e a avaliação desse movimento cultural.

Desconstruindo a identidade *gay*: teoria *queer* e a política do conhecimento

Apesar de uma reação antigay, o movimento *gay* e lésbico deu passos gigantescos para a construção de uma comunidade e de uma integração social na década de 1980. Nos centros urbanos dos Estados Unidos afora, a comunidade *gay* e lésbica estabeleceu uma identidade pública territorial, institucional, cultural e política. A partir dessa base social, lésbicas e homens *gays* fizeram campanha, com grande sucesso, por inclusão social, conforme evidenciado pela legislação de direitos civis, representação política, reforma legal e o surgimento de representações afirmativas na mídia.

De modo irônico, o sucesso social pode ter permitido que as diferenças até então silenciadas viessem à tona publicamente. Diferenças que foram submersas por uma questão de solidariedade contra uma corrente principal heterossexista entraram em erupção e se revelaram para o público em geral. Em particular, os confrontos sobre sexualidade e raça serviram de locais essenciais para que as diferenças coalescessem socialmente. Escaramuças locais sobre ética sexual e prioridades políticas ganharam proporções de guerra geral envolvendo a coerência social e o desejo de afirmar uma identidade *gay* e lésbica.

O modelo nacionalista étnico dominante de identidade e política foi criticado por exibir valores brancos, de classe média e heteroimitativos, bem como interesses políticos liberais. Na frente política, críticas paralelas à corrente principal *gay* e lésbica emergiram entre ativistas da aids/HIV (p. ex., os membros da ACT-UP) e os ativistas da Queer Nation, que se posicionaram contra a política cultura normalizadora e disciplinadora do centro social *gay* e lésbico. Eles desafiaram a própria base da política *gay* da corrente principal: uma política organizada com a premissa de um sujeito unificado. Autodenominando-se *queer* e organizando-se em torno de questões amplas de controlar o corpo ou o acesso a cuidados de saúde, uma nova política cultural pós-identidade ganhou força na década de 1980. Na frente intelectual, uma onda de pessoas identificadas com *gays* e lésbicas, radicais de cor e sexo, atacou a construção de uma identidade *gay* unitária, tachando-a de normativa e de uma força disciplinadora que exclui e marginaliza muitos desejos, atos e identidades dos indivíduos que se identificam com *gays* e lésbicas. Eles desenvolveram várias propostas alternativas para repensar a identidade e a política, por exemplo, a noção de posições de sujeito interligadas e locais de opressão e resistência. No entanto, foi o movimento dos teóricos *queer*, com base no pós-estruturalismo francês, que articulou teoricamente esse desafio com a política de identidade e cujas ideias mudaram-se para o centro da cultura intelectual *gay* e lésbica.

A teoria pós-estrutural enquadra a crítica literária menos como questão de definir ou contestar um cânone, engajando-se em um diálogo sobre questões presumivelmente universais de forma literária, ou como questão de delinear as estruturas formais de um texto, do que como um tipo de análise social. Os textos literários são vistos como práticas sociais e políticas, como organizados pelos códigos sociais e culturais e, de fato, como forças sociais que estruturam as identidades, as normas sociais e as relações de poder. Em particular, os textos são vistos como organizados em torno de figuras simbólicas fundamentais, como masculino/feminino ou heterossexual/homossexual. Essas oposições binárias são entendidas como categorias de conhecimento; elas estruturam a forma de pensar e organizam a experiência. Esses significados linguísticos e discursivos contribuem para a formação das hierarquias sociais. A desconstrução visa a perturbar ou deslocar o poder dessas hierarquias, mostrando seu caráter arbitrário, social e político. A desconstrução pode ser descrita como uma política cultural do conhecimento. É essa transformação da análise literária em análise social, de crítica textual em crítica social, de leituras em práticas políticas, de política em política do conhecimento, que torna a desconstrução e a teoria *queer* inspiradas por um movimento importante de teoria e política. ...

Pretendo esboçar o que considero ser o impulso político e intelectual dominante da teoria *queer*. Não pretendo fornecer análises detalhadas de textos fundamentais. Meus objetivos são tornar inteligível o projeto de um movimento cultural particularmente influente e começar a avaliar a sua importância. No restante desta seção, gostaria de afirmar, tão claramente quanto possível, o impulso norteador e as ideias primordiais desse corpo de trabalho.

A teoria homossexual – não importa se essencialista ou construcionista – favorecia uma visão da homossexualidade como condição de minoria social. Embora as perspectivas essencialistas e construtivistas possam pressupor que o homoerotismo é uma experiência universal, os dois pontos de vista simultaneamente buscam explicar a formação de uma minoria social homossexual. Por exemplo, uma posição essencialista pode sustentar que apenas alguns indivíduos são exclusiva ou principalmente homossexuais. Sustentando esse pressuposto, o analista pode prosseguir para explicar como essa população homossexual passou a falar de si na condição de minoria social. Uma posição social construcionista poderia pressupor que, embora experiências de mesmo sexo sejam uma condição universal, apenas alguns indivíduos em algumas sociedades organizam suas vidas em torno do homoerotismo. Um analista social que pressupõe premissas construtivistas poderá rastrear os fatores sociais que têm transformado esse desejo homoerótico universal em uma identidade homossexual. Apesar das diferenças entre os pressupostos assim chamados essencialistas e construtivistas sobre a experiência de mesmo sexo, analistas *gays* e lésbicas têm se preocupado em explicar as forças sociais que criam uma minoria homossexual autoconsciente. Tanto as versões essencialistas quanto sociais construtivistas da teoria *gay*/lésbica na década de 1970 e 1980 têm histórias parecidas de maturidade de um sujeito homossexual coletivo.

Os teóricos *queer* criticaram a visão da homossexualidade como propriedade de um indivíduo ou grupo, independentemente de essa identidade ser explicada como natural ou social na origem. Eles argumentam que essa perspectiva posiciona o binário heterossexual/homossexual como principal arcabouço para a construção do *self*, do conhecimento sexual e das instituições sociais. Um projeto teórico e político com o objetivo exclusivo de normalizar a homossexualidade e legitimá-la como minoria social não desafia um regime social que perpetua a produção de sujeitos e mundos sociais que são organizados e regulamentados pelo binário heterossexual/homossexual. Minoritarizar estratégias epistemológicas estabiliza um regime de poder/conhecimento que define corpos, desejos, comportamentos e relações sociais em termos binários, de acordo com uma preferência sexual hétero/homo fixa. Essas figuras binárias linguísticas e discursivas inevitavelmente se enquadram em termos hierárquicos, reforçando, assim, uma política de exclusão e dominação. Além disso, em um regime desses, a política homossexual é pressionada a transitar entre duas opções limitadas: a luta liberal para legitimar a homossexualidade a fim de maximizar a uma política de inclusão e a luta separatista para afirmar a diferença em prol de uma política de nacionalismo étnico.

Até a presente data, a lógica dominante da política *gay* e lésbica tem sido a de lutar contra a heteronormatividade rumo ao objetivo de legitimar a homossexualidade. Por mais importância que tenha esse projeto, os teóricos *queer* expuseram seus limites. Um sistema sexual binário, seja ele compulsivamente heterossexual ou não, cria rígidos limites psicológicos e sociais que inevitavelmente dão origem a sistemas de dominação e hierarquia – certos sentimentos, desejos, atos, identidades e formações sociais são excluídos, marginalizados e inferiorizados. À medida que os indivíduos se sentem compelidos a se definirem como hétero ou homossexual, erigem fronteiras e identidades protetoras que são autolimitadas e socialmente controladoras. Além disso, as construções de identidade desenvolvidas com base em um desejo exclusivamente hétero ou homo são inerentemente instáveis; a asserção de uma categoria de identidade pressupõe, incita e exclui o seu oposto. A declaração de individualidade (*selfhood*) heterossexual revela o seu oposto; de fato, necessita do homossexual para ser coerente e limitado. Na verdade, a própria consciência do "outro homossexual" não pode deixar de suscitar suspeitas de desejo homossexual em si mesmo e nos outros, em toda a gama de interações, amizades, sonhos, fantasias e imagens públicas homossexuais do cotidiano. A heterossexualidade e a homossexualidade pertencem uma à outra na forma de um acoplamento instável que é – de modo simultâneo e recíproco – produtivo e subversivo.

Além de produzir uma série de oposições e instabilidades psicológicas, sociais e políticas, um regime sexual binário impõe sérios limites à teoria e à política sexuais. Na medida em que a identidade sexual (e individual) é definida pela orientação sexual equiparada com a preferência de gênero, uma vasta gama de desejos, atos e relações sociais nunca se transformam em objeto da teoria e da política. Equiparar a liberação sexual com a legitimação heterossexual e homossexual pressupõe uma noção extremamente redutora de "sexual", pois deixa fora de consideração qualquer preocupação explícita com o corpo, a estimulação sensual e os atos e as relações sexuais, além daquela em termos de preferência de gênero. Está implícita nos textos dos teóricos *queer* a alegação de que o foco da corrente principal em legitimar uma preferência e uma identidade homossexuais trai valores íntimos convencionais da classe média. Ao focar a política exclusivamente na legitimação da escolha do gênero de mesmo sexo, o movimento *gay* e lésbico deixa politicamente inconteste uma gama de valores íntimos e sexuais específicos, que podem ser marginalizados ou desvalorizados em outros aspectos. Em outras palavras, a corrente principal *gay* costuma tomar como certo o *status* normativo de valores de longo prazo: monogâmicos, de adulto para adulto, intrarraciais, intrageneracionais, sexuais românticos e íntimos. Se a orientação sexual de uma pessoa envolve, digamos, sadomasoquismo de mesmo sexo ou sexo interracial ou comercial, ela relutaria a reduzir a política de orientação sexual à preferência de gênero e à legitimação de uma identidade homossexual. A corrente principal *gay*, incluindo a teoria *gay*, é criticada como força disciplinadora e normativa, uma dinâmica que involuntariamente reforça a exclusão e a hierarquia.

Os teóricos *queer* argumentam que a homossexualidade não deve ser tratada como um problema das vidas e dos destinos de uma minoria social. ... Especificamente, o seu objeto de análise é a oposição heterossexual/homossexual. Isso é entendido como uma categoria de conhecimento, uma maneira de definir e organizar egos, desejos, comportamentos e relações sociais. Ao ser articulada em textos e práticas sociais (por exemplo, regimes terapêuticos ou costumes e leis matrimoniais), essa figura hétero/homossexual contribui para produzir sujeitos e mundos sociais heterossexualizados e homossexualizados mutuamente exclusivos. Assim como as feministas alegam ter descoberto um código de gênero (binário masculino/feminino) que molda a textura da vida pública e pessoal, uma alegação paralela é feita para a figura hétero/homossexual. As intervenções *queer* urgem uma troca de enquadramento da questão da homossexualidade em termos de identidade pessoal e de uma política de opressão e liberação homossexuais com o intuito de imaginar a homossexualidade em relação à política cultural do conhecimento. A esse respeito, a teoria *queer* posiciona a questão da homossexualidade no centro da sociedade e da análise social. A teoria *queer* é menos uma questão de explicar a repressão ou a expressão de uma minoria homossexual do que uma análise da figura hétero/homossexual como regime de poder/conhecimento que molda a ordenação de desejos, comportamentos e instituições sociais e relações sociais – em suma, constituição do *self* e da sociedade. ...

Os limites do textualismo *queer*

Desde o início do movimento homófilo, na década de 1950, até o liberacionismo *gay* e o nacionalismo étnico da década de 1980, a teoria *gay* e lésbica nos Estados Unidos tem estado casada com determinada metanarrativa. Essa tem sido a história da formação de um sujeito homossexual e sua mobilização para desafiar uma sociedade heteronormativa. A teoria *gay* tem sido associada ao que gostaria de chamar uma "política de interesse". Isso se refere a uma política organizada em torno de reivindicações por direitos e representação social, cultural e política por um sujeito homossexual. Na pioneira busca homófila por tolerância, no projeto liberacionista *gay* de liberar o *self* homossexual, ou na asserção nacionalista étnica por igualdade de direitos e representação, o movimento *gay* anda casado com uma política de interesse.

A teoria *queer* propõe uma alternativa ou um suplemento ao paradigma de uma política de interesse com base na identidade. Abandonando o sujeito homossexual como a fundação da teoria e da política, os críticos *queer* adotam a figura discursiva hétero/homossexual como seu objeto de conhecimento e crítica. Diz-se que esse binário funciona como uma categoria central do conhecimento que estrutura grandes ramos da cultura ocidental e das convenções sociais. Os analistas sociais *queer* expõem as maneiras que essa figura epistemológica funciona na cultura e nas práticas sociais do Ocidente. A definição hétero/homossexual serve como espécie de arcabouço global em que corpos, desejos, identidades, comportamentos e relações sociais são constituídos e regulamentados.

Pode-se dizer que a teoria *queer*, ou pelo menos uma de suas vertentes proeminentes, propõe uma "política de conhecimento" cultural. Seu objetivo é rastrear as maneiras que a figura hétero/homo estrutura discursos e representações que estão no âmago das sociedades ocidentais. Os teóricos *queer* posicionam a teoria *gay* no centro da teoria social ou da crítica cultural, em vez de abordá-la como discurso de minoria. Em paralelo às alegações feministas marxistas sobre as oposições de burguesia/proletariado e masculino/feminino, os analistas *queer* reivindicam para o binário hétero/homo o *status* de uma categoria principal de análise social. Desejam contestar essa estrutura de conhecimento e paradigma cultural. Pretendem subverter a hierarquia de hétero/homo, não com o objetivo de celebrar a igualdade ou superioridade da homossexualidade, nem com a esperança de libertar um sujeito homossexual. Em vez disso, o projeto desconstrutivo da teoria e política *queer* visa a neutralizar e deslocar a força social dessa figura cultural. Mas com que meios e com que finalidade?

À medida que considero a política da teoria *queer*, registro algumas reservas. Ao longo deste artigo vimos que os críticos sociais *queer* têm objetivo e estratégias claros: desejam rastrear a operação cultural da figura hierárquica hétero/homo com o objetivo de inverter e perturbar seu infeccioso e penetrante poder social. Mas como? Qual força é reivindicada pela crítica desconstrutiva, e qual é o seu ponto de vista ético e político? ...

... A teoria *queer* sugere uma lógica cultural profunda para explicar o poder permanente do heterossexismo. As raízes do heterossexismo não consistem em socialização, preconceito, tradição ou bodes expiatórios, mas uma forma básica de organizar os conhecimentos e os campos da vida cotidiana que se articulam profundamente nas principais práticas sociais das sociedades ocidentais.

A teoria *queer* analisa a homossexualidade como parte de um regime de poder/conhecimento em vez de como identidade de minoria social. Espera contribuir para desestabilizar esse regime, para perturbar seu *status* cultural fundamental. Mas com que finalidade? Qual é o ponto de vista ético e político da teoria *queer*?

A crítica desconstrutiva da figura hierárquica hétero/homo está vinculada a uma política de diferença. O objetivo dela é liberar as possibilidades de experiências corporais, sexuais e sociais que estão submersas ou marginalizadas pelo regime dominante. A esperança social da teoria *queer* está aliada à proliferação de formas de diferença social e pessoal. ...

... Apesar de sua crítica ao individualismo metodológico ou à visão do indivíduo como a fonte e o centro do conhecimento, sociedade e história, boa parte da teoria *queer*, pelo menos suas correntes desconstrutivas, está casada com uma visão social cujo valor final reside em promover a individualidade e a tolerância da diferença; onde a teoria *queer* não tangencia um ideal social anarquista ela acena para um ideal democrático e pluralista.

O vínculo entre a teoria *queer* e uma política de diferença precisa ser pesquisado ao menos provisoriamente. Que tipo de política é essa? Quais tipos de diferenças são pretendidos e com qual força ética? Mas devemos proceder de modo oblíquo, pois os teóricos *queer* não se envolveram diretamente nessas perguntas. ...

... Esse é um ideal social em que desejos, prazeres, relações sociais, corpos e sexualidades se multiplicam e se proliferam. Mas qual seria a aparência dessa ordem de diferença? Quais diretrizes éticas permitiriam essa inovação sexual e, ao mesmo tempo, manter-se-iam atentas às considerações de poder e regulação normativa legítima? Nem todas as expressões individuais e sociais seriam toleradas; não podemos fugir da necessidade de ética e regulamento sexuais, inclusive estruturas de disciplina e hierarquia moral. Que aparência teria essa ordem normativa? ... Penso que o silêncio sobre essas questões é indicativo de uma recusa por parte de muitos teóricos *queer* para articular seu próprio ponto de vista ético e político e imaginar um projeto social construtivo. ...

A força persuasiva do projeto *queer* depende de até que ponto uma pessoa assume que os modelos dominantes da política *gay* e lésbica pressupõem o binário hétero/homo. As intervenções *queer* visam a expor sua cumplicidade inconsciente em reproduzir uma ordem heteronormativa e uma ordem que condensa a liberdade sexual para legitimar a preferência de gênero de mesmo sexo. Contudo, os teóricos *queer* muitas vezes se renderam a um culturalismo ou textualismo estreito; não articularam sua crítica do conhecimento com uma crítica das condições sociais produtivas dessas figuras textuais; não forneceram uma explicação sobre as condições sociais de sua própria crítica. Com frequência, o "social" é reduzido a categorias de conhecimento e cultura, enquanto a última é, por si só, muitas vezes reduzida a figuras binárias linguísticas e discursivas. Da mesma forma, o "histórico" é reduzido a um espaço indiferenciado, por exemplo, o Ocidente moderno ou o período de 1880-1980 nas sociedades ocidentais modernas. Por fim, o ponto de vista ético de seus próprios discursos é velado. Os críticos *queer* têm se recusado a dar articulação social e moral aos conceitos-chave das diferenças e, ao mesmo tempo, os invocam para criticar a compulsividade da identidade nas sociedades ocidentais modernas. Se quisermos recuperar uma perspectiva crítica social mais completa e uma visão política transformadora, um rumo frutífero é articular uma política de conhecimento com uma análise social institucional que não ignore uma vontade de desvelar seu próprio ponto de vista ético.

REFERÊNCIAS

ALTMAN, DENNIS. 1971. "On Ideology and Ideological State Apparatuses" New York: Avon.

BOSWELL, JOHN. 1980. *Christianity, Social Tolerance, and Homosexuality.* Chicago: University of Chicago Press.

BUNCH, CHARLOTTE. 1975. "Lesbians in Revolt," *Lesbianism and the Women's Movement,* ed. Nancy Myron and Charlotte Bunch. Baltimore: Diana Press.

D'EMILIO, JOHN. 1983. *Sexual Politics, Sexual Communities.* Chicago: University of Chicago Press.

FADERMAN, LILLIAN. 1981. *Surpassing the Love of Men.* New York: Morrow.

KATZ, JONATHAN NED. 1976. *Gay American History.* New York: Thomas Y. Crowell.

MARTIN, DEL e PHYLLIS LYON. 1972. *Lesbian/Woman.* New York. Bantam.

RICH, ADRIENNE. 1976. *Of Woman Born.* New York: W.W. Norton.

SMITH-ROSENBERG, CARROLL. 1975. "The Female World of Love and Ritual: Relations Between Women in Nineteenth Century America." *Signs* 9: 1-29.

TRUMBACH, RANDOLPH. 1977. "London Sodomites: Homosexual Behavior and Western Culture in the Eighteenth Century", *Journal of Social History* 11: 1-33.

WEEKS, JEFFREY. 1977. *Coming Out!* London: Quartet.

Raça 14

Introdução

W. E. B. Du Bois nasceu em Great Barrington, Massachusetts, em 23 de fevereiro de 1868, e morreu aos 95 anos em Gana. Sua vida abrange a história do movimento moderno em prol dos direitos civis desde o final da Guerra Civil até a Marcha sobre Washington; nesse ínterim, Du Bois deixou sua marca duradoura como sociólogo, intelectual público e ativista empenhado na luta pela justiça social.

O jovem Du Bois foi um aluno excepcional. No ensino médio, teve rigorosa instrução em latim e grego e aos 16 anos (o mais novo de sua turma) estava pronto para a faculdade. Embora fosse considerado brilhante e almejasse entrar em Harvard, ele não tinha recursos financeiros e, como observa David Levering Lewis em sua biografia, havia, "entre tantas pessoas brancas que em outras circunstâncias seriam gentis e caridosas, uma clara falta de entusiasmo para ajudar um 'negro', por mais brilhante que fosse ele, a frequentar a faculdade de líder da nação". Em vez disso, ele frequentou a Fisk University, uma escola congregacional para negros, em Nashville, Tennessee. Em 1888, Du Bois graduou-se em Fisk e logo fez um segundo bacharelado na Harvard University. Na época ele foi apenas o sexto membro da sua raça a ter frequentado a instituição desde 1870, quando o primeiro afro-americano foi admitido.

Em Harvard, estudou com os principais filósofos do seu tempo (William James, Josiah Royce e George Santayana) e, como Harvard não tinha departamento de sociologia, Du Bois se formou em filosofia. Graduou-se *cum laude* em 1890 e em seguida matriculou-se no programa de doutorado em história em Harvard. Ao longo de seus estudos de pós-graduação, Du Bois foi para a Alemanha para frequentar a Universidade de Berlim, onde se envolveu em trabalhos acadêmicos e assistiu às palestras de alguns dos mais importantes vultos da ciência social alemã: Gustav von Schmoller, Adolph Wagner e o grande sociólogo Max Weber. Em seu retorno aos Estados Unidos, Du Bois completou o doutorado com a tese *A supressão do comércio de escravos africanos para os Estados Unidos da América, 1638-1870,* que se tornou a primeira monografia a ser publicada na recém-criada série de estudos históricos de Harvard. Em 1915, Du Bois tornou-se o primeiro afro-americano a receber um Ph.D. em Harvard.

Du Bois assumiu posições acadêmicas no Wilberforce College, na University of Pennsylvania e na University of Atlanta. Na University of Pennsylvania, ele escreveu *O negro da Filadélfia: um estudo social,* obra que registrou suas descobertas com base em uma pesquisa sociológica sobre 4.500 afro-americanos vivendo no Sétimo Bairro da Filadélfia. Essa obra continua sendo uma clássica investigação empírica que permanece um modelo de pesquisa sociológica, em pé de igualdade com as contribuições de sociólogos da escola de Chicago. Sem assistentes de pesquisa, Du Bois realizou uma pesquisa de porta em porta para coletar os fatos sobre a vida econômica, social, religiosa e familiar dos habitantes do Sétimo Bairro, na esperança de dissipar os mitos e as fantasias que circulavam na comunidade branca. Em consonância com o etos reformista da época, Du Bois acreditava na utilidade da pesquisa científica na solução de problemas sociais pendentes. Nessa fase de acadêmicos de sua carreira e, de fato, em toda a sua vida, Du Bois foi um escritor prolífico. Para os estudos da University of Atlanta sobre o negro norte-americano, ele escreveu pelo menos 19 monografias com base em estudos que ele conduziu sobre cada aspecto da vida negra nos Estados Unidos, incluindo questões de saúde, educação, arte, religião, crime, família e economia. Du Bois queria construir um banco de dados que fornecesse a estudiosos e formuladores de políticas os fatos de que eles precisavam para implementar políticas públicas sensatas e racionais. Nessa fase inicial ele foi um racionalista que acreditava no poder das ideias para modelar mudanças políticas e sociais.

A forte influência da sociologia empírica de Du Bois que abordou a vida dos afro-americanos pode ser percebida em obras como *Metrópole negra*, de Horace Clayton e St. Claire Drake, *A família negra nos Estados Unidos*, de E. Franklin Frazier, e *Os realmente desfavorecidos*, de William Julius Wilson. Sua obra continua servindo de guia e inspiração para os sociólogos urbanos que seguiram em sua esteira.

Em *As almas da gente negra*, famosa coletânea com seus primeiros ensaios, Du Bois desenvolve o conceito presciente de "dupla consciência", que capta o enigma duradouro de ser um afro-americano. Seus ensaios começam com epígrafes de famosos poetas e escritores europeus, seguidas por breves notações musicais de canções espirituais negras. Essa justaposição destina-se a transmitir duas culturas iguais, uma negra, a outra branca, cada qual com sua contribuição a dar para a outra e, de modo significativo, antecipa o que hoje é chamado de multiculturalismo. No prefácio à coletânea, Du Bois escreveu: "Aqui jazem muitas coisas que se lidas com paciência podem mostrar o estranho significado de ser negro aqui ao raiar do século XX. Esse significado também lhe diz respeito, gentil leitor; pois o problema do século XX é o problema da cor". À medida que você for lendo o trecho escolhido de *As almas da gente negra*, observe atentamente o que Du Bois quer dizer com "dupla consciência". Du Bois procura assimilação ou separatismo? E se não procura nada disso, o que então ele procura? Como as ideias de Du Bois contribuem para a nossa compreensão dos debates contemporâneos sobre multiculturalismo?

Não é apenas como acadêmico e erudito que W. E. B. Du Bois é lembrado, mas também como intelectual e ativista público. Ao longo de sua carreira, Du Bois escreveu oportunas análises políticas, além de publicar romances e ensaios biográficos. Esses textos deram uma mensagem clara, apaixonada e corajosa sobre a condição dos negros na América. Já em 1905 Du Bois organizou o Movimento de Niágara para dar voz aos afro-americanos na luta pelos direitos civis e, quatro anos depois, em 4 de julho de 1909, a Associação Nacional para o Progresso das Pessoas de Cor (NAACP) realizou a sua reunião de fundação, que contou com a presença do grupo original de negros proeminentes que Du Bois havia reunido no Movimento de Niágara e alguns intelectuais e profissionais brancos. Du Bois tornou-se o editor de *Crise*, o periódico da NAACP, que ele concebeu como instrumento para elevar a consciência dos negros nos Estados Unidos. Tornou-se seu veículo para mobilização contra os males do racismo, onde quer que ele existisse. Por fim, a posição inflexível de Du Bois sobre essas questões lhe fez entrar em conflito com a liderança da NAACP, obrigando-o a se afastar do periódico em 1934.

Du Bois, um dos primeiros a propor o Pan-africanismo, ajudou a fundar e a presidir o encontro inaugural do Congresso Pan-africano, em 1919, com o propósito expresso de planejar a disposição futura das colônias alemãs na África após a Primeira Guerra Mundial. O Congresso Pan-africano reivindicou que as colônias africanas fossem removidas do controle alemão e colocadas sob a tutela da Liga das Nações, em preparação para a liberdade e a nacionalidade.

Em 1926, Du Bois visitou a União Soviética pela primeira vez a fim de examinar os resultados da revolução socialista em primeira mão. O seu interesse em Marx e no marxismo se aprofundou, e sua carreira como intelectual e ativista público parecia ter encontrado a sua fundamentação teórica nas "Teses sobre Feuerbach", onde Marx escreve: "Os filósofos têm apenas *interpretado* o mundo, de várias maneiras; a questão é *modificá-lo*". Após a depressão e o programa New Deal, o pensamento de Du Bois concentrou-se no planejamento econômico de longo alcance, e desenvolveu uma crescente simpatia pelo socialismo como modo alternativo de organização econômica que prometeria e proporcionaria maior igualdade e justiça social.

Em 1934, aos 66 anos, idade em que os outros procuravam aposentadoria, Du Bois embarcou em outro empreendimento: a presidência do departamento de sociologia da University of Atlanta, onde lecionou por um período de 10 anos, realizou pesquisas e fundou a revista *Phylon*.

As dificuldades políticas de Du Bois começaram a se acentuar no período de McCarthy, na década de 1950. A essa altura, ele já havia saído da University of Atlanta e se tornava cada vez mais absorvido com as dimensões internacionais dos direitos civis. Nomeado consultor da NAACP para a Conferência das Nações Unidas em 1945, Du Bois também foi eleito presidente internacional da Federação Pan-africana. Por volta de 1950, a política de Du Bois havia guinado radicalmente para a esquerda, e, aos 82 anos, ele se tornou um candidato para o senado federal pelo Partido Trabalhista Americano. Em 16 de fevereiro de 1951, ele foi preso e acusado por omissão de registro como agente de governo estrangeiro em relação a sua filiação no Centro de Informações da Paz (PIC). Embora absolvido das acusações, Du Bois foi condenado ao ostracismo por amigos e ex-colegas. No início de 1950, ele defendeu publicamente Julius e Ethel Rosenberg, aceitou o convite da União Soviética e outros países do bloco oriental e foi celebrado por onde passava dentro do mundo socialista.

Em 1º de outubro de 1961, escreveu uma longa missiva a Gus Hall, então, chefe do Partido Comunista dos Estados Unidos, e pediu para ser admitido no partido. Logo depois de enviar a carta, rejeitando o capitalismo e as políticas da Guerra Fria dos Estados Unidos, Du Bois partiu para a República de Gana, cujo presidente, Kwame Nkrumah, amigo e admirador de longa data, havia lhe convidado para coordenar o projeto Enciclopédia Africana no país africano.

Em autoexílio dos Estados Unidos porque, como diz seu biógrafo David Levering Lewis, a América, "a terra prometida, era uma miragem cruel e dissipável para as pessoas de cor", Du Bois morreu em Acra, Gana, em 27 de agosto de 1963, às vésperas da imensa marcha pelos direitos civis em Washington.

Richard Delgado é um dos primeiros participantes no movimento da teoria crítica da raça (TCR). Junto com Jean Stefancic, ele foi coautor de vários livros e artigos que abordam a raça e a teoria racial. Hoje, Delgado é professor na faculdade de direito da Universidade de Pittsburgh. Como mencionou um escritor: "Richard Delgado é triplamente pioneiro. Foi o primeiro a questionar a ideologia da liberdade de expressão; fez parte do pequeno grupo que inventou a teoria crítica da raça; ele comprova na teoria e na prática a importância das narrativas no funcionamento da lei".

A TCR pode ser mais bem identificada como um movimento emergente na década de 1970 e que continua até o presente como expressão da insatisfação com o ritmo do progresso racial nos Estados Unidos. Primordialmente, juristas e advogados unidos a outros profissionais estavam determinados a encontrar respostas à questão de por que as disparidades raciais persistiram apesar de anos de esforços legais, em processos judiciais e decisões da Suprema Corte, lidando com essas questões. Sua resposta foi sondar profundamente o sistema jurídico e situá-lo no contexto da sociedade mais ampla, da qual faz parte. Na opinião deles, aqui representados por Richard Delgado e Jean Stefancic, os problemas que cercam a desigualdade racial são o resultado da visão liberal do sistema jurídico e da suposição de que o progresso é possível se a lei for "daltônica" e tratar todos os cidadãos igualmente.

A TCR afirma que, a menos que a raça seja abordada diretamente como um assunto que requer consideração especial – consideradas as condições históricas da escravidão, segregação e discriminação –, as causas e as consequências das contínuas disparidades entre as raças não serão resolvidas. A TCR, portanto, suscita questões de que a raça não é uma característica essencial, mas socialmente construída. Além disso, dialoga com a questão de como as ímpares vozes de cor devem ser ouvidas e defende uma forma diferente de expressão: a "narrativa jurídica" em vez de métodos mais convencionais da erudição acadêmica e jurídica. Determinar como modificar percepções e estereótipos requer uma compreensão de como as nossas definições sobre a realidade social são construídas e uma convicção para migrar uma visão centrada no ego para uma que encare o mundo social do ponto de vista do outro. Essas são algumas das ideias fundamentais que orientam a TCR e são elaboradas no trecho aqui reproduzido. Os pensamentos expressados pela TCR são difíceis e exigem uma discussão séria, porque penetram no coração do que entendemos por uma sociedade liberal, as maneiras em que ela faz as leis e o que ela quer dizer com igualdade.

Após a eleição presidencial de 2008, muitas pessoas sentiram que os Estados Unidos da América tinham superado uma histórica barreira racial ao eleger Barack Obama como o primeiro presidente norte-americano negro. A ideia de uma nação norte-americana pós-racial surgiu no âmbito desse contexto eufórico. No artigo reproduzido aqui, David Hollinger verifica que intelectuais e jornalistas descartaram muito prontamente a crença em uma nação norte-americana pós-racial. Aqueles que zombam da ideia a rotulam de simplista, ingênua ou, até pior, cega à realidade das relações raciais norte-americanas.

No entanto, Hollinger percebe importantes tendências evolucionárias sociais que dão credibilidade a essa caracterização da sociedade norte-americana no século XXI. Hollinger não defende que os Estados Unidos chegaram ao ponto de se tornar uma sociedade pós-racial. Em vez disso, ele salienta tendências sociais particulares, cujos resultados podem levar a uma nação norte-americana pós-racial. Ao moldar o problema no formato de evolução rumo a uma sociedade pós-racial, em vez de um formato em que a sociedade atual é definida como pós-racial, Hollinger evita ser rotulado e dispensado como idealista.

O que Hollinger traz para essa discussão sobre o pós-racial são perspectivas e análises históricas de algumas tendências socioculturais subjacentes nos Estados Unidos. O significado e a importância dessas mudanças socioculturais para o desenvolvimento de uma sociedade pós-racial são amplamente discutidos nesse artigo. Quais são essas tendências, e por que elas são importantes? Os alunos devem centrar-se nas discussões de casamento inter-racial e de imigração. O que revela a análise sobre o casamento inter-racial? Por que são importantes as diferenças entre afro-americanos nativos e imigrantes negros da África e do Caribe? Essas são perguntas – cujas respostas constituem a maior parte do ensaio de Hollinger – que ele suscita para justificar sua defesa de uma evolução pós-racial.

Kwame Anthony Appiah, hoje professor de filosofia na Princeton University, escreveu amplamente sobre a raça e a experiência afro-americana. Para nossas categorias sociológicas de raça, etnia, gênero e classe, ele traz uma profunda pesquisa intelectual e filosófica sobre as implicações dessas categorias para a liberdade humana. Embora possamos considerar essas categorias como neutras e descritivas de nossa realidade no sentido sociológico, para Appiah elas são socialmente construídas e carregadas de expectativas comportamentais para quem abraçá-las.

Appiah está especialmente preocupado no que diz respeito à identidade racial. Ele rejeita a ideia essencialista de que a identidade racial é consequência de uma característica inata comum. Até mesmo a cor da pele mascara a independência e a autonomia individual que existe entre os indivíduos dentro da mesma raça.

Aqui surge a dificuldade pelo fato de que a raça é uma categoria socialmente construída e, sendo assim, apela por ações específicas para essa identidade. Alguns que se identificam como negros ou afro-americanos podem se comportar de maneiras definidas por essa identidade e transmitir a aparência de unidade ou identidade. Para Appiah, ações que sejam determinadas pela identidade apresentam problemas para nossa ideia de autonomia e liberdade de ação. No entanto, há uma percepção pela qual a identidade racial também pode fornecer a base para a unidade e para a ação política capazes de gerar resultados positivos: vide o movimento dos direitos civis.

Esses dilemas enfrentados por ele no ensaio que fecha este capítulo estão no âmago da preocupação de Appiah com a identidade racial e a questão mais ampla do que significa ser um "indivíduo livre" vivendo dentro de uma sociedade liberal e pluralista.

W. E. B. Du Bois: As almas da gente negra

A premeditação

Neste documento jazem coisas que se lidas com paciência podem mostrar o estranho significado de ser negro aqui nos Estados Unidos, ao raiar do século XX. Esse significado devia lhes interessar, caros leitores; afinal, o problema do século XX tem a ver com o problema da cor. Rogo-vos, então, que abracem o meu livrinho com toda a caridade, estudando minhas palavras comigo, perdoando os equívocos e os pontos fracos devido à fé e à paixão que trago em meu peito, e buscando o grão de verdade nele escondido.

Procurei esboçar aqui, de modo vago e incerto, o mundo espiritual em que 10 milhões de norte-americanos vivem e lutam. Primeiro, em dois capítulos tento mostrar o que a Emancipação significou para eles, e qual foi seu resultado. No terceiro capítulo aponto a lenta ascensão da liderança pessoal e critico abertamente o líder que hoje carrega o principal fardo de sua raça. Depois, em dois outros capítulos esboço um ligeiro resumo dos dois mundos, o de dentro e o de fora

---

De W. E. B. Du Bois, *The Souls of Black Folk* (1903).

do véu, e assim abordo o problema central que envolve a formação das pessoas para a vida. Aventurando-me agora a detalhes mais profundos, estudo em dois capítulos as lutas das massas do campesinato negro e, em outro, procuro esclarecer as relações atuais dos filhos do mestre e do homem. Deixando, então, o mundo branco, penetro no interior do véu, erguendo-o para que você possa ver suavemente os seus recessos mais profundos – o significado de sua religião, a paixão de sua tristeza humana e a luta de suas maiores almas. Tudo isso concluo com um conto duas vezes contado, mas raramente escrito, e um capítulo de cânticos.

Alguns desses pensamentos já tinham visto a luz antes em outra aparência. Por consentir gentilmente com sua republicação aqui, em forma modificada e ampliada, devo agradecer aos editores das revistas *Atlantic Monthly*, *World's Work*, *Dial*, *The New World* e aos anais da Academia Americana de Ciências Políticas e Sociais. Antes de cada capítulo, como agora impresso, aparece uma pauta musical dos Cânticos da Tristeza – algum eco de melodia assombrosa da única música norte-americana que brotou das almas negras no passado escuro. E, por fim, será que preciso acrescentar que eu, que tenho aqui a palavra, sou até o tutano dos ossos daqueles que vivem dentro do véu?

De nossas buscas espirituais

Ó água, voz do meu coração,
chorando na areia,
chorando a noite inteira com um
grito lamentoso,
Deito e escuto, mas não entendo a
voz do meu coração em meu flanco
nem a voz do mar,
Ó água, chorando por descanso, sou
eu, sou eu?
A noite inteira a água chora para
mim.
Água inquieta, nunca haverá
descanso até que a última lua caia
[e a última maré fracasse,
E o fogo derradeiro comece a
queimar no Ocidente;
E o coração deve estar cansado e
vagar e chorar como o mar,
Pranto inútil de uma vida inteira,
Enquanto a água chora por mim a
noite inteira.

Arthur Symons

Entre mim e o outro mundo, há sempre uma pergunta não formulada: não formulada por alguns devido a um sentimento de delicadeza; por outros devido à dificuldade de enquadrá-la corretamente. Todos, no entanto, adejam em volta dela. Eles se aproximam de modo meio hesitante, observam-me com curiosidade ou com compaixão e, então, em vez de dizer diretamente "Qual é a sensação de ser um problema?", eles dizem, "Conheço um excelente homem de cor na minha cidade"; ou, "Lutei em Mechanicsville"; ou "Esses ultrajes lá no sul não fazem o seu sangue ferver?". Ao ouvir esses comentários, abro um sorriso, ou demonstro interesse ou reduzo a ebulição a um fogo brando, conforme requer a ocasião. À pergunta real "Qual é a sensação de ser um problema?" raramente respondo uma palavra.

Mas ser um problema é uma experiência estranha – peculiar até mesmo para quem nunca foi nada, exceto talvez na infância e na Europa. É na mais tenra infância que a primeira revelação estoura em cima da gente, toda em um só dia, digamos assim. Eu me lembro de quando a sombra me varreu. Era um pirralho, nas longínquas colinas da Nova Inglaterra, onde os ventos sombrios Housatonic sopram na direção do mar, entre Hoosac e Taghkanic. Em uma escolinha de madeira, os meninos e as meninas tiveram a ideia de comprar lindos cartões de visita – 10 centavos o pacote – e trocar. O escambo estava animado, até que uma garota, alta e recém-chegada, recusou meu cartão – recusou peremptoriamente, com um olhar. Então, me ocorreu com certa rapidez que eu era diferente dos outros; ou parecido, talvez, no coração, na vida e nos desejos, mas excluído do mundo deles por um vasto véu. Depois disso não tive desejo de arrancar esse véu, de rastejar através dele; empacotei tudo em um sentimento de desprezo comum e vivi além dele, lá em cima, em uma região de céu azul e grandes sombras errantes. Aquele céu era mais azul quando conseguia tirar melhores notas nas provas e terminá-las mais rápido, ou vencê-los em uma corrida a pé, ou mesmo superar suas cabeças filamentosas. Mas infelizmente, com os anos, todo esse nobre desprezo começou a desvanecer-se; pois as palavras que desejei e todas as oportunidades deslumbrantes pertenceram a eles, não a mim. Mas eles não deviam manter esses prêmios, eu disse; alguns, todos, eu iria tirar deles. Só não conseguia decidir o modo como faria isso: lendo a lei, curando os enfermos, contando os contos maravilhosos que nadavam na minha cabeça – alguma forma. Com outros rapazes negros a luta não era tão ferozmente ensolarada: a juventude deles encolhia-se em insípida subserviência ou em ódio silencioso do mundo pálido ao redor deles e desconfiança zombeteira de tudo que era branco; ou se perdiam em um lamento amargo "Por que Deus me fez um pária e um estranho em minha própria casa?". As sombras da prisão fecharam-se ao redor de nós: paredes difíceis e teimosas para os mais brancos, mas implacavelmente rigorosas, altas, impossíveis de serem escaladas para os filhos da noite, os quais devem se arrastar em sombria resignação ou inutilmente bater na pedra com as mãos espalmadas, ou de modo constante, quase em desespero, vislumbrar uma faixa de azul no alto.

Depois do egípcio e do indiano, do grego e do romano, do teutão e do mongol, o negro é uma espécie de sétimo filho, nascido com um véu e dotado de um sexto sentido neste mundo americano – um mundo que não lhe fornece qualquer verdadeira consciência de si mesmo, mas só lhe permite ver a si próprio por meio da revelação do outro mundo. É uma sensação peculiar, essa dupla consciência, esse sentimento de sempre olhar para si mesmo por meio dos olhos dos outros, de medir a alma de alguém pela fita métrica de um mundo que a encara divertidamente com desprezo e pena. Alguém sempre sente a sua duplicidade – americano e negro; duas almas, dois pensamentos, dois esforços irreconciliáveis; dois ideais beligerantes em um só corpo escuro, e só uma coisa evita que ele seja destroçado: a sua pertinácia.

A história do negro americano é a história dessa luta – esse desejo de atingir a masculinidade autoconsciente, para mesclar seu duplo *self* em um melhor e mais verdadeiro *self*. Nessa fusão ele não deseja perder nenhum de seus *selves* mais antigos. Ele não africanizaria a América, pois a América tem muito a ensinar ao mundo e à África. Ele não branquearia sua alma de negro em uma lixívia de americanismo branco, pois ele sabe que o sangue negro tem uma mensagem para o mundo. Ele apenas deseja tornar possível que um homem seja ao mesmo tempo negro e americano, sem ser amaldiçoado e sem receber cusparadas de seus companheiros, sem ter as portas da oportunidade fechadas rudemente em sua cara.

Esse, então, é o objetivo de sua busca: ser um colega de trabalho no reino da cultura, escapar da morte e do isolamento, tornar-se marido e usar seus melhores poderes e sua genialidade latente. No passado, esses poderes do corpo e da mente têm sido estranhamente desperdiçados, dispersos ou esquecidos. A sombra de um passado poderoso dos negros permeia os contos da sombria Etiópia e do esfíngico Egito. Ao longo da história, os poderes de homens negros isolados cintilam aqui e ali como estrelas cadentes e, às vezes, fenecem antes que o mundo tenha justamente aferido seu brilho. Aqui na América, nos poucos dias desde a Emancipação, a hesitante busca dos negros aqui e acolá e seu esforço claudicante muitas vezes fez sua própria força perder eficácia e soar ausência de poder, fraqueza. Mas não é fraqueza – e sim a contradição dos objetivos duplos. A luta duplamente dirigida do artesão negro – por um lado, escapar de desprezo branco por uma nação de meros rachadores de madeira e carregadores de água e, por outro lado, arar e pregar e cavar para uma horda de indigentes – só poderia resultar em torná-lo um pobre artesão, pois ele tinha metade do coração em qualquer causa. Pela pobreza e ignorância de seu povo, o pastor ou médico negro foi tentado em direção ao charlatanismo e à demagogia; e pela crítica do outro mundo, em direção a ideais que o fez sentir vergonha de suas tarefas humildes. O pretenso *savant* negro foi confrontado pelo paradoxo de que o conhecimento que seu povo precisava era, para seus vizinhos brancos, um conto duas vezes contado, enquanto o conhecimento que ensinaria o mundo branco era grego para sua própria carne e sangue. O amor inato pela harmonia e beleza que libertava as almas mais rudes por meio das danças e das canções gerava apenas confusão e dúvida na alma do artista negro; pois a beleza revelada a ele era a beleza de alma de uma raça desprezada por seu público maior, e ele não conseguia articular a mensagem de outro povo. Esse desperdício de objetivos duplos, essa busca por satisfazer dois ideais irreconciliáveis, tem causado estragos tristes na coragem, na fé e nas obras de 10 milhões de pessoas – levando-as frequentemente a cortejar falsos deuses e invocar falsos meios de salvação e, às vezes, até a sentir vergonha de si mesmas.

Na época da escravidão, elas pensavam ver em um único evento divino o fim de todas as dúvidas e decepções; poucos homens já cultuaram a liberdade com metade dessa fé inquestionável com a qual os negros americanos a cultuam por dois séculos. Para ele, até onde ele pensava e sonhava, a escravidão era de fato a soma de todas as vilanias, a causa de toda a tristeza, a raiz de todos os preconceitos; a Emancipação foi a chave para uma terra prometida de beleza mais doce do que jamais se estendeu diante dos olhos dos israelitas desgastados. Em canção e exortação, um refrão ganhou força – Liberdade; em suas lágrimas e maldições ele implorou a Deus pela liberdade. Por fim ela veio – subitamente, assombrosamente, como um sonho. Com um selvagem carnaval de sangue e paixão veio a mensagem em suas próprias e lamentosas cadências:

> "Gritai, ó filhos!
> Gritai, vós estais livres!
> Pois Deus comprou sua liberdade!"

Anos já passaram desde então – 10, 20, 40 anos; 40 anos de vida nacional, 40 anos de renovação e desenvolvimento, e ainda o espectro moreno senta-se em seu lugar de sempre no banquete da nação. Em vão, choramos o nosso maior problema social:

> "Assuma qualquer forma menos essa,
> nenhuma abalará
> Meus nervos firmes!"

A nação ainda não encontrou paz de seus pecados; o liberto ainda não encontrou na liberdade sua terra prometida. Sejam quais forem as coisas boas que vieram nesses anos de mudança, a sombra de uma profunda decepção repousa sobre o povo negro – uma decepção ainda mais amarga, porque o ideal inalcançado era desenfreado exceto pela simples ignorância de um povo humilde.

A primeira década foi apenas um prolongamento da vã procura pela liberdade, a dádiva que parecia mal escapar de seu alcance – como um tentador fogo fátuo, enlouquecendo e enganando o hospedeiro sem cabeça. O holocausto da guerra, os terrores da Ku Klux Klan, as mentiras dos políticos oportunistas, a desorganização da indústria e os conselhos contraditórios de amigos e inimigos deixaram o servo desnorteado com nenhuma nova palavra de ordem além do velho grito pela liberdade. À medida que o tempo voou, no entanto, ele começou a captar uma ideia nova. O ideal da liberdade exigia meios poderosos para ser alcançado, e a Décima Quinta Emenda lhe deu esse poder. O voto, que antes ele encarava como um sinal visível da liberdade, ele agora considerava como o principal meio de adquirir e aperfeiçoar a liberdade que a guerra parcialmente lhe dotara. E por que não? Os votos não fizeram a guerra e emanciparam milhões? Os votos não deram direitos aos libertos? Havia algo impossível para um poder que fizera tudo isso? Um milhão de homens negros começou com renovado entusiasmo a votar em si mesmos no reino. Então, a década passou rápido, veio a revolução de 1876, deixando o servo livre meio cansado, pensativo, mas ainda inspirado. De modo firme, mas lento, nos anos seguintes, uma nova visão começou gradativamente a substituir o sonho de poder político – um movimento poderoso, a ascensão de outro ideal para orientar o desorientado, outro pilar de fogo à noite após um dia nublado. Era o ideal de "aprendizagem com os livros"; a curiosidade, nascida da ignorância obrigatória, de conhecer e testar o poder das letras cabalísticas do homem branco, a ânsia pelo saber. Aqui enfim parecia ter sido descoberta a escarpada estrada para Canaã; mais remota do que a estrada da Emancipação e da lei, íngreme e acidentada, mas em linha reta, levando a um patamar alto o suficiente para vislumbrar a vida de cima.

Caminho acima, a vanguarda trabalhou devagar, de modo arrastado e obstinado; só os que vigiaram e guiaram os pés vacilantes, as mentes enevoadas, os entendimentos tediosos dos alunos escuros dessas escolas sabem o quão fielmente, o quão pateticamente esse povo se esforçou para aprender. Foi um trabalho cansativo. O frio estatístico registrava as esporádicas polegadas de progresso, também registrando os esporádicos escorregões e quedas. Para os alpinistas cansados, o horizonte era já escuro, as brumas eram muitas vezes frias, e Canaã, sempre tênue e distante. Se, no entanto, as vistas ainda não vislumbravam qualquer objetivo, qualquer lugar de descanso, nada além de elogios e críticas, pelo menos a viagem proporcionou lazer para reflexão e autoexame; transformou o filho da Emancipação no jovem com alvorecer da autoconsciência, da autorrealização, do autorrespeito. Nessas florestas sombrias de seu esforço, ele viu a própria alma erguer-se diante de si, e ele se enxergou – mas através do véu sombrio viu em si mesmo uma fraca revelação do seu poder, de sua missão. Começou a ter a tênue sensação de que, para alcançar o seu lugar no mundo, ele devia ser ele mesmo e não outro. Pela primeira vez, ele buscou analisar o fardo que suportou nas costas, esse peso morto de degradação social, parcialmente mascarado atrás de um problema parcialmente rotulado de negro. Ele sentiu sua pobreza; sem dinheiro, sem casa, sem terra, sem ferramentas, sem poupança, ele havia entrado em competição com vizinhos ricos, proprietários de terra e qualificados. Ser um homem pobre é difícil, mas ser uma raça pobre em uma terra de dólares é a mais aviltante das desventuras. Sentiu o peso de sua ignorância – não apenas em matéria de letras, mas de vida, de negócios, de ciências humanas; a preguiça, a fuga e o constrangimento acumulados durante décadas e séculos tolhiam suas mãos e seus pés. Seu fardo não era apenas pobreza e ignorância. A mancha vermelha da bastardia, carimbada em sua raça ao longo de dois séculos de sistemática impureza legal das mulheres negras, significava não só a perda da antiga castidade africana, mas também o peso hereditário de uma massa de corrupção de brancos adúlteros, ameaçando quase obliterar o lar negro.

Um povo assim incapacitado não deveria ser solicitado a concorrer com o mundo, mas sim permitido a destinar todo o seu tempo e raciocínio para seus problemas sociais. Mas, ai de mim, enquanto os sociólogos alegremente contam seus bastardos e suas prostitutas, a própria alma do homem negro que labuta e dá seu suor é escurecida pela sombra de um grande desespero. As pessoas chamam essa sombra de preconceito, e os eruditos a explicam como a defesa natural da cultura contra a barbárie, da aprendizagem contra a ignorância, da pureza contra a criminalidade, das raças "superiores" contra as "inferiores". Ao que o negro brada "Amém!" e promete que, já que esse estranho preconceito baseia-se em justa homenagem à civilização, à cultura, à justiça e ao progresso, ele humildemente curva a cabeça e faz uma reverência. Mas perante esse preconceito sem nome que salta além de tudo isso ele fica impotente, desanimado e quase sem palavras; perante esse desrespeito e essa zombaria pessoais, a humilhação ridícula e sistemática, a distorção dos fatos e a devassa licença de fantasia, o cínico ignorando o melhor e dando ruidosas boas-vindas ao pior, o desejo impregnado em toda a sociedade de inculcar desdém por tudo que seja negro, desde Toussaint até o diabo – perante isso surge um desespero doentio que desarma e desencoraja qualquer nação exceto aquele hospedeiro negro em cujo dicionário não existe a palavra "desânimo".

Mas encarar um preconceito tão vasto não poderia deixar de suscitar o autoquestionamento, a autodepreciação e a redução inevitáveis dos ideais que sempre acompanham a repressão e geram uma atmosfera de desprezo e ódio. Sussurros e presságios vêm carregados nos quatro ventos: "Olhe! Estamos doentes e moribundos, bradaram os hospedeiros escuros; não podemos escrever, nosso voto é em vão; para que educação, se sempre devemos cozinhar e servir?". E a nação ecoou e validou essa autocrítica, dizendo: "Contentem-se em serem servos e nada mais; por que semi-humanos teriam necessidade de cultura superior? Abaixo o voto do homem negro, por meio da força ou de fraude – e presencie o suicídio de uma raça!". No entanto, do mal veio algo de bom – o ajuste mais cuidadoso da educação para a vida real, a percepção mais clara das responsabilidades sociais dos negros e o sóbrio reconhecimento do significado do progresso.

Então, nasceu o tempo de *Sturm und Drang:* hoje a tempestade e o estresse balançam nosso barquinho nas águas dementes do oceano mundial; aqui dentro e lá fora há o som do conflito, a queima do corpo e a dilaceração da alma; a inspiração luta com a dúvida, e a fé, com questionamentos vãos. Os ideais luminosos do passado – a liberdade física, o poder político, a instrução do cérebro e o treinamento das mãos –, todos esses por sua vez têm minguado e se esvaído e até que o último escureça e definhe. Estão todos errados – todos falsos? Não, não é isso, mas cada qual sozinho era demasiado simples e incompleto – os sonhos de uma crédula infância racial, ou as imaginações de outro mundo que não conhece nem quer conhecer o nosso poder. Para realmente serem verdadeiros, todos esses ideais devem ser derretidos e fundidos em um só. Precisamos hoje, mais do que nunca, a instrução das escolas – a instrução de mãos hábeis, olhos e ouvidos rápidos e, acima de tudo, a cultura mais ampla, mais profunda e mais elevada de mentes talentosas e corações puros. Precisamos do poder do voto em pura autodefesa – senão o que nos salvará de uma segunda escravidão? A liberdade, também, por tanto tempo perseguida, ainda a buscamos – a liberdade da vida e da integridade física, a liberdade de trabalhar e pensar, a liberdade de amar e aspirar. Trabalho, cultura, liberdade – precisamos de tudo isso não de modo isolado, mas conjunto, não de modo sucessivo, mas conjunto, cada um crescendo e ajudando o outro e todos se esforçando rumo a esse ideal mais vasto que flutua diante das pessoas negras, o ideal da fraternidade humana, adquirida por meio do ideal unificador da raça; o ideal de promover e desenvolver as características e os traços do negro, não em oposição a ou em desprezo a outras raças, mas sim em grande conformidade com os ideais maiores da República Americana, a fim de que algum dia em solo americano duas raças mundiais possam dar uma a outra aquelas características que as duas tão tristemente não apresentam. Nós os mais escuros chegamos até aqui não totalmente de mãos vazias: hoje não existem expoentes mais verdadeiros do puro espírito humano da declaração de independência do que os negros americanos; não há música americana mais verdadeira do que as melodias doces e selvagens do escravo negro; os contos de fadas e folclóricos da América são indígenas e africanos; e, no cômputo geral, nós homens negros parecemos o único oásis de simples fé e reverência em um deserto empoeirado de dólares e esperteza. A América ficará mais pobre se substituir sua brutal incompetência dispéptica pela humildade alegre do negro? Ou sua sagacidade cruel e grosseira pelo bom-humor amoroso e jovial? Ou sua música vulgar pela alma dos Cânticos da Tristeza?

Mera experiência concreta dos princípios subjacentes da grande república é o problema do negro, e a luta espiritual de filhos de homens libertos é o trabalho árduo das almas cujo fardo é quase além da medida de sua força, mas quem o suporta em nome de uma raça histórica, em nome dessa terra dos pais de seus pais e em nome de oportunidade humana.

E agora, nas próximas páginas, deixem-me abordar sob diversos prismas o que esbocei sucintamente, com ênfase apaixonada e detalhes mais profundos, e que os homens possam dar ouvidos à luta das almas da gente negra.

Richard Delgado e Jean Stefancic: Teoria crítica da raça

Introdução

A. O que é teoria crítica da raça?

O movimento da teoria crítica da raça (TCR) é um conjunto de ativistas e acadêmicos interessados em estudar e transformar a relação entre raça, racismo e poder. O movimento considera boa parte dos mesmos problemas que os direitos civis convencionais e os discursos de estudos étnicos abrangem, mas os coloca em uma perspectiva mais ampla que inclui economia, história, contexto, interesse pessoal e grupal e até mesmo os sentimentos e o inconsciente. Ao contrário dos tradicionais direitos civis, que abraçam o incrementalismo e o progresso passo a passo, a teoria crítica da raça questiona os próprios alicerces da ordem liberal, incluindo a teoria da igualdade, o raciocínio jurídico, o racionalismo do Iluminismo e os princípios neutros do direito constitucional.

Embora a TCR tenha começado como um movimento no direito, a teoria espalhou-se rapidamente para além dessa disciplina. Hoje, muitas pessoas no campo da educação se consideram teóricos críticos da raça que usam ideias da TCR para compreender questões de disciplina e hierarquia escolares, *tracking* (agrupar alunos conforme suas habilidades), controvérsias sobre o currículo e história, bem como realização de testes de QI e de desempenho. Os cientistas políticos refletem sobre estratégias de voto cunhadas pelos teóricos críticos da raça. Muitas vezes, cursos de estudos étnicos incluem uma unidade sobre a teoria crítica da raça, e departamentos de estudos norte-americanos ensinam material sobre estudos críticos brancos, desenvolvido por escritores da TCR. Ao contrário de algumas disciplinas acadêmicas, a teoria crítica da raça contém uma dimensão ativista. A TCR tenta não só entender a nossa situação social, mas modificá-la; decide não só verificar como a sociedade organiza-se ao longo de linhas e hierarquias raciais, mas transformá-la para melhor.

B. Primórdios

A teoria crítica da raça surgiu em meados da década de 1970, à medida que vários advogados, ativistas e acadêmicos em todo o país perceberam, mais ou menos ao mesmo tempo, que os avanços inebriantes da era dos direitos civis da década de 1960 tinham estagnado e, em muitos aspectos, estavam sendo revertidos. Percebendo que novas estratégias e teorias eram necessárias para combater as formas mais sutis de racismo que estavam ganhando terreno, escritores pioneiros como Derrick Bell, Alan Freeman e Richard Delgado (coautor desta cartilha) dedicaram-se a essa tarefa. Logo outros se juntaram a eles, e o grupo realizou a sua primeira conferência em um convento nos arredores de Madison, Wisconsin, no verão de 1989. Mais conferências e reuniões aconteceram. Algumas consistiram em sessões de trabalho fechadas em que o grupo destrinchava problemas internos e se esforçava para esclarecer questões cruciais, enquanto outras eram públicas e aconteciam ao longo de vários dias, com painéis, sessões plenárias, palestrantes e uma ampla representação de estudantes, ativistas e acadêmicos de uma vasta gama de disciplinas.

C. Relação com outros movimentos

Como o leitor verá, a teoria crítica da raça baseia-se nas percepções dos dois movimentos anteriores, estudos jurídicos críticos e feminismo radical, com os quais a TCR tem uma dívida grande. A teoria também recebe influências de certos filósofos e teóricos europeus, como Antonio Gramsci e Jacques Derrida, bem como da tradição radical norte-

---

De Richard Delgado and Jean Stefancic, Critical Race Theory, New York University Press, 2001. Reproduzido com permissão.

-americana, exemplificada por expoentes como Sojourner Truth, Frederick Douglass, W. E. B. Du Bois, Cesar Chavez, Martin Luther King, Jr. e os movimentos Black Power e Chicano dos anos 1960 e começo dos 1970. Dos estudos jurídicos críticos, o grupo pegou emprestado o conceito de indeterminação jurídica – a ideia de que nem todo caso jurídico tem um resultado correto. Em vez disso, na maioria dos casos, a pessoa pode decidir de um modo ou outro, ao enfatizar uma linha de autoridade sobre a outra, ou ao interpretar um fato de forma diferente que o adversário. A TCR também incorporou a crítica da história triunfalista e a percepção de que o precedente favorável, como na questão *Brown vs. Conselho de educação*, tende a deteriorar-se ao longo do tempo, cortada por interpretação de tribunais de instância inferior e atrasos administrativos. O grupo também aproveitou ideias do feminismo sobre a relação entre o poder e a construção dos papéis sociais, bem como a despercebida e invisível coleção de padrões e hábitos que compõem o sistema patriarcal e outros tipos de dominação. Do pensamento dos direitos civis convencionais, o movimento herdou uma preocupação para corrigir erros históricos, bem como a insistência de que a teoria jurídica e social tem consequências práticas. A TCR também compartilhava com isso um entendimento solidário de noções de nacionalismo e empoderamento grupal.

D. Principais expoentes

Derrick Bell, professor de direito na New York University, é o expoente intelectual e pai do movimento. Ativo ainda hoje, Bell leciona, escreve artigos de direito ocasionais para periódicos e livros de memórias, ministra palestras e mantém várias pesquisas em andamento. O falecido Alan Freeman, que lecionou na faculdade de direito da State University of New York, escreveu uma série de artigos fundamentais, incluindo um texto pioneiro que documentou como a jurisprudência racial do Supremo Tribunal, mesmo com postura aparentemente liberal, no entanto, legitimava o racismo. Kimberlé Crenshaw, Angela Harris, Charles Lawrence, Mari Matsuda e Patricia Williams também são grandes expoentes. Os principais estudiosos asiáticos incluem Neil Gotanda, Eric Yamamoto e Matsuda. Na Índia, o principal acadêmico na área é Robert Williams; os mais conhecidos de origem latina são Richard Delgado, Kevin Johnson, Margaret Montoya, Juan Perea e Francisco Valdes. Ao longo desta cartilha, muitas vezes o leitor vai se deparar com uma discussão sobre as ideias desses autores.

E. Movimentos derivados

Recentemente, a teoria crítica da raça tem se dividido. Embora os novos subgrupos, que incluem uma jurisprudência ásio-americana emergente, um forte contingente latino crítico (*LatCrit*) e um grupo de interesse *queer--crit*, continuem a manter relativamente boas relações sob a égide da teoria crítica da raça, reunidos em conferências periódicas e encontros, cada qual tem desenvolvido seu próprio corpo de literatura e conjunto de prioridades. Por exemplo, acadêmicos latinos e asiáticos estudam teoria e políticas de imigração, bem como direitos de língua e discriminação com base no sotaque ou na origem nacional. Um pequeno grupo de acadêmicos indígenas aborda direitos indígenas, soberania e reivindicações de terra.

F. Princípios básicos da teoria crítica da raça

No que os adeptos da teoria crítica da raça acreditam? Provavelmente nem todos os membros inscrever-se-iam em todos os princípios estabelecidos neste livro, mas muitos concordariam com as proposições seguintes. Em primeiro lugar, que o racismo é comum, não aberracional – "ciência normal", o jeito costumeiro de a sociedade fazer negócios, a experiência comum de maioria das pessoas de cor neste país. Em segundo lugar, a maioria concordaria que o nosso sistema de ascendência do branco-sobre-negro cumpre finalidades importantes, psíquicas e materiais. A primeira característica, a ordinariedade, significa que o racismo é difícil de curar ou de abordar. As concepções daltônicas, ou "formais", da igualdade, expressadas em regras que insistem apenas em um tratamento equânime em todas as situações, pode assim remediar apenas as formas mais flagrantes de discriminação, como a negação de hipotecas ou a recusa em contratar um Ph.D. negro em vez de um branco que abandonou o ensino médio, que realmente se destacam e atraem a nossa atenção. A segunda característica, às vezes chamada de "convergência de interesses" ou determinismo material, acrescenta outra dimensão. Já que o racismo contempla os interesses tanto das elites brancas (materialmente) quanto da classe trabalhadora (psiquicamente), grandes segmentos da sociedade têm poucos incentivos para erradicá-lo. Considere, por exemplo, a proposta chocante de Derrick Bell (discutida em um capítulo posterior) de que *Brown vs. Conselho de educação* – considerado um grande triunfo do litígio dos direitos civis – pode ter resultado mais do autointeresse dos brancos da elite do que de um desejo de ajudar os negros.

Um terceiro tema da teoria crítica da raça, a tese de "construção social", sustenta que raça e raças são produtos dos pensamentos e das relações sociais. Não objetivos, inerentes ou fixos, esses produtos não correspondem a nenhuma realidade biológica ou genética; ao contrário, as raças são categorias que a sociedade inventa, manipula ou descarta conforme a conveniência. Pessoas com origens comuns compartilham certas características físicas, é claro, como cor da pele, compleição física e textura do cabelo. Mas essas características constituem apenas uma parte extremamente pequena da sua dotação genética, são ananicadas por aquilo que todos temos em comum e têm pouco ou nada a ver com características distintamente humanas, de ordem superior, como a personalidade, a inteligência e o comportamento moral. O fato de que a sociedade muitas vezes escolhe ignorar esses fatos científicos, cria raças e as dota com características pseudopermanentes tem grande interesse para a teoria crítica da raça.

Outro desenvolvimento um pouco mais recente tem a ver com a racialização diferencial e suas muitas consequências. Escritores críticos no direito, bem como nas ciências sociais, têm chamado a atenção para as formas em que a sociedade dominante racializa grupos minoritários diferentes em momentos diferentes, em resposta à mudança de necessidades, como o mercado de trabalho. Em um período, por exemplo, a sociedade pode ter tido pouco uso para os negros, mas muita necessidade por trabalhadores agrícolas mexicanos ou japoneses. Em outro momento, os japoneses, incluindo cidadãos antigos, podem ser muito desfavorecidos e removidos para campos de realocação de guerra, enquanto a sociedade cultivava outros grupos de cor para empregos na indústria de guerra ou como bucha de canhão no front de batalha. Imagens populares e estereótipos dos diversos grupos minoritários também se deslocam ao longo do tempo. Em uma época, um grupo de cor pode ser retratado como despreocupado, simplório e contente por servir os brancos. Um pouco mais tarde, quando as condições mudam, o mesmo grupo pode aparecer em desenhos animados, filmes e outros *scripts* culturais como ameaçador, brutal e fora de controle, necessitando de acompanhamento próximo e repressão.

Intimamente relacionada com a racialização diferencial – a ideia de que cada raça tem suas próprias origens e uma história sempre em evolução – está a noção de interseccionalidade e antiessencialismo. Nenhum indivíduo tem identidade única, facilmente declarada, unitária. Uma feminista branca pode ser judia, ou da classe trabalhadora, ou mãe solteira. Um(a) ativista afro--americano(a) pode ser *gay* ou lésbica. Um latino pode ser democrata, republicano ou mesmo negro – talvez porque a família dessa pessoa venha do Caribe. Um asiático pode ser um Hmong recém-chegado com raízes no meio rural e não familiarizado com a vida mercantil, ou um chinês de quarta geração cujo pai é professor universitário e cuja mãe administra uma microempresa. Todo mundo tem identidades, lealdades e alianças potencialmente conflitantes e sobrepostas.

Um elemento final refere-se à noção de uma exclusiva voz de cor. Coexistindo em tensão um pouco inquieta com o antiessencialismo, a tese da voz de cor defende que por causa de suas diferentes histórias e experiências com opressão, escritores e pensadores negros, índios, asiáticos e latinos podem ser capazes de comunicar a suas contrapartes brancas temas que os brancos não são suscetíveis de saber. O *status* de minoria, em outras palavras, traz consigo uma suposta competência para falar sobre raça e racismo. O movimento de "narrativa jurídica" encoraja escritores negros e pardos a narrar as suas experiências com o racismo e o sistema jurídico e a aplicar suas próprias e originais perspectivas para avaliar as principais narrativas da lei. Esse tópico, também, é retomado no final deste livro.

G. Quanto racismo existe no mundo?

Muitos leitores modernos acreditam que o racismo está em declínio ou que a classe hoje é mais importante do que a raça. Com certeza é verdade que o linchamento e outras expressões chocantes de racismo são menos frequentes do que no passado. Além disso, muitos euro-americanos consideram que têm amigos negros, latinos ou asiáticos. Ainda assim, por todos os indicadores sociais, o racismo continua arruinando a vida das pessoas de cor, incluindo os titulares de postos de trabalho de alto escalão, até mesmo juízes.

> Admito que sou negro. Não me desculpo por esse fato óbvio. Tenho orgulho racional de minha herança, assim como a maioria das outras etnias se orgulha delas. No entanto, o fato de ser negro não significa ... que ele é antibranco.
> ... Como a maioria dos negros, acredito que os corredores da história deste país têm sido forrados com inúmeros casos de injustiça racial. ...
>
> Assim, uma questão limiar que pode ser inferida a partir da petição dos réus é a seguinte: já que os negros (como a maioria dos outros americanos ponderados) estão cientes do "sórdido capítulo da história americana" da injustiça racial, os juízes negros não deveriam ser desqualificados *per se* de adjudicar casos envolvendo alegações de discriminação racial?
>
> *O juiz federal Leon Higginbotham, ao recusar a desqualificar-se de um caso, Commonwealth versus Sindicato local, 542, União Internacional de Engenheiros Operacionais, 388 Suplemento federal 155 (Distrito Oriental da Pensilvânia, 1974).*

Estudos mostram que negros e latinos que buscam empréstimos, apartamentos ou postos de trabalho são muito mais propensos a serem rejeitados do que brancos com a mesma qualificação, muitas vezes por motivos vagos ou espúrios. A população prisional é em grande parte negra e mulata; diretores executivos, cirurgiões e reitores de universidades são quase todos brancos. A pobreza, no entanto, tem face negra ou mulata: famílias negras têm, em média, cerca de um décimo dos ativos de suas contrapartes brancas. Eles pagam mais por muitos produtos e serviços, incluindo carros. Pessoas de cor têm vidas mais curtas, recebem pior atendimento médico, completam menos anos de escola e ocupam mais trabalhos braçais do que brancos. Um recente relatório das Nações Unidas mostrou que afro-americanos nos Estados Unidos comporiam uma nação classificada em vigésimo sétimo do mundo em um índice combinado de bem-estar social; uma nação com os latinos se classificaria em trigésimo terceiro. Os meandros dessa conjuntura e a relação entre racismo e opressão econômica – entre raça e classe –, temas de grande interesse para a teoria crítica da raça, são abordados adiante.

Temas distintivos da teoria crítica da raça

Imagine que uma dupla de empresários passa por um mendigo em uma rua movimentada do centro da cidade. Um diz algo depreciativo sobre "esses vagabundos sempre esticando suas mãos – bem que eles poderiam conseguir um empreguinho". Seu amigo lhe repreende por sua exibição de classismo. Ele explica que o morador de rua poderia ter escutado o comentário e ficado magoado. Ressalta que todos nós devemos lutar para nos livrar do classismo, do racismo e do sexismo, que pensamentos têm consequências e que o modo de se expressar faz diferença. O primeiro empresário murmura algo sobre politicamente correto e faz uma nota mental para não deixar seus verdadeiros sentimentos aflorarem de novo na frente de seu amigo.

Ou imagine que uma força-tarefa de extraterrestres altamente avançados aterrisse e aborde o ser humano mais próximo, justamente um morador de rua relaxando no banco do parque. Os ETs oferecem ao mendigo uma entre três poções mágicas. A primeira é uma pílula que vai livrar o mundo do sexismo – atitudes misóginas, degradantes para as mulheres. A segunda é uma pílula que vai curar o racismo; a terceira curará o classismo – atitudes negativas em relação àqueles com situação socioeconômica inferior do que a sua própria. Introduzido no sistema de água do planeta, cada comprimido vai curar um dos três flagelos de modo eficaz e permanente. O morador de rua, é claro, escolhe o classismo e lança a pílula número três em um reservatório do departamento de água nas proximidades.

As vidas dos pobres como ele melhorarão muito no dia seguinte? Não. O transeunte talvez seja um pouco mais gentil, talvez lhe abra um sorriso mais amiúde, mas, se algo inerente à natureza de nosso sistema capitalista produz inevitavelmente a segregação da pobreza e de classes, esse sistema vai continuar criando e mastigando vítimas. Os moradores de rua individuais podem se sentir melhor, mas ainda serão moradores de rua. E o sistema da livre iniciativa, construído ao redor da ideia de vencedores e perdedores, continuará produzindo novos perdedores todos os dias.

E quanto ao racismo? Suponha que uma pílula mágica fosse inventada, ou talvez um empresário empreendedor desenvolvesse o Supremo Simpósio da Diversidade, tão eficaz que eliminasse completamente a indelicadeza nos pensamentos, nos estereótipos e nas impressões enganosas cultivados por seus participantes em relação a pessoas de outras raças. O conselheiro de direitos civis do presidente prevalece sobre professores de toda a nação para apresentá-lo em todas as salas de aula do ensino fundamental e médio e nas principais redes de televisão e nas mais importantes redes de televisão por assinatura para mostrá-lo no horário nobre.

A vida melhoraria muito para as pessoas de cor?

A. Convergência de interesses, determinismo material e realismo racial

Essa pergunta hipotética suscita uma questão que divide completamente os pensadores da teoria crítica da raça – com efeito, os ativistas de direitos civis em geral. Um lado, que chamamos de "idealistas", sustenta que o racismo e a discriminação são questões de pensamento, categorização mental, atitude e discurso. A raça é uma construção social, não uma realidade biológica. Portanto, podemos desfazê-la e privá-la de grande parte de seu ferrão, alterando o sistema de imagens, palavras, atitudes, sentimentos inconscientes, *scripts* e ensinamentos sociais pelo qual transmitimos uns aos outros que certas pessoas são menos inteligentes, confiáveis, trabalhadoras, virtuosas e norte-americanas do que outras.

Uma escola contrastante – os realistas ou deterministas econômicos – sustenta que, embora as atitudes e as palavras sejam importantes, o racismo é muito mais do que ter uma impressão desfavorável de membros de outros grupos. Para os realistas, o racismo é um meio pelo qual a sociedade aloca privilégios e *status*. As hierarquias raciais determinam quem recebe benefícios tangíveis, incluindo os melhores empregos, as melhores escolas e convites para festas em casas. Membros desse grupo salientam que o preconceito se alastrou com a escravidão. Antes disso, os europeus educados tinham uma atitude globalmente positiva para com os africanos, reconhecendo que a civilização africana era altamente avançada com vastas bibliotecas e centros de aprendizagem. Os africanos foram pioneiros na matemática, na medicina e na astronomia muito antes de os europeus terem conhecimento sobre essas ciências.

Os materialistas realçam que nações conquistadas geralmente demonizam seus súditos para se sentirem melhor em explorá-los, de modo que, por exemplo, os proprietários de ranchos no Texas e no sudoeste circularam noções de inferioridade mexicana mais ou menos no mesmo período que acharam necessário tomar terras mexicanas ou, mais tarde, importar o povo mexicano para trabalho braçal. Para os materialistas, compreender o fluxo e refluxo do progresso e do retrocesso raciais exige um olhar cuidadoso sobre as condições prevalecentes em momentos diferentes na história. As circunstâncias mudam de modo que um grupo considera possível levar vantagem sobre outro grupo ou explorá-lo. Eles fazem isso e então formam atitudes coletivas adequadas para racionalizar o que foi feito. Além disso, o que é verdadeiro para a subordinação das minorias também é verdadeiro para o alívio dessa subordinação: os *ganhos* dos direitos civis para as comunidades de cor coincidem com os ditames dos interesses pessoais dos brancos. Pouca coisa acontece com base apenas no altruísmo.

Nos primeiros anos da teoria crítica da raça, a grande maioria era composta por realistas. Por exemplo, os acadêmicos questionaram se o tão alardeado sistema de medidas civis de reparação acabou beneficiando muito as pessoas de cor. Em um artigo clássico no *Harvard Law Review,* Derrick Bell argumentou que os avanços dos direitos civis para os negros sempre coincidiram com a mudança das condições econômicas e o interesse pessoal dos brancos da elite. Compaixão, misericórdia e evolução dos padrões de decência e consciência sociais contribuíram pouco nesse processo ou nem contribuíram. Audaciosamente, Bell escolheu *Brown vs. Conselho de educação,* a joia da coroa da Jurisprudência do Supremo Tribunal dos Estados Unidos e convidou seus leitores a se perguntar por que o sistema jurídico norte-americano, de repente, em 1954, abriu-se desse modo. O Fundo de Defesa Jurídica da NAACP estivera litigando, de modo corajoso e tenaz, casos de segregação escolar durante anos, em geral perdendo ou, na melhor das hipóteses, obtendo vitórias pequenas.

Em 1954, no entanto, o Supremo Tribunal inesperadamente lhes deu tudo o que queriam. Por que justo nessa ocasião? Bell hipotetizou que considerações mundiais e nacionais – não apreensões morais em relação à situação vulnerável dos negros – tinham precipitado a decisão desbravadora. Em 1954, o país havia terminado a guerra da Coreia; a Segunda Guerra Mundial não terminara há muito tempo. Nas duas guerras, soldados afro-americanos atuaram com bravura a serviço da democracia. Muitos deles retornaram aos Estados Unidos, depois de ter experimentado pela primeira vez em suas vidas um cenário em que a cooperação e a sobrevivência tinham precedência sobre o racismo. Era baixa a probabilidade de retornarem voluntariamente a regimes de trabalho servil e aviltamento social. Pela primeira vez em décadas, a possibilidade de distúrbios internos em massa se aproximava.

Também, durante esse período, os Estados Unidos estavam envolvidos na Guerra Fria, uma luta titânica com as forças do comunismo internacional pela lealdade do descomprometido Terceiro Mundo, boa parte do qual era negro, pardo ou asiático. Se a imprensa mundial continuasse noticiando linchamentos, xerifes racistas ou assassinatos como o de Emmett Till, isso seria contrário aos interesses dos Estados Unidos. Era hora de os Estados Unidos suavizar a sua posição em relação às minorias nacionais. Os interesses de brancos e negros, por um breve momento, convergiam.

O artigo de Bell foi recebido com indignação e acusações de cinismo. Porém, 10 anos mais tarde, a historiadora jurídica Mary Dudziak empreendeu amplas pesquisas nos arquivos do Ministério das Relações Exteriores dos Estados Unidos e no Ministério da Justiça dos Estados Unidos. Ela analisou os relatos da imprensa estrangeira, bem como cartas de embaixadores do país no exterior, e tudo mostrava que a intuição de Bell estava correta. Ao intervir a favor da NAACP pela primeira vez em um caso de segregação escolar, o Ministério da Justiça respondia a uma inundação de cabogramas e memorandos confidenciais delineando o interesse de os Estados Unidos melhorarem a sua imagem aos olhos do Terceiro Mundo.

B. História revisionista

A análise de Derrick Bell sobre o caso *Brown* ilustra um segundo tema distintivo da TCR, a história revisionista. A história revisionista reexamina o registro histórico dos Estados Unidos, substituindo as reconfortantes interpretações majoritárias dos eventos com aquelas que enquadram com mais precisão as experiências das minorias. Também oferece provas, às vezes reprimidas, nesse próprio registro, para oferecer suporte a essas novas interpretações. Muitas vezes, o revisionismo é materialista no impulso, defendendo que, para entender o vaivém dos destinos de negros, latinos e asiáticos, é necessário avaliar fatores como lucro, fornecimento de mão de obra, relações internacionais e o interesse das elites brancas. Para os realistas, as atitudes seguem, explicam e racionalizam o que está ocorrendo no setor material.

A diferença entre os materialistas e os idealistas não é uma questão menor. Essa diferença molda a estratégia das pessoas sobre as decisões de como e onde investir suas energias. Se os materialistas estiverem certos, é preciso mudar as circunstâncias físicas das vidas das minorias, antes de diminuir o racismo. É preciso levar a sério questões como sindicatos, quotas de imigração e perda de empregos industriais para globalização. Se a pessoa é idealista, no topo das prioridades estarão: códigos discursivos no campus, reparações de injustiças por discurso racista, seminários de diversidade e aumento da representação de atores negros, pardos e asiáticos em programas de televisão. Um meio-termo seria ver as duas forças, material e cultural, operando juntas e com sinergia mútua, de modo que os reformadores da raça, trabalhando em qualquer área, contribuíssem com um projeto holístico da redenção racial.

> Os insultos raciais de modo algum se comparam a declarações como "Você é um baita mentiroso", que serve [guia padrão] como exemplo de "mero insulto". Os insultos raciais são qualitativamente diferentes, porque evocam toda a história da discriminação racial neste país. [Citando Richard Delgado, *Palavras que ferem. Uma ação de delito para insultos, epítetos e xingamentos raciais*, 17 Harv. C.R.-C.L. L. Rev. 133, 157 (1982)]

Taylor versus Metzger, 706 A. 2d 685, 695 (NJ 1998).

C. Crítica do liberalismo

Como mencionado no Capítulo 1, adeptos da teoria crítica da raça estão descontentes com o liberalismo como arcabouço para abordar os problemas raciais dos Estados Unidos. Muitos liberais acreditam no daltonismo e em princípios neutros de direito constitucional.

> A raça branca se considera a raça dominante neste país. E assim é, no prestígio, nas conquistas, na educação, na riqueza e no poder. ... Mas levando em conta a Constituição, aos olhos da lei, não existe neste país classe superior ou dominante de cidadãos. Não há nenhuma casta aqui. Nossa constituição é daltônica (ou seja, não distingue cores), não conhece nem tolera classes entre os cidadãos. No que

tange aos direitos civis, todos os cidadãos são iguais perante a lei. O mais humilde está no mesmo nível do mais poderoso.

Justice John Harian, juiz do Supremo Tribunal, fazendo um aparte para divergir em Plessy versus Ferguson, 163 U.S. 537 (1896).

Uma versão ainda mais extrema de daltonismo, hoje verificada em certas opiniões do Supremo Tribunal, sustenta que é errado para o Direito sequer tomar conhecimento sobre raça, nem mesmo para corrigir injustiças históricas. Os adeptos da teoria crítica da raça (ou *crits*, como às vezes são chamados) defendem que o daltonismo nos permite apenas a reparação de danos raciais extremamente notórios, aqueles que todo mundo perceberia e condenaria. Mas se o racismo estiver impregnado em nossos processos de pensamento e estruturas sociais tão profundamente como muitos críticos acreditam, então, o "negócio comum" da sociedade – as rotinas, as práticas e as instituições na quais confiamos para realizar o trabalho do mundo – manterá as minorias em posições subalternas. Apenas esforços agressivos e racialmente conscientes para mudar as coisas vão fazer diferença para amenizar o sofrimento. Como exemplo dessa estratégia, um estudioso da teoria crítica da raça propôs que a sociedade "olhasse para baixo" ao julgar as novas leis. Se as leis não aliviassem a angústia do grupo mais pobre – ou, pior, se elas a agravassem – deveríamos rejeitá-las. Embora o daltonismo pareça firmemente entrincheirado no sistema judiciário, alguns juízes têm feito exceções em circunstâncias incomuns.

> Estamos conscientes de que o Supremo Tribunal rejeitou o argumento de "papel modelar" para a discriminação reversa. ... O argumento para o tenente negro não é de caráter. Duvidamos de que muitos internos dos centros de correção queiram se tornar agentes correcionais, embora sem dúvida alguns queiram. ... O tenente negro é necessário, pois, segundo se acredita, é improvável que os detentos negros entrem no jogo correcional do sargento brutal e do recruta brutalizado a menos que existam algumas autoridades negras no centro de correção. Isso não é mera especulação, mas é apoiado por prova pericial que os querelantes não refutam. Os especialistas dos acusados ... não se baseiam em generalidades sobre equilíbrio ou diversidade racial; aliás, nem defendem uma meta de equilíbrio racial. Eles opinaram que o Centro de Correção no Condado de Greene não teria sucesso em sua missão de pacificação e reforma com um estafe praticamente só de brancos, caso um homem negro não tivesse sido nomeado para uma das vagas de tenente. Pois nesse caso um estafe de segurança com menos de 6% de negros (4 de 71), e sem qualquer homem negro na supervisão, estaria administrando um programa para uma população prisional quase 70% negra. ...
>
> Defendemos ... que ... a preferência que a administração do Condado de Greene deu a um candidato masculino negro para o trabalho como tenente com base em sua raça não foi inconstitucional.

Juiz Richard Posner, Witner versus Peters, 87 F.3d 916 17th Cir. 1996.

Os *crits* também são altamente suspeitos de outro esteio liberal, ou seja, os direitos. Em especial, alguns dos mais velhos e mais radicais estudiosos da TCR, com raízes no realismo racial e uma visão econômica da história, acreditam que os direitos morais e jurídicos estão aptos a causar ao detentor do direito um bem muito menor do que a maioria gostaria de pensar. Os direitos são quase sempre processuais (por exemplo, para um processo justo) em vez de substanciais (por exemplo, alimentação, habitação ou educação). Analise como o nosso sistema aplaude a oferta universal da igualdade de oportunidades, mas resiste a programas que garantam a igualdade de resultados. Além disso, os direitos são quase sempre diminuídos quando entram em conflito com os interesses dos poderosos. Por exemplo, quase sempre é tolerado o discurso de ódio que tem como alvo principal minorias, *gays*, lésbicas e outros excluídos, enquanto o discurso que ofende o interesse de grupos poderosos encontra uma exceção pronta na Primeira Emenda. Pense, por exemplo, no discurso que insulta um juiz ou outra figura de autoridade, que difama uma pessoa rica e bem conceituada, que divulga um segredo do governo, ou faz propaganda enganosa de produtos, ludibriando, assim, uma grande classe de consumidores de renda média.

Além disso, diz-se que os direitos são alienantes. Os direitos separam umas pessoas das outras – "fique longe, tenho os meus direitos" – em vez de incentivá-las a formar comunidades unidas e respeitosas. E com os direitos civis, os tribunais inferiores consideraram fácil reduzir ou distinguir a ampla, retumbante e histórica de *Brown vs. Conselho de educação*. O grupo a quem eles supostamente beneficiam sempre comemora casos como *Brown* com grande regozijo. Mas, após o júbilo arrefecer, a grande vitória é silenciosamente diminuída por interpretação estreita, obstrução administrativa ou atraso. No final, o grupo minoritário fica só um pouco melhor do que antes, ou até pior. Seus amigos, os liberais, acreditando que o problema foi resolvido, vão se dedicar a outra causa, como salvar as baleias, enquanto seus adversários, os conservadores, furiosos que o Supremo Tribunal mais uma vez abriu caminho a minorias indignas, recrudesce sua resistência.

A fim de que o leitor não pense que os *crits* são muito rigorosos com os liberais bem intencionados, tenha em mente que nos últimos anos o movimento suavizou um pouco. Quando o movimento começou em meados de 1970, o liberalismo complacente e desviado representava o principal obstáculo ao progresso racial. Hoje esse obstáculo foi substituído pelo conservadorismo desenfreado e descarado que coopta a linguagem de Martin Luther King Jr.; encontra pouca utilidade na assistência social, na ação afirmativa ou em outros programas vitais para os pobres e as minorias; e procura militarizar a fronteira e obrigar todos a falar inglês, quando as empresas estão clamando por trabalhadores com proficiência em língua estrangeira. Por conseguinte, alguns adeptos da teoria crítica da raça pararam de focar o liberalismo e seus males e começaram a abordar a maré conservadora. E certo grupo de "idealistas" defende que os direitos não são uma armadilha e uma ilusão, mas em vez disso podem trazer ganhos genuínos, enquanto a luta para obtê-los unifica o grupo.

D. Determinismo estrutural

Todo mundo já ouviu a história de que os esquimós têm 26 palavras para tipos diferentes de neve. Imagine a situação oposta – uma sociedade que tem apenas uma palavra (digamos, racismo) para um fenômeno que é muito mais complexo do que isso. Por exemplo: racismo intencional; racismo não intencional; racismo inconsciente; racismo institucional; racismo tingido de homofobia ou sexismo; racismo que assume a forma de indiferença ou frieza; e privilégio branco – reservar favores, sorrisos, bondade, as melhores histórias, o lado mais charmoso de alguém e convites para intimidade real para gente da própria raça ou classe.

Ou imagine um futuro pintor cujos pais e professoras de educação infantil lhe ensinassem que o mundo contém apenas três cores: vermelho, azul e amarelo; ou um escritor aspirante criado com um vocabulário artificialmente baixo de 300 palavras. Diz-se que crianças que crescem na poluída Cidade do México pintam imagens com o céu amarelo-acastanhado, nunca, céu azul. Esses exemplos salientam o conceito de que jaz no cerne do determinismo estrutural, a ideia de que o nosso sistema, em virtude de sua estrutura e vocabulário, não pode corrigir certos tipos de erro. O determinismo estrutural, poderosa noção que envolve tanto as vertentes idealistas quanto as vertentes materialistas da teoria crítica da raça, assume várias formas. Considere as próximas três.

1. *Ferramentas de pensamento e o dilema da reforma jurídica* Ferramentas de pesquisa jurídica tradicionais, encontradas em bibliotecas padrão, dependem de uma série de cabeçalhos, números de índice e outras categorias que advogados usam para encontrar precedentes. (Com a informatização, essa dependência é um pouco menos acentuada do que anteriormente, mas o problema ainda persiste.) Suponha que não se encontre jurisprudência, porque o advogado enfrenta um problema de primeira impressão, que exige inovação jurídica. Nessas situações, as categorias jurídicas vão levar o advogado a becos sem saída – soluções que não funcionaram. O que se exige é inovação e não a aplicação de uma regra preexistente ou princípio. Mesmo quando uma ideia nova, como a anulação do júri, começa a ser aceita, os indexadores jurídicos que compilam os livros de referência e as ferramentas de indexação talvez não percebam o seu significado. Quando a obra *Comentários sobre as leis da Inglaterra,* de Sir William Blackstone, estabeleceu a estrutura básica do pensamento liberal/capitalista, isso serviu de modelo para as futuras gerações de advogados, de modo que após isso a mudança jurídica veio devagar. Uma vez que se define a estrutura da lei e das categorias jurídicas, essa estrutura se replica tanto quanto, no mundo da biologia, o DNA permite que os organismos se repliquem. Em alguns aspectos, a situação lembra a antiga história da galinha e do ovo. É difícil pensar em algo que não tem nome, e é difícil de dar um nome a algo, a menos que a comunidade interpretativa comece a falar e a pensar nisso.

Como exercício de pensamento, o leitor é convidado a avaliar como muitos dos seguintes termos e ideias, mencionados neste livro e altamente relevantes para o trabalho dos advogados progressistas e ativistas, estão aptos a constar em obras padrão de referência jurídica: interseccionalidade, convergência de interesses, antiessencialismo, hegemonia, direitos linguísticos, binário negro e branco, anulação do júri. Quanto tempo levará até que esses conceitos sejam adotados pelo vocabulário oficial da lei?

2. *A falácia empática* Em seguida, analise como em certas controvérsias, por exemplo, a controvérsia em relação a um discurso de ódio, um determinado tipo de participante resoluto está propenso a instar uma resposta do livre mercado: se uma minoria é alvo de um comentário maldoso, diz-se que a solução não é punir o falante nem decretar algum tipo de regra sobre discurso de ódio no campus, mas exortar a vítima a responder ao ofensor. "A cura para o mau discurso é mais discurso."

Uma dificuldade com essa abordagem é que retrucar pode ser fisicamente perigoso. Muito discurso de ódio é pronunciado em situações de vários contra um, em que uma resposta no mesmo tom seria temerária. Às vezes, o comentário maldoso é feito de forma anônima ou covarde, como grafites rabiscados no mural de avisos de uma associação de minoria ou um bilhete anônimo deixado na caixa de correio de um aluno de cor. Claro, nesses casos é impossível mais discurso.

Mas um problema mais básico é que boa parte do discurso de ódio *não é percebida como tal* no momento. A história da representação racial mostra que nossa sociedade jovialmente consumiu um chocante desfile de negões, crioulos, japoneses sorrateiros e mexicanos indolentes e preguiçosos – imagens que foram percebidas no momento como divertidas, engraçadas ou, pior ainda, verdadeiras. Como alguém pode responder a mensagens, *scripts* e estereótipos que estão incorporados nas mentes dos concidadãos e, de fato, na psique nacional? A ideia de que alguém pode usar palavras para desfazer os significados que os outros atribuem a essas mesmas palavras é cometer a falácia empática – a crença de que alguém pode mudar uma narrativa apenas ao oferecer outra melhor, que granjeará, com rapidez e segurança, a empatia do leitor ou do ouvinte.

Infelizmente, no entanto, a empatia anda mais em falta do que imaginamos. A maioria das pessoas em suas vidas cotidianas não entra em contato com muitas pessoas de raça ou de situação social radicalmente diferente. Podemos conversar com pessoas de nossas próprias culturas e ler materiais escritos por elas. No entanto, em certo sentido, todos nós fazemos parte de nosso estoque de narrativas – os termos, preconceitos, *scripts* e entendimentos que usamos para fazer sentido do mundo. Isso constitui a nossa essência, a base com que julgamos novas narrativas – como aquela sobre um afro-americano genial, ou do esforçado *chicano* que trabalha em três empregos. A ideia de que um roteiro melhor e mais justo pode substituir prontamente o mais velho e preconceituoso é atraente, mas não comprovada pela história. A mudança vem devagar. Tente explicar para alguém que nunca tenha visto um mexicano, com exceção de figuras dos desenhos animados com sombreiros e xales, que a maioria deles usa terno e gravata.

> Uma das razões para evitar frases excessivas é que a empatia necessária aos ... cidadãos em uma democracia – se atrofia quando os pais estão na prisão. "[Sem] o conforto constante, o contato físico e o estímulo sensorial desde o nascimento, a capacidade biológica para a sociabilidade – condição prévia para a empatia e consciência – não consegue se desenvolver ... e a [e]mpatia requer a alimentação exigida por relações sociais precoces". A ruptura familiar pelo envio de pais e mães para a prisão por tempo desnecessariamente longo semeia as sementes dos problemas para a próxima geração, particularmente quando, como às vezes acontece, o ex-prisioneiro torna-se um "monstro".
>
> *Jack B. Weinstein Semor, Juiz Federal do Tribunal do Distrito Leste de Nova York, Adjudicative Justice in a Diverse Mass Society 8 J. L. & Pol'y 385, 410 (2000).*

Exercício de sala de aula Faça uma dupla com outro membro de sua turma ou seu grupo de estudo. Em seguida, cada um anota em um pedaço de papel cinco proposições concernentes à política ou à realidade social que você acredita ser verdade, como que as mulheres devem ter o direito de escolher se querem fazer um aborto, que todo mundo deve ser julgado pelas mesmas normas de admissão escolar ou que o melhor governo é aquele que governa menos. Depois você oferece um contraexemplo para uma das proposições da outra pessoa, por exemplo, um caso de intervenção governamental que funcionou.

Como reagiu a outra pessoa? Ela aceitou seu argumento e modificou a posição dela? Qual foi a força de sua "narrativa", e por que ela teve sucesso ou fracassou? Em seguida, inverta os lugares e considere o caso do seu parceiro contra uma das suas crenças.

3. Servindo a dois mestres Derrick Bell indicou uma terceira estrutura que impede a reforma, dessa vez na lei. Para litigar um caso de reforma de lei, o advogado precisa de um cliente de carne e osso. Seria desejável estabelecer os direitos dos consumidores pobres ou desmascarar o princípio judiciário de que um distrito escolar não está verdadeiramente integrado se a composição de algumas escolas for metade de negros e metade de *chicanos*.

Suponha-se, no entanto, que o cliente e sua comunidade não queiram a mesma reparação que o advogado quer. O advogado, que pode representar uma organização de interesse público ou de direitos civis, pode querer uma reparação arrebatadora que identifica um novo mal e o declara contrário aos ideais norte-americanos. Ele pode estar disposto a jogar e arriscar tudo. O cliente, no entanto, pode desejar algo diferente – escolas melhores ou mais dinheiro para as já existentes. Pode querer educação bilíngue ou mais professores negros, em vez de aulas ministradas por professores brancos, premiados e detentores de Ph.D. Um advogado que representa um cliente pobre pode querer pleitear o devido processo legal constitucional e audiências de bem-estar, enquanto a cliente pode estar mais interessada em um novo par de sapatos dominicais para o filho dela. Esses conflitos, onipresentes em situações de reforma de lei, assombram o advogado que persegue a mudança social e parece inerente ao nosso sistema de reparações jurídicas. A qual mestre deve servir o advogado?

4. Direito de reparação racial como dispositivo homeostático Alguns *crits* (como Alan Freeman, mencionado anteriormente) até argumentam que nosso sistema jurídico e de execução dos direitos civis garante que o progresso racial ocorra em ritmo constante, mas ideal. Um ritmo muito devagar deixaria as minorias impacientes e arriscaria a desestabilização; um ritmo rápido demais poderia comprometer importantes benefícios materiais e psíquicos para os grupos de elite. Quando o abismo entre nossos ideais e práticas se torna muito grande, o sistema produz um "caso de fechamento de contradição", de modo que todos possam ver que é verdadeiramente justo e equitativo. Quando as condições sociais exigem uma concessão genuína, como a ação afirmativa, os custos da concessão sempre são colocados sobre quem tem menos capacidade de suportá-los, como as minorias – sob a forma de estigma – ou brancos da classe trabalhadora, como Alan Bakke, que procurou admissão para a University of California, na Davis Medical School.

> Na sua reclamação modificada, Monteiro alegou que a filha dela, do 9º ano, e outros afro-americanos nas mesmas condições frequentavam uma escola em que os colegas brancos os chamavam de "crioulos", e esse termo era escrito nas paredes dos edifícios onde supostamente deveriam aprender educação moral e cívica e estudos sociais. Não é preciso um psicólogo educacional para concluir que ser rotulado pelos pares com um dos epítetos raciais mais pejorativos no léxico contemporâneo, sentir-se envergonhado e humilhado por questão racial e perceber que as autoridades escolares ignoram ou rejeitam as reclamações afetaria negativamente a capacidade de uma criança negra de obter o mesmo benefício da escolaridade em comparação com suas contrapartes brancas. ... É o início do ensino médio, época em que o adolescente é altamente impressionável e está tomando decisões sobre educação que vão afetar o curso da sua vida. ... [Uma] escola onde esse tipo de conduta ocorre de modo impune fracassa completamente em seu mandato de fornecer um ambiente educacional não discriminatório. Nesse sentido, concluímos que a reclamação apresenta alegações que satisfazem o primeiro fator para solicitar uma violação de título VI.

(*Monteiro I. Tempo Union High School District*, 158 F 3d 1022, 1039 19th Cir. 1998).

(Antes de *Monteiro*, uma sequência quase ininterrupta de decisões rejeitou alívio aos querelantes de minoria submetidos a insultos racistas e declararam nulos os códigos de fala do *campus*.)

David A. Hollinger: O conceito de pós-racial: Como a sua fácil rejeição oculta questões importantes

Por que tantas pessoas temem os conceitos *pós-racial* e *pós-étnico*? Muitas vezes, os dois conceitos são postos de lado em meio a uma competição sobre quem pode declarar de modo mais retumbante que o racismo ainda é um problema vital nos Estados Unidos e que as marcas físicas de ascendência permanecem altamente determinantes para o destino do indivíduo. Um especialista após outro proclama hipocritamente que tudo o que se deve fazer é olhar para a cor da população prisional ou para a detenção, em 2009, do professor da Harvard University Henry Louis Gates Jr., em sua própria casa, para constatar que toda essa conversa sobre nação norte-americana pós-racial é um disparate.[1]

No entanto, dentre as pessoas que aplicaram com simpatia os termos *pós-étnico* e *pós-racial*, quase ninguém apresentou as afirmações agora refutadas com tanta facilidade; esses simpatizantes raramente utilizaram os termos de forma que permitisse a alguém se perguntar o que esses profetas da pós-etnicidade e pós-racialidade andaram fumando quando começaram a falar nesses termos? O abismo entre o que está sendo refutado e o que está sendo afirmado é um Grand Canyon discursivo.

O que está sendo afirmado? Tentei resumir essas afirmações em um ensaio na revista *Callaloo*, em 2008. Sugeri que a eleição de Barack Obama como presidente – esse evento histórico da eleição de um presidente negro dos Estados Unidos – tornou mais fácil contemplar "um possível futuro" que pudesse ser chamado de pós-étnico ou pós-racial: um futuro possível em que as categorias etnorraciais importantes para a política de identidade fossem mais questões de escolha do que de atribuição; em que a mobilização por grupos etnorraciais fosse mais uma opção estratégica do que um destino presumido que acompanha a mera associação a um grupo; e em que as desigualdades econômicas fossem confrontadas de frente, em vez de por intermédio da etnorraça.[2]

Quase ninguém discute que um futuro assim é desejável. Poucos discordarão de que a eleição de um negro como presidente é um passo nesse rumo. Mas quase todos os jornalistas e sábios acadêmicos que recebem a atenção da imprensa em relação à pós-racialidade só querem falar se esse futuro já chegou. Esse cenário vale até mesmo para estudiosos ambiciosos e atentos, como o historiador Thomas J. Sugrue, cujo livro mais recente, *Not Even Past: Barack Obama and the Burden of Race*, convence qualquer pessoa ainda em dúvida de que o racismo continua sendo um problema para os negros nos Estados Unidos.[3] Uma vez que a pergunta se torna geralmente entendida como "Estamos ou não em uma fase pós-racismo?" não há espaço para qualquer discussão além de exclamar: "Claro que não!".

Perguntas respondidas tão facilmente não são as mais merecedoras de nossa atenção. Será que a pressa para refutar o que quase ninguém afirma não revela uma ânsia de evitar questões mais desafiadoras, incluindo aquelas exploradas por pessoas que popularizam os termos *pós-étnico* e *pós-racial*?

Esses conceitos foram gerados para aguçar nossa visão sobre qual aparência teria uma sociedade há muito acostumada a preconceituosamente atribuir e impor distinções etnorraciais se esses protocolos abomináveis pudessem ser enfraquecidos. Essa tarefa decididamente histórica é muito diferente de um debate abstrato sobre "daltonismo". O projeto analítico pós-étnico/pós-racial reconhece a realidade de um passado de intensiva etnorracialidade; o projeto tenta avaliar e entender a redução dessa intensidade em diversos contextos. O ponto tem sido o de enfrentar e examinar a contingência da etnorraça nos Estados Unidos da América – no passado, no presente e no futuro – e ao mesmo tempo registrar os efeitos das experiências relacionadas com a ascendência que sobrevivem ao afrouxamento das conexões atribuídas ou escolhidas entre um indivíduo e sua comunidade de origem. Considerando essa trajetória, o projeto pós-étnico/pós-racial inevitavelmente centrou-se no caráter problemático do conceito racial; na historicidade da formação e deformação de grupos; em passagens fronteiriças; e na diversidade interna das comunidades de ascendência, diversidade oculta pelas cinco categorias brutas do pentágono etnorracial (branco, negro, amarelo, pardo e vermelho). Então, também, esse projeto tem promovido o enfrentamento direto e honesto de desigualdades econômicas que são historicamente específicas, mas muitas vezes tratadas apenas pelo substituto da etnorraça.

O termo *pós-étnico* é mais amplo e mais profundo do que *pós-racial*. O primeiro reconhece que está em questão toda identidade pela comunidade nativa, incluindo o que é experimentado por (ou atribuído a) grupos de população para os quais raramente é aplicado o termo problemático *raça*. Essas questões afetam o *status* de latinos, árabes, judeus e outros grupos da população com base em imigrantes e normalmente não contados como "raças". Uma ordem social pós-étnica incentivaria os indivíduos a dedicar tanto de suas energias – muito ou pouco – quanto quisessem para sua comunidade de origem. Isso desencorajaria agências públicas e privadas de implicitamente dizer aos cidadãos que a coisa mais importante em relação a eles é sua comunidade de ascendência. Portanto, ser pós-étnico não é ser antiétnico, ou até mesmo daltônico, mas em vez disso é rejeitar a ideia de que a ascendência é tão determinante ao destino a ponto de tornar suspeitos programas de transascendência que visam a diminuir a desigualdade.[4]

Politicamente, uma perspectiva pós-étnica incentiva a criação de enclaves estratégicos; essa perspectiva opõe-se à suposição de que as pessoas estão profundamente obrigadas na natureza das coisas a fazer causa comum com as outras da mesma cor da pele, mesmos traços morfológicos e mesmo sistema de parentesco. A pós-etnia considerada como objetivo é um ideal de maximizar a escolha que incentiva a dinâmica cultural e política sensível às ambições e percepções individuais. A pós-etnia como condição – agora amplamente em vigor para os norte-americanos de ascendência europeia, que podem decidir o quão irlandeses ou poloneses eles querem ser – é a experiência de ser capaz de realmente escolher. O cientista político Robert Putnam tem razão ao descrever como "pós-étnica" sua percepção de que "parece importante incentivar identidades permeáveis, sincréticas, 'hifenadas' ... que permitem aos grupos étnicos anteriormente separados se enxergarem, em parte, como membros de um grupo compartilhado com identidade compartilhada".[5]

O acadêmico literário David Mastey acerta na mosca quando observa que "uma política pós-étnica" de "afiliação por consentimento revogável" influenciou a decisão de Barack Obama, diplomado pela Columbia University, de tornar-se um organizador comunitário entre os negros pobres de Chicago, a decisão posterior desse jovem em deixar essa comunidade para frequentar a faculdade de direito de Harvard e a decisão de muitos dos seus amigos negros em Chicago de aceitar a sua partida de sua comunidade para cursar direito em Harvard.[6] Quando o sociólogo Jonathan Rieder descreve Martin Luther King Jr. como "homem pós-étnico", ele não sugere nada no sentido de que King pensava estar vivendo uma vida daltônica, mas sim que King tinha a capacidade de "articular o seu sentido complexo de *self* com base em um rico repertório de retóricas e identidades", não limitado por papéis tão estreitos e singulares como "integracionista etéreo" ou "negro vernacular".[7]

Quando uma ideia básica é amplamente aceita, mas há resistência em relação às palavras que encarnam ostensivamente essa ideia, a pessoa fica se perguntando se as palavras podem estar certas. Talvez seja inadequado que os termos *pós-racial* e *pós-étnico* assumam as tarefas que alguns de nós temos lhes designado. Um dos desafios interessantes do nosso momento histórico é encontrar um vocabulário adequado para os significados que muitos de nós estamos lutando para "expressar" no discurso público. Alguns dos termos literalmente precisos são ainda mais estranhos: pós-etnorracialmente-intensivo, pós-pentagonal, pós-identitário, pós-atributivo, pós-primordial e pós-definido-por-ascendência todos transmitem parte da ação, mas nenhum é viável. Com certeza, existem tantos "pós" hoje em dia – pós-moderno, pós-marxista, pós-colonial, pós-feminista, pós-estrutural – que é normal certo ceticismo em relação à empreitada de "postificar" as coisas. Não há dúvida de que essa prática popular demonstra falta de imaginação. O que mantém viva a prática de postificar no que tange à etnia e à raça, no entanto, é a determinação de rastrear o passado, registrar seu legado sem negar a realidade da mudança. O *pós-* é projetado para marcar esse significado. De modo irônico, é justamente essa sensibilidade ao legado do passado que os usuários dos termos *pós-racial* e *pós-étnico* costumam ser acusados de não ter.

A primeira vez que introduzi o termo *pós-étnico* em ensaios de 1992 e 1993, procurava uma alternativa para *cosmopolitismo,* que parecia abstrato demais, histórico demais e sobrecarregado demais com associações ideológicas ambíguas.[8] Então, o termo *pós-étnico* me atraiu – e ainda me atrai – porque implica um forte respeito ao passado, mas um aprimoramento desse legado em relação a novas oportunidades e restrições. O mesmo acontece com *pós-racial.* Sobre a noção intimamente relacionada da pós-negritude, o escritor Touré observa: "A pós-negritude vê a negritude não como um código dogmático adorando no altar do gueto e da luta, mas como um documento de fonte aberta, um tropo com aplicações infinitas".[9] Uma dinâmica semelhante é invocada sob a bandeira do "pós-judaísmo", conforme definido, por exemplo, pelos organizadores de uma bem-sucedida exposição de arte pós-judaica no Museu Judeu Spertus, em Chicago, em 2008. "A geração pós-judaica", nas palavras do catálogo do Museu Spertus, "centra-se na autodefinição e no equilíbrio entre a experiência vivida e a herança na prática diária e intelectual", promovendo "uma consciência interna e altamente pessoal sobre como alguém se conecta com o judaísmo hoje".[10]

Neste ensaio, concentro-me em duas tendências altamente diversificadas que continuam inspirando escritores pós-étnicos/pós-raciais e que obtêm pouca remissão na competição para mostrar o quanto o racismo ainda é ruim. A primeira é a extensão e o caráter do casamento, da coabitação e da reprodução intergrupal. A segunda é a extensão e o caráter de imigração recente, especialmente dos povos de pele escura.

O papel da "mistura de raça", como muitas vezes é chamada, em embaçar as linhas entre os grupos etnorraciais padronizados é hoje amplamente reconhecido. Foi inclusive registrado na decisão do Escritório do Censo de incluir, no censo de 2000, a opção de se identificar com mais de um grupo etnorracial. Contudo, os críticos do conceito pós-racial quase nunca abordam essa realidade, apesar de sua crescente relevância. O Pew Research Center analisou recentemente os 3,8 milhões de casamentos que aconteceram nos Estados Unidos em 2008 e verificou níveis recorde de casamento com outras etnias em todos os principais grupos demográficos. Entre os ásio-americanos, 31% dos casamentos aconteceram com cônjuges não asiáticos, enquanto 26% dos hispânicos casaram com um cônjuge não hispânico e 16% dos negros americanos casaram com um cônjuge não negro. Já 9% dos brancos casaram com cônjuges não brancos.[11]

O casamento inter-racial de negros permanece raro em comparação com as estatísticas de casamentos inter-raciais de hispano-americanos, índios americanos e vários grupos de ásio-americanos. Não obstante, o caso dos negros exige mais atenção por causa da antiga e profunda oposição para casamentos entre negros e brancos, que durou muito além de 1967, quando o Supremo Tribunal dos Estados Unidos finalmente eliminou as leis que proibiam esses casamentos na dúzia de estados onde elas ainda vigoravam. A tendência atual é inconfundível, sobretudo para os homens. O estudo do Pew constatou que 22% dos homens negros que se casaram, em 2008, eram casados com mulheres não negras, em comparação com 15,7%, em 2000, e 7,9%, em 1980. Apenas 9% das mulheres negras casaram com maridos não negros em 2008, dado consistente com pesquisas anteriores, mostrando que os homens negros casam com mulheres não negras com muito mais frequência do que mulheres negras casam com homens não negros.[12]

Mas estatísticas de casamento não medem a plena extensão do embaçamento das linhas de coloração. Os sociólogos Joel Perlmann e Mary C. Waters argumentam convincentemente que essas estatísticas subestimam as taxas de famílias etnorracialmente misturadas, sobretudo quando as pessoas negras estão envolvidas. "Baixos níveis de casamentos com negros e níveis mais elevados de coabitação entre negros e brancos do que de casamento entre negros e brancos", explicam eles, "complicam radicalmente a interpretação das taxas de casamentos mistos".[13]

Um dos estudos pertinentes mais distintivos e reveladores, mas ainda raramente citado, calcula a porcentagem de famílias que tiveram um casamento de raça mista dentro de sua rede de parentesco expandida. O demógrafo Joshua Goldstein descobriu que, entre os que se denominaram brancos no censo norte-americano no ano de 2000, cerca de 22% dos brancos norte-americanos tinham dentro de sua rede de parentesco, ao longo de três gerações, pelo menos 1 em cada 10 casamentos entre branco e não branco; nesse mesmo ano, quase 50% dos que se denominaram negros norte-americanos tinham um casamento entre negro e não negro no seu sistema de parentesco. A porcentagem de ásio-americanos com famílias de asiáticos com não asiáticos alcançou 84%. Esses números representaram um drástico aumento em relação aos censos anteriores. Em 1960, apenas cerca de 2% dos autodenominados brancos e 9% dos autodenominados negros tinham em sua rede de parentesco um casamento único com pessoas de outra cor. E ainda no relativamente recente censo de 1990, esses números foram de apenas 9% nos autodenominados brancos e de 28% nos autodenominados negros.[14] As estatísticas de Goldstein sugerem que a aceitação do casamento e da reprodução inter-raciais, já registrada na cultura popular e nas pesquisas de opinião, continuará aumentando. Nossos psicólogos sociais nos dizem que essa hostilidade em relação a uniões de raça mista, como a oposição às relações homossexuais, diminui com a familiaridade íntima: quando alguém em sua família está em uma dessas relações tradicionalmente estigmatizadas, o estigma perde um pouco do seu poder.

A importância do aumento de famílias intergrupais pode ser exagerada. De vez em quando, alguém vai ser corajoso o suficiente para prever o fim das comunidades padronizadas de ascendência nas próximas duas ou três gerações. Mas o fato de que essa previsão extravagante é mais frequentemente ridicularizada do que citada com seriedade é outro exemplo de refutação complacente de uma afirmação raramente feita. Precisamos de uma discussão honesta sobre a mescla de linhas etnorraciais que é empiricamente visível na composição das famílias nos Estados Unidos.[15]

Uma segunda tendência demográfica na qual os escritores pós-raciais/pós-étnicos se envolveram é a diversificação da sociedade norte-americana por meio da imigração durante as últimas décadas. Essa evolução, também, é amplamente reconhecida, mas sua importância para nosso aparato herdado intelectual e institucional para lidar com a diversidade ainda precisa ser plenamente reconhecida. O aumento da imigração da Ásia e da América Latina não foi antecipado pelo Congresso dos Estados Unidos ao ser promulgada a Lei Hart-Celler, em 1965. Mas os imigrantes latino-americanos, tão logo começaram a chegar, com números inesperados, ao menos tinham mais familiaridade com anglos poderosos do que os antigamente raros imigrantes da Ásia. A mudança mais impactante e perturbadora de categoria foi a de muitos milhões de novos norte-americanos emigrando de países asiáticos como China, Índia, Taiwan, Coreia, Filipinas e Paquistão. Esses imigrantes e seus descendentes não só diversificaram bastante a sociedade; com sua diversidade fizeram uma paródia do conceito pan-étnico de "ásio-americano". Era um imigrante da Síria, da Anatólia, do Irã ou um ásio-americano?

O caráter e a extensão da imigração pós--1965 foram aparentes inclusive na década de 1980, mas até mesmo em 1998, na "Iniciativa sobre raça" do presidente Clinton, *Uma só nação norte-americana no século XXI*, a única comissão presidencial a lidar com a raça desde a Comissão Kerner de 30 anos antes, reforçou de modo categórico a "velha religião". O relatório sistematicamente refutava a existência de diferenças marcantes entre os afro-americanos, os ásio-americanos e os hispano-americanos. Deliberadamente ocultava as diferenças de língua, cultura e situação econômica dentro do grupo ásio-americano. Oferecia 53 recomendações para programas multiculturais e reparações antidiscriminação, nenhuma das quais lidava com a situação historicamente exclusiva dos negros norte-americanos cujas vidas foram afetadas por séculos de escravidão legalmente sancionada, discriminação violentamente imposta e oportunidades educacionais cataclismicamente inadequadas.[16]

Uma só nação norte-americana no século XXI negava maciçamente a diversidade da vida dos Estados Unidos ao mesmo tempo em que comemorava isso de modo ostensivo. Fulcral para essa falha era uma determinação para comparar todas as populações com base em imigrantes da Ásia e da América Latina com os descendentes da escravidão norte--americana e Jim Crow. Os dissidentes dessa antiga religião têm sido raros entre os políticos estabelecidos, embora em 2010, o senador James Webb da Virgínia tenha escrito que todos os "programas de diversidade" deviam ser encerrados para populações com base em imigrantes, mas preservados para "aqueles afro-americanos ainda carentes" de assistência governamental.[17]

O relativo sucesso por indicadores padrão de muitos grupos de imigrantes específicos de diferentes partes da Ásia costuma ser desdenhado em vez de ser analisado em relação à dinâmica do racismo, da desigualdade e da incorporação de uma sociedade de origens predominantemente europeias. A grande maioria dos adultos imigrantes da Coreia é composta por graduados da faculdade, e um segmento substancial dos imigrantes de vários outros países asiáticos já chega altamente qualificado e alfabetizado em inglês. Esse não é o caso da maioria dos imigrantes do México, Guatemala e outros países latino-americanos que fornecem grande parte da força de trabalho menos qualificada dos Estados Unidos. De acordo com o mais recente estudo, 34% dos hispânicos nascidos no exterior de todas as idades que residem nos Estados Unidos não estudaram além do 8º ano.[18]

A justaposição das circunstâncias sociais pré-imigração de migrantes da América Latina com aqueles dos migrantes de diversos países do leste e do sul da Ásia nos lembra que a atenção a histórias particulares, especialmente para os contextos educacionais e econômicos de imigrantes, nos apresenta uma imagem radicalmente diferente da diversidade do que a que herdamos da era dos direitos civis. Será que os hispano-americanos reivindicam tratamento especial? Talvez sim, mas a justificativa mais plausível para esse tratamento seria certamente econômica, em torno do fato de que os Estados Unidos persistentemente incentivam, e na verdade exigem, uma subclasse de trabalhadores que façam trabalhos pouco qualificados por salários relativamente baixos e que não sejam suscetíveis de formar ou participar de sindicatos. Nosso sistema, no entanto, lida com a população hispânica como grupo etnorracial. Usamos a etnorraça como substituta para a desigualdade econômica, projetando programas dirigidos a uma população etnorracialmente definida quando a propriedade mais saliente dessa população é, em vez disso, seu *status* econômico. O apoio para ação afirmativa para os hispânicos desvaneceu-se no contexto de obstáculos teórico-práticos para a criação de uma justificativa politicamente viável para isso.[19]

A história de discriminação contra os hispano-americanos inclui a segregação escolar e exclusão de júris em vários estados antes de 60 anos atrás. Mas ao contrário de imigrantes do México, os imigrantes do leste e do sul da Ásia não eram sequer capazes de alcançar a cidadania naturalizada em 1952, e não conseguimos nos lembrar com a frequência suficiente que ásio-americanos de ascendência japonesa foram tirados de suas casas e jogados em campos de concentração, há menos de uma geração. (Na verdade, o confinamento japonês ocorreu depois de eu nascer e a poucos quilômetros de onde hoje moro na Califórnia.) As diferentes trajetórias de mexicanos-americanos, por um lado, e de uma gama de ásio-americanos, por outro lado, deviam refutar a ideia de que a força operativa é o racismo nos olhos do poderoso branco que o vê. No século XXI, não precisamos afirmar que os brancos poderosos se emanciparam do racismo para que possamos enfrentar o fato de que o poder desse racismo para danificar suas vítimas hoje varia imensamente de acordo com as circunstâncias econômicas e educacionais dessas vítimas.

Verificou-se que essa verdade também se aplica aos negros, por causa de outra dimensão da transformação da sociedade norte-americana pela imigração. O *status* do presidente Obama como filho de imigrante africano elevou a consciência pública sobre a migração de pessoas de pele negra da África e do Caribe, mas a discussão pública sobre imigração ainda ignora a magnitude dessas migrações. As estatísticas do governo federal mostram que, entre 2000 e 2008, 636.938 imigrantes de países africanos obtiveram *status* de residente permanente legal. Durante a década de 1980, apenas 141.990 o fizeram. Gente da África representava apenas 1,7% dos imigrantes que obtiveram esse *status* na década de 1970, mas agora representa cerca de 7% do total. Os países africanos, tomados em conjunto, produzem mais imigrantes legalmente permanentes do que Índia, China ou Rússia. A migração ainda maior do Caribe inclui muitos indivíduos que, seja qual for o seu *status* em seus países de origem, nos Estados Unidos são negros pela regra de que uma gota de sangue não branco determina a identificação racial do indivíduo como negro. Mais de 1 milhão de imigrantes de países do Caribe obtiveram residência legal permanente nos Estados Unidos durante a década de 1990.[20]

Que o primeiro presidente negro venha de uma família de imigrantes é emblemático não só pela pura magnitude dessa migração, mas também pelo fato de que os imigrantes negros e seus filhos conseguiram superar as barreiras criadas pelo racismo antinegro a uma extensão maior do que os negros não imigrantes. Estudo após estudo de nossos cientistas sociais e jornalistas documentam as lacunas na posição econômica e no desempenho educacional entre as populações negras com base de imigrantes e sem base de imigrantes.[21] Esses estudos implicam que a negritude em si não é suficiente para explicar a duradoura fraca posição de classe da maior parte dos negros norte-americanos. Há boas razões para acreditar que as circunstâncias educacionais e econômicas dos imigrantes da África e do Caribe forneçam uma vantagem. Como acontece com os imigrantes da Ásia e da América Latina, o caráter social específico dos recém-chegados exerce grande influência sobre seu destino nos Estados Unidos. A história faz uma diferença enorme.

Quanto mais reconhecemos a particularidade histórica das circunstâncias em torno das várias comunidades de ascendência nos Estados Unidos e dos indivíduos dentro deles, mais difícil é de evitar uma conclusão que já argumentei nas páginas de *Dædalus*. Se o problema do século XX era, como W. E. B. Du Bois declarou, o problema da linha de cor, o problema do século XXI parece ser o da solidariedade.[22] Com quem precisamente alguém tenta se afiliar e para que fins? Esse é o problema da solidariedade, cuja dimensão depende da extensão em que a afiliação desejada torna-se uma possibilidade. A mescla etnorracial e a maciça imigração modificaram os Estados Unidos, que continua operando com um sistema etnorracial cada vez mais anacrônico que assume que cada grupo é uma entidade duradoura, claramente delimitada e codificada por cores.

Quanto mais começarmos a perceber as "raças" codificadas pela cor como artefatos, como resultados dependentes da ação humana em vez de como causas primordiais dessa ação, menos proeminência terão os fatores de linha de coloração entre outras distinções sociais capazes ou não de ser a base para atribuir ou escolher afiliações. Quanto menos fixas as categorias etnorraciais e seus significados socialmente prescritos se tornarem, mais oportunidades as pessoas têm de perguntar o que se entende por "nós" e de escolher suas afiliações em vez de aceitar funções atribuídas pelas elites poderosas. Essa migração do problema da cor para o problema da solidariedade pode ser descrita como um passo "pós-racial" ou "pós-étnico", mas o passo é válido mesmo que esses termos não o acompanhem. A própria questão "A quem devemos nos afiliar e para que fins?" é precisamente o tipo de pergunta desafiadora que é deixada de lado quando as pessoas se apressam para responder à pergunta fácil: "Estamos em uma fase pós-racismo?".

NOTAS

[1] Uma rápida pesquisa na internet verifica inúmeros exemplos do que estou descrevendo; por exemplo: "Quem inventou o insípido termo 'pós-racial' deveria ser forçado a sentar e ler em voz alta o vil comentário que flui em qualquer sala de redação, depois de publicar ou veicular uma reportagem sobre raça. ... Isso curaria rapidamente a vontade de insistir que enfim chegamos de modo tão harmonioso ao outro lado do arco-íris"; Mary Sanchez, *The Kansas City Star*, 26 de junho de 2010, http://www.kansascity.com/2010/07/26/2109308/post-racial-america-is-an-obvious.html#ixzzovkAxqOaB.

[2] David A. Hollinger, "Obama, the Instability of Color Lines, and the Promise of a Post-ethnic Future", *Callaloo* 31 (2008): 1033-1034. Esse ensaio também está disponível em Randall Kennedy e Gerald Early, eds., *Best African American Essays 2010* (New York: One World/Ballantine, 2010), 44-51. Ver também Paul Gilroy, *Against Race: Imagining Political Culture beyond the Color Line* (Cambridge, Mass.: Belknap Press, 2000).

[3] Thomas J. Sugrue, *Not Even Past: Barack Obama and the Burden of Race* (Princeton, N.J.: Princeton University Press, 2010).

[4] Veja um exemplo raro de comentário jornalístico que demonstra uma compreensão diferenciada dos escritos pós-étnicos/pós-raciais na postagem da acadêmica midiática Mary Beltran em *FlowTV*: "Conforme demonstrado por alguns comentaristas conservadores, [o conceito de pós-racial] implicou o fim das disparidades raciais e práticas e a conquista dos privilégios da brancura por todos os norte-americanos, [mas] outras definições, em contrapartida, não oferecem essas garantia de um Estados Unidos branco nem afirmações de que um ideal foi alcançado. Conforme definido por Paul Gilroy, o conceito de pós-racial, semelhante à noção de David Hollinger de pós-etnicidade, refere-se a um futuro em que noções raciais, hierarquias racializadas e a hegemonia da brancura são na verdade subvertidas. Essa definição tem implicações muito mais subversivas para a igualdade e o poder social"; Mary Beltran, "O que está em jogo nas reivindicações de mídia pós-racial?", *FlowTV*, 3 de junho de 2010, http://flowtv.org/2010/06/whats-at-stake-in-claims-of-post-racial-media/.

[5] Robert Putnam, "E Pluribus Unum: Diversity and Community in the 21st Century", *Scandinavian Political Studies* 30 (2006): 161, 169.

[6] David Mastey, "Slumming and/as Self-Making in Barack Obama's *Dreams from My Father*", *Journal of Black Studies* 40 (2010): 493. 495.

[7] Jonathan Rieder, *The Word of the Lord is Upon Me: The Righteous Performance of Martin Luther King, Jr.* (Cambridge, Mass: Belknap Press, 2008), 9.

[8] A primeira referência que vi a *pós-étnico* foi em Werner Sollors, "A Critique of Pure Pluralism", em *Reconstructing American Literary History*, ed. Sacvan Bercovitch (Cambridge, Mass.: Harvard University Press, 1986), 277. Desenvolvi a noção em várias publicações nas décadas de 1990 e 2000, especialmente *Postethnic America: Beyond Multiculturalism* (New York: Basic Books, 1995; edição expandida de décimo aniversário, New York: Basic Books, 2006).

[9] Touré, "Visible Young Man", *The New York Times Book Review*, 3 de maio de 2009.

[10] Staci Boris, ed., *The New Authentics: Artists of the Post-Jewish Generation* (Chicago: Spertus Press, 2008).

[11] Ver um resumo conveniente desse estudo em Sam Roberts, "Black Women See Fewer Black Men at the Altar", *The New York Times*, 3 de junho de 2010.

¹² Ibid.
¹³ Joel Perlmann e Mary C. Waters, "Intermarriage Then and Now: Race, Generation, and the Changing Meaning of Marriage", em *Not Just Black and White: Historical and Contemporary Perspectives on Immigration, Race, and Ethnicity in the United States*, ed. Nancy Foner e George Fredrickson (New York: Russell Sage Foundation, 2004), 275.
¹⁴ Esse estudo foi relatado em "Nation's Many Faces in Extended First Family", *The New York Times*, 20 de janeiro de 2009. Ver também Joshua R. Goldstein, "Kinship Networks that Cross Racial Lines: The Exception or the Rule?" *Demography* 36 (1999): 399-407.
¹⁵ Consulte um comentário perspicaz em Jennifer Lee, "A Post-Racial America? Multiracial Identification and the Color Line in the 21st Century", *Nanzan Review of American Studies* 30 (2008): 13-31. Ver também Jennifer Lee e Frank D. Bean, "Reinventing the Color Line: Immigration and America's New Ethnic/Racial Divide," *Social Forces* 86 (2007): 561-586.
¹⁶ Conselho consultivo presidencial para a Iniciativa sobre Raça, *One America in the 21st Century: The President's Initiative on Race* (Washington, D.C., 1998).
¹⁷ James Webb, "Diversity and the Myth of White Privilege", *The Wall Street Journal*, 23 de julho de 2010. Embora essa coluna tenha sido organizada em torno da afirmação de que alguns grupos de pessoas brancas desfavorecidas não são menos merecedoras da ajuda governamental do que algumas minorias etnorraciais, a mais impressionante reviravolta no artigo, levando em conta o discurso dominante, foi a nítida distinção de Webb entre negros e outros grupos alvos, há longa data, de programas de diversidade.
¹⁸ Joseph Berger, "The Latino Lag", Education Life, *The New York Times*, 25 de julho de 2010.
¹⁹ Ver, por exemplo, Gregory Rodriguez, "Affirmative Action's Time is Up", *Los Angeles Times*, 2 de agosto de 2010. "Quando a ação afirmativa foi estabelecida, destinava-se a beneficiar uma pequena percentagem da população dos Estados Unidos, mas à medida que a lógica e o escopo do programa evoluíram, também evoluiu o número de pessoas que ele incluía", observa Rodriguez, afirmando verdades que a coalizão dos direitos civis raramente quis discutir. "A imigração em grande escala pós-1965 também complicou a equação e, por fim, perturbou o cálculo político que tornou a ação afirmativa politicamente viável." Rodriguez é o autor de um dos livros mais investigativos e perspicazes já escritos sobre hispânicos nos Estados Unidos: *Mongrels, Bastards, Orphans, and Vagabonds: Mexican Immigration and the Future of Race in America* (New York: Pantheon Books, 2007). A evitação persistente pelos líderes políticos da contradição entre ação afirmativa e política de imigração é o tema de um livro subvalorizado, de autoria do falecido Hugh Davis Graham, *Collision Course: The Strange Convergence of Affirmative Action and Immigration Policy in America* (Nova York: Oxford University Press, 2002).
²⁰ Consulte http://www.dhs.gov/files/statistics/publications/LPR08.shtm. Quem primeiro chamou a minha atenção para essas tabelas foi Jennifer Hochschild.
²¹ Um dos mais amplamente divulgados desses estudos mostrou que entre alunos negros nas faculdades da Ivy League, imigrantes e filhos de imigrantes eram extremamente super-representados. Ver Douglas Massey et al., *American Journal of Education* (fevereiro de 2007).
²² Aqui me refiro ao meu ensaio, "From Identity to Solidarity," *Dædalus* (outono de 2006): 23-31. Nesse ensaio descrevo "o problema da solidariedade" em algum detalhe e argumento que seu caráter e sua importância têm sido amplamente obscurecidos pela popularidade do conceito de "identidade".

K. Anthony Appiah: Reconstruindo identidades raciais

A principal lacuna teórica na obra *Na casa de meu pai: a África na filosofia da cultura* (pelo menos, na opinião do autor) é a falta de uma proposta alternativa para explicar a identidade da diáspora negra que o livro critica.¹ Hoje, a explicação essencialista pseudobiológica é, na minha opinião, geralmente considerada insustentável; o que falta é uma explicação alternativa à identidade negra. Na mencionada obra, critico a explicação biológica como fundamento proposto para as identidades também no continente: mas ofereço, no capítulo sobre "Identidades africanas", sugestões para um fundamento positivo para uma gama de mobilizações com bases continentais sobre a África que chamei de "distintivo vital e capacitante". Mas o que tinha a dizer sobre identidades diaspóricas era no mínimo perfunctório.

A crítica de Katya Azoulay sobre minha obra ("Outside Our Parents' House: Race, Culture, and Identity", em RAL 27,1 [1996]: 129-42) identifica essa lacuna teórica e, com razão, chama a atenção para isso. Deixe-me oferecer pelo menos o esboço de uma abordagem.[2]

No início da história norte-americana, o rótulo de "africano" foi aplicado a muitos daqueles que seriam mais tarde considerados "negros", por pessoas que possam ter tido a impressão de que os africanos tinham mais em comum dos pontos de vista cultural, social, intelectual e religioso do que eles realmente tinham. Nenhum desses tipos de equívocos, no entanto, interrompeu os efeitos da rotulagem. À medida que a escravidão na América do Norte tornou-se racializada no período colonial, ser rotulado de africano ou, mais tarde, de negro, carregando o que Du Bois chamava de "distintivo da cor", tinha aquelas previsíveis consequências negativas, que ele captou tão memoravelmente na frase: a "herança social da escravidão; a discriminação e o insulto" (117).

Ao seguirmos o distintivo da cor, de "africano", a "negro", a "raça de cor", a "afro-americano" para "africano-americano" (e isso ignora os fascinantes desvios de rota expressos em "afro-saxão"), rastreamos assim a história não só de um significante, um rótulo, mas também uma história de seus efeitos. A qualquer momento nessa história, havia, nas colônias americanas e depois nos Estados Unidos, um enorme consenso, tanto entre aqueles rotulados de negros quanto entre aqueles rotulados de brancos, sobre quem, em suas próprias comunidades, devia se encaixar nesses rótulos. (À medida que ocorreu a imigração da China e de outras partes do "Extremo Oriente", um rótulo oriental passou a ter igual estabilidade.) Houve, sem dúvida, certo *passing*; mas o próprio conceito de *passing* implica que, se o fato relevante sobre a ascendência desses indivíduos se tornasse conhecido, a maioria das pessoas os teria considerado a viajar sob o distintivo errado.

O resultado é que existem pelo menos três objetos socioculturais nos Estados Unidos: negros, brancos e orientais – cuja associação a qualquer momento é relativamente, e cada vez mais, determinada. Esses objetos são históricos neste sentido: para identificar todos os membros dessas raças no país ao longo do tempo, você não pode procurar só um critério que se aplica igualmente sempre; você pode considerar o ponto de partida para a raça a fonte subcontinental da população de indivíduos que define sua adesão inicial – e depois aplicar em cada momento histórico os critérios de continuidade intertemporais que se aplicam no momento de decidir quais os indivíduos na próxima geração contam como pertencentes ao grupo. Desde o início até o presente, existe no âmago do sistema uma regra simples que muito poucos discutiriam até hoje: quando pai e mãe pertencem à mesma raça, a criança é da mesma raça que os pais.[3]

Os critérios aplicáveis a qualquer momento podem deixar vagos limites. Com certeza esses limites mudam, como demonstram as diferentes decisões sobre qual a proporção de ascendência africana nos negros ou a atual incerteza sobre como classificar os filhos da "miscigenação" branco-amarela. Mas sem dúvida sempre atribuem algumas pessoas ao grupo e sem dúvida descartam outros; e na maioria da história dos Estados Unidos, a classe de pessoas sobre quem havia incerteza (os seminoles da Flórida são negros ou índios?) era relativamente pequena (ver Mulroy).

Uma vez que o rótulo racial é aplicado a pessoas, ideias sobre a que o rótulo se refere, ideias que podem ser muito menos consensuais do que a aplicação do rótulo, resultam em efeitos sociais. Essas ideias têm não só efeitos sociais, mas também efeitos psicológicos: moldam as maneiras que as pessoas percebem a si mesmas e seus projetos. Em particular, os rótulos podem operar para moldar o que chamo de "identificação": o processo pelo qual um indivíduo intencionalmente molda seus projetos, incluindo planos para sua própria vida e sua concepção do bem pela referência a rótulos disponíveis, identidades disponíveis. A identificação é central ao que Ian Hacking uma vez chamou de "inventar pessoas". Com base em vários exemplos, Hacking defendeu o que ele chamou de "nominalismo dinâmico", argumentando "que inúmeros tipos de seres humanos e atos humanos andam de mãos dadas com nossa invenção das categorias para rotulá-los" (87). Acabo de articular um nominalismo dinâmico sobre um tipo de pessoa que hoje costuma ser chamada de "afro-americana".

Como a atribuição de identidades raciais – o processo de aplicar o rótulo às pessoas, inclusive a nós mesmos – baseia-se não só na identificação intencional, pode haver um abismo entre o que uma pessoa é atributivamente e a identidade racial que ela desempenha: é esse abismo que possibilita o *passing*.

A raça é, assim, como todas as principais formas de identificação da política de identidade contemporânea: feminino e masculino; *gay*, lésbico e heterossexual; negro, branco, amarelo, vermelho e marrom; judeu-, italiano-, nipo- e coreano-americano; até mesmo a mais negligenciada das identidades americanas, a classe. Há, em todas elas, um conjunto de critérios teoricamente comprometidos por atribuição, dos quais nem todos são defendidos por todo mundo e que talvez não sejam consistentes entre si inclusive nas atribuições de uma única pessoa; assim, há um processo de identificação em que o rótulo molda os atos intencionais daqueles (alguns dos) que se enquadram nele.

Do fato de que a identificação molda a ação, molda os planos de vida, não resulta que a própria identificação possa ser considerada algo voluntário. Não me lembro de alguma vez escolher identificar-me como do sexo masculino;[4] mas ser do sexo masculino moldou muitos dos meus planos e ações. Na verdade, quando minha identidade atributiva é do tipo com a qual quase todos meus concidadãos concordam, provavelmente terei pouco senso de escolha sobre se a identidade é minha – embora possa escolher o quão fundamental será minha identificação com essa identidade; ou seja, escolher até que ponto vou organizar a minha vida em torno dessa identidade. Assim, se eu estiver entre aqueles (como os lamentavelmente rotulados "*gays* com atitude hétero" ou a maioria dos judeus americanos) que são capazes, conforme sua escolha, de escapar da atribuição, posso optar por não assumir uma identidade *gay* ou judaica, embora isso venha a exigir o ocultamento de fatos sobre mim ou sobre minha ascendência dos outros.

Se, por outro lado, eu me enquadro na classe daqueles para quem o consenso sobre atribuição não é claro – como entre contemporâneos chamados de "birraciais", ou bissexuais, ou aqueles que muitos norte-americanos brancos de várias heranças étnicas identificáveis (ver Waters) –, posso ter uma sensação de opções de identidade: mas uma maneira de exercê-las é marcar-me etnicamente (como quando alguém decide usar um *button* da Irlanda) para que outros então mais provavelmente atribuam essa identidade para mim.

Claro, as identidades coletivas diferem em muitas maneiras; o corpo é central para raça, gênero e sexualidade, mas não tão central para classe e etnia. E, para repetir um ponto importante, a identificação racial é simplesmente mais difícil de resistir do que a identificação étnica. A razão é dupla. Primeiro, a atribuição racial tem mais saliência social: a menos que você seja morfologicamente atípico para seu grupo racial, estranhos, amigos, funcionários públicos estão sempre cientes dessa atribuição em contextos públicos e privados, sempre a notam e quase nunca a deixam escapar de vista. Em segundo lugar – e, de novo, tanto em cenários íntimos quanto em espaços públicos –, a raça é considerada por muitas mais pessoas como a base para tratar as pessoas diferencialmente. Posto isso sobre identificação, podemos ver que o problema analítico de Du Bois era acreditar que, para esse tipo de rotulagem racial ter os efeitos verdadeiros óbvios que realmente tinha (fundamentalmente, a sua própria identificação com outros negros e com a África), devia haver alguma essência real que unisse a raça. Nossa explicação sobre a história do rótulo revela que isso se trata de um erro: tão logo nos concentramos, como Du Bois quase viu, no distintivo racial – no significante em vez de no significado, na palavra em vez de no conceito – percebemos tanto que os efeitos da rotulagem são poderosos e reais e que falácias, confusões, enganos e perfídias exerceram um papel central na determinação de como o rótulo foi aplicado e para que fins.

É por isso, creio eu, que Du Bois tantas vezes viu-se reduzido, em suas tentativas de definir a raça, a forças ocultas: se você olhar para uma essência compartilhada, você não vai conseguir nada, então, vai acreditar que deixou escapar, porque é muito sutil, difícil de experimentar ou identificar; em suma, misterioso. Mas se, como digo, você entende o processo sócio-histórico de construção da raça, verá que o rótulo funciona mesmo na falta de uma essência.

Talvez, então, possamos reconhecer que Du Bois perseguia a ideia de identidade racial, que defino mais ou menos assim: um rótulo, R, associado com atribuições pela maioria das pessoas (em que a atribuição envolve critérios descritivos para aplicar o rótulo); e identificações por aqueles que caem sob essa atribuição (em que a identificação implica o papel de moldar o rótulo nos atos intencionais dos detentores para que às vezes ajam como R); em que há uma história de associar os detentores do rótulo com uma essência racial herdada (mesmo se alguns que usam o rótulo já não acreditam mais em essências raciais).

Na verdade, poderíamos argumentar que as identidades raciais podem persistir até mesmo se ninguém acreditasse nas essências raciais, desde que tanto a atribuição quanto a identificação continuassem.

Haverá quem conteste minha explicação pelo fato de ela não dar ao racismo um lugar central na definição de identidade: considero óbvio, a partir da narrativa desenvolvida por mim, que o racismo tem sido fundamental para o desenvolvimento da teoria da raça. Nesse sentido, o racismo tem sido parte da história desde o começo. Mas você pode dar uma explicação sobre identidade racial na qual você não considera nada como essência racial, a menos que isso implicasse uma hierarquia entre as raças,[5] ou a menos que o rótulo desempenhasse um papel nas práticas racistas. Tenho certa simpatia pela primeira estratégia; ela adaptar-se-ia facilmente a meu arcabouço básico. À última estratégia, no entanto, levanto a objeção filosófica de que ela confunde prioridade lógica e causal: não tenho dúvidas de que as teorias raciais cresceram, em parte, como racionalizações para maltratar os negros, judeus, chineses e vários outros. Mas acho que é útil reservar o conceito de racismo, em oposição ao etnocentrismo ou simplesmente à desumanidade, para práticas em que um conceito de raça desempenha um papel central. E duvido que você possa explicar o racismo sem primeiro explicar o conceito de raça.

Eu me solidarizo, porém, com um impulso animador por trás dessas propostas: para ter a certeza de que aqui nos Estados Unidos não temos discussões sobre raça na qual o racismo desaparece de vista. Como salientei, a identificação racial é difícil de resistir em parte, porque a atribuição racial pelos outros é tão insistente; e seus efeitos, especialmente os racistas, são tão difíceis de evitar. Considero óbvio que a persistência do racismo significa que as atribuições racistas têm consequências negativas para certas pessoas e consequências positivas para outras – criando, em particular, o privilégio de pele branca tão fácil de esquecer pelas pessoas que têm esse privilégio; e também é óbvio que, para aqueles que sofrem as consequências negativas, a identificação racial é uma resposta previsível, especialmente onde o projeto sugerido é o de que as vítimas do racismo devam se unir para resistir a ele.

NOTAS

[1] Esse é o fardo da crítica contínua de Lucius Outlaw a meu trabalho e gostaria de registrar aqui minha gratidão pela sua persistência contra o que lhe deve parecer minha ignorância invencível.

[2] Essa explicação deve ser encontrada com mais detalhes na segunda parte do meu ensaio em Appiah e Gutmann.

[3] Isso diferencia a raça nos Estados Unidos de suas operações no Brasil, onde a cor (que pode ser compartilhada por pais sem ser herdada por seus filhos) é mais determinante.

[4] O fato de não me lembrar disso não prova que não fiz, é claro.

[5] Essa é a proposta de um artigo sobre "racismo metafísico" de Berel Lang no seminário sobre "Raça e filosofia" na New School for Social Research, em outubro de 1994, no qual aprendi muito.

OBRAS CITADAS

APPIAH, KWAME ANTHONY. In My Father's House. New York: Oxford UP, 1992. e Amy Gutmann. Color Conscious: The Political Morality of Race. Princeton, NJ: Princeton UP, 1996.

DU BOIS, W. E. B. DUSK OF DAWN: An Essay toward an Autobiography of a Race Concept. New York: Harcourt, 1940. Reimpresso com introdução de Herbert Aptheker. Milwood, NY: Kraus-Thomson, 1975.

HACKING, IAN. "Making Up People." Forms of Desire: Sexual Orientation and the Social Constructionist Controversy, editado por Edward Stein. New York: Routledge, 1992. 69-88. Reimpresso de Reconstructing Individualism: Autonomy, Individuality and the Self in Western Thought. Editado por Thomas Heller, Morton Sousa e David Wellbury. Stanford, CA: Stanford UP, 1986.

MULROY, KEVIN. Freedom on the Border: The Seminole Maroons in Florida, the Indian Territory, Coahuila, and Texas. Lubbock, TX: Texas Tech UP, 1993. Water, Mary C. Ethnic Options: Choosing Identities in America. Berkeley: U of California P, 1990.

Leituras adicionais: além do pós-modernismo

SEXO, GÊNERO E TEORIA *QUEER*

ABDUR-RAHMAN, ALIYYAH I.: *Against the Closet: Black Political Longing and the Erotics of Race.* Durham: Duke University Press, 2012.

BUTLER, JUDITH: *Gender Trouble: Feminism and the Subversion of Identity.* New York: Routledge, 1989.

CARROLL, RACHEL: *Reading Heterosexuality: Feminism, Queer Theory and Contemporary Fiction.* Edinburgh: Edinburgh University Press, 2012.

DRISKILL, QWO-LI., Ed.: *Queer Indigenous Studies: Critical Interventions in Theory, Politics and Literature.* Tucson: University of Arizona Press, 2011.

GARBER, LINDA: *Identity Poetics: Race, Class, and the Lesbian–Feminist Roots of Queer Theory.* New York: Columbia University Press, ©2001.

HALPERIN, DAVID M.: *Saint Foucault: Towards Gay Hagiography.* New York: Oxford University Press, 1995.

HUFFER, LYNNE, 1960: *Mad for Foucault: Rethinking the Foundations of Queer Theory.* New York: Columbia University Press, ©2010.

KOSOFSKY, EVE SEDGWICK: *Epistemology of the Closet.* Berkeley: University of California Press, 1990.

NIGIANNI, CHRYSANTHI, e STORR, MERL, Ed.: *Deleuze and Queer Theory.* Edimburgo: Edinburgh University Press, ©2009.

QUEEN, CAROL, e LAWRENCE SCHIMEL, Eds.: *PoMoSexuals: Challenging Assumptions About Gender and Sexuality.* San Francisco: Clies Press, 1997.

RICHARDSON, DIANE, MCLAUGHLIN, JANICE e BASINGSTOKE [Inglaterra] ed.: *Intersections Between Feminist and Queer Theory.* New York: Palgrave Macmillan, 2006.

SEIDMAN, STEVEN, Ed.: *Queer Theory/Sociology.* Cambridge, Mass: Blackwell, 1996.

SULLIVAN, NIKKI, 1962: *A Critical Introduction to Queer Theory.* New York: New York University Press, 2003.

TURNER, WILLIAM B. (William Benjamin), 1964: *A Genealogy of Queer Theory.* Philadelphia: Temple University Press, 2000.

WARNER, MICHAEL. *The Trouble With Normal Sex: Sex, Politics and the Ethics of Queer Life*. New York: Free Press. 1999.

WEED, ELIZABETH, e NAOMI SCHOR, Eds.: *Feminism Meets Queer Theory*. Bloomington: Indiana University Press, 1997.

WILCHINS, RIKI ANNE, 1952: *Queer Theory, Gender Theory. An Instant Primer*. Los Angeles, [California]: Alyson Books, 2004.

RAÇA

A.C. LIANG, MARY BUCHOLTZ, Ed.: *Reinventing Identities: The Gendered Self in Discourse*. New York: Oxford University Press, 1999.

ANDREWS, WILLIAM L., ED., 1985: *Critical Essays on W. E. B. du Bois*. Boston: G. K. Hall.

APPIAH, ANTHONY: *In My Father's House: African in the Philosophy of Culture*. New York: Oxford University Press, 1992.

APPIAH, ANTHONY: *Color Conscious: The Political Morality of Race*. Princeton, N.J.: Princeton University Press, ©1996.

APPIAH, ANTHONY: *The Ethics of Identity*. Princeton, N.J.: Princeton University Press, ©2005.

BELL, DERRICK, 1987: *And We Are Not Saved: The Elusive Quest for Racial Justice*. New York, NY: Basic Books.

BELL, DERRICK, 1992: *Faces at the Bottom of the Well: The Permanence of Racism*. New York, NY: Basic Books.

BLACKWOOD, EVELYN, e WIERINGA, SASKIA E., Ed.: *Female Desires: Same–Sex Relations and Transgender Practices Across Cultures*. New York: Columbia University Press, ©1999.

BONILLA-SILVA, EDUARDO, 2003: *Racism without Racists: Color-Blind Racism and the Persistence of Racial Inequality in the United States*. Lanham, MD: Rowman & Littlefield.

BRACKS, LEAN'TIN L.: *Writings on Black Women of the Diaspora: History, Language, and Identity*. New York: Garland, 1998.

BROWN, CAROLINE A., 1967: *The Black Female Body in American Literature and Art: Performing Identity*. New York: Routledge, 2012.

COLLINS, PATRICIA H., 2000. *Black Feminist Thought: Knowledge, Consciousness, and the Politics of Empowerment*. 2ª ed. New York, NY: Routledge.

DYSON, MICHAEL ERIC: *Open Mike: Reflections on Philosophy, Race, Sex, Culture and Religion*. New York: Basic Civitas Books, ©2003.

ELAM, MICHELE: *The Souls of Mixed Folk: Race, Politics, and Aesthetics in the New Millennium*. Stanford, California: Stanford University Press, ©2011.

ETTER-LEWIS, GWENDOLYN, Ed.: *Unrelated Kin: Race and Gender in Women's Personal Narratives*. New York: Routledge, 1996.

FEAGIN, JOE R., 2001: *Racists America: Roots, Current Realities and Future Reparations*. New York, NY: Routledge.

FEAGIN, JOE R., 2006: *Systemic Racism: A Theory of Oppression*. New York, NY: Routledge.

FEAGIN, JOE R., HERNAN VERA e PINAR BATUR, 2001: *White Racism*. 2ª ed. New York, NY: Routledge.

G. LACY, MICHAEL e A. ONO, KENT, Ed.: *Critical Rhetorics of Race*. New York: New York University Press, ©2011.

GERSTNER, DAVID A., 1963: *Queer Pollen: White Seduction, Black Male Homosexuality, and the Cinematic*. Urbana: University of Illinois Press, ©2011.

LEWIS, DAVID L., 1993: *W. E. B. Du Bois: Biography of a Race, 1868–1919*. New York: Henry Holt.

LOUIS GATES, HENRY, JR. e K.A. AP Ed.: *Alice Walker: Critical Perspectives Past and Present*. New York: Amistad: Distribuído pela Penguin USA, ©1993.

LOUIS GATES, HENRY, JR.... [et al], Ed.: *The Oxford Handbook of African American Citizenship*. New York: Oxford University Press, 2012.

LORBER, JUDITH: *Gendered Bodies: Feminist Perspectives*. New York: Oxford University Press, 2011.

MARABLE, MANNING, 1986: *W. E. B. Du Bois: Black Radical Democrat*. Boston: Twayne.

MCCANN, CAROLE R., e KYUN, SEUNG, Ed.: *Feminist Theory Reader: Local and Global Perspectives*. New York: Routledge, 2003.

NASIR, NA'ILAH SAUD: *Racialized Identities: Race and Achievement Among African American Youth*. Stanford, California: Stanford University Press, ©2012.

OLANIYAN, TEJUMOLA: *Scars of Conquest/Masks of Resistance: The Invention of Cultural Identities in African, African–Ame*. New York: Oxford University Press, © 1995.

TYSON, KAROLYN: *Integration Interrupted: Tracking, Black Students, and Acting White After Brown*. New York: Oxford University Press, © 2011.

ZAMIR, SHAMOON, 1995: *Dark Voices: W. E. B. Du Bois and American Thought, 1888-1903*. Chicago: University of Chicago Press.

Parte V

GLOBALIZAÇÃO

Sociedade global 15

Introdução

O conceito de globalização tem grande atualidade popular. Ele aponta para algumas condições óbvias como crescente interdependência econômica e ecológica e a necessidade de cooperação entre os Estados-nações para resolver problemas comuns. Por mais nobres que esses objetivos possam parecer, as análises abalizadas por David Held, Anthony McGrew e Joseph Stiglitz suscitam importantes questões a serem esmiuçadas.

David Held e Anthony McGrew apresentam uma visão geral sobre os diferentes entendimentos e concepções sobre o que é globalização e sobre suas possíveis consequências no futuro. Alguns globalistas encaram a divisão econômica do mundo entre nações ricas e pobres como uma situação que está melhorando em decorrência das práticas neoliberais de livre mercado. O comércio entre as nações do mundo criou uma economia global que, aos poucos, fez bens e serviços migrarem e atravessarem as fronteiras nacionais, bem como criou novos mercados de trabalho nas sociedades emergentes. Sob esse prisma, o resultado é uma melhoria gradual das condições econômicas e a diminuição do fosso entre as nações ricas e pobres.

Os globalistas mais céticos encaram os dados positivos com desconfiança e argumentam o contrário, ou seja, que a globalização é a causa de grandes disparidades econômicas entre os países ricos e pobres. Essa condição continuará a menos que sejam feitas ações humanas pelas nações mais ricas para garantir o bem-estar e a segurança das nações menos ricas do mundo. No longo prazo, esses esforços produzem estabilidade entre as nações mais pobres e evitam levantes revolucionários com consequências imprevisíveis.

Os realistas acreditam que a desigualdade entre as nações não é causada pela globalização, mas está sob o controle direto dos Estados-nações. As nações são pobres ou ricas não por causa da globalização, mas devido a fatores internos que afetam a sua riqueza. São seus recursos naturais, ou a falta deles, a produtividade da sua força de trabalho e a capacidade de produzir bens que outros querem comprar que explicam sua condição econômica. Até que as nações pobres comecem a avaliar seus problemas internos e a como abordar melhor a sua condição, a pobreza continuará sendo uma condição da sua existência.

Joseph Stiglitz, ganhador do Prêmio Nobel em economia e professor de economia na Universidade de Columbia, atuou no governo do presidente Clinton como presidente do Conselho de Assessores Econômicos e como economista-chefe e vice-presidente sênior do Banco Mundial.

O significado e as consequências da globalização para Stiglitz concentram-se na relação díspar dos Estados-nações com a estrutura econômica básica no mercado global. Comércio livre e mercados abertos beneficiam alguns países e outros não. Esses diferentes impactos econômicos do processo de comércio globalizado demonstram o poder duradouro de Estados-nações pujantes para priorizar seus interesses em detrimento dos países menos desenvolvidos. No caso atual, a posição de poder dos Estados Unidos lhes permitiu influenciar indevidamente o Fundo Monetário Internacional e promover a ideia de que um mercado livre sem regulação governamental é um modelo a ser seguido por todas as sociedades. Para Stiglitz, o realismo econômico impõe um desafio ao otimista significado da globalização.

David Held e Anthony McGrew: Mundo dividido, nações divididas

É um fato chocante que no mundo em desenvolvimento quase 30 mil crianças com menos de 5 anos morrem todos os dias de doenças evitáveis praticamente erradicadas no Ocidente. As estimativas do custo da prestação de cuidados básicos de saúde para todos aqueles atualmente privados desses cuidados equivalem a US$ 13 bilhões por ano, cerca de US$ 4 bilhões a menos do que os gastos anuais em comida para animais de estimação pelos consumidores europeus e japoneses (Thomas, 2000). Essas disparidades esmagadoras em oportunidades de vida não se limitam à saúde, mas se reproduzem em quase todos os indicadores de desenvolvimento global. Tomemos, por exemplo, a média de renda per capita mundial, que alcançou cerca de US$ 7.350 em 2000 (Banco Mundial, 2001b). Isso esconde um vasto abismo entre a renda per capita média de 900 milhões pessoas nas regiões ricas do mundo, que beirou os US$ 27.450 e a das 5,1 bilhões de pessoas nas regiões mais pobres, onde o número correspondente foi de US$ 3.890 (Banco Mundial, 2001b). As 900 milhões de pessoas com a sorte de residir na zona ocidental rica são responsáveis por 86% do consumo de bens mundial, 79% da renda mundial, 58% do consumo energético mundial, 47% de todas as emissões de carbono e 74% de todas as linhas telefônicas. Em comparação, o 1,2 bilhão de pessoas mais pobre da população mundial tem de compartilhar apenas 1,3% do consumo de bens mundial, 4% do consumo energético mundial, 5% do consumo mundial de peixe e carne e 1,5% de todas as linhas telefônicas. A desigualdade global, com todas as suas ramificações, sem dúvida, classifica-se como "de longe, a maior fonte atual de miséria humana" (Pogge, 2001: 8).

Para muitos, a principal fonte desse sofrimento é a globalização e, em particular, a forma neoliberal atual da globalização econômica (Thomas, 2000; Wade, 2001b). Para determinar a localização e a distribuição da energia e da riqueza produtivas na economia mundial, a globalização econômica é uma força fundamental em modelar padrões de exclusão e de desigualdade globais (ver Capítulo 4). Esses padrões provocam consequências drásticas para o destino e as perspectivas materiais das famílias, comunidades e nações em todo o globo. Também afetam as perspectivas para a estabilidade e ordem globais. No entanto, embora possa haver um consenso geral sobre a escala da tragédia humana envolvida, existe considerável desacordo sobre duas questões fundamentais: primeiro, se as evidências demonstram de modo conclusivo que a pobreza e a desigualdade globais estão realmente aumentando; e, segundo, mesmo se isso for comprovado, se a globalização é a principal responsável pelos padrões de desigualdade e exclusão globais. Grande parte do debate sobre as consequências e as soluções para a pobreza e a desigualdade globais depende de como essas duas perguntas são respondidas. Sobre essas questões, tanto globalistas quanto céticos estão um pouco divididos: as linhas de demarcação intelectual entre eles são um pouco turvas. Isso ocorre porque, enquanto muitos globalistas e céticos prontamente concordam com a definição e a escala do problema, existem divisões fundamentais dentro de cada campo sobre como caracterizar as tendências de desigualdade global e suas causas subjacentes.

Um mundo dividido?

Entre os globalistas, há uma polarização notável de opinião sobre essas questões. Em linhas gerais, pode ser feita uma distinção entre a justificativa neoliberal e as justificativas mais radicais/transformacionalistas da globalização. Em essência, as diferenças entre essas contas são consideráveis, produzindo análises divergentes da condição global atual. Essas diferenças abrangem as tendências na desigualdade global e suas fontes, consequências e soluções.

Embora não haja acordo geral sobre o fato de que a lacuna absoluta entre as nações mais ricas e as mais pobres do mundo agora esteja em níveis históricos e acelerando – a lacuna entre a renda de ricos e pobres duplicou desde 1960 – para os neoliberais, isso conta pouco sobre as tendências subjacentes na desigualdade global (PNUD, 1999). Já que a lacuna absoluta é um produto de dois séculos de industrialização, argumenta-se que um indicador mais relevante das tendências é a lacuna de renda relativa.* Estudos do Banco Mundial e do PNUD (Programa das Nações Unidas para o Desenvolvimento, cuja sigla em inglês é UNDP) demonstram que a lacuna de renda relativa entre os países da OCDE e os demais países está diminuindo – a lacuna baixou de cerca de 88% da renda média mundial em 1970 para 78% em 1995 (Banco Mundial, 2001a; PNUD, 2001; Wade e Wolf, 2002). Claro, existem grandes diferenças entre regiões, com o leste e o sul da Ásia rapidamente reduzindo a lacuna, enquanto na África subsaariana a lacuna ainda está aumentando (PNUD, 2001). Se a desigualdade global está diminuindo em termos relativos, igualmente significativo é o fato de que a pobreza absoluta também está em declínio. Em comparação com os anos 1980, menos de 200 milhões de pessoas vivem na pobreza absoluta – definida como subsistir com menos de US$ 1 por dia –, enquanto a proporção dos realmente pobres caiu de 31% da população mundial para 20% hoje (Wolf, 2002). Nesse sentido, como Wolf conclui, "nas últimas duas décadas, verificou-se um declínio não só na pobreza absoluta, mas também na desigualdade mundial entre as famílias" (Wolf, 2002).

Se, de acordo com essa visão neoliberal, o bem-estar econômico global está melhorando, a globalização tem de ser considerada uma força mais benigna do que muitos dos seus críticos têm permitido. Já que a globalização promove fluxos de comércio e investimento, ela contribui significativamente para o crescimento econômico e, desse modo, tira as pessoas da pobreza (Banco Mundial, 2001a). Em vez de tolher o desenvolvimento e acentuar a desigualdade, a globalização melhora as perspectivas de desenvolvimento das nações do Hemisfério Sul e contribui para tornar o mundo menos desigual. Uma nova divisão global do trabalho evoluiu (ver Capítulo 4) à medida que as corporações multinacionais realocam a produção e os investimentos aos Estados recém-industrializados, criando novas oportunidades de desenvolvimento. Nos últimos 25 anos de globalização intensiva, foram realizados progressos importantes no avanço do desenvolvimento humano (ver Figura 6.1; PNUD, 2001: 11). Assim, a justificativa neoliberal sugere que a globalização econômica é o único caminho eficaz para levar à redução da pobreza global, enquanto as causas da desigualdade duradoura devem ser localizadas principalmente no fracasso dos países em se integrar na rapidez e na profundidade suficientes na economia mundial. Mais globalização, em vez de menos, é a principal solução para erradicar a pobreza global.

No entanto, aqueles globalistas altamente críticos da ortodoxia neoliberal argumentam que ela produz uma imagem distorcida da condição humana global. Sustentam que a pobreza e a desigualdade estejam piorando

---

* A lacuna de renda relativa mede a diferença entre a renda do indivíduo típico e a renda média mundial, calculada em percentagem desta última.

– não melhorando –, à medida que os benefícios da globalização econômica são distribuídos desigualmente pelo globo e dentro dos países. No período de 1988 a 1993, aumentos acentuados na desigualdade global das famílias foram registrados, enquanto desde 1982 desigualdades nos salários da indústria dentro dos países têm ampliado significativamente (Wade, 2001b; Wade e Wolf, 2002). Além disso, apesar da aparente redução no número de pessoas vivendo abaixo da linha da pobreza global (US$ 1 por dia) de 1,3 para 1,2 bilhão de pessoas, sobre a forma como esse número é calculado existem dúvidas suficientes para questionar a sua exatidão (Wade e Wolf, 2002). Não menos importante é o fato de que, em todas as outras medidas isoladas, desde lacunas de renda até lacunas de saúde, as desigualdades entre os Estados mais ricos e mais pobres têm aumentado (Bradshaw e Wallace, 1996). Em 1960, a renda dos 20% mais ricos do mundo alcançava cerca de 30 vezes a dos 20% mais pobres; em 1997, o número correspondente era de 74 (PNUD, 1997). A famosa ilustração de Robert Wade da "taça de champanhe" mapeia de forma categórica os contornos desse abismo entre os mais ricos e mais pobres na economia global. A crescente lacuna absoluta é relevante, pois reforça os padrões de exclusão e de desempoderamento globais e, ao mesmo tempo, torna insustentável a globalização do ponto de vista ético-político.

Nessa leitura globalista mais crítica, não é apenas a desigualdade entre nações ricas e pobres que está aumentando, mas também a desigualdade e a pobreza dentro das nações. A nova divisão global do trabalho simplesmente reorganiza, em vez de aprimorar, os padrões globais de desigualdade e de exclusão. O mundo já não está dividido como outrora em linhas geográficas, ou seja, entre o norte e o sul, mas em vez disso apresenta uma nova arquitetura social (Castells, 1998; Hoogvelt, 2001). Essa arquitetura, que divide a humanidade em elites, burguesia, marginalizados e pobres, atravessa fronteiras territoriais e culturais, reorganizando o mundo em vencedores e perdedores da globalização (Hoogvelt, 2001).

A globalização econômica, sob esse prisma, é o principal mecanismo causal que determina os padrões de desigualdade global, à medida que o capital móvel realoca os postos de trabalho e a produção na economia mundial, o comércio acentua as pressões competitivas internacionais e as finanças globais restringem o bem-estar e as capacidades redistributivas das nações (Rodrik, 1997; Tanzi, 2001; Thomas, 1997). Isso produz quatro dinâmicas que se reforçam mutuamente: a crescente segmentação da força de trabalho global em vencedores e perdedores da integração produtiva e financeira; a marginalização, a exclusão e o empobrecimento crescentes dos perdedores, tanto em termos das nações quanto dentro delas; a erosão da solidariedade social à medida que os programas de previdência social são incapazes de (ou politicamente indispostos a) suportar os custos para proteger os mais vulneráveis; e a intensificação da polarização e da exclusão econômicas entre as nações e dentro delas (Birdsall, 1998; Castells, 1998; Dickson, 1997; Gray, 1998; Lawrence, 1996; Sklair, 2001; Thomas, 1997). A globalização econômica neoliberal é responsável, de acordo com seus críticos, por nada menos do que a globalização da pobreza e da exclusão social. Como Thomas observa: "O ritmo geral da globalização nas décadas de 1980 e 1990 ... aumentou a desigualdade e o risco ... nos níveis intranacional e internacional" (2000: 23, 26).

A globalização da pobreza ameaça não só corroer a segurança humana, mas também minar o próprio projeto da globalização. À medida que o desnível da globalização divide o mundo e as nações em zonas polarizadas de riqueza e pobreza, inclusão e exclusão, empoderamento e desempoderamento, isso gera uma profunda fragmentação da ordem mundial que se expressa, entre outras coisas, no aumento os números de nações falidas, no terrorismo transnacional, no surgimento de fundamentalismos, no crime organizado transnacional e em conflitos étnicos/religiosos (Castells, 1998). A menos que a globalização econômica neoliberal seja domesticada, dizem que "uma nova barbárie" vai emergir à medida que os conflitos extravasem para as globais "zonas de paz", alimentados pela intensificação da pobreza, da exclusão, do desempoderamento e da desigualdade.

Abordar esses problemas exige um sistema reformado e mais robusto de governança global capaz de regular os mercados globais (PNUD, 1999). O "Consenso de Washington" – a favor da liberalização, da desregulamentação e do comércio livre – terá de ceder lugar ao mais recente "Consenso de Monterrey" sobre financiamento do desenvolvimento (a partir da conferência das Nações Unidas *Financiamento para o Desenvolvimento*, em Monterrey, em 2002). Questões como a segurança humana e o desenvolvimento devem ter prioridade sobre as exigências dos mercados globais. Assim como a conferência de Bretton Woods criou a estrutura de uma ordem econômica mundial aberta e conducente à democracia social, então, de acordo com muitos globalistas, não deve estar além da imaginação política contemporânea a construção de um novo acordo global para governar a globalização de forma a promover uma ordem mundial mais justa, humana e pacífica (ver Capítulo 8).

A persistência da desigualdade global

Os céticos são duvidosos sobre a novidade e a importância da globalização contemporânea. Esse ceticismo estende-se às questões de desigualdade e pobreza globais, que são concebidas, dentro de uma perspectiva mais histórica, como características duradouras da ordem mundial (Krasner, 1985). Em geral, reconhece-se que as duas têm mostrado a tendência de se agravar nos últimos tempos, embora algumas análises mais ortodoxas enfatizem mais a relativa melhoria nas duas no longo prazo (Fieldhouse, 1999). Na contabilização dessas tendências, o argumento cético enfatiza a crescente "involução" da economia mundial, em vez de qualquer outro fator (Callinicos et al., 1994; Gordon, 1988; Hirst e Thompson, 1999). A maior parte do terceiro mundo vem sendo constantemente marginalizada, à medida que os fluxos de comércio, investimentos e tecnologia tornam-se cada vez mais concentrados no núcleo da economia mundial composto pelos Estados-membros da OCDE (Hirst e Thompson, 1999; Petras e Veltmeyer, 2001). A divisão do mundo em núcleo e periferia, em norte e sul, permanece em grande parte uma característica estrutural do sistema mundial contemporâneo.

Essa divisão estrutural, de acordo com muitos prismas marxistas convencionais, decorre não tanto da globalização quanto do contínuo imperialismo. Como frisam Petras e Veltmeyer, a globalização "não é um termo particularmente útil ... pode ser contraposta com um termo de valor descritivo e poder explicativo consideravelmente maiores: *imperialismo*" (2001: 12). À medida que a atividade econômica torna-se cada vez mais concentrada nos núcleos regionais da OCDE, o resultado é limitar ou bloquear as perspectivas de desenvolvimento de muitas nações do terceiro mundo. O desenvolvimento desigual permanece hoje no cerne da atividade econômica. Policiado pelas instituições de governança global liberal, como o Fundo Monetário Internacional (FMI) e a Organização Mundial do Comércio (OMC), esse padrão de atividade econômica internacional reforça estruturas históricas de dominação e dependência, desigualdade e pobreza (Cammack, 2002; Pieper e Taylor, 1998). Em razão disso, o fluxo dos benefícios do comércio e do investimento estrangeiro é direcionado desproporcionalmente para as principais economias capitalistas, enquanto o fosso entre nações ricas e pobres aumenta (Burbach et al., 1997). É o imperialismo ocidental, impulsionado pela exploração dinâmica do capitalismo metropolitano, que é o responsável pela pobreza global e desigualdade, em vez da chamada "globalização". Enquanto esse imperialismo permanece, a desigualdade global vai continuar persistindo.

Outras vozes céticas, embora aceitando que a desigualdade global seja um dos problemas mais refratários na agenda global, torcem o nariz para a noção de imperialismo (Gilpin, 2001; Krasner, 1985). Enquanto há uma aceitação geral de que a estrutura global do poder econômico molda o contexto de desenvolvimento, o fato de que muitas nações, no leste da Ásia e na América Latina, cresceram rapidamente na década de 1980 e 1990 realça o papel crucial das estratégias nacionais de desenvolvimento e governança econômica eficaz. Com efeito, a crescente disparidade na sorte econômica das nações em desenvolvimento, desde o cada vez mais profundo empobrecimento da África subsaariana até a crescente riqueza de Cingapura, sugere que os padrões de pobreza e desigualdade globais não são ditados apenas ou mesmo primordialmente pela estrutura "exploradora" da economia global (Landes, 1989). Em suma, as nações ainda importam. Além disso, fatores locais ou nacionais, desde doações de recursos até a capacidade estatal, adquirem talvez crescente importância para alçar as nações e as comunidades para acima da linha da pobreza (Gilpin, 2001; Hirst, 1997; Weiss, 1998). Como um importante cético observa, não apenas a importância e o impacto da globalização são consideravelmente exagerados; ela também cega os acadêmicos sobre as formas em que as "nações continuam usando seu poder para adotar políticas e canalizar as forças econômicas de forma benéfica aos seus próprios interesses nacionais e ... obter uma gorda fatia dos lucros das atividades econômicas internacionais" (Gilpin, 2001: 21). As crescentes pobreza e desigualdade globais deverão ser entendidas, por implicação, mais como o produto do fracasso estatal do que produto das características estruturais da ordem econômica global. Por conseguinte, a erradicação da desigualdade global exige muito mais do que apenas retórica vazia sobre imperialismo ou sobre fazer a globalização funcionar para os pobres.

Para os céticos de percepção realista, como Gilpin, medidas multilaterais redistributivas para corrigir as desigualdades globais estão fadadas ao fracasso por dois motivos. Em primeiro lugar, em um mundo no qual a política de poder é a realidade dominante para as nações, a luta endêmica por relativas vantagens nacionais garante que a desigualdade nunca será erradicada. As nações sempre buscarão manter uma vantagem sobre seus concorrentes mais próximos. Em segundo lugar, uma ordem mundial mais justa é improvável de se verificar, enquanto as instituições globais não tiverem o poder eficaz para assegurar que as nações mais ricas (não exatamente altruístas naturais) adotem políticas para realizar uma distribuição mais justa da riqueza e da renda globais (Krasner, 1985). Essas sóbrias realidades conduzem à conclusão de que é apenas no âmbito das fronteiras da nação – no âmbito da nação como comunidade moral – que podem ser construídas soluções legítimas e eficazes ao problema da injustiça social global (Hirst e Thompson, 1999).

Embora medidas globais possam viabilizar o manejo dos piores excessos dos mercados mundiais, só por meio do aparato dos regimes de previdência nacional e da busca determinada por riqueza nacional e poder econômico que as desigualdades e a pobreza globais podem ser combatidas com sucesso no longo prazo. Os governos nacionais, afirmam muitos céticos, permanecem os únicos mecanismos adequados e comprovados para atenuar e combater o flagelo da desigualdade global e do desenvolvimento desigual – ao realizar o "bem político" (Gilpin, 2001; Hirst e Thompson, 1999).

REFERÊNCIAS

Birdsall, N. (1998) Life is unfair: inequality in the world. *Foreign Policy* 111 (Summer).

Bradshaw, W. Y. e Wallace, M. (1996) *Global Inequalities*. London: Pine Forge Press/Sage.

Burbach, R., Núñez, O. e Kagarlitski, B. (1997) *Globalization and its Discontents*. London: Pluto Press.

Cammack, P. (2002) Attacking the global poor. *New Left Review*, série II, nº 13.

CASTELLS, M. (1998) *End of Millennium.* Oxford: Blackwell.
DICKSON, A. (1997) *Development and International Relations.* Cambridge: Polity.
FIELDHOUSE, D. K. (1999) *The West and the Third World.* Oxford: Blackwell.
GILPIN, R. (2001) *Global Political Economy.* Princeton: Princeton University Press.
GORDON, D. (1988) The global economy: new edifice or crumbling foundations? *New Left Review* 168.
GRAY, J. (1998) *False Dawn.* London: Granta.
HIRST, P. (1997) The global economy: myths and realities. *International Affairs* 73(3) (Julho).
HIRST, P. e THOMPSON, G. (1999) *Globalization in Question,* 2ª ed. Cambridge University Press.
HOOGVELT, A. (2001) *Globalization and the Postcolonial World,* 2ª ed. Basingstoke: Palgrave.
KRASNER, S. D. (1985) *Structural Conflict: The Third World against Global Liberalism.* Los Angeles: University of California Press.
LANDES, D. S. (1989) *The Wealth and Poverty of Nations.* New York: Norton.
LAWRENCE, R. (1996) *Single World, Divided Nations? International Trade and OECD Labor Markets.* Washington DC: Brookings Institution.
PETRAS, J. e VELTMEYER, H. (2001) *Globalization Unmasked: Imperialism in the 21st Century.* London: Zed Books.
PIEPER, U. e TAYLOR, L. (1998) The revival of the liberal creed: the IMF, the World Bank and inequality in a globalized economy. Em D. Baker, G. Epstein e R. Podin (eds), *Globalization and Progressive Economic Policy,* Cambridge: Cambridge University Press.
POGGE, T. W. (2001) Priorities of global justice. Em T. W. Pogge (ed.), *Global Justice,* Oxford: Blackwell.
RODRIK, D. (1997) *Has Globalization Gone Too Far?* Washington DC: Institute for International Economics.
SKLAIR, L. (2001) *The Transnational Capitalist Class.* Oxford: Blackwell.
TANZI, V. (2001) Globalization without a net. *Foreign Policy* 125.
THOMAS, C. (1997) Poverty, development and hunger. Em J. Baylis e S. Smith (eds), *The Globalization of World Politics,* Oxford: Oxford University Press.
THOMAS, C. (2001) *Global Governance, Development and Human Security.* London: Pluto Press.
UNDP (1997) *Human Development Report 1997.* New York: Oxford University Press.
UNDP (1999) *Globalization with a Human Face: UN Human Development Report 1999.* New York: Oxford University Press.
UNDP (2001) *Human Development Report: Making Technology Work for Human Development.* New York: Oxford University Press.
WADE, R. e WOLF, M. (2002) Are global poverty and inequality getting worse? *Prospect* 72: 16-21.
WEISS, L. (1998) *State Capacity: Governing the Economy in a Global Era.* Cambridge: Polity.
WOLF, M. (2002) Countries still rule the world. *Financial Times,* 6 Fev.
WORLD BANK (2001a) *Poverty in the Age of Globalization.* Washington DC: World Bank.
WORLD BANK (2001b) *World Development Indicators Database.* Washington DC: World Bank.

Joseph E. Stiglitz: Descontentamentos da globalização

Poucos temas têm polarizado tanto as pessoas mundo afora quanto a globalização. Alguns a encaram como o caminho do futuro, trazendo prosperidade sem precedentes para todos, seja onde for. Outros, simbolizados pelos manifestantes de Seattle em dezembro de 1999, acusam a globalização de ser a fonte de problemas incalculáveis, desde a destruição de culturas nativas até o aumento da pobreza e da miséria. Neste artigo, quero classificar os diferentes significados de globalização. Em muitos países, a globalização tem trazido enormes benefícios para poucos e poucos benefícios para a maioria. Mas no caso de alguns países trouxe benefícios colossais para a maioria. Por que houve essas imensas diferenças nas experiências? A resposta é que a globalização significa coisas diferentes em lugares diferentes.

Os países que administraram a globalização por conta própria, como aqueles no

---

Reimpresso com permissão de Stiglitz, Joseph E. "Globalism's Discontents", *The American Prospect,* Volume 13, Número 1: 1º de janeiro de 2002.

leste da Ásia, conseguiram, de modo geral, garantir a colheita de benefícios enormes e a distribuição equânime desses benefícios; eles conseguiram controlar substancialmente as condições em que se envolveram com a economia global. No entanto, os países que em linhas gerais tiveram a globalização administrada para eles por meio do Fundo Monetário Internacional e de outras instituições econômicas internacionais não foram tão bem-sucedidos. Portanto, o problema não é a globalização, mas como ela tem sido administrada.

As instituições financeiras internacionais têm forçado uma ideologia particular – o fundamentalismo de mercado – que ao mesmo tempo se constitui em má economia e má política; essa ideologia baseia-se nas premissas relativas a como os mercados funcionam que não valem nem mesmo para os países desenvolvidos, que dirá para os países em desenvolvimento. O FMI tem forçado essas políticas de economia sem uma visão mais ampla da sociedade ou do papel da economia dentro da sociedade. E forçou essas políticas de modo a minar as democracias emergentes.

Em termos mais gerais, a própria globalização tem sido governada sob prismas antidemocráticos e tem sido desvantajosa para os países em desenvolvimento, em especial para os pobres desses países. Os manifestantes de Seattle apontaram a ausência de democracia e de transparência, a governança das instituições econômicas internacionais em prol de interesses corporativos e financeiros especiais e a falta de compensação de mecanismos democráticos para garantir que essas instituições públicas e informais sirvam para o interesse geral. Há mais de um pingo de verdade nessas queixas.

Globalização benéfica

No mundo, os países do leste da Ásia têm crescido com mais rapidez e obtido mais conquistas para reduzir a pobreza. E têm feito isso, enfaticamente, por meio da "globalização". Seu crescimento tem se alicerçado nas exportações – tirando proveito do mercado global para as exportações e reduzindo a lacuna tecnológica. Não foi apenas a lacuna em termos de capital e de outros recursos que separou os países desenvolvidos dos países menos desenvolvidos, mas as diferenças de conhecimento. Os países do leste da Ásia aproveitaram-se da "globalização do conhecimento" para reduzir essas disparidades. Mas enquanto alguns dos países da região cresceram abrindo-se a empresas multinacionais, outros, como Coreia do Sul e Taiwan, cresceram criando suas próprias empresas. Eis a principal distinção: cada um dos países mais bem-sucedidos na globalização determinou seu próprio ritmo de mudança; cada um assegurou que, enquanto crescia, os benefícios fossem distribuídos de forma equânime; cada um rejeitou os princípios básicos do "Consenso de Washington", que defendia um papel minimalista para o governo e a rapidez na privatização e na liberalização.

No leste da Ásia, o governo teve um papel ativo na gestão da economia. A indústria siderúrgica criada pelo governo coreano se tornou uma das mais eficientes do mundo – desempenho muito melhor do que sua rival do setor privado nos Estados Unidos (que, embora privada, recorre constantemente ao governo para obter proteção e subsídios). Os mercados financeiros eram altamente regulamentados. Minha pesquisa mostra que essa regulamentação promoveu o crescimento. Foi só quando esses países eliminaram a regulamentação, sob pressão da Fazenda dos Estados Unidos e do FMI, que eles começaram a ter problemas.

Durante as décadas de 1960, 1970 e 1980, as economias do leste da Ásia não só cresceram rapidamente, mas foram bastante estáveis. Dois dos países mais atingidos pela crise econômica de 1997-1998 não tinham apresentado nas três décadas anteriores um ano sequer de crescimento negativo; dois tinham só um ano – desempenho melhor do que os Estados Unidos ou do que as outras nações ricas que compõem a OCDE (Organização para a Cooperação e o Desenvolvimento Econômicos, cuja sigla em inglês é OECD). Isoladamente, o fator mais importante que causou os problemas enfrentados por vários países do leste da Ásia na década de 1990 – a crise do leste da Ásia – foi a rápida liberalização dos mercados financeiros e de capitais. Em suma, os países do leste da Ásia beneficiaram-se com a globalização porque fizeram a globalização funcionar a favor deles; foi quando sucumbiram às pressões externas que tiveram problemas além da sua própria capacidade de administrar bem.

A globalização pode resultar em imensos benefícios. Em vários lugares no mundo em desenvolvimento, a globalização do conhecimento trouxe melhorias na saúde, com a expectativa de vida crescendo em ritmo acelerado. Alguém se atreveria a reduzir a termos monetários esses benefícios da globalização? E a globalização trouxe ainda outros benefícios: hoje presenciamos o início de uma sociedade civil globalizada que começou a ter sucesso com reformas como o Tratado de Proibição de Minas e o perdão da dívida dos países mais pobres e mais altamente endividados (Movimento Jubileu). O próprio movimento de protesto contra a globalização não teria sido possível sem a globalização.

O lado sombrio da globalização

Como então uma tendência com o poder de gerar tantos benefícios suscitou tamanha oposição? Pelo simples fato de não só ter fracassado em atingir seu potencial, mas de ter muitas vezes provocado efeitos bastante negativos. Mas isso nos obriga a perguntar: por que a globalização teve um impacto tão negativo? A resposta pode ser percebida ao olharmos para cada um dos elementos econômicos da globalização conforme perseguidos pelas instituições financeiras internacionais e principalmente pelo FMI.

Os efeitos mais adversos surgiram com a liberalização dos mercados financeiros e de capitais – que criaram riscos para os países em desenvolvimento sem recompensas proporcionais. A liberalização os deixou vulneráveis ao dinheiro errante sendo despejado no país, influxo que alimenta expansões (*booms*) imobiliárias especulativas; e, tão repentinamente, conforme o sentimento do investidor se altera, o dinheiro é retirado, deixando em seu rastro a devastação econômica. Logo no início, o FMI disse que esses países estavam sendo punidos, com razão, pela adoção de más políticas econômicas. Mas à medida que a crise foi se espalhando de país em país, até mesmo aqueles com notas altas do FMI foram devastados.

Em geral, o FMI frisa a importância da disciplina fornecida pelo mercado de capitais. Ao fazê-lo, exibe certo paternalismo, uma nova forma da antiga mentalidade colonial: "Nós, aqui da organização, nós, aqui do norte, que controlamos o nosso mercado de capitais, nós sabemos mais. Sigam as nossas orientações e vocês vão prosperar". A arrogância é ofensiva, e a objeção é mais do que justa. A posição é altamente antidemocrática: há uma suposição implícita de que a democracia por si só não fornece disciplina suficiente. Mas, se quisermos ter um disciplinador externo, devemos escolher um bom disciplinador, que sabe o que é bom para o crescimento, que compartilha de nossos valores. Não queremos um supervisor caprichoso e arbitrário que em um momento elogia suas virtudes e no outro realça seus defeitos. Mas o mercado de capital é exatamente esse supervisor inconstante; até mesmo os fervorosos defensores falam sobre seus acessos de euforia irracional, seguidos por um pessimismo igualmente irracional. ...

A liberalização dos mercados de capitais não trouxe o crescimento: como alguém pode construir fábricas ou criar postos de trabalho se o dinheiro pode entrar no país durante o dia e sair durante a noite? E, ainda pior: o comportamento discricionário exige que os países guardem reservas iguais ao montante dos empréstimos no curto prazo; assim, se uma empresa em um país pobre tomar um empréstimo de US$ 100 milhões com, digamos, juros de 20% no curto prazo de um banco nos Estados Unidos, o governo deve guardar um montante correspondente. Em geral, as reservas são guardadas em forma de bônus da Fazenda dos Estados Unidos – ativo líquido e seguro. Com efeito, o país está tomando um empréstimo de US$ 100 milhões dos Estados Unidos e emprestando US$ 100 milhões para os Estados Unidos. Mas ao tomar emprestado paga uma elevada taxa de juros (20%); quando empresta, recebe uma taxa de juros baixa, em torno de 4%. Isso pode ser ótimo para os Estados Unidos, mas dificilmente ajuda o crescimento do país pobre. Também existe um elevado custo de oportunidade das reservas; o dinheiro poderia ter sido muito mais bem investido na construção de estradas rurais, escolas ou clínicas de saúde. Mas, em vez disso, o país é, na prática, compelido a emprestar dinheiro aos Estados Unidos.

A Tailândia ilustra as verdadeiras ironias dessas políticas: lá, o mercado livre levou a investimentos em edifícios de escritório vazios, deixando morrer à míngua outros setores – como educação e transporte – pela falta dos tão necessários recursos. Antes da intromissão do FMI e da Fazenda dos Estados Unidos, a Tailândia havia restringido empréstimos bancários para especulação imobiliária. Os tailandeses tinham acompanhado os registros: esses empréstimos fazem uma parte essencial dos ciclos de expansão e colapso (*boom-bust*) que têm caracterizado o capitalismo há 200 anos. Queriam ter certeza de que o capital escasso fosse destinado a criar postos de trabalho. Mas o FMI vetou essa intervenção com o livre mercado. Se o livre mercado dissesse: "Construa prédios de escritórios vazios", diga amém! O mercado sabia melhor do que qualquer burocrata do governo que por acaso considerasse mais sensato construir escolas ou fábricas.

Os custos da volatilidade

A liberalização do mercado de capitais é inevitavelmente acompanhada de enorme volatilidade, e essa volatilidade impede o crescimento e aumenta a pobreza. Ela aumenta os riscos de investir no país e, assim, os investidores exigem um prêmio de risco sob a forma de lucros mais elevados do que o normal. Não só o crescimento deixa de ser uma prioridade, mas a pobreza é aumentada por meio de vários canais. A elevada volatilidade aumenta a probabilidade de surtos recessivos – e os pobres sempre sofrem com o impacto dessas crises. Mesmo em países desenvolvidos, as redes de segurança são fracas ou inexistentes entre os trabalhadores independentes e no setor rural. Mas esses são os setores dominantes nos países em desenvolvimento. Sem redes de segurança adequadas, as recessões provocadas pela liberalização do mercado de capitais levam ao empobrecimento. Em nome de impor a disciplina orçamental e tranquilizar os investidores, o FMI invariavelmente exige reduções de despesas, que quase inevitavelmente resultam em cortes nas despesas públicas para redes de segurança que já são precárias. Mas a situação é pior ainda quando, sob as doutrinas da "disciplina dos mercados de capitais", os países tentam tributar o capital, e o capital foge. Assim, as doutrinas do FMI inevitavelmente levam ao aumento da carga fiscal sobre as classes baixa e média. Assim, enquanto planos de resgate do FMI permitem aos ricos tirar seu dinheiro do país em termos mais favoráveis (com taxa de câmbio sobrevalorizada), o fardo de reembolsar os empréstimos cabe aos trabalhadores que ficam para trás. ...

Mas embora a defesa para a liberalização dos mercados – quando feita corretamente – seja bastante convincente, o modo como esse processo tem sido forçado pelo FMI é muito mais problemático. A lógica básica é simples: a liberalização dos mercados supostamente deve resultar em que os recursos se movimentem de setores protegidos ineficientes para setores de exportação mais eficientes. O problema não é só que a destruição de emprego vem antes da criação de emprego – causando desemprego e pobreza – mas que os "programas de ajuste estrutural" do FMI (projetados de forma a supostamente tranquilizar os investidores globais) tornam a criação de emprego quase impossível. Pois esses programas são muitas vezes acompanhados por altas taxas de juros que em geral se justificam por um foco específico sobre a inflação. Às vezes, essa preocupação é merecida; muitas vezes, porém, é extrapolada a um extremo. Nos Estados Unidos, nos preocupamos que pequenos aumentos na taxa de juros possam desestimular o investimento. O FMI tem forçado taxas de juros bem maiores em países com ambiente de investimento muito menos hospitaleiro. As altas taxas de juros significam que novas empresas e novos postos de trabalho não são criados. Acontece que a liberalização dos mercados, em vez de mover os trabalhadores de empregos de baixa produtividade para empregos de alta produtividade, move-os de empregos de baixa produtividade para o desemprego. Em vez de crescimento aprimorado, o efeito é o aumento da pobreza. Para piorar ainda mais as coisas, a injusta agenda de liberalização dos mercados obriga os países pobres a competir com as altamente subsidiadas agriculturas norte-americanas e europeias. ...

Governança por meio de ideologia

Considere o contraste entre as decisões econômicas como elas são feitas dentro dos Estados Unidos e como elas são feitas nas instituições econômicas internacionais. Nos Estados Unidos, as decisões econômicas de âmbito administrativo são tomadas em grande parte pelo Conselho Econômico Nacional, que inclui o Ministro do Trabalho, o Ministro do Comércio, o presidente do Conselho de Assessores Econômicos, o Ministro da Fazenda, o procurador-geral adjunto para antitruste e o representante do comércio exterior dos Estados Unidos. A Fazenda tem apenas um voto e, muitas vezes, um voto vencido. Todos esses funcionários, claro, fazem parte de uma administração que deve enfrentar o Congresso e o eleitorado democrático. Mas na arena internacional são ouvidas apenas as vozes da comunidade financeira. O FMI reporta-se aos ministros das finanças e aos diretores dos bancos centrais, e uma das coisas mais importantes na sua agenda é tornar esses bancos centrais mais independentes – e menos democraticamente responsáveis. Talvez fizesse pouca diferença se o FMI lidasse apenas com assuntos relativos à comunidade financeira, como a liquidação dos controles; mas, na verdade, suas políticas afetam todos os aspectos da vida. Obriga os países a arrochar a política fiscal-monetária; avalia a compensação entre inflação e desemprego, e, nessa compensação, sempre coloca muito mais peso na inflação do que em postos de trabalho.

O problema de ter as regras do jogo ditadas pelo FMI – e, portanto, pela comunidade financeira – não é só uma questão de valores (embora isso seja importante), mas também uma questão de ideologia. A visão da comunidade financeira do mundo predomina – mesmo quando houver pouca evidência em seu apoio. Com efeito, as crenças sobre questões fundamentais são sustentadas com tanta ênfase que o apoio teórico e empírico das posições é considerado praticamente desnecessário.

Lembre-se novamente da posição do FMI em relação à liberalização dos mercados de capitais. Conforme observado, o FMI forçou um conjunto de políticas que expôs os países a riscos graves. Alguém poderia pensar, dada a evidência dos custos, que o FMI poderia oferecer muitas evidências de que as políticas também fizeram algo de bom. Na verdade, essas evidências não existiam; a evidência disponível sugeria que havia pouco ou nenhum efeito positivo no crescimento. A ideologia capacitava os agentes do FMI não só a ignorar a ausência de benefícios, mas também a ignorar a evidência dos enormes custos impostos aos países.

Agenda de práticas comerciais desleais

A agenda de liberalização dos mercados foi definida pelo norte ou, mais precisamente, por interesses especiais do Hemisfério Norte.

Por conseguinte, uma parte desproporcional dos lucros tem sido direcionada aos países industriais avançados e, em alguns casos, os países menos desenvolvidos na verdade têm sido relegados para segundo plano. Após a última rodada de negociações comerciais, a rodada do Uruguai, que terminou em 1994, o Banco Mundial calculou os lucros e os prejuízos para cada uma das regiões do mundo. Os Estados Unidos e a Europa lucraram imensamente. Mas a África subsaariana, a região mais pobre do mundo, teve prejuízos na ordem de 2% por conta dos efeitos dos termos comerciais: as negociações abriram os seus mercados para bens manufaturados produzidos pelos países industrializados, mas não abriram os mercados da Europa e dos Estados Unidos para os produtos agrícolas, em que os países pobres, muitas vezes, têm vantagem comparativa. Tampouco os acordos de comércio eliminaram os subsídios à agricultura que dificultam tanto a concorrência dos países em desenvolvimento (sem subsídios) com a dos países desenvolvidos (com subsídios).

Globalização e 11 de setembro

O 11 de setembro revelou o lado ainda mais sombrio da globalização – forneceu aos terroristas uma arena global. Mas os acontecimentos e as discussões que se seguiram realçaram aspectos mais amplos do debate da globalização. Esclareceram o quão insustentável era a postura unilateral dos Estados Unidos. O presidente Bush, que rejeitara unilateralmente o acordo internacional para abordar um dos riscos globais de longo prazo percebidos pelos países ao redor do mundo – o aquecimento global, cujo maior culpado é os Estados Unidos –, clamou por uma aliança global contra o terrorismo. A administração percebeu que o sucesso exigiria uma ação coordenada por todos.

Logo Washington descobriu que uma das maneiras para combater os terroristas era cortar as suas fontes de financiamento. Desde a crise do leste da Ásia, o foco da atenção global era os secretos centros bancários *offshore*. As discussões após essa crise enfocaram a importância das boas informações – transparência, ou abertura –, mas isso era destinado aos países em desenvolvimento. À medida que as discussões internacionais se voltaram para a falta de transparência mostrada pelo FMI e os centros bancários estrangeiros, a Fazenda dos Estados Unidos mudou de discurso. Não é porque esses paraísos fiscais secretos prestam melhores serviços do que os fornecidos por bancos em Nova York ou em Londres que bilhões foram colocados lá; o segredo atende a diversos fins nefastos – incluindo lavagem de dinheiro e evasão fiscal. Essas instituições poderiam ser fechadas da noite para o dia – ou forçadas a entrar em conformidade com normas internacionais – ao bel-prazer dos Estados Unidos e de outros países líderes. Continuam existindo porque atendem aos interesses da comunidade financeira e dos ricos. Sua existência contínua não é acidental. Com efeito, a OCDE elaborou um acordo para limitar seu escopo – e, antes de 11 de setembro, a administração Bush unilateralmente também se recusou a assinar esse acordo. Em retrospectiva, agora isso parece uma tolice sem tamanho! Caso o acordo tivesse sido assinado, teríamos dado um passo importante rumo ao controle do fluxo de dinheiro nas mãos dos terroristas.

Aqui vale mencionar outro aspecto na esteira do 11 de setembro. Os Estados Unidos já estavam em recessão, mas o ataque piorou as coisas. Costumava-se dizer que, quando os Estados Unidos espirravam, o México pegava um resfriado. Com a globalização, quando os Estados Unidos espirram, a maior parte do resto do mundo corre o risco de apanhar uma pneumonia. E os Estados Unidos padecem agora de um caso grave de gripe. Com a globalização, a má gestão política macroeconômica nos Estados Unidos – o fracasso em criar um pacote de estímulo eficaz – provoca consequências globais. Mundo afora cresce a raiva contra as políticas tradicionais do FMI. Os países em desenvolvimento estão dizendo para os países industrializados: "Quando você enfrenta uma desaceleração, você segue os preceitos que todos nós aprendemos em nossos cursos econômicos: você adota políticas monetárias e fiscais expansionistas. Mas quando enfrentamos uma desaceleração, vocês insistem em condições contracionistas. Para vocês, os déficits são normais; para nós, eles são inadmissíveis – mesmo que possamos levantar fundos por meio de 'vendas futuras', digamos, alguns recursos naturais". Um sentido mais aguçado da desigualdade prevalece, em parte porque as consequências de manter as condições contracionistas são tão grandes.

Justiça social global

Hoje, em grande parte do mundo em desenvolvimento, a globalização está sendo questionada. Por exemplo, na América Latina, depois de uma curta explosão de crescimento na década de 1990, a estagnação e a recessão se instalaram. O crescimento não foi sustentado – alguns diriam, não era sustentável. Com efeito, nesse momento, o crescimento recorde da assim chamada era pós-reforma não parece melhor e, em alguns países, parece bem pior do que no período de substituição de importações amplamente criticado das décadas de 1950 e 1960, quando os países latinos tentaram industrializar desencorajando as importações. Com efeito, os críticos da reforma salientam que o surto de crescimento na década de 1990 foi pouco mais do que um "nivelamento" que sequer compensou a década perdida dos anos 1980.

Em toda a região, as pessoas estão se perguntando: "A reforma fracassou ou foi a globalização que fracassou?". A distinção talvez seja artificial, pois a globalização estava no centro das reformas. Mesmo nos países que conseguiram crescer, como o México, os benefícios foram direcionados principalmente para os 30% mais ricos e se concentraram ainda mais nos 10% do topo. Aqueles no estrato inferior ganharam pouco; muitos inclusive pioraram. As reformas têm expostos os países a maior risco, e os riscos têm sido suportados por aqueles países desproporcionalmente menos capazes de lidar com eles.

Exatamente como em muitos países, devido ao ritmo e à sequência das reformas, a destruição de empregos superou a criação de empregos, da mesma forma que a exposição ao risco superou a capacidade de criar instituições para lidar com riscos, inclusive redes de segurança eficazes.

Nesse cenário sombrio, existem alguns sinais positivos. As pessoas no norte se tornaram mais conscientes das iniquidades da arquitetura econômica global. O acordo em Doha para estabelecer uma nova rodada de negociações comerciais – a "rodada do desenvolvimento" – promete retificar alguns dos desequilíbrios do passado. Observa-se uma mudança acentuada na retórica das instituições econômicas internacionais – pelo menos elas falam sobre a pobreza. No Banco Mundial, aconteceram algumas reformas reais; aconteceu certo progresso em traduzir a retórica em realidade – em assegurar que sejam ouvidas as vozes dos pobres e as preocupações dos países em desenvolvimento. Mas, em outros lugares, muitas vezes existe um fosso entre a retórica e a realidade. Não estão em pauta reformas na governança, em quem toma as decisões e em como elas são feitas. Se um dos problemas do FMI tem sido o peso desproporcional dado à ideologia, aos interesses e às perspectivas da comunidade financeira dos países industrializados avançados (em questões cujos efeitos vão bem além das finanças), então, as perspectivas de sucesso nas discussões atuais sobre reformas, nas quais as mesmas partes continuam predominando, são sombrias. Elas estão mais propensas a resultar em mudanças no formato da mesa, não em mudanças na composição da mesa ou em qual é a agenda.

O 11 de setembro resultou em uma aliança global contra o terrorismo. O que precisamos agora é não apenas de uma aliança contra o mal, mas de uma aliança em prol de algo positivo – uma aliança global para a redução da pobreza e para a criação de um ambiente melhor, uma aliança para a criação de uma sociedade global com justiça social.

Globalização

ANTHONY APPIAH, KWAME e LOUIS GATES, HENRY, JR., Ed.: *The Dictionary of Global Culture.* New York: Knopf: Distribuído pela Random House, 1997, © 1996.

ANTHONY APPIAH, KWAME: *Cosmopolitanism: Ethics in a World of Stangers.* New York: W. W. Norton & Co., © 2006.

BECK, ULRICH, 1944: *What is Globalization?/Ulrich Beck.* Traduzido por Patrick Camiller.

BECK, ULRICH, 1944: *Was ist Globalisierung?* Cambridge, UK: Zahar; Malden, MA: Blackwell, 2000.

BECK, ULRICH, 1944: *World at Risk/Ulrich Beck.* Traduzido por Ciaran Cronin. Cambridge, UK; Malden, MA: Polity, © 2009.

BENDER, THOMAS, Ed.: *Rethinking American History in a Global Age.* Berkeley: University of California Press, © 2002.

CORNWELL, H. GRANT e WALSH STODDARD, EVE, Ed.: *Global Multiculturalism: Comparative Perspectives on Ethnicity, Race, and Nation.* Lanham, Md.: Rowman & Littlefield, © 2001.

HOLLINGER, DAVID A.: *Postethnic America: Beyond Multiculturalism.* New York: BasicBooks, 1995.

MICHAEL BAKER, KEITH e HANNS REILL, PETER, Ed.: *What's Left of Enlightenment?: A Postmodern Question.* Stanford, California: Stanford University Press, 2001.

MUDIMBE BOYI, ELISABETH, Ed.: *Beyond Dichotomies: Histories, Identities, Cultures, and the Challenge of Globalization.* Albany: State University of New York Press, ©2002.

SIMMS, DELROY CONSTANTINO, Ed.: *The Greatest Taboo: Homosexuality in Black Communities.* Los Angeles: Alyson Books, 2001, ©2000.

STIGLITZ, JOSEPH E.: *Making Globalization Work.* 1ª Ed. New York: W. W. Norton & Co., © 2006.

STIGLITZ, JOSEPH E.: *Globalization and its Discontents.* 1ª ed. New York: W. W. Norton, © 2002.